정책조정론

이송호

박영사

머리말

이 책은 정책학 일반론의 세부 영역 가운데 하나로서 정책조정론을 구축하기 위한 시도이다. 1951년 Harold Lasswell이 정부 정책에 대한 연구의 필요성을 주장한 이래, 많은 학자들이 정책의 주요 측면들을 연구하고 그 결과가 축적됨으로써 정책학이 독자적인 학문영역으로 발전해 왔다. 정책학은 주로 미국 학자들에 의해 1960~1980년대에 걸쳐 일반론으로 자리 잡았다. 1960~1970년대에 정책형성과 정책평가에 대한 연구가 축적되고, 1970~1980년대에 정책집행에 대한 연구가 집적되어, 정책학 일반론의 세부 영역으로 정책형성론, 정책집행론, 정책평가론 등이 완성되었다.

그러나 그 후 새로운 개척이 이루어지지 않고 있다. 기존 정책학 일반론은 주로 정책추진의 과정과 참여자 및 행태, 그리고 정책의 분석과 평가에 필요한 논리와 기법에 관한 지식들이다. 정책추진자들에게 절실하게 필요한 정책내용 그 자체에 관한 지식과 정책내용을 둘러싼 갈등 조정에 관한 지식은 충분히 축적되어 있지 않다. 정책내용에 대해서는 정책내용에 영향을 미치는 요인(determinants)들에 대한 연구가 일부 이뤄졌을 뿐 정책의 목표와 수단을 무엇으로 하고 적용대상과 시행시기를 어떻게 정할 것인지에 대한 연구는 충분히 진행되고 있지 않다. 정책내용을 둘러싼 이견과 갈등 조정에 대해서도 정책갈등의 원인과 해결책에 관한 연구가 진행되고 있을 뿐 정책조정의 본질은 무엇이고 누가 어떻게 조정하는지에 대한 연구는 이뤄지지 않고 있다.

정책학 일반론의 세부 영역으로 기존의 정책형성론, 정책집행론, 정책평가론에 추가하여 새로 개발할 수 있는 영역이 정책수단론과 정책조정론이다.

정책내용론의 일부로서 정책수단론을 개발할 수 있는 여건이 조성되어 가고 있다. 최근 정부수단(Government's Tools 혹은 instruments)이란 이름으로 정부가 업무수행에 동원하는 수단들을 발굴하여 유형화한 연구들이 축적되어 가고 있는데, 정부수단들 모두가 정책수단이라고 할 수는 없지만 상당수가 정책수단들임에 틀림없다. 정책수단론을 개발하기 위해서는 정책문제 해결에 반복 활용할 수 있는 수단들을 발굴하고 창조하여 그 내용과 특징을 분명히 한 후 개념화와 유형화를 거쳐 각각의 장단점을 밝힐 필요가 있다.

정책과정론의 일부로서 정책조정론을 개발할 수 있는 여건도 조성되어 가고 있다. 여타 사회과학 분야에서 갈등 및 분쟁 해결에 관한 연구가 축적되어 왔고, 정책추진과정에서 발생하는 사회갈등에 관한 연구가 활발히 진행되고 있으며, 종종 부처간 정책갈등에 대한 연구도 이뤄지고 있기 때문이다. 그러나 이들 연구들은 정책내용을 둘러싼 이견과 갈등의 조정에 초점이 맞춰져 있지 않다. 특히 정책을 둘러싼 갈등 연구들은 대부분 조직간 갈등 연구의 연장선상에 있다.

이러한 상황에서 이 책은 정책조정을 정책내용을 둘러싼 이견과 갈등의 조정으로 보고, 학계와 현장에서 정책조정에 필요한 지식정보가 무엇인지를 설정한 다음, 여타 학문분야의 관련 지식정보들을 정책조정에 맞게 수정보완하고 기존 문헌을 통해 확보할 수 없는 지식정보들은 현장 인터뷰에 근거하여 새롭게 확보하여 이들을 논리적으로 재구성했다. 즉 정치행정학적 관점에서 이론적으로나 실무적으로 의미 있는 질문들을 저자 스스로 제기한 후, 그에 대해 의미 있는 응답들을 제시하기 위해 필요한 지식정보들을 현장인터뷰와 기존문헌을 통해 확보하여 이 지식정보들을 새롭게 개념화 유형화하고 개념간 연결논리를 구성했다. 나아가 정책조정 이론을 좀 더 실감나게 보여주기 위해 현장 사례들을 분석했다. 즉 정부의 정책추진과정에서 가장 중요한 갈등과 조정을 행정부처간, 집권당과 행정부 간, 여야 정당간 갈등과 조정으로 보고, 각 접점에서 쟁점정책을 둘러싸고 발생했던 갈등과 조정의 사례들을 발굴하여 분석했다.

이 책을 저술하는 과정에서 쓰고 다시쓰기를 반복하다보니 오랜 시간이 소요되었다. 1차 시도한 개념화와 논리구축이 마음에 들지 않으면 다른 시각에서 다시 개념화하고 새로운 논리체계를 다시 구축하다보니 시간이 많이 소요되었다. 집필은 2010~2019년에 이루어졌는데, 이 기간 중 2년간의 공백을 제외하면 실제 8년이 소요되었다.

이 책을 집필하는 데는 수많은 지인들과 관계자들의 도움을 받았다. 길홍근, 김명식, 김영제, 김용규, 김용현, 김정민, 김진영, 김태석, 김천식, 김황식, 류득원, 문희갑, 민갑용, 민지홍, 박노섭, 박용주, 서상목, 안정상, 유종상, 유병권, 유한준, 유호영, 육동한, 이규황, 이봉건, 이상경, 이상주, 이승윤, 이은청, 이종석, 이한구, 이호영, 임종

순, 장영철, 장호현, 정일환, 정희권, 조대현, 조현수, 진념, 최수현, 홍순정, 홍윤식, 황경임, 황정훈 등이다(가나다 순). 인터뷰 당시 이 분들의 다수가 행정부처와 국무조정실의 현직 실국과장, 여야 정당의 현직 전문위원과 정책국장들이었고, 소수는 전직 총리, 전직 장차관, 전직 원내대표, 전직 정책위의장, 현직 국회의원, 전직 청와대 수석비서관과 비서관 및 행정관들이었다. 이분들은 바쁜 일정에도 불구하고 현장에서 벌어지는 소중한 이야기와 정보를 제공해 주셨다. 마지막으로 이 책의 출판을 흔쾌히 받아주신 박영사 안상준 대표님과 조성호 이사님, 편집에 심혈을 기울여 주신 전채린 과장님께 감사드린다. 이 모든 분들의 도움이 없었더라면 이 책은 이 세상에 나올 수 없었다.

끝으로, 이 책은 정책추진 현장에서 발생하는 이견과 갈등의 조정을 정책조정론이라는 하나의 학문영역으로 자리매김하기 위한 시도이다. 아직 완성되지는 않았지만, 정책조정에 대한 관심을 제고하고 추가 연구를 통해 정책조정론을 완성하는 데 마중물이 되기를 바랄 뿐이다.

2019년 끝 무렵

炫政　李松浩

차 례

제3장　정책조정에 대한 이해

제2부 정책조정 일반론

제4장 정책조정목적론

제5장 정책조정수단론

제6장 정책조정기구론

제7장　정책조정과정론

제8장   정책조정전략행태론

제3부　정책조정의 현장

제9장　행정부처간 정책조정

제10장 집권당과 행정부 간 정책조정

제 1 부

정책조정의
위상과 개념

제1장
들어가는 말

어느 나라에서든 정책조정은 국정운영의 성패와 성과에 지대한 영향을 미친다. 주요 정책들을 추진하는 과정에서 관련기관들 간 비협조, 주도권 싸움, 책임 전가 등으로 정책조정이 원활하지 않으면 정책시행의 적기를 놓쳐 정책실패의 한 요인이 되고, 정책실패의 직간접적인 피해는 국민과 정권에게 돌아간다. 따라서 정책조정은 일반국민이나 국정운영 책임자에게 중요한 문제가 아닐 수 없다.

민주국가의 정책형성과정에 관여하는 주체들은 대체로 행정부처, 여야 정당, 언론기관, 사회단체, 전문가집단 등이다. 이 중에서 가장 중요한 주체는 행정부처들과 정당들이다. 국가정책을 주도하는 주체이자 국가정책에 책임지는 주체들이기 때문이다. 이들 주체들은 자신들의 가치관과 이해관계에 따라 국가정책을 주도하려 한다. 그 결과, 필연적으로 행정부처간, 집권당과 행정부간, 여야 정당간 갈등이 발생한다. 이들간 정책갈등을 어떻게 조정하느냐는 매우 중요하다. 국가정책의 추진 여부와 주요 내용들이 이에 따라 달라지기 때문이다.

경제사회 구조의 빠른 변화와 유기적 고도화로 인해 다양하고 복잡한 정책이슈들이 끊임없이 등장하고 이들에 대응하여 수많은 정책들이 경쟁적으로 추진되며, 이 정책들이 얽히고 설킴에 따라 요구되는 정책조정의 종류나 숫자가 지속적으로 증가하고 있다.

정책추진과 조정에 대한 최종 책임은 대통령에게 있다. 그러나 대통령은 너무 바빠서 시간이 많이 걸리는 정책안의 마련과 정책갈등의 조정에 매번 직접 개입할 수가 없다. 대통령들은 집권하자마자 정책 추진과 조정을 고민해 왔다. 그리하여 대통령들이 자신들의 최종 결정 이전에 정책안을 마련하고 이를 둘러싼 이견을 조정해 줄 나름대로의 시스템들을 구축해 왔다. 그러나 이러한 시스템들은 잘 작동되는 경우도 있고 그렇지 않은 경우도 있다. 각국은 자국에 적합한 조정시스템이 절실하다. 정책의 실패를 줄이고 정책의 효과를 극대화하기 위해서는 정치행정적 맥락과 쟁점정책의 성격에 따라 다양하고 유효한 정책조정시스템을 개발하여 적절히 활용할 필요가 있다.

정책조정의 중요성에도 불구하고 이에 관한 연구는 아직 시작 단계에 있다. 갈등해결에 관한 연구는 사회과학 각 분야에서 부차적으로 꾸준히 진행되어 왔다. 그러나 이 연구들은 정책조정과 직접 연결되지 않고 있고, 정책조정의 다양한 측면들을 이해하고 정책갈등을 해소하는 데 활용되기에는 부족한 부분이 너무 많다. 정책조정에 대한 집중적인 연구가 활성화되고 가속화되어야 할 시점이다. 이 책은 이러한 연구를 촉진하기 위한 시도이다.

이 책의 목적은 정책조정의 위상과 중요성을 부각시키고 정책조정에 관한 체계적인 지식을 구축하는 데 있다. 이를 위해, 국가정책형성과정을 재구성하여 정책조정이 정책형성의 핵심 단계임을 밝히고, 정책조정의 개념을 새롭게 정의하여 이 개념에 따라 정책조정의 목표와 수단, 기구와 절차, 전략행태 등에 관한 지식을 구축했다. 지식구축은 기존 연구에 흩어져 있는 단편적인 유관 지식들을 끌어모아 재해석하여 체계적으로 정리하고, 연구가 부족한 부분들에 대해서는 새로운 개념과 논리를 개발하여 추가했다. 더 나아가 우리나라 정책추진 현장에서 실제 벌어졌던 정책갈등과 정책조정의 사례들을 발굴하여 분석함으로써 새로운 개념과 논리 및 이론을 개발할 수 있는 통찰력을 제공했다. 이렇게 구축된 체계적 지식은 정책조정에 대한 이해를 제고하고 정책조정시스템의 역량을 강화시키는 데 기여할 수 있다. 즉 정책갈등과 정책조정의 실체를 좀 더 정확하게 설명할 수 있을 뿐만 아니라, 정책조정의 질을 제고하는 데 필요한 기구나 절차 및 전략 등을 설계할 수 있다.

이 책에서의 정책조정은 국가정책에 대해 정치적으로나 법적으로 책임이 있는 정책추진 주도자들 간의 조정이다. 국가정책 추진과정에는 중앙행정부처, 여야 정당, 지방정부, 각종 사회단체와 이익집단, 언론기관 등이 관여한다. 이 가운데 사회단체, 이익집단, 언론기관은 국가정책에 대한 책임이 있는 주도자가 아니다. 단지 자신들의 이해관계나 가치관을 반영하려는 참여자일 뿐이다. 책임있는 정책추진 주도자는 중앙행정부처, 여야 정당, 지방정부이다. 따라서 책임있는 주도자간 정책조정은 행정부처간, 정당과 행정부처 간, 여야 정당간, 중앙정부와 지방정부 간, 지방정부간 조정이다. 이

가운데 정책조정의 기본형은 행정부처간, 행정부처와 정당 간, 여야 정당간 조정이다. 국가간 조정, 지방정부간 조정, 중앙정부와 지방정부 간 조정은 그 성격과 논리가 각각 정당간 조정, 행정부처간 조정, 집권당과 행정부처 간 조정 등과 상당부분 유사하다. 따라서 정책조정의 기본형을 이해하고 개선하는 데 필요한 이론과 제도는 여타 유형들을 이해하고 개선하는 데 활용할 수 있다. 따라서 이 책에서는 행정부처간 조정, 집권당과 행정부처 간 조정, 여야 정당간 조정에 집중했다.

이 책에서 정책추진 주도자간 조정에 관해 집중적으로 검토한 주제들은 i) 정책추진 주도자들 간에 정책입장이 다른 이유와 조정의 필요성, ii) 정책추진 주도자들이 서로 다른 정책입장을 정하는 절차, iii) 정책추진 주도자들의 서로 다른 입장을 조정하는 데 활용되는 기구와 절차, iv) 정책조정자들의 조정방식과 전략적 행태 등이다. 이러한 주제들에 대해 먼저 일반적인 특징을 논의하고, 현장사례 분석을 통해 구체적인 특징을 도출하여 일반적인 논의를 보완했다.

이 책은 크게 세 부분으로 구성되어 있다. 제1부는 정책조정의 위상과 개념에 관한 것으로 제2장과 제3장이고, 제2부는 정책조정의 일반론에 관한 것으로 제4장부터 제8장까지이며, 제3부는 우리나라 정책조정의 현장에 관한 것으로 제9장부터 제11장까지이다.

제2장에서는 국가정책형성과정에서 정책조정의 위상과 중요성을 자리매김했다. 기존의 정책형성이론들에서는 정책 갈등과 조정이 부각되어 있지 않는데, 현장에서는 불가피한 것이 갈등이고, 가장 힘든 작업이 조정이다. 국가정책형성과정을 재구성함으로써 정책조정을 핵심 단계 중 하나로 부각시키고 그 중요성을 논의했다.

제3장에서는 정책조정의 개념을 재정립한 후 정책조정의 대상을 구체화하고 정책조정의 유형을 제시했다. 특히 정책조정의 본질을 서로 다른 정책입장들의 재구성으로 보고 정책입장의 결정요인과 그들 간의 관계를 집중 분석했다.

제4장에서는 정책조정의 목표에 대해 논의했다. 정책조정이 왜 필요하고 구체적으로 무엇을 추구하는지를 밝힌다. 정책적 측면과 정치적 측면에서 논의했다.

제5장에서는 정책조정을 담당하는 국가기구들에 관해 논의했다. 정책조정기구들을 유형화하고, 정책조정기구들이 갖추어야 할 바람직한 기준을 설정하며, 정책조정기구들의 설치와 활용에 있어서 따라야 할 원칙들을 제시했다. 나아가 행정부처간, 집권당과 행정부 간, 여야 정당간 조정기구들을 분석하여 각 조정기구들의 유용성과 한계를 평가한 후 바람직한 활용방안을 제시했다.

제6장에서는 정책조정이 이루어지는 절차에 대해 논의했다. 즉 서로 다른 정책입

장들이 어떤 절차를 거쳐 조정되는지를 논의했다. 이러한 절차를 분석적 절차와 정치적 절차로 구분한 후, 분석적 절차는 새로 개발하고 정치적 절차는 갈등해결을 위해 개발된 기존의 절차들을 국가정책조정에 맞게 수정보완하여 제시했다. 갈등당사자간의 조정절차뿐만 아니라 제3자의 개입에 의한 조정절차도 논의했다. 제3자에 의한 조정을 중립조정(mediation)과 집권조정(arbitration)으로 구분하고, 전자는 기존 중립조정 절차를 국가정책조정에 맞게 수정 보완하여 제시하고 후자는 새로 개발하여 제시했다.

제7장에서는 정책조정에 활용할 수 있는 수단들을 개발하여 제시했다. 즉 정책조정수단을 정책갈등의 사전예방과 사후해소를 위해 반복 사용할 수 있는 제도 혹은 기준들로 정의하고, 이러한 수단들을 어떻게 개발하여 유형화할 수 있는지, 각 수단들의 장단점은 무엇이고 어떤 용도로 활용할 수 있는지 등을 논의했다.

제8장에서는 정책조정 주도자들이 조정과정에서 보여주는 전략 및 행태에 관해 논의했다. 즉 갈등당사자들과 제3자가 어떤 전략들을 언제 어떤 목적으로 구사하는지에 대해 논의했다. 기존 문헌에서 논의된 행태와 전략들을 요약하고, 현장 인터뷰를 통해 새로 개발하여 제시했다.

제9장에서는 우리나라 행정부처간 정책 갈등과 조정을 분석했다. 먼저, 행정부처간 이견과 갈등은 왜 발생하고 왜 증가일로에 있으며 왜 조정해야 하는지에 대한 일반적인 논의를 했다. 다음, 우리나라에서 행정부처간 정책조정에 동원되는 기구와 절차, 행태와 그 원인을 기존 문헌과 인터뷰를 활용하여 정리했다. 마지막으로, 실제 조정사례를 개발 분석하여 정책조정의 추가적인 특징과 원인을 밝혔다.

제10장에서는 집권당과 행정부처 간 정책 갈등과 조정을 분석했다. 먼저, 동일한 법안을 집권당과 행정부처는 어떤 시각으로 보는지, 그들 간에 왜 시각이 다르고 왜 조정이 필요한지를 논의했다. 다음, 집권당과 행정부처가 상대방의 정책입장을 검토하여 자신의 대응입장을 마련하는 절차, 당정회의시스템에 의해 서로 다른 정책입장들이 조정되는 절차 등을 인터뷰 결과를 토대로 정리했다. 마지막으로, 실제 조정사례를 개발 검토하여 당정간 정책조정의 구체적인 특징과 그 원인을 밝혔다.

제11장에서는 집권당과 제1야당 간 정책 갈등과 조정을 분석했다. 왜 동일한 정책과 법안에서 서로 다른 입장을 취해 첨예한 갈등을 벌이는지, 양측은 어떤 과정을 거쳐 어떤 방식으로 갈등을 조정하는지, 자신들의 입장을 관철하기 위해 어떤 전략을 구사하는지에 대한 일반적 패턴과 특징을 새롭게 정리하고, 여야 정당간 실제 조정사례를 개발 분석하여 구체적인 특징과 그 원인을 밝혔다.

제2장
국가정책형성과정의 재구성과 정책조정의 위상

제1절 기존 정책형성이론들의 특징과 한계 극복 시도

1. 기존 이론들의 특징과 한계

1) 기존 이론들의 관심사와 성격

20세기에 들어 의사결정에 관한 다양한 이론들이 등장하였다. 정치학, 행정학, 경제학, 경영학, 사회학, 심리학 등 다양한 학문 분야에서 나름대로의 관점과 전제에 따라 의사결정에 관한 이론들을 개발해 왔기 때문이다. 기존 이론들은 다음과 같이 구분할 수 있다.

첫째, 이론의 주된 관심사, 즉 의사결정의 어느 측면을 밝혔느냐에 따라 절차 이론(process theory)과 행태 이론(behavioral theory)으로 구분할 수 있다. 절차 이론으로 합리주의자들의 6단계론, Dror의 7단계론, Anderson의 3단계론, Dye의 4단계론, Jones의 3단계론 등이 있고, 행태 이론으로는 Lindblom과 Wildavsky의 점증모형(Incremental Model), Simon의 만족모형(Satisficing Model), Clausen의 차원이론(Dimensional theory),[1] Kingdon의 합의이론(Consensus theory),[2] Mattews와 Stimson

---

1) 정책결정자가 정보와 시간의 제약 속에서 일련의 수많은 정책이슈들에 대한 결정을 효율적으로

의 힌트이론(Cue-taking theory),[3] Cohen 등의 쓰레기통 모형(Garbage Can Model)이 있다. 행태 이론들은 체계적이지는 않지만 절차를 부차적으로 제시한 경우가 많다.

둘째, 이론들의 성격에 따라 규범적 이론과 경험적 이론으로 구분할 수 있다. 규범적 이론은 정책결정자가 좋은 정책을 만들기 위해 따라야 할 절차와 행동원칙에 관한 이론이고, 경험적 이론은 정책결정자가 현장의 여러 제약 속에서 실제로 따르는 절차와 행태에 관한 이론이다. 전자의 예로는 합리모형과 최적모형이 있고, 후자의 예는 나머지 대부분의 이론 모형들이다. 또한 원래 경험적 이론으로 제시되었으나 나중에 규범적 성격이 부여된 이론도 있다. Lindblom의 점증모형이 그것이다. 그는 초기에 다수결원칙에 따르는 민주국가에서 정책결정을 위해서는 여러 당사자들 간에 합의가 필요하고 이 합의의 결과는 언제나 기존 정책보다 약간 개선된 정책이었다고 주장했다. 그러나 그는 나중에 정책형성의 주체들이 다원주의 사회에서 획기적인 변화를 추구하면 아무것도 이룰 수 없으나 점증적 변화를 지속적으로 추구하면 빠른 속도로 큰 변화를 가져올 수 있으므로 혁신을 위해서는 합리모형보다 점증모형을 따라야 한다고 주장하고 있다(Lindblom, 1968: 41, 각주 15).

셋째, 이론들의 분석단위에 따라 개인 차원의 이론, 조직(집단) 차원의 이론, 국가 차원의 이론으로 구분할 수 있다. 그러나 각 이론이 하나의 범주에만 속하는 것은 아니다. 원래 개인 혹은 조직 차원의 이론으로 개발했으나 나중에 조직 혹은 국가 차원의 이론으로 발전한 것도 있다. 합리모형은 원래 개인 차원의 이론이었으나 경제학자들에 의해 기업조직 차원의 이론으로, 정치행정학자들에 의해 국가 차원의 이론으로 발전되었다. 만족모형은 Simon(1955)이 개인 차원의 이론으로 개발했으나 March & Simon(1958), Cyert & March(1963) 등이 조직 차원의 이론으로 발전시켰고, 점증모형은 Lindblom(1959)이 조직 차원의 이론으로 개발했으나 Wildavsky(1964)와 Lindblom(1968) 본인에 의해 다시 국가 차원의 이론으로 발전시켰다. 쓰레기통모형

내리기 위해 정책영역(Dimension)별로 자신의 기본 입장(position)을 설정해 두고, 정책의제가 올라 올 때마다 어느 정책영역에 속하는지 확인하여 해당 영역내 자신의 기본 입장(position)에 따라 신속하게 결정한다는 이론이다(Clausen, 1973).

2) 정책결정자가 정보와 시간이 부족한 상황에서 수많은 정책이슈에 대해 결정을 내려야 할 경우 정책결정자는 먼저 여론을 점검하여 합의가 이루어져 있으면 여론에 따르고, 여론이 분열되어 있을 경우 자신의 준거집단을 점검하여 준거집단내 의견이 통일되어 있으면 그 의견에 따르며, 준거집단내 의견도 분열되어 있으면 자신의 주관적 판단에 따라 결정한다는 이론이다(Kingdon, 1973).

3) 정보와 시간이 부족한 정책결정자는 주변의 전문가 혹은 유관기관으로부터 힌트(Cue, 정보와 논리)를 받아 결정한다는 것이다. 주변의 누구로부터 먼저 힌트(Cue)를 구할지 그 순서가 결정자마다 정책이슈와 관계없이 고정되어 있다는 것이다(Mattews & Stimson, 1975).

도 Cohen, March & Olsen(1972)이 조직 차원의 이론으로 개발했으나 Kingdon(1984)
이 국가 차원의 이론으로 발전시켰다. 이와는 반대로 최적모형은 Dror가 국가차원에
서 개발했으나 조직차원에도 적용할 수 있다.

   이상의 논의를 요약하면, <표 2-1>과 같다.

표 2-1 정책형성에 관한 기존이론들의 분류

	절차 이론	행태 이론
개인 차원	- 합리모형(Rational Model)*	- 합리모형(Rational Model)* - 만족모형(Satisficing Model) - 차원이론(Dimensional Theory) - 힌트이론(Cue-Taking Theory)) - 합의이론(Consensus Theory)
조직 차원	- 합리모형(Rational Model)* - 최적모형(Optimal Model)* - 조직모형(Organizational Model)	- 합리모형(Rational Model)* - 최적모형(Optimal Model)* - 조직모형(Organizational Model) - 쓰레기통모형(Garbage Can Model)
국가 차원	- 합리모형(Rational Model)* - 최적모형(Optimal Model)* - Anderson의 3단계론 - Jones의 3단계론 - Dye의 4단계론	- 합리모형(Rational Model) * - 최적모형(Optimal Model) * - 점증모형(Incremental Model) - 쓰레기통모형(Garbage Can Model)

* 규범적 이론

2) 기존 이론들의 한계

   기존 이론들의 내용을 구체적으로 살펴보면 다음과 같은 한계를 가지고 있다.

   첫째, 정책형성을 주어진 목표에 적합한 수단 선택의 문제로만 보았다. 그 결과
정책내용이 동시에 한 번에 결정되는 것으로 간주했다.[4] 그러나 정책형성은 수단만을
결정하는 것은 아니다. 정책목표도, 적용대상도, 시행시기도 정해야 한다. 또한 정책내
용은 한 번의 선택으로 정해지지 않고 단계적으로 조금씩 정해지는 경우도 많다. 쉽게
정할 수 있는 부분은 먼저 정하고, 그렇지 않는 부분은 좀 더 많은 논의를 통해 나중
에 정하는 것이 현실이다.

   둘째, 정책형성이 이루어지는 맥락을 별로 고려하지 않았다. 기존의 대다수 이론

---

4) 다만, Wildavsky의 점증모형은 예외이다. 그는 부처 예산은 예산당국에 의해 수정되고 다시 의
   회에서 수정됨으로써 정책내용이 단계적으로 정해지는 것으로 보았다.

들은 정책형성 절차와 행태의 이론화에 있어 정책형성에 관여하는 자들이 보유한 능력(합리성), 동원할 수 있는 지식과 정보 및 시간 등의 제약은 깊이 있게 고려했으나 국가의 권력구조와 법제도 등은 깊이 고려하지 않았다.[5] 그러나 정책형성의 절차와 행태는 국가의 권력구조와 법제도에 영향을 받는다. 권력구조와 법제도가 정책형성에 관여할 수 있는 주체들과 그들간 상호작용을 규율하기 때문이다.

셋째, 정책형성 전과정에 일관성 있는 행태가 나타나는 것으로 인식하고 있다. 이는 기존 이론들이 정책형성과정의 처음부터 마지막까지 동일 주체들이 관여하고 그들간의 응집력[6]도 동일하며 그 주체들이 전체합리성 혹은 부분합리성에 따라 행동하는 것으로 가정했기 때문이다. 그러나 현실에서는 국가정책이 형성되는 과정에서 시간의 흐름에 따라 관여하는 주체들이 달라지고 그에 따라 행태도 달라지는 경우가 일반적이다.

넷째, 정책형성에 있어서 분석적 논리와 정치적 논리를 별개로 취급해 왔다. 대부분의 이론들은 정책형성의 절차와 행태를 이론화하는 데 있어서 하나의 논리에 입각해 있다. 분석적 논리에 입각한 이론들은 정치적 논리를 전혀 고려하지 않고 있고, 정치적 논리에 입각한 이론들은 분석적 논리를 고려하고 있지 않다. 그러나 정책결정자들은 분석적 논리를 완전히 배제하고 정치적 논리만 따를 수 없고, 분석적 논리에만 의존하고 정치적 논리를 등한시 할 수도 없다. 양자는 불가피하게 같이 간다. 단지 상황에 따라 정책이슈에 따라 그 비중이 다를 뿐이다.

2. 이론 통합의 노력과 평가

1) 통합 이론

기존 이론들의 한계를 극복하기 위해 통합적인 이론을 구축해보려는 시도가 몇 번 있었다.

첫 번째 시도는 Etzioni(1967)의 시도이다. 그는 합리모형과 점증모형을 통합하여 혼합주사모형(Mixed-Scanning Model)을 만들었다. 그는 정책결정과정을 근본적 결정과 세부적 결정 두 단계로 구분하고, 전자에서는 중요 대안들을 모두 검토하되(합리모

---

5) 다만, 점증모형은 이들을 고려하고 있다. 즉 Lindblom의 점증모형은 다원주의라는 권력구조를 고려하고 있고, Wildavsky의 점증모형은 예산제도라는 법제도를 고려하고 있다.

6) Allison은 추진주체들 간의 응집력에 따라 정책형성 절차와 행태가 다름을 보여 주었다.

형) 결과예측은 중요한 측면만 개괄적으로 실시하여(점증모형) 그 중 하나를 선택하고, 후자에서는 근본적 결정에서 선택한 대안 내에서 소수의 세부 대안들을 검토하되(점증모형) 결과예측을 다방면으로 세밀하게 실시한 후(합리모형) 선택해야 한다고 주장했다.

두 번째 시도는 Allison(1971)의 시도이다. 그는 다양한 학문 분야의 기존 의사결정 이론들을 검토하여 합리적 행위자 모형, 조직과정 모형, 관료정치 모형으로 재정리한 후 이 모형들을 활용하여 정부 내에서 하나의 정책이 형성되는 과정을 어떻게 설명할 수 있는지를 보여주고 있다. 그는 하나의 정책형성과정은 합리적 행위자 모형으로 많은 부분을 설명할 수 있고, 합리적 행위자 모형에 의해 설명되지 않은 부분은 조직과정 모형으로 설명할 수 있으며, 조직과정 모형으로도 설명되지 않은 부분은 관료정치 모형으로 설명할 수 있음을 보여 주었고(정정길, 1989: 460), 또한 정책결정의 전반적인 패턴은 합리적 행위자 모형에 따라 결정되지만, 정책대안 작성은 조직과정 모형이, 정책대안 선택은 관료정치 모형이 잘 설명할 수 있다고 주장하고 있다(Allison, 1971: 258).

세 번째 시도는 Kingdon(1981)의 시도이다. 그는 의회 의원들의 의사결정과정에 관한 기존의 합의이론(Consensus theory)과 힌트이론(Cue-taking theory), 그리고 의원들의 활동목표에 관한 Fenno의 이론7)을 활용하여 새로운 통합 모델을 구축하였다. 부연 설명하면, 의원들은 입법과정에서 정책이슈에 대해 일반 여론상 합의가 있는지 없는지, 자신의 준거집단 내에서 합의가 있는지 없는지, 정책이슈가 의원으로서 자신의 활동목표들에 중요한 것인지 아닌지, 중요하다면 어느 목표와 관련되어 있는지 등을 순차적으로 자문하면서 그 응답에 따라 서로 다른 주체로부터 힌트(Cue)를 받아 법안에 대해 찬성할 것인지 반대할 것인지를 결정한다는 것이다(Kingdon, 1981: 243-250).

2) 통합이론들의 한계

상기 통합이론들은 절차와 행태, 분석적 논리와 정치적 논리를 상당 부분 통합시킨 것으로 평가된다. 먼저, Etzioni는 합리모형과 점증모형을 혼합하여 분석적 논리와 정치적 논리를 통합시켰고, 동시에 정책형성단계를 2단계로 구분하고 단계별로 서로 다른 행태가 필요함으로 밝힘으로써 절차와 행태도 통합시킨 것으로 보인다. Allison도 정책형성의 전반적인 패턴, 대안의 작성, 대안의 선택 등 각각에 합리적 행위자 모형, 조직과정 모형, 관료정치 모형 중 어느 모형이 상대적으로 더 많이 적용되는지를

---

7) Fenno에 의하면 의원들의 3대 활동목표는 재선, 좋은 정책 만들기, 리더로서의 성장이다.

밝힘으로써 분석적 논리와 정치적 논리가 정책형성과정에서 어떻게 활용되는지를 보여주었고, 동시에 합리적 행위자 모형에서 분석적 절차와 합리적 행태, 조직과정 모형에서 표준운영절차와 문제성 있는 탐색, 불확실성회피 등의 행태, 관료정치 모형에서 결정채널(Action channel)과 정치적 행태 등을 제시함으로써 절차와 행태를 통합시킨 것으로 보인다. 한편 Kingdon은 이들과는 달리 정책결정자가 직면한 상황과 관심사에 따라 서로 다른 행태를 보인다는 것을 밝히기 위해 3개 행태이론을 통합하였다. 즉 각 이론들이 의사결정과정의 어느 단계에서 어떻게 활용되는지를 보여 줌으로써 이론들이 어떤 방식으로 통합되는지를 보여 주고 있다. Kingdon의 이론은 정책결정 단계를 명시적으로 설정하지는 않았지만 정책결정자가 자신을 둘러싼 상황과 관심사를 일정한 순서에 따라 점검하고 그 점검결과에 따라 어떠한 행태를 보이는지를 제시함으로써 절차와 행태를 어느 정도 통합한 것으로 보인다.

그럼에도 불구하고 상기 이론들의 시도는 여전히 미완성이다. Etzioni의 혼합주사 모형은 기존 2개 이론만 통합했고, Kingdon이론도 기존 3개 이론만 통합함으로써 여타 주요 이론들이 통합대상에서 제외되었다. 반면에 Allison이론은 기존의 모든 이론들을 통합대상으로 하였으나 하나의 이론이 아니라 3개의 이론으로 통합하였다. 그 결과 기존이론들에 대한 통합작업은 미완성으로 남아있다. 또한 이들 통합이론들도 위에서 언급한 기존 이론들의 한계를 상당부분 극복하지 못하고 있다. 즉 통합이론도 정책형성을 선택의 문제로 보았고, 맥락을 체계적으로 고려하지 않았다.

제2절   국가정책형성과정의 재구성

1. 새로운 시각

국가정책의 형성과정을 종합적으로 이해하기 위해서는 기존 이론에서와는 다른 시각에서 새롭게 볼 필요가 있다.

1) 정책내용의 단계적 구체화

정책형성과정은 정책수단을 선택하는 과정이 아니라 정책내용을 단계적으로 조금씩 구체화해 가는 과정으로 볼 필요가 있다. 정책내용은 한두 번의 선택으로 정해지는 것이 아니라 상당기간 여러 단계를 거쳐 수정 보완되면서 정해진다는 것이다.

정책형성의 본질은 정책의 내용, 즉 정책목표, 동원수단, 적용대상, 시행시기, 책임기관 등을 정하는 것이다. 목표와 수단만을 정하는 것은 아니고, 적용대상과 시행시기 및 책임기관도 정하는 것이다. 기존의 정책형성이론에서는 대부분 목표와 수단만을 고려하고 있다. 그러나 정책형성의 현장에서는 '조기실시론'과 '시기상조론' 같은 시행시기에 대한 논란도 있고,[8] 적용대상을 저소득층에 국한할 것인지 중산층 혹은 전국민으로 확대할 것인지에 대한 논란[9]도 있으며, 특정 정책을 서로 주도하려는 주도권 경쟁도 있다. 정책형성이 완결되기 위해서는 이 모든 쟁점들에 대한 결론이 내려져야 한다.

정책내용의 구체화는 몇 단계를 거쳐서 이루어진다. 정책내용은 1차적으로 책임 있는 추진주체들이 나름대로의 해결책을 마련하는 과정에서 구체화된다. 이 해결책들은 각 주체들이 바람직하다고 생각하는 정책내용의 전부 혹은 일부에 대한 각자의 의견이다. 최종적으로 정해질 정책내용의 대부분은 이 해결책들 속에 포함되어 있다. 간혹 나중에 획기적인 내용이 추가될 수 있지만 그리 흔하지는 않다. 따라서 정책내용의 상당부분은 나름대로의 해결책을 마련하는 과정에서 정해진다. 정책내용은 2차적으로 다양한 해결책들을 서로 비교하는 과정에서 구체화된다. 해결책들 간에 유사한 부분들이 있으면 합의가 이루어진 것으로 간주되고 이 부분은 논란 없이 최종 정책의 내용으로 결정된다. 정책내용은 3차적으로 해결책들의 내용들 가운데 서로 다른 부분들을 조정하는 과정에서 구체화된다. 이 조정과정에서 다양한 해결책들이 서로 경쟁하고 부딪치면서 일부는 나름대로의 수정과 보완을 거치거나 다른 일부와 융합되고, 또 다른 일부는 사라지기도 한다. 이와 같은 일련의 조정을 통해 서로 다른 부분들이 해소되고 수렴되어야 정책형성과정이 종결된다.

요약하면, 정책내용은 선택을 통해 한꺼번에 동시에 정해지는 것이 아니고, 다양한 의견들이 여러 단계에 걸쳐 수정 보완되고 융합되면서 점진적으로 구체화되고 단

---

8) 전시작전권 이양, 금리 인상, 고등학교 무상교육 실시 등.
9) 초등학교 무상급식, 영유아 보육비지원 등.

계적으로 확정되어 최종 완성된다.

2) 분화와 통합의 작용

정책형성과정을 분화와 통합의 시각에서 볼 필요가 있다. 국가라는 시스템은 기본적으로 업무의 분화와 통합을 위한 시스템이고, 국가정책형성도 분화와 통합의 맥락에서 이루어진다. 이는 국가정책의 내용을 정하는 과정에서 분화와 통합의 메커니즘이 작동한다는 것을 의미한다.

분화 메커니즘이 작동한다는 것은 국가정책의 내용을 정하는 작업을 단일 주체가 전담하는 것이 아니라 복수의 주체들이 나누어 분담한다는 것이다. 그러나 이 분담은 일반적인 역할 분담과는 다르다. 일반적으로 역할 분담하면 각 주체들이 엄격하게 중복 없이 각각 서로 다른 작업을 하는 것을 말한다. 그러나 국가정책의 형성과정에서는 그렇지 않다. 어떤 주체는 정책목표만을 정할 수 있고, 다른 주체는 정책수단을 마련할 수 있으며, 또 다른 주체는 정책수단과 시행시기만을 마련하거나 혹은 정책목표와 적용대상만을 정할 수도 있다. 그 결과 어떤 작업은 하나의 주체가 수행한 경우가 있을 수 있고, 또 다른 작업은 둘 혹은 그 이상의 주체들이 각자 수행한 경우도 있을 수 있다. 다시 말해, 정책목표는 두 개의 주체가 정하고, 정책수단은 3개 주체가 마련하고, 적용대상과 시행시기는 하나의 주체가 정할 수도 있다.

통합 메커니즘이 작동한다는 것은 여러 주체들이 나름대로 마련한 정책내용들을 취합하고 보완하여 하나로 종합하는 작업이 진행된다는 것이다. 하나로 종합하는 작업은 국가정책으로서의 완전성, 일관성, 전체성을 부여하는 작업이다.

완전성은 정책내용의 주요 구성요소들이 모두 갖춰졌느냐의 문제이다. 정책목표, 정책수단, 적용대상, 시행시기, 책임기관 등 모든 것이 갖춰지면 정책내용이 완전한 것이고 이들 가운데 일부라도 갖춰지지 않으면 불완전한 것이 된다. 완전성을 갖춘다는 것은 정책내용 가운데 빠져 있는 구성요소를 새로 정하여 추가하는 것이다.

일관성은 정책내용 구성요소들 간에 상충 혹은 경합이 있느냐의 문제이다. 각 구성요소를 다수의 주체들이 각자 마련한 경우 각 구성요소에 대한 주체들의 주장 간에 상충되거나 경합되는 것들이 있을 수 있다. 다시 말해, 정책목표 혹은 정책수단 혹은 적용시기에 대해 각 주체들의 주장이 서로 다를 수 있다. 일관성을 제고한다는 것은 각 주장들을 수정하고 보완하여 서로 상충되거나 경합되는 부분을 제거하는 것이다.

마지막으로, 전체성은 정책내용에 국가전체의 가치관과 이해관계가 반영되었느냐의 문제이다. 국가정책은 형성과정에 관여하는 주체들의 가치관과 이해관계만 반영할 수는 없다. 전체성을 확보하는 작업은 주체들의 가치관과 이해관계를 수용하면서도 동시에 국가전체가 구현해야 할 가치관과 사회적 편익도 도모하는 것이다. 즉 전체를 배려하면서도 부분을 배려하고 부분을 배려하면서도 전체를 배려하는 것이다.

요약하면, 국가정책의 형성에는 주체들 간에 분화와 통합의 메커니즘이 작동하고, 이 메커니즘을 통해 국가정책이 만들어지고 완성된다.

3) 분석과 정치의 통합

국가정책의 형성은 분석과 정치 간 상호작용의 관점에서 볼 필요도 있다. 국가정책의 내용을 정하는데 불가피하게 분석논리와 정치논리가 동시에 적용될 수밖에 없기 때문이다.

정책내용을 분석논리에 따라 정하는 것은 인간의 이성과 객관적 자료에 입각하여 정하는 것이다. 정책형성주체들의 주관적 감정적 판단을 배제하고 오로지 객관적 자료에 입각한 합리적 판단에 따라 정책내용을 정하는 것이다. 따라서 국가정책의 형성은 국민 전체의 편익과 가치관을 정책목표로 정하고 이 목표를 최대한 달성할 수 있는 수단과 적용시기 등을 선택하는 것이다.

정책내용을 정치논리에 따라 정한다는 것은 정책형성주체들의 가치관과 이해관계 및 영향력에 입각하여 정하는 것이다. 정치논리의 핵심은 누구의 가치관과 이해관계가 어느 정도 반영되느냐이고 이 반영 정도는 각 주체들의 영향력과 전략에 의해 좌우된다는 것이다.[10] 다시 말해, 정책내용 결정에 있어서 정치논리에 따르면 정책추진주체들의 가치관과 이해관계가 중요시되고 그들의 주관적 판단과 영향력 및 전략이 크게 작용한다는 것이다.

정책내용을 정하는 데 있어서 바람직한 것은 분석논리에 따르는 것이다. 인간의 합리적 이성과 객관적 자료에 따르는 것이어서 누구나 수용할 수 있을 뿐만 아니라 국가전체를 위해 최소의 비용으로 최대의 편익을 만들어 낼 수 있기 때문이다.

그러나 정책내용을 구체화하는 데 있어서 오로지 분석논리에만 의존하기에는 한계가 있다. 정책내용을 부분부분 정하는 시점에 객관적 정보와 완전한 분석기법을 모

---

10) 일반적으로 정치를 시스템 내에서 '가치를 권위적으로 배분하는 것'(David Easton, 1965)이라고 한다면 정책형성에 있어서의 정치논리란 정책내용에 누구의 주장을 얼마만큼 반영해 주느냐에 관한 것이고, 정치가 '누가 무엇을 언제 어떻게 얻느냐'에 관한 것(Harold Lasswell, 1936)이라면 정책형성에 있어서의 정치논리란 정책내용에 누가 자신의 주장을 어떻게 관철하느냐에 관한 것이다.

두 확보할 수 있는 것은 아니기 때문이다. 즉 객관적 정보와 자료가 있기는 하나 충분하지 않고, 분석기법이 없는 것은 아니나 완전하지가 않은 경우가 대부분이다. 반복적으로 자주 등장하는 정책이슈라면 미리 예상하여 자료를 구축함으로써 정책내용을 다시 결정할 시점에 객관적 자료를 충분히 확보할 수 있고 사용할 분석기법도 끊임없이 개선하여 어느 정도 완전한 기법으로 발전시킬 수가 있다. 그러나 반복적으로 등장하지 않는 새로운 정책이슈들에 대해서는 정책내용을 정할 시점에 객관적 자료를 충분히 확보한다는 것이 거의 불가능하고, 분석기법도 정책이슈에 맞게 개발할 시간적 여유도 없어서 정책내용을 결정할 시점에 완벽한 분석기법을 동원하기 어렵다. 그 결과 정책내용을 분석논리에 따라 정하려 해도 현실적 제약 때문에 분석논리를 철저하게 따를 수가 없다. 주관적 판단과 영향력 동원을 포함하는 정치논리가 상당부분 끼어들 수밖에 없다.

    마찬가지로, 정책내용을 철저히 정치논리로만 정할 수도 없다. 정치논리로 일관하면 정책내용이 부실화될 수 있기 때문이다. 정책이 의도한 효과를 가져오기 위해 가장 중요한 것은 목표-수단 인과관계가 정확해야 하고 정책의 적용대상과 시행시기가 적절해야 한다. 이러한 사항들을 정하는 데는 주관적 판단과 영향력의 동원이 아니라 객관적 경험적 자료와 합리적 분석이 필요하다. 뿐만 아니라 합리적 분석과 설득이 없이 정치논리로 일관하면 힘 있는 자의 입장이 많이 반영될 수 있어서 불공정 논란을 촉발시킬 수 있고 집행 과정에서 저항이 발생할 수도 있다. 그 외에도 사회가 발전하고 지식정보가 축적될수록 더 많은 문제들이 합리적 분석논리에 따라 해결된다. 따라서 정책내용을 정치논리에만 의존하여 정하기도 어렵다.

    그 결과 정책내용을 정하는 데 있어서 전적으로 분석논리에만 의존할 수도 없고 전적으로 정치논리에만 의존할 수도 없다. 하나의 정책을 형성하는 데 있어서 불가피하게 양 논리가 모두 활용될 수밖에 없다. 양 논리를 동시에 활용하는 방식은 다양하다. 정책내용을 분석논리에 따라 구체화해 가면서 분석논리를 적용할 수 없는 부분에서는 불가피하게 정치논리를 적용할 수 있고, 정책내용을 정치적으로 구체화해가면서 객관적인 자료가 축적된 부분에서는 분석논리를 적용할 수도 있다. 분석논리와 정치논리를 어떻게 조화시키느냐에 따라 정책의 효과성과 실현가능성이 크게 달라진다.

4) 추진조직과 참여조직

    국가정책의 형성과정에 관여하는 주체들을 개인 차원이 아니라 조직 차원에서 볼 필요가 있다. 관여 주체들은 개개인들이지만 이들은 조직의 대표로서 활동하기 때문이다. 국가정책의 형성과정에 주도적으로 나서는 조직들은 각 국가의 정치행정 체제나 제도에 따라 다르다.

(1) 개인에서 조직으로

국가정책의 형성에는 다양한 유형의 사람들이 관여한다. 대체로 정치인, 행정공무원, 전문가, 이해관계자, 언론인, 시민 등이 관여한다. 그런데 이들은 오늘날 국가정책의 형성과정에서 혼자 독립적으로 움직이지 않는다. 집단 혹은 조직을 이루어 관여한다. 개별적으로 행동하는 것보다 지식정보가 많아지고 영향력이 확대되어 주장을 관철하기 용이하기 때문이다. 실제로 정책형성에 직접 뛰어든 사람들은 개인 자격보다는 조직이나 집단의 대표자로 참여하는 경우가 대부분이다. 따라서 정책형성에 관여하는 실질적 주체들은 개개인들이 아니라 조직들이다. 그 결과 국가정책 형성과정의 실질적 주체는 정당, 행정부처, 전문가집단, 언론기관, 이익집단, 시민단체 등으로 볼 수 있다.

그러나 오늘날 의회나 행정부는 국가정책 형성과정에서 하나의 목소리를 내는 통일된 행동 주체가 아닌 경우가 많다. 정치인들 혹은 관료들이 의회 혹은 행정부의 일원으로서 통일된 행동을 보이는 경우가 드물기 때문이다.

정당제도가 잘 발달한 민주국가에서는 의원들이 의회가 아니라 정당의 일원으로 활동한다. 의회는 입법을 둘러싸고 여러 정당들이 협력하고 경쟁하는 장소가 되었다. 그 결과 의회가 개개 의원들의 의견을 모아 하나의 주체로서 국정운영에 임하리라고 기대하기는 힘들다. 그러나 정당제도가 충분히 발달하지 못한 미국과 같은 나라에서는 아직도 의원들이 의회의 일원으로 국가정책의 형성에 관여하는 경우가 많다.

대부분의 정치인들은 왜 정당의 일원으로 행동하는가? 왜 정당이 단일의 행동주체인가? 첫째, 정당은 공유된 이념과 이를 추구하는 구성원들로 구성되어 있기 때문이다. 정당은 추구하는 이념이 유사한 사람들이 모여 정권을 획득하려는 단체이다. 따라서 정당 구성원들은 그 이념을 실현하기 위해 통일된 정책입장을 정하고 이를 관철하기 위해 서로 협력하고 힘을 합쳐 행동한다. 둘째, 정당은 내부적으로 응집력이 있기 때문이다. 당내에 리더십이 있고 분파적 행위나 당론 이탈을 억제하는 내부규율이 있다. 따라서 정당 구성원들은 일사분란하게 움직인다. 파벌들이 형성되어 있는 경우 파벌들은 당내에서 독자적인 행동주체로 움직이기는 하나 대외적으로는 소속 정당을 무시하고 독자적으로 활동하는 경우는 거의 없다. 따라서 정치인들은 국정운영에 있어서 의회나 파벌이 아닌 정당의 일원으로 행동한다.

또한 행정공무원들도 행정부의 일원이 아니라 소속 부처의 일원으로 행동한다.

따라서 행정부도 단일의 행동주체라기보다는 서로 협력하고 갈등하는 부처들의 연합체가 되었다

　　행정관료들은 왜 행정부의 일원이 아닌 부처의 일원으로 행동하는가? 왜 국(bureau)이나 과(division)가 아닌 부처가 단일의 행동주체로 나서는가? 이유는 행정부 내 부처들 간에는 상호자율성이 강해 부처들이 비교적 독자적으로 활동할 수 있으나, 부처내 국들이나 과들은 상호의존성이 강하여 각 국이나 각 과가 독자적으로 활동하기 어렵기 때문이다. 업무가 부처간에는 상당히 이질적이나 국간 혹은 과간에는 상대적으로 유사하고, 또한 각 부처들에 대한 대통령의 장악력보다 국과들에 대한 장관의 장악력이 더 강하다. 이러한 차이로 인해 부처내 국간 혹은 과간 행동통일은 쉽게 이루어지나 행정부내 부처간 행동통일은 쉽게 이루어지지 않는다. 그 결과 국가정책 형성과정에서 행정부 혹은 국과보다는 부처들이 행동단위가 되었다.

　　마지막으로, 국가정책 형성과정에서 가장 중요하고 특별한 위치에 있는 주체는 대통령(혹은 총리)이다. 대통령은 집권당 총재이자 행정부 수장으로서 자신이 선호하는 정책들을 대부분 집권당 혹은 행정부처들을 통해 추진한다. 그러나 대통령은 일반 정치인과는 달리 정치적 영향력이 가장 강하여 집권당이나 행정부의 일원이 아닌 개인적으로도 국가정책 형성에 관여할 수 있다. 그럼에도 불구하고 대통령은 집권당이나 행정부처에 의존하지 않을 경우 자신의 참모들과 하나의 조직(대통령실)을 이루어 정책형성에 관여한다. 이유는 시간이 부족하고 개인적인 능력에 한계가 있기 때문이다. 대통령 참모들도 국가정책 형성과정에 개인자격으로 관여하는 경우는 드물다. 대통령실내의 의사결정에는 개인자격으로 관여하지만, 국가정책 형성과정에는 개인자격보다는 대통령실을 대변하는 자격으로 관여한다.

　　요약하면, 국가정책형성에 관여하는 주체들은 개인들이 아니고 의회 혹은 행정부라는 단일 주체도 아니며 대통령실, 여야 정당, 행정부처, 전문가집단, 언론기관, 시민단체, 이익집단 등이다.

(2) 추진조직과 참여조직

　　정책형성에 관여하는 조직들은 공식적으로 추진하는 조직(initiators)과 비공식적으로 참여하는 조직(participants)으로 구분할 수 있다. 현대 민주국가에서 국가정책형성을 추진하는 조직은 대통령실, 행정부처, 정당이고, 국가정책형성에 참여하는 조직은 전문가집단, 언론기관, 이익집단, 시민(공익)단체 등이다.

　　추진조직이 국가와 국민들을 위해 정책형성을 주도하는 조직이라면, 참여조직은

자신의 가치관이나 이해관계를 반영하기 위해 정책형성에 영향을 미치려는 조직이다. 참여조직이 국가정책에 반영하려는 가치관과 이해관계만 가지고 있는 조직이라면, 추진조직은 추구하려는 가치관과 이해관계뿐만 아니라 국가정책에 대한 권한과 의무 및 책임까지 가지고 있는 조직들이다. 달리 말하면, 참여조직은 국가정책형성을 주도적으로 추진할 공식적인 권한이 없고 그 결과에 책임도 지지 않으며 필요에 따라 자신의 영향력을 이용하여 자신이 원하는 가치관과 이해관계만 관철하면 그만이지만, 추진조직은 원하든 원하지 않든 법적 혹은 정치적 책임에 따라 국가정책형성에 의무적으로 나서야 하고 그 결과에 대해서도 심판을 받아야 하며, 그런 만큼 정책내용의 결정에 있어서도 권한과 재량권을 가지고 있다.

대통령실, 정당, 행정부처 등은 왜 추진조직이 될 수밖에 없는가? 이유는 다음과 같다.

대통령(혹은 총리)은 국정운영의 최종 책임자로서 법적 소임을 다하기 위해, 혹은 자신이 선거과정에서 제시한 대국민공약을 이행하는 정치적 소임을 다하기 위해 국가정책형성에 주도적으로 나설 수밖에 없다. 대통령(혹은 총리)은 자신의 정책을 집권당이나 행정부처들을 통해 추진할 수도 있으나, 긴급을 요하거나 아주 중요하거나 혹은 특별히 관심을 갖고 있는 정책인 경우 참모조직을 통해 직접 추진하는 경우가 많다.

정당은 자발적인 임의단체로서 그 법적 성격이 이익집단 혹은 공익단체와 유사하다. 따라서 정당은 성격상 참여조직으로 분류할 수 있다. 그러나 정당은 다음과 같은 측면에서 이익집단 혹은 공익단체와는 다르다. 첫째는 선거과정에서 공약을 하고 그 이행에 대해 국민들의 심판을 받는 등 정치적 책임을 진다는 것이고, 둘째는 핵심 구성원이 국가정책을 결정할 수 있는 법적 권한을 갖고 있는 의원들이라는 것이다. 따라서 정당은 선거공약이라는 대국민 약속을 이행하는 것은 물론 소속 의원들의 법적 정치적 책무를 이행하기 위해서라도 국가정책형성에 주도적으로 나설 수밖에 없다.

행정부처는 전통적인 권력분립 이론에 의하면 정책형성의 주도자가 아니라 정책집행의 주도자이다. 그러나 20세기를 거치는 동안 행정부처들은 정책집행은 물론 정책형성까지 주도하기에 이르렀다. 행정부처들이 국가정책형성의 주도자로 등장하게 된 배경은 무엇인가? 행정부처들이 국가정책형성에 필요한 전문지식과 정치력을 키워왔기 때문이다.[11]

---

11) 행정부처 영향력의 원천으로서 Rourke는 전문기술(skills)과 정치적 동원력(mobilization of

    사회가 복잡해짐에 따라 하나의 국가정책을 만드는 데는 많은 전문지식이 필요하
다. 주먹구구식으로 정책을 만들 경우 국가 발전과 국민생활 향상에 대한 기여보다 자
원의 낭비와 사회적 부작용을 초래할 위험성이 과거보다 훨씬 더 커졌기 때문이다. 따
라서 오늘날처럼 복잡한 사회에서는 전문지식을 가지고 있는 자가 국가정책의 구체적
인 내용을 정하는 데 있어서 주도적인 역할을 할 수밖에 없다. 그런데 행정부처들은
내부구조적 특성과 자체 노력에 의해 전문지식을 끊임없이 향상시켜 왔다. 다시 말해,
역할분담을 통해 구성원 각자가 특정분야 유사한 문제들을 반복적으로 처리함으로써
경험에 의한 전문지식을 확보해 왔으며, 더 나아가 내부직원들에 대한 전문교육을 실
시하고 외부 전문가들과 네트워크를 구축함으로써 전문지식을 확보해 왔다. 그 결과
행정부처들은 국가정책형성에 큰 영향력을 행사할 수 있게 된 것이다.
    또한 다원주의 민주국가에서 국가정책형성에 영향력을 행사하기 위해서는 전문
지식만으로는 부족하다. 국가정책형성에는 다수형성(majority building)이 중요하기 때
문에 국민여론, 의회의원들, 이해관계집단, 언론기관 및 전문가집단의 지지를 유도하
고 동원하는 능력이 절대적으로 필요하다. 국가정책형성에 필요한 다수형성은 원래 정
당들, 특히 집권당의 중요한 임무이다. 그러나 행정부처들도 외부 지지세력을 구축하
고 동원하는 정치적 역량을 키워왔다. 즉 행정부처들이 보유한 정보, 예산, 규제 등을
선택적으로 활용하여 우호적인 지지세력을 구축해 왔다. 예를 들어, 뉴스꺼리를 특정
언론인에게 독점적으로 제공하거나 예산을 특정 의원들의 선거구에 좀 더 많이 배분
하거나 규제를 특정 이익집단들에게 유리하게 집행함으로써 수혜자들을 자신들의 지
지자 혹은 대변인으로 만들어 왔다. 그리하여 행정부처들도 정당들 못지않게 지지세력
을 구축하고 동원하는 정치적 능력을 갖추고 있다.
    이처럼 행정부처들은 정부 역할의 확대에 편승하여 전문지식과 정치적 동원력을
꾸준히 향상시켜 온 결과 오늘날 국가정책의 집행을 넘어 형성까지도 주도할 수 있는
역량을 갖게 되었다. 다만, 주도의 정도는 정책이슈 및 정치상황에 따라 다르다.12)
    반면에 전문가집단, 언론기관, 이익집단, 시민단체 등은 국가정책을 적극적으로
주도할 수 없다. 국가정책의 추진을 촉구하고 국가정책에 자신들의 가치관과 이해관계

---

    political support)을 지적하고 있고, Meier는 전문성과 정치적 동원력 이외에 조직의 응집력
    (cohesion), 기관장의 리더십(leadership)과 전략(strategy) 등을 추가로 지적하고 있다(Rourke,
    1976: 15-90; Meir, 1987: 42-75).
12) 행정부처들의 영향력은 정부개혁이나 외교국방 분야보다는 재정경제와 복지 분야에서, 국가비상
    시보다는 평상시에 강하다(Dogan, 1975: 19-20).

를 반영할 이유와 역량은 있으나 국가정책을 직접 추진해야 의무와 권한 및 책임이 없기 때문이다.

5) 추진조직의 관점과 접점의 중요성

국가정책형성과정을 외부적 시각이 아니라 내부적 시각에서 볼 필요가 있다. 다시 말해, 외부 관찰자의 관점이 아니라 내부 추진조직의 관점에서 살펴볼 필요가 있다. 국가정책들을 이들 추진조직들이 상호작용을 통해 만들고 있기 때문이다. 추진조직들간 상호작용의 틀은 각국의 정치행정 체제나 제도에 따라 조금씩 다르다.

국가를 구성하는 하위조직들은 나름대로의 응집력과 자율성을 갖고 각자 자신의 업무수행을 위해 여타 하위조직들과 수시로 접촉하여 상호작용하고 있다. 접점(Contact Point)은 하위조직들 간 상호작용이 불가피하게 발생하는 지점을 말한다. 상호작용은 의견과 영향력의 교환, 그 과정에서 발생하는 협력과 갈등 혹은 경쟁을 말한다. 오직 협력만 있고 경쟁이나 갈등이 전혀 없는 상호작용의 장은 접점이라고 볼 수 없다. 협력만 있는 경우 두 조직은 상호 자율성이 없는 하나의 주체처럼 움직이기 때문이다. 불가피하다는 것은 민주주의 원리 혹은 법령 규정 혹은 업무의 성격 때문에 반드시 발생함을 의미한다. 이 접점은 보는 측면에 따라 다양하게 부른다. 즉 갈등이 발생하는 측면을 보면 균열점(Cleavage)이라 부를 수 있고, 쌍방이 서로 상대방의 정책추진을 저지할 수 있는 측면을 보면 거부점(Veto Point)이라 부를 수 있으며, 정책추진자가 반드시 거쳐야 하는 측면을 보면 통관점(Clearance Point)[13]이라 부를 수 있다.

국가정책형성과정에 관여하는 하위조직들을 추진조직과 참여조직으로 구분하면 접점은 크게 세 가지 유형으로 구분된다. 즉 추진조직들 간의 접점, 참여조직들 간의 접점, 추진조직과 참여조직 간의 접점이다. 추진조직과 참여조직 간의 접점은 행정부처와 이익집단 간의 접점, 정당과 유권자집단 간의 접점 등이 있고, 참여조직들 간의 접점은 사용자단체와 노동자단체 간의 접점, 대기업단체와 중소기업단체 간의 접점, 개발론자와 환경론자 간의 접점 등 다양하다.

민주국가에서 추진조직들 간의 접점으로는 행정부처간 접점, 여야 정당간 접점, 연립여당간 접점, 여당과 행정부처 간 접점, 야당과 행정부처 간 접점, 대통령실과 여당 간 접점, 대통령실과 야당 간 접점 등이 있을 수 있다. 그러나 현실적으로 존재하는

---

13) 통관점 중 법령으로 제도화된 예는 우리나라의 경우 규제도입시 국무조정실내 규제조정관실, 조직개편시 행정안전부 조직실, 예산편성시 기획재정부 예산실, 정부입법추진시 법제처 등.

접점은 정치 제도, 정당의 발달 정도, 정치적 상황 등에 따라 다르다. 행정부처간 접점과 여야 정당간 접점은 대통령제를 채택하건 의원내각제를 채택하건 어느 나라에서나 항구적으로 존재한다. 그러나 집권당과 행정부처 간 접점, 연립여당간 접점 등의 존재 여부는 나라에 따라 다르며, 대통령실과 여당 간 접점, 대통령실과 야당 간 접점, 행정부처와 야당 간 접점 등은 예외적인 상황에서 일시적으로 발생할 수 있다.

먼저, 집권당과 행정부처 간 접점은 양자가 서로 상대적 자율성을 갖고 정책형성을 주도하려고 하는 나라에서 존재한다.

대다수 의원내각제 국가에서는 권력구조상 집권당과 행정부처 간 접점이 존재하지 않는다. 집권당 실력자들이 행정부처 장차관직을 차지하여 관료들을 강력히 통제한 결과 행정부처 관료들이 상대적으로 자율성도 없고 정책형성을 주도하려 하지도 않기 때문이다. 그러나 같은 의원내각제 국가라도 일본에서는 집권당과 행정부 간 접점이 존재한다. 전통적으로 강력한 영향력을 행사해 온 행정부처 관료들은 독자적으로 정책형성을 주도하려는 성향이 강하고, 집권당 실력자인 대신들은 당내 파벌정치에 치중하여[14] 관료들의 통제를 소홀히 해 왔지만 집권당 평의원들이 집권당 정책공약이행을 위해 정무조사회를 통해 관료들의 정책을 통제하려 하기 때문이다. 그 결과 집권당과 행정부처 간에 협력과 갈등이 존재해 왔다.

대통령제 국가 가운데 한국에서는 집권당과 행정부처 간 접점이 존재하나 미국에서는 존재하지 않는다. 이와 같은 차이는 집권당의 특징과 성향 때문이다. 한국에서는 집권당이 응집력이 강하고 평상시에도 집권적 체제를 유지하면서 국정운영을 주도하려는 성향이 강하다. 마찬가지로 행정부처들도 영향력과 자율성이 비교적 강하여 정책형성을 주도하려는 성향이 강하다. 그 결과 집권당과 행정부처 간 협력과 갈등이 지속되고 있다. 집권당은 선거공약의 실현을 위해 행정부처들과의 협력이 필요하고, 행정부처들은 자신들이 독자적으로 작성한 법안들의 국회통과를 위해 집권당과의 협력이 필요하기 때문이다. 반면에, 미국의 집권당은 선거 때만 응집력을 발휘하여 활동하고 평상시에는 집권당으로서 조직적인 정책활동을 하지 않는다. 즉 선거가 끝나면 집권당은 선거과정에서 제시한 정책공약들을 대통령과 의회의원을 통해 실현하려 하기 때문에 집권당이 독자적인 정책추진의 주체로 나서지 않는다. 그 결과 정책형성을 둘러싸고 집권당과 행정부처는 조직적인 협력과 갈등을 벌이지 않는다.

다음, 연립여당간 접점은 정당책임주의가 발달한 국가에서 어느 정당도 원내 과

---

14) 당내 실력자들인 대신들은 총리 도전을 위해 업적쌓기보다 당내 파벌정치에 더 관심이 많다.

반수 획득에 실패하여 정당간 연합을 통해 공동정부가 들어서면 존재한다. 연립여당들의 정책 노선과 입장은 차이가 있다. 양당이 합당하지 않는 한, 이 차이는 사라지지 않는다. 이러한 차이가 있는 정책입장들을 국가정책으로 전환하려 할 때 양당 간에는 긴장과 갈등이 있고 이를 극복하기 위해 상호 협력이 필요하다. 양당 간에는 접점이 존재한다.

마지막으로, 대통령실과 여당 간의 접점, 대통령실과 야당 간의 접점, 행정부처와 야당과의 접점 등은 자주 발생하지는 않으나 대통령이나 집권당이 처한 정치적 상황에 따라 종종 발생한다.

대통령실과 여당 간의 접점은 대통령이 집권당 총재보다는 국가 지도자로서의 소임을 강조할 경우,[15] 대통령이 당내 기반이 약하거나 레임덕으로 집권당에 대한 장악력이 떨어질 경우 발생할 수 있다. 이러한 경우에 대통령이 자신의 정책들을 집권당을 통하기보다는 대통령실을 통해 직접 추진하려 하기 때문에 대통령실과 여당 간에 긴장, 갈등 및 협력이 발생한다. 행정부처와 야당 간의 접점, 대통령실과 야당 간의 접점은 집권당이 원내 다수의석을 확보하지 못한 경우 발생한다. 이 경우 행정부처들이나 대통령실이 소관 입법안의 국회통과를 위해 야당을 직접 상대하는 과정에서 야당과의 접점들이 발생한다.

요약하면, 행정부처간 접점과 여야 정당간 접점은 어느 나라에서나 보편적으로 존재하고, 집권당과 행정부처 간 접점, 연립여당간 접점 등은 일부 나라에서 존재하며, 기타 야당과 행정부처간 접점, 대통령실과 여당간 접점, 대통령실과 야당간 접점 등은 어느 나라에서든 특수한 여건 하에서 일시적으로 존재할 수 있다.

2. 국가정책형성 4단계론

이상의 시각에 의하면, 국가정책 형성과정은 정책내용을 단계적으로 구체화하는 과정이고, 정책내용이 어떤 모습으로 정해지느냐는 어떤 하위조직들이 관여하고 이들 간 접점에서 어떠한 상호작용을 하느냐에 따라 크게 좌우된다. 그런데 하위조직들의 상호작용은 국가시스템의 분화와 통합 메커니즘의 영향을 받고, 정책내용을 구체화하는 과정에서는 분석논리와 정치논리를 피할 수 없다.

---

15) 이 경우 대통령은 자신이 집권당의 총재이더라도 집권당과 일정한 거리를 두면서 집권당의 선거 공약을 그대로 실현하려고 하지 않는다.

현실적으로 어느 나라에서나 국가정책의 형성은 정책이슈와 관련된 주요 하위조직들이 주도한다. 이 하위조직들은 각자가 상당한 정도의 대내적 응집력과 대외적 자율성을 갖고 있는데, 대내적 응집력을 바탕으로 관심 있는 정책이슈에 대해 독자적인 입장을 정립하고, 대외적인 자율성을 바탕으로 자신들의 입장을 최대한 관철하기 위해 상호간에 협력, 경쟁 혹은 갈등을 벌인다. 이러한 현실에 비추어 보면, 국가정책의 형성과정은 기본적으로 국가적 조치가 필요한 정책이슈가 등장하면 관련 부처들과 정당들이 각자 나름대로의 입장을 정하고 이들 입장들을 상호 조정하여 단일안으로 통합한 후 이를 정부의 공식 정책으로 확정하는 과정이다. 이 과정에서 정책의 내용이 실질적으로 정해지는 국면은 각 하위조직들이 주어진 정책이슈에 대해 내부 입장을 정하는 국면(Position Taking)과 이 하위조직들의 입장들이 갈등과 협력을 통해 하나로 조정되는 국면(Position Coordination)이다. 따라서 정책형성의 핵심과정은 정책입장의 정립과 조정이다.

1) 국가정책형성과정의 핵심 단계

(1) 정책입장의 정립

정책입장의 정립(position taking)이란 정책에 포함되어야 할 주요 내용을 잠정적으로 정하는 것을 말한다. 달리 말하면, 하위조직들이 각자 선호하는 정책안을 마련하는 것이다. 잠정적이란 최종적으로 확정된 것이 아니어서 나중에 바뀔 수 있다는 것을 의미한다. 정책내용의 결정에 적극적으로 관여할 필요가 있다고 판단하는 하위조직들은 자신의 관점에서 정책입장을 마련하기 위해 필요한 내부절차를 밟는다.

하위조직들이 관여할 필요가 있다고 판단하는 경우는 두 가지이다. 첫째는 하위조직이 정책이슈의 영향권에 들어 있는 경우이다. 다시 말해, 하위조직은 정책이슈가 자신의 가치관이나 이해관계를 증진시킬 수 있는 기회를 제공하거나 손상시킬 수 있는 위협으로 등장할 때 관여한다. 둘째는 하위조직이 정책이슈에 대해 관할권을 가지고 있는 경우이다. 다시 말해, 하위조직은 정책이슈가 정치적으로든 법적으로든 자신의 권한과 책임의 범위 내에 있을 때 관여한다. 그 결과 영향권에 있거나 관할권을 갖고 있다고 판단하는 하위조직들은 모두 나름대로의 정책입장을 만들기 위한 내부절차에 들어간다.

내부절차를 거쳐 마련한 정책입장(policy position)은 기존 이론에서의 정책대안(policy alternative)과는 다르다. 정책대안은 정책목표 달성에 필요한 수단을 의미하지만, 정책입장은 수단뿐만 아니라 목표, 적용대상, 시행시기, 관할기관 등 가운데 전부 혹은 일부를 포함한 것이다. 그 결과 어떤 정책입장은 목표 혹은 수단만을 포함할 수 있고, 다른 정책입장은 목표와 수단을 함께 포함할 수 있으며, 또 다른 정책입장은 목표, 수단, 대상, 시기 등을 모두 포함할 수도 있다.

내부입장 정립에 있어서 하위조직들 간에는 차이가 있다. 정책내용 결정에 주된 책임이 있거나 주도권을 행사하려는 하위조직들은 두 가지 경향이 있다. 첫째는 정책입장을 비교적 완전한 형태로 정립하는 경향이 있다. 즉 가급적 정책내용의 모든 구성요소(목표, 수단, 시기, 대상 등)에 대해 입장을 정한다. 그러나 주도할 권한이 없는 참여조직이나 주도할 의지가 없는 추진조직은 자신들이 관심을 갖고 있는 요소들에 대해서만 입장을 정하는 경향이 있다. 둘째는 정책입장을 비교적 먼저 정립하는 경향이 있다. 즉 주도권을 잡으려 하거나 주된 책임이 있는 하위조직들은 먼저 내부입장을 정하고, 그렇지 않은 하위조직들은 이들의 입장을 보고나서 자신들의 입장을 정하는 경향이 있다.

(2) 정책입장의 조정

정책입장의 조정(position coordination)이란 정책입장들을 서로 비교한 후 수정하고 보완하여 하나로 통합하는 것을 의미한다. 조정과정에서는 다양한 정책입장들 가운데 특정 입장이 최종 정책내용에 압도적으로 많이 반영될 수는 있으나 정책입장들에 대한 양자택일은 없다. 다수의 하위조직들이 마련한 정책입장들이 모든 면에서 동일한 경우는 극히 드물다. 정책입장들은 대부분 상호간에 유사한 부분과 상이한 부분이 있다. 부분적으로 서로 다른 정책입장들을 취합하여 하나의 최종 정책안을 만들기 위해서는 별도의 통합작업을 거쳐야 한다. 통합작업은 각 정책입장들을 수정하여 차이점을 해소하고 부족한 점을 보완함으로써 최종 정책안에 완결성과 일관성 및 전체성을 부여하는 작업이다.

통합작업에는 수렴과 조정이 있다. 수렴은 추진조직과 참여조직 간의 접점에서 추진조직이 참여조직들의 입장을 수용하여 하나로 통합하는 것을 말하고, 조정은 추진조직 간의 접점에서 서로 다른 입장들을 상호수정하여 하나로 통합하는 것을 말한다. 두 접점에서의 통합과정은 중요하다. 이곳에서 정책내용의 상당부분이 실질적으로 정해지기 때문이다.

그러면 국가정책형성과정을 몇 개의 단계들로 개념화하는 데 있어서 수렴단계와 조정단계를 별도의 단계로 설정할 필요가 있는가? 조정단계는 별도로 설정해야 하나 수렴단계를 굳이 별도의 단계로 설정할 필요는 없다. 그 이유는 두 가지이다.

우선, 절차적 측면에서 조정단계는 모든 정책형성과정에서 일반화할 수 있는 단계지만 수렴단계는 그렇지 않다. 조정작업은 정책형성과정에서 피하거나 우회하기가 쉽지 않고 또한 집중적으로 이루어지는 기간이 있다. 추진조직들은 각자가 가지고 있는 법적 권한이나 정치적 힘을 활용하여 상대방의 입장을 거부할 수 있어서 정책내용을 확정하기 위해서는 상호간 조정을 반드시 거치지 않으면 안 된다. 또한 조정작업은 특정 기간에 집중적으로 이루어진다. 추진기관들의 입장이 정해진 후부터 국가의 최종 정책이 확정되기 전까지 집중적으로 진행된다. 따라서 조정작업은 별도의 단계로 설정해야 한다. 반면에, 수렴작업은 별도의 단계로 설정되는 경우도 있으나 아예 존재하지 않는 경우도 있다. 전자의 경우는 국민들의 이해관계가 크게 걸려있는 정책에 대하여 공청회나 공람을 실시하는 경우이다. 후자의 경우는 국가비상시에 긴급한 결정이 필요한 경우, 정부의 정책추진에 대해 참여조직이 별도의 입장 표명을 하지 않는 경우, 비밀이 요구되는 정책을 추진하는 경우 등이다. 또한 수렴작업은 정책추진의 특정기간에 집중되어 있지 않는 경우가 대부분이다. 정책추진의 모든 단계에 걸쳐 추진조직과 참여조직 간 소통과 수렴이 수시로 지속적으로 진행되기 때문이다. 따라서 수렴작업을 별도의 단계로 설정하는 것은 무리이다.

다음, 내용적 측면에서도 수렴은 조정만큼 중요한 관심사가 아니다. 추진조직들의 정책입장이 수렴과정에서는 크게 변하지 않으나 조정과정에서는 크게 변할 수 있기 때문이다. 추진기관의 입장이 참여조직들의 입장을 수렴하는 과정에서 크게 변하는 경우는 별로 없다. 참여조직들이 근본적인 변화를 요구하더라도 추진조직은 자신의 기본 입장을 변화시키지 않는 범위 내에서 부분적인 수정과 보완을 하는 경우가 대부분이기 때문이다. 그러나 조정과정에서는 여타 추진조직의 입장과 전략에 따라 추진조직의 입장이 크게 변할 수도 있다. 추진조직간 접점에서는 불가피하게 협력과 갈등 혹은 경쟁이 발생하고, 이 갈등과 경쟁에 어떻게 대처하느냐에 따라 추진조직들의 입장이 크게 수정될 수 있기 때문이다.

정책추진조직들이 정책입장 조정을 위해 거치는 접점들과 그 순서는 기본 패턴이 있다. 이 패턴은 국가제도와 주도자에 따라 달라진다.

자유민주국가에서 가장 단순하고 기본적인 패턴은 미국과 프랑스처럼 강력하고 책임있는 정당이 발달하지 않은 나라에서 자주 발견되는 패턴이다. 행정부처가 정책형성을 주도적으로 추진할 경우 먼저 행정부 내에서 부처간 조정을 거치고, 그 다음에 의회에서 여야 정당간 조정을 거친다. 집권여당이나 반대야당이 정책형성을 주도하는 경우 먼저 의회에서 여야 정당간 조정이 이루어진다. 여야 정당간 합의안에 행정부가 이의를 달지 않으면 (법적으로 거부권을 행사하지 않으면) 정책조정은 종결되나 이의를 달면 행정부와 의회 간 조정이 추가로 수반된다.

　반면, 강력한 책임정당이 발달한 영국, 독일, 일본, 한국에서 정책조정의 기본패턴은 좀 더 복잡하다. 한국과 일본처럼 집권당과 행정부처 간 협의조정체제가 잘 발달되어 있는 나라에서 행정부처가 정책을 주도적으로 추진하는 경우 부처간 조정, 당정간 조정, 여야간 조정의 순서를 밟고, 집권여당이 주도하는 경우 당정간 조정, 여야 정당간 조정의 순서로 진행되며, 야당이 주도하는 경우는 여야 정당간 조정, 당정간 조정의 순서로 진행된다. 영국과 독일처럼 당정간 별도의 협의조정체제가 발달하지 않은 나라에서는, 행정부처가 주도하든 집권여당이 주도하든 먼저 부처간 조정, 당정간 조정, 연립여당간 조정이 동시에 진행된 후에 여야 정당간 조정이 이루어지고, 반대야당이 주도하는 경우에는 먼저 여야 정당 간에 조정을 한 다음에 부처간 당정간 연립여당간 동시 조정이 이루어진다. 이들 나라에서는 부처간 조정, 당정간 조정, 연립여당간 조정이 동시에 진행되는 이유는 다음과 같다. 첫째, 집권여당 간부들이 행정부 장차관을 겸임하고 있을 뿐만 아니라 부처간 조정회의에 집권당 원내대표가 참석하고 있어서 부처간 조정과 당정간 조정이 동시에 진행된다. 둘째, 연립정권인 경우 행정부처 장차관직을 연립정당들이 나누어 담당하기 때문에 부처간 조정과 연립여당간 조정은 사실상 중복되는 경우가 많기 때문이다.

　이 기본 패턴은 추가적인 접점의 존재여부에 따라 다양한 변형이 이루어질 수 있다. 대통령실(혹은 총리실)이 독립적으로 정책추진에 나서거나 집권여당이 원내 소수인 경우 조정패턴은 훨씬 더 복잡해진다.

표 2-2 정책조정의 기본 패턴

정책정당화	국가	추진조직	조정 패턴
미약	미국 프랑스	행정부처	부처간 조정 → 여야 정당간 조정 → 의회-행정부 간 조정
		집권여당 반대야당	여야 정당간 조정 → 의회-행정부 간 조정
강력	한국 일본	행정부처	부처간 조정 → 당정간 조정 → 여야 정당간 조정
		집권여당	당정간 조정 → 여야 정당간 조정
		반대야당	여야 정당간 조정 → 당정간 조정
	영국 독일	행정부처 집권여당	부처간·당정간·연립여당간 동시조정 → 여야 정당간 조정
		반대야당	여야 정당간 조정 → 부처간·당정간·연립여당간 동시조정

2) 국가정책형성 4단계

국가정책형성과정에 관한 기존 이론들에서는 <표 2-3>에서 보는 바와 같이 3단계론, 4단계론, 6단계론, 7단계론 등이 있다.

표 2-3 기존 이론들이 제시한 정책형성 단계론

주창자	단계	구체적 단계
합리주의자	6단계	1. 문제 파악 2. 목표 설정 3. 대안 개발 4. 대안 결과예측 5. 대안 비교평가 6. 최적안 선택
Dror(1968)	7단계	1. 자원배분 2. 목표(우선순위) 설정 3. 중요가치(우선순위) 설정 4. 대안 마련 5. 비용편익 예측 6. 대안 비교 7. 최선안 결정
Lasswell(1951)	3단계	1. 정보 단계(정보 수집/분석) 2. 건의 단계(정책안 작성) 3. 처방 단계(최종안 선택)
Jones(1984)	3단계	1. 정책의제 설정 2. 정책안 작성 3. 정책 합법화
Anderson(1979)	3단계	1. 정책의제 선정 2. 정책 형성 3. 정책 채택
Dye(1981)	4단계	1. 사회문제 인지 2. 정책의제 설정 3. 정책 형성 4. 정책 합법화

본서에서는 국가정책형성과정을 4단계로 재구성한다. 즉 국가정책형성과정을 정책입장의 정립단계와 조정단계를 주축으로 하고 기존 문헌에서 제시된 두 단계를 추가하여, 정책의제 선정(Agenda Setting), 정책입장 정립(Position Taking), 정책입장 조정(Position Coordination), 정책조정안 정당화(Agreement Legitimation) 등 4단계로 구성한다. 따라서 국가정책의 형성과정은 국가적 조치가 필요한 정책이슈가 등장하면 관련 부처들과 정당들이 각자 나름대로의 정책입장을 정하고 이들 간에 정책입장들을 상호조정하여 이를 정부의 공식 정책으로 최종 정당화하는 과정이다.

그러면 정책의제 선정 단계와 정책조정안 정당화 단계가 왜 중요한지, 왜 별도의 단계로 추가 설정되어야 하는지, 그리고 각 단계에서 주요 활동은 무엇인지를 설명하면 다음과 같다.

(1) 정책의제 설정

정책의제 설정은 공식적인 해결책을 마련하기 위해 다양한 정책이슈들 가운데 하나를 선정하는 것이다. 즉 다양한 문제들을 인지한 후 해결책을 마련할 대상을 찾아 확정하는 것이다. 정책의제 설정이 왜 중요한가? 그 이유는 두 가지이다. 하나는, 국가적으로 증진되거나 희생되는 가치관과 이해관계를 1차적으로 결정하기 때문이다. 서로 경쟁하는 다양한 문제들 가운데 어떤 문제는 채택되고 다른 문제들은 방치한다는 것은 전자와 관련된 가치관과 이해관계는 증진시키고 후자와 관련된 가치관과 이해관계는 무시한다는 의미이다. 다른 하나는, 의제화에 수반되는 문제 인지, 즉 문제에 대한 시각과 해석에 따라 정책내용이 달라지기 때문이다. 예를 들면, 중소기업 문제를 대기업과의 관계에서 보면 중소기업의 활동영역과 기술을 보호하기 위해 대기업에 대한 규제수단을 동원할 가능성이 크고, 중소기업 내부문제로 보면 중소기업의 경쟁력 강화를 위한 지원수단을 동원할 가능성이 크다.

기존 연구들은 정책의제 선정의 주체를 정부 혹은 정책당국이라는 하나의 주체를 가정하고 있다. 그러나 본서에서는 정책의제 선정의 주체를 둘 이상의 다수로 간주한다. 특정 사회문제에 대해 법적으로든 정치적으로든 권한과 책임이 있는 조직이라면 행정부처든 집권당이든 야당이든 누구나 독자적으로 정책의제를 선정할 수 있다는 것이다. 특정 조직이 정책의제를 선정하는데 있어서 유관 조직들과의 합의가 반드시 필요한 것은 아니다. 하나의 특정 사회문제에 대하여 정당들이나 관련 부처들이 각자 해결하겠다고 나서면 그것으로 여러 주체들에 의해 정책의제로 선정된 것이다.

정책의제 설정이 국가정책형성과정에서 왜 별도의 단계로 설정해야 하는가? 그 이유는 모든 정책형성과정에 정책의제 설정 작업은 반드시 수반되고 그 작업은 특정 기간에 집중되기 때문이다. 어떠한 정부라도 모든 사회문제들을 동시에 해결할 수 있는 역량은 없다. 모든 문제들을 해결할 만큼 인력과 예산이 충분한 것도 아니고, 해결해야 할 문제는 보기에 따라 그 숫자가 무한정일 수 있기 때문이다. 그 결과 정부는 불가피하게 능력의 범위 내에서 일부 문제들의 해결에만 집중할 수밖에 없다. 따라서 모든 정책형성과정에는 해결해야 할 사회문제들을 걸러내는 정책의제 설정 작업이 반드시 존재하기 마련이다. 또한 정책의제 설정작업은 반드시 본격적인 해결책 마련에 들어가기 전에 이루어진다는 것이다. 해결책을 마련하고 다듬어 가는 도중에 의제를 선정할 수는 없다.

이상과 같은 이유로 정책형성절차에 관한 대부분의 이론들은 정책의제 설정을 별도의 중요한 단계로 취급하고 있다. 본서에서도 정책의제 설정을 별도의 단계로 설정한다.

(2) 정책조정안 정당화

정책조정안의 정당화는 정책조정안이 국가정책으로서의 요건들을 충분히 갖추었음을 공식적으로 인정하는 것이다. 즉 최종 조정안에 국가정책이라는 공식적 지위와 권위를 부여하여 구속력을 갖게 하는 작업이다. 그러나 정당화는 정책내용을 새로 정

하거나 변경하는 것은 아니다. 정당화 작업은 왜 중요한가? 왜 정당화 작업을 별도의
단계로 설정해야 하는가?

첫째, 정당화 작업을 거치지 않으면 정책형성이 종결되기 어렵기 때문이다. 즉 정
당화 작업을 거치지 않으면 정치경제적 상황에 따라 조정당사자들이 변심하여 새로운
주장을 하게 되고 그럴 경우 이미 조정된 정책내용이 언제라도 대폭 변경될 수 있는
소지가 있다. 그 결과 정책내용에 대해 끊임없는 논란과 수정이 반복될 수 있다. 따라
서 정책형성과정을 공식적으로 종결하는 상징적 조치가 있어야 한다. 이 종결조치가
정당화 작업이다. 둘째, 정책입장의 조정안이 소수 추진기관들 간 상호작용의 결과이기
때문이다. 조정안은 조정기관들의 이해관계만 반영한 결과이거나 힘 있는 기관의 입장
이 일방적으로 많이 반영된 결과일 수도 있다. 이러한 조정안을 국가정책으로 인정하려
면 그것이 국가정책으로서 바람직한지를 검증할 필요가 있다. 이 검증 작업이 정당화 작
업이다. 셋째, 정당화 작업을 거치지 않으면 조정안에 대한 반대를 막기 어렵기 때문
이다. 정책내용이 정당성을 부여받지 못하면 집행과정에서 반대자들이 불복해도 강제
할 근거가 없게 된다.

정책형성절차에 관한 기존 이론에서는 정당화 작업을 별도의 단계로 취급하는 경
우가 드문데, 본서에서는 이상과 같은 이유로 별도의 단계로 설정한다.

3) 국가정책형성 4단계론의 특징

본서의 국가정책형성절차는 기존의 절차이론들과는 다음과 같은 차이가 있다.

(1) 복합적인 구조

국가정책형성과정에 관한 기존 이론들은 대부분 단일 구조, 즉 하나의 절차로 되
어있다. 다만, 혼합주사모형과 Allison이론은 예외이다.[16] 본서에서 제시한 국가정책
형성과정은 두 가지 차원에서 복합적인 구조를 갖고 있다.

첫째, 거시적 과정과 미시적 과정으로 구성되어 있다. 거시적 과정(Macro or Meta
Process)은 앞서 제시한 4단계 절차, 즉 정책의제 설정, 정책입장 정립, 정책입장 조정,
정책조정안 정당화 등 4단계를 말한다. 반면, 미시적 과정(Micro or Sub Process)은 각

---

[16] 혼합주사모형은 정책결정을 기본적 결정과 세부적 결정으로 구분하고, 각 결정에서 작업내용에
따라 합리적 절차 혹은 점증주의적 절차를 선택해 적용해야 한다고 주장한다. Allison이론은 하
나의 정책을 형성하더라도 일부 작업은 합리적 절차를, 다른 일부는 조직내 표준운영절차를, 또
다른 일부는 관료정치절차를 거치고 있음을 보여준다.

단계에서의 내부절차를 말한다. 상기 정책형성 4개 단계는 각각 내부절차가 있다. 이 내부절차들이 미시적 과정이다.

둘째, 단일주체내 과정과 복수주체간 과정으로 구성되어 있다. 단일주체 내에서 이루어지는 과정은 정책입장의 정립이고, 복수주체 간에 이루어지는 과정은 정책입장의 조정이다. 그러나 정책의제설정은 단일주체내에서 이루어질 수도 있고, 복수주체간 상호작용에 의해 이루어질 수도 있다. 또한 정당화도 후술하는 바와 같이 국민들의 대표기관인 국회 본회의 통과 혹은 대통령의 승인에 의해 이루어지는데, 전자의 경우 복수주체간 과정으로, 후자는 단일주체내 과정으로 볼 수 있다. 정책의제의 설정과 조정안의 정당화가 주로 단일주체 내부과정으로 이루어질지 아니면 복수주체간 상호작용으로 이루어질지는 평상시냐 비상시냐에 따라 혹은 정책에 따라 다를 수 있다.

(2) 동일한 거시 과정

국가정책형성에 관한 기존의 절차 이론들은 이론마다 절차(설정한 단계들)가 다르다. 합리적 절차와 정치적 절차가 다르고, 평상시 절차와 위기시 절차가 다르다. 그러나 본서에서 제시하는 거시적 절차는 모든 유형의 국가정책형성에 동일하다.

첫째, 분석적 합리적 정책형성절차와 정치적 경험적 정책형성절차가 다르지 않다. 즉 분석적이든 정치적이든 정책형성은 모두 상기 4단계를 거친다는 것이다. 다만, 분석적 조정은 실무전문가들이 주도하므로 양 절차의 각 단계에서 주도자들이 보이는 행태와 판단하는 기준이 다를 뿐이다. 둘째, 위기시 정책형성절차와 평상시 정책형성절차가 동일하다. 마찬가지로, 위기시든 평상시든 국가정책형성은 거시적 4단계를 거친다. 다만, 위기시에는 최고책임자와 그 핵심참모들이 주도하므로 양 절차의 각 단계에서 주도자들이 보여주는 행태와 판단하는 기준 등은 다르다.

표 2-4 정책형성 유형별 단계별 행태와 판단기준

단 계	분석적 정책형성	정치적 정책형성
정책의제 선정	- 문제 파악 - 시급성·파급효과	- 여론 파악 - 다수 선호
정책입장 정립	- 편익·비용 반영 - 전체합리성	- 가치관·이해관계 반영 - 부분합리성
정책입장 조정	- 정합성 구축 - 전체합리성	- 관철 추구 - 부분합리성
정책조정안 정당화	- 비용 대비 편익 극대화 - 만장일치	- 승자 지배, 약자 동의 - 다수결

표 2-5 정치적 정책형성의 유형별 단계별 행태와 판단기준

단 계	평상시 정책형성	위기시 정책형성
정책의제 선정	- 요구·불만 파악 - 국민다수의 공감	- 위험·피해 파악 - 주 책임자의 정보
정책입장 정립	- 상황 개선 추구 - 효율성, 부분합리성	- 상황 악화 방지 - 효과성, 전체합리성
정책입장 조정	- 협의조정, 중립조정, 집권조정 - 공평성	- 소집단토론, 집권조정 - 적시성
정책조정안 정당화	- 국민다수의 지지 - 최대다수 혜택	- 최고 책임자의 결단 - 위기 해소

(3) 기능적 활동과 주도 조직의 동시 부각

기존의 절차이론들은 단계간에 기능적 활동들의 차이만 보여 주고 있으나 본서에서 제시한 단계들은 기능적 활동의 차이뿐만 아니라 활동주체들의 차이도 보여줄 수 있다. 다시 말해, 기존 이론들이 제시하는 단계들은 기능적 활동의 차이를 기준으로 설정되었으나, 본서에서 제시한 단계들은 기능적 활동의 차이뿐만 아니라 활동주체들의 차이도 고려하여 설정되었다. 그 결과, 기존 이론들과는 달리 단계가 바뀌면 활동주체도 바뀔 수 있다는 것을 예정하고 있다.

4) 국가정책형성 4단계론의 공헌

(1) 정책조정과 정당화의 중요성 부각

국가정책형성 4단계론은 정책조정을 정책형성과정의 중심축으로 자리매김하고 있다. 그동안 행정학에서는 국가정책형성 현장에서 피할 수 없는 정책갈등과 정책조정에 적극적인 관심을 갖지 않았다. 정책형성과정에 관한 선구적 학자들의 시각에서 벗어나지 못했기 때문이다. 그러나 최근에 행정부처간 정책갈등과 정책조정에 관한 관심이 조금씩 증가하고 있다. 그럼에도 불구하고 아직은 정책조정을 정책형성과정의 일부로 인지하고 있지 않다. 국가정책형성 4단계론은 정책조정을 정책형성과정의 핵심단계로 인지하고 부각시킬 수 있는 틀을 제공해 준다. 또한 국가정책형성 4단계론은 정당화 작업의 중요성을 강조한다. 최종 정책안이 어떻게 마련되었던 간에 국가정책으로서의 요건, 특히 전체성을 갖췄는지 점검이 필요하다는 것이다.

(2) 기존 이론들의 통합과 추가 이론화 방향제시

국가정책형성 4단계론은 정책형성에 관한 대부분의 기존 이론들을 통합할 수 있는 틀을 제공한다. 달리 말하면, 국가정책형성 각각 단계에서의 주요 관심사와 활동을 설명하는데 기존의 대다수 이론들 활용할 수 있다는 것이다. 동시에 국가정책형성을 좀 더 정확하게 설명하는데 어떤 이론들이 추가로 개발되어야 하는지도 가늠케 해준다. 구체적으로 국가정책 형성과정의 각 단계에서 어떤 이론들을 활용할 수 있고 어떤 이론들이 추가로 필요한지를 살펴보면 다음과 같다.

가. 정책의제의 설정

정책의제설정에 있어서 주요 관심사는 어떤 사회문제가 누구에 의해 어떤 절차를 거쳐 어떻게 정책의제로 전환되느냐이다. 이러한 측면들을 이해하고 설명할 수 있는 경험적 연구가 많이 이루어져 있다.

정책의제설정의 주도자에 관한 연구로는 엘리트론, 무의사결정론, 정책선도자 등에 관한 연구(정정길 외, 2010)가 있다. 정책의제설정 절차에 관한 연구는 주도자들이 벌이는 활동의 내용에 따라 단계를 구분한 연구(Cobb, Ross & Ross, 1976; Jones, 1977)[17]와 문제의 성격 변화에 따라 단계를 구분한 연구(Cobb & Elder, 1972; Eyestone, 1978)[18]가 있다. 더 나아가 상황에 따라 중간단계를 건너뛸 수도 있어 사회문제가 정책의제로 전환되는 경로가 다양하다는 연구(정정길, 1988: 299–302),[19] 주도자에 따라 절차가 달라질 수 있다는 연구(Cobb, Ross & Ross, 1976; 최봉기, 2008: 158–163)[20]도 있다.

---

17) Cobb, Ross & Ross는 제기(initiation), 구체화(specification), 확산(expansion), 진입(entrance) 등 4단계를, Jones는 문제의 인지와 정의(perception and definition), 이해관계자의 결집과 조직화(aggregation and organization), 문제의 대표(representation), 의제채택(agenda setting) 등 4단계를 제시하고 있다.

18) Cobb & Elder는 사회문제(social problem), 사회이슈(social issue), 공중의제(public agenda), 정부의제(government agenda) 등 4단계를, Eyestone은 사회문제(social problem), 사회적 쟁점(social issue), 공중의제(public issue), 공식의제(official agenda) 등 4단계를 제시하고 있다.

19) 정정길은 4개 유형론(사회문제 → 정부의제, 사회문제 → 사회쟁점 → 정부의제, 사회문제 → 공중의제 → 정부의제, 사회문제 → 사회쟁점 → 공중의제 → 정부의제)을 제시하고 있다.

20) Cobb, Ross & Ross는 주도자에 따라 의제설정 유형을 외부주도형(outside initiative model), 동원모형(mobilization model), 내부접근모형(inside access model)으로 구분하고, 각 모델에 따라 제기, 구체화, 확산, 진입 등의 정책의제설정 단계가 어떻게 달라지는지를 밝혀주고 있다. 또한 최봉기는 정책의제선정 주체를 민간과 정부로 구분하고, 전자에 의한 의제설정 단계를 제기, 구체화, 확산, 진입 등의 단계로 구분하고, 후자에 의한 의제설정 단계는 문제의 인지, 가의제의 채택과 발표, 국민의 반응과 여론 수렴, 공식의제 채택 등의 단계로 구분하고 있다.

정책의제설정의 전략행태에 관한 연구는 정책의제선정 전반에 대한 거시적 전략
행태에 관한 연구(Jones, 1984: 63-65)21)와 특정 단계에서의 미시적 전략행태에 관한
연구(Cobb, Ross & Ross, 1976),22) 그리고 주도자별 전략행태에 관한 연구(최봉기,
2008: 163-175)23)가 있다. 그 외에 정책의제화의 성공과 실패에 영향을 미치는 요인
에 관한 연구(정정길 외, 2010: 311-317; 최봉기, 2010: 176-188)24)가 있다.

이들 이론들은 현장에서 정치적으로 이루어지는 정책의제설정의 절차와 전략적
행태 및 촉진요인 등 대부분을 이해하고 설명해 줄 수 있는 이론들이다. 그러나 규범
적 분석적 연구는 극소수이고, 그나마 분석적 의제설정의 필요성과 그것이 어려운 이
유를 지적하고 있는 정도이다(정정길, 1988: 327-331). 따라서 어느 상황에서 어떤 사
회문제들이 정책의제로 선정되어야 하는지 그 분석적 선정 절차와 논리에 대한 연구
가 부족하다. 정책이슈가 정치적 방법으로만 의제화된다면 소수집단이 지지하는 정책
이슈들이나 침묵하는 다수가 지지하는 정책이슈들은 의제화되기 어려울 수 있어서 사
회적 불공평이 초래될 수 있다. 이를 시정하기 위해선 전체합리성(comprehensive
rationality)에 입각한 분석적 의제설정의 절차와 논리가 반드시 필요하다.

나. 정책입장의 정립

정책입장의 정립에 있어서 주요 관심사는 정책추진주체들이 어떤 절차에 따라 정
책입장을 정립하고 그 절차에서 어떤 행태를 보이며 정책입장을 최종적으로 확정하는
데 있어서 어떤 기준을 적용하느냐이다. 이러한 측면에 적용할 수 있는 경험적 이론과
규범적 이론은 충분히 개발되어 있다. 그리하여 기존 이론들에 의해 정책입장 정립에
관한 중요한 측면들을 충분히 이해할 수 있을 뿐만 아니라 개선할 수도 있다.

먼저, 정책추진조직내에서 정책입장 정립 절차에 적용할 수 있는 이론은 합리모
형과 조직모형 및 최적모형 등이다. 합리모형과 최적모형에서 제시한 절차25)는 정책
입장 정립의 규범적 분석적 절차로 볼 수 있고, 조직모형에서 제시한 절차26)는 경험적

---

21) 방관전략(let it happen), 후원전략(encourage it to happen), 주도전략(make it happen).
22) 확산전략과 진입전략
23) 사회집단의 전략과 정책기관의 전략 및 공통전략 등
24) 정정길은 주도자의 특성으로 외부인인지 내부인인지 여부와 주도자의 정치적 힘을, 문제의 특성
    으로서 중요성, 단순성, 구체성, 선례유무, 비용과 편익의 분포, 극적 사건과 위기 등을, 정치적
    요소로서는 정치체제의 구조와 운영방식, 정치적 분위기와 이념, 정치적 사건 등을 지적하고 있
    다. 한편 최봉기는 정치체제의 이념과 능력 및 권력구조, 문화환경적 요인, 상황적 요인, 사회문
    제의 성격, 주도자의 성격, 촉매적 변수 등을 지적하고 있다.
25) 문제의 파악과 정의, 목표 설정, 대안 탐색, 결과 예측, 비교 평가, 선택 등의 절차.

실증적 절차로 볼 수 있다.

다음, 정책입장 정립 절차에서 정책추진주체들이 보이는 행태를 이해하는 데 도움이 되는 이론은 합리모형과 최적모형, 조직모형, 점증모형(Wildavsky) 및 쓰레기통모형이다. 합리모형과 최적모형은 분석적 이론이고, 점증모형, 조직모형, 쓰레기통 모형 등은 경험적 이론이다. 합리모형에 따르면 조직구성원들은 완벽과 일관성을 추구하는 행태, 객관적 정보와 분석논리에 따라 움직이는 행태를 보인다.[27] 조직이 모든 정보를 가지고 있고, 전체합리성(comprehensive rationality)이 조직구성원들을 지배한다고 가정하기 때문이다. 최적모형에 의하면, 조직구성원들은 합리적 행태뿐만 아니라 가치판단, 직관적 판단 등 초합리적 행태까지 보인다. 조직(회사)모형에 의하면, 조직구성원들은 갈등을 허용하는 행태, 새로운 탐색과 분석을 회피하고 기존 관행에 따라 움직이는 행태, 불확실성 회피 행태를 보인다.[28] 이유는 인지능력의 한계, 정보의 부족, 조직구성원간 응집력의 부족 등 현실적 제약 때문이다. 점증모형에서는 조직구성원들이 목표와 수단을 동시에 결정하는 행태, 자신들의 관심사에만 집중하는 행태, 합의추구적 행태를 보인다.[29] 능력과 정보, 시간과 비용 등의 제약하에서 움직여야 하기 때문이

---

26) 정형화된 절차(Programmed decision procedure)와 비정형화된 절차(Non-programmed decision procedure), 표준운영절차(Standard Operating Procedure) 등.

27) 그 결과 목표설정에 있어서 목표가 복수이면 우선순위를 설정해 일관성 있는 목표구조를 만든다. 있을 수 있는 대안들을 동시에 모두 마련하고, 각 대안이 가져올 결과를 인과이론에 입각하여 모두 추정한다. 각 대안별로 예측 결과가 목표를 어느 정도 달성할 수 있는지 평가하고, 그 결과를 대안들 간에 비교한 후 목표를 가장 많이 달성할 수 있는 대안을 선택한다.

28) 조직구성원들의 구체적인 행태는 다음과 같다(Cyert & March, 1965: 83-127). 첫째, 갈등의 준해결(Quasi-resolution of conflict) 행태이다. 복수 목표들 간에 일관성을 추구하지도 않고 목표간 갈등을 완전히 해결하지 않은 준해결 상태로 유지한다. 둘째, 문제성 있는 대안탐색(Problemistic search) 행태이다. 기존 정책과 다른 전혀 새로운 대안을 찾으려 하지 않는다. 전형적인 정책의제인 경우 조직의 레파토리 속에서 대안을 찾고, 전형적인 이슈가 아닌 경우에만 새로운 대안을 탐색한다. 새로운 대안을 탐색할 경우에도 근본적이고 장기적인 대안보다는 대증적이고 단기적인 대안을 찾는다. 또한 레파토리 내 대안이든 새로운 대안이든 대안탐색을 순차적으로 하려 한다(Sequential search). 즉 한 번에 하나의 대안만 탐색하고 그 대안을 채택하지 않을 경우에만 다시 찾아 나선다. 셋째, 불확실성 회피(Uncertainty avoidance) 행태이다. 외부 환경이나 먼 미래에 대한 불확실한 장기예측(long-term prediction)보다는 단기환류(short-run feedback)를 활용하려 한다. 넷째, 점증적이고 만족할 만한 대안을 채택하는 행태이다. 레파토리 내에서 사용할 만한 것이 있으면 그것을 약간 수정하여 사용하고, 새로운 대안을 탐색한 경우는 만족할 만한 대안이 발견되면 그것을 채택하고 더 이상 대안탐색을 하지 않는다.

29) 구체적 행태는 다음과 같다(Lindblom, 1959: 79-88). 첫째, 목표에 따라 수단을 결정하기도 하고, 수단에 따라 목표를 설정하기도 한다. 또한 목표에 대해 갈등이 있어도 수단에 대해 합의하면 정책을 채택한다. 둘째, 기존정책보다 약간 개선된 대안을 선호한다. 큰 변화를 야기하지 않아 논란이 발생하지 않고 실패 확률도 적어 채택이 용이하기 때문이다. 셋째, 현행 정책과 다른

다. 쓰레기통 모형에서는 조직구성원들이 자유방임적인 행태, 기회주의적인 행태, 분위기에 휩쓸리는 행태를 보인다.[30] 응집력도 없고 책임자도 없으며 해결에 필요한 정보와 의지도 부족하기 때문이다.

마지막으로, 최종 입장정립에 어떤 기준이 적용되고 있는지, 달리 말해 최종적으로 어떤 정책입장들이 정립되는지를 이해하는 데는 합리모형, 조직모형, 점증모형이 유용하다. 합리모형에 의하면 사회전체의 목표를 최대한 반영한 입장, 조직모형에 의하면 구성원들이 만족하는 입장, 점증모형과 쓰레기통모형에 의하면 구성원 다수가 지지하는 입장이 정립된다는 것이다. 이상을 요약하면 <표 2-6>과 같다.

표 2-6 각 모형에서 밝힌 세부절차와 행태 및 선택기준

	합리·최적모형	조직모형	점증모형	쓰레기통모형

가정	- 잘 조율·통제된
	  응집력있는 조직
	- 완벽한 합리성
		- 하위부서들의
		  느슨한 연합체
		- 제한된 합리성
			- 다원주의 구조
			- 제한된 합리성
				- 조직화된
				  무정부상태

절차	- 문제파악 - 목표설정 - 대안탐색 - 결과예측 - 비교평가 - 선택	- 정형화된 절차(SOP) - 비정형화된 절차	- 기존 유사 대안 - 부분 수정 - 개선여부 평가 - 채택	- 결정요소들의 독자적 등장과 유동 - 점화계기 발생 - 결정요소들의 결합 - 선택

행태	- 일관 목표구조 설정
	- 모든 대안 개발
	- 모든 결과 예측,
	  인과이론 활용
	- 예측결과 평가
	- 최적대안 선택
	- 초합리적 행태
	  (최적모형)
		- 목표 준해결·순차해결
		- 문제성있는 대안탐색
		  (레파토리, 근인우선,
		  순차탐색)
		- 불확실성 회피
		  (단기환류, 환경통제)
		- 만족스런 대안 선택
			- 목표·수단
			  동시결정
			- 점증대안 탐색
			- 점증부분 분석
			- 개선안 선택
				- 간헐적 관여
				  (일시적, 부분적)
				- 선관여 후인지
				  (선호, 수단)
				- 시행착오적 인지
				  (인과관계)
				- 타율적 선택

기준	- 최적화	- 만족	- 다수 지지	- 다수 합의

부분만 분석하려 한다. 복잡하고 어려운 분석 없이 경험상 결과 예측이 가능하기 때문이다.

30) 조직구성원들의 구체적 행태는 다음과 같다. 첫째, 간헐적으로 관여하는 행태를 보인다. 즉 일시적이고 부분적으로 관여한다. 관심과 시간이 있으면 참여하고 그렇지 않으면 빠지고, 재차 참여했다가 또 빠지고를 반복한다. 둘째, 기회주의적인 행태이다. 참여하는 자들은 사전에 자신들의 선호나 적절한 수단에 충분한 준비 없이 참여했다가 논의를 진행하는 과정에서 즉흥적으로 자신들의 선호와 해결책을 인지하여 주장한다. 셋째, 결정에 소극적인 행태이다. 스스로 적극적으로 결정하지 않고 외부 환경의 변화나 압력이 있어야만 마지못해 결정한다.

다. 정책입장의 조정

정책입장의 조정에 있어서 주요 관심사는 추진조직들 간의 정책입장 차이를 누가 어떤 절차를 거쳐 어떻게 줄이느냐이다. 즉 조정기구, 조정절차와 조정행태 등이다.

정책형성에 관한 기존 이론들 가운데 정책입장의 조정에 활용할 수 있는 이론은 극소수다. 조직간 갈등과 조정(Interorganizational conflict and coordination)에 관한 연구는 많이 있으나(Rogers & Whetten, 1982; Alexander, 1995) 정책입장과 연계되어 있지 않다. 즉 조직간 입장의 차이를 줄이는 조정이 아니라 조직간에 발생하는 갈등의 다양한 원인들을 밝히고 갈등해소 방안을 제시하는 연구가 대부분이다. 다만, 의원들의 정책결정에 관한 이론들인 차원이론, 합의이론, 힌트이론 등은 제3자의 집권조정 행태를 이해하고 설명하는 데 부분적으로 유용하다.

갈등당사자간 입장조정에 대한 다양한 이론들은 국제정치학, 경영학, 심리학, 법학 등 타 학문 분야에서 개발되었다. 특히 당사자간 협의조정(negotiation)과 제3자의 중립조정(mediation) 및 제3자의 집권조정(arbitration) 등의 절차와 전략행태에 관해서는 이들 학문 분야에서 다수 이론들이 개발되었다(Rubin & Brown, 1975; Druckerman, 1977; Gulliver, 1979; Zartman & Berman, 1982; Gladstone, 1984; Moore, 1986). 그러나 이 이론들은 민간주체간 조정[31]이나 국가간 조정에 관한 이론들이다. 정부내 정책조정과는 다른 맥락에서 개발된 이론들이다. 따라서 국가의 권력구조와 제도가 크게 영향을 미치는 정부내 정책조정에 이들 이론들을 적용하려면 새로운 맥락에 맞게 수정과 보완을 해야 한다.

조정에 관한 기존 이론들은 경험적 정치적 이론들이다. 경험적 정치적 이론들도 부분적으로 분석적 논리와 행태를 포함하고 있는 경우가 있으나 현재까지 전체합리성(comprehensive rationality)과 분석적 논리에 충실한 조정 절차나 행태를 밝힌 연구는 거의 없다. 좀 더 바람직한 정책조정의 절차를 구축하고 행태를 개선하기 위해서는 분석적 합리적 논리에 입각한 이론을 개발할 필요가 있다.

요약하면, 행정학과 정책학 분야에서 정책입장의 조정에 관한 연구가 크게 미흡하다. 그러나 인접학문 분야에서 부분적으로 차용할 수 있는 경험적 정치적 갈등조정 이론들은 상당수 존재한다. 그럼에도 불구하고 분석적 조정에 관한 연구는 거의 없다.

---

31) 노사간 조정, 기업간 조정, 사회집단간 조정 등.

라. 정책조정안의 정당화

정당화에 있어서 관심사는 누가 어떤 기준에 비추어 정당성이 있다고 승인하느냐 이다. 정당화에 대한 연구는 그리 많지 않지만 최소한의 연구는 되어 있다. 이 연구들 은 정당화를 주된 연구대상으로 한 직접적인 연구와, 정당화에 많은 시사점을 주는 간 접적인 연구로 구분할 수 있다.

직접적인 연구로는 Jones의 연구가 있다. 그는 정당화를 "인정된 원칙이나 이미 받아들여진 기준에 맞는지 확인하는 과정(a process of conforming recognized principles or accepted standards)"으로 정의하고, 정당화의 기준은 다수결 원칙(majority principle)이나 능률성이어야 한다고 주장하고 있다(Jones, 1984: 110－139).[32] 그의 주 장에 따르면 정책내용이 다수결 원칙에 따라 확정되었거나 최소의 비용으로 최대의 효과를 가져 올 수 있으면 정당성이 있다. 그의 논리에 의하면, 다수 지지를 정당화의 기준으로 활용할 경우 정당성을 판단하는 주체는 국민, 의회 및 대통령이고 정당성을 부여하는 절차는 국가적 쟁점정책에 대한 국민투표 절차, 의회 본회의 의결 절차, 대통 령의 사인 절차 혹은 내각회의의 의결 절차 등이며, 반면 능률성을 정당화 기준으로 활 용할 경우 정당성을 판단하는 주체는 전문가이고 정당성을 부여하는 절차는 능률성 분 석 절차이다. 다수형성의 절차와 방법에 대해서는 정치학자들이 연구해 왔고, 사회적 비 용과 편익을 추적하고 비교하는 절차와 방법에 대해서는 경제학자들이 연구해 왔다.

정당화에 대한 간접적인 연구는 공익(public interests)에 관한 연구이다. 공익을 정당화의 기준으로 활용할 수 있기 때문이다. 즉 정책조정안이 정당한지 여부를 공익 에 부합하는지 여부로 판단하는 것이다. 그런데 공익이 무엇이냐에 대해서는 절차적 정의와 실체적 정의가 있다. 전자에 의하면 공익이란 사익들의 총합으로서 사익간 타 협의 결과물이고, 후자에 의하면 공익이란 사익을 초월한 것으로서 공동체가 지향해야 할 최고선을 말한다(이종수·윤영진 외, 2005: 186－187; 김항규, 2004: 400－408). 이러한 공익 개념을 정당화와 연계시켜 해석하면 정당화는 절차적 정당화와 실체적 정당화로 구분할 수 있다. 전자에서는 정책조정안이 올바른 절차를 거쳤으면 혹은 절차적으로 하자 없으면 정당하다고 인정하는 것이고, 후자에서는 정책조정안의 내용 그 자체가 실체적 공익에 맞으면 정당하다고 인정하는 것이다. 올바른 절차는 정치체제에 따라

---

32) Jones는 다수결로서 가장 중요한 것이 의회 다수결이지만 의원들이 불신받는 경우 국민들이 직 접 참여하는 국민 다수결도 중요하다고 주장하고 있고, 또한 복잡한 정책의 경우 전문가들이 판 단한 능률성(최소 비용으로 최대 효과)이 정당화의 기준이 된다고 보고 있다.

다르나 정치적 관점에서 다수결이 그 핵심이고, 공동체의 최고선이 무엇이냐에 대해서는 논란이 많으나 경제학적 관점에서 보면 최소 비용으로 사회적 이익을 최대화하는 것이다. 따라서 공익에 의한 정당화와 Jones가 주장하는 정당화는 일맥상통한다.

요약하면, 정당화 방식은 절차적 정치적 방식과 실체적 분석적 방식이 있다. 절차적 정치적 정당화는 그 본질이 국민다수의 지지를 받아야 한다는 것이므로 정책조정안이 국민투표를 통과하거나 아니면 국민다수의 지지에 의해 선출된 의회 혹은 대통령 혹은 내각회의의 승인을 받으면 정당화된다. 대통령이나 의원들 및 내각회의가 정책입장의 조정에 관여했더라도 정책조정안의 정당화를 위해서는 별도의 정당화 절차를 밟아야 한다. 반면, 실체적 분석적 정당화는 그 본질이 사회적 편익이 사회적 비용보다 커야 한다는 것으로서 정책조정안이 정당화되기 위해서는 비용효과분석을 통과해야 한다는 것이다. 그러나 비용편익만이 실체적 정당화의 기준이 될 수는 없다. 사회적 정의 등 좀 더 다양한 기준들의 제안되고 논의되어야 한다.

국가정책형성 4단계론과 기존 정책형성이론들 간의 관계를 종합하면 다음 <표 2-7>과 같다.

표 2-7 국가정책형성 4단계와 기존 이론들

		정책의제 설정	정책입장 정립	정책입장 조정	조정안 정당화
절차	경험적	- 내부/외부 주도절차	- 점증모형 - 조직모형 - 쓰레기통모형	- 협의조정모형 - 중립조정모형 - 집권조정모형	- 다수지지
	분석적	- 부재 -	- 합리모형	- 부재 -	- 비용효과
행태	경험적	- Cobb, Ross & Ross(1976) - Jones(1984) - 최봉기(2008)	- 점증모형 - 조직모형 - 쓰레기통모형	- 협의조정모형 - 중립조정모형 - 집권조정모형	- Coalition - Log-rolling
	분석적	- 부재 -	- 합리모형	- 부재 -	- 합리적 행태

제3절   정책조정론의 위상과 역할

1. 학문적 위상

정책조정론은 국가정책형성에 관한 연구의 새로운 지평을 넓히는 촉매이다. 즉 정책형성에 관한 연구에서 그 중요성에 비해 지금까지 크게 조명되지 못했던 정책입장, 정책이견, 정책갈등, 조정기구, 조정절차, 조정행태 등을 새롭게 부각시키고 이들에 대한 지속적이고 심층적인 연구를 촉진시킬 수 있다.

더 나아가, 정책조정론은 사회과학 여러 분야에서 연구되어 온 갈등과 조정에 관한 지식들을 국가정책형성과정으로 끌어올 수 있는 통로이다. 국제정치, 경영학, 조직론, 사회학, 심리학 등에서 갈등과 조정에 관해 심도 있는 연구가 진행되어 상당한 지식이 축적되어 있음에도 불구하고 이들 지식이 국가정책형성과정에 관한 논의에서 배제되어 왔는데, 정책조정론은 갈등과 조정에 관한 기존 지식들을 정책형성에 관한 기존 지식들과 융합할 수 있는 틀을 제공해 준다.

2. 실무적 역할

정책조정론은 정책추진 현장에서 피할 수 없는 정책갈등에 대한 관심을 제고하고 그 해결책을 마련하는 데 기여할 수 있다. 정책이슈들이 복잡해져 감에 따라 정책추진과정에서 정책안을 마련하는 것도 쉬운 일이 아니지만 이를 둘러싼 이해관계자들의 입장을 조정하는 것은 더욱 지난한 일이다. 특히 법적으로나 정치적으로 책임이 있는 정책추진기관들은 정책안을 둘러싼 서로 다른 입장을 조정하는 데 많은 시간과 노력을 투입하고 있다. 이 조정의 성패와 적시성에 따라 정책의 운명과 내용 및 효과가 달라지기 때문이다. 그럼에도 불구하고 추진기관들은 정책갈등을 부정적 현상으로 인식하여 수면 아래로 잠수시키는 경우가 많다. 그 결과 조정과정에서 국민전체보다는 추진기관들의 이익, 합리적 논리보다는 힘의 논리가 지배해 왔다. 정책조정론은 이러한 정책갈등을 수면 아래에서 수면 위로 끌어올리고 이에 대한 관심을 집중시킴으로써 정책갈등의 예방과 해소에 필요한 방안들의 개발을 통해 소모적인 갈등은 줄이고 건설적인 갈등을 적절하게 관리할 수 있게 해 줄 수 있다.

제1절 정책조정의 개념

1. 기존 개념정의와 한계

　정책조정(policy coordination)이란 무엇인가? 정책조정의 개념정의와 그 메커니즘을 심도있게 논의한 최초의 학자는 Charles E. Lindblom이다. 그에 의하면 정책조정이란 "한 정책이 다른 정책에 미치는 부정적 여파를 방지(avoid)하거나 줄이거나 (reduce) 상쇄(counterbalance)시키기 위해 관련 정책들을 조율(adjustment)하는 것" (1965)이다. 그 후에도 다수 정책연구자들에 의해 개념정의가 시도되었다. Roland L. Warron은 "조직들간 의도적 상호조율을 통해 각자의 의사결정들이 조화롭게 이루어지도록 하는 것"(1974)이라 정의했고, 이성우는 "다수 부처와 관련된 정책의 결정 또는 집행과정상 일관성 확보의 과정"(1993)이라고 정의했으며, 최근에는 B. Guy Peters가 "정부정책에서 중복(redundancy), 모순(incoherence), 공백(lacunas, 관할회피)을 최소화시키는 것"(1998)으로 정의하고 있다. 한편, 현장 실무자들은 정책조정을 정책추진기관들 간 갈등의 해소로 인식하고 활용해 왔다. 즉 정책조정은 정책을 둘러싼 추진기관들 간의 대립적 상호작용을 해소시키는 것으로 정의하고 있다.

　이러한 개념정의들의 특징과 문제점은 다음과 같다.

　첫째, 정책조정에 대한 기존 개념정의는 소극적 필요성을 중심으로 정의하고 있다.

학자들은 정책조정의 필요성을 정책들 간 중복이나 모순 혹은 부정적 여파를 해소하는 것으로 생각하고 있는데 정책조정의 필요성이 이들에만 국한되지 않는다. 조정(coordination)이란 '함께'라는 의미의 Co와 '순서를 정하다'는 의미의 Ordination이 합쳐진 합성어로서 어원대로 해석하면 "함께 우선순위를 정한다"는 의미이다. 따라서 정책들 간 우선순위 설정은 정책조정의 필요성에서 배제할 수 없는 내용이다. 또한 복수 정책들을 어떻게 추진하느냐에 따라 상호간에 부정적 혹은 긍정적 영향도 줄 수 있다. 정책조정은 소극적으로 부정적 영향을 제거하기 위해서 뿐만 아니라 좀 더 적극적으로 긍정적 영향(시너지 효과)을 촉진하기 위해서도 필요하다. 그러나 기존 개념정의들은 이러한 우선순위 설정과 시너지 창출 등의 필요성을 반영하고 있지 않다. 또한 정책조정의 개념은 현장 실무자들이 생각하는 정책추진기관들 간 대립 해소에만 국한되지 않는다. 좀 더 적극적으로 추진기관간 협력을 유도하기 위해서도 필요하다. Aiken의 주장처럼 "조정은 양립가능성(compatibility)과 협력(cooperation)이 극대화되도록 조직들을 결합시키는 것"(1975)이다. 요약하면, 정책조정은 정책입장간 양립성 제고를 넘어 시너지를 창출하고 정책추진주체간 대립 방지를 넘어 협력을 제고하기 위해서도 필요하다.

둘째, 기존의 개념정의들은 조정(coordination)의 본질에 대한 서술이 불충분하다.

정책조정을 중복, 모순, 부정적 여파 등을 '방지하거나 최소화'하는 것으로 보는 개념정의는 본질의 일부를 서술하고 있다. 방지하거나 최소화하기 위해서는 기존입장을 수정해야 하는데, 기존입장의 수정은 정책조정의 본질 중 하나이기 때문이다. 그러나 부정적 관계의 방지나 최소화를 명분으로 어느 일방이 상대방의 정책입장을 강제력 혹은 다수결에 의해 철회 혹은 폐기시키는 행위를 조정이라고 할 수 있을까? 조정이라면 상대방에 대한 최소한의 배려는 있어야 한다. 상대방의 입장을 고려하지 않는 일방적인 조치는 조정이라 하기 어렵다.[1]

조정의 본질에 대해서는 오히려 일부 조직론자들이 좀 더 구체화하고 있다. 조정(coordination)의 중요성을 최초로 인식한 Gulick은 조정을 "다양한 부분을 상호 연결시키는 업무"로 정의했고(1937), 이후 Jennings도 조정을 "원하는 성과를 달성하

---

1) 서로 상충적인 정책입장들을 당사자들이 상호간에 혹은 일방적으로 어떠한 수정이나 보완 없이 끝까지 주장하다가 다수결로 일방의 정책입장을 선택하고 타방의 정책입장을 폐기하는 경우 정책입장에 대한 조정은 이루어지지 않았지만 정책에 대한 정당화는 이뤄진 것으로 본다. 그러나 상호간 협의를 거쳐 부분적인 수정 보완을 거쳤으나 여전이 갈등이 해소되지 않아 다수결로 처리하면 조정도 이뤄지고 정당화도 이루어진 것으로 본다.

기 위해 자원이나 업무처리절차를 연결시키는 것"(1994)으로 정의했다. 이들은 조정의 개념정의에서 필요성뿐만 아니라 본질적인 요소로서 '상호 연결'을 포함시키고 있다. 정책조정의 개념구성에 있어서 '상호 연결'은 '수정'과 함께 중요한 요소이다. 정책조정은 서로에 비추어 각각의 정책입장을 수정하는 것이기 때문이다.

셋째, 기존의 개념정의들은 정책조정의 결과로서 정책입장들이 어떤 모습으로 변했는지에 대한 서술이 부족하다. 조정된 모습을 '중복과 모순 등 부정적인 요소가 제거된 모습'으로 서술할 뿐 '긍정적인 요소가 가미된 모습'으로 서술하고 있지는 않다. 다만, 일부 조직론자들의 개념정의에서 '조정된 모습'으로 '조화' 혹은 '통합'을 서술하고 있다. 조정을 "집단적인 과업을 달성하기 위해 조직의 서로 다른 부분들을 통합하거나 연결시키는 것"(Van de Ven, Delbecq & Koening, Jr., 1976)으로 보는 개념정의, "일정한 목적을 향하여 여러 구성원의 행동이나 기능을 조화있게 결합하는 작용"(유종해, 2004)으로 보는 개념정의, "공동목표를 향하여 행해지는 모든 부분 활동들을 통합 조화시키는 작용"(박연호, 2000)으로 보는 개념정의가 그것이다.

정책연구자들 가운데 Lindblom과 Warron의 개념정의는 훨씬 진일보한 것이다. 조정의 필요성 뿐만 아니라 본질의 일부를 포함하고 있기 때문이다. 이들이 말하는 '조율(adjustment)'은 '상대방에 대한 배려'와 '연결하여 수정하는 것' 등을 전제하고 있기 때문이다. 그러나 이들의 개념정의도 정책조정을 '유관정책들을 조율하는 것' '각 정책을 상대의 정책에 호응하여 변경하는 것'에 국한시키고 있어서[2] 정책조정의 또 다른 측면을 놓치고 있다. 즉 여러 정책안[3]들을 수정·보완하여 '하나로 통합'하는 것을 정책조정의 개념에서 제외하고 있기 때문이다. 정책조정은 정책집행 단계에서 각 정책들을 그대로 유지하면서 상호간에 조화가 이루어지도록 수정·보완하는 것일 수 있고, 정책형성 단계에서 서로 다른 정책안들을 수정·보완하여 하나로 통합하는 것일 수도 있다.

정책조정의 개념정의에 있어서 이러한 제반 문제점들을 피하면서 연구와 현장소통에 정확성을 기하기 위해서는 정책조정의 핵심적인 내용을 포함시킨 새로운 개념정의가 필요하다.

---

2) Lindblom과 Warron은 '조율(adjustment)'을 '하나의 정책을 관련된 타 정책에 맞게 변경(change)'하는 것으로 보고 있다. 그 결과 조율 후에도 관련 정책의 숫자는 그대로 유지된다.
3) 정책형성과정에서 추진주체들이 제안하여 최종정책으로 확정시키려는 정책초안으로 최종정책에 들어가야 할 내용의 전부 혹은 일부를 포함하고 있다.

2. 새로운 개념정의

정책조정의 개념을 그 필요성과 본질 및 결과 등 핵심내용을 반영하여 좀 더 의미 있고 유용하게 정의한다면 어떻게 할 수 있을까? 이 책에서는 정책조정을 '관련 정책입장들을 통합하거나 조화롭게 하기 위해 정책입장들의 구성요소들을 재구성하는 작업'으로 정의한다. 이 포괄적 개념정의는 '관련 정책입장' '재구성' '조화' '통합' 등 핵심 하위개념들로 구성되는데, 부연 설명하면 다음과 같다.

관련 정책입장이란 어떤 형태로든 일방적으로 혹은 상호간에 영향을 미칠 수 있는 관계에 있는 정책입장들이다. 1개 부처(기획재정부)가 추진하더라도 서로 관련있는 2개의 정책(예, 경제성장 vs 물가안정), 서로 다른 부처(기획재정부, 보건복지부)가 각각 추진하지만 관련있는 2개의 서로 다른 정책(예, 성장정책 vs 복지정책), 하나의 정책이슈(예, 상수원 보호구역 오염방지)에 대해 복수의 부처들(예, 산업자원부 vs 환경부 vs 국토부)이 추진하겠다고 주장하는 서로 다른 정책들(예, 오염기업들에 대한 기술개발 지원 vs 오염기업들에 대한 규제 vs 오염기업들의 재배치) 등이 관련 정책입장들이다.

재구성(reconstruction)이란 원래 구성요소들의 조합(frozen)을 바꾸어(unfreeze) 새롭게 하는 것(refreeze)을 말한다. 정책입장을 재구성한다는 것은 '정책입장의 구성요소들을 수정하거나 바꾸어 원래 정책입장보다는 좀 더 새롭게 달라진 정책입장을 만든다'는 것이고, 정책입장들의 구성요소들을 재구성한다는 것은 서로 관련된 정책입장들을 서로에 비추어 각 구성요소들을 수정하는 것이다. 따라서 관련정책입장들의 재구성은 달리 말하면 정책조정의 본질인 '연계(연결)와 수정'을 의미한다.

통합(integration)이란 융합하여 하나로 압축하는 것이다. 정책입장들을 통합한다는 것은 정책입장들을 넘나들면서 그 구성요소들을 재구성하여 하나의 정책입장을 만든다는 의미이다. A 부처의 정책입장과 B 부처의 정책입장이 있을 때, A 부처가 제시한 목표와 B 부처가 동원하려는 수단을 융합하여 하나의 최종안을 만든 경우, 최종안은 A 부처의 목표와 B 부처의 수단을 중심으로 A 부처 정책입장과 B 부처 정책입장을 재구성한 것으로 볼 수 있다. 통합은 이러한 의미이다.

조화(harmony)란 서로 다르지만 잘 어울린다는 의미이다. 정책입장들을 조화시킨다는 것은 정책입장들을 넘나들지 않고 각각을 재구성하여 정책입장들의 관계를 개선하는 것이다.[4] 넘나들지 않고 각각을 조화롭게 재구성한다는 것은 A 부처는 B 부처의

---

4) 어떤 상태가 개선된 상태이냐는 관점에 따라 달라질 수 있다. 어느 일방에게도 피해를 주지 않는

입장을 배려하여 자신의 목표, 수단, 대상 등을 수정하고, B 부처는 A 부처의 입장을 배려하여 자신의 목표, 수단, 대상 등을 수정하는 것이다. 관계개선은 정책입장간 관계개선과 추진주체간 관계개선으로 구분할 수 있는데, 전자는 정책입장간 양립성을 제고하거나 더 나아가 시너지 효과를 만들어 내는 것을 말하고, 후자는 추진주체간 대립적 상호작용을 완화시키거나 협력을 촉진하는 것을 말한다. 정책입장간 관계를 개선하면 추진주체간 관계도 개선된다.

요약하면, 정책조정이란 관련 정책입장들을 재구성하여 통합 혹은 조화를 이루어 내는 작업을 말한다.

제2절 정책조정의 대상

1. 정책내용과 정책시스템

정책조정이란 정부 정책을 조정하는 것이다. 그러나 정책의 무엇을 조정해야 할 것이냐에 대해서 서로 다른 관점이 있을 수 있다. '조정해야 할 그 무엇'을 정책내용 (policy contents)으로 보는 시각과 정책시스템(policy system)으로 보는 시각이 있다. 전자는 정책의 내용, 즉 목표, 수단, 대상, 시기, 관할권 등을 조정하는 것이고, 후자는 정책을 추진하는 시스템, 즉 구조, 절차, 기준, 행위 등을 조정하는 것이다.

행정학 분야에서 정책갈등 조정이나 사회갈등 조정에 관한 기존 연구들은 조정의 대상으로서 정책시스템을 전제하고 있다. 즉 정책을 둘러싼 추진기관간 갈등조정과 사회집단간 갈등조정에 관한 연구들은 갈등의 원인과 그 해소방안에 집중되어 있는데, 이 연구들은 갈등의 해소방안으로 정책내용간 관계를 개선하는 조정이 아니라 정책시스템간 관계를 개선하는 조정을 연구해 왔다. 정책을 둘러싼 갈등과 조정에 관한 연구가 조직간 갈등과 조정(interorgnizational conflict and coordination) 연구[5]의 연장선에

범위 내에서 타방의 편익이 증진되면 상태가 나아진 것으로 볼 수 있고(예를 들면, pareto's optimality), 일방에게 피해가 가고 타방에게 편익이 가더라도 사회 전체적 편익이 증대되면 나아진 상태로 볼 수 있다(예를 들면, 공리주의자들의 최대다수의 최대행복).

5) 조직간 조정에 관한 주요 연구와 그 결과는 Rogers & Whetten(1982)과 Alexander(1995) 참조.

서 이루어져 왔기 때문이다. 그러나 앞서 개념정의에서 논의한 것처럼 정책조정은 정
책내용을 직접적인 조정대상으로 한다.

2. 정책입장과 상호관계

정책조정은 개념상 정책입장들에 대해 실시한다.[6] 즉 서로 관련된 정책입장들을
재구성하여 그 관계를 개선하는 것이다. 그러면 정책입장이란 무엇이고, 정책입장들
의 관계는 어떤 것들이 있는가?

1) 정책입장의 개념

정책입장(policy position)이란 각 정책추진주체들이 정책내용에 관해 바람직하거나
옳다고 판단하여 잠정적으로 내린 결론을 말한다. 좀 더 부연 설명하면 다음과 같다.

첫째, 정책입장이란 정책내용에 관한 것이다. 정책의 핵심내용이 무엇이냐에 대
한 합의는 아직 없는 것 같다. 대부분 학자들은 정책의 목표와 그 수단을 정책의 핵심
내용으로 간주하고 있고, 일부 학자들은 정책목표와 정책수단 이외에 정책대상자를 포
함시키고 있다(정정길 외, 2010: 46). 그러나 정책을 언제부터 언제까지 어떤 속도로 시
행할 것인지, 정책추진을 어느 기관에서 주도하고 책임져야 하는지도 정책에 포함되어
야 할 중요한 내용이다. 따라서 정책내용의 핵심 구성요소는 정책목표, 정책수단, 대상
범위, 적용시기(속도 포함), 관할책임 등이다.

정책입장은 기존 이론에서의 정책대안(policy alternative)과는 다르다. 정책대안은
대부분 정책목표 달성에 필요한 수단을 의미한다. 그러나 정책입장은 정책목표, 정책
수단, 적용대상, 시행시기, 관할기관 등 가운데 일부 혹은 전부를 포함한 것이다. 그
결과 어떤 정책입장은 수단만을 포함할 수 있고, 어떤 정책입장은 목표와 수단만을 포

---

6) Fisher et al.(1981)는 그들의 저서 *Getting to Yes*에서 협의조정(negotiation) 대상으로 Position
이 아닌 Interest을 강조하고 있다. 즉 position에 스며들어 있는 interest를 확인하여 이를 우선
조정하면 position은 어려움 없이 수정되어 조정된다는 것이다. 이 논리는 이익을 추구하는 기업
등 민간영역에서는 타당할 수 있다. 그러나 공공영역에서는 그 반대이다. 공공영역에서는
Position 조정이 우선시되어야 하고 이해관계 조정은 부차적으로 수반되어야 한다. 행정부처들과
정당들에게 중요한 것은 국민들을 위해 무엇을 할 것인가이다. 따라서 행정부처들이나 정당들은
좋은 정책들의 추진을 전면에 내세우고 그에 수반되는 조직이익은 수면 아래로 내려 놔야 한다.
국민들의 입장에서 행정부처들과 정당들이 조직이익을 위해 정책내용을 조정하는 것은 허용될
수 없고, 정책내용을 조정함에 따라 조직이해관계들이 재조정되는 것은 허용될 수 있다. 그 결과,
행정부처들과 정당들은 position조정을 우선시할 수밖에 없다.

함할 수 있으며, 다른 정책입장은 목표와 시행시기 및 적용대상만을 포함할 수 있고, 또 다른 정책입장은 이 모든 것을 포함할 수도 있다.

둘째, 정책입장이란 정책추진주체들이 각자 독자적으로 판단한 정책내용이다. 즉 각 추진주체들이 자신들의 가치관과 이해관계 및 지식정보에 입각하여 옳거나 바람직하다고 판단한 결과이다. 그 결과 더 나은 정책입장이 등장하지 않는 한 자신들의 정책입장을 끝까지 관철하려고 한다.

셋째, 정책입장이란 확정적인 것이 아니고 잠정적인 것이다. 즉 정책입장은 변할 수 있다는 것이다. 새로 추가된 가치관, 이해관계, 지식정보에 따라 변할 수 있고, 다른 정책입장과의 상호작용을 통해서도 변할 수 있다.

요약하면, 정책입장이란 각 추진주체들이 정책을 통해 어떤 목표를 추구할 것인가, 그 목표를 달성하기 위해 어떤 수단을 동원할 것인가, 정책을 누구를 대상으로 언제 시행해야 할 것인가, 그리고 어느 기관이 책임져야 할 것인가 등에 대해 나름대로의 독자적 판단에 입각하여 정해놓은 유동적인 결론이다. 이러한 정책입장은 현실에서 흔히 정책안으로 불린다. 정부안, 여당안, 야당안 등이 그것이다. 그러나 이미 확정된 신규정책이나 집행중인 기존정책도 정책입장이 될 수 있다. 어떤 이유에서든 조정을 통해 변경의 대상이 되면 정책입장이 되는 것이다.

2) 정책입장의 결정요인

정책조정이 불가피한 이유는 정책입장들이 서로 다르기 때문이다. 동일한 정책이슈에 대하여 추진주체들의 정책입장 간에 차이가 나는 이유는 무엇인가? 그 이유는 각 정책추진주체들의 가치관과 이해관계 및 지식정보가 다르기 때문이다. 좀 더 구체적으로 살펴보면 다음과 같다.

(1) 가치관

정책추진주체들이 추구하는 가치관이 다르면 그들의 정책입장도 달라진다.

정책입장에 크게 영향을 미치는 거시적 가치관들로는 진보와 보수, 개인주의와 집단주의, 국제주의와 민족주의 등이 있다. 좀 더 미시적 가치관들로는 교육 분야에 있어서 인성 우선주의와 일자리 우선주의, 과학기술개발 분야에 있어서 원천기술 우선주의와 응용기술 우선주의, 국토관리 분야에 있어서 개발주의와 보전주의, 문화예술 분야에서 예술문화 우선주의와 대중문화 우선주의, 통상정책 분야에 있어서 자유무역주의와 보호무역주의 등이 있다. 그 외에도 정책에 영향을 미치는 가치관들은 다양하다.

정책추진주체들 간에 이러한 가치관의 차이가 있으면 정책목표, 적용대상 및 정책수단에 대한 입장이 달라진다. 정책목표는 방향(direction) 차원과 수준(degree) 차원으로 구분해 볼 수 있다. 예를 들어, 향후 과학기술개발정책의 주요 목표로서 원천기술개발능력을 10년 내에 선진국의 90%로 끌어올린다고 했을 때, 응용기술개발이 아닌 원천기술개발을 목표로 정한 것은 정책목표의 방향을 말하고, 선진국의 90%로 끌어올린다는 것은 정책목표의 수준을 말한다. 정책목표의 두 가지 차원 가운데 방향차원, 즉 정책목표를 어느 방향으로 잡느냐는 추진주체들의 가치관에 의해 좌우된다. 더 나아가 이러한 정책목표의 방향이 정해지면 부수적으로 정책의 적용대상(예를 들면, 원천기술 연구자)이 정해지는 경우가 많다. 다시 말해 정책추진주체들 간 가치관의 차이가 정책목표의 방향과 그에 따른 적용대상의 차이를 가져온다는 것이다. 또한 가치관의 차이는 정책수단에 관한 입장에도 영향을 미친다. 두 가지 경로를 통해 영향을 미친다. 하나는, 원인진단의 차이를 통해서이다. 즉 정책추진주체들의 가치관이 다르면 문제의 원인진단이 다르고, 원인진단이 다르면 문제해결 수단도 달라진다. 다른 하나는, 정책목표의 차이를 통해서이다. 정책추진주체들이 추구하는 가치관이 다르면 정책목표가 달라지고, 정책목표가 달라지면 그 목표를 위해 동원할 수 있는 정책수단도 달라진다. 요약하면, 정책추진주체들이 추구하는 가치관들은 정책목표의 설정뿐만 아니라 수단의 선택 및 적용대상의 설정에도 영향을 미친다.

(2) 이해관계

정책추진주체들의 이해관계에 따라 정책입장이 달라진다. 구체적으로 보면 정책추진주체들의 이해관계에 따라 주도기관과 적용대상, 정책목표 및 정책수단 등에 대한 입장이 달라진다.

정책추진주체들이 정책에 반영하려고 하는 이익은 고유 이익과 대변 이익이 있다. 고유 이익은 정책추진주체의 생존과 발전에 직결된 이익으로서 정당의 경우 정치적 지지기반 확대와 선거승리이고, 행정부처들의 경우 조직(예산, 인력) 확대와 승진기회 창출 등이다. 대변 이익은 지지세력의 생존과 발전에 직결된 이익이다. 지지세력은 농민, 도시민, 중소기업, 대기업, 부자, 빈자 등 다양하다.

정책추진주체들은 이해관계에 따라 특정 정책을 누가 주도하여 누구에게 적용할 것이냐에 대한 입장을 정한다. 대체로 자신이나 지지세력에 이익이 되면 자신이 주도해야 한다는 입장을 취한다. 그러나 자신이나 지지세력에게 이익이 되지 않으면 주도를 다른 주체에게 떠넘기려 한다. 또한 정책추진주체들은 특정 정책이 지원정책이면 적용대상을 자신들의 지지세력으로 확대하려 하고 규제정책이면 확대하려 하지 않는다.

정책추진주체들은 정책목표에 대한 입장도 자신들의 이익에 맞게 정한다. 각 추진주체들은 정책목표의 방향을 정할 때 표면상 대변 이익을 반영하고 부수적으로 고유 이익을 끼워 넣는다. 그러나 실제로는 고유 이익을 위해 대변 이익을 앞세운다. 정책목표의 수준(degree)을 설정할 때도 가급적 자신들의 이해관계를 반영한다. 정책목표 수준을 높게 설정하면 국민들은 환영할 것이나 실제로 달성하기 어려워 책임추궁을 당할 가능성이 있으며, 정책목표 수준을 너무 낮게 설정하면 정책목표를 100% 달성할 수 있으나 국민들이 만족하지 못하여 어떠한 지지도 기대하기 어렵다. 그 결과 정책목표 수준은 자신들의 평상시 노력보다 약간 더 노력하여 100% 달성한 후 지지를 유도할 수 있는 수준으로 정하는 경향이 있다.

정책수단에 대한 입장에도 정책추진주체들은 자신들의 이해관계를 강하게 반영하는 경향이 있다. 하나의 정책수단은 집행될 경우 여러 방향으로 다양한 크기의 변화를 일으킨다. 즉 정책수단이 초래하는 변화의 방향은 단일하지 않고 다양하며, 각 방향별 변화의 크기도 동일하지 않다. 정책목표를 달성하기 위해 특정 정책수단이 선정되는 이유는 그 정책수단이 초래하는 특정 방향의 변화와 그 크기가 정책목표에 도달하여 바람직한 상태를 만들어내기 때문이다. 정책수단이 가져오는 여러 방향의 변화들 가운데 정책목표 달성에 직접적으로 기여하지 않는 여타 방향의 변화들은 부수적 여파(side effects)라 부른다. 정책수단에 대한 입장을 정할 때 정책추진주체들은 각 정책수단들이 가져오는 목표달성 효과뿐만 아니라 부수적 여파를 동시에 고려하지 않을 수 없다. 정책목표 달성에 크게 기여하더라도 부수적 여파가 자신들의 이익을 훼손하는 정책수단을 피해야 하기 때문이다. 더 나아가 정책추진주체들은 정책목표 달성에 공헌하는 다양한 수단들 가운데 부수적인 여파가 자신들에게 최대한의 이익을 가져다주는 수단을 선호한다. 각 정책추진주체들이 가급적 자신들의 수중에 있는 정책수단들을 동원하려고 하는 이유도 정책수단에 대한 독점적 활용과 통제를 통해 정책목표 달성뿐만 아니라 자신들에게 돌아올 이익을 극대화하고 피해를 최소화할 수 있기 때문이다. 요약하면, 정책추진주체들이 정책목표 달성에 기여하는 정도가 유사함에도 불구하고 서로 다른 정책수단을 선호하는 것은 각 정책수단들의 부수적인 여파가 각 주체에게 주는 이익 혹은 피해가 다르기 때문이다.

그림 3-1 정책입장 결정요인

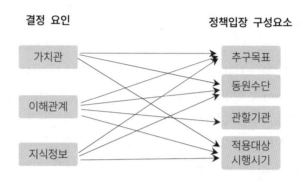

(3) 지식과 정보

각 정책추진주체들의 정책입장은 그들이 추구하는 가치관과 이해관계뿐만 아니라 그들이 활용하는 지식정보에 의해서도 달라진다. 구체적으로 말하면, 어떤 지식정보를 활용하느냐에 따라 정책문제의 원인에 대한 분석, 정책목표의 바람직한 방향과 실현가능한 수준의 탐색, 정책목표 달성에 필요한 수단들의 탐색, 선택한 수단들의 목표달성 효과와 부수적 여파에 대한 분석 등의 결과가 달라지고, 그 결과에 따라 정책의 목표와 수단, 적용대상 및 시행시기 등에 대한 입장이 달라지기 때문이다.

일반적으로 정책입장을 정하는 데 활용되는 지식정보는 과거의 경험과 역사, 미래에 대한 예측, 외국의 성공과 실패 사례, 과학적인 지식, 전문가들의 판단, 일반 국민들의 여론 등이다. 정책추진주체들이 이들 지식정보 가운데 전문가들의 판단에 주로 의존하는지 아니면 일반국민의 여론에 주로 의존하는지에 따라 정책의 목표, 수단, 적용대상 및 시행시기에 대한 자신들의 정책입장이 달라진다. 또한 여론만 활용하느냐 아니면 과거의 역사와 경험, 미래에 대한 예측 정보, 외국의 사례 등까지 활용하느냐에 따라 정책입장이 달라지기도 한다. 따라서 동일한 정책이슈에 대해 정책추진주체들 간에 가치관이나 이해관계가 동일해도 지식정보가 다르면 정책입장도 달라진다.

3) 정책입장간 상호관계

정책조정은 서로 관련이 있는 정책입장들 간에 이루어진다. 정책입장들 간에는 서로 어떤 관계가 있을 수 있는가?

(1) 내용상 관계

가. 중복관계

중복이란 상호간에 동일한 혹은 유사한 부분이 있다는 의미이다. 정책입장들이 중복관계에 있다는 것을 각 추진기관들이 주장하는 목표, 수단, 대상, 시기 및 관할권 중 일부가 동일하거나 유사하다는 것이다.

나. 경합관계

경합이란 서로가 동시에 원하는 것을 상대방보다 좀 더 많이 차지하기 위한 노력이다. 경합은 목표, 수단, 대상, 시기, 관할 등 정책내용의 모든 요소를 둘러싸고 발생한다. 각 추진조직들은 자신이 제안한 목표와 수단을 관철하려 하고 자신이 선호하는 대상과 시기로 결정하려고 하며 자신에게 이득이 되는 정책이슈들만 관할하려고 하는 경향이 있다. 경합관계란 정책입장들 가운데 하나가 최종 정책으로 선택되거나 최종 정책에 좀 더 많이 반영될 수밖에 없는 관계이다.

경합이 발생하는 이유는 각 추진조직들이 원하는 것을 상대방으로 인해 원하는 대로 확보할 수 없기 때문이다. 예를 들면, 권한(관할권)과 자원(수단)은 크고 많을수록 좋다. 정책을 추진하기 편리하고 성공시키기도 용이하기 때문이다. 그러나 권한과 자원은 한정되어 있다. 따라서 한정된 권한과 자원을 둘러싸고 추진조직들 간에 경쟁이 벌어진다. 대상과 시기도 마찬가지이다. 추진조직 각자가 원하는 대상과 시기에 정책이 시행되면 자신에게 유리한 결과(outcomes)를 만들어 내는 데 유리해지기 때문이다. 그러나 상대방이 대상과 시기를 달리 주장할 경우 원하는 대로 될 수가 없다. 그 결과 서로 자신이 원하는 대상과 시기를 관철하기 위해 경쟁한다.

경합은 승패(Zero sum)경합과 비승패(Nonzero sum)경합으로 구분할 수 있다. 전자는 경합의 결과 한쪽이 모두 차지하고 다른 쪽은 하나도 차지하지 못하는 승자독식의 경합이고, 후자는 한쪽이 많이 차지하고 다른 쪽은 적게 차지하는 분배적 경합이다. 예를 들어, 정책이슈에 대한 관할권 경합에 있어서 추진조직들이 독점적 관할권을 확보하기 위해 경합하면 승패 경합이고, 어느 조직이 주도하고 어느 조직이 협력하느냐를 놓고 경합하면 비승패 경합이다.

다. 보완관계

보완이란 원래 부족한 부분을 보충하여 완전하게 해주는 것이다. 정책입장간 보완관계란 일방적으로 혹은 상호간에 긍정적인 영향(positive impacts)을 줄 수 있는 관

계이다. 좀 더 구체적으로 말하면, 상호 연계시키면 효과가 증대되거나 비용이 줄어드
는 관계이다. 보완관계가 발생하는 원인은 정책입장간에 정(+)의 인과관계가 있기 때
문이다. 정책입장간에 이러한 인과관계가 없으며 보완관계는 성립하지 않는다.

　　보완관계는 목표나 수단을 중심으로 발생한다. 인과관계는 각 정책입장이 주장하
는 서로 다른 목표들간, 서로 다른 수단들간, 혹은 일방의 목표와 타방의 수단 간에 발
생한다. 예를 들면, 정책입장(A)의 목표가 정책입장(B) 목표의 수단이 되어 정책입장
(B)의 목표를 달성하는 데 기여하면, 정책입장(A)가 정책입장(B)를 일방적으로 보완하
게 된다. 이와 동시에 정책입장(B)의 목표달성이 정책입장(A)의 목표달성에 기여하면
정책입장(A)와 정책입장(B)는 상호 보완관계이다. 또한 정책입장(A)의 수단이 정책입
장(A)의 목표에 긍정적 영향을 미치지만, 정책입장(B)의 목표에도 긍정적 영향을 미칠
수 있다. 이는 정책입장(A)가 정책입장(B)를 일방적으로 보완하게 된다. 이와 함께 정
책입장(B)의 수단도 정책입장(A)의 목표에 유사한 영향을 미치면 정책입장(A)와 정책
입장(B)는 상호 보완관계이다.

　　보완관계는 대상이나 시기 및 관할을 둘러싸고 발생하지는 않는다. 대상간, 시기
간, 관할기관간, 혹은 대상과 시기 간에는 인과관계가 성립하지 않기 때문이다. 대상,
시기, 관할 등은 조건변수는 될 수 있으나 독립변수나 종속변수가 될 수는 없다.

라. 상충관계

　　상충이란 서로 충돌하는 것을 말한다. 정책입장들이 상충관계에 있다는 것은 정
책입장들이 일방적으로 혹은 상호간에 부정적 영향(negative impacts)을 주고 있다는
의미이다. 다시 말해, 상대방의 목표달성을 어렵게 하거나 목표달성의 효과를 상쇄하
는 관계이다.

　　상충관계가 발생하는 원인도 정책입장간 부(−)의 인과관계가 있기 때문이다. 정
책입장간 이러한 인과관계가 성립하지 않으면 상충은 없다. 상충관계도 보완관계와 마
찬가지로 목표와 수단을 중심으로 형성되고, 대상과 시기 및 관할을 둘러싸고 형성되
지는 않는다.

(2) 형태상 관계

　　정책입장은 정책안, 신규정책, 기존정책 등의 형태를 갖고 있다.[7] 이에 따라 정책

---

7) 정책안이란 최종 확정되기 이전에 유관기관들이 주장하는 정책초안을, 신규정책은 최종 결정된
　후 집행 이전의 정책을, 기존정책은 이미 집행 중에 있는 정책을 지칭한다.

입장 간의 관계도 그 형태상 정책안 간의 관계, 신규정책 간의 관계, 기존정책 간의 관계, 정책안과 신규정책 간의 관계, 정책안과 기존정책 간의 관계, 신규정책과 기존정책 간의 관계 등이 있다.

정책조정은 이들 관계를 개선하는 것이다. 하나의 신규정책을 추진하는데 관련기관들이 각자 정책안을 제시하면 정책안들 간에 조정이 필요하고, 특정 정책영역에 종합프로그램을 마련하게 되면 다수 신규정책들이 추진되는데 이 신규정책들 간 조정이 필요하며, 정책들을 집행하는 과정에서 일방적으로 혹은 상호간에 부정적 영향을 미치게 되면 기존정책들 간에 조정이 필요하다. 또한 신규정책이 기존정책에 영향을 미칠 수 있으면 신규정책과 기존정책 간에도 조정이 필요하다.

3. 정책갈등

1) 정책갈등의 개념

정책조정이 요청되는 1차적 이유는 정책을 추진하는 현장에서 발생하는 갈등 때문이다. 정책조정은 정책갈등이 발생한 경우 이에 대해 실시한다. 그러면 정책갈등이란 무엇이고, 그 원인과 유형으로는 어떤 것들이 있는가?

정책갈등은 정책내용 측면에서 보면 정책입장간 양립하기 곤란한 상황을 말하고, 추진기관 측면에서 보면 정책을 둘러싼 추진기관들 간의 대립적 상호작용을 말한다. 양립하기 곤란하다는 것은 정책입장들이 수정되지 않는 한 양자택일해야 하고 어느 것을 선택하더라도 상당한 후유증이 수반되는 상황을 말한다. 대립적 상호작용이란 추진기관간에 비방, 배척, 방해, 경쟁, 투쟁 등의 일부를 수반하는 상호작용을 말한다. 이는 서로 양보하지 않고 자신의 정책입장을 관철하려는 의지가 강할 때 발생한다. 정책조정의 대상은 이러한 정책갈등이다. 즉 정책입장간 양립불가능한 관계뿐만 아니라 정책추진기관간 대립적 상호작용을 포함한다.

이하에서는 정책갈등의 원인과 유형을 살펴본다.[8] 이 원인과 유형이 중요한 이유

---

8) 기존 문헌에서는 정책갈등의 원인이 다양하게 제시되어 왔다. 몇몇 주요한 원인들로서 i) 상호의존성, 목표의 차, 기술에 대한 믿음의 차, 자원의 희소성(Pfeffer, 1981: 68−70), ii) 목표의 양립불가능성, 관할권 중복, 활동의 상호의존성, 자원을 둘러싼 경쟁(Campbell, 1984: 198), iii) 정책문제에 대한 관점과 정책적 이해관계 및 고객의 차이, 관할영역 확대 시도, 부처간 협력규칙에 대한 불만(김영평·신신우, 1991: 312−316), iv) 상이한 정책지향, 관할권 중복, 자원확보 경쟁, 의사소통상 문제(이성우, 1993 : 30), v) 상호의존성, 목표나 대안의 양립불가능성, 가치나 이해

는 그에 따라 정책조정 과정이나 방식이 달라질 수 있기 때문이다.

2) 정책갈등의 원인과 조건

정책갈등이 발생하는 원인은 정책추진기관들 간에 정책입장이 같지 않다는 데 있다. 정책입장이 같으면 정책갈등이 발생할 소지가 없다. 하나의 정책이슈에 대해 복수의 정책입장들이 마련되든[9] 혹은 서로 연관된 정책이슈들[10]에 대해 각각 서로 다른 정책입장들이 마련되든 이들 유관 정책입장들 간에 차이가 있어야 갈등이 발생할 수 있다. 정책갈등의 근본 원인은 앞서 지적한 정책입장을 서로 다르게 만든 원인, 즉 정책입장 제안자들 간 가치관, 이해관계 및 지식정보의 차이에 있다.

그러나 정책입장이 다르다고 해서 곧바로 정책갈등으로 비화하지는 않는다. 서로 다른 정책입장이 정책갈등으로 전환되려면 두 가지 조건이 충족되어야 한다. 첫째, 정책입장들이 상호간에 배타적이거나 피해를 줄 수 있어야 한다. 즉 정책입장들이 경쟁관계 혹은 상충관계에 있어야 한다. 정책입장들이 달라도 그들간에 보완적이면 정책갈등은 발생하지 않는다. 둘째, 각 추진기관들이 자신들의 정책입장을 끝까지 관철하여 최종 정책에 반영하려는 강한 의지를 가지고 있어야 한다. 정책추진기관들이 상호 적응적 태도(mutual adjustment)를 보이면 갈등은 발생하지 않는다.

3) 정책갈등의 유형[11]

(1) 갈등주체별 유형

국가정책형성과정에서 정책추진의 핵심 주체는 행정부처들과 정당들이다. 정책갈등은 이들 사이에서 발생한다. 따라서 정책갈등을 주체를 기준으로 구분하면 행정부처

관계 요인(주재복·홍성만, 2001 : 276-277.), vi) 제도적 요인(정책목표의 차이, 관할권의 중첩, 법령과 제도의 미비, 자원과 권한에 대한 경쟁), 행태적 요인(정책이념의 차이, 정책담당자의 잦은 교체와 단기 가시적 성과 지향, 부처이기주의), 환경적 요인(가족주의적 정치행정 문화, 이념 간 세대간 대립구조, NGO의 활성화)(이시경, 2003: 187-194) 등이 제시되었다.

9) 관할권이 중복되거나 모호하여 관련 부처들이 각각 정책안을 마련하는 경우, 주무부처의 정부안에 여당이나 야당이 독자적인 정책대안을 마련하는 경우 등이 이에 해당된다.

10) 예를 들면, 개발정책(국토해양부, 지식경제부)과 환경정책(환경부), 과학기술개발정책(교육과학기술부)과 산업정책(지식경제부), 외교정책(외교통상부)과 국방정책(국방부) 등.

11) 기존 연구에서는 정책갈등의 유형으로, i) 이념적 갈등과 이해관계적 갈등(Boulding, 1988), ii) 정책지향에 관한 갈등, 관할권에 관한 갈등, 정책결정규칙에 관한 갈등(김영평·신신우, 1991) 등이 제시되고 있다.

간 갈등, 정당간 갈등, 집권당과 행정부 간 갈등이 있다. 또한 갈등을 벌이는 주체들의 숫자에 따라 양자간 갈등과 다자간 갈등이 있다.

(2) 갈등원인별 유형

정책갈등을 근본 원인에 따라 구분하면, 가치관 갈등, 이해관계 갈등, 오해에 의한 갈등 등으로 유형화할 수 있다. 가치관 갈등은 지향해야 할 이념 혹은 옳고 그름에 대한 판단 기준의 차이로 인해 발생하는 갈등이고, 이해관계 갈등은 이익의 증진 혹은 손실의 방지를 둘러싼 갈등이다. 오해에 의한 갈등은 지식정보가 충분히 소통되지 못해 당사자 간에 오해가 생겨 발생하는 갈등이다.

(3) 갈등대상별 유형

정책갈등을 그 대상에 따라 구분하면, 추구목표 갈등, 동원수단 갈등, 적용대상 갈등, 적용시기 갈등, 관할권 갈등 등으로 구분할 수 있다.

제3절　정책조정의 유형

1. 분석적 조정과 정치적 조정

정책조정은 동원되는 논리와 수단에 따라 분석적 합리적 조정(analytic rational coordination)과 정치적 경험적 조정(political empirical coordination)으로 구분할 수 있다. 전자는 조정자들이 전체합리성(comprehensive rationality)에 입각해 분석 논리(analytic logic)에 따라 조정하는 것이고, 후자는 부분합리성(parochial rationality)에 입각해 정치 논리(political logic)에 따라 조정하는 것이다. 부연 설명하면, 분석적 합리적 조정은 지식정보와 시간 등이 충분히 확보된 상황에서 당사자들의 영향력이나 전략과는 관계없이 객관적 분석을 통해 조정하는 방식인 반면, 정치적 경험적 조정은 지식정보와 시간 등이 부족한 상황에서 당사자들의 영향력과 전략에 입각하여 조정하는 방식이다. 양자간 차이를 구체적으로 보면 다음과 같다.

조정과정에서 추구하는 이익과 목표를 보면, 분석적 조정에서는 국가전체의 이익이지만, 정치적 조정에서는 조정자들 각자의 이익이다. 정치적 조정은 당사자간 갈등

해결을 주목적으로 하는 반면, 분석적 조정은 갈등해결은 물론 시너지 창출도 주목적으로 한다.

핵심 조정대상을 보면, 분석적 조정에서는 갈등당사자들이 제시한 정책내용이지만, 정치적 조정에서는 정책내용뿐만 아니라 갈등당사자들의 이해관계도 포함한다. 즉 분석적 조정에서는 당사자들의 이해관계를 무시하고 표면적으로 나타난 정책내용 그 자체만을 조정한다. 정책내용 자체를 조정함으로써 당사자들간 이해관계가 재편될 수 있다. 그러나 정치적 조정에서는 당사자들의 숨은 이해관계를 고려하면서 정책내용들을 수정하여 이견을 해소한다.

조정방식을 보면, 분석적 조정은 객관적 지식정보와 합리적 논리에 입각하여 각각의 입장을 수정·보완하는 방식으로 이루어지는 조정이고, 정치적 조정은 당사자들의 영향력과 전략에 입각하여 입장에 대한 양보를 주고받는 방식으로 이루어지는 조정이다.

조정에 임하는 태도를 보면, 분석적 조정분석적 조정에서는 조정자들이 서로 다른 정책입장들을 수정·보완하여 조화 혹은 통합을 도모하려 하는 반면, 정치적 조정에서는 조정자들이 주고받기를 통해 자신들의 정책입장을 최대한 관철하려 한다. 그러나 관철에는 합의도출이, 조화와 통합에는 일관성 유지가 제약으로 작용한다. 즉 관철은 합의도출이 가능한 범위 내에서 추구되고, 통합은 서로 다른 입장 간에 일관성이 유지되는 범위 내에서 이루어진다.

표 3-1 분석적 조정과 정치적 조정

	분석적 조정	정치적 조정
추구하는 합리성	전체 합리성	부분 합리성
조정의 주목적	갈등해결 + 시너지구축	갈등해결
조정의 방식	수정 보완	주고 받기
조정의 대상	정책내용	이해관계+정책내용
조정의 태도	조화 혹은 통합	관철

2. 당사자 조정과 제3자 조정

정책조정은 조정주체에 따라 당사자 조정과 제3자 조정으로 구분된다.

당사자 조정은 이견이 있는 당사자들끼리 직접 스스로 조정하는 것이다.[12] 당사

---

12) 당사자 조정은 또한 상호작용의 양태에 따라 상호적응(mutual adjustment)와 협의조정

자 조정은 다시 당사자의 숫자에 따라 양자 조정과 다자 조정이 있다. 전자는 쟁점정책과 관련된 2개 기관들간의 조정이고, 후자는 3개 이상 기관들간의 조정이다. 일반적으로 양자간 조정에는 대체로 밀고당기는 논리(push and pull)가 작용하고, 다자간 조정에는 공감구축 논리(consensus building)가 작용한다.

　제3자 조정은 제3자가 당사자들 사이에 개입하여 조정하는 것이다. 제3자 조정도 제3자의 역할에 따라 세분할 수 있다. 즉 제3자가 중립적 위치에서 당사자들의 입장들을 조정하는 중립조정(mediation, 중조)과 제3자가 당사자들의 입장을 청취한 후 최종조정안을 마련하여 통보하는 집권조정(arbitration, 집조)으로 구분할 수 있다.13)

(negotiation)으로 구분할 수 있다. 전자는 갈등당사자들이 상대방의 입장을 참고하여 자신들의 입장을 자발적으로 수정함으로써 조정하는 것을 말하고, 후자는 갈등당사자들이 상호작용을 통해 서로가 각자의 입장을 수정하여 합의를 도출함으로써 조정하는 것을 말한다.

13) 이견이나 갈등 조정에 관해 Coordination, Negotiation, Arbitration, Mediation 등의 개념들이 사용되고 있다. 이 용어들을 어떻게 번역할 것인가? 우리나라에서 Coordination은 정치학 행정학에서 오래전부터 조정(調整)으로 번역해 왔고, 그 의미는 '조화롭게 하는 것'으로 이해되어 왔다. Negotiation은 경영학에서 협상(協商)으로 번역해 왔고, 그 의미는 당사자간 商去來에서 합의를 도출하는 것으로 이해되어 왔다. 법학에서 Arbitration은 재판(裁)에 버금가는(仲) 것이라 하여 仲裁라 번역했고, Mediation은 제3자가 중간에서 화해시켜 갈등을 정지시킨다는 의미에서 調停이라 번역했다.

　그러면 우리나라 정치학 행정학에서 Coordination을 調整이라고 번역한 관례를 따른다면, Negotiaton, Mediation과 Arbitration을 어떻게 번역하는 것이 바람직한가? Negotiation을 '협의조정(協議調整)'으로 번역한다. 協商은 말 그대로 商去來(이해관계)를 협의하는 것인데, 경영학에서와는 달리 정치행정학에서의 Negotiation은 이해관계에 국한되지 않고 가치관 등 다양한 사항들을 협의하여 조화롭게 하는 것이기 때문이다. Mediation은 中間에서 중립적으로 調整한다는 의미의 '중립조정(中立調整)'으로 번역한다. Coordination을 조정(調整)으로 번역하고 있는 상황에서 mediation을 조정(調停)으로 번역하면 우리말에서는 혼란이 발생하기 때문이다. Arbitration은 '집권조정(集權調整)'으로 번역한다. 정치행정에서 당사자들 간에 해결이 안 되면 상관이 나서서 당사자들의 입장을 청취한 후 자신의 입장을 반영한 권위적인 해결책을 제시하여 갈등을 해소하는 경우가 많은데, 이러한 행위는 영어의 Arbitration 혹은 Hierarchical decision에 가깝다. 정치행정 분야에서의 Arbitration을 제3자와의 계약을 통해 이루어지고 판단기준이 법규정인 仲裁란 법조 용어로 번역하는 것은 무리이기 때문이다. 오히려 갈등해결 권한을 당사자들에게서 상관으로 집권화시켜 상관으로 하여금 조정하게 한다는 의미의 '集權調整'으로 번역하는 바람직하다. 집권조정(Arbitration)과 유사한 개념으로 재판(Adjudication)이 있다. 양자는 제3자가 갈등당사자들의 주장을 청취한 후 권위적인 해결책을 만들어 따르도록 명령함으로써 갈등을 해결한다는 점에서는 동일하다. 그러나 해결책 마련시 재판에서는 법령을 적용하지만 집권조정에서는 집권조정자의 판단을 적용한다는 점에서 양자는 차이가 있다.

3. 통합조정과 병행조정

정책조정은 조정안의 단일화 여부에 따라 통합조정과 병행조정으로 구분할 수 있다.
통합조정이란 다수의 정책입장들을 하나로 통합하는 조정이다. 즉 하나의 정책이
슈에 대해 추진기관들이 제안한 서로 다른 정책안들을 하나의 정책안으로 압축하는
조정이다. 정책안들을 하나로 통합하기 위해서는 서로 다른 정책안들을 내부모순 없이
일관성 있게 하나로 합쳐야 한다.

병행조정은 각자 독자적으로 추진되는 정책들의 관계를 상호 수정을 통해 개선하
는 조정이다. 즉 정책들이 서로 양립가능하고 차별화되도록 하는 것이다. 병행조정은
관련정책들을 양립가능하도록 그 관계를 재정비하거나, 추진기관들이 각자 마련한 정
책들을 일관성있는 종합대책(policy package) 혹은 통합계획(joint plan)으로 묶을 때 필
요한 조정이다. 병행조정은 다시 이미 집행중인 정책들 간에 문제가 생겨 조정하는 기
존정책간 조정, 새로 추진할 정책들 간에 문제가 예상되어 실시하는 신규정책간 조정,
새로 추진할 정책이 기존 정책과의 관계에서 문제가 예상되어 실시하는 신규정책과
기존정책 간의 조정으로 세분할 수 있다.

4. 사전 조정과 사후 조정

정책조정은 조정시점에 따라 사전 조정과 사후 조정으로 구분할 수 있다. 사전 조
정은 정책입장들 간의 차이가 드러나기 전에 실시하는 조정이다. 즉 유관기관들이 각
자 정책입장을 정립하는 과정에서 상호간 의견교환 혹은 상호 조율(mutual adjustment)
을 통해 서로 양립하기 어려운 정책입장들이 만들어지지 않도록 예방하는 것이다. 사
후 조정은 정책입장들 간의 차이가 드러난 이후에 실시하는 조정이다. 즉 이미 드러난
정책입장들 간의 차이를 상호 수정을 통해 해소시키는 것이다.

5. 소극적 조정과 적극적 조정

정책조정은 추구하는 목적에 따라 소극적 조정과 적극적 조정으로 구분할 수 있
다. 소극적 조정은 정책입장간 양립불가능성을 해소하기 위한 조정이고, 적극적 조정
은 정책입장간 시너지 창출을 위한 조정이다.

제**2**부

정책조정
일반론

제4장
정책조정목적론

제1절 개관

   정책조정의 목적은 세 가지 측면에서 찾을 수 있다. 우선, 정책의 내용 측면이다. 즉 정책내용상 양립불가능한 부분이 있으면 정책의 효율성을 떨어뜨려 자원의 낭비를 초래한다. 따라서 자원의 효율적 활용은 정책조정의 1차적 목적이다. 다음으로, 정책추진의 과정 측면이다. 정책추진과정에서 정책갈등을 피할 수 없는데 이 갈등은 부작용을 초래할 수도 있고 편익을 가져올 수도 있다. 정책조정의 2차적 목적을 이 부작용을 줄이고 편익을 활용하기 위한 것으로 설정할 수 있다. 마지막으로, 정책추진주체들 간 관계 측면이다. 정책을 적극적으로 추진하기 위해서는 정책추진주체들 간 적정수준의 경쟁과 협력이 요구된다. 그런데 경쟁이 파괴적 대립으로 발전하면 정책추진이 불가능해진다. 따라서 정책조정의 3차적 목적을 정책추진주체들 간 경쟁을 하더라도 파괴적 대립을 막고 거시적 협력관계를 유지하기 위한 것으로 설정할 수 있다. 이 목적들을 구체적으로 설명하면 다음과 같다.

제2절 자원의 효율적 활용

정책을 추진하는 데는 지식정보, 예산, 인력, 시간 등 많은 자원이 투입된다. 정책조정의 중요한 목적은 정책들에 투입되는 자원을 효율적으로 활용하기 위한 것이다. 이는 정책들 상호간에 중복관계와 경합관계 및 상충관계를 해소하고 보완관계를 강화함으로써 가능하다. 따라서 정책조정의 세부 목적은 정책내용의 중복을 없애고, 정책간 우선순위를 설정하며, 상호간 부정적 영향을 차단하고 더 나아가 시너지를 창출하는 것이다.

1. 중복 제거

중복 제거는 내용이 유사한 정책들을 중복해서 추진하지 못하도록 하는 것이다. 유사한 정책들을 경쟁적으로 중복 추진하면 국가 전체적으로 자원 낭비를 초래하고 국민들의 부담을 가중시키기 때문이다. 배분정책의 경우 유사한 정책들의 중복 추진은 특정분야에 필요 이상의 자원을 과잉투입하여 자원의 낭비를 초래하고, 규제정책의 경우 유사한 정책들의 중복 추진은 국민들을 중복 규제하게 되어 국민들에게 불편과 부담을 가중시킨다. 따라서 이러한 불합리를 줄이기 위해 정책입장들 간 중복을 제거하는 정책조정이 필요하다.

2. 우선순위 설정

우선순위 설정은 정책들의 중요성이나 시급성에 따라 순서를 매기는 것이다. 정책들 중에는 당시의 상황에 따라 좀 더 중요한 정책이 있고 덜 중요한 정책이 있으며, 좀 더 시급한 정책이 있고 덜 시급한 정책이 있다. 정책에 투입할 수 있는 자원은 한정되어 있다. 한정된 자원을 효율적으로 사용하려면 균등 배분이 아니라 선택과 집중이 필요하다. 즉 여러 정책들을 국가목표나 주어진 상황에 맞게 우선순위를 설정하여 순위가 높은 정책에 자원과 노력을 집중 투입하면 정책들의 효율성을 향상시킬 수 있다. 따라서 정책입장간 우선순위 설정을 위한 정책조정이 필요하다.

3. 상충 방지

상충 방지는 정책간 서로 상충적인 부분을 제거하는 것이다. 상충적인 정책들은 상호간에 부정적인 영향을 주고받으면서 각 정책의 효과를 서로 상쇄시켜 정책들의 전체적인 효과를 기대 이하로 떨어뜨린다. 따라서 정책효과의 상쇄를 막기 위해 정책간 상충적인 부분을 제거하기 위한 정책조정이 필요하다.

4. 시너지 창출

시너지 창출은 정책들이 시너지를 창출할 수 있도록 정책간 보완관계를 구축하는 것이다. 원래 시너지(synergy)란 synthesis와 energy의 합성어로서 노력을 합침으로써 발생하는 상승효과를 말한다. 즉 지식정보, 시스템, 기술, 시설 등을 원래 목적뿐만 아니라 다방면으로 공유할 때[1] 발생하는 기대 이상의 성과 향상이나 비용 절감을 말한다. 정책들도 잘 연계하여 추진하면 시너지효과가 발생하는 경우가 많다. 특정 정책의 목표, 수단, 적용대상, 집행시기 등에 수정을 가하여 타 유관정책과 연계시키면 유관정책의 효과를 제고하거나 비용을 줄이는 데 도움을 줄 수 있다.

예를 들어, 저소득층 지원 정책과 재래시장 활성화 정책을 추진할 경우, 전자의 주요 내용은 저소득층의 생활수준 향상을 위해 공공요금 할인과 생필품구입 쿠폰을 제공하는 것이고, 후자의 주요 내용은 재래시장 고객유치를 위해 인접지역내 백화점 진입 규제와 시장현대화자금 저리 융자 등이다. 양 정책은 일견 서로 관련이 없어 보인다. 그러나 저소득층에게 제공되는 쿠폰을 재래시장에서만 사용할 수 있도록 하면 저소득층 지원정책이 재래시장 활성화 정책에 상당한 기여를 한다.

정책들을 연계 추진하면 그 총효과는 독자적으로 추진했을 때 발생하는 총효과보다 더 크게 된다. 정책들을 개별적으로 추진함으로써 시너지 효과를 포기하는 것은 국가적 손실이 아닐 수 없다. 따라서 시너지 창출을 위해 정책들을 연계시키는 정책조정이 필요하다.

---

1) 예를 들면, 연관성이 큰 기업과 대학 및 연구소가 한 곳(cluster)에 모여 정보와 지식 및 시설 등을 상호 공유하거나, 상호 보완적인 기업들이 결합을 통해 기술이나 판매망을 공유하는 것.

제3절   정책갈등의 건설적 관리

정책조정의 또 다른 목적은 정책갈등을 건설적으로 관리하는 것이다. 이 목적을 좀 더 세분하면, 한편으로는 정책갈등의 부작용을 막기 위한 것이고, 다른 한편으로는 정책갈등의 순기능을 활용하기 위한 것이다. 정책조정을 통해 정책갈등을 적시에 해소해야만 정책갈등의 부작용을 막을 수 있고 정책갈등의 순기능도 활용할 수 있다.

1. 정책갈등의 부작용 방지

정책갈등을 방치하면 부작용이 발생한다. 정책조정의 목적은 정책갈등을 해소하여 그 부작용을 방지하는 것이다. 정책갈등이 해소되지 않을 때 발생할 수 있는 부작용은 갈등관계에 있는 정책들이 어떻게 처리되느냐에 따라 달라진다. 구체적인 내용은 다음과 같다.

1) 갈등 미해소 추진시 부작용

정책갈등이 해소되지 않은 채 정책들이 각자 추진되는 경우, 자원의 낭비, 국민들의 부담 및 집행상 혼란 등을 초래할 수 있다. 중복 혹은 경쟁 관계에 있는 정책들을 조정 없이 추진하면 자원이 상당부분 낭비된다. 이는 국민들의 부담으로 이어진다. 또한 상충적인 정책들을 조정 없이 추진하면 각 정책들의 효과가 서로 상쇄되어 자원이 낭비되고 정책들 간에 일관성이 없어 정책집행 현장에서 일선공무원들과 국민들에게 혼란을 준다.

2) 갈등 미해소 지연시 부작용

정책갈등이 해소되지 않아 정책추진이 지연되는 경우, 자원 낭비뿐만 아니라, 국민들의 불만, 정부내 응집력 약화, 국론 분열 등을 초래한다. 정책갈등으로 인해 정책이 적기에 집행되지 않으면 수혜집단들의 불만이 커진다. 또한 정책갈등이 필요 이상으로 지속되면 정책추진비용이 증가하고 정책추진기관간 신뢰가 약화되며 국민들 사이에 찬반 분열을 초래할 수 있다.

3) 갈등 미해소 중단시 부작용

정책갈등으로 인해 정책추진이 도중에 중단되는 경우, 자원의 낭비는 물론 정책추진주제들 간 책임공방, 국민들의 불신과 비난, 정책추진력 약화 등을 초래할 수 있다. 정책갈등으로 인해 지금까지 준비해 왔던 정책안들이 흐지부지되면 그동안 투입된 자원이 낭비될 뿐만 아니라 정책추진주체간 책임 공방과 국민들의 불신과 비난이 수반된다. 더 나아가 정책추진 중단과 책임 공방이 발생하고 국민 비난이 반복되면 정책추진주체들이 향후 정책추진에 대한 의욕과 자신감을 잃을 수 있다.

이상의 논의를 요약하면, 정책갈등이 적시에 해소되지 않으면 자원의 낭비와 국민부담 증가는 물론 집행과정에서의 혼란, 정책추진기관들의 응집력과 추진력 약화, 국민들의 불만과 대정부 불신, 국론 분열 등을 초래할 수 있는데, 정책조정의 목적은 정책갈등을 적시에 해소하여 이러한 부작용을 방지하는 것이다.

2. 정책갈등의 편익 확보

정책조정의 목적에는 정책갈등의 부작용을 방지하는 것뿐만 아니라 정책갈등의 편익을 확보하는 것도 포함된다. 전통적으로 갈등은 예외적이고 병리적 현상이기 때문에 발생해서는 안 된다는 시각이 지배적이었다.[2] 그러나 갈등은 부작용만 있는 것은 아니다. 1956년 Lewis A. Coser가 갈등의 긍정적인 측면을 주장[3]한 이래 많은 후속연구[4]가 이루어져 오늘날에는 갈등은 자연스러운 것이며 양면적 측면, 즉 역기능과 순기능[5]을 동시에 갖고 있는 것으로 인식되고 있다. 따라서 정책조정은 정책갈등의 부

---

2) 예를 들면, Morton Deutsch(1949), "A Theory of Cooperation and Competition," *Human Relations*, vol.2 ; Rensis Likert and Jane Likert(1976), *New Ways of Managing Conflict*. New York : McGraw−Hill; Kenneth W. Thomas & Louis R. Pondy(1977), "Toward an Intent Model of Conflict Management Among Principal Parties," *Human Relations*, vol.30.

3) Lewis A. Coser(1956), *The Functions of Social Conflict*, Glencoe III. : The Free Press.

4) Henry Assael(1969), "Constructive Role of Interorganizational Conflict," *Administrative Science Quarterly*, Vol.14, No.4; Donald Nightingale(1976), "Conflict and Conflict Resolution," in George Strauss(ed.), *Organizational Behavior: Research and Issues*, Belmont: Wordsworth Publishing Co.; R. A. Cosier & D. R. Dalton(1990), "Positive Effects of Conflict: A Field Assessment," *The International Journal of Conflict Management*, Vol.1.

작용 방지뿐만 아니라 그 편익의 확보까지도 목적으로 해야 한다. 정책갈등의 편익을 활용하기 위해 정책조정자들은 정책갈등을 무조건 방지하려고만 할 것이 아니라 정책갈등을 유도6)한 후, 적기에 성공적으로 조정해야 한다. 정책갈등의 부작용을 방지하기 위해서는 사전 조정이 중요하고, 정책갈등의 편익을 확보하기 위해서는 사후 조정이 중요하다. 그러면 정책갈등의 편익이란 무엇인가?7) 정책갈등 과정에서 어떤 일이 있기에 그러한 편익이 발생하는가?

1) 정책실패 가능성 축소

정책갈등은 정책실패의 가능성을 줄여줄 수 있다. 즉 정책갈등은 정책추진주체들의 편견과 독단에 의한 판단착오를 줄이고 논리적으로 좀 더 타당한 정책을 수립할 수 있는 기회를 제공하기 때문이다.

정책갈등이 발생하면 갈등당사자들은 자신의 입장을 관철하기 위해 상대방 입장의 문제점을 지적하고 자신의 입장이 왜 우수한지 증명하기 위한 토론과 논쟁을 벌인다. 이러한 토론과 논쟁 과정에서 보다 많은 지식정보와 합리적 논리가 동원되는데, 이 정보와 논리가 정책문제의 본질을 좀 더 정확하게 이해할 수 있게 하고, 정책목표의 적정성을 판단할 수 있게 하며, 정책 목표와 수단 간 인과관계의 타당성을 제고할 수 있게 해준다. 그 결과, 갈등당사자들의 제한된 지식정보와 판단에 입각해 마련된 각 정책입장들은 상당 부분 수정되어 좀 더 합리적이고 타당한 정책으로 전환될 수 있다. 즉 정책갈등은 보다 설득력 있는 지식과 정보 및 인과이론에 입각하여 정책을 수립케 함으로써 편향된 지식과 정보 및 인과이론으로 인한 정책실패의 가능성을 줄여준다.

2) 정책에 대한 종합대응 촉진

정책갈등은 개별적 이익보다 전체적 이익을 고려하는 종합적 대응을 가능케 한

---

5) 정책갈등의 역기능은 정책갈등을 적시에 조정하지 못했을 때 초래되는 부작용이고, 정책갈등의 순기능은 정책갈등을 적시에 조정했을 때 발생하는 편익이다.

6) 이를 위해 Devil's advocate를 지정하는 경우도 있다. Devil's advocate는 정책형성과정에서 항상 다수의 입장에 반대의 입장을 제기하여 정책논쟁과 갈등을 유도하는 역할을 담당하는 사람이다.

7) Ragall(1974)은 정책결정과정에서 갈등의 순기능을 다음과 같이 정리하고 있다(김영평, 2002: 122-123에서 재인용). i) 갈등당사자들이 자신에 유리한 정보와 상대방에게 불리한 정보를 다양하게 공개함으로써 정책정보의 풍부한 투입과 왜곡을 막아 정책판단의 객관성을 높이고 정책대안들을 확대시킨다. ii) 지엽적 편견을 배제하여 정책의 합리성을 높인다. iii) 이해관계자들의 민주적 참여를 촉진시키고, 사회적 약자의 이익을 대변해 줄 가능성을 증대시킨다. iv) 국지적이고 특수한 이익을 초월하여 광범한 공익형성의 기회를 촉진시킨다.

다. 정책갈등은 각 추진기관들에게 정책입장들의 장단점들을 비교할 수 있는 기회를
제공하는데, 이러한 비교를 통해 각 추진기관들은 상대방 입장의 장점과 자기 입장의
단점도 발견하게 된다. 그리하여 각 추진기관들은 갈등을 거치는 동안 자신의 입장을
일방적으로 관철하려는 초기의 태도에서 벗어나 여러 입장들을 두루 반영할 필요성을
인정하게 된다. 그 결과 정책갈등을 통해 부분적 대응책들이 종합적 대응책으로 전환
될 수 있다.

3) 정책혁신 유발

정책갈등은 정책의 변화와 혁신을 가져 올 수 있다. 다시 말해, 국가발전에 필요
한 혁신적 변화를 야기하는 원동력이 될 수 있다. 정책갈등 과정에서 갈등당사자들은
상호간에 서로 다른 정책입장들에 관한 비판과 방어를 하게 되는데, 이러한 논란을 통
해 정책문제 해결과 관련하여 미처 생각하지 못한 새로운 차원과 시각을 발견할 수 있
고, 그 결과 각자가 제시한 것보다 좀 더 창의적이고 혁신적인 정책안들을 마련할 수
도 있다.[8] 이러한 새로운 차원과 시각 및 창의적인 정책안들이 마련되면 정책혁신으
로 이어질 수 있다.

이상의 논의를 요약하면, 정책갈등은 정책실패를 막고 정책문제에 종합적으로 접
근할 수 있게 하며 정책혁신을 가져올 수 있으므로 정책갈등을 원천적으로 차단하는
것보다 적시에 해결하는 것이 중요하다. 경우에 따라서는 정책갈등의 편익을 얻기 위
해 정책갈등을 전략적으로 조장할 수도 있어야 한다.

제4절 정책추진기관들 간 거시적 협력 제고

정책추진기관들 간에는 미시적인 경쟁과 갈등이 불가피하지만 동시에 거시적인

---

8) 사회심리학에서 창의성에 관한 충돌이론이 있다. 이 이론에 의하면 창의성은 서로 이질적인 생각
들을 충돌시킬 때 발생하는 spark, 즉 제3의 아이디어라는 것이다. 또한 창의성은 주어진 문제를
기존 상식에서 벗어나 새로운 시각에서 해석하는 과정에서 발생하기도 한다. 따라서 창의적이고
혁신적인 정책은 정책갈등 과정, 즉 서로 다른 정책입장들이 충돌하는 과정에서 구상될 수 있다.

협력도 절실히 필요하다. 정책추진기관들은 당해 정책문제뿐만 아니라 향후 다양한 정책문제들을 공동으로 해결해야 하기 때문이다. 거시적 대승적 협력관계가 구축되어 있지 않으면 경쟁과 갈등이 상호 파괴적 대결을 초래하여 국정운영을 마비시킬 수 있다. 따라서 정책추진기관들이 국가정책들을 원활히 추진하기 위해서는 경쟁과 갈등을 벌이더라도 대승적 협력관계를 유지하고 있어야 한다.

대승적 협력관계를 유지하기 위해서는 상호관계의 기저에 최소한의 신뢰가 쌓여 있어야 한다. 즉 경쟁과 갈등 속에서도 상호 신뢰는 항상 유지되어야 한다. 이러한 신뢰구축의 핵심은 경쟁과 갈등 과정에서 상대방을 일방적으로 제압하여 승리하려는 태도를 버려야 한다. 상대방에 대한 최소한의 배려와 존중은 있어야 한다. 다수결이나 정치적 힘으로 상대방을 일방적으로 압박하면 신뢰는 쌓이지 않는다. 더 나아가 쟁점정책들에 대한 갈등이 지나치게 확대되기 전에 적절한 수준에서 조정되고 이러한 조정이 일상화되면 정책추진기관들 간에 신뢰가 쌓이고 장기적 협력이 가능해진다. 그 결과, 정책대결이 빈번해지거나 장기화되지는 않는다.

요약하면, 원활한 정책조정은 정책추진기관간에 불가피한 경쟁과 갈등이 상호파괴적 대립으로 전환되는 것을 막고 상호신뢰를 누적시킴으로써 안정적인 협력관계를 구축하기 위해서도 필요하다. 즉 정책조정의 목적에는 단기적인 갈등 해소는 물론 장기적 협력관계 구축도 포함된다.

제5장
정책조정수단론

제1절 정책조정수단의 개념과 개발

1. 정책조정수단의 개념

정책조정수단이란 무엇인가? 정책조정을 위해 사용하는 수단이다. 정책조정이란 제3장에서 정의한 것처럼 정책입장들 간 통합 혹은 조화를 구축하거나 추진주체들 간의 갈등을 완화시키는 작업이다. 수단이란 무엇인가? 수단은 문제해결 방식이고 그 본질은 반복적으로 사용할 수 있다는 것이다. 문제해결을 위해 반복적으로 사용하는 방식들이란 어떤 것들인가? 기준, 제도, 조치 등이다.[1] 따라서 정책조정수단의 개념을 정책조정의 목적과 수단의 본질을 충실히 반영하여 정의하면, "정책입장들 간 통합 혹은 조화를 구축하거나 정책추진주체간 갈등을 완화시키기 위해 반복적으로 사용할 수 있는 기준, 제도 혹은 조치"이다.

그러면 정책조정에 동원되는 모든 수단들을 정책조정수단으로 볼 것인가? 이 곳에서는 활용 그 자체만으로도 조정효과를 유발하는 수단만을 정책조정수단으로 간주한다. 정책조정에 동원되는 수단이지만 그 자체만으로는 조정효과를 가져오지 못하면

---

1) 이곳에서 기준은 원칙(principle), 표준(standard), 준칙(norms, rule), 지침(guideline) 등을 의미하고, 제도는 일정한 기준들에 따라 상호작용하는 틀이나 일을 수행하는 방식이 구조화 (structured)된 것이며, 조치는 특정목적을 위해 설계된 행위(designed action)를 의미한다.

정책조정수단으로 간주하지 않는다. 또한 정책조정기구와 정책조정절차 및 정책조정 전략은 정책조정에 동원된다는 측면에서 넓은 의미의 조정수단으로 볼 수 있지만, 좁은 의미에서는 조정수단으로 간주하지 않는다.

2. 수단개발의 근거와 필요성

수단론의 성립 근거는 수단의 목적독립성이다. 목적과는 별도로 수단이 개발될 수 있다는 것이다. 즉 일반적으로 목적이 먼저 설정되고 그에 맞는 수단이 개발되지만 (수단의 목적종속성), 이와는 반대로 장차 추구할 목적을 위해 수단을 먼저 개발할 수도 있다는 것이다.[2]

왜 정책조정수단을 개발해야 하는가? 사회가 복잡해짐에 따라 다양한 정책들이 서로 얽히고 설켜 조정의 수요와 중요성이 커지고 있다. 이러한 상황에서 정책조정의 수단들을 정책조정의 목적과는 별개로 개발하려는 이유는 수단을 반복적으로 활용하기 위해서이다. 즉 정책조정이 필요한 상황에 직면하여 매번 그에 적합한 조정수단을 새로 개발하여 활용하기보다는 미리 다양한 조정수단들을 개발해 둔 다음, 필요할 때마다 적합한 조정수단을 선택하여 활용하기 위해서이다. 그렇게 함으로써 정책조정에 소요되는 시간과 노력을 줄이고 적시성 있는 조정을 할 수 있기 때문이다.

3. 수단개발의 논리

현재까지 정책조정 현장에서 어떤 수단들이 어떻게 활용되고 있는지에 대한 논의와 연구가 본격화되지 않고 있다. 그 결과 학문적으로나 실무적으로 정책조정수단이라고 거론되고 있는 것은 거의 없다.[3] 그러나 정부는 정책조정을 위해 직간접적으로 이런저런 다양한 조치들을 취해 왔다. 이들 가운데 어느 것을 어떻게 정책조정수단으로 자리매김할 것인가? 또한 정책조정수단을 새로 개발한다면 어떻게 개발할 수 있는가?

---

2) 경제학에서는 오래전부터 재정(세입세출)과 금융을, 행정학에서는 규제와 보조금을 주요 정책수단으로 간주하고 이들에 대해 독립적으로 연구해 왔다. 정책형성이론에서는 조직모형(SOPs), 쓰레기통모형(Olsen's Garbage Can Model)과 그 변형인 정책흐름모형(Kingdon' Policy Stream Model) 등이 정책수단을 정책목표와 별개로 개발되고 존재할 수 있음을 보여준다.

3) 다만, EU에서 국가간 정책조정수단으로 개방형조정방식(OMC, open method of coordination)을 연구하고 활용하고 있다(Regent, 2003; Borras & Kerstin, 2004; 안두순, 2004; 김기환·김재훈·김성훈, 2008).

이곳에서는 다음과 같은 작업을 통해 정책조정수단들을 개발하여 제시한다.

첫째, 다양한 전략을 동원하여 탐색한다. 정책조정수단을 탐색하는 가장 일반적인 전략은 기존 지식이나 현장 경험을 활용하여 새로운 조정수단을 창조하는 것이다. 그러나 이에 국한될 필요는 없다. 좀 더 쉬운 방법으로 다른 목적의 수단을 검토하여 정책조정의 효과가 있으면 정책조정수단으로 편입할 수 있고, 다른 목적에 사용되는 수단을 일정부분 수정할 경우 정책조정의 효과가 있으면 정책조정수단으로 활용할 수 있고, 서로 다른 용도의 수단들을 융합하여 정책조정수단으로 재창조할 수도 있다. 따라서 정책조정수단의 탐색 전략을 새로운 노력과 아이디어를 투입하는 정도에 따라 i) 재해석을 통한 편입 전략, ii) 수정을 통한 용도전환 전략, iii) 융합을 통한 창조 전략, iv) 지식을 이용한 창조 전략 등으로 구분할 수 있다. 이곳에서는 이상 네 가지 전략에 따라 정책조정수단들을 탐색한다. 즉 각 전략의 논리에 따라 조정수단들을 발굴 혹은 창조한다.

둘째, 탐색된 조정수단들에 대한 의미분석과 유형화이다. 탐색된 조정수단들을 각각 독립적인 수단으로 자리매김하려면 내용상 중복을 없애고 나름대로의 특징을 분명히 해야 한다. 조정수단간 중복을 없애기 위해서는 조정수단들에 대한 의미 분석 (meaning analysis)이 필요하다. 의미상 중복이 많은 수단들은 하나로 통합하고, 중복이 없으면 별개의 수단으로 확정한다. 특징을 밝히는 방법은 다양하다. 이곳에서는 조정수단 하나하나를 개별적으로 심층분석하여 개별적 특징을 부여하기보다는 유형화 (typology)함으로써 조정수단들의 개략적 특징을 밝힌다.[4] 이를 위해 탐색된 조정수단들을 그 형태와 성격에 따라 유형화한다.

셋째, 각 조정수단들의 효용성을 평가한다. 즉 탐색된 정책조정수단들이 어디에 적합하고 어떤 용도로 활용될 수 있는지를 밝힌다. 이를 위해 접점 적합성, 맥락 적합

---

4) 유형화는 다양한 목적으로 행해진다. 첫째, 복잡하게 얽힌 현상들을 인간이 쉽게 인지하고 이해할 수 있도록 단순화(simplifying tool)하려는 목적, 둘째, 수많은 구체적 현상들을 유사성에 따라 몇 개로 묶어 압축하여 취급의 편리성을 도모하거나(organizing tool) 이론개발에 필요한 추상화·개념화(conceptualizing tool)를 위한 목적, 셋째, 각종 기준에 따라 유형간에 유사점과 차이점을 분명히 하여 유형들의 특징을 밝히기 위한 목적(characterizing tool), 넷째, 새로운 현상들을 발굴하기 위한 목적(developing tool) 등이다. 발굴목적의 유형화의 예를 들면, 특정 분야에서 다양한 현상들을 발견한 다음 이들을 2 by 2 matrix [2개 기준, 4개 유형]로 구분한 결과 발견한 현상들이 1, 2, 3상한에는 고루 분포되나 4상한에 해당하는 현상들이 없을 경우, 발견 과정이나 방법을 바꾸어 4상한에 해당하는 현상들을 집중 탐색하면 그 현상들을 발견을 할 수 있는데, 이 경우 2 by 2 matrix 유형화는 새로운 현상들을 발견하기 위한 수단으로 활용되는 것이다. 이곳에서는 탐색전략의 유형화는 발견 목적의 일환으로, 탐색된 수단들의 유형화는 특징을 밝히고 조직화를 위한 목적으로 시도한 것이다.

성, 목적 적합성, 시점 적합성을 검토한다.

접점이란 정책추진기관들이 만나 갈등과 협력을 벌이는 지점이다. 한 국가 내에서 중요한 접점은 갈등과 협력의 당사자가 누구냐에 따라 행정부처간 접점, 여야 정당간 접점, 집권당과 행정부 간 접점으로 구분할 수 있다. 맥락이란 조정이 진행되는 전후 상황으로서 통합조정 혹은 병행조정을 말한다. 전자는 하나의 정책을 추진하는 과정에서 관련기관들이 제안한 '정책안들'을 일관성 있게 하나로 합치는 조정이고, 후자는 각자 별도로 추진되는 '정책들'을 양립가능하도록 하는 조정이다. 목적은 정책조정의 세부목적으로서 내용상 중복 제거, 우선순위 설정, 상충관계 제거, 시너지 창출 등이다. 시점은 조정이 시도되는 시점으로서 사전 조정 혹은 사후 조정을 말한다.

각 조정수단들의 적합성을 밝히는 방법은 다음과 같다. 각 '접점'과 '맥락'에 대한 적합성은 조정수단의 내용상 논리적으로 적용 가능한지, 가능하다면 그 적용할 수 있는 여건을 갖추고 있는지 등을 분석하여 평가한다. 적용가능성 여부는 정책추진자들이 적용하겠다고 해서 적용할 수 있는 것은 아니다. 적용할 수 있는 여건이 갖춰져 있어야 한다. 목적과 시점에 대한 적합성 평가는 각 조정수단이 중복 제거, 우선순위 설정, 상충 해소, 시너지 창출, 사전예방, 사후해소 중 어느 것에 기여할 수 있는지를 밝히는 것이다. 이곳에서는 다른 조건들이 동일하다는 전제하에 각 조정수단들이 그 특성상 어디에 기여할 수 있는지를 추론한다.

제2절 정책조정수단들의 탐색

1. 재해석을 통한 편입

기존 정책수단들을 정책조정의 관점에서 재해석하고 평가하여 조정효과가 클 경우 정책조정수단으로 편입하는 방법이다. 즉 원래 정책조정에 사용하기 위해 만들어진 것은 아니지만 부차적으로 정책조정에 상당한 기여를 할 수 있으면 이를 정책조정수단으로 편입하는 것이다. 이 방법으로 정책조정수단으로 편입할 수 있는 대표적인 것들로서 공동기획, 예산편성, 영향평가, 순환보직, 표준규격 등이 있다. 이들의 원래 목적은 무엇이고 왜 어떤 측면에서 정책조정효과가 있는지를 살펴보면 다음과 같다.

1) 공동기획

공동기획(Co-planning, Joint Planning)이란 참여기관들이 공동으로 미래비전과 정책과제 및 추진일정 등을 설계하는 절차이다. 공동기획에서는 중장기 기본계획[5]과 연도별 시행계획을 작성한다. 기본계획에서는 미래비전과 거시목표, 주요 정책과제, 관할기관, 추진시기 등 정책프로그램의 기본골격을 정한다. 즉 참여기관들이 추구해야 할 공동의 목표를 설정하고, 목표에 크게 기여할 수 있는 정책들을 선정하며, 각 정책들의 추진에 있어서 주도해야 할 주무기관과 협력해야 할 협력기관들을 지정하고, 시작 시점과 종결 시점을 정한다. 시행계획에서는 각 정책과제를 통해 추구해야 할 세부목표, 주무기관과 협력기관들이 동원해야 할 정책수단, 정책의 적용 대상과 범위, 소요 예산 등을 1년 단위로 구체적으로 정한다.

그러면 공동기획은 정책조정 효과가 있는가? 정책들을 공동기획을 거쳐 추진하면 거치지 않고 추진하는 경우보다 정책간 양립가능성이 커지고 참여기관간 갈등도 줄어들며 시너지 창출의 기회도 증대된다. 그 이유는 다음과 같다.

첫째, 공동기획이 공동목표와 정책제안지침 및 비교분석에 따라 이루어지기 때문이다. 공동기획에서는 공동목표와 정책제안지침을 정하고 그에 맞는 정책들을 선정한다. 참여기관들이 다양한 정책들을 제안하더라도 이에 맞지 않으면 배제된다. 그 결과 선정된 정책들 간 양립가능성이 크게 증가한다. 또한 공공기획에서는 참여기관들이 제안한 정책들을 비교분석한다. 이 비교분석에는 전체 합리성(comprehensive rationality)[6]이 작동한다. 그 결과 참여기관들이 관할권을 넘나들며 정책들을 검토하면서 정책간 중복은 없는지, 각 정책은 공동목표 달성에 얼마나 기여할 수 있는지, 특정 정책이 다른 정책목표의 달성에 기여하는지 피해주는지, 더 나아가 특정정책의 적용대상이나 집행시기에 약간의 변화를 줌으로써 타 정책의 성과를 향상시킬 수 있는지 등을 검토한다. 그리하여 정책들 간 양립가능성이 크게 개선되고 시너지 효과도 만들어 낼 기회가 생긴다.

둘째, 공동기획에서는 각 정책의 구체적 내용을 주무기관이 협력기관들의 지원을 받아 정하기 때문이다. 각 정책들의 구체적 내용을 정하는 데 있어서 협력기관들은 주무기관에게 필요한 지식과 정보는 물론 수단까지도 제공해야 하는데, 그냥 제공하는

---

5) 중장기 기본계획은 흔히 종합계획으로 불린다. 경제개발계획, 사회개발계획, 과학기술진흥계획, 인적자원개발계획, 문예진흥계획, 지역개발계획 등이 그 예이다.

6) 공동기획 과정에서 참여기관들이 경쟁하는 경우도 있어서 부분 합리성(parochial rationality)이 완전히 배제되는 것은 아니지만 전반적으로 전체 합리성(comprehensive rationality)이 지배한다.

것이 아니라 자신들이 주도하는 또 다른 정책들에 유리하게 제공하려 한다. 즉 주무기관이 정한 정책의 목표, 수단, 적용대상, 시행시기 등에 조건을 붙이거나 수정을 가하는 방식으로 지원함으로써 자신들이 주도하는 정책들의 성공을 도모한다. 예를 들어, 개발정책의 시행계획을 작성하는 데 있어서 주무기관인 국토개발부에 협력기관인 재정경제부가 예산을 지원하면서 개발사업들의 집행시기를 앞당기거나 늦추도록 조건을 붙임으로써 재정경제부가 추진하는 경제활성화 정책 혹은 경제안정화 정책의 성공에 기여하도록 한다. 협력기관들의 이러한 행태로 인해 주무기관과 협력기관이 각각 책임지는 서로 다른 정책들 간에 상충이 제거되거나 시너지가 만들어진다.

셋째, 공동기획은 정책내용들을 시차를 두고 결정하기 때문이다. 정책내용들을 시차를 두고 결정하면, 정책내용의 골격을 결정하는 기본계획을 작성할 때는 물론 차후에 세부 내용을 결정하는 시행계획을 작성할 때에도 참여기관들 간 정책갈등이 줄어든다. 그 메커니즘을 보면 다음과 같다.

먼저, 기본계획 작성시 정책갈등이 줄어드는 이유는 변경가능성과 구체화되지 않은 이해관계 때문이다. 기본계획을 작성하는 과정에서 결정된 내용은 차후 상황변화에 따라 수정할 수 있고 수정된 내용은 시행계획 작성시 반영할 수 있다는 인식이 참여기관들 사이에 존재한다. 이 때문에 참여기관들은 기본계획의 내용이 자신들에게 다소 불리하게 결정되더라도 갈등을 야기시키지 않는다. 또한, 기본계획 작성시에는 개별 정책들의 세부 내용을 정하지 않기 때문에 참여기관들의 이해득실이 극명하게 드러나지 않는다. 참여기관들은 구체화되지 않은 이해관계를 위해 갈등을 야기시키려 하지 않는다. 비협력자로 낙인찍히는 것을 원하지 않기 때문이다.

다음, 시행계획 작성시 정책갈등이 줄어드는 원인은 선행결정의 지침화와 참여기관간 상호적응에 있다. 기본계획의 내용은 시행계획 작성에 지침으로 작용한다. 개별 정책들의 세부목표와 동원수단 및 적용대상은 이미 결정된 공동의 목표와 주무기관의 선호를 벗어나 결정되기 어렵다. 즉 하위 세부목표는 상위 공동목표를 이탈할 수 없고, 적용대상도 상위 공동목표의 달성에 반하는 방향으로 설정하지 못하며, 동원수단도 주무기관이 보유하고 있거나 선호하는 수단들을 무시하고 정할 수 없다. 따라서 기본계획 수립시 이루어진 공동목표와 주무기관에 관한 결정은 시행계획 수립시 세부목표, 적용대상, 동원수단을 정하는 데 지침으로 작용한다.[7] 이처럼 선행결정이 지침화

---

7) 기본계획의 내용이 지침으로 작용하는 이유는 기본계획이 대부분 공청회를 통해 국민들과 전문가들의 의견을 수렴하였을 뿐만 아니라 국무회의 의결과 대통령의 서명 등을 통해 정부의 공식 결정으로 채택된 것이기 때문이다.

됨으로써 참여기관들은 시행계획 수립과정에서 특별한 이유가 없는 한 선행결정의 취지에 반하여 갈등을 일으킬 만한 주장을 하지 않는다. 그 결과 시행계획 수립과정에서 정책갈등이 줄어든다.

또한 기본계획 작성시 결정된 내용은 잠재적 갈등당사자인 참여기관들 간 상호적응(mutual adjustment)을 촉진한다. 선행결정의 내용은 시행계획 작성시 갈등이 발생할 경우 어느 쪽에 유리하게 조정될 것인지를 암시해 주는 효과가 있다. 즉 주무기관과 협력기관의 지정은 장차 관할갈등이 발생할 경우 주무기관에게 유리하게 조정될 수 있음을 예고해 주고, 공동목표의 설정은 참여기관들에게 어떤 세부목표는 허용되고 어떤 세부목표는 허용될 수 없는지를 예고해 준다. 이 예고는 시간의 흐름에 따라 참여기관들 간 상호적응을 유발한다. 즉 기본계획 작성과정에서 잠정적으로 인정했던 서로의 입장들을 시간의 흐름에 따라 시행계획 작성시에는 당연한 기정사실로 받아들이게 된다. 그리하여 이 사실에 반하는 의견이나 주장을 꺼린다. 그 결과 시행계획 작성시 갈등이 줄어든다.

2) 예산편성

예산편성(Budgeting)은 정부가 세금을 어디에 얼마를 투입할 것인가를 정하는 절차이다. 예산편성방식에는 상향식(Bottom up)과 하향식(Top down)이 있다. 전자는 각 부처들이 추진하려는 정책들과 소요되는 예산액을 예산당국에 제출하면 예산당국이 이를 심의하여 지출대상 정책과 정책별 지출액을 정하는 방식이고, 후자는 대통령과 국무위원 및 예산당국이 국정방향을 논의한 후 전략적 고려에 따라 정책분야별 부처별 지출총액을 순차적으로 정하고 각 부처들이 지출총액 범위 내에서 지출대상 정책들과 정책별 지출액을 정하는 방식이다.

예산편성제도가 정책조정에 효과가 있는가? 예산편성의 핵심은 지출대상 정책들은 많은데 재원이 한정되어 있어 그 배분과 사용을 효율화시키는 것이다. 그런데 이 효율화 방식이 정책조정 효과를 수반한다.[8]

먼저, 상향식 제도하에서 예산효율화는 예산요구액을 삭감하는 과정에서 이루어진다. 즉 예산당국은 예산요구액에 대한 심사분석을 통해, i) 정책간 중복을 없앰으로써 삭감하고, ii) 정책간 우선순위를 정해 불요불급한 정책에 예산을 배정하지 않음으

---

[8] 품목별로 지출할 때에도 정부예산 총액의 증감을 통해 경제성장정책과 경제안정정책을 조정해 왔다. 그러나 지출대상을 정책(사업)으로 전환한 이후에 조정수단으로서의 역할은 더욱 강화되었다.

로써 삭감하며, iii) 총액증가율을 줄임으로써 삭감한다. 상향식 예산편성은 이러한 삭
감방식으로 인해 정책간 중복을 제거하고 우선순위를 설정하는 데 강력한 영향력을
발휘한다.

　　다음, 하향식 제도하에서 예산효율화는 동원가능한 예산총액을 전략적으로 배분
하는 과정에서 이루어진다. 예산배분이 정책분야별 부처별 개별정책별로 순차적으로
이루어지는 데, 국정운영 방향과 전략에 맞는 대상에 더 많은 예산이 우선적으로 배분
된다. 정책분야별 배분에서 정책간 우선순위가 개략적으로 정해지고, 부처간 배정에서
는 우선순위 설정 이외에 중복 제거가 상당부분 이뤄지며, 부처 내에서의 정책별 배정
과정에서는 소관 정책들 간 중복 제거와 우선순위 설정 및 상충관계 해소뿐만 아니라
시너지 창출도 이루어질 수 있다.

3) 영향평가

　　영향평가(Impact Assessment)제도란 특정 정책사업을 추진하려고 할 때 다른 분
야에 미치는 영향들을 사전에 확인하고 그 부정적 영향이 크면 추진하지 못하게 하
고 부정적 영향이 크지 않으면 그것을 최소화할 수 있는 보완대책을 강구한 후 추
진하게 하는 제도이다. 영향평가는 영향의 고려 범위에 따라 단일분야 영향평가와
다분야 영향평가로 구분할 수 있다. 전자는 추진하려는 정책이 특정 분야에 미치는
영향만을 평가하는 것이고, 그 예는 환경영향평가, 교통영향평가, 고용영향평가 등
이다. 후자는 추진하려는 정책이 미치는 모든 분야의 영향들을 평가하는 것이고, 그
예는 기술영향평가, 규제영향평가 등이다.

　　영향평가제도는 정책조정 효과가 있는가? 추진하려는 정책과 영향을 받는 정
책이 분명한 단일분야 영향평가제도는 정책조정 효과가 있다. 예를 들면, 환경영향
평가제도는 개발정책이 환경정책과 상충되지 않도록 수정·보완되도록 하고, 환경
정책도 환경에 치명적인 피해를 주지 않는 범위 내에서 개발활동을 허용함으로써

표 5-1 영향평가제도의 유형

추진 정책	단일분야 영향평가	다분야 영향평가
개발정책	환경영향평가, 교통영향평가, 재해영향평가, 인구영향평가	-
경제·산업정책	고용영향평가제도	규제영향평가
과학기술정책	-	기술영향평가

양 정책을 조정한다. 마찬가지로 교통영향평가제도, 재해영향평가제도, 인구영향평가제도, 고용영향평가제도 등도 개발정책과 교통정책, 개발정책과 재해방지정책, 개발정책과 인구정책, 산업정책과 고용정책 간 조화를 추구한다. 단일분야 영향평가제도를 응용하여 대기업들의 신규사업 진출시 중소기업에 대한 영향을 평가하는 중소기업영향평가제도를 개발하면 대기업과 중소기업간 상생발전을 위한 정책조정수단이 될 수 있다. 따라서 단일분야 영향평가제도들은 정책조정수단으로 편입할 수 있다.

그러나 다분야 영향평가제도는 추진하려는 정책은 분명하나 영향받는 정책이 특정되지 않아 관련정책간 조정수단으로 활용하기가 쉽지 않다.

4) 표준규격

표준규격(Standards)은 공신력 있는 기관이 제품이나 서비스에 대해 설정해 놓은 기준이다. 즉 생산주체들이 제품이나 서비스에 각자 서로 다른 기준을 적용하지 못하도록 막기 위해 통일시켜 놓은 기준들이다. 예를 들면, 국제표준화기구(International Standardization Organization)가 정해 놓은 안전규격(ISO 22000), 환경규격(ISO 14000) 등이다. 이 규격들의 제정 목적은 1차적으로 소비자 보호와 환경 보호를 위한 것이었다. 그러나 이 규격들은 정책조정에도 상당한 효과가 있다. 어느 측면에서 어떤 이유로 조정효과가 있는지 검토하면 다음과 같다.

첫째, 국내정책에서 산업정책과 소비자정책, 산업정책과 환경정책 간 갈등을 감소시킨다. 안전규격과 환경규격을 강화하면 소비자보호정책과 환경보호정책에 기여한다. 그러나 이 규격들을 지나치게 강화하면 기업들의 신설과 성장을 어렵게 하여 기업들을 육성해야 하는 산업정책에 역행한다. 따라서 국제표준화기구가 이 기준들을 적정 수준에서 표준화함으로써 소비자정책과 산업정책, 환경정책과 산업정책 간 갈등이 발생하지 않도록 하고 있다.

둘째, 국제무역에서 국가간 갈등 방지이다. 국제무역에서 수입국은 자국민 이익을 위해 이 기준들을 높이려 하고 수출국은 비용상승을 이유로 이 기준들을 낮추려 함으로써 국가간 갈등이 발생해 왔다. 그리하여 국제표준화기구에서 수입국과 수출국의 이해관계를 동시에 반영한 기준을 제정하여 국가간에 통일시킴으로써 무역갈등을 줄이고 있다.

표준규격화를 응용하여 제품과 서비스뿐만 아니라 더 나아가 친환경도시(Echocity)

조건들을 표준규격화시켜 놓으면 각 도시내 개발정책과 환경정책 간 갈등을 줄일 수 있고, 국가간 공정경쟁의 조건들(수출지원, 관세 등)을 표준규격화시키면 무역을 둘러싼 국가간 갈등도 줄일 수도 있다.

5) 보직순환

보직순환(Job Rotation)이란 한 사람이 동일한 업무를 오랫동안 담당하지 않도록 직책을 바꿔 주는 것을 말한다. 원래 보직순환은 동일한 업무를 반복함으로써 발생하는 지루함과 무사안일을 방지하고, 장기근무에 따른 민관유착과 그에 수반되는 부정부패를 방지하기 위해 실시해 왔다.

보직순환도 정책조정 효과가 있는가? 보직순환은 다양한 정책들을 이해하고 하나의 정책을 다양한 시각으로 볼 수 있는 능력을 키워 주는데, 이 능력이 정책갈등을 줄여 줄 수 있다. 공직자가 한 업무를 장기간 수행하면 현상을 보는 시야가 좁아지고 자신의 업무만이 제일 중요한 것으로 생각하기 쉽다. 그 결과 공직자들은 자신의 입장을 과도하게 주장함으로써 필요 이상의 갈등을 초래한다. 이 경우 보직순환을 실시하면 좁은 시야를 극복하고 역지사지 할 수 있어서 자기주장을 과도하게 하지 않게 된다. 따라서 정책갈등의 발생을 줄여 주는 효과가 있다.

2. 수정을 통한 전환

수정전환은 다른 용도의 정책수단을 수정할 경우 정책조정 효과가 나타나면 이 수정된 정책수단을 정책조정수단으로 전환시키는 방법이다. 즉 다른 목적을 위해 사용되어 온 수단이지만 정책조정에도 활용할 수 있을 경우 그에 적합하도록 수정하여 정책조정수단으로 전환하는 방법이다. 이러한 방법으로 전환시킬 수 있는 대표적인 수단들은 업무추진지침, 팀워크인사, 영향평가, 파견, 겸임, 수익자부담 원칙, 원인자부담 원칙 등이다.

1) 업무추진지침

업무추진지침(Guidelines)이란 업무를 추진하는 과정에서 추진주체들이 따라야 할 기준이다. 이 업무추진지침에 무엇을 정하느냐에 따라 정책조정수단이 될 수도 있고 안 될 수도 있다. 정책추진주체들이 취할 수 있는 혹은 취해선 안 되는 주장과 행동을 정하면 정책조정수단이 된다. 정책추진과정에서 불필요한 불협화음과 갈등을 줄일 수 있기 때문이다. 업무추진지침을 통해 정책갈등을 예방하는 예로는 대통령이 국정운영 지침을 작성하여 하달함으로써 각 부처들이 정책을 제멋대로 추진하는 것을 막아 정책갈등을 예방하는 것, 유엔환경계획(UNEP)이 녹색국민총생산(Green GNP) 작성 지침을 개발하여 각 국가들에게 권장함으로써 각국내 환경정책과 개발정책이 조화되도록 유도하는 것 등이다.

2) 팀워크인사

팀워크인사는 호흡이 서로 잘 맞는 사람들로 하여금 함께 일하도록 하는 인사조치이다. 긴밀한 협력과 집단적 추진력을 확보하기 위해 실시해 왔다. 이러한 팀워크인사도 팀구축 기준과 적용 대상을 수정하면 정책조정수단이 될 수 있다.

갈등이 예상되는 직책 담당자들을 대상으로 가치관이나 이해관계 등이 유사해지도록 팀워크인사를 실시하면, 이들간 정책갈등을 줄일 수 있다. 팀워크인사를 사전에 실시하면 정책갈등의 발생을 줄일 수 있고, 사후에 실시하면 이미 발생한 정책갈등을 해소할 수 있다. 정책갈등을 해소하기 위해 팀워크인사를 활용하는 예는 많다. 대통령들이 행정부처간 정책갈등이나 당정간 정책갈등을 해소하기 위해 팀워크인사를 종종 활용해 왔기 때문이다.

3) 쌍방영향평가

쌍방영향평가(Mutual Impact Assessment)는 영향평가를 수정하여 양방향으로 하는 것이다. 기존 영향평가제도는 유용하지만 완전한 조정수단은 아니다. '추진하려는 정책'이 '영향을 받는 정책'에 부정적인 영향을 줄 수 있으면, 전자만 수정·보완하도록 하고 있기 때문이다. 예를 들면, 환경영향평가제도는 환경보전정책에 피해를 주지 않도록 개발정책을 수정·보완하도록 하고 있다. 이러한 조정은 반쪽 조정이다.

영향평가제도에 두 가지 수정을 가하면 완전한 정책조정수단이 될 수 있다. 하나는, 관련정책간 영향평가를 쌍방향으로 하고 수정·보완도 양쪽 모두 하도록 하는 것이다. 다른 하나는 수정·보완 대책으로 부정적 영향을 줄이는 대책뿐만 아니라 긍정적 영향을 강화하는 대책도 강구하도록 하는 것이다. 전자는 정책갈등을 줄이기 위해, 후자는 시너지를 창출하기 위해 필요하다.

4) 상호파견

파견은 일정기간 타 기관에 보내 근무케 하는 것이다. 소속이 변경되는 것은 아니기 때문에 일정기간 근무 후에는 원래의 기관으로 돌아와야 한다. 파견의 목적은 타기관의 업무를 지원하거나, 긴밀한 협력을 요하는 업무를 공동처리하거나, 능력을 개발하기 위해서이다.

파견도 그 대상과 방향을 수정하면 정책조정수단으로 활용할 수 있다. 즉 구조적으로 갈등이 빈번한 직책들 간에 담당자들을 상호파견하여 상대방의 업무를 수행해 보도록 하면 갈등을 크게 줄일 수 있다. 일방향이 아니라 상호간에 파견을 하면 서로가 상대방의 입장을 좀 더 잘 이해하고 지식과 정보를 공유하게 되어 양자 관계가 경쟁적이기보다는 협조적으로 바뀔 수 있기 때문이다. 정책갈등을 줄이기 위한 상호파견의 예로 노무현 정부시절 환경부와 건교부 간에 갈등이 빈번한 국과장들을 서로 상대 부처에 파견시켜 근무케 한 경우이다.

5) 보직겸임

보직겸임이란 하나의 직책을 담당하면서 유사한 다른 직책을 동시에 담당하도록 하는 것이다. 보직겸임은 원래 산하기관의 업무를 통제할 필요가 있거나 다른 유사한 직책 담당자를 즉시 충원할 수 없을 때 업무공백을 막기 위해 실시해 왔다.

보직겸임도 그 대상을 약간 변형하면 정책조정수단으로 활용할 수 있다. 즉 갈등 발생 가능성이 높은 유관직책들을 한 사람이 겸임토록 하는 것이다. 예를 들면, 경제부장관과 산업부장관, 외무부장관과 통일부장관, 교육인적자원부장관과 과학기술부장관 중 어느 한쪽이 다른 쪽을 겸임토록 하는 것이다.

6) 수익자부담 원칙

수익자부담 원칙은 재화나 용역의 비용을 수익자가 부담해야 한다는 원칙이다. 이 원칙은 사회적 공평성을 구현하기 위한 것이다. 민간부분에서는 보편적으로 적용되어 왔으나, 공공부분에서는 제한적으로 활용되어 왔다. 즉 사적재는 수익자부담으로 공급되고 순수공공재(국방, 치안 등)는 세금으로 공급되나, 준공공재(공원, 도로 등)는 수익자부담으로 공급되기도 하고 세금으로 공급되기도 한다.[9] 정부가 준공공재를 공급

---

9) 경제학자들은 재화와 용역은 경합성과 배제성 여부에 따라 공공재, 준공공재, 사적재로 구분해

하는 이유는 시장기구에 맡기면 사회적으로 적정량이 공급되지 않기 때문이다.

수익자부담 원칙도 그 적용대상을 바꾸면 정책조정수단으로 활용할 수 있다. 즉 준공공재 공급에 있어서 이해관계 충돌이 있을 수 있는 분야에 적용하면 정책갈등을 해소할 수 있다. 예를 들어, 도시내 자연공원조성 예산을 둘러싸고 쾌적한 환경을 조성해야 하는 환경부서와 저소득층을 지원하는 복지부서가 갈등을 벌일 수 있는데, 이러한 갈등은 수익자부담 원칙을 적용하면 간단히 해결할 수 있다. 즉 공원조성 비용을 저소득층 지원에 들어갈 세금이 아니라 공원조성으로 혜택을 보는 입장객에게 요금을 부과하여 충당하는 것이다. 도시내 문화시설 건설도 마찬가지다. 수익자부담 원칙으로 문화부서와 복지부서간 갈등을 해소할 수 있다. 따라서 수익자부담 원칙은 정책조정수단이 될 수 있다.

7) 원인자부담 원칙

원인자부담 원칙은 특정행위로 피해가 발생했을 때 그 원인제거나 피해보상에 필요한 비용은 원인제공자가 부담해야 한다는 원칙이다. 이 원칙도 수익자부담 원칙처럼 사회정의 실현을 위해 민간영역에서 널리 적용되는 원칙이다.

원인자부담 원칙도 환경오염분야에 적용하면 정책조정 효과가 있다. 환경오염 피해복구 비용을 정부가 부담하자 기업들은 사적 이익을 극대화하기 위해 오염배출을 지속시켰다. 이에 경제학자들이 오염피해 복구 비용을 오염배출기업에 부담시키는 원인자부담 원칙을 주장했다. 이 원칙의 목적은 기업들의 과도한 오염배출을 줄이기 위한 것이었다. 그러나 원인자부담 원칙은 다음과 같은 조정효과가 있다.

첫째, 산업정책과 환경정책 간 갈등을 줄여준다. 일자리를 창출해야 하는 산업정책 부처는 오염기업이라도 그 수와 활동을 늘리려 하고, 오염피해를 줄여야 하는 환경정책 부처는 오염기업들의 수와 활동을 줄이려 한다. 그 결과 양 부처는 불가피하게 충돌하게 되는데, 이 충돌은 원인자부담 원칙으로 완화시킬 수 있다. 즉 오염피해비용을 오염기업에 부담시키면 오염기업들을 존속시키면서도 오염 배출과 피해를 줄일 수 있어 부처간 갈등을 완화시킬 수 있다.

왔다. 경합성은 한 사람이 소비를 하면 다른 사람이 소비할 수 있는 양이 줄어드는 것을 말한다. 소비량에 있어서 소비자들 간에 제로섬 관계를 촉발하는 것을 말한다. 배제성은 특정 소비자를 재화와 용역의 소비로부터 배제시킬 수 있는 것을 말한다. 비용부담에 있어서 소비자간에 차별화가 가능한 것을 말한다. 경합성과 배제성을 동시에 갖고 있으면 사적재, 비경합성과 비배제성을 동시에 갖고 있으면 순수공공재, 둘 가운데 하나만 갖고 있으면 준공공재라 부른다.

둘째, 국가간 무역갈등을 줄여 준다. 상당수 국가가 자국 오염기업들에게 오염방지시설을 설치하도록 재정지원(세금감면, 저리융자)을 해 왔고, 그 결과 이들 나라 기업들은 오염방지비용 지출이 적어 국제무역에서 가격경쟁력을 갖게 되었다. 이는 불공정경쟁으로 인식돼 국가간 갈등을 야기시켰다. 이에 OECD가 원인자부담 원칙을 강력히 권장하면서부터 환경오염방지비용 문제로 촉발된 국가간 갈등은 해소되고 있다.

3. 융합을 통한 창조

융합을 통한 창조는 서로 다른 것들을 융합하여 새로운 조정수단을 창조하는 것이다. 즉 i) 양립하기 어려운 정책목표들을 연계시킨 후 이들을 조화시킬 수 있는 조정수단을 만들거나, ii) 서로 다른 정책수단들이나 개념들을 융합하여 조정수단을 만드는 방법이다. 이러한 방법으로 확보할 수 있는 정책조정수단들은 이미 개발된 것으로 지속가능한 개발 원칙, 생산적 복지 원칙, 녹색국민총생산(Green GNP) 등이 있고, 추가로 개발할 수 있는 정책조정수단으로는 연결지표 등이 있다.

1) 지속가능한 개발 원칙

지속가능한 개발 원칙이란 자연자원의 개발과 이용은 환경용량 내에서 이루어져야 한다는 원칙이다. 이 원칙은 양립하기 쉽지 않은 개발 목적과 환경보전 목적을 연계시켜 양자를 동시에 달성하기 위해 만들어낸 원칙이다.[10]

이 원칙은 두 가지 차원에서 갈등을 방지하는 정책조정수단이 되고 있다.

첫째, 자연자원의 개발로 인한 환경파괴와 오염배출은 자연생태계가 스스로 회복하거나 정화할 수 있는 범위 내에서 이루어져야 한다는 것이다. 환경파괴와 오염배출이 과도하여 자연생태계가 완전히 파괴되면 인간이 생존할 수가 없어 개발 자체가 불가능해진다. 따라서 지속가능한 개발 원칙은 환경파괴와 오염배출을 일정 한도 내로 억제하여 개발이 지속적으로 이루어지도록 함으로써, 개발정책과 환경보호정책을 조화시킨다.

둘째, 자연자원의 이용도 자연생태계가 재생할 수 있는 범위 내에서 이루어져야 한다는 것이다. 현재 세대가 자신들의 풍요를 위해 자연자원을 과도하게 사용하여 재

---

10) 과도한 개발과 이용으로 자연생태계가 회복불가능할 정도로 황폐화되는 것을 막기 위해 세계환경개발위원회(World Commission on Environment and Development)가 제창한 원칙이다.

생이 불가능해지면, 미래 세대가 이용할 자원이 부족하게 된다. 따라서 지속가능한 개발 원칙은 자연자원의 이용을 재생가능 범위 내로 국한시킴으로써 현재 세대와 미래세대간 갈등을 방지한다.

2) 생산적 복지 원칙

생산적 복지 원칙도 지속가능한 개발 원칙과 동일한 방식으로 만들어진 조정수단이다. 즉 서로 양립하기 쉽지 않은 경제성장 목적과 복지향상 목적을 연계하여 이들을 동시에 달성하기 위해 만든 원칙이다. 즉 복지지출이 지속가능하려면 그 지출을 경제성장으로 인한 세수 증가 범위 내에서 증대시켜야 한다는 것이다. 경제성장 없이 복지지출을 늘리면 재정이 바닥나 더 이상의 복지지출을 할 수 없기 때문이다. 따라서 생산적 복지 원칙은 재원배분을 둘러싼 경제성장정책과 복지정책 간 관계를 조정하는 수단이다.

3) 녹색국민총생산

녹색국민총생산(Green GNP)은 국민총생산에서 생산활동으로 인해 훼손된 환경의 가치(오염처리비용, 고갈된 자원의 가격)를 차감한 것이다.[11] 이는 국민생산총액과 환경파괴총액을 융합하여 만든 새로운 지표이다. 녹색국민총생산(Green GNP)을 작성하는 목적은 진정한 성장은 어떻게 측정되어야 하는지를 보여줌으로써 환경파괴를 수반하지 않는 경제성장정책을 유도하려는 것이다. 달리 말하면, 경제성장을 추진하는 과정에서 환경보전에 소홀하지 않도록 유도함으로써 양자를 조화시키려는 수단이다.

4) 연결지표

지표(Indicator)란 어떤 현상의 핵심적 측면이나 본질적 특성을 간결하게 표시해주는 척도(scale)이다. 다시 말해, 시스템이나 활동 및 여건 등의 속성이나 상태 혹은 그 변화를 간결하게 표시하는 수단이다. 척도의 일반적 형태는 수치이다. GNP, 성장률, 투자율, 실업률, 물가지수, 지니계수, 범죄율, 사고율 등이 이에 해당된다.

지표는 지금까지 정책문제의 인식, 정책목표의 설정, 정책대안의 분석, 정책성과의 평가 등을 위한 수단으로 활용되어 왔다. 정책결정자들은 성과지표상의 변화를 보고 새

---

11) 이 지표는 네덜란드 중앙통계국의 루피 호우팅(Roefie Houting)이 제안한 것으로 현재 유럽의 주요 국가들이 활용하고 있고 국제연합(UN)과 세계은행에서도 확산을 위해 노력하고 있다.

로운 정책문제를 인지하는 경우가 많고, 성과지표상의 증감을 정책목표로 설정하기도 한다.12) 또한 정책전문가들은 다양한 투입지표와 성과지표를 활용하여 인과모형을 만든 다음, 정책대안을 분석하거나 정책성과를 평가하는 수단으로 활용하고 있다.13) 그러나 지표의 용도는 이들에 국한되지 않고, 정책조정의 수단으로 활용할 수 있다. 지표들을 활용하여 반복적으로 발생할 수 있는 정책갈등을 조정하고 예방할 수 있기 때문이다.

연결지표는 서로 다른 지표들을 연결시킨 새로운 응용 지표이다. 서로 다른 정책 분야의 지표들을 연결시켜 연결지표를 만들면 정책조정수단으로 활용할 수 있다. 즉 구조적으로 서로 갈등관계에 있는 정책들의 지표를 연결하여 지표간 비율을 미리 합의해 놓고, 동일한 갈등이 발생했을 때 이 비율에 따라 조정하는 것이다.

지표들의 연결은 다양한 방식으로 할 수 있다. 투입지표간 연결, 성과지표간 연결, 성과지표와 투입지표간 연결 등이 있을 수 있다. 투입지표간 연결은 특정 정책에 대한 투입지표와 유관 정책에 대한 투입지표를 연결시키는 것이다. 예를 들면, 자본투자 분야의 예산증가율과 사회복지 분야의 예산증가율을 연결시키는 것이다. 성과지표간 연결은 특정 정책의 성과지표와 유관 정책의 성과지표를 연결시키는 것이다. 예를 들면, 경제성장정책으로 인한 GDP증가율과 경제안정화정책으로 인한 물가상승률을 연결시키는 것이다. 성과지표와 투입지표 간의 연결은 특정 정책의 성과지표와 유관 정책의 투입지표를 연결시키는 것이다. 예를 들면, 경제성장률(성과지표)에 복지예산증가율(투입지표)을 연결시키는 것이다.

이처럼 관련정책들의 지표를 연결시켜 양자간 비율을 정치적 혹은 사회적 합의에 따라 일정기간 고정시키면, 그 기간 동안에 관련정책간 정책갈등을 줄일 수 있다. 예를 들면, 자본투자 분야의 예산증가율과 사회복지 분야의 예산증가율을 1 대 1로 고정시켜 경제성장정책과 사회복지정책 간 균형을 잡거나, 경제성장율과 복지예산증가율을 2 대 1로 합의해 경제성장이 4%일 때 복지예산을 2% 증가시켜 생산적 복지 원칙을 지킴으로써 경제성장정책과 사회복지정책 간 우선순위 갈등을 줄이는 것이다.

---

12) 예를 들면, 경제성장율, 환경오염도, 범죄율 등의 변화를 보고 해당 분야에 새로운 정책의 필요성 여부를 판단하고, 경제성장률을 몇 % 상향시키거나 범죄율을 몇 % 하향시키는 것을 정책목표로 설정하기도 한다.

13) 예를 들어, 설비투자율, 저축률, 환율, 과학기술예산비율 등을 독립변수로 하고 경제성장률을 종속변수로 하는 인과모형을 만들어 이 모형을 활용하여 주어진 여건 속에서 경제성장에 기여할 수 있는 다양한 대안들을 분석하고 가장 효율적인 대안을 선정하거나, 선택된 정책대안이 정책목표달성에 어느 정도 기여했는지를 평가하기도 한다.

4. 기존 지식에 입각한 창조

기존 지식들을 활용하여 새로운 정책조정수단을 창조하는 방법이다. 여기서 지식이란 학습을 통해 알고 있는 형식지(formal knowledge)뿐만 아니라 경험을 통해 알고 있는 암묵지(tacit knowledge)도 포함한다. 이러한 지식들 가운데 갈등조정에 활용할 수 있는 대표적인 지식은 당사자간에 주고받는 교환방식에 관한 지식들이다. 이 지식들을 활용하여 정책조정을 위해 정책입장의 일부를 양보하고 일부를 양보받는 방식을 창조할 수 있다. 서로 다른 정책입장을 조정하려면 당사자들은 서로가 자신의 입장을 100% 관철하기보다는 어떤 방식으로든 상대방이 동의할 정도의 양보를 주고받아야 한다. 이러한 교환 방법을 통해 확보할 수 있는 조정수단은 수렴(Convergence), 교대(Cycle), 조건(Condition), 조합(Combination)이다.

1) 수렴

수렴은 갈등당사자들이 자신들의 정책입장을 서로 반반씩 양보하여 중간지점에서 합의하는 것이다. 다시 말해, 갈등당사자들의 입장을 상호 동등하게 수정함으로써 갈등을 조정하는 방식이다. 예를 들면, 향후 경제성장률에 대해 집권당은 5%를 주장하고 행정부는 3%를 주장할 경우 서로 1%씩 양보하여 중간인 4%로 합의하거나, 기업진흥과 관련하여 집권당은 중소기업 진흥을 주장하고 행정부는 대기업 진흥을 주장할 경우 양자가 서로 양보하여 중소기업과 대기업을 동시에 진흥시키기로 하는 것이다.

2) 교대

교대는 갈등당사자들이 시간의 흐름에 따라 번갈아 가며 자신들의 입장을 관철함으로써 갈등을 해소하는 방식이다. 즉 갈등당사자 A와 B가 정책입장이 서로 다를 때 처음 일정기간은 A의 입장을 반영하고 그 다음 일정기간은 B의 입장을 반영하기로 합의함으로써 갈등을 해소하는 것이다. 예를 들면, 향후 경제성장에 관해 집권당과 행정부가 각각 5%와 3%를 주장할 경우 향후 2년 동안은 행정부의 입장에 따라 3%로 하고 그 이후 2년 동안은 집권당 입장에 따라 5%로 하기로 합의하거나, 기업진흥에 대해 집권당과 행정부가 각각 중소기업 진흥과 대기업 진흥을 주장할 경우 향후 2년 동안은 집권당의 입장대로 중소기업을 진흥하고 그 후 2년 동안은 행정부의 입장대로 대기업을 진흥하기로 합의함으로써 갈등을 해소하는 것이다.

3) 조건

일반적으로 조건은 상대방의 요구를 모두 들어주는 대가로 상대방에게 바라는 최소한의 요구이다. 정책조정수단으로서의 조건은 최소한의 요구를 들어주면 상대방의 입장을 대부분 수용하겠다는 것이다. 요구는 정책입장의 내용에 관한 것일 수 있고, 정책입장과 관계없는 편익(side benefits)일 수도 있다. 최소한이란 요구자가 만족할 만한 수준이자 동시에 상대방이 거부하지 않을 수 있는 수준이다. 요구 조건이 정책의 내용에 관한 것이면, i) 조건을 거는 당사자의 입장을 최소한이라도 상대방의 입장에 반영해 달라거나, ii) 상대방의 입장 중 특정 부분을 수정해 달라거나, 아니면 iii) 상대방의 입장에 특정 조치를 추가시켜 달라는 것이다.

조건 방식의 교환으로 정책갈등을 해결하는 예를 들면, i) 향후 경제성장률에 대해 집권당과 행정부가 각각 5%와 3%를 주장할 경우 행정부가 실업자를 5% 이상 줄이는 조건으로 집권당이 행정부 주장 경제성장률 3%를 수용함으로써 갈등을 해소하는 것, ii) 기업진흥과 관련하여 집권당과 행정부가 각각 중소기업 진흥과 대기업 진흥을 주장할 경우 행정부가 향후 3년 동안 혁신벤처기업을 20% 늘리는 조건으로 집권당이 행정부의 대기업 진흥정책을 수용함으로써 갈등을 해소하는 것 등이다.

4) 조합

조합은 서로 다른 갈등분야에 서로 다른 당사자의 입장을 반영함으로써 갈등을 해소하는 것이다. 즉 두 분야에서 갈등이 있을 때 한 분야에서는 일방의 입장을 반영하고, 다른 분야에서는 타방의 입장을 반영하는 것이다. 가장 흔한 예는 경제 분야와 복지 분야에서 보수주의자와 진보주의자 간 정책갈등을 해소하기 위해 경제 분야에서는 보수적 입장을, 복지 분야에서는 진보적 입장을 채택하는 것이다. 향후 기업진흥과 관련하여 집권당은 중소기업 진흥을 주장하고 행정부는 대기업 진흥을 주장할 경우, 전통산업에서는 행정부 입장을 채택하여 대기업을 진흥하고 첨단산업에서는 집권당 입장을 채택하여 중소기업을 진흥하도록 합의함으로써 갈등을 해소하는 것이다. 향후 경쟁성장률에 관하여 집권당은 5%를 주장하고 행정부는 3%를 주장할 경우, 제조업 성장은 행정부의 입장을 반영하여 3%로 하고 서비스업 성장은 집권당의 입장을 반영하여 5%로 합의함으로써 갈등을 해소하는 것이다.

상기 네 가지 전략을 통해 탐색된 정책조정수단들은 다음 <표 5-2>와 같다.

표 5-2 탐색전략별 정책조정수단

탐색 전략	조정 수단
재해석을 통한 편입	공동기획, 예산편성, 영향평가, 표준규격, 순환보직
수정을 통한 전환	쌍방영향평가, 업무추진지침, 상호파견, 보직겸임, 팀워크인사 수익자부담 원칙, 원인자부담 원칙
융합을 통한 창조	지속가능개발 원칙, 생산적 복지 원칙, 연결지표, 녹색국민총생산
기존지식에 입각한 창조	수렴, 교대, 조건, 조합

제3절   정책조정수단으로의 자리매김

상기 조정수단들을 독자적인 조정수단으로 자리매김하기 위해서는 내용과 의미상 중복을 없애고 나름대로의 특징을 구체화해야 한다.

1. 의미분석

상기 조정수단들은 서로 다른 탐색전략에 따라 발굴되어 그 명칭이 다르다. 그러나 명칭이 다르더라도 내용과 의미가 거의 같으면 그것은 동일한 수단이다. 따라서 하나로 통합되어야 한다. 또한 조정수단들 간 내용과 의미상 혼란이 있을 수 있다. 각 조정수단의 내용과 의미상 차이를 분명히 하여 혼란을 제거할 필요가 있다. 이를 위해, 각 조정수단들의 내용과 의미를 비교분석하여 유사한 것들은 하나로 통합하고 유사하지 않은 것들은 별개로 차별화해야 한다.

1) 의미분석과 통합

첫째, 표준규격, 정책추진지침, 수익자부담 원칙, 원인자부담 원칙 등은 적용 대상만 다를 뿐 목적과 본질이 동일하다. 즉 잠재적 갈등 대상자들의 행동을 통일시키기 위한 목적으로 만들어진 기준들이다. 원칙은 하나의 기준으로 구성되고, 지침이나 규격은 일관성있게 통합된 복수 기준들로 구성되는 경우가 많다. 따라서 정책추진지침과 표준규격 및 원칙들은 하나로 통합하여 '표준지침'이란 명칭을 부여할 수 있다.

둘째, 지속가능한 개발 원칙, 생산적 복지 원칙, 녹색국민총생산, 연결지표 등도 적용 범위만 다를 뿐 목적과 본질이 동일하다. 즉 상반된 정책들을 조화롭게 하기 위해 서로 다른 지표들을 연결하여 만든 새로운 지표들이다. 따라서 이 지표들을 하나로 통합하여 '연계지표'로 명명할 수 있다.

셋째, 영향평가와 쌍방영향평가도 평가방향만 다를 뿐 모든 면에서 동일하다. 영향평가는 쌍방영향평가의 일부이다. 따라서 쌍방영향평가로 통합한다.

2) 의미분석과 차별화

첫째, 조건, 수렴 및 조합 간에는 의미상 혼란이 있을 수 있다.

먼저, 조건 방식의 조정과 조합 방식의 조정 간 혼란이다. 예(1)을 들면, 2개 쟁점 중 하나의 쟁점에서 절반씩 양보하는 조건으로 다른 쟁점에서 최소한의 요구만 하겠다고 하여 합의한 경우, 이는 조건 방식의 조정인가 아니면 조합 방식의 조정인가? 다음, 조건 방식의 조정과 수렴 방식의 조정 간 혼란이다. 예(2)를 들면, 갈등당사자 중 일방이 상대방에게 상호 절반씩 양보하는 조건으로 편익을 제공하겠다고 약속하여 합의에 이른 경우 이는 수렴 방식의 조정인가 아니면 조건 방식의 조정인가에 대한 혼란이다. 마지막, 조건 방식의 조정과 수렴 방식의 조정 및 조합 방식의 조정 간 혼란이다. 예(3)을 들면, 2개 쟁점 중 하나의 쟁점에서는 절반씩 양보하는 조건으로 다른 쟁점에서 절반을 양보하겠다고 하여 합의한 경우, 이는 조건 방식의 조정인가 아니면 수렴 방식의 조정인가 아니면 조합 방식의 조정인가?

이처럼 구분하기 애매한 혼란을 피하기 위해 다음과 같은 구별 기준을 제시한다.

먼저, 조합 방식 조정의 본질은 복수 쟁점들을 연계시켜 교환하는 것이고, 수렴과 조건 방식 조정의 본질은 단일 쟁점을 둘러싼 교환이다. 조합 방식의 조정이 성립하는 경우는 상호간에 갈등이 있는 쟁점들을 연계시키면 모두 타결할 수 있고 연계시키지 않으면 어느 쟁점도 타결할 수 없는 경우이다. 반면, 쟁점들을 연계시키지 않고 단일 쟁점만을 놓고 타결할 수 있으면 수렴 혹은 조건 방식의 조정이다. 따라서 상기 예(1)과 예(3)의 경우 조합 방식의 조정에 해당한다.

다음, 수렴 방식의 조정과 조건 방식의 조정 간 차이는 교환의 불균형과 내용에 있다. 수렴 방식의 조정은 상호간에 균형잡힌 양보를 하여 갈등을 조정하는 것이고, 조건 방식의 조정은 상호간에 최소한 요구와 최대한 요구라는 불균형 교환으로 갈등을 조정하는 것이다. 또한 수렴 방식의 조정은 상호간에 정책입장상 양보만을 교환하나, 조건 방식의 조정은 정책입장상 양보 교환뿐만이 아니라 정책입장상 양보와 여타 편익 간 교환을 할 수도 있다. 따라서 상기 예(2)는 조건 방식의 조정이다.

둘째, '지속가능한 개발 원칙에 의한 조정'과 '생산적 복지 원칙에 의한 조정' 및 '조건 방식의 조정' 간의 관계이다. 앞서 두 원칙을 연계지표로 통합했다. 그러나 세밀히 보면 '지속가능한 개발 원칙'은 개발사업에 최소한의 환경조건(환경용량내 개발)을 붙인 것이고, '생산적 복지 원칙'은 복지지출에 최소한의 경제조건(재정적자 방지)을 붙인 것으로 볼 수 있다. 즉 '지속가능한 개발 원칙'과 '생산적 복지 원칙'에 의한 조정은 의미상 조건 방식의 조정과 상당히 유사하다. 따라서 '지속가능한 개발 원칙'과 '생산적 복지 원칙'을 조정수단으로서의 '조건'으로도 통합할 수가 있다.

그렇다면 이 두 원칙들을 '표준지침'으로 통합해야 하느냐 아니면 '조건'으로 통합해야 하느냐? 이 판단을 위해서는 '두 원칙에 의한 조정' '표준지침에 의한 조정' '조건 방식에 의한 조정' 세 가지 조정 방식 간의 차이점과 유사점을 밝혀야 한다.

정책조정 방식으로서 '원칙' '표준지침' 및 '조건'의 특징을 살펴보면 다음과 같다. '원칙'은 갈등의 예방과 해소에 사용되고, 그 내용이 획일적이고 외부적으로 정해지며, 제한된 정책영역에서 모든 갈등당사자들에게 적용된다. 또한 '원칙'은 갈등당사자들이 의무적으로 따라야 하며 임의적으로 배제할 수 없다. 이에 반해 '조건'은 갈등해소를 위해 시용되고, 그 내용은 유동적이고 갈등당사자들에 의해 정해지며, 모든 정책영역에 적용할 수 있으나 갈등당사자들에게만 적용된다. 또한 조건은 갈등당사자들이 자의적으로 구속을 받지만 필요에 따라 파기할 수도 있다. 한편, 표준지침은 갈등의 예방과 해소를 위해 사용되고, 그 내용이 획일적이고 외부적으로 정해지며, 사용자가 설정한 정책영역내 모든 갈등당사자에게 적용된다. 또한 표준지침은 갈등당사자들이 의무적으로 따라야 하며 임의로 배제하기 어렵다. 이를 요약하면 <표 5-3>과 같다.

표 5-3 조정수단으로서 원칙, 표준지침 및 조건의 특징

	원칙	표준지침	조건
목적	- 갈등 예방과 해소	- 갈등 예방과 해소	- 갈등 해소
이행 내용	- 획일적이다 - 외부적으로 미리 정해진다	- 획일적이다 - 외부적으로 미리 정해진다	- 유동적이다 - 당사자들에 의해 정해진다

적용
영역
대상
	- 제한된 정책영역에 적용가능
	- 정해진 영역내
	  모든 당사자들에게 적용
		- 모든 정책영역에 적용가능
		- 설정된 영역내
		  모든 당사자들에게 적용
			- 모든 정책영역에 적용가능
			- 개별 쟁점내
			  협의당사자들에게만 적용

이행 방식	- 의무적, 이행이 강요된다 - 당사자가 배제하기 어렵다	- 의무적, 이행이 강요된다 - 당사자가 배제하기 어렵다	- 자율적, 스스로 이행한다 - 당사자가 파기할 수 있다

특징들을 비교하여 유사점과 차이점을 찾아보면, '원칙'은 '표준지침'과 좀 더 유사하다. 사용 목적, 이행 내용, 적용 영역, 이행 방식, 적용 대상자들이 유사하고, 적용할 수 있는 정책영역만 다르다. 그러나 '원칙'은 '조건'과는 상당한 차이가 있다. 사용목적의 일부에서만 유사할 뿐이다. 따라서 정책조정수단으로서 '지속가능한 개발 원칙'과 '생산적 복지 원칙'은 '표준지침'으로 통합한다.

이상의 의미분석과 통합 및 차별화를 거치면, 팀워크인사, 공동기획, 예산편성, 순환보직, 상호파견, 보직겸임, 쌍방영향평가, 연계지표, 표준지침, 수렴, 교대, 조건, 조합 등을 독자적인 정책조정수단으로 자리매김할 수 있다.

2. 유형화

상기 조정수단들의 특징을 구체화하기 위해 몇 가지 기준에 따라 유형화하면 다음과 같다.

1) 형태 기준

상기 조정수단들은 외관상 어떤 형태를 갖고 있는가? 각 조정수단들의 형태상 특징은 무엇인가?

먼저, 가장 유사하게 보이는 수단들은 팀워크인사, 보직순환, 상호파견, 보직겸임 등이다. 이들은 내용이 서로 다르지만 모두가 정책갈등을 줄이기 위해 정책담당자들에게 실시할 수 있는 인사조치들이다. 따라서 이들은 '인사적 조정수단'이라고 명명할 수 있다.

다음으로, 상당히 유사해 보이는 것들이 수렴, 교대, 조건, 조합이다. 이들의 공통점은 서로 주고받는 교환이다. 즉 이런 저런 교환을 통해 조정하는 것이다. 따라서 이들을 '교환적 조정수단'이라 할 수 있다.

그 다음으로, 유사해 보이는 것들이 공동기획, 예산편성, 쌍방영향평가이다. 이들의 공통점은 일련의 절차와 분석기준들을 포함하고 있는 제도라는 것이다. 따라서 이들을 '제도적 조정수단'이라고 부를 수 있다.

마지막으로, 남아있는 수단들은 표준지침과 연계지표이다. 이들도 외관상 공통점이 있다. 즉 관련 정책들이나 당사자들에게 획일적으로 적용되는 표준지표들이다. 따라서 이들을 '지표적 조정수단'으로 지칭할 수 있다.

요약하면, 상기 정책조정수단들은 그 형태상 특징에 따라 인사적 수단, 교환적 수단, 제도적 수단, 지표적 수단으로 유형화할 수 있다.

2) 성격 기준

상기 정책조정수단들은 성격상 어떻게 유형화할 수 있는가? 정책조정수단들의 성격을 분석하면 어떻게 같고 다른가?

주의깊게 검토하면, 인사적 수단과 교환적 수단이 유사하고, 제도적 수단과 지표적 수단이 유사함을 알 수 있다. 인사적 수단과 교환적 수단은 정치적 논리를 적용하는 전략적 행동으로 간주할 수 있다. 다만, 전자는 제3자가 정책갈등 당사자들에게 취하는 조치이고, 후자는 정책갈등 당사자들이 상호간에 행하는 행위일 뿐이다. 반면에, 제도적 수단과 지표적 수단은 합리적 논리를 적용하는 분석적 도구로 볼 수 있다. 다만, 전자는 복잡하고, 후자는 단순하다. 따라서 정책조정수단들은 그 성격상 특징에 따라 정치적 조정수단과 분석적 조정수단으로 구분할 수 있다.

제4절   정책조정수단들의 적합성

상기 조정수단들은 모두가 정책조정에 부분적으로 유용하다. 그러나 어떤 조정에 유용한지는 차이가 있다. 각 조정수단을 어느 접점(부처간, 당정간, 여야간)에서 어떤 맥락(병행, 통합)에 어떤 목적(중복제거, 순위설정, 상충해소, 시너지창출)으로 언제(사전, 사후) 활용할 수 있는지 구체적으로 밝히면 다음과 같다.

1. 접점 적합성

국가정책을 추진하는 과정에서 정책을 둘러싼 갈등과 협력이 빈번하게 발생하는 접점은 행정부처간, 여당과 야당 간, 그리고 집권당과 행정부처 간에 존재한다. 각 조정수단들이 이들 접점에서의 조정에 적합한가?

1) 제도적 조정수단

제도적 조정수단들의 접점 적합성은 각 수단마다 다르다. 각 조정수단들의 적용 가능성과 적용 조건은 다음과 같다.

먼저, 공동기획은 지금까지 행정부처간 조정에만 적용되어 온 수단이다. 당정간 조정에 적용가능한가? 더 나아가 여야 정당간 조정에도 적용할 수 있는가? 그 여부는 접점의 주체들이 전체합리성을 위해 전문지식과 정보를 공유하고 각자의 입장을 일정 부분 양보할 수 있느냐에 따라 결정된다.

일반적으로 행정부처와 집권당은 서로 간에 공동기획을 꺼린다. 행정부처들은 자신들을 감시 견제하는 정당소속 국회의원들과 세세한 정보를 공유하고 싶지 않고, 합리성에 입각한 자신들의 정책입장이 정당들의 정치논리에 의해 훼손될 수 있다고 생각하기 때문이다. 또한 집권당도 행정부처들과의 공동기획을 선호하지 않는다. 집권당은 자신의 공약들을 행정부처들이 구체화하고 일사불란하게 집행해 주기를 바랄 뿐, 행정부처들과 협의함으로써 그들의 전문성과 정보에 휘둘려 자신의 공약들을 대폭 수정하고 싶지 않기 때문이다.

그럼에도 집권당과 행정부는 정당민주주의 원칙상 긴밀하게 협력해야 하므로 공동으로 국정운영계획을 작성할 수 있다. 실제로 프랑스 집권당과 행정부는 각자가 향후 6개월 내에 추진하려는 정책안들을 함께 모아 서로 조정하여 국정운영프로그램을 작성해 왔다. 따라서 집권당과 행정부는 집권당의 정책공약들과 행정부처들의 정책제안들을 대상으로 6개월 혹은 1년 단위의 개략적인 공동기획을 할 수 있다. 다만, 많은 정보와 시간 및 정교한 분석이 필요한 완벽한 공동기획은 어렵다.

여당과 야당은 집권을 둘러싸고 경쟁하는 관계이다. 그리하여 집권 전략상 지식과 정보를 공유하려 하지 않고 자신들의 입장을 관철하는 데 집착하여 전체합리성을 추구하지도 않는다. 선거에서 승리한 집권당은 대국민 약속을 이행하고 책임정치를 구현하기 위해 야당의 입장을 배제하고 자신의 입장을 관철하려 하고, 야당은 국민들의 지지를 얻어 다음 선거에서 승리하기 위해 집권당에 대해 비판하고 대립각을 세우려 한다. 그 결과 여당과 야당은 함께 참여하면 상당부분 양보해야 하고 상대방에 대해 자신의 우위를 보여주기 어려운 공동기획을 하려 하지 않는다. 따라서 여야 정당간 정책조정을 위해 공동기획을 적용하기는 어렵다.

그럼에도 불구하고 여당과 야당은 원활한 의회운영을 위해 서로 협력하고 타협해야 한다. 쉽게 협력할 수 있는 부분이 유사한 공약들을 공동으로 입법화하는 것이다.

따라서 여당과 야당은 유사한 공약들을 대상으로 개략적인 공동기획을 할 수 있다. 유사한 공약들에 대해서는 지식과 정보를 공유할 수 있고 전체합리성을 위해 자신들의 입장을 부분적으로 수정할 수 있기 때문이다. 다만, 첨예하게 대립하는 정책이슈들은 각 정당들이 상대방에게 정치적 우위를 점하기 위해 전략적으로 활용하는 경향이 있어서 이들의 조정을 위해 공동기획을 실시하기는 어렵다.

따라서 공동기획은 당정간에는 물론 여야 정당간에도 극히 제한된 범위 내에서만 적용할 수 있다.

둘째, 예산편성제도도 행정부처간 조정에만 적용되어 온 것처럼 보인다. 예산편성권이 행정부에 있고, 예산당국은 예산편성제도를 통해 행정부처간 정책갈등을 조정해 왔기 때문이다. 그러면 예산편성제도를 당정간 및 여야 정당간 조정에는 적용할 수 없는가? 예산편성제도는 개별 정책들을 비교분석하여 중복을 없애고 우선순위를 정하여 한정된 예산을 차등 배정하는 것이다. 이러한 예산편성 작업은 행정부내 부처간 협의만으로 끝나지 않는다. 집권당과의 협의 및 여야 정당간 협의가 있고, 이들 협의에서 우선순위에 대한 재조명이 이루어지고 있다. 따라서 예산편성제도는 당정간 조정 및 여야 정당간 조정에도 적용되어 왔다. 다만, 비교분석보다는 정치논리가 강하게 작용하여 예산편성논리를 철저하게 적용하기는 어렵다.

셋째, 쌍방영향평가제도는 아직까지 어느 접점에서도 적용된 적이 없다. 그러나 그 적용 여부는 접점의 당사자들이 서로 상대방의 정책에 부정적인 영향을 주지 않으려는 의지와 분석평가에 동원할 자원이 있느냐에 따라 결정된다.

행정부처들은 서로 간에 부정적인 영향을 가급적 주지 않으려는 의지가 상당히 있다. 서로가 타 부처의 간섭을 받지 않기 위해 타 부처에 간섭하지 않으려는 경향이 있기 때문이다. 또한 행정부처들은 분석평가에 필요한 전문지식과 정보도 상당량 보유하고 있다. 따라서 쌍방영향평가는 행정부처간 정책조정에 적용할 수 있다.

그러나 여야 정당들은 서로에게 부정적인 영향을 주지 않으려는 의지가 약하다. 정당들의 관계는 기본적으로 집권을 위한 제로섬(zero-sum) 관계이다. 서로가 대립각을 세워 상대방의 정책입장을 배제하거나 비판하려 하기 때문이다. 즉 여당은 책임정치를 이유로 야당에 대한 부정적 여파를 고려하지 않고 자신의 정책입장을 관철하려 하고, 야당도 여당의 입장을 고려하지 않고 여당의 집권연장을 막기 위해 여당의 정책을 비난한다. 또한 여야 정당들은 한정된 자원으로 국가의 모든 정책들에 간여하기 때문에 특정 쟁점정책의 평가를 위해 필요한 전문지식과 정보 및 시간을 충분히 동원할 수가 없다. 따라서 여야 정당간 정책조정에 쌍방영향평가를 적용하는 것은 거의 불가능하다.

한편, 집권당이나 행정부처는 특별한 경우가 아니면 상대방이 중요시하는 정책을 훼손하려 하지는 않는다. 그러나 영향평가에 필요한 자원 동원은 여당보다 행정부처가 유리하다. 따라서 당정간 정책조정에 쌍방영향평가를 적용하는 것이 불가능하지도 쉽지도 않다.

그럼에도 불구하고 쌍방영향평가는 당정간 및 여야 정당간에 불완전한 형태로나마 적용되어 왔다. 즉 여당은 행정부처들이 추진하려는 정책이 자신의 지지기반에 피해를 주는지 항상 점검하고 그 피해가 없도록 행정부처들의 정책입장을 빈번히 수정해 왔고, 행정부처들도 여당의 입법이 자신들이 추진하려는 정책들의 일관성이나 합리성에 부정적 영향을 미칠 경우 여당의 입법안을 수정하기 위해 노력해 왔다. 쌍방영향평가는 당정간에 개략적으로나마 적용되어 왔다. 마찬가지로 야당은 여당 입법안이, 여당은 야당 입법안이 자신의 이념이나 지지기반에 심대한 부정적 영향을 줄 경우 여야 협의조정을 통해 이를 수정해 왔다. 그리하여 쌍방영향평가는 여야 정당간에 협력이 필요한 쟁점에 대해서는 개략적인 형태로 적용할 수 있고, 경쟁을 해야 하는 쟁점에서는 적용할 수가 없다.

따라서 행정부처간 접점에는 엄밀한 쌍방영향평가를 적용할 수 있지만, 당정간 접점에는 개략적 쌍방향영향평가를 적용할 수 있고, 여야 정당간 접점에는 개략적 쌍방영향평가를 아주 제한적 쟁점들에서 적용할 수 있다.

2) 지표적 조정수단

지표적 조정수단들을 적용하기 위해서는 잠재적 갈등당사자들이 지표를 만들어 합의할 수 있을 만큼 전체합리성을 존중해야 하고 지표를 따르게 하는 메커니즘이 있어야 한다.

지표적 조정수단들은 행정부처간 조정에 활용되어 왔다. 표준지침은 원칙 혹은 방향 설정을 통해 행정부처들이 정책의제들에 대해 제멋대로 주장하지 못하게 함으로써 부처간 정책갈등을 줄여왔다. 연계지표도 지금까지 행정부처간 조정에 활용되지는 않았으나 활용할 수가 있다. 예를 들면, 복지지출을 경제성장과 연동시키는 연계지표를 만들어 복지부처와 경제부처 간 정책갈등을 조정할 수가 있다.

그러면 지표적 조정수단들을 당정간 조정에도 적용할 수가 있는가? 지금까지 활용된 적은 없으나 적용 가능하다. 예를 들어, 공공요금 인상이나 추곡수매가 인상을 둘러싸고 반복적으로 발생하는 당정간 정책갈등은 매년 일정 비율을 인상하는 원칙을 정하거나 인상률을 물가상승률 혹은 생산비 증가율과 연동시키는 연계지표를 만들어 적용함으로써 줄일 수 있다. 지표적 조정수단들을 부처간 및 당정간 조정에 적용할 수 있는 이유는 행정부처들은 물론 집권당도 국정운영에 직접적인 책임이 있어서 모든 국민들을 염두에 둔 전체합리성을 무시할 수 없을 뿐만 아니라 국민들의 신뢰를 유지하기 위해 합의된 지표를 따르겠다는 약속을 지킬 수밖에 없기 때문이다. 그러나 집권당은 여론에 따라 지표를 따르지 않을 가능성도 커서 지표적 수단을 당정간에 적용하는 데는 한계가 있다.

지표적 조정수단들을 여야 정당간 조정에 활용하기는 어렵다. 여야 정당들은 집권경쟁으로 인해 그들 간에 전체합리성을 추구하지도 않을 뿐만 아니라 수시로 변하는 여론에 민감하여 전문기술적인 세세한 지표들에 관심도 적고 지표들을 만들어 합의를 해도 지키기가 쉽지 않기 때문이다.

3) 교환적 조정수단

교환적 조정수단들의 접점 적용가능성은 각 접점에서 갈등당사자들이 서로 주고받을 수 있는 것을 마련할 수 있고 교환을 통해 갈등이 축소될 수 있으면 적용할 수 있다.

수렴과 조건 및 조합은 행정부처간, 당정간, 여야 정당간 조정에 널리 적용되어 왔다. 수렴이 널리 적용되어 온 이유는 각 당사자가 일방적으로 피해를 감수하는 것이 아니므로 서로 양보할 수 있고, 서로 반반씩 양보하는 것이 공정하다고 생각하기 때문이다. 조건이 널리 활용되는 이유는 일방이 자발적으로 대부분을 양보하겠다고 하므로 상대방도 최소한의 양보를 할 수 있고, 그 최소한의 교환만으로 갈등을 용이하게 해결할 수 있기 때문이다. 조합이 널리 활용되는 것은 서로가 원하는 것을 얻을 수 있기 때문이다. 서로가 원하는 것이 다를 수 있어서 교환할 것이 있고, 서로가 절실히 원하는 것을 얻고 그렇지 않은 것을 양보하는 것이어서 서로를 만족시킬 수 있기 때문이다. 수렴은 서로 일정부분 양보하는 방식으로 부처간 조정에 자주 활용되어 왔고, 조건은 행정부처의 정책안에 집권당이 조건을 붙이는 방식으로 당정간 조정에 빈번히 활용되어 왔으며, 조합은 서로 다른 쟁점들을 연계시켜 자신들에게 중요한 쟁점에서 자신들의 입장을 반영하는 방식으로 여야 정당간에 자주 활용되어 왔다.

그러나 교대 수단이 활용될 수 있기 위해서는 갈등해소를 위해 주고받아야 할 것이 있어야 할 뿐만 아니라 시차를 두고 주고받기 때문에 먼저 양보하는 당사자가 차후에 상대방으로부터 양보를 받을 수 있도록 하는 메커니즘이 있어야 한다. 교대 약속이

지켜질 가능성은 접점마다 다르다. 상대적으로 부처간에 가장 크고 당정간에는 중간정
도이며 여야 정당간에는 가장 적다. 부처간 약속은 국무조정실, 청와대비서실 등 제3
의 조정자와 협의하에 이루어지는 경우가 많아 당사자부처가 임의로 파기하기 어렵다.
여야 정당간 약속은 집권경쟁으로 인해 여야간 믿음과 신뢰가 없어 쉽게 파기될 수가
있다. 행정부처와 집권당 간의 교대 약속은 여론의 변화를 이유로 집권당이 파기하지
않는 한 그런대로 지켜진다. 따라서 교대 방식의 조정은 행정부처간에는 용이하게 적
용할 수 있고 당정간에도 어느 정도 적용할 수 있으나 여야 정당간에는 적용하기는 어
렵다.

4) 인사적 조정수단

인사적 조정수단들은 행정부처간 정책조정에 활용되어 왔다. 대통령이나 총리가
인사권 행사를 통해 부처간 정책조정을 시도해 왔기 때문이다. 다만, 팀워크인사와 순
환보직은 자주 사용되어 왔으나 상호파견과 보직겸임은 드물게 사용되어 왔고, 팀워크
인사와 보직겸임은 장차관 등 고위직에, 순환보직과 상호파견은 국과장 등 중하위직에
활용해 왔다.

그러면 인사적 조정수단들을 당정간, 더 나아가 여야 정당간에도 적용할 수 있는가?
인사적 조정수단을 여야 정당간 정책조정에 적용하는 것은 불가능하다. 팀워크인
사를 적용할 수 없는 것은 여야 정당들을 상대로 인사조치를 할 수 있는 인사권자가
없기 때문이고, 보직겸임과 보직순환 및 상호파견을 적용할 수 없는 것은 인사권자가
없을 뿐만 아니라 집권경쟁을 벌여야 하는 정당들은 서로 자신들의 정책전략과 정치
전략을 상대당에 노출시킬 수 없기 때문이다.

인사적 조정수단들을 당정간에 적용할 수 있는가? 이는 집권당과 행정부 내 인사
배치를 총괄하는 인사권자 존재 여부, 정부형태, 지위고하 등에 따라 달라진다. 팀워크
인사는 대통령제에서든 의원내각제에서든 적용할 수 있다. 대통령 혹은 총리가 집권당
총재이자 행정부 수장으로 행정부 공직자와 집권당 당직자들에 대해 인사조치를 할
수 있기 때문이다. 반면, 보직순환과 보직겸임 및 상호파견은 인사권자가 있더라도 지
위고하와 정부형태에 따라 달라진다. 실무당직자와 직업공무원 간에는 정부형태와 관
계없이 보직순환, 보직겸임, 상호파견 중 그 어느 것도 할 수 없다. 직업공무원들은
정치적 중립을 이유로 정당조직에 임명될 수 없고, 실무당직자들도 엽관주의가 허용
되지 않아 행정부처에 임명될 수 없기 때문이다. 고위직의 경우 정부형태에 따라 다
를 수 있다. 대통령제하에서는 집권당 간부와 행정부 장차관 간 보직순환과 보직겸임

및 상호피견이 불가능하다. 집권당 간부들이 의회의원들이어서 권력분립 원칙에 위배되기 때문이다. 그러나 의원내각제 국가에서는 당정간 고위직의 순환과 겸임이 가능하다. 일부 여당 의원들은 재선이 되면 중하위 당직과 행정부 정무차관직을, 4~5선 이상이 되면 고위 당직과 행정부 장관직을 순환하며 담당해 왔고, 경우에 따라 겸임할 수도 있다. 입법 권력과 행정 권력이 통합되어 있기 때문이다. 그러나 의원내각제 국가라도 장차관과 집권당 고위간부 간 상호파견이 가능하다고 말할 수는 없다. 양자는 대부분 동일인이기 때문이다. 설사 동일인이 아닌 경우에도, 집권당 간부는 행정부에 파견 나가 근무하다 당으로 돌아올 수 있으나 장차관은 집권당으로 파견 나갔다 행정부로 돌아올 수 있는 자리가 아니기 때문이다.

2. 맥락 적합성

각 조정수단들을 정책안간 통합조정이나 정책간 병행조정에 활용할 수 있는지를 검토하면 다음과 같다.

1) 제도적 조정수단

공동기획은 일부 병행조정에만 적용할 수 있고 통합조정에는 적용할 수 없다. 공동기획은 참여기관들이 제안한 신규정책들을 종합계획에 포함시키는 과정에서 신규정책들을 병행조정해 왔다. 그러나 공동기획은 이미 집행중인 기존정책들을 병행조정할 수는 없다. 공동기획은 이미 집행 중인 기존정책들을 대상으로 하는 것이 아니기 때문이다. 또한 공동기획은 정책안들을 하나로 압축하는 통합조정에 적용할 수 없다. 공동기획은 단일 정책을 마련하는 제도가 아니기 때문이다.

반면, 예산편성제도는 모든 병행조정에 적용할 수 있으나, 통합조정에는 적용할 수 없다. 예산은 이미 확정된 정책들에 배정할 뿐 확정되지 않은 정책안들에 배정하지는 않기 때문이다. 예산편성제도는 집행을 위해 예산을 필요로 하는 신규정책들은 물론 이미 예산을 배정받아 집행중인 기존정책들도 필요하면 병행조정해 왔고, 연관이 있으면 신규정책과 기존정책 간의 관계도 병행조정해 왔다. 그러나 예산편성제도는 정책안들을 하나로 통합하는 과정에 끼어들어 조정할 수는 없다. 정책내용이 구체화되지 않아 예산을 배정할 수 없기 때문이다.

쌍방영향평가는 모든 병행조정에 적용할 수 있으나, 통합조정에 적용할 수는 없다. 쌍방영향평가는 정책내용이 확정된 두 개의 정책을 전제하고 있기 때문에, 기존정책간, 신규정책간에는 물론 신규정책과 기존정책 간에도 적용할 수 있다. 그러나 하나로 압축해야 하는 정책안들을 대상으로 쌍방영향평가를 할 수는 없다.

2) 지표적 조정수단

표준지침은 통합조정과 병행조정 모두에 적용할 수 있다. 추진기관들의 정책입장을 특정 방향으로 유도 혹은 수정할 수 있기 때문이다. 표준지침을 사전에 적용하면 하나의 신규정책을 추진하는 과정에서 정책안들이 통합이 어려울 정도로 상이하게 제시되는 것을 막을 수 있을 뿐만 아니라 사후에 적용하면 다수의 정책들을 표준지침에 맞게 수정하도록 유도할 수 있어 정책간 양립불가능한 상태도 어느 정도 해소할 수 있다.

반면, 연계지표는 병행조정에만 활용할 수 있다. 서로 다른 정책영역들을 측정하는 지표들을 연계한 것이어서 독자적으로 존속하는 정책들 간의 관계만 조정할 수 있기 때문이다. 따라서 연계지표는 신규정책간 조정, 기존정책간 조정 모두에 적용할 수 있다. 그러나 연계지표를 통합조정에 적용할 수는 없다. 조정대상인 정책안들이 독자적으로 존속하지 못하고 하나로 통합되기 때문이다.

3) 교환적 조정수단

수렴은 일정한 요건이 갖춰지면 통합조정과 병행조정 모두에 적용할 수 있다. 즉 정책입장의 차이가 동일한 쟁점에 관한 것이어야 하고 그 차이를 분할할 수 있어야 한다. 수렴은 특정 쟁점에 대해 서로 반반씩 양보하여 갈등을 해결하는 것이기 때문이다. 이 요건이 갖춰지면 정책들이든 정책안들이든 상관없이 적용가능하다. 예를 들면, 목표에 대해 정책안간 차이가 있고 이 목표를 분할할 수 있으면 절반씩 양보하여 하나로 통합할 수 있고, 목표에 대한 정책들간 차이도 절반씩 수정하여 병행시킬 수 있다. 정책입장간 차이가 있는 쟁점이 수단이나 적용대상이어도 마찬가지이다.

교대는 병행조정에만 적용할 수 있고 통합조정에는 적용할 수 없다. 교대는 정책들을 순서를 정한 후 시기를 달리하여 적용하는 것으로 각 정책들은 그대로 유지하는 것이기 때문에 병행조정에만 적용할 수 있다. 병행조정의 경우에도 신규정책간 조정에만 적용할 수 있다. 아직 시행되지 않는 신규정책들의 시기는 조절할 수 있으나 이미 시행중인 기존정책들의 시기를 변경시키기는 것은 어렵기 때문이다.

조건은 통합조정과 병행조정 모두에 적용할 수 있다. 조건은 정책안들의 통합조정에 적용할 수 있다. 통합조정은 정책안들을 균형있게 융합하거나 하나의 정책안이 다른 정책안을 흡수하는 방식으로 가능한데, 조건은 후자의 흡수를 가능하게 하기 때문이다. 즉 정책갈등에서 불리한 당사자가 자신의 정책안 중 반드시 관철하려는 최소한의 내용만 반영해 주면 나머지 부분을 양보하겠다고 할 경우 상대방이 이를 수용하면 정책안들의 통합조정이 이루어진다. 또한 조건은 정책들의 병행조정에도 적용 가능하다. 상반된 정책들 가운데 한 정책의 내용에 최소한의 수정 조건을 달고 이 조건이 실현되면 정책들을 양립시킬 수 있기 때문이다. 예를 들면, 개발정책에 최소한의 환경조건을 달고 이 조건이 실현되면 개발정책과 환경정책을 병행할 수 있다.

조합은 쟁점이 복수인 경우14) 통합조정이나 병행조정 모두에 적용할 수 있다. 정책추진주체들이 각자 자신의 정책안을 관철하려 함으로써 정책안간 목표는 물론 수단에서도 갈등이 있을 경우, 두 쟁점을 연계시켜 목표 쟁점에서는 A 주체의 입장을 채택하고 수단 쟁점에서는 B 주체의 입장을 채택함으로써 양 주체의 정책안들을 하나로 통합할 수 있다. 마찬가지로 정책추진주체들이 자신들의 기존정책을 지속 추진함으로써 정책간 목표뿐만 아니라 수단에서도 갈등이 있을 경우 이 두 쟁점을 연계시켜 목표 쟁점에서는 A의 목표를 수정하고 수단 쟁점에서는 B의 수단을 수정하게 함으로써 갈등을 해소할 수 있다.

4) 인사적 조정수단

인사적 조정수단들은 모두 통합조정과 병행조정에 적합하다. 팀워크인사, 보직순환, 보직겸임, 상호파견 등 인사적 조정수단들의 공통점은 관련기관들의 지식정보, 가치관 및 이해관계의 차이를 줄임으로써 정책갈등을 해결하는 것인데, 이 수단들은 하나의 정책을 만드는 과정에서 정책안들을 제시하는 기관들에게는 물론 정책들을 각자 추진하는 기관들에게도 적용할 수 있기 때문이다.

---

14) 쟁점이 하나인 경우 이를 분할하여 복수의 세부쟁점들을 만들거나 아니면 다른 쟁점과 연계시켜 복수 쟁점화해야 조합을 적용할 수 있다. 예를 들면, 환경부가 환경보전을 위해 해안경관보전지구를 지정하려 하자 국토해양부가 해안지역에 일자리창출을 위한 수출공단조성을 해야 한다는 이유로 반대할 경우, 두 가지 방식으로 갈등을 해소할 수 있다. 하나는 해안지역을 반드시 보전해야 할 필요가 있는 지역과 그렇지 않은 지역으로 세분화해 환경부는 반드시 보전해야 할 지역을 보전지구를 설정하고 국토해양부는 그렇지 않은 지역에 공단을 조성하기로 하는 것이다. 다른 하나는, 해양경관보전지구 설정 쟁점에 내륙지역 그린벨트 완화 쟁점을 연계하여 환경부는 원안대로 해안경관지구를 설정하고 국토해양부는 일부 그린벨트를 해제하여 공단을 짓는 것이다. 전자는 쟁점세분화를 통한 조합방식의 조정이고, 후자는 쟁점연계를 통한 조합방식의 조정이다.

3. 목적 적합성

정책조정의 세부 목적은 중복 방지, 우선순위 설정, 상충 방지, 시너지 창출 등이다. 각 정책조정수단들은 어느 목적에 기여할 수 있는지 살펴보면 다음과 같다.

1) 제도적 조정수단

제도적 조정수단들이 어떤 목적에 기여할 수 있는지는 그 목적에 활용할 수 있는 내부 메커니즘을 가지고 있는지에 따라 결정된다.

공동기획제도가 정책입장들의 관계에 영향을 미칠 수 있는 것은 공동기획과정에서 공동목표와 사전지침 및 총괄비교분석을 활용하기 때문이다. 공동기획당국은 공동목표를 활용하여 정책들의 우선순위를 설정할 수 있고, 사전지침을 통해 제한하고 장려할 사항들을 지정함으로써 정책간 중복의 발생을 줄일 수 있을 뿐만 아니라 우선순위도 설정할 수 있으며, 총괄비교분석의 결과를 활용하여 정책입장들의 중복 제거와 우선순위 설정을 넘어 상충관계 해소와 시너지 창출도 할 수 있다. 따라서 공동기획제도는 중복 제거와 우선순위 설정에 크게 기여할 수 있고, 상충 해소와 시너지 창출에도 상당한 기여를 할 수 있다.

예산편성제도가 정책들의 관계에 영향을 미칠 수 있는 것은 예산배정과정에서 예산요구안들을 심사분석하거나 국정운영 방향과 전략을 논의하기 때문이다. 상향식 예산편성제도에서는 예산요구안 심사분석을 통해 정책간 중복 제거와 우선순위 설정에 기여할 수 있다. 그러나 예산당국은 상충관계 해소나 시너지 창출을 위한 조정에 적극 나서지 않는 경향이 있다. 정책간 상호영향을 분석하는 데 필요한 인력과 시간이 부족하고, 정책추진부처들의 반발로 정책들을 수정하기도 어렵기 때문이다. 한편, 하향식 예산편성제도에서는 대통령과 장관들 및 예산당국이 먼저 국정운영 방향과 전략을 논의하고 그에 따라 예산을 정책분야간 부처간 정책간 순차적으로 배정함으로써 중복 제거, 우선순위 설정, 상충 제거, 시너지 창출 등 모든 목적에 기여할 수 있다. 먼저, 국정운영 방향과 전략에 따라 정책분야 간에 예산을 배정함으로써 우선순위 설정에 기여하고, 다음으로, 부처간 예산배정 과정에서 장관들이 심도있게 논의함으로써 부처간 중복을 제거하며, 마지막으로, 할당된 부처예산을 소관 개별정책들에 배분하는 과정에서 소관 정책간 중복 제거, 우선순위 설정, 상충관계 해소, 시너지 창출에 기여할 수 있다. 요약하면, 예산편성제도는 어느 방식을 채택하든 중복 제거와 우선순위 설정에는 확실히 기여하고, 하향식의 경우 상충관계 해소와 시너지 창출에 제한적으로 기여할 수 있다.

쌍방영향가제도는 정책간 영향분석을 통해 정책들의 관계에 영향을 미친다. 영향분석은 원래 상충관계 해소를 위해 실시하지만, 영향분석을 통해 얻은 인과관계 정보는 시너지 창출에도 활용할 수 있다. 그러나 영향분석은 우선순위이나 중복을 해결하는 데 필요한 정보를 제공하지는 않는다. 따라서 쌍방영향평가는 상충 해소나 시너지 창출에 기여할 수 있지만, 중복 제거나 우선순위 해결에는 기여하기 어렵다.

2) 지표적 조정수단

표준지침은 정책추진지침이나 표준규격을 통해 정책입장들의 관계에 영향을 줄 수 있다. 정책추진지침은 그 속에 무엇을 정하느냐에 따라 다양한 목적으로 활용할 수 있다. 특정 내용을 제한하면 중복이나 상충을 방지할 수 있고, 특정 내용을 장려하면 우선순위 설정이나 시너지 창출에 기여할 수도 있다. 그런데 정책추진지침은 정책들의 내용을 상당부분 파악한 후 작성하기 때문에 중복 제거와 우선순위 설정에는 기여할 수 있다. 그러나 정책간 인과관계까지 분석한 후 작성하는 것은 아니기 때문에 상충 해소나 시너지 창출에는 한계가 있다. 한편, 표준규격은 설정 자체와 그 강도를 통해 상충 방지와 우선순위 설정에 기여할 수 있다. 예를 들면, 특정 지역이나 제품에 환경규격을 설정하면 개발정책이나 산업정책이 환경정책에 미치는 부정적인 영향을 어느 정도 차단할 수 있고, 그 규격을 높게 설정하면 상대적으로 환경정책을 중시하게 되고 낮게 정하면 상대적으로 개발정책이나 산업정책을 중시하게 된다. 그러나 규격을 제정하는 과정에서는 정책들의 내용을 충분히 검토한 기회가 없어서 중복이나 인과관계 정보를 확보할 수 없어 중복 제거나 시너지 창출은 불가능하다. 요약하면, 표준지침은 우선순위 설정에 기여할 수 있으나, 상충방지에는 제한적이고 중복 제거에 대한 기여는 경우에 따라 다르고 시너지 창출에 대한 기여는 극히 미미하다.

한편, 연계지표는 연계비율을 통해 정책간 우선순위를 설정할 수 있다. 그러나 정책간 인과관계 정보를 확보할 수 없기 때문에 상충 해소나 시너지 창출이 불가능하고, 정책들의 내용을 비교하는 것도 아니어서 중복 제거도 쉽지 않다. 따라서 연계지표는 우선순위 설정에만 기여할 수 있다.

3) 교환적 조정수단

교환적 조정수단들은 주고받는 방식에 따라 어떤 목적에 기여할 수 있는지가 결정된다.

　　수렴 방식은 중복 제거, 우선순위 해결, 상충 해소 및 시너지 창출 등 모든 세부목적에 기여할 수 있다. 중복되는 부분을 절반씩 양보하면 중복이 제거될 수 있다. 예를 들면, 검찰과 경찰 간 수사대상 영역을 둘러싼 갈등은 양 기관이 중복영역을 반반씩 양보하면 해소된다. 또한 우선순위 갈등에서도 반반씩 양보하여 동순위로 하면 우선순위 갈등도 해소할 수 있다. 서로가 상대에게 부정적인 영향을 주는 상충관계는 서로가 양보하여 자신의 입장을 수정함으로써 상대방 입장에 대한 부정적인 영향을 차단해 주면 상당부분 해소되고, 시너지도 서로가 양보하여 자신의 입장을 수정함으로써 상대방의 정책에 긍정적인 영향을 주면 창출될 수 있다.

　　교대 방식은 중복과 우선순위 및 상충의 문제를 어느 정도 해소할 수 있다. 예를 들면, 검찰과 경찰 간 수사대상 중복으로 인한 갈등은 중복대상을 향후 3년 동안은 경찰이 수사하고 그 후 3년 동안은 검찰이 수사토록 하면 중복을 해소할 수 있다. 또한 경제정책에서 성장과 안정 간 우선순위 갈등도 첫 3년은 성장정책을 우선시하고 그 후 3년은 안정정책을 우선시하면 양자간 갈등을 해소할 수 있다. 정책간 상충도 정책들을 상당한 시차를 두고 교대로 집행하면 발생하지 않을 수 있다. 상충은 동시에 집행할 경우에 발생하기 때문이다. 그러나 교대를 통해 시너지를 창출하기는 어렵다. 정책들의 집행시기를 달리하면 상호간 긍정적 영향을 주기 어렵기 때문이다.

　　조건 방식은 중복과 우선순위경합 및 상충을 해소하고, 경우에 따라 시너지 효과를 창출하는 데도 기여할 수 있다. 중복 갈등에서 최소요구 조건의 관철로 양보의 피해를 최소화할 수 있으면 양보하여 갈등을 해소한다. 예를 들면, 관할권 중복이 있을 경우 관할권이 적은 당사자가 관할권을 모두 양보하면서 상대방이 권한을 행사할 때 사전에 협의해 줄 것을 조건으로 내걸고 상대방이 이를 수용하면 관할권 중복을 둘러싼 갈등은 해소된다. 또한 우선순위 갈등에서도 마찬가지이다. 최소요구 조건으로 우선순위 양보로 인한 피해를 최소화시킬 수 있으면 양보가 가능하다. 또한 정책입장간에 일방향의 부정적인 영향으로 갈등이 있는 경우 피해 당사자가 상대방의 정책입장을 수용하는 조건으로 부정적 영향을 완화시킬 수 있는 최소한의 부가조치나 부정적 영향의 피해를 상쇄할 최소한의 편익을 요구하여 상대방이 요구를 수용하면 갈등을 해소할 수 있다. 마찬가지로 간단한 부가조치로 다른 정책입장에 일방적으로 상당한 긍정적인 영향을 줄 수 있는 경우 수혜자가 최소한의 편익을 제공하는 조건으로 부가조치를 요구하여 수용되면 시너지가 창출된다.

　　조합 방식은 쟁점분할이나 쟁점연계를 통해 중복 해소, 우선순위경합 해소, 상충 해소, 시너지 창출 등 모든 조정목적에 기여할 수 있다. 그러나 분할이나 연계가 불가능하면 어떤 목적에도 기여할 수 없다. 먼저, 조합 방식은 쟁점분할을 통해 중복갈등 혹은 우선순위경합을 해소할 수 있다. 예를 들어, 실업자 취업교육에 대해 교육부와 노동부가 서로 자신의 관할이라고 주장할 경우, 이 관할 중복은 취업교육의 대상을 청년과 장년으로 구분하여 전자는 교육부가, 후자는 노동부가 담당함으로써 해결할 수 있다. 또한 교육부는 청년실업자 우선을 주장하고 노동부는 장년실업자 우선을 주장하여 우선순위 경합이 있는 경우, 이 우선순위 경합도 청년실업자를 저소득층과 중산층으로 구분하고 장년실업자도 중산층과 저소득층으로 구분한 다음, 교육부가 중산층 청년실업자와 중산층 장년실업자를 교육하고, 노동부가 저소득층 청년실업자와 저소득층 장년실업자를 교육하기로 하면 교육부와 노동부간 우선순위 경합을 해소할 수 있다. 다음, 조합 방식은 쟁점연계를 통해 상충 해소나 시너지 창출에 기여할 수 있다. 특정 쟁점정책에서는 일방의 입장이 타방의 입장에 부정적인 영향을 미쳐 양자간 갈등이 있고, 다른 쟁점정책에서는 타방의 입장이 일방의 입장에 부정적인 영향을 미쳐 갈등이 있을 때, 양 정책을 연계하여 각 정책에서 상대방에 대한 부정적인 영향을 차단해 주면 갈등이 해소될 수 있다. 시너지 창출도 마찬가지다. 긍정적인 영향이 있을 경우 각 정책에서 서로가 부가조치를 취해 주면 시너지가 창출될 수 있다.

4) 인사적 조정수단

세부 조정목적에 대한 인사적 조정수단들의 기여는 인사조치 후 새로운 직책담당자들이 유관정책들과의 관계를 얼마나 잘 파악하고 소관정책들을 얼마나 적극적으로 수정·보완할 수 있느냐에 따라 달라진다.

겸임의 경우 양 정책들을 한 사람이 담당하기 때문에 정책들의 관계를 잘 파악할 수 있을 뿐만 아니라 이들 간의 관계를 개선하기 위한 수정·보완도 쉽게 할 수 있다. 따라서 중복 제거, 우선순위 설정, 상충 해소, 시너지 창출 등 어떤 목적에도 크게 기여할 수 있다.

상호파견의 경우에도 새로운 직책 담당자들은 새로운 정책을 전담하므로 그 내용을 잘 알 수 있고 직전까지 담당했던 정책과의 관계도 잘 파악할 수 있다. 또한 역지사지를 통해 정책들을 적극적으로 수정·보완할 수도 있다. 다만, 일정기간 근무 후에 원래의 직책으로 돌아가야 하므로 양측 모두에 도움이 되는 상충 해소나 시너지 창출을 위한 수정·보완에는 적극적일 수 있으나, 경합관계에 있는 중복 제거나 우선순위 재설정을 위한 수정에는 소극적일 수 있다. 따라서 상호파견은 상충 제거나 시너지 창출에 크게 기여할 수 있으나 중복 제거나 우선순위 설정에 대한 기여는 제한적일 수 있다.

팀워크인사의 경우 새로운 직책담당자들이 정책간 중복이나 상대적 중요성은 쉽게 파악할 수 있으나 상호 인과관계에 대한 파악은 그리 쉽지 않다. 그러나 팀워크인사를 할 경우 새로운 직책담당자들은 가치관이나 이해관계가 유사하고 서로 협력하려는 의지가 강해 소관정책들을 적극적으로 수정 보완할 수는 있다. 그 결과, 팀워크인사는 우선순위 설정과 중복 제거에 크게 기여할 수 있고, 상충해소나 시너지 창출에는 제한적으로 기여할 수 있다.

마지막으로, 순환보직의 경우 새로운 직책담당자들이 유관정책들과의 관계도 파악할 수 있고 소관정책을 수정·보완도 할 수 있다. 여러 직책들을 경험하여 다양한 정책들을 이해할 수 있고 역지사지도 할 수 있기 때문이다. 그리하여 순환보직은 중복 제거, 우선순위 설정, 상충 해소, 시너지 창출 등 어느 목적에도 기여할 수 있다. 그러나 유관정책 담당자들의 강력한 요구가 없는 한 새로운 직책담당자들이 수정·보완하려는 의지는 겸임, 상호파견, 팀워크인사에 미치지 못한다. 더군다나 유관정책을 수정하거나 수정을 유도할 만한 권능이 없다. 따라서 순환보직은 직책담당자들로 하여금 중복, 우선순위경합, 상충을 야기시키지 않고 시너지를 창출하려는 방향으로 정책을 추진하게 하는 효과는 있으나 이러한 방향으로 적극 추진하게 하는 데는 한계가 있다.

4. 시점 적합성

정책조정수단들을 적용할 수 있는 시점은 정책입장간 이견이 발생하기 이전과 이후로 구분할 수 있다. 이견이 발생하는 시점은 관련정책들의 입장이 확정되는 시점이다. 조정수단을 이견 발생 이전에 적용하여 정책갈등의 발생을 미리 억제할 수 있으면 사전예방에 적합하고, 발생 이후에 적용하여 이미 발생한 정책갈등을 해소할 수 있으면 사후해소에 적합하다. 각 조정수단들이 정책갈등의 사전예방 혹은 사후해소 중 어디에 기여할 수 있는지는 각 조정수단들이 사전 혹은 사후에 개입할 수 있는 메커니즘을 가지고 있느냐에 따라 달라진다.

1) 제도적 조정수단

공동기획은 정책갈등의 사전예방과 사후해소 모두에 기여할 수 있다. 공동기획은 공동목표와 정책제안지침을 통해 사전에 개입하여 기관들이 서로 양립하기 어려운 정책들을 제안하지 못하게 함으로써 정책갈등의 발생을 억제할 수 있고, 또한 참여기관들이 제안한 정책들에 대한 비교분석을 통해 정책들의 내용을 부분 수정하거나 정책들 간의 관계를 재설정함으로써 정책갈등을 해소할 수도 있다.

그러나 예산편성제도는 정책갈등의 사후해소에만 기여할 수 있다. 예산편성제도에도 사전에 적용하는 예산편성지침과 사후에 적용하는 예산심사분석이 있다. 그러나 예산편성지침은 무분별한 예산요구를 완화시킬 뿐 정책추진기관간 정책갈등을 예방하지는 못한다. 예산편성지침이 정책추진기관들의 정책형성과정에 영향을 미칠 수 없기 때문이다. 그러나 이미 확정된 정책들의 집행을 위해 요구한 예산안에 대한 심사분석은 한정된 재원의 합리적 배정을 위해 정책들의 관계를 재설정할 수 있다. 즉 중복을 제거하고 우선순위를 정할 수 있다. 따라서 예산편성제도는 사후해소에만 적합하다.

쌍방영향평가도 사후해소에만 기여할 수 있다. 쌍방영향평가는 두 정책입장의 내용이 정해지지 않으면 상호간에 어떤 영향을 주는지 평가할 수 없기 때문이다. 당연한 결과로 쌍방영향평가는 두 정책입장의 주요 내용이 정해진 이후에나 실시할 수 있다.

요약하면, 공동기획제도는 정책갈등의 사전예방과 사후해소 모두에 적합하고, 쌍방영향평가제도와 예산편성제도는 사후해소에만 기여할 수 있다.

2) 지표적 조정수단

지표적 조정수단들은 일차적으로 사전예방에 기여할 수 있다. 표준지침이나 연계지표를 만드는 이유는 향후 반복적으로 발생할 수 있는 정책갈등에 활용하기 위해서이다. 즉 정책추진기관들이 그들의 정책입장을 정하는 과정에서 사전에 정해 놓은 지표에 따르도록 하여 갈등이 발생하지 않도록 하기 위해서이다. 따라서 지표적 조정수단은 사전예방에 적합하다.

그러면 사후해소에도 기여할 수 있는가? 표준지침이나 연계지표는 당사자들의 순응을 강요하는 제3자의 힘이나 당사자들의 약속을 배경으로 하고 있다. 그리하여 당사자들은 이 지침이나 지표에서 벗어날 경우 지침이나 지표에 따르도록 강요받을 수 있다. 따라서 사후해소에도 기여할 수가 있다.

3) 교환적 조정수단

교환적 조정수단들은 사후해소에만 기여할 수 있다. 교환적 조정수단들은 무엇을 양보하고 무엇을 양보 받을지 알 수 있어야 적용할 수 있는 수단들인데, 이를 알 수 있는 시점은 갈등당사자간 정책입장 차이가 드러난 이후이다. 정책입장의 차이가 드러나지 않은 상태에서 반반씩 양보할 수가 없고, 조건을 달수도 없으며, 어느 입장을 먼저 반영할지, 쟁점들을 어떻게 연계할지 등을 정할 수가 없다. 따라서 수렴, 조건, 교대, 조합 등 교환적 조정수단들은 정책갈등의 사후해소에만 기여할 수 있다.

4) 인사적 조정수단

인사적 조정수단들은 사전예방과 사후해소 모두에 기여할 수 있다. 인사적 조정수단들은 정책추진 담당자들간 가치관과 이해관계 및 보유정보의 차이를 줄이는 조치들이다. 인사적 조정수단들을 정책담당자들의 정책입장이 구체화되기 전에 적용하면 서로 양립하기 어려운 정책입장들이 만들어질 가능성이 줄어들어 갈등의 사전예방에 기여하고, 정책담당자들의 정책입장들이 구체화된 이후에 실시하면 새로운 정책담당자들의 가치관과 이해관계에 맞지 않는 정책입장들이 수정 혹은 보완할 수 있어서 갈등의 사후해소에 기여할 수 있다. 따라서 인사적 조정수단들은 정책갈등의 사전예방뿐만 아니라 사후해소에도 활용할 수 있다. 다만, 사후에 기존 정책입장들을 수정 혹은 보완할 수 있는 정도에는 차이가 있다. 즉 겸임이나 팀워크인사의 경우 수정 혹은 보완이 상대적으로 용이할 수 있으나, 상호파견과 보직순환의 경우에는 용이하지 않을 수 있다. 겸임과 팀워크인사는 힘있는 고위직을 대상으로 이루지고 상호파견과 보직순환은 힘이 크지 않은 중하위직을 대상으로 이루어지는 경향이 있기 때문이다.

5. 활용 가능성과 선택 경로

1) 조정수단들의 활용 가능성

이상의 적합성 분석을 종합하면 <표 5−4>와 같다. 각 조정수단들의 유용성과 활용가능성을 살펴보면 다음과 같다.

첫째, 제도적 조정수단들은 전체적으로 행정부처간에 사후 병행조정하는 데 유용하다. 세부목적과 관련해서는 공동기획제도는 모든 세부목적에 활용할 수 있으나, 예산편성제도는 중복 해소와 우선순위 설정에 활용할 수 있고, 쌍방영향평가제도는 상충해소와 시너지 창출에 활용할 수 있다. 또한 제도적 수단은 주로 행정부처간 조정에 특히 유용하지만, 당정간 조정 및 경우에 따라 여야 정당간 조정에도 제도의 기본논리를 개략적인 형태로 적용할 수 있다. 그 외에도 제도적 수단은 사후조정에 유용하나 공동기획은 사전조정에도 유용하다.

둘째, 지표적 조정수단들은 전체적으로 행정부처간 사전 병행조정에 유용하다. 세부목적과 관련해서는 지표적 조정수단들은 우선순위 조정에 유용하다. 또한 지표적

표 5-4 정책조정수단들의 적합성

유 형	수 단	접 점 부처 : 당정 : 여야			맥 락 통합 : 병행		목 적 중복 : 순위: 상충 :시너지				시 점 사전 : 사후	
제도적 수단	공동기획	O	△	X△	X	OX	O	O	O	O	O	O
	예산편성	O	△	△	X	OX	O	O	△X	△X	X	O
	쌍방영향평가	O	△	△X	X	OX	X	X	O	O	X	O
지표적 수단	표준지침	O	△	X	O	OX	OX	O	△	△X	O	△
	연계지표	O	△	X	X	OX	X	O	X	X	O	△
교환적 수단	수렴	O	O	O	OX	OX	O	O	O	O	X	O
	교대	O	△	X	X	OX	O	O	O	O	X	O
	조건	O	O	O	O	OX	O	O	O	O	X	O
	조합	O	O	O	O	OX	OX	OX	△X	OX	X	O
인사적 수단	순환보직	O	△X	X	O	OX	△	△	O	△	O	△
	상호파견	O	X	X	O	OX	△	△	O	O	O	△
	보직겸임	O	△X	X	O	OX	O	O	O	O	O	O
	팀워크인사	O	O	X	O	OX	O	O	△	△	O	O

(참고) O: 적합, 활용가능 ×: 부적합, 활용곤란 △: 불완전한 개략적 활용가능 O×: 활용 가능/불가능 혼재

조정수단들은 당정간 조정과 사후조정에 개략적으로 활용할 수 있다. 그 외에도 지표적 조정수단 중 표준지침은 통합조정과 사전예방에 유용하고, 경우에 따라 모든 세부목적에 활용할 수도 있다.

셋째, 교환적 조정수단들은 사후조정인 경우 다양한 유용성을 갖고 있다. 전체적으로 보면 행정부처간, 당정간, 여야 정당간 조정에 유용하고, 통합조정과 병행조정에 유용하며, 그리고 모든 세부목적의 조정에 유용하다. 다만, 교환적 수단들은 사전조정에는 전혀 활용할 수 없고, 특히 교대 수단은 여야 정당간 조정, 통합 조정, 시너지 창출 목적의 조정에 사용할 수 없다.

넷째, 인사적 조정수단들은 행정부처간 조정의 경우 다양한 유용성을 갖고 있다. 즉 통합조정과 병행조정, 사전조정과 사후조정, 그리고 다양한 세부목적에 유용하거나 활용가능하다. 다만, 여야 정당간 조정에는 전혀 사용할 수 없고, 당정간 조정에는 각 조정수단에 따라 활용가능성이 다르다. 당정간에 조정에 팀원인사는 활용 가능하고, 상호파견은 불가능하며, 순환보직과 보직겸임은 아주 제한된 경우에 개략적으로 활용 가능하다.

2) 조정수단의 선택 경로

정책조정주체들이 조정의 맥락과 목적 및 시점에 따라 어떤 조정수단들을 선택할

수 있는지 요약하면 <표 5-5>와 같다.

표 5- 5   조정수단의 선택 경로

주체	맥락	목적·시점	활용가능 조정수단
부처간	통합 조정	중복제거	표준지침, 수렴, 조건, 조합, 순환보직, 상호파견, 보직겸임, 팀워크인사
		순위설정	표준지침, 수렴, 조건, 조합, 순환보직, 상호파견, 보직겸임, 팀워크인사
		상충해소	쌍방영향평가, 표준지침, 수렴, 조건, 조합, 순환보직, 상호파견, 보직겸임, 팀워크인사
		시너지창출	쌍방영향평가, 표준지침, 수렴, 조합, 순환보직, 상호파견, 보직겸임, 팀워크인사
		사전예방	표준지침, 순환보직, 상호파견, 보직겸임, 팀워크인사
		사후해소	쌍방영향평가, 표준지침, 수렴, 조건, 조합, 순환보직, 상호파견, 보직겸임, 팀워크인사
	병행 조정	중복제거	공동기획, 예산편성, 표준지침, 수렴, 교대, 조건, 조합, 순환보직, 상호파견, 보직겸임, 팀워크인사
		순위설정	공동기획, 예산편성, 표준지침, 연계지표, 수렴, 교대, 조건, 조합, 순환보직, 상호파견, 보직겸임, 팀워크인사
		상충해소	공동기획, 예산편성, 쌍방영향평가, 표준지침, 수렴, 교대, 조건, 조합, 순환보직, 상호파견, 보직겸임, 팀워크인사
		시너지창출	공동기획, 예산편성, 쌍방영향평가, 표준지침, 수렴, 조합, 순환보직, 상호파견, 보직겸임, 팀워크인사
		사전예방	공동기획, 표준지침, 연계지표, 순환보직, 상호파견, 보직겸임, 팀워크인사
		사후해소	공동기획, 예산편성, 쌍방영향평가, 표준지침, 연계지표, 수렴, 교대, 조건, 조합, 순환보직, 상호파견, 보직겸임, 팀워크인사
당정간	통합 조정	중복제거	표준지침, 수렴, 조건, 조합, 팀워크인사
		순위설정	표준지침, 수렴, 조건, 조합, 팀워크인사
		상충해소	쌍방영향평가, 표준지침, 수렴, 조건, 조합, 팀워크인사
		시너지창출	쌍방영향평가, 표준지침, 수렴, 조합, 팀워크인사
		사전예방	표준지침, 팀웍인사
		사후해소	쌍방영향평가, 표준지침, 수렴, 조건, 조합, 팀워크인사
	병행 조정	중복제거	공동기획, 예산편성, 표준지침, 수렴, 교대, 조건, 조합, 팀워크인사
		순위설정	공동기획, 예산편성, 표준지침, 연계지표, 수렴, 교대, 조건, 조합, 팀워크인사
		상충해소	공동기획, 예산편성, 쌍방영향평가, 표준지침, 수렴, 교대, 조건, 조합, 팀워크인사
		시너지창출	공동기획, 예산편성, 쌍방영향평가, 표준지침, 수렴, 조합, 팀워크인사
		사전예방	공동기획, 표준지침, 연계지표, 팀워크인사
		사후해소	공동기획, 예산편성, 쌍방영향평가, 표준지침, 연계지표, 수렴, 교대, 조건, 조합, 팀워크인사

여야간	통합 조정	중복제거	수렴, 조건, 조합
		순위설정	수렴, 조건, 조합
		상충해소	쌍방영향평가, 수렴, 조건, 조합
		시너지창출	쌍방영향평가, 수렴, 조합
		사전예방	-
		사후해소	쌍방영향평가, 수렴, 조건, 조합
	병행 조정	중복제거	공동기획, 예산편성, 수렴, 조건, 조합
		순위설정	공동기획, 예산편성, 수렴, 조건, 조합
		상충해소	공동기획, 예산편성, 쌍방영향평가, 수렴, 조건, 조합,
		시너지창출	공동기획, 예산편성, 쌍방영향평가, 수렴, 조합
		사전예방	공동기획
		사후해소	공동기획, 예산편성, 쌍방영향평가, 수렴, 조건, 조합

제6장

정책조정기구론

제1절 개 관

　　민주국가에서 정책추진주체는 행정부처들과 정당들이다. 이들은 법적으로 혹은 정치적으로 나름대로의 권한과 책임을 가지고 있고, 내부 구성원들은 오랫동안 상호작용을 해 오면서 나름대로의 가치관과 이해관계를 구축하고 공유해 왔다. 그 결과, 정책추진주체들은 국가정책을 두고 서로 다른 입장을 취하는 경우가 많다.

　　국가정책을 둘러싼 이견과 갈등은 이 추진주체들 사이에서 발생한다. 모든 국가에서 가장 일반적으로 발생하는 정책갈등은 행정부처간 갈등, 여야 정당간 갈등, 행정부처와 집권당 간 갈등이다.[1] 행정부처들은 상호간에 갈등이 발생하지 않도록 역할이 분담되어 있으나 정책문제들이 복잡해짐에 따라 그 해결을 위해 여러 부처들의 관여가 불가피하게 됨으로써 이들간에 이견과 갈등이 발생한다. 정당들은 집권과 재집권을 위해 상대방의 정책을 비판하고 자신들의 정책을 홍보하는데 이 과정에서 정당간 정책갈등이 발생한다. 집권당은 선거공약 이행과 지지기반 확대를 위해 정책을 추진하고 행정부처들은 예산의 범위 내에서 합리적으로 정책을 추진하려 함으로써 양자간 갈등이 발생한다.

---

1) 그 외에도 대통령제 국가에서는 의회와 행정부간 갈등이, 의원내각제 국가에서는 연립여당간 갈등이 발생할 수 있으며, 양원제 국가에서는 상하원간 갈등이 있을 수 있다.

국가정책을 원활하게 추진하기 위해서는 조정기구가 필요하다. 정책조정기구란 정책추진주체들 간 이견과 갈등을 해소하고 협력을 유도하는 기구이다. 어느 나라에서나 정책을 둘러싼 이견과 갈등은 관련자들이 비공식 접촉을 통해 자율적으로 조정하는 것이 일반적이다. 자율적 비공식 접촉으로 해결하는 것이 가장 편리하고 효과적이기 때문이다. 그러나 자율적 접촉에만 의존하면 조정과정에서 유리할 것이 없는 당사자들은 접촉을 기피하게 되고, 비공식 접촉에만 의존하면 조정과정에서 부당한 이해관계의 야합이나 무리한 주장과 압력이 난무할 수 있다. 정책 이견이나 갈등이 쉽게 타결될지 모르지만 국가 전체의 입장에서 바람직한 결과가 나오기 어려울 수도 있다. 이러한 우려들로 인해 각국은 좀 더 책임감을 가지고 투명하고 적기에 조정할 수 있도록 공식적인 정책조정기구들을 발전시켜 왔다.

그리하여 이 장에서는 공식적으로 제도화된 조정기구로서 어떤 것들이 있는지, 각국은 왜 어떤 조정기구들을 주로 활용하는지, 각 조정기구들의 장단점은 무엇인지, 각 조정기구들을 어떻게 활용하는 것이 바람직한지 등을 논의한다.

제2절 정책조정기구 일반론

1. 정책조정기구의 유형

국가정책 추진과정에서 갈등을 해소하고 협력을 도모하는데 활용되는 정책조정기구들은 다양하다. 이들을 몇 가지 기준에 따라 구분하면 다음과 같다.

1) 갈등주체에 따른 구분

조정기구들은 갈등주체에 따라 부처간 조정기구, 당정간 조정기구, 정당간 조정기구로 구분될 수 있다. 부처간 조정기구로는 대통령과 보좌관, 국무회의, 관계장관회의, 차관회의, 각종 임시작업반, 부총리, 조정전담장관(무임소장관), 기획기구, 예산기구 등이 있다. 집권당과 행정부 간 조정기구로는 각급 당정회의, 대통령, 정무장관 및 정무차관 등이 있고, 집권당과 반대당 간 조정기구로는 각급 정당대표자회의, 의회의장, 상임위원장 등이 있다.

2) 조직 구조와 위상에 따른 구분

조정기구들은 그 내부구조 혹은 위상에 따라 위원회(Committee)형, 대표단(Delegation)형, 행정부처(Agency)형, 상관(Senior officer)형, 보좌관(Staff)형, 연락관(Liaison)형 등으로 구분될 수 있다.[2)]

위원회형 기구로는 국무회의, 차관회의, 관계장관회의(혹은 내각위원회), 당정회의, 정당대표자회의 등이 있고, 대표단형 기구로는 대통령(혹은 총리) 산하 임시작업반(대책반, 지원단, 기획단 등)이 있으며, 행정부처형 기구로는 기획기구와 예산기구가 있다. 상관형 기구로는 대통령(혹은 총리), 부총리, 의회의장, 상임위위원장 등이 있고, 보좌관형 기구로는 대통령(혹은 총리) 정책보좌관이 있으며, 연락관형 기구로는 조정전담장관과 정무장관 및 정무차관 등이 있다.

3) 조정방식에 따른 구분

정책조정기구들은 조정방식에 따라 협의조정(negotiation)기구, 중립조정(mediation)기구, 집권조정(arbitration)기구로 구분할 수 있다.

협의조정기구는 당사자들이 직접 모여 쟁점정책을 놓고 의견을 주고받으면서 이견을 해소하는 기구이다. 부처간 협의조정기구는 관계장관회의, 내각위원회, 임시작업반, 기획기구 등이고, 당정간 협의조정기구는 당정회의이며, 여야 정당간 협의조정기구는 당대표회담, 원내대표회담, 상임위간사회의 등이다.

중립조정기구는 갈등당사자들 사이에 끼어들어 중립적 입장에서 조정하는 제3의 기구로서, 갈등당사자들보다 우월적 지위와 권한을 갖지 않는 경우가 많고, 설사 갖고 있다 해도 그러한 지위와 권한을 사용하지 않는다. 부처간 중립조정기구는 조정전담장관이고, 대통령(혹은 총리)의 정책보좌관과 부총리 및 예산기구 등도 경우에 따라 중립조정기구의 역할을 한다.[3)] 당정간 중립조정기구는 정무장관이고, 대통령 보좌기구도 중립조정기구가 될 수 있다. 여야 정당간 중립조정기구는 의회 본회의 의장과 상임위원회 위원장이다.

집권조정기구는 갈등당사자들로부터 서로 다른 입장을 청취한 후 조정안을 마련

---

2) 위원회와 대표단은 정책추진주체들의 대표자들로 구성되나, 전자는 회의체 조직이고 후자는 계층제 조직이다.

3) 대통령 보좌기구, 부총리, 예산기구 등은 조정에 개입하여 우월적 지위와 권한을 활용하면 집권조정기구가 되고, 우월적 지위와 권한을 활용하지 않으면 중립조정기구가 된다.

하여 강제함으로써 이견을 조정하는 제3의 기구로서, 지위나 권한에 있어서 갈등당사자들보다 상위에 있는 자이다. 부처간 집권조정기구는 대통령(혹은 총리)이고, 경우에 따라 대통령 보좌기구, 예산기구, 국회 등이 집권조정기구 역할을 한다. 당정간 집권조정기구는 강력한 대통령(혹은 총리)[4]이고, 여야 정당간 집권조정기구는 존재하지 않는다.

4) 전담 여부에 따른 구분

정책조정기구들은 조정업무를 전담하느냐 겸임하느냐에 따라 전담기구와 겸임기구로 구분할 수 있다. 전자는 처음부터 조정을 위해 설치되어 조정만을 담당하는 기구이고, 후자는 고유 업무를 수행하면서 필요하면 조정을 담당하는 기구이다. 관계장관회의, 당정회의, 정당대표자회의, 조정전담장관, 정무장관 등이 조정전담기구라면, 대통령과 그 보좌기구, 의회의장과 상임위원장, 기획기구, 예산기구 등은 조정겸임기구이다.

2. 정책조정기구의 요건

정책조정기구가 그 역할을 제대로 수행하기 위해서는 일정한 요건을 갖춰야 한다. 정책조정기구가 갖춰야 할 최소한의 바람직한 요건은 대응성, 충실성, 효과성, 적시성 등이다.

1) 대응성

조정기구의 대응성은 수없이 밀려드는 쟁점정책들을 동시에 감당할 수 있느냐를 말한다. 이러한 동시감당 역량은 조정기구를 수요에 맞춰 다수 설치할 수 있느냐에 의해 크게 영향을 받는다. 제도적으로 다수 설치가 어려우면 수많은 쟁점정책들을 감당하기 어렵다. 그 외에도 조정기구가 여타 업무를 담당하지 않고 조정업무에 집중할 수 있으면 대응성이 커질 수 있다. 조정기구가 여타 업무를 겸임하고 있지 않고 쟁점정책들 조정에 집중할 수 있으면 비교적 많은 쟁점정책들을 감당할 수 있다. 따라서 조정기구의 대응성은 다수설치 가능성에 의해 크게 좌우되고, 조정업무 집중성에 의해 어느 정도 영향을 받는다.

---

4) 행정부 수장이자 집권당 총재인 강력한 대통령.

2) 충실성

조정기구의 충실성은 쟁점정책의 조정과정에서 관련 전문지식을 충분히 동원하여 다각도로 논의하느냐를 말한다. 조정기구가 충실성을 갖추려면 우선적으로 쟁점정책에 관한 지식정보를 충분히 동원할 수 있어야 한다. 전문지식과 객관적 자료가 아닌 정치적 이해관계에 입각하여 조정하면 충실한 조정기구라고 할 수 없다. 그 외에도 시너지 창출을 위해 쟁점정책을 유관정책들과 연계하여 논의할 수 있으면 좀 더 충실한 조정기구가 될 수 있다. 따라서 조정기구의 충실성은 객관적 지식정보의 동원 가능성에 의해 크게 좌우되고, 유관정책과의 시너지 연계 가능성에 의해 영향을 받는다.

3) 효과성

조정기구의 효과성은 쟁점정책을 확실하게 타결할 수 있느냐를 말한다. 즉 이견을 해소하여 결론을 도출할 능력이 있으면 그 조정기구는 효과적인 기구이다. 즉 조정기구가 쟁점정책에 대한 이견을 해소하지 못하고 논의만 반복하면 효과성이 없는 것이다. 그 외에도 조정기구가 효과적이려면 다른 조정기구로 가져가 재론하는 것을 막을 수 있어야 한다. 즉 예상되는 조정결과에 대해 불만이 있는 갈등당사자가 동일한 쟁점정책을 다른 조정기구에 상정하여 다른 결과를 얻어내려는 시도를 막을 수 있어야 한다. 막지 못하면 그 조정기구는 효과성이 없다. 따라서 조정기구의 효과성은 결론도출 역량에 의해 크게 좌우되고, 재론차단 능력에 의해 영향을 받는다.

4) 적시성

조정기구의 적시성은 조정기구가 정책시행의 적절한 시기를 놓치지 않도록 필요한 시점에 쟁점정책을 타결할 능력이 있느냐를 말한다. 적시성 확보가 잘 안 되는 가장 큰 이유는 조정과정에서 불리함을 느낀 갈등당사자가 쟁점타결을 전략적으로 지연시키기 때문이다. 그 외에도 조정기구가 너무 늦게 개입할 경우 신속하게 조정하지 못하면 적시성이 떨어진다. 따라서 적시성은 지연차단 역량에 의해 크게 좌우되고, 즉시개입 가능성[5]에 의해 영향을 받는다.

---

5) 조정기구들이 쟁점법안 조정에 개입할 수 있는 시점은 제도적으로 정해져 있다. 일반적으로 1차 실무 협의조정기구, 2차 고위 협의조정기구, 제3자 중리보정기구, 제3자 집권조정기구 등의 순서로 개입한다. 즉시개입 가능성은 제도적으로 개입가능한 시점이 아니라 제도적으로 개입가능한 시점이 왔을 때 즉시 개입할 수 있느냐 아니면 절차적 전략적 이유로 천천히 개입하느냐를 의미한다.

5) 요약

이상의 논의 내용을 요약하면 <표 6-1>과 같다. 정책조정기구가 갖춰야 할 요건은 대응성, 충실성, 효과성, 적시성이다. 이 요건들을 고루 갖출수록 우수한 조정가구이다. 이 요건들은 각각 다수설치 가능성, 지식정보동원 가능성, 결론도출 역량, 지연차단 역량에 의해 1차적으로 크게 좌우되고, 조정업무 집중성, 시너지연계 가능성, 재론차단 능력, 즉시개입 가능성에 의해 2차적으로 영향을 받는다.[6)]

표 6-1 정책조정기구의 요건

요건	세부 내용	
대응성	1. 다수설치 가능성	: 밀려드는 쟁점정책들을 감당하기 위해 다수설치 가능하느냐?
	2. 조정업무 집중성	: 조정업무에만 전념할 수 있느냐?
충실성	1. 지식동원 가능성	: 전문지식과 객관적 자료를 충분히 동원할 수 있느냐?
	2. 연계조정 가능성	: 시너지창출을 위해 유관정책과 연계 조정할 수 있느냐?
효과성	1. 결론도출 역량	: 확실하게 이견을 좁혀 결론을 낼 수 있느냐?
	2. 재론차단 능력	: 타 조정기구에서 재론하는 것을 막을 수 있느냐?
적시성	1. 지연차단 역량	: 갈등타결 지연시도를 차단할 수 있느냐?
	2. 즉시개입 능력	: 갈등을 조기에 발견하여 즉시에 개입할 수 있느냐?

상기 요건들은 각 조정기구들을 비교평가하는 기준으로 활용될 수 있다. 달리 말하면, 각 조정기구가 타 조정기구들에 비해 이러한 요건들을 상대적으로 얼마나 잘 충족시킬 수 있는지에 따라 각 조정기구들을 평가할 수 있다. 그런데 각 조정기구들은 그 기구 자체의 위상과 구조 및 운영방식, 그 구성원의 능력과 권력관계, 갈등당사자들과의 관계 등에 따라 발휘할 수 있는 역량이 다르다. 다시 말해, 각 조정기구들이 가지고 있는 내재적 특성과 외재적 여건에 따라 발휘할 수 있는 능력이 있고 발휘할 수 없는 능력이 있다. 조정기구들에 대한 평가는 조정기구들이 역량을 충분히 발휘할 경우 상기 바람직한 여건들을 어느 정도 충족시킬 수 있는지를 가늠해 보는 것이다.

---

6) 이들 결정요인들은 조정기구의 평가지표로 활용할 수 있다. 이 책에서는 조정기구들을 1차 지표로 평가하고 1차 지표에 의한 평가가 동일할 경우 2차 지표를 적용하여 상대적 우수성을 평가한다. 후술하는 평가에서는 다른 조건이 동일할 경우 조정기구의 제도적 특성에 비추어 대응성, 효과성, 충실성, 적시성 등을 어느 정도 발휘할 수 있는지를 밝힌다.

3. 정책조정기구 설치·운영의 원칙

각 정책조정기구들은 나름대로의 장단점이 있어서 한 국가의 정책조정체제를 구축하기 위해서는 다수 조정기구들의 활용이 불가피하다. 이 경우 다수 정책조정기구들은 어떤 원칙에 따라 설치·운영하는 것이 바람직한가? 적어도 다음 네 가지 원칙은 지켜져야 한다.

1) 필요최소의 원칙

정책조정기구는 꼭 필요한 기구들만을 설치하고 그것도 최소의 숫자로 설치해야 한다는 원칙이다. 다시 말해, 조정기구가 필요하면 설치하되 유사한 조정기구들을 중복 설치해서는 안 된다는 것이다.

필요한 만큼 설치해야 하는 이유는 밀려드는 쟁점정책들이 제때에 조정되지 못하여 정책추진이 지연되어서는 안 되기 때문이다. 쟁점정책들에 비해 정책조정기구가 지나치게 소수이면 정책조정의 병목현상이 생겨 주요 정책들의 시행시기를 놓칠 수 있다.

조정기구들을 최소한만 설치해야 하는 이유는 조정기구의 설치를 남발하면 유사한 조정기구들이 많아져 i) 갈등당사자들이 유불리에 따라 조정기구를 자의적으로 선택하거나 ii) 일부 조정기구들이 유명무실화되거나 iii) 조정기구들이 정책추진기관들의 업무에 필요이상으로 간섭할 수 있기 때문이다.

2) 보완성의 원칙

정책조정기구들은 상호 보완할 수 있도록 설치되어야 한다는 원칙이다. 보완은 두 가지 차원에서 생각할 수 있다. 미시적으로는 조정기구간 단점 보완이고, 거시적으로는 조정기구간 역할 보완이다.

먼저, 각 조정기구들은 상호간에 단점을 보완할 수 있도록 설치해야 한다. 조정기구들은 각자 나름대로의 장점과 단점을 갖고 있다. 장점을 활용하기 위해 사용하지만, 그렇다고 단점이 사라지지는 않는다. 조정기구는 단점을 보완할 수 있는 조정기구와 함께 설치해야 한다.

다음, 조정기구는 협의조정기구와 함께 중립조정기구 및 집권조정기구를 설치해야 한다. 쟁점정책에 대한 이견과 갈등은 당사자들이 협의조정하는 것이 바람직하다. 가장 신속하게 조정할 수 있고, 조정결과의 이행도 용이해지기 때문이다. 그러나 협의조정기구만 설치하면 갈등당사자간 힘의 불균형이 있을 경우 강자의 입장이 필요이상으로 많이 반영될 수 있고, 협의조정기구가 쟁점들을 타결하지 못하면 정책추진의 지연이 불가피해진다. 이러한 불균형과 지연을 막고 적시에 공정하게 타결하기 위해서는 보완장치, 즉 제3의 기구로서 중립조정기구와 집권조정기구를 설치해야 한다.

3) 유기적 연계의 원칙

정책조정기구들을 유기적으로 연계시켜 운영해야 한다는 원칙이다. 다양한 조정기구들을 수평적·수직적으로 연계시켜야 한다는 원칙이다. 수평적 연계는 협의조정기구들 간 연계 및 중립조정기구들 간 연계를 말하고, 수직적 연계는 협의조정기구, 중립조정기구, 집권조정기구 세 유형간 연계를 말한다.

조정기구들이 서로 연계되지 않고 독립적으로 운영되면, 정책조정이 체계적으로 이뤄지지 않아 정책조정의 효과성, 충실성, 적시성 등이 훼손되고 조정결과의 일관성도 무너질 수 있다. 먼저, 조정기구들이 수평적 연계 없이 운영되면, i) 갈등당사자들이 특정 조정기구에 상정하여 원하는 결과가 나오지 않으면 또 다른 조정기구에 재차 상정할 수 있어서 조정의 효과성과 적시성을 떨어뜨릴 수 있고, ii) 서로 연관된 쟁점정책들이 서로 다른 조정기구에 상정될 수 있어서 조정결과의 일관성이 무너질 수 있다. 다음으로, 조정기구들이 수직적 연계 없이 운영되면, i) 심한 반대가 예상되는 조정상대를 따돌리기 위해 상급 조정기구에 직접 상정할 수 있고 ii) 상급 조정기구에 과부하가 걸릴 수 있다. 이 경우 조정의 충실성과 적시성이 훼손될 수 있다.

이러한 문제점들이 발생하지 않도록 하기 위해서는, 수평적 연계를 통해 갈등당사자들로 하여금 동일한 쟁점정책을 둘 이상의 협의조정기구에 반복 상정하지 않도록 유도하고 유사한 쟁점정책들을 동일한 조정기구에 상정되도록 하며, 수직적 연계를 통해 협의조정기구, 중립조정기구, 집권조정기구를 순차적으로 거치게 하고 특별한 이유가 없는 한 건너뛰지 못하게 해야 한다.

4) 역량극대화의 원칙

정책조정기구들의 역량이 최대한 발휘되도록 설치·운영되어야 한다는 원칙이다. 이를 위해 장점이 많은 조정기구들을 중추기구로 설치·운영해야 할 뿐만 아니라, 각 조정기구들의 장점을 최대한 살리는 방식으로 설치·운영되어야 한다. 특히 조정기구들이 역량을 잘 발휘할 수 있는 유효조건, 즉 사회자, 하부기구, 조정절차, 지원기구 등을 전략적으로 구축하여 활용해야 한다.

제3절 행정부처간 정책조정기구

1. 주요 조정기구

1) 국무회의와 차관회의

쟁점정책에 관한 행정부처간 이견조정은 원래 국무회의(혹은 내각회의)[7]의 몫이다. 그러나 오늘날 국무회의는 부처간 이견과 갈등을 실질적으로 조정하는 기구가 아니다. 국무회의는 국정운영의 통일성을 확보하기 위해 부처간 정보와 의견을 교환하고, 이미 조정된 정책들을 사후에 승인하고 정당성을 부여하는 기구로 바뀌었다. 국무회의가 부처간 조정기구로서의 역할을 상실하게 된 이유는 다음과 같다.

첫째, 국무회의 규모가 너무 커졌기 때문이다. 지난 세기 산업화와 복지국가화를 추진하는 과정에서 각국 정부의 역할과 규모가 커짐에 따라 장관들의 숫자도 20명이 넘었다. 20명이 넘게 참석하는 회의에서 쟁점정책들을 효율적으로 논의하고 조정하기는 쉽지 않았다.

둘째, 쟁점정책들이 증가하고 복잡해졌기 때문이다. 국민들의 요구 증대와 정부의 역할 확대로 인해 정부가 해결해야 할 정책이슈들이 급격히 증가했고, 사회내 가치관과 이해관계가 다원화되고 복잡하게 얽힘으로써 정책이슈들이 대부분 쟁점화되고 있다. 정책이슈들이 비교적 상호독립적이고 단순했던 시절에는 국무회의가 부처간 쟁점정책들을 논의 조정할 수 있었으나, 정책이슈들이 복잡하게 얽혀 쟁점화되는 오늘날에 국무회의는 쟁점정책들을 적시에 충실하고 효율적으로 조정하기 어렵게 되었다. 늘어만 가는 쟁점정책들을 조정하기 위해 장관들을 모두 수시로 불러 장시간 논의할 수도 없고, 쟁점정책과 무관한 장관들은 전문지식과 정보의 부족으로 조정에 참여하지 못하고 무료하게 앉아 시간을 낭비하거나 아니면 불필요하게 끼어들어 조정의 지연 혹은 잘못된 결론에 이르게 할 수 있기 때문이다.

그 결과 모든 장관들이 참석하는 국무회의는 실질적인 정책조정기구로서의 역할을 대부분 상실했다. 그리하여 일부 국가에서는 국무회의의 문제점을 극복하기 위해 차관회의를 활용하고 있다. 즉 차관들로 하여금 전문성도 부족하고 바쁜 일정에 쫓기

---

7) 대통령제 국가에서는 국무회의, 의원내각제 국가에서는 내각회의라고 부른다.

는 장관들을 대신하여 국무회의 안건들을 사전에 검토하여 부처간 이견을 조정하도록 했다. 그러나 차관회의도 국무회의와 동일한 문제점들을 안고 있다. 그리하여 각국은 국무회의와 차관회의를 대신할 다양한 조정기구들을 발전시켜 왔다.

2) 관계장관회의

유사한 정책이슈들을 깊이 있고 효율적으로 논의하기 위해 관련부처 장관들로 구성된 회의체이다. 한국과 미국에서는 관계장관회의(Cabinet Council), 영국에서는 내각위원회(Cabinet Committee)로 부른다. 좀 더 부연 설명하면 다음과 같다.

첫째, 소수의 장관들로 구성된 기구이다. 여기서 소수란 국무회의 규모보다 적을 뿐만 아니라 효율적인 토론이 가능할 정도의 소수이다. 보통 10명 이내이다. 둘째, 여러 부처들과 관련된 쟁점정책들을 논의 조정하는 기구이다. 부처간 이견이 있는 정책들, 여러 부처가 공동으로 협력해야 할 정책들, 단독부처 관할에 속하더라도 다른 부처들의 협조가 필요한 정책들을 논의한다. 셋째, 쟁점정책과 직접 관련된 장관들로 구성된 기구이다. 쟁점정책에 대해 권한과 책임이 없는 장관들은 참석시키지 않는다.

이러한 관계장관회는 오늘날 민주국가에서 부처간 정책조정을 담당하는 핵심기구로 등장하고 있다. 대다수 부처간 쟁점정책들이 관계장관회의에서 처리되는 이유는 다음과 같다.

첫째, 국무회의의 한계를 극복하고 적시에 충실하고 효율적인 조정을 할 수 있기 때문이다. 관계장관회의에는 쟁점정책 관련 부처들이 참여하기 때문에 충분한 지식과 정보를 갖고 조정에 임할 수 있고, 또한 소규모이기 때문에 심도있는 논의가 가능하다.

둘째, 쟁점정책 조정에 있어서 힘있는 부처의 일방적 독주를 막고 비합리적 주장을 차단할 수 있기 때문이다. 관계장관회의는 다자회의이기 때문에 특정 부처가 자신의 입장을 일방적으로 밀어붙이기가 쉽지 않다. 또한 관계장관회의는 공식회의이기 때문에 정책의 조정이 막후 정치화되는 것을 막음으로써 비합리적 주장과 논리가 끼어들기 어렵게 만든다.

셋째, 대통령의 부담과 위험을 경감시켜 주기 때문이다. 부처간 쟁점정책의 최종조정은 대통령에게 있다. 그러나 대통령은 부처간 조정에 직접 자주 나서기 어렵다. 부처간 정책조정 이외에 해야 할 일이 너무 많을 뿐만 아니라, 쟁점들의 조정에 많은 시간과 노력이 들어가고, 또한 잘못 조정하면 정책실패로 이어질 수 있는 위험을 내포하고 있기 때문이다. 관계장관회의는 부처간 쟁점정책들을 대부분 조정해 줌으로써 대통령의 부담과 위험을 줄여 준다.

3) 정부위원회

정부위원회는 특정정책을 중장기적으로 추진하는 과정에서 발생하는 수많은 쟁점들을 일관성 있게 조정하기 위해 설치·운영하는 부처간위원회(Interagency Committee)이다. 하나의 정책을 상당기간에 걸쳐 마련하고 집행할 때 시차를 두고 발생하는 상호연관된 쟁점들을 조정할 필요가 있을 때 활용한다.

정부위원회는 쟁점정책의 중요성에 따라 장관급 위원회, 차관급 위원회, 국실장급 위원회가 있으며, 필요하면 민간전문가도 구성멤버로 참여시킨다. 대체로 주무부처의 주도로 운영되고, 주무부처에서 행정지원한다.

4) 대통령(총리) 정책보좌관

대통령 정책보좌관은 대통령의 국정운영을 지원하기 위해 조언, 조정, 연락, 평가 등의 업무를 담당하는 참모이다. 즉 대통령의 국정운영 방향과 전략에 대해 조언하고, 각 부처들의 활동이 대통령의 노선에 따라 이루어지도록 조정하며, 주요 여론지도층에게 대통령의 입장을 전달하고 그들의 의견을 대통령에게 전달하며, 각 부처들의 활동을 대통령의 입장에서 평가하는 측근들이다. 정책보좌관들은 대통령을 대신하여 대통령의 국정운영 방향에 맞는 정책개발을 주도하거나 행정부와 집권당에서 추진하는 정책들이 대통령의 노선에 맞도록 이견을 조율한다. 쟁점정책이 국가발전이나 대통령의 정치적 입지에 중요할 경우 정책보좌관들의 개입은 필연적이다.

대통령 정책보좌관들에 의한 정책조정은 다음과 같은 장점이 있다. 첫째, 정책조정의 일관성을 유지할 수 있다. 갈등당사자들의 이해관계에 휘둘리지 않고 대통령의 정책노선에 따라 조정하기 때문이다. 둘째, 정책조정이 신속하고 효율적이다. 정책보좌관들은 대통령의 입장을 대변하기 때문에 정책보좌관이 나서면 갈등당사자들이 대부분 따라주기 때문이다.[8]

그러나 정책보좌관들이 정책갈등에 중립적 조정자(neutral broker)가 아니라 편향적 옹호자(parochial advocate)로서 접근하면 정책조정의 적시성과 효율성 및 충실성이 떨어진다. 갈등당사자들은 정책보좌관이 공평하지 않다고 생각하면 자신들의 입장을 관철하기 위해 정치게임[9]을 벌이는데, 이 상황이 되면 쟁점정책 조정에 시간과 노력

---

8) 그러나 대통령의 입장이 모호하면 부처간 갈등은 지속될 수 있다.
9) 갈등당사자들은 대통령의 생각을 자기편에 유리하도록 만들기 위해 정보조작(information manipulation)과 지지동원(support mobilization) 및 연합형성(coalition building)을 시도한다.

이 많이 소요될 뿐만 아니라 합리성보다는 정치적 타협에 의해 타결될 수밖에 없다.

5) 기획예산기구

예산기구는 모든 나라에 존재한다. 그러나 기획기구는 일부 나라에서 존재하며, 예산기구와 연계되어 있는 경우와 분리되어 있는 경우가 있다.

기획기구는 국가전체 혹은 특정부문의 발전을 위해 계획을 수립하고 조정하는 기구이다. 국토개발계획, 과학기술개발계획, 문화관광진흥계획 등 국가발전계획을 수립하는 과정에서 각 계획에 어떤 사업들을 포함시킬 것인지, 사업간 우선순위는 어떻게 정할 것인지, 무엇을 목표로 어떤 수단을 동원할 것인지, 어떤 사업을 어느 부처가 주도하고 어떤 부처들이 협력할 것인지 등을 둘러싸고 부처간에 경쟁과 갈등이 발생한다. 기획기구는 국가발전계획을 수립하고 그 과정에서 발생하는 이러한 쟁점들을 조정한다.

예산기구는 내년 한 해 동안 한정된 세금을 어느 정책에 어느 정도 지출할 것인지를 결정하는 기구이다. 이러한 결정은 정책들 간에 우선순위를 정하는 것일 뿐만 아니라 각 정책의 목표를 내년에 어느 수준까지 달성해야 할지를 결정하는 것이다. 예산기구는 이 지출을 결정하는 과정에서 행정부처, 정당 등 이해관계자간 정책갈등을 조정한다.

6) 부총리

부총리제는 부처간 쟁점정책들을 계층제적으로 해결하려는 제도이다. 즉 관련부처들이 서로 논의해야 할 쟁점정책들이 많은 분야에 부총리를 두고, 그로 하여금 부처간 쟁점정책들을 조정토록 하는 제도이다. 부총리는 부처관할 부총리와 무임소 부총리가 있다.[10]

부처간 조정기구로서 부총리제의 장점은 정치적 행정적 힘이 실리는 경우 정책조정에 효율적일 수 있다. 복잡한 절차나 많은 준비 없이 부총리의 리더십과 역량으로 해결하기 때문이다. 그러나 부총리제에 문제점이 없는 것도 아니다. 부총리에게 대통령의 힘이 실리지 않으면 조정역할을 제대로 수행하지 못하고, 자칫 부총리제는 불필요한 옥상옥이 될 수 있으며, 부처 업무에 불필요한 간섭[11]을 할 수 있다.

---

10) 그러나 부총리라고 해서 모두가 다 부처간 조정에 관여한 것은 아니다. 부처간 조정을 촉진하기 위해서가 아니라 직책의 중요성을 강조하기 위해 부총리직을 부여한 경우도 있기 때문이다. 일본에서는 종종 내각관방장관이나 국가전략실장에게 부총리 직급을 부여하는 경우, 영국에서 종종 지명하는 일부 부총리, 프랑스에서 일부 부처장관에게 ministre보다 한 단계 높은 Ministre d'Etat라는 명칭을 부여하는 경우가 이에 해당된다.
11) 부총리들은 자신의 조정력 강화를 위해 산하에 관련부처들을 모니터링하는 조직을 구축하는 경

7) 조정전담장관

조정전담장관(Coordinating Minister)은 정책추진주체들 간 갈등을 전담하여 중립 조정하는 장관이다. 조정전담장관은 갈등당사자들 사이를 오가면서 양보를 유도하여 합의를 도출하거나 제3의 조정안을 마련하여 수용케 하는 방식으로 갈등을 조정한다.

조정전담장관제는 다음과 같은 장점이 있다. 첫째, 활용하기에 따라 그 조정영역이 매우 신축적일 수 있다. 특정 정책영역에서 혹은 모든 정책영역에서 행정부처간 조정을 담당하게 할 수 있다. 둘째, 결단을 요하는 정치적 갈등을 타결하는 데 상당히 효과적이다. 물밑 왕래를 통해 갈등당사자들의 의중과 숨은 이해관계를 파악하고 충분히 전달하여 서로의 체면과 정치적 입지를 훼손하지 않으면서 양보와 타협을 유도할 수 있기 때문이다.

그러나 정책조정기구로서 조정전담장관제는 다음과 같은 문제점도 있다. 첫째, 전문기술적 쟁점에 대한 조정에 한계가 있다. 조정전담장관이 다양한 쟁점정책들의 전문기술적 측면을 이해하는 것은 불가능하기 때문이다. 둘째, 늘어만 가는 수많은 쟁점정책들을 조정하는 데 한계가 있다. 많은 쟁점정책들을 조정하기 위해 여러 명의 조정전담장관들을 둘 수는 없기 때문이다. 셋째, 조정전담장관의 영향력이 크지 않으면 효과성이 떨어진다. 조정전담장관이 정치적 힘을 갖고 있지 않으면, 조정전담장관의 조정노력은 갈등당사자들의 기관이기주의 앞에 무기력할 수밖에 없기 때문이다.

8) 임시작업반

임시작업반(Task Force, Delegation)은 특정 정책의 기획, 조정 및 집행점검을 위해 관련부처들에서 차출한 공무원들로 구성된 임시 실무조직이다.[12] 임시작업반은 범정부적 관심이 필요한 주요 쟁점정책으로서 정책입안 초기부터 전문기술적인 조정이 요구되는 다부처 쟁점정책에 대해 대통령 혹은 총리 산하에 설치되는 기구이다.

임시작업반은 부처간 이견을 조정하는데 있어서 몇 가지 장점이 있다. 첫째, 정책조정의 적시성과 효율성을 확보할 수 있다. 갈등발생의 초기단계부터 개입할 수 있고, 대통령이나 총리의 후광으로 조정을 신속하게 이뤄낼 수 있기 때문이다. 둘째, 부처내 정보를 충분히 활용할 수 있다. 구성멤버가 관련부처 실무자들이기 때문이다. 셋째, 대

우는 그럴 가능성이 크다.

12) 대책반은 특별이슈를 취급하는 임시기구로서 그 용도와 설치위치 및 구성이 다양하다.

통령(혹은 총리) 보좌관의 부담을 줄여 준다. 보좌관의 개입해야 할 쟁점들은 대신 조정하는 경우가 많기 때문이다.

2. 주요국의 활용상 특징

1) 국가별 서로 다른 중추기구[13]

(1) 미국

미국에서 부처간 정책조정의 중추기구는 대통령 정책보좌관과 관계장관회의 및 예산기구이다. 그 외에 정부위원회와 임시작업반이 있으며, 부총리제와 유사한 제도를 시도한 적이 있다.

미국은 제2차 세계대전 이후부터 정책분야별로 대통령 보좌기구와 관계장관회의를 연계한 강력한 조정체제를 구축해 왔다. 대통령 보좌기구로서 국가안보보좌관, 경제보좌관, 국내정책보좌관, 과학기술보좌관 등을 설치해 왔고, 관계장관회의도 국가안보회의(National Security Council), 경제정책조정회의(National Economic Council), 국내정책회의(Domestic Policy Council), 과학기술회의(National Science and Technology Council) 등을 발전시켜 왔다. 특히 각 정책보좌관들이 산하에 전문가들로 구성된 지원실(office, secretariat)을 두어 해당 관계장관회의를 운영하면서 부처간 정책조정에 주도적 역할을 하고 있다. 정책보좌관들은 자신들의 판단에 따라 관계장관회의들을 소집하고, 자신의 주재로 실무회의를 통해 전문기술적 쟁점들을 타결한다.

또한 미국은 다른 나라들과는 달리 일찍부터 예산기구를 대통령 직속으로 이동[14]시켜 부처들에 대한 강력한 통제 및 조정 기구로 활용해 왔다. 현재 관리예산처(Office of Management amd Budgeting)는 각 부처의 예산안은 물론 입법안 및 규제안까지 검토하면서 부처간 이견을 조정하고 있다. 이 외에도 미국 정부는 다양한 임시작업반(Task Force)과 정부위원회(Interagency Committee)를 활용하고 있다. 임시작업반은 대체로 특정 지역이나 특정 고객에 대한 종합대책을 마련하고 조정하기 위해 설치

---

13) 이곳에서 중추기구란 정치적으로 중요하거나 첨예한 정책갈등을 조정하는 주된 기구를 말한다. 주로 대통령 혹은 총리의 공약이나 정치적 파장이 크거나 국민들의 생활에 미치는 충격이 큰 정책들을 둘러싼 갈등을 조정하는 데 있어서 핵심적인 역할을 하는 기구이다.
14) 1921년 재무부 예산국을 확대 개편하여 대통령 직속으로 이동시켰다.

하고, 정부위원회는 대통령의 관심이 크지는 않고 전문지식이 필요한 부처간 쟁점들을 조정하기 위해 설치하는 경향이 있다.

부총리제는 닉슨 대통령이 1973년에 3개 장관15)을 대통령자문관(presidential counsellor)으로 지명하여 부총리(superminister)에 준하는 역할을 수행하도록 한 적이 있다. 즉 닉슨 대통령은 각 분야 장관들로 하여금 이들을 통해 자신에게 보고하게 하였고, 이들을 통해 자신의 의견을 장관들에게 전달했으며, 더 나아가 이들로 하여금 관련부처들의 입장을 조율하도록 했다. 그러나 Water Gate 사건 등 일련의 정치적 소용돌이와 지나친 옥상옥이라는 비난으로 제도화되지 못했다.

(2) 영국

영국에서는 내각위원회시스템이 부처간 조정의 중추기구이고, 그 외에 복합이슈대책반(Unit), 재무부 예산국, 조정전담장관을 활용하고 있으며, 과거 한때 중앙정책검토실(Central Policy Review Staff)을 운영한 적도 있다. 그러나 총리의 정책보좌기구(Policy Unit)는 다른 나라들과는 달리 부처간 정책조정에 간여하지 않는다.

영국은 내각위원회(Cabinet Committees)와 내각사무처(Cabinet Office)를 연계한 강력한 조정체제를 구축해 왔다. 내각위원회는 제1차 세계대전시부터 지속적으로 확대 발전해 왔고, 오늘날 외교국방 내각위원회, 경제정책 내각위원회, 국내정책 내각위원회 등 분야별 내각위원회와, 환경문제 내각위원회, 사회복지개혁 내각위원회, 은행서비스 내각위원회 등 이슈별 내각위원회가 다수 설치되고 있다. 내각위원회들은 내각사무처 산하 분야별 지원실의 지원을 받아 부처간 조정의 핵심역할을 하고 있다.

복합이슈대책반은 1970년대부터 내각사무처 산하에 종종 설치되어 왔다. 예를 들면, 유럽대책반, 규제완화추진반, 정부능률추진반, 사회불평등대책반 등이다. 이 대책반들은 해당 복합이슈에 대한 정책을 추진하면서 부처간 조정도 담당하는 소규모 임시조직이다. 조정전담장관은 제2차 세계대전 때부터 지금까지 종종 임명해 오고 있다. 이들 조정전담장관들은 조정에 전념하도록 하기 위해 무임소 장관으로 임명되었고, 조정을 용이하게 할 수 있도록 부총리 직급이나 내각위원회 의장직이 부여되어 왔다. 재무부도 경제 및 금융 분야에서 부처간 조정역할을 수행해 왔다.

중앙정책검토실은 각 부처들이 부처이기주의와 당면 정책에만 매달리는 폐단을 시정하고 국정전반에 관한 전략적 조정을 하기 위해 한때 설치·운영된 적이 있다. 1971년 내각사무처 산하에 설치되어 1983년에 폐지될 때까지 국가의 장기목표와 단기

---

15) 천연자원분야 상무장관, 인적자원분야 노동장관, 지역개발분야 교통장관.

정책 간 연계를 강화하고, 주요 정책들 간 우선순위를 설정하며, 부처간 정책조정을 담당했다. 이 검토실은 초기에 정부정책에 전략적이고 종합적인 시각을 부여하여 내각 제도의 결함을 보완하고 비전있는 국정운영에 기여한 것으로 평가되고 있다. 그러나 이를 설치한 히드(Heath) 총리가 물러난 후 운영상의 문제점, 관료들의 방해, 개인리더 십을 강화하려는 대처 총리의 의도 등이 작용하여 1983년에 폐지되었다.

(3) 프랑스

프랑스에서는 부처간 정책조정의 중추기구는 보좌기구와 소수장관회의이고, 그 외에 총리 산하 기획처와 각종 지원기구, 임시작업반(délégation), 재무부 등이 부처간 정책조정에 관여하고 있다.

프랑스도 일찍부터 소수장관회의들과 보좌기구를 통합한 강력한 조정체제를 구축해 왔다. 소수장관회의로는 대통령이 주재하는 임시 관계장관회의와 총리가 주재하는 각종 관계장관위원회가 있다. 부처간 정책조정의 대부분은 관계장관위원회가 담당하고, 임시 관계장관회의는 필요시에만 관여한다. 관계장관위원회내 장관회의는 총리 주재하에 관련부처 장관들이 참석하고, 실무회의는 총리 정책보좌관의 주재하에 장관 정책보좌관들이 참석한다. 총리 정책보좌관들이 관계장관위원회 실무회의를 주재하면서 부처간 조정을 주도하고, 총리 보좌기구인 분야별 총괄처들(국방총괄처, 행정총괄처, 유럽연합총괄처)이 각종 관계장관위원회들을 관리한다.16)

프랑스는 자유민주국가이지만 일찍부터 기획제도를 발달시켰다. 총리 산하에 기획처(Commissariat General du Plan)를 설치하여 국가발전 목표와 경제사회 장기전망에 입각하여 부처들의 계획과 정책들을 취합하여 조정하고 있다. 또한 총리 혹은 주무부처 산하에 설치된 대표단(Délégation), 추진단(Mission), 합동추진단(Commission) 등17) 임시작업반이 해당 정책을 추진함과 동시에 그 과정에서 발생하는 부처간 이견을 조정한다. 재무부도 예산편성권을 활용하여 각 부처들의 연차별 계획과 주요 정책들의 추진에 있어서 우선순위를 정하는 등 부처간 조정에 관여하고 있다.

---

16) 예를 들면, 행정총괄처는 고용창출 관계장관위원회, 국민통합 관계장관위원회, 국토개발정비 관계장관위원회, 지속가능개발 관계장관위원회, 문화정책 관계장관위원회 등 수십개 관계장관위원회를 운영하고, 국방총괄처는 국방회의, 기밀정보 관계장관위원회, 핵방사능위기 관계장관위원회, 국토방위위원회, 전략기술물자수출회의 등을 관리하며, 유럽총괄처는 유럽문제 관계장관위원회를 운영하고 있다.

17) 이러한 명칭을 가진 모든 기구들이 부처간 조정기능을 수행하지는 않는다. Interministeriel이란 수식어가 붙는 기구만 조정기능을 담당한다.

(4) 독일

독일에서는 연방총리실과 사무차관회의 및 차관위원회가 부처간 조정의 중추기구이고, 내각위원회가 보완적으로 활용되고 있다. 그 외에 공식기구는 아니지만 주무부처 주도의 비공식 회의가 부처간 정책조정에 중요한 역할을 하고 있다.

독일은 연방총리 보좌기구인 연방총리실(Chancellor's Office) 중심의 부처간 조정체제를 구축해 왔다. 연방 총리실장이 사무차관회의 의장을 겸임하여 부처간 중요 쟁점정책에 대한 조정을 담당하고, 총리실장 산하 각 총국18) 정책보좌관들은 자신들의 판단에 따라 유관부처들과 비공식 실무회의를 소집하여 전문기술적 쟁점들을 조정한다. 또한 총리실 국무차관은 국가안보 차관위원회 의장을 겸임하여 국가안보와 기밀정보에 대한 부처간 이견을 조정한다.19)

독일에서 내각위원회는 영국이나 프랑스에 비해 잘 발달되어 있지 않고, 부처간 정책조정에 보완적으로 활용되고 있다. 내각위원회는 비교적 늦은 1960년대 중반에 설치되기 시작하여, 내각회의에서 논의하기 어려운 전문기술적인 쟁점들을 사전에 논의 조정하거나 내각회의에서 충분히 논의하지 못한 쟁점들을 추가 논의해 왔다. 연방총리실장이 필요시 소집하고 총리실 해당 총국에서 관리 운영한다. 쟁점정책들이 반드시 내각위원회를 거쳐야 하는 것도 아니어서 필요시에만 소집된다.

(5) 일본

일본에서는 부처간 정책조정의 중추기구가 과거에 내각관방과 대장성이었고, 총리부내 경제기획청이 나름대로 기여해 왔다.

총리 비서실인 내각관방은 사무관회의와 성청간 실무회의를 통해 이견을 조정해 왔다. 성청간 쟁점정책들은 1차적으로 내각관방 심의실장20)이 관련 성청의 국과장들로 구성된 실무회의(성청연락회의)를 주재하면서 조정하고, 2차적으로 내각관방 사무차관이 주재하는 사무차관회의에서 조정했다. 사무차관회의가 성청간 쟁점정책의 실질적인 조정기구이고 내각회의는 형식적인 승인기구였다.

대장성은 예산편성권을 활용하여 성청간 정책조정을 주도하였다. 총리부 산하 경제기획청은 각 성청들의 계획을 취합 조정하여 각종 범정부적 경제계획을 작성해 왔다.

---

18) 특히 제2총국(외교안보), 제3총국(국내정책), 제4총국(경제재정)
19) 차관위원회가 하나 더 있는데 외무부 차관이 의장인 유럽문제 차관위원회이다.
20) 내각내정심의실, 내각외정심의실, 내각안전보장실.

성청간 조정에 상당한 기여를 해왔다.

그러나 2000년대에 들어 일본정부는 관료들의 영향력과 할거주의를 막고 정치인 주도의 국정운영을 위한 행정개혁을 단행했다. 핵심은 총리 주변에 전략기획기능과 종합조정기능을 강화하는 것이었다.

먼저, 2001년 총리 산하에 성청간 종합조정기구로 내각부를 신설하고, 관계각료회의를 활성화시키기 시작한 반면, 대장성은 재무성으로 축소 개편하였다.

내각부는 i) 내각관방내 내각심의실의 정책조정 기능과 총리부내 경제기획청 기능을 흡수하고, ii) 산하에 4개 정책자문조정회의[21]와 정책분야별 조정전담장관인 특명담당대신[22]을 신설하였으며, iii) 다부처 이슈들을 담당하는 각종 심의회[23]와 대책회의 및 추진본부를 관리하게 되었다. 이로써 내각부는 성청간 정책조정의 핵심기구가 되었고, 각종 부처간 회의체의 사무국 역할과 주요 다부처 이슈들을 추진하는 역할을 동시에 담당하게 되었다.[24]

관계각료회의는 소수 장관들의 회의로서 내각회의 직전에 쟁점정책을 집중 논의하거나 내각회의 직후에 내각회의에서 논의가 미진한 부분을 추가로 논의하도록 했다. 관계각료회의가 과거에는 의견교환의 장소였으나, 부처간 쟁점정책의 실질적 조정기구로 전환되고 있다. 재무성도 부처간 조정 역할을 수행하고 있다. 내각부 산하 경제재정자문회의가 예산편성기본방침을 정함으로써 재무성의 예산편성 주도권에 제약이 가해지기는 했으나 예산안을 둘러싼 성청들의 갈등에 대한 조정역할은 과거 대장성처럼 유지되고 있다.

다음, 2009년에는 내각관방 내부를 개편하여 정치인 중심의 정책조정 역량을 강화했다. 지난 123년 동안 유지되어 왔던 사무차관회의를 폐지하고 그 대신 부대신회의를 설치했으며, 부장관보 3인을 두어 분야별로 내각의 중요 정책들을 기획입안하고 성청간 연락회의들의 주재를 통해 쟁점정책들을 종합조정하도록 했으며, 국가전략실을

---

21) 경제재정자문회의, 종합과학기술회의, 중앙방재회의, 남녀공동참획회의 등.

22) 특명담당대신은 5~10명이 임명되어 각각 경제재정정책, 과학기술정책, 행정쇄신, 소비자 및 식품안전, 소자화(저출산)대책, 방재정책, 금융정책, 오키나와 및 북방 정책, 남녀공동참획 등 분야의 정책들을 조정하도록 하고 있다. 특명담당대신들은 초기에 모두가 조정만을 전담하는 대신이었으나, 시간의 흐름에 따라 일부 총리들은 성의 대신을 겸임시키기도 한다.

23) 대책회의로는 금융위기대책회의, 소자화(저출산)대책회의, 고령사회대책회의, 소비자대책회의, 중앙교통안전대책회의 등이 있고, 추진본부로는 북방대책본부, 국제평화협력본부, 노약자지원육성추진본부 등이 있다. 심의회로는 민간자금활용사업추진위원회, 오키나와진흥심의회, 원자력위원회, 식품안전위원회, 정보공개·개인정보보호심사회, 독립행정법인평가위원회 등이 있다.

24) 영국 내각사무처(Cabinet Office)의 기능과 유사해졌다.

신설하여25) 정책과 예산의 우선순위를 주도적으로 결정하고 국정개혁을 추진하도록
했다. 국가전략실을 정치인과 외부전문가 중심으로 구성했다.

그리하여 오늘날의 일본 정부에서 성청간 정책조정의 중추기구는 내각부와 내각
관방 및 재무성이다.

(6) 한국

한국에서는 대통령 정책보좌관, 국무조정실, 관계장관회의, 정부위원회, 차관회
의, 기획예산기구, 임시작업반, 부총리제 등이 부처간 정책조정에 관여하고 있다.

맨 먼저 설치된 부처간 조정기구는 국무회의와 차관회의였지만, 실질적인 조정기
구는 차관회의로서 1950년대부터 지금까지 부처간 이견을 조정해 왔다. 두 번째로 구
축된 부처간 조정기구는 보좌기구이다. 1961년 5·16혁명 주체세력들이 내각수반26)
산하에 기획통제관을 설치하고 각 부처청에 기획조정관을 설치하여 이들 간의 연계체
제를 구축함으로써 새로운 부처간 조정기구를 추가하였다. 세 번째로 등장한 부처간
조정기구는 경제기획원이다. 1961년에 기획조직과 예산조직을 통합하여 경제기획원을
설치하였다. 네 번째로 1963년부터 경제건설과 국가안보 분야에 관계장관회의들을 구
축하였다. 이와 동시에 1963년에 경제기획원장관을 부총리로 격상시키고 경제장관회
의 의장까지 겸임토록 함으로써 경제분야에 기획기구, 예산기구, 부총리제 및 관계장
관회의까지 통합한 강력한 조정기구를 구축하였다.

1960년대 초 이후에는 대통령과 총리의 보좌기구가 확대 강화되었고, 부총리제가
확산되었으며, 관계장관회의와 정부위원회가 급속히 증설되었다. 그리고 청와대나 총
리실에 일종의 다부처 임시작업반인 기획단을 종종 설치해 왔다.

기획통제관은 두 갈래로 발전했다. 하나는 대통령 비서실내 정무비서실이고, 다
른 하나는 국무총리 산하 기획조정실이다. 정무비서실은 다시 정책분야별 수석비서관
체제로 발전해 왔고, 기획조정실은 각 부처들의 각종 계획들을 조정하고 집행상황을
점검하는 기구로 발전했다. 기획조정실은 다시 1970년대 초에 행정조정실로, 1990년
대 후반에 국무조정실로 확대 개편되었다.

오늘날 부처간 쟁점정책 가운데 국가발전이나 국민생활 및 정치지형에 영향을 미
칠 수 있는 중요한 쟁점정책들은 대통령 수석비서관들이 조정하고, 여타 부처간 쟁점

---

25) 기존의 내각총무관실, 내각광보관실, 내각정보조사실에 국가전략실을 추가 설치했다.
26) 이 당시는 아직 의원내각제였다. 1962년 12월 26일 새로운 헌법이 공포됨으로써 대통령제로
   바뀌었다.

정책들은 국무조정실 조정관들이 조정한다.

부총리제는 한때 확대된 적이 있다. 즉 통일부장관(1991~1998)과 교육인적자원부장관(2001~2007)에게도 부총리 직급을 부여하고 해당 관계장관회의 의장을 겸임하도록 하였다. 그러나 이들 부총리들은 경제부총리 만큼 성과가 없었다.

분야별 관계장관회의는 경제분야와 국가안보분야를 넘어 교육과학, 사회복지 등으로 확대되어 왔고, 정부위원회도 급속히 증가해 왔다. 그러나 관계장관회의와 정부위원회의 운영이 부실하다. 기획단, 추진단 등 임시작업반도 필요할 때마다 설치되어 여러 부처들과 관련된 국정과제들을 종합적으로 기획하고 조정해 왔다. 1970년대 청와대에 설치됐던 중화학공업추진기획단은 가장 강력한 조정기구였다. 기획단 혹은 추진단은 청와대에 설치되어 왔으나 2000년에 들어 국무조정실에 설치되고 있다.

그리하여 한국에서는 다양한 부처간 조정기구들이 설치·운영되고 있으나, 주도적인 기구가 없다. 다만, 경제분야에서만 부총리 중심체제가 구축되어 있다.

이상을 요약하면, 미국과 독일은 정책보좌관 중심의 부처간 조정체제를 구축했고, 영국과 프랑스는 관계장관회의 중심의 조정체제를 구축했다. 일본은 과거 차관회의 중심의 조정체제를 최근에 내각부와 내각관방 중심의 조정체제로 전환하고 있고, 한국은 이렇다 할 중심체제가 형성되어 있지 않다.

2) 국가별 선호 유형 : 정치기구 vs 관료기구

주요국의 부처간 조정기구들이 정치인들이 주도하는 기구인지 관료들이 주도하는 기구인지 아니면 양자가 공동참여하는 융합기구인지를 구분하면 다음 <표 6-2>와 같다.

전체적으로 보면, 대부분의 나라가 부처간 조정에 관료기구들을 많이 활용하고 있다. 그 외에도 미국과 일본은 정치기구들을, 한국과 프랑스 및 영국은 융합기구들을 추가로 동원하고 있다. 한편, 중추기구를 기준으로 보면, 미국에서는 정치기구들이, 독일에서는 관료기구들이, 영국과 프랑스는 융합기구가 부처간 조정에서 중추적인 역할을 하고 있다. 일본에서는 중추기구가 과거 관료기구들에서 최근 정치기구들로 바뀌어 가고 있다.

표 6-2 주요국 부처간 조정기구 유형

주요국	정치 기구	관료 기구	융합 기구
한 국	-	부총리, 국무조정실, 차관회의, 임시작업반, 예산기구, 기획기구	정책보좌관 관계장관회의 정부위원회
독 일	관계장관위원회	**차관회의, 정책보좌관,** 부처간위원회	-
프랑스	-	임시작업반, 부처간위원회, 예산기구, 기획기구	**관계장관위원회**
미 국	**정책보좌관** **관계장관회의**	임시작업반, 부처간위원회, 예산기구	-
일 본	**조정전담장관**<최근> **부대신회의**<최근> 관계각료회의	**차관회의**<과거>, 임시작업반, **부처간위원회**, 예산기구	-
영 국	조정전담장관	임시작업반, 부처간위원회, 예산기구	**내각위원회**

(참고) 1. 굵은 글씨체는 중추기구
　　　 2. 관계장관회의(위원회) 산하 실무회의와 지원기구는 대부분 직업공무원,
　　　　 예외적으로 미국만 정치인 보좌관
　　　 3. 정책보좌관은 경우 미국은 정치인, 독일은 직업공무원, 한국은 양자 혼재
　　　 4. 부처간위원회는 대부분 직업공무원으로 구성
　　　 5. 한국의 정부위원회는 이슈별 관계장관회의 혹은 부처간위원회와 유사

3) 기구별 활용방식

부처간 주요 조정기구들의 활용방식상 특징은 다음과 같다.

(1) 보좌기구와 관계장관회의

보좌기구와 관계장관회의가 동시에 활용되는 경우 양자간 관계는 국가간에 차이가 있다. 보좌기구가 미국, 프랑스, 독일에서는 관계장관회의의 관리자이자 참여자이고, 영국과 일본에서는 관리자이며, 한국에서는 참여자이다. 이러한 차이는 각국 보좌기구의 발달 내용과 관련이 있다. 즉 보좌기구는 정책내용을 관리하는 보좌기구와 정책과정을 관리하는 보좌기구로 구분할 수 있는데, 각 보좌기구가 발달한 정도가 국가별로 차이가 있고 그에 따라 보좌기구와 관계장관회의 간의 관계도 달라졌다.

정책내용관리 보좌기구와 정책과정관리 보좌기구가 통합되어 발달한 국가는 미국과 독일이다. 미국에서는 정책분야별로 대통령 정책보좌관들과 관계장관회의 및 관계장관회의 지원실이 구축되어 있는데, 고위 정책보좌관들이 관계장관회의 정규멤버일 뿐만 아니라 실무회의 의장을 담당하고, 하위 정책보좌관들은 해당 지원실의 실장

과 부실장을 겸하고 있다. 따라서 미국 정책보좌관들은 정책내용뿐만 아니라 정책과정까지 관리하고 있다. 한편, 독일에서도 연방총리실이 정책내용과 정책과정을 모두 관리한다. 연방총리실장은 관계장관위원회에 참석하고 총리실 총국장들은 실무위원회 의장을 담당하며, 총리실 과장들이 관계장관위원회와 실무위원회를 지원한다.

정책내용관리 보좌기구와 정책과정관리 보좌기구가 별도로 발달한 국가는 프랑스이다. 총리 비서실(Cabinet)은 내용관리 기구로서 분야별 정책보좌관들이 관계장관위원회의 실무위원회를 주재하고, 3개 분야별 총괄처(Secrétariat-Général)는 과정관리기구로서 그 스탭들이 해당 관계장관위원회와 실무위원회를 전담 관리한다.

정책내용관리 보좌기구는 발달하지 않았으나 정책과정관리 보좌기구가 발달되어있는 국가는 영국과 일본이다. 영국에서는 총리 보좌기구인 내각사무처가 내각위원회들을 전담 관리하지만, 총리 정책보좌관들은 내각위원회에 전혀 관여하지 않는다. 영국 총리의 정책관련 보좌기구로는 정치적으로 충원되는 정책실(Policy Unit)과 고위공무원들로 충원되는 개인비서실(Private Office)이 있는데, 전자는 집권당의 정책에 관여하나 부처간 조정에는 관여하지 않고, 후자는 부처들과의 연락업무는 담당하나 부처간 조정에 관여하지 않는다. 그 결과 정책실과 개인비서실 보좌관들은 내각위원회에 참석하지도 내각위원회를 관리하지도 않는다. 한편, 일본에서는 총리 내각부(종전에는 내각관방)에서 관계각료회의들을 관리하지만 정책내용을 관리하는 정책보좌관제도가 발달되지 않았다.[27] 정책보좌관이라는 직책이 있기는 하나 그 역할이 미국이나 한국과는 다르다. 역대 총리들 가운데 일부는 정책보좌관제도의 도입을 시도하거나[28] 정책브레인들을 개인적으로 섭외하여 정책조언그룹으로 활용[29]한 적은 있다.

정책내용관리 보좌기구는 발달되어 있으나 정책과정관리 보좌기구가 발달하지못한 국가는 한국이다. 정책과정을 전담관리하는 보좌기구가 발달하지 않아 관계장관회의들에 대한 관리는 의장 부처에 맡겨져 있다. 즉 분야별 관계장관회의는 주무부처에서, 이슈별 임시관계장관회의는 국무조정실에서 관리한다. 대통령 보좌관들은 정책내용관리 기구로서 관계장관회의에 참석만 한다. 다만, 국무조정실은 총리 주재 관계장관회의를 관리하고 관계장관회의에 참석하기도 한다. 즉 국무조정실장은 장관급 회의에 참석하고 조정관들은 실무회의 의장을 담당한다. 제한적 범위 내에서 국무조정실

---

27) 일본에는 총리의 브레인으로 총리에게 정책에 대한 정보와 조언을 제고하고 부처간 정책조정에 관여하는 정책보좌관이 없다.

28) 佐藤, 福田, 大平 등.

29) 池田, 佐藤, 田中, 大平 등.

이 정책내용과 정책과정을 동시에 관리한다.

요약하면, 관계장관회의를 보좌기구에서 관리하는 나라는 미국, 영국, 프랑스, 독일, 일본이고, 주무부처에서 관리하는 나라는 한국이다. 이러한 차이의 원인은 대부분의 나라에서 대통령이나 총리가 관계장관회의를 자신들의 국정운영 수단으로 설치했으나, 한국에서는 관계장관회의들이 관료들의 편의에 따라 설치되었기 때문이다.

(2) 관계장관회의와 차관회의

관계장관회의와 차관회의는 국무회의(혹은 내각회의)의 한계를 극복하기 위한 대안으로 발전한 부처간 조정기구이다. 각각에 대한 선호는 국가별로 다르다. 영국, 프랑스, 미국에서 관계장관회의가 활성화되어 있고, 독일과 일본에서는 차관회의가 활성화되어 왔으며, 한국에서는 양자가 동시에 활용되고 있다. 왜 이러한 차이가 있는가?

먼저, 정치인들에 대한 고위관료들의 영향력이 상대적으로 크면 차관회의가 발달한다는 것이다.

영국과 미국에서는 고위관료들의 영향력이 미약하다. 영국의 사무차관을 포함한 고위관료들은 부처간 쟁점정책 조정을 정치적 행위로 보고 정치적 중립성을 이유로 영향력을 행사하려 하지 않는다. 미국에서는 문화적으로 관료지배에 대한 거부감이 강할 뿐만 아니라 장관의 임기가 길고 구조30)적으로도 정무직들이 관료들을 강력하게 통제할 수 있게 되어 있어서 고위관료들의 영향력이 크지 않다. 그 결과 영국과 미국에서는 관료출신 차관들을 범정부적으로 연결한 차관회의 자체가 발달하지 않았다.

그러나 독일과 일본에서는 전통적으로 관료들의 영향력이 강한 국가들이다. 이들 국가에서는 관료지배체제에 대한 거부감이 적을 뿐만 아니라 제도적으로도 관료들에 대한 정무직들의 통제가 강하지 않다. 즉 모든 부처에 사무차관과 정무차관 각 1인을 두고 있고, 정무차관의 역할은 의회관계에 국한되어 있고 고위관료들에 대한 통제에 나서지 않는다. 또한 의회 의원인 장관과 정무차관은 잠시 머물렀다 갈 뿐이다. 그 결과 각 부처들이 사무차관을 정점으로 하는 고위관료들에 의해 운영되고 있다. 마지막으로, 독일과 일본에서 차관회의가 실질적 조정기구 역할을 할 수 있었던 것은 차관회의 의장이 각각 연방총리실장과 내각관방 사무차관으로서 정부 내에서 장관에 버금가

---

30) 미국 부처내 고위직으로 장관(Secretary) 아래 부장관(Deputy Secretary)과 다수의 차관(Under Secretary)들이 있는데, 부장관은 정치적으로 임명되는 외부인사들로서 부처 업무 전반을 관리하고 장관 유고시 대신하는 반면, 차관들은 부처 업무의 일부만 담당하고 있다. 원래 부처내 2인자는 차관이었으나 차관 위에 부장관직이 신설됨으로써 2인자 자리가 부장관으로 넘어갔다.

는 영향력을 보유한 자들이었기 때문이다. 따라서 독일과 일본에서는 사무차관의 영향
력이 강하고 이들로 구성된 차관회의가 부처간 조정의 중심 역할을 해 왔다.

그런데, 프랑스에서는 전통적으로 독일 및 일본과 마찬가지로 관료들의 영향력이
강하여 대통령이나 총리의 보좌기구 및 부처들의 고위직을 거의 모두 관료 출신들이
차지하고 있음에도 불구하고 차관회의가 발달하지 않았다. 프랑스에는 장관을 근접 지
원하고 대리할 수 있는 차관제도가 없기 때문이다. 그 대신 장관의 위임을 받아 부처
업무의 일부를 담당하는 담당장관제도(Ministre délégué)가 발달되어 있는데, 담당장관
직은 중요 부처에는 복수로 설치되어 있고 어떤 부처에는 한 명만 두고 있으며 전혀
없는 부처도 있다. 그 결과 차관회의에 유사한 담당장관회의도 발달하지 못했다.

다음, 독일과 일본에서는 관계장관위원회들을 설치했음에도 불구하고 부처간 정
책조정기구로서 활성화되지 않았다.

독일에서 관계장관위원회가 활성화되지 않은 이유를 헌법상 국정운영의 원칙인
<재상의 원칙>과 <소관책임의 원칙>에서 찾을 수 있다.[31] <재상의 원칙>은 연
방총리가 국정운영의 일반지침을 정하고 그에 책임을 져야 한다는 원칙으로, 이에 따
르면 부처간 이견은 관련 장관들 간의 협의조정에 의해서가 아니라 일차적으로 총리
의 국정운영 일반지침에 따라 조정되어야 한다. <소관책임의 원칙>은 각 장관들은
총리의 국정운영 일반지침의 범위 내에서 자기 책임 하에 독자적으로 소관부처의 업
무를 지휘해야 한다는 원칙으로, 이에 따라 유관부처 장관들이 가급적 주무장관의 입
장에 이의를 제기하려 하지 않는다. 이러한 두 가지 원칙으로 인해 부처간 이견과 갈
등이 심각하게 발생하지 않는 경향이 있고, 발생하면 연방총리실에 의해 조정된다. 장
관들 간에 이견이 심각하게 드러나는 경우는 대부분 연립정당간 정책노선 차이 때문
인데, 이는 부처간 조정기구보다는 정당간 조정기구에 의해 타결한다. 그 결과 부처간
이견을 조정하기 위해 관계장관위원회를 활용해야 할 필요성이 상대적으로 적다.

한편, 일본에서 관계각료회의가 부처간 정책조정기구로서 활성화되지 않았던 이
유는 집권 자민당의 국정운영방식에서 찾을 수 있다. 즉 집권 자민당의 국정운영방식
은 정권의 안정화에만 치중하고 국정운영은 관료들에게 맡기는 것이었다. 성청 대신직
을 차지한 자민당 간부들은 지지세력 이익 챙겨주기와 내각의 안정적 유지에 급급했
다. 그 결과 다른 나라 장관들에 비해 소관 성청 정책을 깊이 이해하고 적극 챙기려는

---

31) <재상의 원칙>과 <소관책임의 원칙>에 대해서는, 片岡寬光(1982), 內閣의の機能と補佐機
構, 김동훈 역(1987), 대통령제와 의원내각제, 서울: 일신사, pp.140-142. 참조.

의지가 적었다. 총리직을 둘러싼 당내 파벌싸움으로 인해 내각은 불안정했고 대신들의 재임기간은 짧았다. 그 결과 대신들은 소관 성청 정책을 주도적으로 추진할 수도 적극 주장할 수도 없었다. 성청 대신들 간 갈등이 확대되면 집권당 파벌간 균형의 산물인 내각이 붕괴되기 때문이다. 이러한 국정운영방식과 정치적 상황에서 성청 대신들은 관계각료회의를 갖더라도 국정운영에 관한 일반적인 의견교환을 넘어 성청간 쟁점정책을 조정하기는 어려웠다.

마지막으로, 한국에서는 왜 관계장관회의와 차관회의가 동시에 활용되고 있는가? 한국에서는 국무회의의 문제점을 보완하기 위해 차관회의가 먼저 도입되었다. 그러나 차관회의도 국무회의와 동일한 문제점을 갖고 있어서 쟁점정책에 대해 충분한 논의를 할 수 없었다. 이러한 문제점을 해소하고 쟁점정책들을 좀 더 집중적이고 심도있게 논의하기 위해 관계장관회의들을 설치했다. 그럼에도 불구하고 차관회의는 폐지되지 않았다. 이유는 두 가지이다. 하나는 쟁점정책에 대해 관계장관회의에 참석하지 못한 부처들에게 의견개진의 기회를 주고 이들의 의견을 통합함으로써 관련부처들뿐만 아니라 모든 부처들이 참여하는 범정부적 합의안을 만들 수 있기 때문이다. 다른 하나는 차관회의의 역할이 여전히 존재한다는 것이다. 국무회의의 안건들 가운데 관계장관회의에서 논의하지 않는 정부조직 개편, 고위직 인사, 부처간 권한 배분 등은 차관회의가 국무회의 전심기구로서 사전에 논의할 수밖에 없다는 것이다. 그 결과 관계장관회의와 차관회의가 동시에 활용되고 있다.

(3) 부총리제와 조정전담장관제

부처간 조정을 강화하기 위해 활용되는 특수한 장관직이 부총리제와 조정전담장관제이다. 이 제도들은 소수 국가에서만 활용되고 그 활용방식도 국가마다 다르다.

부처간 조정기구로서 부총리제는 부처 수가 많은 공산주의 국가들에서 주로 활용해 왔고, 한국과 영국이 자주 활용해 왔으며, 미국도 시도한 적이 있다. 부총리제는 대체로 관할 부처 유무와 관계장관회의 의장직 겸임 유무에 따라 네 가지 유형으로 구분된다. 하나는, 관할 부처가 있고 관계장관회의 의장도 겸임하는 부총리제이다. 가장 강력한 부총리제이다. 한국의 부총리들은 이러한 유형에 속한다. 다른 하나는, 관할 부처는 없으나 관계장관회의 의장을 겸임하는 부총리제이다. 영국에서는 이러한 유형의 부총리제(Vice Prime Minister)를 자주 활용하고 있다. 또 다른 하나는, 관할 부처는 있으나 관계장관회의 의장을 겸임하지 않는 부총리제이다. 미국에서 시도한 적이 있는 부총리제(Presidential Counsellor)가 이러한 유형이다. 마지막 하나는, 관할 부처도 없고 관계장관회의 의장도 겸임하지 않는 부총리제이다. 영국 처칠총리가 시도했던 총괄조정장관제(Overlords)가 이러한 유형에 해당된다.

조정전담장관제는 영국에서 줄곧 활용해 왔고 한국에서는 종종 활용해 왔으며, 일본에서는 최근에 도입했다. 영국에서는 전통적으로 한두 명의 무임소장관을 조정전담장관으로 지정하고 이들에게 내각장관 혹은 부총리급 지위를 부여하여 부처간 조정을 하도록 해 왔다. 한국에서는 정권에 따라 무임소장관 혹은 특임장관을 임명하여 부처간 정치적 쟁점정책을 막후 중립조정하도록 한 적이 있다. 일본에서는 최근에서야 몇몇 분야에서 특명담당대신들을 임명하여 분야별 부처간 조정을 하도록 하고 있다. 이들은 무임소장관으로 활동하거나 내각대신 혹은 국가전략실장을 겸임하고 있다.

(4) 임시작업반과 부처간위원회

임시작업반(Task Force)과 부처간위원회(Interagency Committee)는 대체로 모든 나라에서 필요에 따라 자주 활용해 왔다. 즉 쟁점정책에 관한 전문기술적 조정이 필요한 경우, 그 중요성에 따라 대통령 산하에 임시작업반 혹은 부처 수준에 부처간 위원회를 설치해 왔다. 다만, 독일에서는 임시작업반을 활용해 오지 않았다. 국정운영의 원칙상 총리나 주무장관 산하에 설치하기 어렵기 때문이다. 독일 연방총리는 국정운영의 일반지침을 통해 부처들의 정책방향을 지휘할 수 있으나 부처 업무의 구체적 내용에 대해서는 간섭할 수 없고, 연방장관은 자기 책임하에 부처를 운영할 수 있으나 타 부처의 업무에 개입하기 어렵게 되어 있는데, 임시작업반을 총리실에 설치하면 총리가 부처의 구체적인 업무에 간섭하게 될 가능성이 크고, 주무부처에 설치하면 주무장관이 유관부처들의 업무에 간섭하게 될 소지가 있기 때문이다.

(5) 기획기구와 예산기구

기획기구와 예산기구가 부처간 조정기구로 활용되는 빈도나 방식은 국가별로 차이가 있다.

국가기획기구는 미국, 영국, 독일에서는 거의 활용되지 않은 반면, 프랑스, 일본, 한국에서 적극 활용되었다. 미국, 영국, 독일은 대공황과 전쟁시를 제외하고 국가기획기구를 설치한 적이 없다. 자본주의와 상반된다고 인식하여 국가기획제도에 대해 거부감을 갖고 있기 때문이다. 그러나 프랑스, 일본, 한국에서는 자본주의체제를 채택했음에도 불구하고 일찍부터 국가기획제도가 도입되었다. 프랑스가 국기기획제도를 활용할 수 있었던 이유는 제2차 세계대전 직후에 신속한 경제복구의 필요성이 있었을 뿐만 아니라 정치적 이념의 다양성을 인정하는 풍토여서 특정 정치이념에 얽매이지 않았기 때문이다. 일본과 한국은 빠른 기간 내에 서구 선진국을 따라 잡기 위해 정부주도의 경제성장전략을 채택하였고 이를 수행하기 위한 수단으로 국가기획제도를 도입했다. 그 결과 범정부적 기획기구는 이들 나라에서 근 30년간 중장기 정책에 대한 부처간 조정에 있어서 중요한 역할을 해 왔다. 그러나 오늘날 경제규모가 커지고 복잡해져 더 이상 정부가 개입하여 성장을 주도할 수 없게 된 결과, 범정부적 기획기구는[32] 아예 폐지(일본, 한국)되었거나 연구기관화(프랑스)되어 있다.

예산기구는 예나 지금이나 모든 나라에서 부처간 조정의 핵심기구이다. 독립적으로 활용하기도 하고, 기획기구와 통합하여 활용하기도 한다. 대부분 나라들이 전자의 방식을 채택하고 있으나, 한국에서는 후자의 방식을 채택한 적이 있다.

3. 정책조정기구들에 대한 비교평가

부처간 쟁점정책 조정기구들을 조정기구가 갖춰야 할 대응성, 충실성, 효과성, 적시성에 따라 비교평가하면 다음과 같다. 이곳에서는 관계장관회의, 차관회의, 임시작업반, 기획기구 등을 당사자간 협의조정기구로 분류하고 대통령 보좌기구, 예산기구, 부총리, 조정전담장관 등을 제3자 조정기구로 분류하여 각 유형 내에서 해당 조정기구들의 상대적 우수성을 평가한다.[33]

1) 대응성

대응성에 관한 제1 지표인 다수설치 가능성과 제2 지표인 조정업무 집중성에 따라 평가하면 다음과 같다.

(1) 다수설치 가능성

부처간 협의조정기구들 가운데 관계장관회의와 임시작업반 및 기획기구는 분야별 혹은 이슈별로 필요에 따라 다수 설치가 가능하여 밀려드는 쟁점정책들에 대한 대

---

32) 그러나 분야별 계획은 아직도 수립되고 있고, 분야별 계획은 관계장관회의시스템이나 부처간 임시위원회를 통해 부처간 이견을 조정한다.

33) 이곳에서 관계장관회의는 내각위원회를 포함한다. 동일한 기구가 대통령제에서는 관계장관회의(Cabinet Council)로, 의원내각제 국가에서는 내각위원회(Cabinet Committee)로 불리기 때문이다. 부총리와 조정전담장관은 관계장관회의나 내각위원회의 의장을 겸하지 않는 자들이다. 겸직하는 경우 발휘되는 역량이 부총리 혹은 조정전담장관의 역량인지 아니면 관계장관회의 혹은 내각위원회의 역량인지 구분이 안 되므로 양자를 분리하여 평가한다. 부처간위원회는 구조와 운영방식이 이슈별 관계장관회의와 유사함으로 별도로 평가하지 않는다.

응성이 높으나, 차관회의는 다수 설치가 불가능하여 대응성이 낮다. 제3자 조정기구 중에서는 부총리와 조정전담장관은 다수 설치가 불가능하지는 않으나 부처들에게 옥상옥이 될 수 있어서 다수 설치가 쉽지 않아 수많은 쟁점정책들에 대응하는데 한계가 있고, 대통령 보좌기구와 예산기구는 다수 설치가 불가능하고 쟁점정책 조정만을 위해 기구를 확대하기도 어려워 쟁점정책들의 증감에 신축적으로 대처하기는 어렵다.

(2) 조정업무 집중성

부처간 협의조정기구 중 관계장관회의는 쟁점정책 조정에 전념하는 기구이나, 임시작업반과 기획기구 및 차관회의는 쟁점정책조정에만 전념하지 않는다. 임시작업반과 기획기구는 정책의 분석, 결정과 집행 등 여타 업무를 수행하고, 차관회의는 국무회의 혹은 내각회의의 안건들을 사전에 심의하는 기구로서 극소수 쟁점정책과 다양한 안건들을 논의하기 때문이다. 차관회의는 다양한 안건들을 논의하는 기구여서 쟁점정책 조정업무에 대한 집중성이 가장 낮은 편이다. 제3자 조정기구 중에서는 부총리와 조정전담장관은 조정을 위해 설치되는 기구들이므로 조정업무에 전담 가능성이 크고, 대통령 보좌기구와 예산기구는 쟁점정책 조정 이외에 여타 업무들을 담당하는 기구들이어서 조정업무에만 집중할 수 없다.

2) 충실성

충실성의 제1 지표인 지식정보 동원 가능성과 제2 지표인 유관정책 연계 능력에 따라 평가하면 다음과 같다.

(1) 지식정보 동원 가능성

먼저, 부처간 협의조정기구들의 지식정보 동원 가능성을 보면, 관계장관회의와 임시작업반 및 기획기구는 가능성이 충분하지만, 차관회의는 가능성이 작다.

관계장관회의와 임시작업반 및 기획기구는 쟁점정책을 조정하는데 필요한 지식정보와 자료를 충분히 동원할 수 있는 이유는 두 가지이다. 하나는 관련부처들이 쟁점정책에 대한 자신의 입장을 설득하기 위해 충분한 지식정보와 근거자료를 제공하기 때문이고, 다른 하나는 공청회나 자문을 통해 외부전문가들의 지식정보와 자료도 확보할 수 있기 때문이다. 그러나 차관회의는 지식정보와 근거자료를 충분히 동원하기 어렵다. 차관회의는 모든 부처의 사무차관들로 참석하므로 논리상 필요한 지식정보와 자료를 동원할 수 있으나, 차관회의가 열리면 짧은 시간에 다수 안건들이 처리하므로 하나의 쟁점정책을 충분히 논의할 시간이 부족하여 지식정보와 자료를 충분히 동원할 필요가 없고 동원해도 활용할 수가 없기 때문이다.

다음, 제3자 조정기구들의 지식정보 동원 가능성을 보면, 대통령 보좌기구와 예산기구는 충분하지만 부총리와 조정전담장관은 한계가 있다.

보좌기구와 예산기구가 지식정보와 자료를 충분히 동원할 수 있는 이유는 관련부처들이 자신의 입장을 설득하기 위해 충분한 지식정보와 자료를 제공할 뿐만 아니라 필요하면 외부전문가들로부터 지식정보와 자료도 제공받을 수 있기 때문이다. 그러나 부총리나 조정전담장관은 인력과 예산의 지원 없이 자신들의 정치적 역량으로 조정업무를 수행하는 자들이다. 보유 재원이 부족하여 외부전문가들의 지식정보를 확보하기 어렵고, 부처들에 대한 영향력도 한계가 있어서 부처들이 보유한 지식정보를 충분히 동원하기 어렵다. 오직 자신이 보유한 지식정보에 의존할 수 밖에 없다.

(2) 유관정책 연계 가능성

부처간 협의조정기구들의 유관정책 연계 가능성은 보면, 관계장관회의, 임시작업반, 기획기구 등은 크지만, 차관회의는 낮다. 관계장관회의와 임시작업반 및 기획기구는 일정 분야의 정책영역을 담당하는 가구들이어서 쟁점정책을 그 영역내 관련부처들의 여타 정책들과 연계하여 논의할 수 있다. 이 세 기구들의 연계 능력에는 별 차이가 없다. 그러나 차관회의는 모든 부처의 차관들이 참석하므로 논리적으로 유관정책을 연계할 수 있으나 시간 부족으로 연계 논의할 가능성이 거의 없다.

제3자 조정기구들의 유관정책 연계 가능성을 보면, 보좌기구와 예산기구는 가능성이 크지만 양 기구 간에 차이가 없고, 부총리와 조정전담장관은 가능성이 크지 않고 양 기구간 차이도 없다. 보좌기구가 유관정책을 연계할 수 있는 이유는 역할상 국정운영의 총괄지휘탑인 대통령을 도와 모든 쟁점정책들을 종합적으로 관리해야 하기 때문이고, 예산기구가 연계할 수 있는 이유는 우선순위를 정하기 위해 예산이 필요한 분야간 정책간 비교검토를 하기 때문이다. 그러나 양 기구 간에는 능력상의 차이는 없다. 부총리와 조정전담장관도 일정 정책영역을 담당하므로 쟁점정책을 영역내 유관정책들과 연계하여 논의할 수는 있으나 지원 인력의 부족과 개인적으로 보유한 지식정보의 한계로 유관정책들을 충분히 파악하기 어려운 경우가 많고 연계논의하기도 한계가 있다. 따라서 이들은 쟁점정책을 유관정책과 연계시키지 않고 쟁점정책에 대해 부처간 정치적 타협을 유도하는 경향이 있다.

3) 효과성

효과성의 제1 지표인 결론도출 역량과 제2 지표인 재론차단 능력에 따라 평가하면 다음과 같다.

(1) 결론도출 역량

먼저, 부처간 협의조정기구들의 결론도출 역량을 보면 관계장관회의와 임시작업반 및 기획기구는 비교적 크지만 차관회의는 낮다.

관계장관회의는 대통령이 주재하는 경우 결론도출 역량이 탁월하다. 장관들이 대통령의 노선과 의중을 무시할 수 없기 때문이다. 주무장관이 주재하는 관계장관회의도 소수 관련부처 장관들의 회의이므로 쟁점정책에 대해 집중적인 논의가 가능하고 회의를 연장하거나 재차 소집하여 결론을 내는데 별 어려움이 없다. 임시작업반도 대통령 직속으로 설치되면 결론도출 역량이 커진다. 대통령의 후광이 작용하거나 대통령 보좌관들이 작업반장을 담당하기 때문이다. 주무부처 산하에 설치되더라도 관련부처 실무자들이 분석적 합리적 논리에 따라 이견을 잘 해소하는 편이다. 기획기구도 결론도출 역량이 우수한 데 이유는 두 가지이다. 하나는, 계획은 당장 실현되는 것이 아니고 상황 변화에 따라 수정할 수 있어서 기획과정에서 주요사업들의 선정과 우선순위를 둘러싸고 부처간 갈등이 첨예하지 않기 때문이다. 다른 하나는, 기획기구는 정해진 일정에 따라 작업하는 기구이므로 관련부처들이 수용하든 불만을 품든 정해진 기간 내에 부처간 이견에 대한 결론을 내기 때문이다. 그러나 차관회의는 제한된 시간 내에 부처간 쟁점정책 이외에 다양한 안건들을 심의하고 쟁점정책과 관련이 없는 차관들도 참여하기 때문에 조정을 시도하여 이견을 해소하기 쉽지 않다.

다음, 제3자 조정기구들의 결론도출 역량을 보면, 대통령 보좌기구와 예산기구는 큰 편이지만, 부총리와 조정전담장관은 경우에 따라 다르다.

대통령 보좌기구가 부처간 쟁점정책 조정에 적극 간여하여 결론을 못 내는 경우는 드물다. 대통령 보좌관들이 전문가들일 뿐만 아니라 대통령의 정책노선에 따라 조정하기 때문이다. 예산기구도 쟁점정책에 대해 자신의 의도대로 결론을 잘 도출하는 이유는 재원배분 권한이란 강력한 무기를 가지고 있을 뿐만 아니라 정해진 일정에 따라 단계적으로 작업하므로 일부 불만이 있더라도 부처간 이견을 정해진 기간 내에 타결하기 때문이다. 그러나 부총리와 조정전담장관은 개인적 역량과 영향력이 출중하면 결론도출 역량을 발휘할 수 있지만 그렇지 않으면 발휘하기 어렵다.

(2) 재론차단 능력

부처간 협의조정기구들의 재론차단 능력을 보면 차관회의와 기획기구는 미약하나 관계장관회의와 임시작업반은 경우에 따라 다르다. 기획기구가 기획과정에서 불만이 있는 당사자가 합의를 거부하고 대통령 보좌기구나 관계장관회의에 가서 재론하는 것을 차단하기는 어렵다. 기획은 분야별 혹은 이슈별 주무부처 주도로 추진되는 데 주무부처가 불만 있는 부처를 통제할 권한이 없기 때문이다. 차관회의에서 결론이 나지 않으면 아예 다른 조정기구에서 조정해 오도록 하는 경우가 많다. 그러나 관계장관회의는 대통령이 주재한 경우 재론차단 능력이 크다. 대통령의 결정을 거역할 수 없어서 불만 있는 장관들이 다른 곳에서 재차 논의하지 않기 때문이다. 주무장관이 주재한 경우에는 불만 있는 장관이 대통령 주재 관계장관회의나 당정간 정책조정회의에 가져가 재론하는 것을 차단하기 어렵다. 주무장관이 이를 저지할 마땅한 수단이 없기 때문이다. 임시작업반도 대통령 산하가 아니라 부처 산하에 설치되면 불만있는 부처가 대통령 보좌기구나 관계장관회의에서 재론하는 것을 막기 어렵다.

제3자 조정기구들의 재론차단 능력은 보면, 보좌기구는 큰 편이나 예산기구는 낮고, 부총리와 조정전당장관은 경우에 따라 다르다. 보좌기구에 의한 조정에 불만이 있는 부처가 타 조정기구에서 재론하는 경우는 거의 없다. 보좌기구는 대통령의 힘과 의중에 따라 조정하기 때문이다. 그러나 예산기구에 의한 조정에 불만이 있는 부처들은 대통령 보좌기구나 관계장관회의 혹은 당정회의나 여야 정당간 조정회의에서 재론을 시도하는 경향이 있다. 부처들은 예산이 소관정책 혹은 고객집단의 생존에 직결되어 최소한이라도 확보하기 위해 필사적이지만, 예산당국의 힘은 부처들에 대해 압도적이지 못하기 때문이다. 부총리와 조정전당장관의 재론차단 능력은 결론도출 역량과 마찬가지로 개인적 영향력과 역량이 출중한 경우에만 크고 그렇지 않으면 낮다.

4) 적시성

부처간 정책조정기구들을 적시성의 제1 지표인 지연차단 역량과 제2 지표인 즉시개입 가능성에 따라 평가하면 다음과 같다.

(1) 지연차단 역량

먼저, 부처간 협의조정기구들의 지연차단 능력을 보면, 기획기구는 크지만 관계장관회의와 임시작업반은 여건에 따라 달라 그 가능성을 중간 정도로 평가할 수 있고, 차관회의는 지연차단 능력이 낮다.

기획기구는 일정에 따라 활동하기 때문에 당사자들이 불만이 있더라도 정해진 기한 내에 갈등을 타결한다. 그러나 관계장관회의는 의장이 누구냐에 따라 다르다. 즉 대통령이 의장이면 불리한 당사자의 지연시도를 차단할 수 있지만 주무장관이 의장이면 이러한 지연시도를 막기 쉽지 않다. 임시작업반도 설치 위치에 따라 달라진다. 즉 대통령 산하에 소속되어 있으면 대통령의 의중이 반영되는 경우가 많아 조정에 불만 있는 부처의 지연시도를 차단할 수 있지만, 주무부처 산하에 설치되면 지연차단 역량이 떨어진다. 한편, 차관회의는 쟁점정책 조정에서 불리한 당사자가 합의 지연을 시도하면 이를 차단하지 않고 다른 조정기구를 통해 조정해 오도록 하는 경향이 있다.

다음, 제3자 조정기구들의 지연차단 역량을 보면, 대통령 보좌기구와 예산기구는 크지만 부총리와 조정전담장관은 작은 편이나 여건에 따라 다르다.

보좌기구는 대통령의 권한을 배경으로 하고 있는 기구이어서 불리한 당사자가 타결지연 작전을 펴더라도 이를 막고 적시에 결론을 낼 수 있다. 예산기구도 1년 단위로 정해진 일정에 따라 작업하기 때문에 부처들이 불만을 갖더라도 기한 내에 갈등을 타결한다. 그러나 부총리와 조정전담장관은 쟁점정책 조정에서 불리한 부처가 합의를 지연시키더라도 이를 막을 마땅한 수단이 없다. 다만, 이들의 정치적 영향력이 크거나 이들에 대한 대통령의 신임이 크면 지연차단 능력은 약간 제고된다.

(2) 즉시개입 가능성

부처간 협의조정기구들 가운데 기획기구와 임시작업반은 즉시개입 가능성이 크고 차관회의는 작으며 관계장관회의는 여건에 따라 다르다.

기획기구가 쟁점정책 조정에 즉시 개입할 수 있는 이유는 관련부처들이 제안한 정책들을 비교분석하는 도중에 이견과 갈등을 제일 먼저 발견할 수 있고 개입에 아무런 제약이 없기 때문이다. 임기작업반도 즉시 개입할 수 있는 이유는 관련부처들이 참여하는 상설기구여서 어디에 설치되든 항상 소관 정책들을 둘러싼 부처들의 이견을 조기에 확인할 수 있고 개입에 아무런 제약이 없기 때문이다. 그러나 차관회의는 쟁점정책 조정에 즉시 개입하는데 한계가 있다. 이유는 상시 활동하는 기구가 아니고 각 부처들을 모니터링할 수 있는 지원기구도 갖고 있지 않아 부처간 이견을 조기에 감지하기 어렵고 감지했더라도 즉각 소집하기도 쉽지 않기 때문이다. 관계장관회의는 관련부처들의 정책추진 동향을 살피는 정책상황실을 운영하면 부처간 이견을 조기에 발견하여 개입할 수 있으나, 이러한 정책상황실이 없으면 부처간 이견의 조기발견이 불가능하고 갈등당사자 부처들이 직접 해결을 시도하다가 쉽지 않을 경우 관계장관회의에 상정하는 경향이 있어서 즉시개입이 불가능하다.

　　제3자 조정기구 중에서 대통령 보좌기구는 즉시개입 가능성이 경우에 따라 다르지만 예산기구와 부총리 및 조정전담장관의 조기개입 가능성은 낮다.

　　대통령 보좌기구는 부처들을 항상 모니터링하고 있기 때문에 쟁점정책을 조기 발견할 수 있다. 그러나 부처간 쟁점정책이 대통령의 관심사이면 즉시 개입하는 경향이 있으나 대통령의 관심사가 아니면 가급적 당사자 부처들끼리 해결하기를 바라고 해결하기 어려운 경우에만 개입하는 경향이 있다. 이는 보좌관들이 부처간 조정 이외에 다른 업무가 많기 때문이다. 예산기구가 부처간 쟁점정책 조정에 조기 개입이 불가능한 이유는 정책을 둘러싼 이견이 발생하는 시점이 아니라 예산을 배정하는 시점에 개입할 수 있기 때문이다. 부총리와 조정전담장관이 즉시 개입할 가능성이 적은 이유는 관련부처들을 면밀히 모니터링할 수 있는 지원인력을 보유하고 있지 않아 부처간 갈등을 조기에 발견하기 어렵고, 설령 조기에 발견했더라도 당사자 부처들이 스스로 해결하기를 기다리다가 해결이 안 되면 개입하기 때문이다.

5) 비교평가의 종합

　　부처간 정책조정기구들에 대한 이상의 평가결과를 종합하면 <표 6-3>과 같다.

　　평가결과를 전체적으로 일별하면, 기획기구, 관계장관회의와 임시작업반, 보좌기구와 예산기구, 부총리와 조정전담장관, 차관회의 순으로 우수하다. 당사자간 협의조정기구들의 우수성은 관계장관회의, 임시작업반, 기획기구, 차관회의의 순이다. 제3자 조정기구들의 우수성은 대통령 보좌기구, 예산기구, 부총리와 조정전담장관 순이다.

　　평가기준에 따라 유형별 조정기구들의 우수성을 보면 다음과 같다.

표 6-3 부처간 정책조정기구에 대한 평가 종합

유 형	조정기구	대응성	충실성	효과성	적시성
당사자간 협의조정기구	관계장관회의	상 (상)	상 (상)	상 (중)	중 (중)
	차관회의	하 (하)	하 (하)	하 (하)	하 (하)
	임시작업반	상 (중)	상 (상)	상 (중)	중 (상)
	기획기구	상 (중)	상 (상)	상 (하)	상 (상)
제3자 조정기구	대통령 보좌기구	하 (중)	상 (상)	상 (상)	상 (중)
	예산기구	하 (중)	상 (상)	상 (하)	상 (하)
	부총리	중 (상)	하 (하)	중 (중)	중 (하)
	조정전담장관	중 (상)	하 (하)	중 (중)	하 (하)

(참고) : 괄호안은 제2지표에 의한 평가로서 제1지표상 평가가 동일할 경우 순위를 결정하는 지표

첫째, 대응성 측면에서 당사자간 협의조정기구들은 관계장관회의, 임시작업반과 기획기구, 차관회의의 순으로 우수하고, 제3자 조정기구들은 부총리와 조정전담장관, 보좌기구와 예산기구 순으로 우수하다. 둘째, 충실성 측면에서도 당사자간 협의조정기구들은 관계장관회의와 임시작업반 및 기획기구, 차관회의 순으로 우수하고, 제3자 조정기구들은 대통령 보좌기구와 예산기구, 부총리와 조정전담장관 순으로 우수하다. 셋째, 효과성 측면에서 당사자간 협의조정기구들은 관계장관회의와 임시작업반, 기획기구, 차관회의 순으로 우수하고, 제3자 조정기구들은 보좌기구, 예산기구, 부총리와 조정전담장관 순으로 우수하다. 넷째, 적시성 측면에서는 당사자간 협의조정기구들은 기획기구, 임시작업반, 관계장관회의, 차관회의의 순으로 우수하고, 제3자 조정기구들은 보좌기구, 예산기구, 부총리와 조정전담장관의 순으로 우수하다.

4. 바람직한 활용 모델과 유효 조건

1) 고려 사항

행정부처간 정책조정시스템을 정비하기 위해서는 조정기구의 설치·운영 원칙들뿐만 아니라 쟁점정책의 증가와 성격, 각 조정기구들의 장단점 등을 고려해야 한다.

첫째, 단기간에 대량의 쟁점정책들을 조정할 수 있어야 한다. 경제와 사회가 복잡해지면서 단일 부처의 관할에 딱 떨어지는 정책이슈들이 갈수록 줄어들고 있다. 오늘날 웬만한 정책이슈들은 거의가 부처간 조정을 필요로 한다. 또한 부처간 조정이 필요한 쟁점이슈들은 일정한 규모로 발생하지 않는다. 한꺼번에 많이 발생할 수도 있고 적게 발생할 수도 있다. 부처간 정책조정기구는 수많은 쟁점정책들과 발생의 부침을 감당할 수 있어야 한다.

둘째, 다양한 성격의 쟁점정책들을 조정할 수 있어야 한다. 쟁점정책들 가운데는 정치적 정책적 중요성이 큰 정책도 있고 그다지 크지 않는 정책도 있다. 하나의 쟁점정책을 단기간에 조정해야 하는 단타조정 정책도 있고 다년간에 걸쳐 수시로 발생하는 쟁점들을 일관성있게 조정해야 하는 연타조정 정책도 있다. 전문지식과 기술이 많이 필요한 쟁점정책도 있고 그렇지 않은 쟁점정책도 있다. 부처간 정책조정기구는 이러한 다양한 성격과 유형의 쟁점정책들에 대처할 수 있어야 한다.

셋째, 각 정책조정기구들의 장단점을 고려해야 한다. 앞서 비교평가에서 보는 바와 같이 각 조정기구들은 나름대로의 강점과 함께 한계도 가지고 있다. 어느 하나도 완벽한 것은 없다.

이러한 상황들을 고려할 때, 단일 조정기구로는 감당하기 어렵고 다양한 조정기구들을 연결한 정책조정시스템이 필요하다.

2) 기본 모형 : 관계장관회의와 보좌기구 중심체제

그러면, 다양한 조정기구들 중 어느 기구들을 부처간 정책조정시스템에 포함시킬 것인가? 어느 기구를 대다수 쟁점정책들을 조정하는 중심기구로 하고 어느 기구들을 부차적으로 활용하는 보완기구로 할 것인가? 바람직한 조정시스템의 기본 틀을 구축하기 위해서는 앞서 제시한 필요최소의 원칙과 보완성의 원칙이 반영되어야 한다.

우선, 필요최소의 원칙에 따라 4개의 평가기준에 의한 종합 순위에서 우수한 조정기구들은 부처간 정책조정시스템에 포함시키고 그렇지 않는 기구들은 배제해야 한다. 다음으로, 보완성의 원칙에 따라 당사자간 조정기구에 제3자 조정기구를 포함시켜야 한다. 부처간 쟁점정책은 당사자들끼리 조정하는 것이 바람직하지만, 당사자 간에 조정이 안 되면 불가피하게 제3자에 의한 조정이 필요하다. 따라서 부처간 정책조정시스템에는 한 쪽 기구들만 포함시켜서는 안 되고 양쪽 기구를 혼합하여 포함시켜야 한다.

이상의 두 원칙을 적용하면 부처간 협의조정기구로서 유용한 기구는 기획기구와 관계장관회의 및 임시작업반이고, 제3자 조정기구로서 유용한 기구는 대통령 보좌기구와 예산기구이다. 차관회의는 쟁점정책 조정에 전문적이고 깊이있는 논의가 요청되는 상황에서 조정기구로 활용하기는 구조적으로 부적합하고, 부총리나 조정전담장관은 누가 담당하느냐에 따라 그 효과가 달라질 수 있어서 상황에 따라 임시방편은 될 있으나 제도화시킬 만큼 효용성이 크지가 않다.

그러면 부처간 협의조정기구 중에서 어느 기구를 중심기구로 하고, 제3자 조정기구에서는 어느 기구를 중심기구로 할 것인가?

먼저, 부처간 협의조정기구로서 갖춰야 할 가장 중요한 조건은 대응성과 충실성이다. 부처간 협의조정기구는 1차 조정기구이므로 수없이 밀려드는 크고 작은 쟁점정책들을 동시에 감당할 수 있어야 하고, 조정에 임하면 쟁점정책 하나하나를 충실하게 조정할 수 있어야 하기 때문이다. 즉 1차 조정에서 이견과 갈등이 크지 않는 대다수 쟁점정책들을 조정하여 2차 조정 대상을 크게 줄여야 하고, 이견과 갈등이 큰 쟁점정책에 대해서는 지식정보를 충분히 확보하여 2차 최종 조정이 충실하고 적시에 이뤄지게 할 수 있어야 한다. 이러한 대응성과 충실성 기준에서 보면 부처간 협의조정기구로서 가장 우수한 기구는 관계장관회의이므로 관계장관회의를 중심기구로 하고, 임시작업반과 기획기구를 보완적으로 활용하는 것이 바람직하다.

관계장관회의는 회의체이므로 필요에 따라 설치와 폐지가 용이하여 쟁점정책들의 숫자가 많고 부침이 심해도 대처할 수 있고, 또한 상근 인력이 많이 필요하지 않아 가동비용이 적게 들어 부처간 협의조정의 중심기구로 가장 적합하다. 반면, 임시작업반은 전문기술적 쟁점정책들을 장기간에 걸쳐 조정하는 데는 적합하고, 기획기구도 미래의 다양한 중장기 쟁점정책들을 조정하기에는 적합하지만, 이 두 기구는 수시로 발생하고 정치적 결단이 필요한 단기현안 쟁점정책들을 조정할 수 있는 기구가 아니다. 따라서 이 조정기구들을 부처간 정책조정시스템의 중심기구로 활용하기는 어렵고, 나름대로의 장점을 살려 보완적으로 활용할 수밖에 없다.

다음으로, 제3자 조정기구로서 갖춰야 할 중요한 조건은 효과성과 적시성이다. 제3자 조정기구는 부처간 협의조정이 실패했을 때 개입하므로 부처간에 첨예한 쟁점정책을 너무 늦지 않게 최종적으로 조정할 수 있어야 한다. 첨예한 갈등이 지속되어서는 안 되기 때문이다. 이 효과성과 적시성 기준에 비춰 보면 제3자 조정기구 가운데 대통령 보좌기구가 가장 우수하고 예산기구도 활용 가능한 기구이다. 따라서 제3자 조정의 중심기구는 대통령 보좌기구로 하고, 예산기구는 보완기구로 하는 것이 바람직하다.

대통령 보좌기구는 신축성 있게 확대하기 쉽지 않고 다른 업무들을 겸하고 있어서 많은 쟁점정책들을 조정하기가 어렵지만, 강력한 조정력을 발휘하여 쟁점정책을 적시에 타결할 수는 있다. 따라서 대통령 보좌기구는 소수의 첨예한 쟁점정책들을 2차적으로 조정하기에 적합한 기구이다. 그러나 예산기구는 상당한 조정력을 발휘할 수 있지만, 재론차단 능력과 지연차단 능력이 부족해 적시 타결이 어려울 뿐만 아니라 중복 경합과 우선순위 조정에만 유용하고 상충관계 조정은 어려워 제3자 조정기구로서 한계가 있다. 따라서 제3자 조정의 중심기구는 대통령 보좌기구가 될 수 밖에 없고, 예산기구는 제한적으로 활용할 수밖에 없다.

요약하면, 부처간 정책조정시스템의 중심기구는 관계장관회의와 대통령 보좌기구여야 하고, 기획기구와 임시작업반, 그리고 예산기구는 보완기구여야 한다. 구체적으로 제시하면, 부처간 정책조정시스템에는 당사자간 협의조정기구와 제3자 조정기구가 보완적으로 포함되어야 하고, 당사자간 협의조정기구로서는 관계장관회의를 중심기구로 하되 임시작업반과 기획기구를 보완기구로 해야 하고, 제3자 조정기구로서는 대통령 보좌기구를 중심기구로 하고 예산기구를 보완기구로 해야 한다.

3) 유효 조건

상기 부처간 정책조정시스템의 역량을 극대화하기 위해서는 각 조정기구들을 구체적으로 어떻게 설계하고 어떻게 활용해야 하는가? 다시 말해, 어떻게 하면 정책조정시스템의 전체 규모를 최소화하고 각 조정기구들을 활성화시킬 수 있는가?

(1) 부처간 정책조정시스템의 최소화 조건

첫째, 상기 부처간 조정시스템 내에서 당사자간 협의조정의 중심기구로 관계장관회의를 활용하더라도 그 숫자를 최소화해야 한다. 관계장관회의는 회의체여서 저비용으로 신축적으로 설치할 수 있기 때문에 부처들의 편의나 이해관계에 따라 방만하게 설치될 가능성이 있다. 이 경우 필요최소의 원칙에 어긋난다. 관계장관회의의 남설을 막기 위해서는 분야별 관계장관회의를 적정 숫자로 설치하여 최대한 가동하고 이슈별 관계장관회의의 설치를 최대한 줄여야 한다.

둘째, 임시작업반을 부처간 협의조정을 위한 보완기구로 활용할 경우에도 부처 산하에 별도로 설치하는 것을 가급적 줄이고 분야별 관계장관회의의 실무회의로 대체해야 한다. 부처 산하에 설치할 정도의 임시작업반은 국가적으로 아주 중요한 쟁점정책을 담당하는 것은 아니다. 이러한 임시작업반은 별도로 설치하기 보다는 분야별 관계장관회의의 실무회의로 대체하는 것이 바람직하다. 분야별 관계장관회의는 어차피 상설로 설치할 수밖에 없어서 장기 유지가 가능하고 그 산하 실무회의는 전문기술적인 쟁점들을 조정하기 때문에 이 실무회의가 임시작업반의 역할을 대신할 수 있다.

셋째, 정책조정시스템 내에는 협의조정과 집권조정을 담당하는 기구뿐만 아니라 중립조정을 담당하는 기구도 있어야 한다. 상기 부처간 정책조정시스템 내에는 중립조정기구가 존재하지 않는다. 관계장관회의, 기획기구, 임시작업반은 모두 협의조정기구이고, 대통령 보좌기구와 예산기구는 집권조정기구이기 때문이다. 그런데 상기 부처간 정책조정시스템 내에 중립조정기구를 별도로 신설하면 필요최소의 원칙에 맞지 않을 수 있다. 해결대안은 갈등당사자 부처들에 대해 비교적 제3자적 위치에 설 수 있는 조정기구들의 장, 즉 관계장관회의 의장, 임시작업반 반장, 기획기구와 예산기구의 장, 그리고 대통령 보좌관에게 필요에 따라 중립조정의 역할을 할 수 있도록 공식적으로 권한을 부여하는 것이다. 즉 관계장관회의 의장, 기획기구의 장, 임시작업반 반장 등에게 쟁점정책이 부처간 협의조정으로 타결되지 않으면 중립조정에 나서도록 하고, 대통령 보좌관과 예산기구의 장도 부처간 집권조정에 나서기 전에 먼저 중립조정을 시도하도록 하는 것이다.

(2) 부처간 정책조정기구들의 활성화 조건

먼저, 가장 많은 쟁점정책들을 조정해야 할 관계장관회의가 최대한 활성화되도록 내부구조를 정비하는 것이 필요하다. 이를 위해서는 네 가지 정비가 필요하다. 첫째, 다양한 유형의 쟁점정책들을 감당할 수 있도록 관계장관회의의 유형을 다양화해야 한다. 즉 분야별 관계장관회의들과 이슈별 관계장관회의들을 설치하여, 전자는 관할분야 다양한 쟁점정책들을 단기적으로 조정(단타조정)하도록 하고, 후자는 하나의 쟁점정책 내에서 중장기적으로 연속적으로 발생하는 이견과 갈등을 조정(연타조정)하도록 해야 한다. 둘째, 각 관계장관회의 산하에 장관회의와 실무회의를 설치하여, 장관회의는 중 요하거나 정치적인 결단이 필요한 쟁점들을 조정하고 실무회의는 덜 중요한 쟁점들이 나 전문기술적 쟁점들을 조정하도록 해야 한다. 셋째, 장관회의는 정기회의와 임시회 의를 두어, 정기회의는 관련부처 장관들이 주기적으로 모여 정책들의 추진방향을 논의 함으로써 부처간 이견과 갈등이 발생하지 않도록 사전 예방적 조정을 하고, 임시회의 는 이견과 갈등이 발생하면 언제라도 수시로 모여 사후조정을 하도록 해야 한다. 넷 째, 분야별 관계장관회의들과 중요한 이슈별 관계장관회의들을 통합적으로 관리하는 지원기구를 설치해야 한다. 이 통합지원기구에서 부처간 쟁점정책을 조기에 발굴하여 어느 관계장관회의에서 조정할지 결정하고, 조정이 적시에 충실하게 이루어 질 수 있 도록 회의를 적시에 소집하고 부처들의 자료준비를 점검하도록 하며, 조정 후 집행부 처의 집행상황을 파악하여 관계장관회의에 보고하도록 해야 한다.

다음, 조정기구들의 역량을 활성화기 위해 유기적으로 연결하여 운영하는 것이 필요하다. 부처간 정책조정시스템 내에서는 두 가지 연결이 중요하다.

가장 중요한 것은 중심기구인 관계장관회의와 대통령 보좌기구를 연계시키는 것이다. 즉 분야별 관계장관회의의 장관급 정기회의를 대통령이 주재하고 그 산하 실무회의는 그 보좌관들이 주재하도록 하는 것이다. 두 중심기구가 이와 같이 연계되지 않고 각각 별도로 운영되면, 관계장관회의들이 유명무실해 질 수가 있을 뿐만 아니라 조정결과간 일관성과 조정의 적시성을 확보하기 어려울 수 있기 때문이다.

대통령이 관계장관회의들을 관료들에게 맡기고 방치하면 관계장관회의들 전체가 부처간 쟁점정책들의 실질적 조정기구가 아니라 장관들의 사교클럽으로 전락할 수 있다. 그럴 경우 첨예한 쟁점정책들이 수면 아래로 잠수될 가능성이 크고, 상정되더라도 관계장관회의가 논의만 할 뿐 결론을 내지 못할 가능성이 크다. 또한 관계장관회의에 의한 조정과 대통령 혹은 보좌기구에 의한 조정이 별도로 시차를 두고 진행되면 양자 간 조정결과의 일관성을 유지하기 어렵고 쟁점정책의 조정에 시간이 많이 소요되어 정책조정의 적시성도 떨어뜨릴 수 있다.

또한, 기획기구를 예산기구 혹은 관계장관회의와 연계시키는 것도 중요하다. 즉 범정부적 기획기구는 예산기구와 연계시키고, 분야별 기획기구는 분야별 관계장관회의와 연계시키는 것이다. 기획기구와 예산기구 간 연계가 안 되면, 계획이 예산으로 뒷받침되지 않아 실효성이 없을 뿐만 아니라, 추진해야 할 사업들의 우선순위와 규모에 관한 조정 결과가 기획 과정과 예산편성 과정에서 일관성을 유지하기 어려워 사업 추진을 둘러싼 혼선을 초래할 수 있다. 또한 분야별 기획기구와 분야별 관계장관회의를 연계시키면, 분야별 기획에 참여하는 부처들과 분야별 관계장관회의에 참여하는 부처들이 유사하기 때문에 사업들의 선정과 우선순위 조정에 별도의 회의를 소집할 필요가 없고, 기획기구는 기획이 끝나면 해체되나 분야별 관계장관회의는 상설기구이기 때문에 계획의 실행에 추진력을 부여하고 실행과정을 수시로 점검할 수 있어서 기획의 성공을 보장할 수 있다.

마지막으로, 조정기구들의 활성화를 위해 설치위치를 변경하는 것이다.

임시작업반은 국가적으로 특별히 중요한 쟁점정책을 담당할 경우 대통령 혹은 총리 직속으로 설치하고 가급적 장관 직속으로는 설치하지 않는 것이다. 이러한 임시작업반을 대통령 직속으로 설치하면 조정기구로서의 역할을 다할 수 있으나, 주무장관 직속으로 설치하면 관련부처들과 의견을 수렴하는 정도에 그칠 뿐 부처간 갈등을 조정하는 데는 무기력할 수 있기 때문이다.

또한 예산기구를 특정 부처 소속에서 대통령 혹은 총리 소속으로 옮기는 것이다. 예산은 희소한 자원이므로 전략적이고 공정하게 조정하는 것이 중요하다 즉 1차적으로 국가전략에 따라 선택과 집중에 입각해 배정되어야 하고 2차적으로 부처간에 공정하게 배정되어야 한다. 마찬가지로 쟁점정책들도 거시적 측면에서 전략적이고 공정하게 조정되어야 한다. 예산을 통한 쟁점정책들의 조정이 전략적이고 공정하게 이루어지기 위해서는 예산기구가 중립조정기구로서의 제 역할을 다 할 수 있어야 한다. 이를 위해서는 예산기구가 특정부처의 시각과 이해관계에 의해 지배되지 않고 거시 전략적이고 중립적인 역할을 수행할 수 있도록 예산기구를 대통령 혹은 총리 소속으로 이동해야 한다.

제4절 집권당과 행정부 간 정책조정기구

1. 주요 조정기구

집권당과 행정부 간 정책갈등 조정의 최고책임자는 대통령(혹은 총리)이다. 대통령은 행정부의 수장이자 집권당의 총재이기 때문이다. 그러나 대통령이 집권당과 행정부 간 조정에 자주 관여하지 않는다. 이유는 세 가지이다. 하나는 그들에게 시간을 다투는 보다 더 중요한 많은 일들이 기다리고 있기 때문이고, 다른 하나는 자주 관여하면 민주국가에서 독재자로 비춰질 수 있기 때문이며, 마지막 하나는 국정운영 전략상 수시로 관여하는 것이 바람직하지 않기 때문이다. 그리하여 각국은 그들이 개입하기 전에 1차적으로 조정해 줄 수 있는 기구들을 발전시켜 왔다. 대통령은 이러한 조정기구들에 의해 조정이 안 된 경우 최후에 관여한다.

정당민주주의 하에서는 어느 나라에서나 쟁점정책 혹은 입법을 둘러싸고 행정부와 집권당 간 접촉은 이루어진다. 그러나 그 접촉 채널은 나라별로 차이가 있다. 주요국에서 대통령(혹은 총리)을 제외하고 집권당과 행정부 간 정책갈등 조정에 나서는 기구들은 다음과 같다.

1) 대통령 보좌기구

대통령(혹은 총리) 보좌관들은 대통령을 대신하여 집권당과 행정부 간 정책조정에 관여한다. 최종 조정자인 대통령의 부담을 덜어주기 위해서이다. 대통령 보좌관들은 집권당과 행정부처가 정책을 각자 추진하는 과정에서 발생하는 갈등을 사후해소하기 위해서 뿐만 아니라 사전예방하기 위해서도 관여한다. 대통령 보좌관들은 집권당과 행정부 양측 당사자들을 비공식적으로 접촉하거나 회의를 소집하여 대통령의 정책노선을 주지시키고 그에 맞게 정책과 입법이 추진되도록 종용하는 방식으로 조정한다.

2) 당정회의

당정회의는 집권당과 행정부처가 국가정책에 대해 협의하고 조정하는 회의이다. 당정회의는 집권당과 행정부 간 정책갈등을 사전에 예방하거나 사후에 해소하기 위해 개최된다. 양측 당사자들이 상호간에 입장과 정보를 주고받으면서 조정한다. 당정회의는 각국의 정치체제나 집권당의 성격 및 위상에 따라 제도화된 나라가 있고 그렇지 않은 나라도 있다. 당정회의는 강력한 관료집단과 정당책임주의가 발달한 국가에서 제도화되어 있다.

3) 내각위원회

내각위원회도 집권당과 관료집단 간 갈등을 조정할 수 있는 기구이다. 의원내각제 국가에서 내각위원회 멤버들은 집권당 간부로서 집권당의 입장과 행정부처 장관으로서 관료집단의 입장을 동시에 고려해야 한다. 또한 내각위원회에는 원내대표, 원내총무 등 집권당 간부들이 참석한다. 따라서 내각위원회는 행정부처들 간 갈등뿐만 아니라 집권당과 관료집단 간 갈등도 조정하게 된다.

4) 정무장관

정무장관도 집권당과 행정부처 간 갈등조정에 관여한다. 정무장관은 행정부 법안의 의회 통과를 위해 행정부와 집권당 간 협력을 도모하는 장관이다. 정무장관은 평소에 집권당과 행정부 양측 주요 회의에 참석하여 양측 분위기와 동향 및 생각들을 전달하여 이견이 발생하지 않도록 유도하고, 일단 이견이 발생하면 양자가 협의조정하도록 자리를 마련하거나 양자 사이를 왕복하면서 양자의 입장을 조정한다.

5) 정무차관과 장관보좌관

의원내각제 국가의 각 부처 정무차관도 당정간 조정에 관여한다. 정무차관은 집권당 초선 혹은 재선 의원으로서 공식적으로는 소속부처와 의회 간의 연락관이다. 의원들의 의견을 소속부처에 전달하고 소속부처의 입장을 의원들에게 전달함으로써 양자 간 이견이 발생하지 않도록 사전에 조율한다. 정무차관은 공식적으로 여야 의원들을 두루 접촉해야 하나, 실제로는 주로 집권당 의원들을 접촉하고, 필요하면 야당의원들도 접촉한다.

장관보좌관들도 집권당을 접촉하여 이견을 조율하는 경우가 있다. 장관보좌관은 장관의 부처내 정책결정을 지원할 뿐만 아니라 부처간 조정, 더 나아가 소속부처와 집권당 간의 조율에도 나선다. 이 경우 장관보좌관은 대체로 정무차관과 유사한 대상과 방식으로 조정한다.

6) 집권당 원내대표단

집권당 원내대표단도 집권당과 행정부 간 갈등조정에 관여하는 경우가 많다. 원내대표는 소속 정당의 원내문제에 대한 최고의사결정자로서 당내 입법안에 대한 주요 결정을 주도할 뿐만 아니라 입법화에 필요한 의회 다수형성 전략을 마련하는 당간부 의원이다. 원내총무는 자당 의원들의 표를 결집하고 투표를 종용하는 의원이다. 따라서 집권당 원내대표단은 행정부가 입법을 추진할 때 그 내용을 여당 의원들의 표를 결집하고 야당들의 반대를 무마시킬 수 있는 방향으로 결정하기를 바란다.

집권당 원내대표단은 집권당내 주요 정책결정회의와 행정부내 주요 정책결정회의에 참석하여 의견을 제시함으로써 법안을 둘러싼 양자간 이견과 갈등이 발생하지 않도록 조정한다. 즉 집권당 의원들에게는 행정부의 입장을 주지시켜 협조하도록 유도하고, 행정부 간부들에게는 집권당 의원들의 분위기를 전달하여 집권당이 수용할 수 있는 법안을 만들도록 유도한다. 대체로 당정 갈등의 사전예방에 치중한다.

2. 주요국 활용상 특징과 원인

1) 상이한 중추기구와 그 원인

(1) 중추기구와 보완기구
가. 미국

미국에서 집권당과 행정부 간 조정에 관여하는 기구는 백악관 의회담당실(Office of Legislative Affairs)과 각 부처 장관 산하 입법지원실(Office for Legislation)이다. 이 두 기구가 집권당과 행정부 간 관계를 조율하는 중심기구가 된다. 의회담당실 보좌관들은 대통령 관심 법안들에 대한 행정부의 입장을 의원들에게 설명하고 동시에 의원들의 의견을 행정부에 전달하여 행정부와 의원들의 입장이 상호 조율되도록 한다. 입법지원실 스탭들은 소속부처 정책들의 입법화를 위해 의원들을 접촉하여 협의조정한다.

의회담당실과 입법지원실은 공식적으로는 백악관과 행정부처들의 대의회 로비기구로서 대통령 혹은 장관들의 정책들을 입법화하기 위해 여야 의원들을 접촉하여 협조를 유도하는 기구들이다. 그러나 실제에 있어서는 집권당 의원들을 집중 접촉하여 조율하고, 필요에 따라 반대당 의원들까지 접촉한다.

나. 영국

영국에서 행정부와 집권당 간 조정에 관여하는 기구는 총리 보좌기구, 내각위원회, 당정책분과위원회, 집권당 원내총무, 장관특별보좌관, 정무차관 등이다. 집권당과 행정부 간 조정에 가장 많은 기여를 하는 중추기구는 내각위원회이다.

내각위원회는 집권당과 행정부처 간 갈등을 조정한다. 다양한 내각위원회들 가운데 집권당과 행정부 간 조정을 담당하는 내각위원회는 세 종류이다. 하나는, 집권당의 선거공약을 이행하기 위해 특별히 설치한 내각위원회들이다. 이들 내각위원회에서는 집권당 공약을 정책화하기 전에 관련부처 공무원들의 의견을 수렴하는데 이 과정에서 집권당의 입장과 행정관료들의 입장이 보완적으로 조율된다. 다른 하나는, 경제정책내각위원회, 국내대책내각위원회, 유럽연합내각위원회, 과학정책내각위원회 등 분야별 내각위원회들이다. 이들 내각위원회에는 관련부처 장관들뿐만 아니라 원내총무 등 집권당 간부들도 참석하기 때문에 부처간 조정뿐만 아니라 집권당과 행정부처 간 조정 역할도 수행한다. 마지막 하나는, 입법전략 내각위원회로서 행정부 측에서 부총리, 법무장관, 재무부 국무차관 등 장차관들과 내각사무처장, 집권당 측에서 의회의장 및 원내총무 등으로 구성되어 정부법안들의 의회통과전략을 논의하는 과정에서 법안내용에 관한 이견도 조율한다.

총리 보좌기구들 가운데 당정간 조정을 담당하는 기구는 정책실(Policy Unit)과 정무실(Political Unit)이다. 정책실은 총리의 정책노선에 맞게 집권당의 정책과 행정부의 정책을 조율한다. 정무실은 총리의 정책들을 집권당이 지지하도록 설득하고 총리의 정책들에 대한 집권당의 반응을 해당 장관들에게 전달함으로써 당정간 이견을 조율한다.

집권당 원내총무(government chief whip)는 내각위원회와 집권당 평의원들 사이를 오가면서 이견을 조율한다. 내각위원회에 참석하여 소관 정책과 법안에 대한 평의원(Backbencher)들의 의견과 반발가능성을 전달하고, 평의원들을 접촉하여 내각위원회의 정책과 법안을 설득한다. 원내총무는 심하게 반발하는 평의원들을 내각장관에게 안내하여 면담하도록 주선한다.

부처 차원에서 집권당과 조율하는 채널은 셋이다. 하나는, 내각장관이 직접 집권당 평의원들과 의견을 조율하는 집권당 정책분과위원회 채널이다. 내각장관이 집권당 정책분과위원회에 참석하여 의원들과 의견을 교환한 후 설득하거나 정책을 약간 수정함으로써 평의원들의 동의를 구한다. 집권당 정책분과위원회 채널은 일종의 변형된 당정회의이다. 보수당 정책위원회(policy committees)와 노동당 정책협의회(policy commission)가 이러한 정책분과위원회들이다. 다른 하나는, 장관특별보좌관(Special Adviser)이다. 장관특별보좌관이 집권당내 정책분야별 의원그룹, 평의원, 당료 등을 두루 접촉하여 조율한다.[34] 마지막 하나는, 정무차관(Parliamentary Undersecretary)이다. 정무차관은 의회에서 장관의 답변과 토론을 지원하는 기구이지만, 필요하면 집권당과 행정부처 간 이견을 조율한다.

다. 프랑스

프랑스에서 집권당과 행정부처 간 정책조정에 관여하는 기구는 대통령과 총리의 비서실, 총리 산하 행정총괄처장과 의회담당장관, 장관비서실 등이고, 중추기구는 행정총괄처장과 장관보좌관들이다.

대통령과 총리 비서실 정치보좌관들의 중요 임무 중 하나는 대통령 혹은 총리와 집권당 간 연락(liaison)이다. 정치보좌관들은 이 연락업무를 통해 집권당과 행정부 간 이견을 조율한다. 즉 집권당 의원들의 의견을 파악하여 행정부 수장들에게 전달하고 행정부의 정책을 집권당 의원들에게 설명하고 지지를 부탁함으로써 양자간 갈등을 예방하고 희석시킨다. 이 연락업무는 대체로 대통령 비서실내 정치담당실(Cellule politique)과 총리의 비서실내 비서장(chef du cabinet)이 수행한다.

총리 산하 행정총괄처장(Secrétaire Général du Gouvernement)은 국정운영프로그램을 작성하는 과정에서 집권당과 행정부의 입장을 조정한다. 즉 6개월 단위 국정운영 프로그램을 작성하기 위해 집권당과 각 부처들로부터 정책제안들을 제출받아 대통령과 총리의 정책방향에 따라 가감하고 우선순위를 정한다. 이 조정 작업은 총리 행정총괄처장이 대통령 및 총리의 지원 하에 수행한다.

총리 산하 의회담당장관(Ministre chargé de relations avec le Parlement)은 행정부와 의회 간 협력35)을 도모하는 한편, 행정부와 집권당 간의 갈등도 예방한다. 후자를 위해 행정부내 관계장관위원회에 참석하고 집권당내 간부회의에도 참석하여 행정부에 집권당의 입장을 전달하고 집권당에 행정부의 입장을 전달한다.

부처 차원에서 집권당과의 조정에는 장관비서실(Cabinet ministériel)이 나선다. 프랑스 장관비서실은 부처소관 업무영역별로 6~10명 정도의 보좌관들로 구성되어 있다. 이들은 부처내 정책형성을 주도하고 부처간 이견을 조정하며, 부처 정책의 입법화가 필요하면 집권당 의원들은 물론 야당 의원들도 접촉하여 이견을 조율한다.

라. 독일

독일에서 집권당과 행정부 간 조정에 관여하는 기구는 연방총리실과 장관 정무

---

34) 1969년에 장관 산하에 설치된 특별보좌관은 1974년에 설치된 총리 정책실(Policy Unit)과 연계하여 당정간 조정에 나서는 경우가 많다.
35) 행정부와 의회 간에 의회의사일정 조정과 질의응답자료 교환 등을 지원한다.

차관이다. 대부분의 이견조정은 연방총리실에서 담당한다.

연방총리실(Chancellor's Office)은 연방부처들 간의 관계뿐만 아니라 행정부와 집권당 간의 관계도 조율하는 기구이다.36) 연방총리실에서 행정부와 집권당 간 정책조율을 위해 활용하는 채널은 두 가지이다. 첫째는 정책방향을 조율하는 연방총리실장이다. 연방총리실장은 행정 각 부처의 입법안과 정책안 작성에 관여하여 조언을 함과 동시에 집권당의 정책노선을 결정하는 고위정치협상회의와 의원총회에도 참석하여 조언한다. 즉 연방총리실장은 이러한 양방향 조언을 통해 집권당과 행정부의 정책방향이 연방총리의 정책노선에서 벗어나지 않도록 유도한다. 둘째, 구체적인 법안을 조율하는 총리실 보좌관이다. 총리실 보좌관이 입법안의 의회 제출에 앞서 해당부처 고위공무원들과 집권당 원내총무실 스탭들을 소집하여 조정한다.

장관 정무차관(Parliamentary state secretary)의 주 임무는 소속부처가 집권당 및 의회내 관련 상임위원회 등과 좋은 관계를 유지하도록 지원하는 기구이다. 정무차관은 연방하원 집권당 의원으로서 집권당과 소속부처를 오가면서 양측의 내부 분위기와 다수 의견을 전달해 서로 간에 의견이 벌어지지 않도록 조율한다.

마. 일본

일본에서 집권당과 행정부 간 협의조정에 관여하는 기구는 당정회의, 내각관방장관, 대신정무관이다. 그러나 지금까지 일본에서 집권당과 행정부 간 이견조정의 대부분을 감당해 온 기구는 당정회의이다.

당정회의는 집권당과 성청(省廳) 간 이견을 조정하는 공식기구이다. 일본에서는 성청에서 작성한 모든 법안과 예산안은 내각회의와 의회에 제출하기 전에 집권당의 심의를 받아야 한다. 집권당이 성청의 초안에 이의가 있으면 관련 성청의 고위관료들을 불러 협의한다. 또한 집권당은 정책을 추진할 때 시간과 정보 부족으로 해당 성청에 대강의 윤곽을 그려주고 세부안을 작성해 오도록 하는데, 해당 성청에서 작성해 온 초안에 문제가 있으면 해당 성청 고위관료들을 불러 조정한다. 이 협의조정에 가동되는 회의가 바로 당정회의이다.

자민당이 집권한 경우 당정간 이견은 1차적으로 집권당 정무조사회 산하 부회(部會)에서 열리는 당정회의에서 조정하고,37) 여기서 조정되지 않으면 정무조사회 회장단

---

36) 연방총리에 대한 정책조언을 제공하는 기구일 뿐만 아니라 부처간 관계, 당정간 관계는 물론 더 나아가 행정부와 의회와의 관계, 연방총리와 주지사들 간의 관계도 조율한다.

37) 정무조사회는 한국의 정책위원회와 유사한 기구로서 당내 정책결정의 핵심기구이며 산하에 부회

과 성청 대신(大臣)들이 참석하는 당정회의에서 조정하고, 그래도 합의가 안 되면 정부
여당수뇌회의에서 타결했다. 정부여당수뇌회의는 내각관방장관과 당 간사장이 함께
운영한다. 한편, 민주당 집권시 가동한 당정회의는 정조부회, 정조간부회, 정부·민주3
역회의이다. 정조부회는 민주당의 정무조사회 부회(部會)의 장과 성청의 부대신이 공
동의장을 담당하는 기구로서 정책입안 초기단계에서 당정간 협의조정하는 최하위 기
구이다. 정조간부회는 민주당 측에서 정무조사회 회장단, 간사장 대리인, 국회대책위
원장 대리인이 참석하고, 행정부 측에서 내각관방 부장관과 안건관할 성청 정무3역(대
신, 부대신, 정무관)이 참석하는 기구이다. 당정간 주요 이견들이 대부분 이곳에서 조정
된다. 정부·민주3역회의는 행정부 측에서 총리와 내각관방장관이 참석하고 집권당 측
에서 간사장과 정무조사회장 및 국회대책위원장이 참석하는 최고위당정회의이다.

내각관방장관은 총리비서실장 겸 정부대변인이며 집권당내 실력자로서 당정간
막후조정의 핵심기구이다. 내각의 중요 결정사항에 관해 당정 관계 및 대의회 관계를
조율한다. 최근에 관계각료회의와 대신정무관이 당정간 조정기구로의 역할을 강화하
고 있다. 과거에 관계각료회의는 정보를 교환하는 회의체였으나 2000년대에 들어 성
청간 조정뿐만 아니라 당정간 조정 역할을 조금씩 강화하고 있다. 대신정무관은 소속
성청과 집권당 간 연락기구이다. 의원내각제 국가인 영국이나 독일의 정무차관처럼 집
권당 의원으로서 소속성청의 입장을 집권당에 전달하고 집권당의 입장을 소속성청에
전달함으로써 소속성청과 집권당 간에 이견이 발생하지 않도록 조율한다.

바. 한국

한국에서 집권당과 행정부 간 협의조정에 관여하는 기구는 대통령 비서실, 당정
회의, 정무장관 등이다. 그러나 집권당과 행정부 간 이견은 대부분 당정회의에서 조정
된다.

당정회의는 집권당과 행정부가 사전 협의하여 갈등을 예방하고 사후 조정하여 갈
등을 타결하는 기구이다. 행정부는 입법안과 국민생활에 지대한 영향을 미치는 정책안
을 마련할 경우 사전에 집권당과 협의조정해야 하고, 또한 집권당도 의원입법안을 마

와 조사회 및 특별위원회, 그리고 이들의 상급기구인 정조역원회(민주당) 혹은 정책회의(자민당)
가 있다. 부회는 일종의 분과위원회로 행정부처 및 국회 상임위원회에 대응하여 분화되어 있고
주로 법률과 예산을 심의한다. 특별위원회는 장기정책을 심의하는 기구이고, 조사회는 정보와 자
료를 수집 분석하는 기구이다. 행정부에 나가 있는 의원들을 제외하고 모든 의원들이 이 위원회
들에 배속되어 있다. 정조역원회나 정책회의는 파벌안배에 입각하여 구성된 기구로서 당의 입장
을 실질적으로 결정하는 기구이다.

련하는 과정에서 전문지식 부족과 집행가능성 타진 등을 이유로 해당부처와 협의조정한다. 이러한 협의조정을 위해 양자 간에 회합을 갖는데, 이 회합이 당정회의이다. 당정회의는 집권당 정책위원회 멤버들과 행정부 고위간부들로 구성되는데, 실무당정회의, 부처별 당정회의, 고위당정회의 등 계층별로 설치되어 있고 순차적으로 가동된다.

대통령 비서실장과 수석보좌관들은 고위당정회의와 부처별 당정회의에 참석하여 대통령의 입장을 전달함으로써 당정간 이견을 방지하고 갈등이 타결되도록 유도한다.

정무장관[38]은 집권당과 행정부 간 협조업무, 행정부와 국회 간 협조업무 등을 지원하는 장관이다. 행정부처와 집권당 간 조정기구로서 행정부에 집권당의 분위기를 전하고 집권당에는 행정부의 분위기를 전함으로써 양자간 이견이 발생하지 않도록 한다. 이를 위해 정무장관은 집권당의 당무회의와 고위당직자회의, 행정부의 국무회의와 관계장관회의에 참석한다.

(2) 중추기구가 서로 다른 이유

집권당과 행정부 간 조정의 중추기구는 미국에서는 의회담당실, 영국에서는 내각위원회, 프랑스에서는 행정총괄처와 장관비서실, 독일에서는 연방총리실, 한국과 일본에서는 당정회의가 중추기구이다. 간략히 말하면, 미국과 프랑스 및 독일에서는 대통령 혹은 총리의 보좌기구가 중추기구이고, 영국은 내각위원회가 중추기구이며, 한국과 일본에서는 당정회의가 중추기구이다. 국가간에 이러한 차이의 원인은 무엇인가? 이 차이를 어떻게 설명할 수 있는가?

가. 보좌기구대체론 : 미국, 프랑스, 독일, 영국, 일본, 한국

집권당과 행정부 간 조정기구가 국가간에 서로 다른 이유는 보좌기구를 대체하기 위해 다양한 기구들을 개발했기 때문이라는 이론이다. 구체적으로 설명하면, 집권당과 행정부 간 최종조정자가 대통령 혹은 총리이므로 그 보좌기구가 대통령 혹은 총리의 업무부담을 덜어주기 위해 당정간 조정의 중심 역할을 해야 하는데, 각국의 정치체제의 구조와 집권당 리더들의 경쟁양상에 따라 보좌기구가 이러한 역할을 할 수 있었던 국가에서는 보좌기구가 조정의 주역이 되었으나, 이러한 역할 수행이 불가능했던 국가에서는 대체기구를 발전시킨 결과 중추기구들이 국가간에 서로 다르게 되었다는 것이다.

---

38) 대통령에 따라 임명하지 않는 경우도 있다. 정무장관은 업무의 성격상 집권당 3선 이상의 국회의원이 겸임했다.

먼저, 미국과 프랑스 및 독일에서는 대통령 혹은 총리가 보좌기구를 자신들의 의도대로 구축·활용하는 데 별다른 어려움이 없었다. 미국 대통령은 3권 분립과 연방제에 대처하고 지구촌 지도국으로서의 역할을 다하기 위해 필요에 따라 자신의 책임하에 강력한 보좌기구를 구축하여 다양한 용도로 활용할 수 있다. 따라서 미국 대통령은 자신의 재량에 속하는 쉬운 방법으로 보좌기구를 설치하여 집권당과 행정부 간 관계를 관리해 왔다. 프랑스는 잦은 국가위기와 정치불안에 대처할 수 있는 강력하고 임기가 긴 대통령제와 국민들의 선호를 즉각적으로 반영할 수 있는 의원내각제를 혼합한 이원집정부 체제를 구축했는데, 이 체제가 선거결과에 따라 권한다툼을 초래할 소지가 있어서 이를 극복하기 위해 다양한 용도의 보좌기구를 설치·운영해 왔다. 프랑스도 보좌기구인 행정총괄처와 정치보좌관을 통해 집권당과 행정부 간 관계를 조정해 왔다. 그러나 독일은 제2차 세계대전 직후 독재자 출현을 방지하기 위해 연합국들에 의해 철저하게 분권화된 국가로 출발했다. 연방제, 의원내각제, 다당제, 연립정부, 약한 총리와 강한 장관 등으로 정치불안이 일상화되고 국정운영상 원심력이 크게 작용하는 구조였다. 이를 극복하기 위해 도입한 것인 '건설적 불신임제도'와 '연방총리실의 강화'였다. 건설적 불신임제도는 총리의 잦은 교체를 막아 정치안정을 이루기 위한 것이었고, 연방총리실 강화는 원심력을 막아 국정운영의 추진력을 확보하기 위해서였다. 그리하여 독일 연방총리실은 분권체제의 구심력 확보를 위해 집권당과 연방부처 간의 관계는 물론 연방부처 간의 관계, 연립여당 간의 관계, 연방정부와 지방정부 간의 관계 등 모든 권력주체들 간의 이견과 갈등을 조정하고 있다. 그 결과, 미국과 프랑스 및 독일은 보좌기구가 당정조정의 중추기구로 발전할 수 있었다.

반면에, 영국과 일본에서는 총리들이 강력한 보좌기구를 구축할 수 없었다. 의원내각제 국가로서 총리의 권한 강화를 우려한 내각장관들과 당내 경쟁자들의 견제와 반발 때문이었다. 그리하여 이들 국가에서는 집권당과 행정부 관계를 조정하는 기구로서 총리 보좌기구보다는 기존 내각위원회를 활용하거나 당정회의를 발전시켰다.[39]

영국에서는 제1차 세계대전 때부터 부처간 조정기구로써 내각위원회를 발전시켜 왔다. 제2차 세계대전 이후 경제 재건과 복지정책 추진으로 정책형성에 행정관료들의 역할이 커지자 집권당과 행정부 간 조정의 필요성이 등장했으나 내각 중심의 국정운

---

39) 이는 집권당내 정치적 경쟁관계의 산물이었다. 각 경쟁자들이나 파벌들이 모두 참여할 수 있어서 총리의 영향력 확대를 견제할 수 있고 동시에 모든 경쟁자들이나 파벌들의 이해관계를 반영할 수 있었기 때문이다. 내각위원회나 당정회의를 통해 총리가 아닌 집권당이 주도하는 시스템을 구축한 것이다.

영 관행상 총리 보좌기구를 강화할 수 없어서 집권당 간부이자 행정부처 장관들로 구성된 기존 내각위원회로 하여금 조정토록 해 왔다. 그러나 내각위원회의 숫자가 너무 많아 거시전략적 국정운영에 한계가 드러나자 총리가 1974년에 비서실에 정책실(Policy Unit)을 설치하여 거시전략적 정책조언뿐만 아니라 부처간 당정간 조정을 담당토록 하려 했다. 이에 내각장관들을 포함한 당내 경쟁자들은 총리가 제왕적 권한을 추구한다는 이유로,[40] 직업공무원들은 총리에 대한 정책조언이 총리 개인비서실(Private Office)[41]과 중복된다는 이유로 극력 반대했다. 그리하여 총리 정책실은 약화되고 축소되어,[42] 집권당과 행정부 간 이견조정에 제한적인 역할만 해 오고 있다. 그 결과, 오늘날까지 영국에서는 총리 보좌기구가 아닌 내각위원회가 당정조정의 중추역할을 하고 있다.

일본은 제2차 세계대전 이후 미국의 압력으로 권력집중이 어려운 의원내각제와 다당제국가로 출발했다. 정치불안과 국정운영상 원심력이 현실화되자 이를 극복하기 위해 보수정당들이 1955년에 합당해 자유민주당을 탄생시켜 정치안정을 이룬 다음, 관료집단을 앞세워 경제발전을 추진했다. 이 과정에서 집권당과 행정부 간 긴밀한 협의와 조정이 필요했다. 그러나 일본은 장기집권했던 자유민주당내 극심한 파벌다툼으로 당정간 조정을 위해 관계각료회의를 활성화시키지도 못했고 총리 보좌기구를 강화하지도 못했다. 관계각료회의는 영국의 내각위원회와 구성멤버가 유사함에도 불구하고 쟁점정책을 둘러싼 당정간 조정을 제대로 할 수 없었다. 극심한 파벌정치로 인해 내각 흔들기가 일상화되어[43] 각료들의 수명이 극히 짧아 소관부처의 정책들을 제대로 챙기기 어려웠기 때문이다. 그 결과, 관계각료회의들은 간헐적으로 소집되어 쟁점정책과 관련된 정치적 동향에 관한 정보와 의견을 교환하는 데 그쳤다.[44] 그리하여 총리가 비서실장인 관방장관을 집권당 실력자로 임명하여 당정관계를 조율토록 했으나 밀려드는 당정간 쟁점법안들을 감당할 수 없었다. 그렇다고 총리 권한 강화를 반대한 파벌

---

40) 영국에서 총리를 수석장관(The First among Equals) 이상의 지위를 인정하지 않는 경향이 강하다. 총리에 따라 국정을 내각회의를 통해 집단적으로 운영하지 않고 보좌기구를 통해 대통령제적으로 운영하는 경우가 있는데, 이에 대한 반발과 견제가 심하다.

41) 정책분야별 조언기구로 직업공무원들로 구성된다.

42) 그러나 총리의 정책실 강화를 반대한 내각장관들은 자신들 산하에 특별보좌관을 설치하여 정책조언뿐만 아니라 자신의 부처와 집권당 간 관계를 조정토록 했다.

43) 일본에서는 집권당 내에서는 서로 총리직을 차지하기 위해 당내 파벌 간에 세력 확대 경쟁이 치열하고, 동시에 어느 파벌에서 총리가 되든 기존 총리를 가급적 빨리 끌어내리려는 성향이 강했다.

44) 최근에 그 조정 역할이 강화되고는 있으나 중심기구로서의 위상은 확보하지 못하고 있다.

들의 반발 때문에 관방장관 산하 보좌관들을 확대할 수도 없었다. 그리하여 일본 자민당은 전통적으로 강력한 관료집단을 통제하기 위한 수단으로 모든 파벌들이 동의할 수 있는 당정회의를 발전시켜 왔다. 즉 당내에 정무조사회와 그 산하에 정책분야별 부회를 설치하고 모든 의원들을 분산 배속시켜 전문성(族議員)을 키우도록 한 후, 이들을 관료집단을 통제하고 집권당의 정책방향에 따르도록 유도하는 수단으로 활용했다. 이 통제와 유도를 위한 접촉채널로 만들어진 기구가 당정회의이다. 결과적으로, 일본은 정치체제 속성상 극심한 파벌다툼으로 인해 관계각료회의 활성화와 총리 보좌기구의 강화를 포기하고 당정회의를 발전시켜 정부정책을 둘러싼 집권당의 입장과 관료집단의 입장을 조정해 오고 있다.

한편, 한국은 미국이나 독일처럼 강력한 보좌기구를 구축하여 집권당과 행정부 관계를 조정할 수 있었음에도 별도로 당정회의를 구축했다. 그 원인은 어디에 있는가?

한국에서는 대통령들이 새로운 정당을 창당하고 이를 활용해 당선된 경우가 많아 대통령이 당총재로서 공천권과 정치자금을 통해 집권당을 강력히 통제하고 지지를 받을 수 있었다.45) 즉 자신의 입법을 위해 집권당의 협조를 얻는데 별다른 협의기구가 필요하지 않았다. 그리하여 대통령들은 보좌기구를 정치기구가 아닌 정책기구로 구축했다. 즉 청와대 비서실에 정치인들을 충원하여 집권당과의 관계를 강화시키기보다는 산업화와 선진화를 강력히 추진하기 위해 고위공무원과 학자들을 충원하여46) 행정부처들과의 관계를 강화시켰다. 그리하여 보좌기구가 집권당과 행정부 간 이견 조정에 적극 관여하지 않으려는 성향을 갖게 되었다.

그러나 집권당의 사정은 달랐다. 집권당은 강력한 정책정당을 지향하면서 정책기구를 강화시켜 평상시에도 정책들을 개발하고 주요 정책이슈들에 당론을 정한다. 또한 집권당 의원들은 대통령과는 별도의 선거를 통해 선출되므로 집권당의 공약은 대통령의 공약과 상당부분 다르다. 그런데 대통령들은 취임 후 국정운영에 있어서 당파적인 집권당의 대표가 아니라 국민전체의 대표로서 대통령 책임정치를 구현하려는 성향이 강하다. 그리하여 자신을 당선시킨 집권당과는 거리를 두면서 관료집단을 활용하여 자신의 정책을 추진하려 한다. 이러한 상황에서 대통령 통제 하에 있는 행정부처들이 집권당 공약들을 소홀히 하면 집권당은 지지기반 약화로 다음 선거에서 집권당 지위가 위협받는다. 그리하여 집권당은 자신의 공약들을 이행하기 위해 행정부의 정책추진에

45) 2000년대에 들어 일련의 정치개혁으로 이러한 영향력은 상당히 줄어들었다.
46) 민주화이후 조금씩 변하여 정치계 출신들도 충원되고 있다.

적극 개입하려 한다. 대통령 입장에서도 집권당을 강력하게 통제해 왔지만 집권당의 반발로 국회 입법과정에서 이탈표라도 생기면 자신의 정책을 입법화하기 어렵게 된다. 따라서 집권당의 협조를 얻기 위해 국정운영에 집권당의 의견을 일정부분 수용할 필요가 있었다. 집권당과 대통령의 이러한 상호 필요에 의해 당정회의를 구축해 오늘날까지 유지되고 있다.

요약하면, 한국에서는 대통령의 성향과 집권당의 특성 등으로 인해 집권당과 행정부 간 협의조정이 필요하지만 보좌기구인 청와대 비서실을 정책기구로 구축함으로써 집권당과 행정부 간 관계를 집중관리하기 어렵게 되자 별도의 당정회의를 발전시켜 왔다.

나. 국정운영체제속성론 : 미국, 프랑스, 독일

주요국이 집권당과 행정부 간 이견조정을 위해 서로 다른 기구들을 발전시켜 온 사실은 대부분 보좌기구대체론으로 설명된다. 그러나 여전히 의문은 있다. 미국과 프랑스는 유사한 대통령제적 속성을 가진 한국과는 달리 왜 당정회의를 발전시키지 않았가? 독일은 같은 의원내각제 국가인 영국이나 일본과는 달리 왜 내각위원회나 당정회의를 발전시키지 않았는가? 이는 미국과 프랑스 및 독일에서 보좌기구들이 당정간 조정에 중심 역할을 충분히 수행해 왔기 때문에 별도의 기구를 구축할 필요가 없었다고 말할 수 있다. 그러나 이러한 설명만으로는 부족하다. 추가적인 설명이 필요하다.

먼저, 미국이 당정회의를 발전시킬 수 없었던 추가적인 이유는 세 가지이다.

첫째, 집권당의 특징 때문이다. 미국 집권당은 평상시 당차원의 정책을 개발하거나 당론을 정하지 않는다. 전당대회에서 선출한 대통령 후보의 정책공약이 바로 그 정당의 정책공약이다. 평상시 의원들은 당차원의 정책들을 개발하여 실현하려는 조직적인 노력보다는 각자의 지역구 이해관계에 맞는 정책개발에 치중한다. 따라서 미국 집권당은 당차원에서 행정부에 수시로 반영해야 할 정책들을 개발하지 않기 때문에 협의조정 전담기구를 발전시킬 필요가 없었다.

둘째, 비공식 채널의 발달 때문이다. 미국에서는 백악관 조찬모임이 비공식적이기는 하지만 집권당 의원들과 행정부 고위직들 간 협의조정 채널이 되어왔다. 미국 대통령은 행정부 중요 법안들을 의회에 제출하기 전에 집권당 지도부와 관련부처 장관들을 백악관에 초청하여 조찬모임을 갖고 행정부 법안들이 의회를 통과할 수 있도록 집권당과 행정부처들의 의견을 조율하기도 한다. 따라서 미국에서는 당정회의를 대신할 수 있는 비공식 채널이 존재하기 때문에 당정회의와 같은 별도의 채널을 발전시킬 필요성을 크게 느끼지 못한다.

셋째, 미국은 권력통합적인 의원내각제가 아니라 권력분립에 입각한 대통령제이기 때문이다. 비공식적 접촉채널을 공식적인 당정회의로 발전시키면 집권당과 행정부 간 권력통합으로 진일보하게 되는데, 이는 미국의 헌법정신에 맞지 않는다. 따라서 미국은 집권당과 행정부 간 접촉채널을 비공식적으로 유지할 뿐 공식적 당정회의로 제도화시키지 않고 있다.

다음, 프랑스와 독일이 당정회의를 발전시키지 못한 이유는 다당제, 동거정부, 연립정부 등으로 국정운영체제가 복잡하게 얽혀있어 단일목적의 당정회의를 발전시킬 없었기 때문이다.

프랑스에서는 제도상 동거정부가 종종 들어섰고 언제라도 들어설 수 있다. 이 경우 행정부 수장은 2명이고, 집권당도 총리소속 다수당과 대통령소속 소수당 2개가 된다. 당정회의를 소집한다면, 대통령측 장차관, 총리측 장차관, 의회 다수당, 의회 소수당 등이 참석하게 된다. 이 경우 당정회의와 여야 정당간 회의가 중복된다. 당정회의를 행정부와 집권다수당을 중심으로 소집한다면, 총리가 이끄는 내각과 총리가 소속된 다수당 간 회의가 된다. 이 경우 대통령과 대통령이 이끄는 정당은 집권자와 집권당임에도 불구하고 배제된다. 따라서 어떤 경우에도 집권당과 행정부 간 이견과 갈등만을 조정하는 단일 목적의 당정회의를 설치하는 것은 적절하지 않다.

독일에서는 연립정권이 일상화되어 왔다. 이 경우 당정회의를 소집한다면 2개의 집권당과 행정부처들이 참석한다. 이 회의는 단순히 당정간 조정뿐만 아니라 연립여당 간 조정을 동시에 할 수밖에 없다. 당정간 조정이 별도로 구분되지 않는다.

따라서 프랑스와 독일은 복잡한 체제속성상 상호연계된 다차원의 갈등들을 효율적으로 대처하기 위해서는 집권당과 행정부 간 이견만을 조정하는 별도의 당정회의를 발전시킬 수 없었다.

마지막으로, 독일이 영국과는 달리 내각위원회를 당정간 조정채널로 발전시키지 못한 이유는 내각위원회 자체가 활성화되지 않았기 때문이다. 연방부처 장관들은 소관업무를 자신의 책임하에 자율적으로 수행해야 한다는 장관책임원칙(department principle)과 부처간 갈등은 내각회의에서의 합의에 의해 해결해야 한다는 합의제원칙(cabinet principle) 때문에 내각위원회는 조정기구로 발전하지 못했다. 독일에서는 내각위원회보다는 자율성이 강한 내각장관이 개인적으로 소관부처 공무원들의 입장과 집권당의 입장을 조정해 왔다.

2) 국가별 활용 유형과 그 원인

(1) 당정간 조정기구의 유형

집권당과 행정부 간 이견조정에 나서는 기구들은 그 역할상 당정간 조정에 전념할 수도 있고, 여타 조정업무도 함께 수행할 수도 있다. 주요국 당정간 조정기구들을 역할범위에 따라 세 가지 유형으로 구분할 수 있다.

첫째, 전담형이다. 즉 오로지 집권당과 행정부처 간 조정만 담당하는 기구들이다. 한국과 일본의 당정회의의 이에 해당된다. 둘째, 겸임형이다. 행정부와 집권당 간 조정뿐만 아니라 행정부처와 반대당 간 조정에도 개입하는 기구이다. 미국 백악관 의회담당실과 영국·일본·독일의 정무차관들, 프랑스 대통령과 총리의 정치보좌관들, 영국의 정무실, 한국의 정무장관 등이 이에 해당된다. 셋째, 다원형이다. 집권당과 행정부처 간 관계뿐만 아니라 부처간 관계 혹은 여야당 관계도 함께 조정하는 기구들이다. 독일의 연방총리실, 프랑스의 행정총괄처장과 장관보좌관, 한국 대통령의 정책보좌관, 일본의 관방장관 등이 이에 해당된다. 이들은 모두가 당정간 조정과 부처간 조정를 동시에 담당하고 있고, 독일 연방총리실장과 일본 관방장관은 여야당간 조정에도 관여한다.

표 6-4 주요국 당정조정기구의 유형

주요국	전담형	겸임형	다원형
한 국	- 당정회의	- 정무장관	- 대통령 정책보좌관
독 일	- 부재 -	- 장관 정무차관	- 연방총리실장 - 연방총리실 보좌관
프랑스	- 부재 -	- 대통령 정치보좌관 - 총리 정치보좌관	- 행정총괄처장 - 총리 정책보좌관 - 장관 보좌관
미 국	- 부재 -	- 백악관 의회담당실 - 장관 입법지원실	- 부재 -
일 본	- 당정회의	- 장관 정무차관	- 관방장관
영 국	- 장관 특별보좌관	- 총리 정무실 - 장관 정무차관	- 총리 정책실 - 내각위원회

(2) 국가간 활용상 차이의 원인

주요국 활용상 특징과 그 원인을 보면 다음과 같다.

첫째, 주요국들은 전담형보다는 다원형 혹은 겸임형을 활용하고 있다. 즉 대체로 정치보좌기구들을 겸임형으로, 정책보좌기구들을 다원형으로 활용하고 있다. 달리 말하면, 가급적 새로운 기구를 만들지 않고 하나의 기구가 수행가능한 유사한 역할을 함께 담당하도록 하고 있다. 이는 정부조직 구축에 있어서 효율성을 추구하기 때문이다.

둘째, 프랑스와 독일은 다원형을 활용해 온 반면, 한국과 일본은 전담형을 활용해 왔다. 프랑스와 독일에서는 다당제, 동거정부, 연립정부 등으로 인해 집권당과 행정부 간의 관계, 행정부처 간의 관계, 집권여당들 간의 관계가 서로 융합되어 있어서 이들을 분리하여 취급하기 어렵다. 그러나 한국과 일본에서는 대체로 정당책임정치를 추구하는 정책정당이 집권다수당을 차지해 왔다. 부처간 관계, 당정간 관계, 여야당간 관계가 융합되어 있지 않아 분리 취급이 가능하다. 이로 인해, 프랑스와 독일에서는 다원형을 발전시킬 수밖에 없었고, 한국과 일본은 전담형을 발전시킬 수 있었다.

셋째, 원내에 집권다수당이 존재하고 다수결 원칙이 지배하는 대통령제 국가임에도 불구하고, 한국은 당정간 조정기구로서 전담기구를 발전시켰고 미국은 겸임기구를 발전시켰다. 이유는 무엇인가? 앞서 설명한 것처럼, 한국에서는 대통령들의 성향과 집권당의 성격으로 인해 전담기구가 발달했다. 즉 집권당이 정책정당화를 추구하면서 행정부와의 긴밀한 협의조정이 필요했지만, 대통령의 초당파적 성향으로 인해 청와대 비서실이 공무원들과 학자들로 충원되어 당정관계를 조율하기 어렵게 되자 집권당이 별도의 협의조정채널을 발전시켰다. 그러나 미국에서는 정치체제의 성격과 집권당의 특성으로 인해 겸임기구가 발달했다. 이유는 두 가지이다. 하나는, 행정부와 집권당 간 공식적인 협의조정은 권력분립원칙에 철저한 미국에서 수용되기 어렵기 때문이다. 다른 하나는, 공화당은 대통령을 차지하고도 원내다수를 확보하지 못하고, 민주당은 입법과정에서 진보 그룹과 보수 그룹으로 분열되는 경향이 있기 때문이다. 이 경우 공화당 대통령은 입법화를 위해 소수 공화당을 넘어 민주당 보수 그룹의 협조가 절실하고, 민주당 대통령은 민주당이 다수당임에도 일부 의원들의 이탈로 인해 공화당 의원들의 협조가 필요하다. 이러한 이유들로 인해 미국 행정부는 입법을 위해 집권당 뿐만아니라 야당도 접촉하여 조율하는 겸임기구를 발전시켜 왔다.

넷째, 원내에 집권다수당이 존재하고 다수결이 지배하는 의원내각제 국가임에도 불구하고, 일본에서는 당정간 조정기구로서 전담기구를 발달했고 영국에서는 다원기구와 겸임기구가 발달했다. 이유는 총리에 도전하고 집권을 연장하는 정치행태가 다르기 때문이다.

일본에서는 집권당 실력자들이 총리직에 도전하고 집권을 연장하는데 당내 파벌 정치와 선거공약 이행이 중요하다. 그리하여 당간부들인 총리와 내각장관들은 선거공약의 이행과 소관정책의 추진을 각각 당정책기구와 관료집단에 맡기고 파벌의 확대와 파벌간 경쟁에 치중하는 경향이 있었다. 그러나 집권당내 각 파벌의 평의원들은 재선을 위해 선거공약의 이행과 파벌의 지원이 필요한 데, 이를 위해서는 전통적으로 강력한 관료집단을 통제하여 선거공약을 이행함과 동시에 파벌의 이해관계를 반영해야 했다. 그리하여 집권당은 이러한 수단으로 모든 파벌이 참여할 수 있는 정무조사회를 구축하고 이를 통해 관료집단과 입법 및 예산을 협의조정하는 당정회의를 발전시켰다.

그러나, 영국에서는 집권당 실력자들이 총리직에 도전하고 집권을 연장하는데 개인적 업적과 선거공약 이행이 중요하다. 그리하여 총리와 내각장관들은 선거공약 이행과 개인적인 관심법안들의 추진에 심혈을 기울인다. 그런데 이들은 총리직을 향해 개인적 경쟁관계에 있기 때문에 공동관심사인 선거공약 이행을 위해서는 집단적으로 노력하지만 자신들의 업적을 쌓기 위해서는 개별적으로 노력한다. 즉 선거공약 입법에 있어서 집권당 평의원들의 이탈 방지를 위해서는 내각장관들과 집권당 원내총무가 참여하는 내각위원회들을 통해 당정간 이견을 조율하지만, 개인적인 관심 법안들을 추진하기 위해서는 소속 행정공무원들의 도움을 받아 입안한 후 자신들이 당 정책분과위원회에 직접 참석하거나 장관특별보좌관들을 통해 집권당 평의원들의 의견을 수렴하여 법안을 수정 보완하고 정무차관을 통해 집권당 평의원들의 지지를 확보하고 야당 의원들의 극력 반대를 완화시킨다. 총리는 국정전반을 자신의 노선에 따라 총괄하기 위해 보좌기구인 정책실(Policy Unit)을 통해 당정간 이견을 조율한 후 정무실(Political Unit)을 통해 집권당 의원들의 협조를 구하고 야당 의원들의 반대를 무마하려 한다. 이러한 정치적 관행에 따라 영국에서는 부처간 조정과 당정간 조정을 동시에 담당하는 다원기구인 내각위원회, 집권당과의 조율을 전담하는 정책분과위원회와 장관정책보좌관, 집권당뿐만 아니라 야당도 접촉하는 겸임기구인 정무실과 정무차관을 발전시켰다.

3) 기구별 활용방식

(1) 보좌기구

보좌기구는 어느 나라에서나 대통령이나 총리의 주요 임무 중의 하나인 집권당과 행정부 간 조정에 적극 혹은 소극적으로 관여한다. 주요국이 보좌기구를 당정간 조정에 활용하는 방식은 네 가지 유형으로 구분할 수 있다.

첫째, 입장전달형이다. 보좌관이 집권당과 행정부 사이를 오가면서 양측의 입장을 상대에게 전달함으로써 상호조율(mutual adjustment)하도록 하는 방식이다. 예를 들면, 미국 백악관 의회담당실이 집권당 의원들을 개별 접촉하여 행정부의 입장을 설명하고 동시에 집권당 의원들의 의견을 행정부에 전달하는 것, 영국 총리 정무실(정무비서)이 집권당의 지도부, 각종 하위기구와 위원회 등을 접촉하여 총리의 정책을 집권당이 지지하도록 설득하고 정부의 정책에 대한 집권당의 반응을 총리에 전달하는 것, 프랑스 대통령과 총리의 정치보좌관들이 집권당 의원들의 전반적인 의견분포를 파악하여 행정부 수장들에게 전달하고 행정부의 정책을 집권당 의원들에게 설명하는 것, 한국 정무장관이 정치적으로 민감한 법안에 대해 집권당과 행정부 간 가교역할을 하면서 양자간 이견조율을 도모하는 것 등이다.

둘째, 개별조언형이다. 보좌관이 집권당과 행정부를 양측의 주요 회의에 참석하여 조언함으로써 이견을 예방하거나 조율하는 방식이다. 예를 들면, 독일 연방총리실장과 일본 내각관방장관이 집권당과 행정부의 주요 고위회의들에 참석하여 조언함으로써 집권당과 행정부의 정책이 총리의 정책노선에서 벗어나지 않도록 유도하는 것, 영국총리 정책실이 집권당 정책전문가들과 행정부 고위공무원들을 개별 접촉하여 집권당의 정책과 행정부의 정책이 총리의 정책노선에 맞게 추진되도록 조언하는 것 등이 이에 해당된다.

셋째, 대변협의형이다. 보좌관이 행정부를 대변하여 집권당과 협의조정하는 방식이다. 예를 들면, 미국 각 부처 입법지원실(Office for Legislation) 스탭들이 집권당 의원들을 직접 접촉하여 장관 주도의 부처 입법안을 놓고 협의한 후 부처안을 수정하는 것,[47] 영국 장관특별보좌관들이 집권당내 정책분야별 의원그룹, 평의원, 당료 등을 접촉하여 소속부처의 정책안을 설명하고 집권당의 의견을 수렴하며 이견이 있으면 조정을 시도하는 것, 프랑스 장관 보좌관들이 부처 법안의 의회통과를 위해 집권당 의원들이나 정책전문가들을 접촉하여 협의조정하는 것이 이에 해당된다.

넷째, 3자협의형이다. 보좌관이 행정부 측 관계자와 집권당 측 관계자를 소집하여 조정하는 방식이다. 예를 들면, 프랑스 행정총괄처장이 국정운영프로그램 작성을 위해 집권당과 각 부처로부터 정책제안들을 받아 정부 정책방향에 따라 가감하고 우선순위를 조정하는 것, 독일 연방총리실 보좌관들이 정부 입법안의 의회 제출에 앞서 각 부처 고위공무원들과 집권당 원내총무실 스탭들을 소집하여 논의조정하는 것, 한국 대통령 정책보좌관들이 당정회의에 참여하여 당정간 합의를 유도하는 것 등이 이

---

47) 의회담당실 스탭들은 백악관내 정책결정에 직접 참여하지 않기 때문에 연락관 역할을 통해 백악관 정책팀과 집권당 의원들 간에 정책이 조율되도록 유도하는 반면에, 입법지원실 스탭들은 부처내 정책결정에 직접 참여하는 자들이어서 의원들과 협의한 후 부처안을 직접 수정하여 조정한다.

표 6-5 주요국 보좌기구의 당정간 조정 방식

주요국	입장전달형	개별조언형	대변협의형	3자협의형
한 국	정무장관	-	-	대통령 정책보좌관
독 일	장관 정무차관	연방총리실장	-	연방총리실 보좌관
프랑스	대통령· 총리 정치보좌관	-	장관 보좌관	행정총괄처장
미 국	백악관 의회담당실	-	부처 입법지원실	-
일 본	장관 정무차관	내각관방장관	-	-
영 국	총리 정무실 장관 정무차관	총리 정책실	장관 특별보좌관	-

에 해당한다.

주요국들은 당정간 조정기구를 다양한 방식으로 활용하고 있으나, 상대적으로 입장전달 방식을 많이 사용하고 있다. 그러나 조정기구별 조정내용별로 활용방식의 차이가 있다. 첫째, 대체로 정치보좌기구들은 대부분 입장전달 방식이나 개별조언방식을 활용하는 반면, 정책보좌기구들은 대변협의방식이나 3자협의방식을 활용하는 경향이 있다. 정치보좌기구와 정책보좌기구 간에는 쟁점정책에 대한 전문성에 차이가 있을 뿐만 아니라, 정치보좌기구들은 전반적인 협력분위기 조성에 치중하고 정책보좌기구들은 구체적인 쟁점정책 조정에 치중하기 때문이다. 둘째, 대체로 정책방향에 대한 당정간 조정은 입장전달 방식과 개별조언 방식을 활용하고, 쟁점법안에 대한 당정간 조정은 대변협의 방식과 3자 협의 방식을 활용하는 경향이 있다.

(2) 회의기구

주요국은 당정 양측 관계자들이 집단적으로 참석하여 이견을 조정하는 회의기구를 다양하게 활용하고 있다. 즉 주요국 집권당과 행정부는 현실적 필요에 의해 다양한 형태와 형식의 집단적 회합을 갖고 있다. 이들 회의들은 장관급 회의와 실무급 회의, 제도화된 회의와 제도화되지 않은 회의로 구분할 수 있다.

한국과 일본은 당정회의 형태로 활용하고 있다. 장관급 당정회의와 실무급 당정회의를 구축하여 정기적으로 혹은 필요에 따라 수시로 소집하고 있다. 반면, 미국에서는 대통령 고위보좌관들과 장관들 및 집권당 상하원 리더들이 매주 조찬모임을 갖고 있고(Peabody, 1983: 132), 행정부처 공무원들도 필요하면 비공식적으로 집권당 의원들을 접촉하여 쟁점법안들을 협의하고 있는데, 이들 회합은 체계적이지는 않지만 비공식 고위당정회의와 실무당정회의의 초보적 형태로 볼 수 있다. 한편, 독일은 비공식적인 실무당정회의를 활용하고 있다. 독일 연방총리실 보좌관들은 필요하면 수시로 집권당

정책전문가들과 행정부처 고위공무원들을 소집하여 이견을 논의 조정한다. 이는 비공식 실무당정회의로 볼 수 있다. 반면, 프랑스에서는 대체로 대통령에 따라 집권초기에 장관들과 집권당 리더들이 종종 회합을 갖고 의견을 조율하는데, 이는 비공식 고위당정회의의 원시적 형태로 볼 수 있다.

주요국들의 특징을 보면, 한국과 일본은 당정간 장관급 및 실무급 회의들을 제도화시켰고, 미국은 초보적인 장관급 및 실무급 회의들을 비공식적으로 유지하고 있으며, 독일은 실무급 회의를 수시로 소집하고 있으나 프랑스는 간헐적으로 장관급 회의를 갖는다. 한국과 일본을 제외하고 당정간 이견을 조율할 수 있는 회합들이 제도화되기 어려운 이유는 미국에서는 앞서 논의한 것처럼 권력분립원칙에 맞지 않고, 영국에서는 장관급 당정회의를 대신할 수 있는 내각위원회가 존재하며, 독일과 프랑스에서는 정치행정 시스템과 행태상 당정간 조정기구를 부처간 조정 기구, 정당간 조정기구 등과 구분하여 별도로 구축하기 어렵기 때문이다.

(3) 정무장관

정무장관은 집권당과 행정부처 관계를 개인적 역량으로 조정하는 장관급 실력자이다. 즉 양자간 소통을 촉진하여 이견발생을 사전 예방하고 일단 갈등이 발생하면 막후 중립조정을 시도하는 자이다. 주요국들이 정무장관직을 어떻게 활용하고 있는지 살펴보면 다음과 같다.

한국은 정무장관을 당정관계를 전담하는 장관으로 임명하여 활용하는 경우가 많다. 정무장관은 당정회의시스템을 운영하고, 집권당과 행정부의 주요 정책결정회의에 각각 참석하여 각각의 입장을 파악한 후 상대방에게 전달하여 이견이 발생하지 않도록 사전에 조율하고 일단 갈등이 발생하면 막후 물밑조정을 시도한다. 일본과 독일은 총리비서실장을 정무장관으로 활용한다. 이들은 총리비서실을 운영하면서, 필요에 따라 개인적으로 정무장관 역할을 수행한다. 이들도 집권당과 행정부 양측 고위결정회의를 참석하여 사전 예방을 위해 조율하고, 막후 물밑조정도 시도한다. 영국은 집권당 원내총무(government chief whip)로 하여금 정무장관 역할을 수행토록 하고 있다. 원내총무는 집권당 주요 간부회의와 내각위원회를 참석하여 양측의 분위기를 전달함으로써 입장을 조율한다. 그러나 원내총무는 막후 물밑조정은 하지 않는다. 프랑스는 의회담당장관을 정무장관으로 활용한다. 미국에는 정무장관과 유사한 역할을 하는 장관급 공직자가 없다.

각국 간에 특징적인 차이는 정무장관직을 대부분 겸임제로 활용하지만, 한국에서

는 전담제로 활용하고 미국은 아예 두지 않았다는 것이다. 대부분 나라가 겸임제로 운
영하는 것은 필요 이상으로 기구를 늘리지 않기 위함이다. 미국에서 정무장관을 아예
두지 않는 것은 권력의 통합적 운영을 자제할 뿐만 아니라 효용성이 없기 때문이다.
한국에서는 정무장관을 특별히 두었던 이유는 청와대 정무수석의 약점을 보완하고 집
권당 주도의 당정회의를 운영하기 위해서였다. 대통령 입장에서 보면, 청와대 정무수
석을 차관급으로 임명할 수밖에 없는데, 이 경우 정무수석의 위상과 영향력이 약해 집
권당 간부들과 행정부 장관들 간에 종종 발생하는 이견과 갈등을 막후에서 조용히 조
정하기 어렵다. 이를 보완하기 위해서는 집권당과 행정부 양쪽에 영향력이 강한 인물
이 필요했다. 집권당 입장에서는 당소속 의원들의 입장을 행정부에 반영할 수 있는 당
정회의가 중요한데, 이 당정회의를 집권당 입장에서 운영할 인물이 필요했다. 양측 필
요성의 접점이 집권당 간부 출신 정무장관이었다.

3. 당정간 조정기구들에 대한 비교평가

대통령(총리) 보좌기구, 당정회의, 내각위원회, 정무장관, 정무차관(장관정책보좌
관) 등이 조정기구로서의 요건인 대응성, 충실성, 효과성, 적시성을 어느 정도 갖췄는
지를 비교평가하면 다음과 같다.[48]

1) 대응성

당정간 정책조정기구들을 대응성 제1 지표인 다수설치 가능성과 제2 지표인 조정
업무 집중성에 따라 평가하면 다음과 같다.

(1) 다수설치 가능성

먼저, 당정간 협의조정기구들의 다수설치 가능성을 보면, 당정회의와 내각위원회
는 그 가능성이 크고 정무차관은 중간 정도이다. 당정회의와 내각위원회는 필요에 따
라 분야별 혹은 이슈별로 다수 설치할 수 있고, 정무차관은 부처별로만 설치할 수 있
기 때문이다. 다음, 제3자 조정기구들의 다수설치 가능성을 보면, 대통령 보좌기구와
정무장관 모두 다수 설치가 불가능하다. 당정간 발생하는 다수 쟁점정책들을 조정하기

---

48) 이곳에서 대통령 혹은 총리는 행정부 수장과 집권당 총재를 겸하는 자를 말하고, 대통령 보좌기구는
경우에 따라 대통령 혹은 총리 혹은 그의 보좌관을 지칭한다. 또한 이곳에서의 평가는 조정기구들 간
비교에 의한 상대적 장단점을 밝히는 것이다.

위해 보좌기구의 규모를 확대하거나 정무장관을 다수 설치하기는 어렵다.

(2) 조정업무 집중성

당정간 협의조정기구들의 조정업무 집중성을 보면, 당정회의는 당정간 정책조정에 전념하는 기구이지만 내각위원회와 정무차관은 당정간 조정 이외에 여타 업무들을 겸임하는 기구들이다. 내각위원회는 당정간 조정 이외에 부처간 조정을 겸임하고, 정무차관은 집권당과의 조정뿐만 아니라 야당과의 조정도 담당한다. 제3자 조정기구들의 조정업무 집중성을 보면, 대통령 보좌기구는 당정간 정책조정에 전념할 수 없지만, 정무장관은 전념하는 기구이다.

2) 충실성

충실성에 관한 제1 지표인 지식정보 동원 가능성과 제2 지표인 유관정책 연계 가능성에 따라 당정간 정책조정기구들을 비교하면 다음과 같다.

(1) 지식정보 동원 가능성

먼저, 당정간 협의조정기구들의 지식정보 동원 가능성을 보면, 내각위원회는 가능성이 큰 편이고 정무차관은 작으며, 당정회의는 경우에 따라 다르다.

내각위원회가 집권당과 행정부 양측으로부터 충분한 정보와 자료를 동원할 수 있는 이유는 멤버들이 쟁점정책과 관련된 부처들의 장관이자 집권당 실력자들이기 때문이다. 그러나 정무차관의 지식정보 동원 역량이 작은 이유는 재선의원으로서 집권당과 행정부 어느 쪽에서도 영향력이 크지 않아 이들로부터 필요한 지식정보를 충분히 동원하기 어려울 뿐만 아니라 소관부처 모든 쟁점정책에 대해 전문성도 갖기 어렵기 때문이다. 한편, 당정회의는 쟁점정책 조정에 필요한 정보와 자료를 충분히 동원할 수도 있고 그렇지 않을 수도 있다. 양자간 갈등이 크지 않으면 서로가 자신의 입장을 관철하기 위해 많은 지식정보를 동원하여 진지하게 설득하면서 협의조정할 수 있다. 그러나 양자간 갈등이 크면 집권당이나 행정부처가 각자 자신의 입장을 관철하기 위해 유리한 정보와 자료는 제공하고 불리한 정보와 자료는 제공하지 않기 때문에 당정간 쟁점정책 조정에 충분한 지식정보가 동원되지 않는다.

다음, 제3자 조정기구들의 지식정보 동원 가능성을 보면, 보좌기구는 그 가능성이 큰 반면, 정무장관은 낮다. 보좌관들은 집권당과 행정부 양측에 충분한 정보와 자료를 요구할 수 있을 뿐만 아니라 대부분 소관 정책영역의 전문가들이어서 쟁점정책 조정에 필요한 정보와 자료를 충분히 동원할 수 있다. 반면, 정무장관은 쟁점정책 조정에 필요한 지식정보를 충분히 동원하는 데 한계가 있다. 정무장관은 집권당과 행정부처 양측의 입장을 충분히 듣고 나름대로 추가정보를 수집하여 합의를 종용하거나 양보를 유도하는데, 집권당이나 행정부처가 불리한 정보를 제공하지 않을 뿐만 아니라 정무장관은 당정간 모든 쟁점정책들에 대해 전문성을 갖추기 힘들고 지원스탭도 소규모여 정보수집에도 한계가 있다.

(2) 유관정책 연계 가능성

당정간 협의조정기구들의 유관정책 연계 가능성을 보면, 내각위원회는 연계할 수 있지만, 당정회의는 중간 정도이고, 정무차관은 연계하기 쉽지 않다. 내각위원회는 다수 관련부처 장관들이 참석하는 기구이기 때문에 유관정책을 발굴하기 쉽고 쟁점정책과 유관정책 간 인과관계도 파악하기 용이하여 연계조정 가능성이 크다. 당정회의에는 쟁점정책의 범위에 따라 이슈별 당정회의 혹은 분야별 당정회의가 될 수 있는데, 후자의 경우 유관정책을 발굴하기 용이하고 집권당과 행정부처가 보유한 지식정보를 동원하여 쟁점정책과 유관정책 간 인과관계도 어느 정도 파악할 수 있다. 따라서 당정회의는 내각위원회보다는 못하지만 연계조정할 수 있다. 그러나 정무차관은 부처별로 조정을 시도하기 때문에 유관정책을 발굴하기 쉽지 않고 전문성 부족으로 인과관계 파악도 어렵기 때문에 쟁점정책과 연계하여 조정하기도 쉽지 않다.

제3자 조정기구들의 유관정책 연계 가능성을 보면, 보좌기구는 유관정책들을 연계하여 논의하기가 용이하나, 정무장관은 쉽지 않다. 보좌기구는 대통령의 입장에서 국정전반을 고려해야 하기 때문에 당정간 쟁점정책을 유관정책과 연계하여 생각하고 조정한다. 그러나 정무장관은 쟁점정책별로 조정을 시도하고 지원스텝의 부족과 자신의 전문성 한계로 유관정책들을 발굴하기도 연계하기도 쉽지 않다.

3) 효과성

조정기구의 효과성 제1 지표인 결론도출 역량과 제2 지표인 재론차단 가능성을 살펴보면 다음과 같다.

(1) 결론도출 역량

먼저, 당정간 협의조정기구들의 결론도출 역량을 보면, 내각위원회는 강한 편이나 정무차관은 약한 편이고 당정회의는 상황에 따라 달라 중간 정도로 평가할 수 있다. 내각위원회 멤버들은 부처 장관들임과 동시에 집권당 간부들이어서 당정간 쟁점정책 조정을 시도하면 확실하게 결론을 낼 수 있다. 반면에, 정무차관은 당정간 연락관으로서 당정간 갈등을 사전 예방하는 데는 어느 정도 기여하지만, 중립조정자로서 갈등을 사후 해소하는 데는 무기력하다. 정무차관은 집권당 내에서 초재선 의원인데다가 소속부처 내에서 지원스탭도 없어 당정에 대한 영향력이 크지 않기 때문이다. 당정회의는 집권당과 행정부 양측 대표자들이 협의조정하는 회의이기 때문에 조정역량은 충분하지만, 첨예한 쟁점정책들의 경우 결론도출이 어려운 경우가 있다.

다음, 제3자 조정기구들의 결론도출 역량을 보면, 보좌기구는 강한 편이나 정무장관은 약한 편이다. 보좌관들은 당정간 이견조정에 있어서 대통령이나 총리의 의중을 전달하고 그의 정책노선에 입각하여 조율하게 된다. 따라서 대통령이 직접 개입해야 할 정도로 첨예한 쟁점정책이 아니면 대부분 결론을 도출한다. 정무장관은 당정간 조정을 위임받은 자로서 연락관 혹은 중립조정자로서 당정간 갈등을 예방하고 해결한다. 그러나 정무장관은 중립조정자로서 갈등을 사후 해소하는 데는 상당한 한계가 있다. 갈등 조정에 나서더라도 확실하게 합의를 도출하지 못할 수 있다. 조정의 성패가 오로지 개인적 역량에 달려 있고, 집권당과 행정부가 협조하지 않으면 이를 극복할 수단이 없기 때문이다.

(2) 재론차단 능력

당정간 협의조정기구들의 재론차단 능력을 보면, 내각위원회는 크고 정무차관은 작으며, 당정회의는 경우에 따라 다르다. 내각위원회는 집권당과 행정부를 동시에 관리하는 최고 리더들의 회의여서 이곳에서 결론이 나면 그것이 최종 결론이고 이를 재론할 수 있는 곳이 없다. 그러나 정무차관에 의한 조정에 불만이 있는 당사자는 얼마든지 보좌기구나 내각위원회에서 재론할 수 있다. 정무차관은 이를 방지할 아무런 수단도 갖고 있지 않기 때문이다. 당정회의는 경우에 따라 다르다. 중하위 당정회의들은 차단능력이 없으나 고위 당정회의는 차단능력이 있다. 중하위 당정회의에 불만이 있는 당사자는 고위 당정회의나 대통령 보좌기구에서 재론할 수 있다. 고위 당정회의는 행정부와 집권당의 고위멤버들이 참석하기 때문에 이곳에서의 조정에 불만 있는 당사자가 강력한 대통령 이외에 재론할 수 있는 곳이 없다.

제3자 조정기구들의 재론차단 능력을 보면, 보좌기구는 강하지만 정무장관은 약하다. 보좌기구는 집권당과 행정부를 동시에 관리하는 대통령의 힘을 배경으로 하고 있다. 보좌기구가 결론을 내면 불만이 있더라도 하소연 할 수 있는 곳이 거의 없다. 그러나 정무장관에 의한 조정은 그것이 최종적인 결론이 아니다. 불만이 있는 당사자는 얼마든지 보좌기구나 당정회의 혹은 내각위원회에서 재론할 수 있다.

4) 적시성

조정기구의 적시성에 관한 제1 지표인 지연차단 역량과 제2 지표인 즉시개입 가능성을 살펴보면 다음과 같다,

(1) 지연차단 역량

먼저, 당정간 협의조정기구들의 지연차단 역량을 보면, 내각위원회는 역량이 큰 편이고 정무차관은 작으며, 당정회의는 경우에 따라 다르다. 내각위원회는 멤버가 행정부와 집권당의 고위직을 겸하고 있어서 집권당이나 행정부 어느 쪽도 내각위원회의 갈등타결을 지연시킬 수 가능성은 없다. 당정회의는 행정부와 집권당이 나름대로의 권력기반을 가지고 있어서 어느 일방이 지연시도를 하면 이를 막을 수가 없다. 다만, 예외적으로 강력한 대통령이 주재하는 고위 당정회의는 집권당이나 행정부 어느 일방의 지연시도를 막을 수 있다. 그러나 정무차관은 집권당이나 행정부처 어느 한쪽이 갈등타결을 지연시킬 경우 이를 막기 어렵다. 정무차관은 집권당이나 행정부처에 영향력을 행사할 수 있는 강력한 수단이 없기 때문이다.

다음, 제3자 조정기구들의 지연차단 역량을 보면, 대통령 보좌기구는 차단능력이 크고, 정무장관은 차단능력이 거의 없다. 대통령 보좌기구는 집권당 혹은 행정부처 어느 일방이 지연시도를 하더라도 대통령의 영향력을 활용하여 이를 차단할 수 있다. 그러나 정무장관은 집권당이나 행정부처 어느 한쪽이 갈등타결을 지연시킬 경우 이를 막기 어렵다. 정무장관은 집권당이나 행정부처에 영향력을 행사할 수 있는 강력한 수단이 없기 때문이다.

(2) 즉시개입 가능성

당정간 제3자 조정기구들의 즉시개입 가능성을 보면 정무차관은 당정간 이견과 갈등에 즉시 개입할 수 있으나 당정회의와 내각위원회는 갈등이 어느 정도 구체화된 후 개입할 가능성이 크다. 정무차관은 소속부처와 의회 간 관계를 조율하는 것이 주된 업무이어서 당정간 이견을 조기에 인지할 수 있을 뿐만 아니라 특별한 절차 없이 비공식으로 움직이므로 당정간 이견에 신속히 개입할 수가 있다. 그러나 당정회의와 내각위원회는 당정간 이견을 조기에 감지할 수 있으나 그 소집을 위해 의제 선정, 참석멤버 선정, 자료준비 등 사전준비가 필요하기 때문에 당정간 이견이 감지되더라도 조정에 즉각 착수하기는 어려울 수 있다.

제3자 조정기구들의 즉시개입 가능성을 보면, 정무장관은 당정간 이견과 갈등에

즉시 개입할 수 있으나 대통령 보좌관들은 가급적 나중에 개입할 가능성이 크다. 정무장관은 당정관계 관리가 주된 업무이어서 당정간 이견을 조기에 인지할 수 있을 뿐만 아니라 특별한 절차 없이 비공식으로 움직이므로 당정간 이견에 신속히 개입할 수가 있다. 한편, 대통령 보좌관들은 정무장관처럼 특별한 절차 없이 비공식적으로 움직이므로 신속히 개입할 수 있으나, 당정간 조정 이외에 다른 업무를 겸임하고 있어서 당정간 이견을 조기에 감지하기 어렵고 또한 대통령의 입장에서 신중하게 접근하려 하므로 조기에 개입할 가능성이 작다.

4) 비교평가의 종합

당정간 정책조정기구들에 대한 평가결과를 종합하면 다음 <표 6-6>과 같다.

표 6-6 당정간 정책조정기구들의 비교평가

	대응성	충실성	효과성	적시성
당정회의	상 (상)	중 (중)	중 (중)	중 (중)
내각위원회	상 (중)	상 (상)	상 (상)	상 (중)
정무차관	중 (중)	하 (하)	하 (하)	하 (상)
보좌기구	하 (하)	상 (상)	상 (상)	상 (하)
정무장관	하 (상)	하 (하)	중 (하)	중 (상)

(참고) : 괄호안은 제2 지표에 의한 평가로서 제1 지표상 평가가 동일할 경우 순위 결정하는 지표

전체적으로 볼 때, 당정간 정책조정기구들의 우수성은 내각위원회, 대통령 보좌기구, 당정회의, 정무장관, 정무차관 순이다. 당정간 협의조정기구로서는 내각위원회가 우수하고 당정회의는 중간 정도이며, 정무차관은 우수하지 못하다. 제3자 조정기구로서는 보좌기구는 우수하나 정무장관은 그렇지 못하다.

기준별로 상대적 우수성을 보면 다음과 같다. 첫째, 대응성 측면에서 협의조정기구 중 내각위원회와 당정회의는 우수하나 정무차관은 우수하지 못하고, 제3자 조정기구 중에서는 우수한 기구가 없으나 그래도 정무장관이 조금 더 낫다. 둘째 충실성 측면에서는 협의조정기구 중 내각위원회가 우수하고 당정회의는 중간 정도이며 정무차관은 우수하지 못하고, 제3자 조정기구 중에서는 보좌기구가 우수하고 정무장관은 우수하지 못하다. 셋째, 효과성 측면에서는 협의조정기구 중에서 내각위원회가 우수하고 당정회의는 중간 정도이고 정무차관은 우수하지 못하고, 제3자 조정기구 중에서는 보좌기구가 우수하고 정무장관은 중간 정도이다. 넷째, 적시성 측면에서는 협의조정기구 중 내각위원회가 우수하고 당정회의가 중간 정도이며 정무차관은 우수하지 못하고, 제

3자 조정기구 중에서는 보좌기구가 우수하고 정무장관은 중간 정도이다.

4. 바람직한 활용 모형과 유효 조건

1) 고려 사항

당정간 정책조정시스템 정비에 있어서도 조정기구의 설치·운영 원칙과 장단점, 증가하는 쟁점정책의 성격 등을 고려해야 한다. 특히 당정간 조정기구들의 정비에서는 추가로 정치행정체제의 성격도 고려해야 한다. 당정간 조정기구의 구축과 운영은 행정부와 의회 간 권력분립과 관련되어 있어서 정치행정체제에 따라 설치운영할 수 있는 기구가 있고 그렇지 않는 기구가 있기 때문이다. 구체적으로 말하면, 의원내각제국가에서는 당정간에 다양한 기구들을 설치할 수 있으나, 대통령제 국가에서는 당정간에 협의조정기구는 설치할 수 있지만 당정간 통합기구를 설치할 수는 없다.

2) 활용 모형

집권당과 행정부 간 정책조정시스템을 어떻게 구축하면 바람직한가? 어떤 조정기구들을 중심기구로 하고 어떤 기구들을 보완적으로 활용해야 하는가? 당정간 정책조정시스템에 포함시킬 조정기구들의 선정에도 필요최소의 원칙과 보완성의 원칙이 적용되어야 한다.

우선, 필요최소의 원칙에 따라 별다른 장점이 없는 정무차관은 당정간 정책조정시스템에서 일단 제외되어야 한다. 다음, 보완성의 원칙에 따라 협의조정기구와 제3자 조정기구를 혼합시켜야 한다. 이 경우 협의조정기구는 내각위원회와 당정회의 중에서 선택하고, 제3자 조정기구는 보좌기구와 정무장관에서 선택해야 한다.

그러면 당정간 정책조정시스템에서 어느 기구를 중심기구로 하고 어느 기구를 보완기구로 할 것인가? 협의조정기구로 어느 기구를 중심기구로 하고, 제3자 조정기구로서 어느 기구를 중심기구로 할 것인가?

먼저, 당정간 제1차 조정기구인 협의조정기구 선택에서 고려해야 할 기준은 대응성과 충실성이다.

당정간에 발생하는 쟁점정책들이 부처간에 발생하는 쟁점정책들보다 수적으로 훨씬 적지만, 그럼에도 불구하고 당정간에 적지 않은 수의 쟁점정책들이 발생하므로 쟁점정책들에 대한 동시감당 능력이 우선 고려되어야 한다. 또한 1차 조정기구는 2차

조정을 용이하게 하기 위해 충분한 지식정보를 동원할 수 있는 충실성도 갖춰야 한다. 이 두 기준에서 보면, 내각위원회가 가장 적합하고 그 다음이 당정회의이다. 그런데 내각위원회는 대통령제 국가에서는 활용하기 어렵다. 권력분립을 원칙으로 하는 대통령제 국가에서 장관들로 구성된 관계장관회의에 집권당 의원들을 참석시킬 수는 없기 때문이다. 따라서 의원내각제 국가에서는 협의조정의 중심기구로 내각위원회를 활용하고, 대통령제 국가에서는 당정회의를 활용해야 한다.

다음, 쟁점법안을 둘러싼 당정간 갈등을 비교적 제3자적 위치에서 2차적으로 조정해 줄 수 있는 기구는 효과성과 적시성을 갖춰야 한다.

당정회의 혹은 내각위원회로 쟁점정책들을 대부분 조정할 수 있으나 일부 특정 쟁점정책을 둘러싸고 당정간 갈등이 지속되거나 첨예해 질 수가 있다. 이 경우 당정간 협의조정이 난항을 겪거나 교착상태에 빠질 수 있는데, 이를 타개할 수 있는 제3자 조정기구가 필요하다. 이러한 제3자 조정기구는 쟁점정책에 대해 적시에 최종 결론을 낼 수 있어야 하므로 효과성과 적시성을 갖춰야 한다. 이 기준에 적합한 기구는 대통령 혹은 총리이다. 대통령 혹은 총리는 행정부 수장과 집권당 총재를 겸하고 있어서 당정간 어떤 갈등도 타결할 수 있는 권한과 영향력을 가지고 있을 뿐만 아니라 당정간 조정에 대한 최종책임을 피할 수 없다. 따라서 대통령 혹은 총리는 제3자 조정기구로서 당정간 정책조정시스템에 반드시 포함되어야 한다. 그러나 대통령 혹은 총리는 당정간 갈등에 매번 관여할 수가 없다. 국가적으로 중요하고 다양한 업무들로 시간이 부족하기 때문이다. 그리하여 그들의 분신인 보좌관들로 하여금 당정간 쟁점정책 조정에 관여하게 해야 한다. 정치적으로나 정책적으로 중요한 쟁점정책에 대한 당정 갈등에는 대통령이 신중하게 개입시기를 정하여 직접 조정하고, 전문기술적 쟁점정책에 대한 당정 갈등에는 대통령의 지원 아래 정책보좌관들이 좀 더 일찍 개입하여 조정하는 것이 바람직하다.

마지막으로, 필요최소의 원칙에 따라 정무장관과 정무차관은 당정간 정책조정시스템의 중심기구에 포함시키지 않는 것이 바람직하다.

당정간 조정기구로서 장점이 별로 없을 뿐만 아니라 당정간 정책조정에는 당정회의 혹은 내각위원회, 대통령 혹은 총리, 그리고 그들의 보좌기구로 충분하기 때문이다. 또한 후술하는 당정회의나 내각위원회가 정기회의와 임시회의를 구분하여 활용하면 정무장관과 정무차관의 장점인 당정 갈등의 사전예방 역할도 흡수하게 된다. 즉 정기회의를 통해 주요 현안정책들에 대해 의견과 정보를 교환하면 이견과 갈등을 사전에 방지할 수 있기 때문이다. 그럼에도 불구하고, 대통령제 국가에서 정무장관을 당정회의를 관리하는 기구로 활용하면 당정간 정책조정에 정무장관이 상당한 역할과 기여를 할 수 있고, 의원내각제 국가에서 정무차관을 폐지할 수는 없으므로, 이들을 보완기구로 활용할 수는 있다.

요약하면, 당정간 정책조정에 바람직한 시스템은 당정회의 혹은 내각위원회, 대통령 혹은 총리, 그리고 이들의 보좌관들을 중심기구로 하고, 정무장관과 정무차관은 필요에 따라 보완기구로 활용하는 것이 바람직하다.

3) 유효조건

위에서 제시한 당정간 정책조정시스템이 잘 작동하기 위해서는 역량극대화의 원칙에 따라 몇 가지 추가 조건이 필요하다.

첫째, 당정회의와 내각위원회를 정기회의와 임시회의, 고위회의와 실무회의 체제로 구축해야 한다. 정기회의를 통해 수시로 등장하는 각종 정책현안에 대해 의견을 교환하면 장차 발생할 수 있는 당정간 이견과 갈등을 조기에 발견하여 사전에 예방할 수 있고, 임시회의는 그때그때 발생한 쟁점정책들을 적시에 조정하는 데 유용하기 때문이다. 또한 고위회의는 정치적 정책적 쟁점을 타결하고 실무회의는 전문기술적 쟁점을 타결하도록 해야 한다.

둘째, 내각위원회 실무회의에 집권당의 정책담당당료들을 참석시킬 필요가 있다. 내각위원회는 원래 의원내각제 국가에서 부처간 조정기구이다. 그러나 내각위원회 장관급 회의의 구성멤버가 집권당 리더들이자 행정부처 장관들이므로 당정간 조정기구이기도 하다. 그런데 내각위원회 실무회의에 해당부처 고위공무원들만 참석하면 이 실무회의는 부처간 조정기구가 되어 전문기술적 쟁점에 대한 당정간 조정이 불가능하다. 따라서 내각위원회가 명실상부한 당정간 조정기구가 되려면 실무회의에 집권당 정책담당당료들이 참석해야 한다.

셋째, 당정간 쟁점정책들이 대통령의 정책노선과 관련되거나 대통령이 특별히 관심을 갖고 있는 쟁점정책인 경우 실무조정 단계에서부터 대통령의 정책보좌관이 관여하도록 해야 한다. 쟁점정책들을 충실하게 조정할 수 있을 뿐만 아니라 적시에 효과적으로 조정할 수 있기 때문이다.

제5절 집권당과 반대당 간 정책조정기구

의회에서 정당간 갈등은 법안의 내용, 회의의 구성과 운영을 둘러싸고 발생한다. 회의 구성과 운영에 대한 갈등도 따지고 보면 법안의 내용을 자신들에게 유리하게 결정하기 위한 전략을 구사하기 때문에 발생한다.

법안들은 다수결에 의해 최종 처리된다. 따라서 다수형성을 위해 정당간 협의조정은 매우 중요하다. 과반수 이상의 집권당이더라도 i) 소수 의견을 존중하기 위해, ii) 응집력 약화로 이탈자 발생시 야당 의원들을 끌어들이기 위해, iii) 야당들의 필사적인 반대로 국정운영이 파행되는 것을 막기 위해, 소수 야당들과 협의조정한다.

이하에서는 여야 정당간 조정기구로서 어떤 것들이 있는지 소개하고, 각국에서 활용하고 있는 기구와 활용상의 특징을 살펴보고, 조정기구들의 내재적 장단점을 비교평가한 후, 바람직한 활용 모형을 제시한다.

1. 주요 조정기구

1) 의회 의장

의회 의장은 본회의의 사회자이다. 본회의 과정에서 쟁점이슈를 둘러싸고 정당들의 이견이 수렴되지 않고 평행선을 달리면 조정에 나서는 기구이다. 정당간 이견에 대한 본회의 의장의 개입여부와 조정방식 등은 국가에 따라 다르다. 즉 개입할 수 있는 국가가 있고 개입할 수 없는 나라가 있으며, 개입할 경우 각당 원내대표들로 하여금 합의해 오도록 지원하거나 타협안을 제시하기도 하고, 투표결과 가부동수일 경우 확정투표(casting vote)를 통해 이견을 종결시키는 경우도 있다.

2) 원내대표회담과 원내총무회담 및 당대표회담

원내대표회담은 주요 정당 원내대표들의 회의로서 의회 본회의 단계에서 정당간 갈등이 심할 때 이를 협의조정하기 위해서 열리는 조정회의이다. 원내대표들은 회의운영과 법안내용을 동시에 조정할 수 있다. 원내총무회담은 주로 의회운영을 둘러싼 정당간 이견을 조정하지만, 일부 나라에서는 쟁점법안에 대한 이견도 조정한다. 당대표회담은 각당 대표들의 회의로서 정치적 파장이 큰 쟁점들에 대해 정당간 첨예한 대립

을 보일 때 이를 타결하기 위해 개최하는 최고위 협의조정기구이다. 대체로 정책위의
장회담이나 원내대표회담에서 조정에 실패하면 당대표회담에서 최종 타결한다.

3) 의회간부회의와 의사협의회

의회간부회의와 의사협의회는 의장단, 상임위원장, 각당 원내대표와 원내총무, 각
당 고참의원들이 참석하는 회의이다. 대체로 의회운영에 대해 논의하고 조정하는 기구
이지만, 본회의 단계에서 쟁점법안에 대한 정당간 이견이 평행선을 달릴 경우 조정에
나선다. 본회의 단계에서 정당간 이견과 갈등은 먼저 원내대표들이 나서서 조정하고,
원내대표회담이 실패할 경우 의회간부회의 혹은 의사협의회가 조정한다.

4) 정책위의장회담

정책위의장회담은 각 정당의 정책위원회 의장들의 회의이다. 정책위의장들은 당
의 정책과 법안 마련을 주도하는 당간부이다. 의회 입법뿐만 아니라 여타 정책현안에
대해 정당간 입장 차이가 커 갈등이 발생할 때 조정에 나선다. 대체로 각 정당들이 주
요 정책현안에 대해 전략적으로 정한 당론들이 서로 부딪힐 때 당론 형성에서 주도적
역할을 하는 정책위원회 의장들이 나서서 조정한다.

5) 상임위원장

상임위원장은 의회 상임위원회의 사회자이다. 상임위원회 논의과정에서 쟁점이슈
에 대한 정당간 이견 조정에 나선다. 본회의 의장과 마찬가지로 정당간 이견에 대한
상임위원장의 개입여부와 조정방식 등은 국가에 따라 다르다. 대체로 상임위원장은 각
당 간사들이나 대표자들을 소집하여 합의를 촉구하고, 합의에 이르지 못하면 타협안을
제시하는 경우도 있다.

6) 상임위간사회의

상임위간사회의는 상임위원회 각당 간사들의 회의이다. 상임위원회에는 각 원내
교섭단체를 대표하는 간사가 1명씩 지정되어 있다. 이 간사들이 상임위원회 쟁점이슈
심의과정에서 발생하는 정당간 이견을 조정한다.

7) 개별법안협의회의와 개별법안전담위원

개별법안협의회의는 의회에 상정된 법안에 각 교섭단체들의 입장을 반영하고 조

정하기 위해 지명된 의원들의 회의이다. 개별법안협의위원은 1개 법안에 각 교섭단체별로 1명씩 지명된다. 상임위원회 논의 내용을 소속 교섭단체에 보고하고 소속 교섭단체의 입장을 상임위원회 논의 과정에서 반영하며, 정당간 이견을 협의조정한다.

개별법안전담위원은 의회에 상정된 법안을 전담하여 관리하는 의원이다. 개별법안전담위원은 원내교섭단체간 합의로 하나의 법안에 한 명이 지명된다. 개별법안전담위원은 법안내용에 관한 그 전문성을 인정받아 지명된 의원으로서 그의 주된 역할은 해당 법안을 검토분석한 후 원안통과, 원안수정 등의 의견을 제시하고, 상임위원회 및 본회의 단계에서 검토 법안이 통과되도록 주장, 설득, 방어 및 수정을 한다. 이러한 일련의 과정에서 정당간 이견을 조정한다.

2. 주요국의 활용상 특징

1) 주요국의 중추기구

(1) 미국
가. 의회, 정당 및 입법과정

미국 의회는 양원제를 채택하고 있다. 하원과 상원은 각각 의장과 다수 위원회 및 비공식 양당의원모임들이 있다. 양원은 권한이 유사하지만, 예산문제에 있어서는 하원이, 외교문제에 있어서는 상원이 강하다. 하원 의장은 다수당 1인자가 선출되는 반면, 상원 의장은 부통령이 담당한다. 하원과 상원에는 각각 상임위원회와 특별위원회가 있다. 전자는 정부부처들과 상응하게 설치되고, 후자는 특정이슈를 조사하기 위해 설치된다.

미국 의회는 공화당과 민주당 중심으로 운영되어 왔다. 양당의 내부구조는 전국위원회, 의원총회, 원내대표단, 정책위원회, 운영위원회, 선거위원회 등으로 짜여져 있다. 전국위원회는 대통령후보를 뽑고 정강정책을 채택하기 위한 전당대회를 준비하며, 선거자금을 모금한다. 의원총회(party caucus)는 당내 최고 의사결정기구로서 당론을 최종 결정하고 원내대표를 선출하며 상임위원장을 지명한다. 원내대표는 i) 당소속 의원들의 의견을 수렴하고 당내 리더들과 협의하여 당의 입장을 정하고, ii) 당소속 원내총무단 및 상임위원장들과 함께 당론 법안들의 의회통과를 위해 주도적인 노력을 한다(Oleszek, 1989: 31). 원내총무단은 원내전략의 수립, 주요 법안 투표에 다수 동원 등을 통해 원내대표를 지원한다(Oleszek, 1989: 33). 정책위원회는 제안된 법안을 검토하여 당의 입장을 제안하고, 운영위원회(steering committee)는 입법추진의 순서와 전략을 제안한다(Oleszek, 1989: 34).

미국 의회의 입법절차는 다음과 같다.

첫째, 법률안 제출이다. 제출은 의원들만이 할 수 있고, 대통령이나 장관은 연두교서나 서신을 통해 입법을 촉구할 수 있다. 둘째, 상임위원회 심의이다. 상임위원장은 법안을 소위원회에 회부한다. 소위원회는 청문회를 개최하여 관련 부처나 전문가들의 의견을 청취한다. 의원들과 장관들 간에 질의응답은 이 청문회에서만 가능하다. 청문회가 끝나면 소위원회는 토론을 거쳐 원안통과, 수정, 보류 등의 의견을 제안한다. 상임위원회는 소위원회 의견을 참고하여 법안을 검토한 후 원안통과, 수정, 보류, 거부 등의 결정을 한다. 셋째, 본회의 심의이다. 먼저 법안의 성격에 따라 3개 의사일정(Union Calendar, House Calendar, Consent Calendar) 중 하나에 등록[49]하고, 법안심의에 적용할 지침(rule)을 채택한다. 이 의사일정과 지침에 따라 상정 시기, 심의 절차, 토론과 수정의 방식, 법안수정의 정도 등이 달라진다. 본회의에 상정되면 일반토론과 수정 및 표결이 이루어진다. 넷째, 상원에서의 심의이다. 상원에서 심의하는 절차와 방식은 하원과 거의 유사하나 약간 차이가 있다. 상원에서는 의사일정(Calendar)도 두 종류만 있고[50] 본회의에서 토론 시간이나 수정안 제안에 제약이 없다. 하원에서는 정해진 규칙과 다수결 원칙을 엄격히 따르지만 상원에서는 의원들 간 협의조정과 만장일치 원칙을 중요시한다. 다섯째, 상하 양원간 조정이다. 상원과 하원에서 통과시킨 내용이 다를 경우 양원합동위원회에서 조정한다.

나. 정당간 조정기구

미국 의회에서 법안내용에 대한 정당간 갈등 해결의 일반적 방법은 하원에서는 다수결 투표이고, 상원에서는 비공개 협의조정이다.[51] 그러나 하원에서도 협의조정이

---

49) 세입세출관련 법안들(Privileged Bills)은 Union Calendar에, 주요 쟁점 법안들(Major Bills)은 House Calendar에, 비쟁점 법안들(Noncontroversial Bills)은 Consent Calendar에 등록한다.

50) Calendar of General Orders와 Executive Calendar가 있는데, 모든 법안은 전자에 등록되고 후자에는 조약과 임명동의안만 등록된다.

51) 상원에서 타협의 정치가 지배적인 이유는 비중이 큰 소수 정치인들로 구성되어 있어서 의원들 간에 상호존중의 전통이 정착되어 있을 뿐만 아니라 필리버스터제도(filibuster)가 도입되어 있기 때문이다. 쟁점법안에 대해 소수당이 필리버스터를 구사하면 다수당 리더들은 타협에 나서지 않을 수 없다.(Oleszek, 1989: 222) 하원에서 다수결 정치가 지배적인 이유는 하원이 규모가 크고 복잡하여 공식적인 엄격한 절차와 규칙에 따라 움직일 수밖에 없기 때문이다.

이뤄진다. 상원과 하원의 다수당이 다르면 하원 다수당이 일방 처리한 법안이 상원 다수당에 의해 거부되고, 상하원 다수당이 동일하더라 하원에서 타협 없이 다수결 처리하면 상원에서 반대당이 필리버스터를 구사하여 무산시킬 수 있기 때문이다.

미국 의회에서 집권당과 반대당 간 이견이 발생할 경우 언제 어느 기구가 나서는가? 법안내용에 대한 다수당과 소수당 간 이견조정은 먼저 상임위원회에서 이루어진다. 소위원회는 청문회와 토론이 끝나면 '마무리 회합(mark up session)'을 열어 정당간 조정을 시도하고(Oleszek, 1989: 101), 조정이 안 되면 상임위원회에서 각 정당들이 자당 의원들은 물론 상대당 의원들도 지지할 수 있는 수정안을 수차례 제출하여 상대당이 그 중 하나를 수용토록 하는 자율조정(mutual adjustment)을 시도하며, 자율조정이 안 되면 여야고참회의와 상임위원장이 나서 조정한다. 다수당과 소수당 간 2차 조정은 본회의에서 이루어진다. 본회에서도 일반토론 후 수정안을 수차례 제안해 자율조정을 시도하고, 자율조정이 안 되면 양당 원내총무들과 원내대표들이 순차적으로 나서서 협의조정을 하고, 그래도 타결이 안 되면 다수결 투표를 한다.

따라서 미국에서 쟁점법안에 대한 정당간 조정기구와 그 조정방식은 다음과 같다.

첫째, 상임위원회 여야고참회의이다. 상임위원회에 각당 간사가 존재하지 않아 양당간 조정은 각당을 대표하는 고참의원 간에 이루어진다. 다수당 고참의원은 상임위원장이다.

둘째, 상임위원장이다. 상임위원장은 법안심사를 촉진 혹은 지연시킬 수 있고 법안내용을 수정할 수도 있다(Oleszek, 1989: 93-94). 즉 상임위원회는 다수당 최고참 의원으로서 소수당 최고참 의원과 협의조정하기도 하고, 상임위원회 의장으로서 다수당 의견에 소수당 의견을 약간 반영한 타협안을 마련하여 투표로 확정지을 수도 있다.

셋째, 원내대표회담과 원내총무회담이다. 원내대표회담은 다수당 원내대표(majority floor leader)와 소수당 원내대표(minority floor leader) 간 회담으로서 법안내용에 관한 정당간 갈등은 최종적으로 이 회담에서 조정하는데, 원내대표들이 당론을 정하고 당론 법안의 의회통과에 최종책임이 있기 때문이다. 원내대표회담이 열리기 전에 원내총무들이 먼저 조정을 시도한다.

넷째, 본회의 의장이다. 하원의장은 법안내용에 대한 토론과 투표에 가급적 개입하지 않지만, 쟁점법안의 결과에 영향을 미칠 수 있을 때만 발언하고 가부동수일 경우에 확정투표(casting vote)를 한다(Oleszek, 1989: 31). 상원의장도 원칙적으로 표결권이 없으나 가부동수일 경우에만 표결권을 행사한다(Peabody, 1983: 129).

이들 조정기구 가운데 중추적인 기구는 하원에서는 상임위 여야고참회의와 본회의 원내대표회의이고, 상원에서는 본회의 원내대표회의이다. 미국 하원은 상임위원회 중심주의를 채택하고 있어서 상임위원회에서 폐기하거나 보류한 법안은 본회의에 상정되지 않는다. 상임위원회에서 마련한 수정안이나 대안은 자율조정의 결과이거나 여야고참들이 조정한 결과이다. 상임위원회를 거친 법안에 대해 본회의에서 논란이 재현되면 원내대표들이 조정하고 실패하면 다수결 처리한다. 그러나 상원에서는 상임위원회 중심주의가 강하지 않다. 상원 본회의에서 상임위원회 조정을 얼마든지 수정할 수 있다(Oleszek, 1989: 211). 더군다나 상원 본회의에는 필리버스터 제도로 인해 소수당이 다수당 법안을 무산시킬 수 있다. 따라서 상원에서 법안을 통과시키기 위해서는 본회의 단계에서 정당간 협의조정이 반드시 필요하다(Oleszek, 1989: 220). 상원에서 원내대표회담이 중요한 이유는 여기에 있다.

(2) 영국

가. 의회, 정당 및 입법과정

영국 의회도 양원제이다. 하원(House of Commons)은 선출직 의원들로 구성되고, 상원(House of Lords)은 성직자, 고위법관, 귀족 등으로 구성된다. 권력의 중심은 하원에 있고, 상원은 보완적인 역할[52]을 한다. 하원은 의장 1명, 일반부의장 2명, 특임부의장 1명, 다수 위원회들로 구성된다. 의장은 총리가 야당과 협의하여 선출한 집권당 다선 의원 출신이고, 한 번 선출되면 은퇴할 때까지 봉사한다. 일반부의장 1명은 제1야당에게 할당된다. 위원회로는 일반위원회(General Committee), 특별위원회(Select Committee), 대위원회(Grand Committee)가 있다.[53] 일반위원회로는 상임위원회와 전원위원회가 있다. 전자는 매 법안마다 법안관련 내각장관과 그림자내각장관, 각당 원내총무 및 의원 등 16~50명으로 구성되고[54] 심의가 끝나면 해산되며, 위원장은 의장이 선임한다(Silk & Walters, 1987: 125). 후자는 하원의원 전체로 구성되어 세입세출법안을 심의하며 위원장은 특임부의장이 담당한다. 한편, 상원도 의장 1명, 부의장 2명,

---

52) 상원은 법안에 대해 넓은 시각에서 논의하고, 하원이 시간 부족으로 개최하기 어려운 공청회를 개최한다거나 하원에서 대강 검토한 법안들의 내용들을 세세하게 검토하는 경우가 많다(Birch, 1986: 51). 또한 사회적 갈등이 커 하원 의원들이 논의를 기피하는 이슈들을 논의한다(SO, 1994: 30-31).

53) 일반위원회는 법안을 심의하는 상임위원회이고, 특별위원회는 부처별로 설치되어 해당 부처의 정책, 지출, 행정관리 등에 관해 조사하고 전문가들로부터 의견을 수집하여 보고함으로써 행정부에 대한 하원의 감시 통제를 지원하는 상설 위원회이다. 지역문제를 논의하는 대위원회는 Welsh Committee, Scottish Committee, Northern Ireland Committee가 있다.

54) 의원들은 관심사와 이해관계에 따라 배정되고, 여야비율은 원내의석비례에 따른다.

다수 위원회들로 구성된다. 의장은 총리가 임명하는 내각장관이 담당하고, 법무장관과 대법원장을 겸임한다. 상원에도 전원위원회, 대위원회 및 특별위원회가 있다.55)

영국 하원에는 보수당과 노동당 및 여타 군소정당들이 의석을 차지하고 있다. 양대 정당의 내부구조는 약간 다르고 당 정책결정과정은 상당히 다르다.

보수당은 당총재(Party Leader), 당의장(Party Chairman), 그림자내각(Shadow Cabinet), 당무회의(Conservative Party Board), 정책분과위원회, 의원총회, 중앙당사무처 등으로 구성되어 있다.56) 보수당의 정책은 총재가 그림자내각장관들과 협의하여 결정한다. 평의원들은 정책분과위원회57)와 의원총회를 통해 간접적으로 참여할 뿐이다.

노동당도 당총재, 당의장, 그림자내각, 전국집행위원회(National Executive Committee), 전국정책포럼(National Policy Forum), 의원총회, 중앙당사무처 등으로 구성되어 있다. 의원총회 산하에는 원내대책위원회와 정책분과위원회 및 원내총무단이 있다. 노동당의 기본정책은 원외기구인 전국정책포럼58)이 주도하여 만들지만, 의회 입법안은 원내기구

---

55) 상원 전원위원회는 쟁점법안을 심의하고 다수결 원칙을 적용하며, 대위원회는 비쟁점법안을 심의하고 만장일치제를 적용한다. 특별위원회는 중요 이슈들에 대해 조사 보고하고 경제문제, 과학기술문제, 유럽문제, 헌법문제 등 문제영역별로 설치된다.

56) 당무회의는 당내 하부기구들의 대표자로 구성되어 당의 일상업무에 대한 최고 의사결정기구이고, 당의장은 원외 당조직을 관리하고 중앙당사무처를 감독하는 자이며, 의원총회는 평의원들의 회의로서 당내 평의원들의 입장을 대변할 뿐 당정책을 결정하는 기구는 아니다(SO, 1996: 63). 지역별 이슈별 의원그룹들은 자발적인 집단으로서 종종 당론을 이탈하여 독자적인 입장을 견지하기도 한다. 원내총무는 노동당 원내총무와 심의안건과 의사일정을 협의조정하고, 원내부총무들은 특정 지역과 정책영역에 따라 조직되어 각자는 특정지역 하원의원 20~30명씩 감당한다(Silk & Walters, 1987: 47-48; SO, 1996: 63). 평의원들의 여론을 수집하여 당 지도부에 전달하며, 소속의원들이 당론에 따라 투표하도록 독려한다.

57) 정책분과위원회들은 정부부처에 상응하게 설치되어 고정멤버 없이 의원이면 누구나 참석해 당정책을 논의하는 기구이다.

58) 전국정책포럼은 정기적 회합을 갖고 당내 정책형성과정을 관리하며, 당정책에 관한 보고서나 초안에 대해 논의를 하고 필요하면 수정한다. 지구당, 노동조합, 전국집행위원회, 의회의원, 지방정부 및 각 유관조직에서 보낸 대표자 등 약 190명으로 구성된다. 산하에 지역정책포럼(Policy Forum)과 정책협의회(Policy Commission) 및 합동정책위원회(Joint Policy Committee)를 두고 있다. 지역정책포럼은 전국 지역별로 당원들이 지역현안에 대한 논의를 하는 기구이고, 정책협의회는 6개 정책분야에 구성되어 정책보고서를 작성한다. 합동정책위원회는 당총재(총리), (그림자)내각, 전국집행위원회 및 전국정책포럼의 핵심멤버들로 구성되어, 전국정책포럼의 정책개발활동을 조율한다(http://www.labor.org.uk/partnership-in-power-institutions).
노동당 내 정책형성의 절차는 다음과 같다. 첫째, 각 정책협의회(Policy Commission)는 당내 스탭과 장관들의 도움을 받아 해당 분야에서 정책보고서를 작성하여 전국정책포럼(National Policy Forum)의 승인을 받은 후, 지역정책포럼, 지구당과 노동조합 등에 배포하여 당원들의 의견을 수렴한다. 둘째, 정책협의회가 수렴된 의견들을 검토하여 수정보고서를 작성한 후 통합정책위원회(Joint Policy Committee)에 보고하면, 통합정책위원회는 수정보고서 내 어떤 쟁점에 대해 토론

들인 정책위원회, 의원총회, 원내대책위원회가 주도하여 마련한다.[59] 원내대책위원회는 당총재, 의원총회 의장, 원내총무, 주요 당 리더들로 구성된 그림자내각으로서 당정책의 윤곽을 정하고 중요한 결정을 한다(Silk & Walters, 1987: 50; Davis, 1989: 112; SO, 1996: 64).

보수당과 노동당 양당이 주도하는 영국 의회내 입법과정은 다음과 같다.

첫째, 법안 제출이다. 내각과 의원이 법안을 제출할 수 있다.[60] 예산이나 세제와 관련된 법안, 정치적 쟁점법안은 하원에 먼저 제출한다(Silk & Walters, 1998: 117). 그러나 정치적 쟁점이 없는 기술적인 법안, 법적 문제를 취급하는 법안 등은 상원에 먼저 제출한다. 둘째, 하원 본회의 제1차 심의이다. 법안을 제안한 내각장관 혹은 의원이 법안의 취지와 목적, 주요 내용을 설명하고, 여야당간 이견이 있으면 논쟁을 벌인다. 의원들은 반대하거나 수정할 수 있고, 반대가 있으면 표결에 부친다. 셋째, 위원회의 세부심의이다. 본회의 1차 심의를 통과한 법안들은 상임위원회에 회부된다. 그러나 헌법적으로 중요한 법안, 긴급한 처리가 필요한 법안, 논란의 여지가 없는 법안 등은 전원위원회에 회부된다. 위원회는 조항별로 검토하여 통과, 수정, 신설 등을 할 수 있다. 본회의 1차 심의를 통과한 법안은 원칙적으로 가결된 것으로 보기 때문에 위원회 단계에서 부결시키거나 원칙을 수정하거나 중요 조항을 삭제하는 것은 허용되지 않는다(박영도, 1994: 127; 임종훈, 2012: 53). 넷째, 본회의 제2,3차 심의이다. 상임위원회에서 올라온 수정법안을 재검토한다. 의원들과 정부는 또다시 수정안을 제시할 수 있다. 이 경우 의장은 어느 수정안들을 토론에 부쳐 표결할지를 결정한다. 제3차 심의에서는 수정안을 제시할 수 없고 자구 수정을 한 다음, 최종 투표하여 의결한다. 다섯째, 상원의 심의이다. 하원에서와 유사한 절차를 밟는다. 다만, 몇 가지 차이가 있다. 모든 수정안

해야 할지를 정하여 전국정책포럼에 상정한다. 셋째, 전국정책포럼은 쟁점들에 대해 토론을 하고 필요하면 추가수정을 하여 전당대회에 보고한다. 넷째, 매년 1회 개최되는 전당대회에서 승인하면 정책보고서는 확정된다. 노동당은 이 절차에 따라 3년에 걸쳐 기본정책을 작성하는데, 첫해에 상기절차에 따라 당면도전들에 대한 보고서를, 다음해에 상기절차에 따라 도전들에 대한 해결전략 보고서를, 마지막 해에 상기 절차에 따라 도전과 목표와 해결책을 담은 최종보고서를 작성한다. 이 최종보고서가 노동당의 기본정책이고, 이에 따라 선거공약을 마련한다. (http://www.labor.org.uk/policydevelopmentcycle)

59) 정책분과위원회가 전국정책포럼에서 작성한 기본정책에 입각하여 입법안 초안을 마련하면, 의원총회에서 논의하고 수정한 후 원내대책위원회에서 최종 결정한다.

60) 영국에서는 평의원이 법안을 제출하기가 정말 쉽지 않다. 의회 의사일정을 내각에서 작성하고 통제하는데 내각에서 회기내 심의시간의 약 80%를 정부제출법안 심의에 할당하여 의원제출법안을 심의할 시간이 매우 짧기 때문이다. 그리하여 평의원들을 상대로 추첨과 투표를 통해 법안제출 권한을 할당한다. 재정관련 법안을 제안할 때는 사전에 정부의 동의를 받아야 한다.

들에 대해 시간제한 없이 토론할 수 있다. 그러나 예산 및 조세 관련 정부법안은 수정할 수 없고, 하원을 통과한 정부법안이 선거공약 이행을 위한 것이면 수정할 수는 있어도 거부해선 안 된다(Silk & Walters, 1998: 143-144). 일곱째, 상하원 교차검토와 수렴이다. 상원이 수정하면 대부분 하원이 수용하여 법률로 확정된다(Birch, 1986: 51-52). 양원간 입장이 다르면 교대로 심의하여 합의되면 법률로 확정된다.

나. 정당간 조정기구

영국 하원에서 집권당과 반대당 간 쟁점법안 조정 제도와 관행은 잘 발달되어 있지 않다. 이유는 두 가지이다. 첫째, 제1당과 제2당이 정당책임론에 입각하여 다수결 원칙을 따르기 때문이다. 집권당이든 반대당이든 당내 규율과 응집력이 강해 평의원들이 당론에 따르기 때문에[61] 하원은 타협과 합의의 장소가 아니라 대결과 표결의 장소이다. 둘째, 내각과 집권당이 하원 의사일정은 물론 입법토론까지도 철저하게 통제할 수 있는 규칙과 관행을 갖고 있어서[62] 정부법안을 별다른 수정없이 통과시킬 수 있기 때문이다(Birch, 1986: 131).

그럼에도 불구하고 집권당은 항상 다수결로 밀어붙이지는 않고 반대당과 협의조정을 한다. 이유는 다음과 같다. 첫째, 법안통과를 용이하게 하기 위해서이다. 이를 위해 집권당은 반대당과 협의하여 수정안을 마련하는 경우가 많다(Silk & Walters, 1998: 141). 둘째, 반대당이 상원에서 집권당 법안을 거부·수정할 수 있기 때문이다. 상원에는 명예직이 많아 참석하는 의원들이 많지 않고, 정당에 얽메이지 않는 중립적 의원들이 많으며, 관행상 수정안을 자유롭게 제시하여 시간제한 없이 토론할 수 있어서, 반대당이 우호적인 상원의원들을 동원하고 중립적인 의원들을 설득하여 다수를 형성하면 정부법안을 좌절시킬 수 있다(Silk & Walters, 1998: 140; Birch, 1986: 51-52).

집권당과 반대당 간 이견조정은 어디에서 어느 채널을 통해 시도되는가? 하원 입

---

61) 그러나 선거구 이해관계, 신념, 판단의 차이 등으로 당론을 따르지 않는 경우가 있다. 이 경우 당론에 반대 투표할 의원들은 먼저 원내총무단에 그 이유를 설명해야 한다. 원내부총무들은 먼저 반대의원을 설득하고, 실패하면 해당 장관과 의원 간 면담을 주선한다. 장관은 정책내용을 좀 더 명확히 설명함으로써 반대의원을 설득한다. 그래도 설득되지 않으면 당원들로 하여금 반대의원을 비판하게 하거나 다음 선거에서 당공천을 주지 않겠다거나 정부요직에 배려하지 않겠다는 방법으로 압력을 가한다(Davis, 1989: 142-143).

62) 영국에서는 의회담당 내각장관(하원담당 내각장관, 상원담당 내각장관)이 상정할 안건들과 심의일정을 정한다. 또한 영국 하원은 입법심의기간의 3/4를 정부여당이 제안한 법안들에 투입하는 반면에 야당과 평의원들이 제안한 입법안들에는 1/4만 할당하고 있다(박찬표, 2002: 171-172; 정대화 외, 2003: 42-43).

법과정에서 법안이 최초로 수정될 수 있는 곳은 제1차 본회의 심의 단계이다. 이 단계에서 법안내용의 목적과 기본원칙이 정해지는데, 표결 직전에 정당간 조정을 통해 타협안이 만들어지기도 한다. 이때 정당간 조정에 내각장관과 그림자내각장관이 관여한다. 두 번째로 수정될 수 있는 곳은 상임위원회 심의 단계이다. 이 단계에서는 축조심의를 통해 구체적 내용을 정하는데, 마찬가지로 표결 직전에 내각장관과 그림자내각장관이 재차 협의조정하고, 드물게는 상임위원장이 중립조정한다. 세 번째 마지막으로 수정될 수 있는 곳은 본회의 최종심의 단계이다. 이 단계에서도 각 당은 협의조정을 통해 수정안을 만들 수 있다. 이 협의조정에 본회의 의장이 간여한다.

따라서 쟁점법안을 둘러싼 집권당과 반대당 간 조정기구들은 다음과 같다.

첫째, 본회의와 상임위원회에서 정부내각장관과 그림자내각장관 간의 회담이다. 영국 하원에서 여야당간 가장 중요한 협의조정기구이다. 둘째, 상임위원장이다. 상임위원장은 수정안들 가운데 어느 것을 토론하여 표결할지를 정하고 가부동수일 때는 확정투표(casting vote)를 할 수 있다(Silk & Walters, 1998: 125). 셋째, 하원의장이다. 하원의장은 당파를 초월하여 중립성과 공정성을 유지한다.[63] 그럼에도 불구하고, 하원의장은 집권당과 반대당 리더들 간 협의조정을 종용하고(SO, 1996: 66), 양당 입장을 균형 있게 반영한 수정안을 토론에 부칠 수 있으며, 가부동수일 때 확정투표를 할 수 있다(Silk & Walters, 1998: 22, 68).[64]

영국 하원에서 쟁점법안에 대한 정당간 조정의 중추기구는 정부내각장관과 그림자내각장관 간 회담 및 하원의장이다. 본회의 1차 심의와 상임위 심의에서 정당간 이견은 법안관할 정부내각장관과 그림자내각장관이 최종 조정한다. 양자 협의에서 타결되지 않으면 여당은 본회의 1차 심의 단계에서 다수결 투표를 통해 법안의 기본골격을 유지하고 상임위원회 단계에서 야당의 요구를 부분적으로 수용하는 경향이 있다. 하원의장은 본회의 2차 회의에서 첨예한 쟁점법안 조정에 결정적인 역할을 한다.

---

63) 이를 위해 하원의장은 소속당과 관계를 끊고 순수한 무당파 의원으로 활동한다(Silk & Walters, 1998: 20).

64) 상원의장은 양당간 조정역할을 하지 않는다. 투표에 회부할 수정안을 선택할 재량권이 없고, 가부동수일 때에 casting vote도 행사할 수 없다. 내각 법무장관으로서 정부법안에 대한 찬성토론하고 투표도 하기 때문이다(Silk & Walters, 1998: 25, 138: SO, 1996: 34, 69).

(3) 프랑스

가. 의회, 교섭단체 및 입법과정

프랑스 의회도 양원제이다. 하원인 국민회의(L'Assemblée nationale)는 국민을 대표하고, 상원인 원로원(Le Sénat)은 지방자치단체를 대표한다. 하원과 상원의 권한은 유사하지만, 하원의 권한이 좀 더 넓고 이견이 있으면 하원 의견이 우선한다. 각 원은 의장단, 의사협의회(Conférence des Présidents),[65] 본회의, 각종 위원회, 사무처 등으로 짜여져 있다. 상임위원회[66]는 위원장, 부위원장, 개별법안전담위원(Rapporteur) 및 지원스탭에 의해 운영되는데, 위원장은 다수당에서 차지하고 부위원장들은 안배한다. 개별법안전담위원은 상임위원장이 각 당 원내대표들과 협의하여 상정 법안에 전문성이 있는 상임위원을 각 법안별로 1인명씩 임명한다. 대부분 여당 의원이 선임되나 비정치적 법안에 야당 의원이 선임되기도 한다(국회사무처 법제국, 1996: 31).

프랑스 하원과 상원은 원내교섭단체간 협의에 의해 운영된다. 프랑스 의회는 과거에 중도우파 국민운동연합(Union pour Mouvement Populaire)과 중도좌파 사회당(Parti Socialiste)이 주도했으나, 최근에는 새로 창당된 중도파 진보공화당(La République En Marche)과 국민운동연합의 후신인 공화당(Les Républicans)이 주도하고 있다. 각 교섭단체는 원내대표단, 의원총회, 집행위원회, 작업반, 사무국 등으로 구성된다. 의원총회는 원내 주요 직책에 자당 후보자들을 선정하고, 심의 중인 법안에 대해 교섭단체의 입장을 정한다. 집행위원회는 원내대표와 부대표, 당소속 의장과 부의장 및 상임위원장 등으로 구성되어, i) 정치적으로 중요한 법안을 검토하고 교섭단체 수정안을 결정하며, ii) 개별법안전담위원 및 각종 회의에서 당을 대표하여 발언할 자를 선정한다. 작업반은 의원들로 구성되는 임시기구로서 특정법안에 대해 조사연구하고 의견을 수렴하여 검토안을 마련한다. 원내대표는 의원총회와 집행위원회의 의장으로서 의원들을 상임위에 배정하고, 당의 입장과 전략을 정하며, 의사협의회에 참석하여 본회의 의사일정을 협의한다.

프랑스 의회의 입법과정은 다음과 같다.[67]

---

65) 의장, 부의장, 상임위원장, 각당 원내대표, 의회관계장관 등으로 구성되어 본회의 상정의제와 심의일정, 토론방식, 법안당 심의기간과 교섭단체당 발언시간 등을 정한다(Rules of procedure of the National Assembly, Article 47,48,49.)

66) 상임위원회는 하원과 상원에 각각 8개와 7개 설치되어 있다.

67) Rules of procedure of the National Assembly, Article 81–115. Standing Orders of The

첫째, 법안의 제출과 수리이다. 정부(총리)와 의회의원이 법률안을 제출할 수 있다. 법안은 어느 원에 제출해도 된다. 다만, 재정관련 법안은 하원에 먼저 제출해야 하고, 지방자치단체 구성에 관한 법안은 상원에 먼저 제출해야 한다. 법안이 제출되면 의장은 의사협의회를 소집하여 법률안 수리여부를 결정한다. 법안내용이 법률로 규정할 수 있는 사항인 경우에만 수리한다.[68] 의원제출법안이 공공부담을 신설 혹은 가중시킬 경우 수리가 거부된다.

둘째, 개별법안전담위원의 예비검토이다. 법안이 상임위원회 혹은 특별위원회에 회부되면 개별법안전담위원은 법안을 검토한 후 청문회를 개최하거나 기타 방법으로 수집한 정보, 각 교섭단체 작업반의 의견, 그리고 자신의 판단에 입각하여 원안통과, 수정안작성, 원안부결 등의 의견을 담은 검토보고서를 작성한다(김정화, 1999: 8).

셋째, 상임위원회의 심의이다. 개별법안전담위원이 법안의 목적을 설명하고 자신의 의견을 제시하면, 상임위원들이 개별법안전담위원과 질의응답을 벌이고, 이어서 조항별로 심의한다. 조항별 심의에서는 상임위원들이 개별법안전담위원 제안에 수정안을 제안하기도 한다. 상임위원회는 투표를 통해 원안 가결·수정·부결 등의 결론을 낸다. 개별법안전담위원은 상임위원회 논의 내용과 결론을 보고서로 작성하여 본회의로 보낸다.

넷째, 본회의 심의이다. 먼저, 개별법안전담위원이 상임위원회의 심의결과와 자신의 검토보고서를 보고한다. 본회의는 상임위원회의 결론에 따라 법안에 대한 처리를 달리한다. 즉 상임위원회가 수정안을 제시했으면 본회의는 수정안을 심의하고, 상임위원회가 원안을 가결했으면 본회의는 원안을 심의한다. 상임위원회가 법안을 부결시켰으면 본회의는 수용여부에 대해 투표를 하고 수용되지 않으면 원안을 심의한다. 본회의 총괄심의에서는 정부위원, 개별법안전담위원, 각당 대표 상임위원들이 기본입장을 표명하고, 세부심의에서는 조항별 심의와 표결을 진행한다. 의원들은 물론 정부와 상임위원회도 수정안을 제안할 수 있다. 각 수정안에 대해서는 제안자, 개별법안전담위원, 부처 장관, 반대의원 순으로 발언한 후, 표결을 통해 채택여부를 결정한다. 마지막으로, 법안 전체에 대해 투표한다. 본회의 단계에서는 쟁점법안들이 다수결 처리된다.

Senate, January 2007.
  http://www.assemblee-nationale.fr/english/synthetic_files/file-24, 32, 35.asp.
  http://www.senat.fr/role/fiche/exam_com.html.
68) 제5공화국은 일정한 사항들만 법률로 규정토록 하고 나머지는 행정명령으로 규정토록 하여 의회의 입법권을 제한하고 있다.

다섯째, 상원에서의 심의이다. 하원과 유사한 절차에 따라 심의한다. 하원과 상원에서 통과시킨 법안내용이 서로 다를 경우 교대로 심의한다. 합의가 이루어지지 않으면 양원합동회의를 소집하여 합의를 도출한다.

나. 정당간 조정기구

프랑스 교섭단체들은 상정된 법안에 대해 자신들의 입장을 정하는데, 그 시점은 상임위원회 상정 직후와 본회의 상정 직전이다. 상임위원회 상정 직후에는 각 교섭단체들은 작업반을 구성하여 상정 법안을 검토한 후 교섭단체 집행위원회와 상의하여 교섭단체의 입장을 정하고, 본회의 상정 직전에는 원내대표가 의원총회를 소집하여 상임위원회를 통과한 법안에 대해 교섭단체의 공식입장과 원내전략을 정한다.[69] 이렇게 정해진 각 교섭단체의 입장을 조정하는 데 관여하는 조정기구는 다음과 같다.

첫째, 개별법안전담위원이다. 교섭단체간 1차 조정자인 개별법안전담위원은 상임위원회 상정 법안에 대해 각 정당의 작업반 대표들과 협의하여 각 당의 의견을 수렴하고 이견이 있으면 조정한다. 개별법안전담위원의 수정안은 교섭단체들의 이견을 조정한 결과이다.

둘째, 상임위원장이다. 상임위원회 심의과정에서 각 교섭단체들이 상반된 수정안을 제안하면 개별법안전담위원이 조정하고, 조정이 잘 안 되면 상임위원장이 나서서 교섭단체간 합의를 종용한다. 그러나 상임위원장은 확정투표권이 없어 가부동수이면 부결된다.

셋째, 원내대표회의이다. 본회의 과정에서 교섭단체간 1차 조정자는 개별법안전담위원과 상임위원장이다. 이들은 본회의 심의과정에서 상임위원회 합의안을 관철시키기 위해 상임위원회안의 골격을 유지하면서 각 교섭단체의 입장을 반영하여 조정한다. 그러나 상임위원장과 개별법안전담위원의 노력에도 불구하고 교섭단체간 이견이 여전할 때는 원내대표들이 나서서 조정한다.

넷째, 본회의 의장이다. 본회의 토론과 표결에 참여하지는 않지만, 정당들의 입장이 평행선을 달리면 합의를 촉구한다. 그러나 확정투표권은 없다.

이들 정당간 조정기구 가운데 중추기구는 개별법안전담위원과 상임위원장, 그리고 원내대표회담이다. 대다수 쟁점법안들이 개별법안전담위원과 상임위원장 주도로 조정된다. 그러나 교섭단체간 이견이 첨예할 쟁점법안들은 원내대표들이 직접 개입하

---

69) The Penary Sitting. p.6.
　　(http://www.assemnlee‑nationale.fr/english/synthetic_files/file‑36.asp.)

여 타결한다.

(4) 독일

가. 의회와 교섭단체 및 입법절차

독일도 양원제를 채택하고 있다. 연방하원(Bundestag)은 국민을 대표하는 선출직 의원들로 구성되고, 연방상원(Bundesrat)은 주정부가 임명한 의원들로 구성된다. 연방하원은 입법을 하고, 연방상원은 주정부의 입장에서[70] 연방정부 제출 법안을 사전심사하고 연방하원 통과 법안에 대해 동의 혹은 거부 혹은 이의제기를 한다.[71]

하원 의장단은 의장 1인과 4~5명의 부의장 및 약 40여 명의 원내간사로 구성된다. 의장은 원내 제1당 출신이고, 부의장과 원내간사는 교섭단체별로 할당된다. 하원 위원회로는 상임위원회, 특별위원회, 조사위원회가 있다. 연방부처에 상응한 상임위원회는 위원장, 부위원장, 개별법안협의위원, 지원스탭으로 구성된다. 위원장들은 각 당에 안배되고 부의장은 위원장과는 다른 정당에 할당된다. 개별법안협의위원은 상임위원장이 각 법안마다 교섭단체별로 한 명씩 추천받아 임명하는데, 상임위원장과 함께 상임위원회 심의 절차를 관리하고 심의의 결론을 도출한다. 하원 자문위원회인 의회간부회의(Council of Elders, Altestenrat)는 교섭단체 간부들[72]로 구성되어 하원 운영 및 법안 관련된 중요 사안들을 논의하고 조정하는 기구이다. 한편, 상원도 의장 1명, 부의장 2명, 상임위원회와 특별위원회, 사무처 등으로 구성되어 있다. 의장은 주지사들이 1년씩 순차적으로 담당한다. 상임위원회는 연방부처에 상응하게 설치하고, 필요하면 특별위원회를 설치한다.

하원은 교섭단체(Fraktion)들에 의해 운영된다. 기독교민주당(CDU)과 사회민주당(SDP)을 양대 축으로 하여[73] 자유민주당(FDP)이 중간에서 균형추 역할을 해왔다. 각

---

70) 상원의원들은 자신의 자율적 의사가 아닌 소속 주정부의 입장에 따라 투표한다.

71) 독일에서 주정부에 영향을 미치는 법안들은 반드시 연방상원의 동의를 받아야 한다.

72) 하원 의장과 부의장들, 각당 원내대표와 원내총무, 상임위원장들, 각당 고참의원들이다.

73) 독일내 중심정당으로서 기독교민주연합(CDU)은 전당대회(Bundesparteitag), 전국위원회(Bundesvorstand), 집행위원회(Prasidium), 총재(Vorsitzenden), 부총재(4), 사무처, 각 지역 지구당과 각종 직능단체 등으로 구성되어 있다. 전국위원회는 전당대회가 개최되지 않는 기간 동안 그 역할을 대신하는 기구이고, 집행위원회는 당의 수뇌부로서 전당대회에서 선출된 당총재, 부총재(4), 사무총장, 재정위원장 및 7명의 간부들로 구성된다. 당 수뇌부에서 당의 기본 정책노선과 주요 정책을 실질적으로 결정한다. 또 다른 중심정당인 사회민주당은 전당대회(Parteitag), 당무회의(Parteivorstand), 당총재(Parteivorsitzender)와 부총재(4), 사무처, 지구당 및 외곽단체 등으로 구성되어 있다. 당내 최고의결기구는 전당대회이나 실질적인 수뇌부는 당무회의이다. 전당대회는 2년마다 개최되어 당의 기본 노선을 정하고 주요 간부들을 선출한다. 당무회의는 당총재,

교섭단체는 의결기구로서 의원총회와 집행위원회 및 정책분과위원회가 있고, 집행기구로서 원내대표와 약간 명의 부대표, 원내총무가 있으며, 지원기구로서 원내스탭이 있다. 의원총회는 최고의결기구로서 i) 원내대표와 정책분과위원장은 물론 하원의장 후보, 의회간부회의 멤버, 상임위원장 후보 등을 선출하고, ii) 중요 법안에 대해 교섭단체의 입장을 정하며, iii) 정책분과위원회의 설치와 폐지를 결정한다. 집행위원회는 원내대표, 원내총무, 하원(부)의장, 정책분과위원장 등으로 구성되어 교섭단체의 활동을 기획조정한다. 정책분과위원회는 하원 상임위원회와 상응하게 설치되고 전문성을 가진 의원들로 구성되어, 하원에 제출할 법안의 초안을 잡고, 정부 부처 혹은 타 교섭단체가 제출한 법안들을 검토하여 교섭단체의 입장을 마련한다. 원내대표는 모든 원내활동을 조율하고, 의원총회와 집행위원회를 주재한다. 원내총무는 의회간부회의에 참석하여 다음 주 의회의제를 설정하고, 교섭단체 법안의 의회 통과를 지휘한다. 교섭단체 내에서 법안 마련 과정을 보면, 정책분과위원회에서 초안을 잡고 집행위원회에서 검토 수정한 후 의원총회에서 확정한다.

독일 연방의회에서 입법과정은 다음과 같다.[74]

첫째, 법안 제출이다. 연방정부, 연방상원, 연방하원의원이 제출할 수 있다. 연방정부는 연방상원의 의견서를 붙여 제출하고, 연방상원은 연방정부의 의견서를 붙여 제출하며, 연방하원의원은 교섭단체 혹은 재적의원 5%이상의 동의를 받아 제출한다.

둘째, 본회의의 개괄적 논의이다. 제안자가 입법취지를 설명한 후, 법안의 원칙과 대강을 논의한다(제1독회). 이 과정에서 정당간 이견이 있으면 각자 자신들의 입장을 표명한다. 각 정당은 입장표명만 할 뿐 법안에 대해 수정하거나 표결하지 않는다. 개괄적 논의 후 상임위원회로 회부한다. 그러나 법안이 단순하거나 긴급을 요하는 경우 출석의원 3분의 2의 동의로 곧바로 제2독회로 회부한다.

셋째, 상임위원회의 세부심의이다. 상임위원장은 개별법안협의위원들이 법안내용을 숙지한 후 각 교섭단체들이 법안내용에 대해 입장을 정하면 법안을 상정한다. 상정되면 제안자가 설명을 하고 상임위원들이 질의를 하며, 필요하면 청문회를 개최한다. 이어 각 교섭단체들이 법안에 대한 입장을 밝히고 토론을 한 다음, 조문별 심의를 진행한다. 조문별 심의에서 정부, 교섭단체, 개별의원은 수정안을 제안할 수 있다. 위원회는 원안에 대해 가결, 수정, 거부 등의 결론을 내려 본회의에 보고한다. 상임위원회

부총재(5명), 사무총장, 재정위원장 및 기타 당무위원 등 총 35명으로 구성된다.

74) http://www.bundestag.de/htdocs−e/budestag/function/legislation.

심의과정에서 개별법안협의위원들은 소속 교섭단체의 입장과 전략을 준비하여 토론을 하고, 소속 교섭단체 상임위원들이 당노선에 따르도록 종용하며,[75] 상임위원회 심의결과보고서를 작성하여 본회의에 제출한다.

넷째, 본회의 재심의와 의결이다. 본회의는 먼저 법안폐기 여부를 결정한다. 폐기하지 않기로 하면 본회의는 상임위원회 심의결과에 대해 일반토론을 하고 이어서 조항별로 집중 검토한다(제2독회). 이 과정에서 교섭단체나 개별의원들은 수정안을 제안할 수 있다. 수정안 각각에 대해 토론과 표결을 한다. 수정안들이 처리되면 법안을 전체적으로 재정비한 후 법안 전체에 대해 일반토론을 한다(제3독회). 이 과정에서는 교섭단체들만 수정안을 제출할 수 있다. 또다시 수정안에 대해 표결한 후 법안전체에 대해 투표하여 최종 의결한다.

다섯째, 연방상원의 검토이다. 해당 상임위원회의 심사를 거쳐 본회의에서 심의 의결한다.[76] 연방상원은 동의, 거부 혹은 이의제기를 한다. 동의하면 법안은 법률로 전환된다. 주정부에 미치는 영향이 커서 상원의 동의가 필요한 법안[77]인 경우 상원이 거부하면 폐기된다. 이의가 있으면 양원조정위원회를 소집해야 한다.

여섯째, 양원위원회의 조정이다. 상원이 이의제기한 법안에 대해 양원위원회를 소집하여 지지, 수정, 폐기 중 하나를 선택한다.

나. 교섭단체(원내정당)간 조정기구

독일 하원의원들은 소속정당의 당론에 따라 움직이는 경향이 강하다. 반면에, 상원의원들은 1차적으로 주정부의 이해관계에 따라 움직이고, 주정부의 이해관계가 크지 않을 때만 당론에 따라 움직인다.

독일 하원에서 법안내용에 대해 정당간 이견과 갈등이 발생할 때 집권당들이 다수결에 의해 일방적으로 통과시키는 경우는 거의 없다.[78] 민주적 의사결정이란 다수결이 아니라 다양한 이견의 공정한 반영이라는 인식 때문이다. 최후에 다수결에 의존하더라도 그 이전에 여러 정당들의 지지를 받기 위해 반대당들과 협의조정한다.

---

75) http://www.bundestag.de/htdocs-e/budestag/function/legislation/legislat/11comchair.

76) 상원 상임위원회에서 1주일 동안 법안을 집중 검토하여 권고안을 작성한다. 각 주정부 내각은 권고안에 대해 누가(대표투표위원) 어떻게 투표해야 할지를 정하고, 대표투표위원은 최종 투표하기 전에 소속 주에 유리한 결과를 만들기 위해 다른 주 대표투표위원과 협의를 통해 타협안을 만들기도 한다. 각 주정부에 할당된 숫자의 투표권을 주정부가 정한 하나의 방향으로 행사한다.

77) 주정부 관청조직이나 행정절차를 규정하는 법안, 주정부 조세와 관련된 법안 등.

78) http://www.bundestag.de/htdocs-e/budestag/function/legislation/legistat/06parlprep.

하원 원내교섭단체들은 본회의에서 개괄적 논의(제1독회)를 하기 전에 해당 정책 분과위원회의 검토를 거쳐 법안에 대한 교섭단체의 입장을 정한 다음,[79] 본회의 개괄적 논의 과정에서 각자의 기본입장을 표명한다. 여기서 드러난 입장 차이는 상임위원회 축조심의 과정과 본회의 재심의 과정에서 조정된다. 그러면 법안내용을 둘러싸고 발생하는 교섭단체간 이견은 어느 기구를 통해 조정하는가? 독일 연방하원에서는 법안 내용에 관한 조정기구와 회의운영에 관한 조정기구가 구분되어 있지 않다.

첫째, 개별법안협의회의이다.[80] 각당 개별법안협의위원들은 상임위원회 심의내용을 교섭단체에 알리고 교섭단체의 요구사항을 상임위원회에 알린다.[81] 정당간 입장차이는 상임위원회 축조심의 단계에서 개별법안협의위원들이 1차적으로 협의조정한다. 상임위원회 수정안은 대부분 개별법안협의위원들이 협의하여 조정한 결과이다.

둘째, 상임위원장이다. 상임위원장은 중립성을 유지하지만, 교섭단체간 이견이 개별법안협의위원들 사이에서 해소되지 않으면 적극적으로 중립조정에 나선다. 상임위원장은 자기 자신과 소속 정당의 입장이 무엇이든 간에 교섭단체간 오해를 불식시키고 재협의를 촉구하며 필요하면 타협안을 제시하여 이견을 해소하려고 노력한다.[82]

셋째, 원내대표회담과 원내총무회담이다. 원내교섭단체들은 상임위원회 심의를 거친 법안에 대해 본회의 재심의 직전에 의원총회를 열어 교섭단체의 입장을 재정립한다.[83] 즉 상임위원회 권고대로 따를지 아니면 수정할지를 결정한다. 이렇게 정립된 교섭단체들의 입장들은 본회의 재심의, 즉 제2독회 혹은 제3독회 과정에서 조정된다. 본회의 재심의 단계에서 교섭단체들의 입장이 서로 다를 경우에는 1차적으로 원내총무회담을 통해, 2차적으로 원내대표회담을 통해 협의조정한다(정대화 외, 2002: 68-72).

넷째, 의회간부회의이다. 의회간부회의는 하원내 교섭단체간 최고위 조정기구이

---

79) http://www.bundestag.de/htdocs-e/budestag/function/legislation/legistat/12comrec. (2012. 8. 24.)

80) 상임위원회 운영을 둘러싼 교섭단체간 이견도 개별법안협의위원들이 조정한다. 상임위원회 심의 일정 및 심의 절차 등은 의회간부회의에서 정한 상임위원회 활동계획의 틀 속에서 상임위원장이 개별법안협의위원들과 협의하여 정한다. 상임위원회 운영에 있어서 상임위원장은 재량권이 거의 없고, 교섭단체간 이견이 발생하면 1차적으로 각 교섭단체 개별법안협의위원들이 협의하여 조정한다. 개별법안협의위원들 간에 합의가 잘 이루어지지 않으면 상임위원장이 중립조정에 나선다. http://www.bundestag.de/htdocs-e/budestag/function/legislation/legislat/11comchair.

81) http://www.bundestag.de/htdocs-e/budestag/function/legislation/legislat/08comstage.

82) http://www.bundestag.de/htdocs-e/budestag/function/legislation/legislat/11comchair.

83) http://www.bundestag.de/htdocs-e/budestag/function/legislation/legistat/09committee. http://en.wikipedia.org/wiki/Bundestag.

다. 본회의 재심의 단계에서 교섭단체간 이견들이 원내총무회담과 원내대표회담에 의해 타결이 안 되면 의회간부회의에서 최종 협의조정한다.[84] 이곳에서도 타결이 안 되면 본회의에서 다수결로 처리한다. 하원 의장은 상임위원장들과는 달리 법안내용에 대한 교섭단체간 이견 조정에 나서지 않는다. 중립조정에 나서지도 않고 확정투표(casting vote)도 하지 않는다. 단지 회의를 중립적으로 진행할 뿐이다.

이들 조정기구 가운데 핵심기구는 개별법안협의위원들과 원내대표들이다. 이유는 하원 입법과정에서 각 정당의 당론이 상임위원회 심의 과정과 본회의 재심의 직전에 두 번 결정되는데, 이 당론들이 서로 다를 경우 상임위원회 단계에서는 개별법안협의위원들이, 본회의 단계에서는 원내대표들이 집중 조정하기 때문이다.

상임위원회에서 각당 의원들은 법안을 대폭 수정할 수 있고(최요환, 1986: 113; 홍승구, 1989: 106; 국회사무처 입법조사국, 1999: 227), 또한 비공개로 심의하기 때문에 언론이나 대중을 의식하지 않고 타협을 할 수 있으며, 자당의 입장을 고집하지 않고 최선의 공동노력을 경주한다(홍승구, 1989: 108). 그 결과, 법안내용을 둘러싼 정당간 이견은 대부분 상임위원회에서 조정되고 핵심조정자는 개별법안협의위원들이다.

한편, 독일 교섭단체들은 상임위원회를 통과한 법안에 대해 재차 수정 여부에 관해 당론을 정한다(홍승구, 1989: 108; 국회사무처입법조사국, 1999: 228; 박수철, 2011: 150). 이 당론들은 본회의 재심의 과정에서 부딪치는데, 정당간 주장이 접점을 찾지 못할 경우 원내대표들이 소속당의 집행위원회와 협의를 거치고 당내 해당 작업단의 도움을 받아 법안의 내용을 수정한 다음, 정당간 협의조정에 나선다. 본회의에서 정당간 이견은 대부분 원내대표회의를 통해 해소된다.

(5) 일 본

가. 의회와 정당 및 입법절차

일본도 양원제이다. 중의원은 소선거구에서 선출되고, 참의원은 지방정부를 대상으로 하는 중선거구에서 선출된다. 참의원은 중의원을 견제하기 위해 설치되었으나 시간의 흐름에 따라 견제기능이 사라지고 있다. 참의원과 중의원은 모두 국민을 대표하지만, 권한에 있어서 중의원이 참의원보다는 우월하다. 총리를 선출하고, 예산과 법안을 우선 심의하며, 참의원의 결정을 뒤집을 수가 있기 때문이다. 중의원과 참의원은

---

84) http://en.wikipedia.org/wiki/Bundestag.
   http://www.bundestag.de/htdocs-e/budestag/elders/function.html.

내부구조에 있어 유사하다. 각각 의장과 부의장 1명 및 다수 위원회가 있다. 의장은 집권당 의원이, 부의장은 제1야당 의원이 선출된다. 위원회는 상임위원회와 특별위원회가 있다. 각 위원회를 운영하는 위원장과 간사들은 교섭단체들 간에 안배한다.

원내 1, 2당인 자민당과 민주당은 내부구조와 정책결정과정이 상당히 유사하다. 당내 주요 기구로는 당역원회(고위간부회의), 정무조사회, 국회대책위원회 등이 있고, 추가로 자민당은 총무회를, 민주당은 상임간사회를 두고 있다. 당내 고위직은 당대표, 간사장(사무총장), 정무조사회장, 국회대책위원장, 총무회장 혹은 상임간사회장이다. 당내 최고의결기구는 당대회나 그 권한이 의원총회, 총무회 혹은 상임간사회, 당역원회로 순차적으로 위임되어 있다. 실질적으로는 당역원회가 최고의결기구이다.

당내 정책결정과정을 보면, 자민당 내에서는 정무조사회 산하 부회[85]에서 초안을 잡으면 정무조사회 회장과 부회장들로 구성된 '정책회의'에서 파벌들의 입장에 따라 심의 조정하고 '총무회'에서 정치적 판단을 가미하면 당정책이 완성된다. 민주당내에서도 정무조사회 산하 부회에서 초안을 잡으면 정무조사회 회장과 부회장들로 구성된 '정무역원회의'에서 심의 조정하고 '당역원회'에서 승인하면 당정책이 완성된다.

일본에서는 중의원이든 참의원이든 원내교섭단체(會派)를 중심으로 운영된다. 교섭단체를 구성해 온 주요 정당은 자민당, 민주당, 공명당 등이다. 일본 의원들은 당론에 따라 움직이는 경향이 강하다. 일본 의회에서 입법과정은 다음과 같다.

첫째, 법률안 제출과 상임위원회 회부이다. 법률안은 의원과 내각총리 및 상임위원장이 제출할 수 있다. 의원들은 소속 정당의 지원을 받아 법안을 작성하고 소속 정당의 승인을 받아 제출하는 경향이 있다(박수철, 2011: 158). 법안은 중의원과 참의원 중 어디에나 제출할 수 있으나, 관행상 예산관련 법안이나 기타 중요한 법안은 중의원에 먼저 제출한다.

둘째, 상임위원회 심의이다. 심의는 제안설명, 질의응답, 수정·토론, 표결 등의 순서로 진행된다. 제안설명 이후 필요하면 공청회를 개최한다. 의원들이 수정안을 제시하면 소위원회를 구성하여 심사한다. 토론에서는 원안 혹은 수정안에 대한 찬반 입장을 밝히는데, 대부분 당론에 따라 찬성 혹은 반대한다(하세헌, 2002: 51). 상임위원회는 원안 통과, 부대의견 결의, 원안 수정, 본회의 회부 불필요 등을 채택한다.

셋째, 본회의 심의·의결이다. 상임위원장의 심사보고 및 소수의견자의 보고, 질의응답, 찬반토론, 표결 등의 순서로 진행한다. 본회의에서도 의원들은 수정안을 제출

---

85) 정무조사회 산하 분과위원회로서 그 숫자와 관할은 국회 상임위원회에 상응하게 되어 있다.

할 수 있다. 표결은 원안보다 수정안에 대해 먼저 한다. 수정안이 가결되면 원안은 폐기되고, 수정안이 부결되면 원안에 대해 표결한다.

넷째, 참의원의 심의·의결이다. 중의원에서와 유사한 절차를 거친다. 참의원에서 수정 혹은 부결된 경우 중의원이 출석 3분의 2 다수로 재의결하거나 양원협의회가 소집되어 합의하면 법률로 성립한다.

나. 정당간 조정기구

일본 의회에서 법안을 둘러싼 정당간 협의조정 관행이 정착되어 있다. 처음부터 그랬던 것은 아니다. 그 과정을 보면 다음과 같다(Krauss et al., 1984: 246 – 257; Yamato, 1983: 35 – 376).

1950년대 중반부터 1960년대 초까지는 여야간에 다수결횡포와 극한투쟁이 반복되었다. 원인은 두 가지였다. 첫째, 압도적 다수를 차지한 집권 자민당이 본회의 의장과 상임위원장을 독점하여 야당인 사회당의 요구를 일방적으로 묵살하자 사회당이 극한투쟁으로 맞섰기 때문이다. 둘째, 이 시기 쟁점법안들이 비무장 헌법, 안보 동맹, 민주적 인권, 국가주의 교육 등 이념적이어서 서로 타협하기 쉽지 않았기 때문이다.

1960년 중반에 들어 여야는 대결과 타협을 병행했다. 이유는 지난날 의회의 파행적 운영에 대해 반성과 함께 쟁점이슈들의 성격이 변했기 때문이다. 집권 자민당은 불필요한 마찰이 줄이기 위해 막후 비밀협상을 통해 반대당들을 관리했고 야당들은 협조의 대가로 법안내용상 양보와 기타 편익을 받아냈다. 쟁점이슈들도 경제성장과 소득배가 등 이해관계이슈로 전환되어 타협의 여지가 생겨난 것이다.

1970년대에는 여야간 상호작용이 대결보다 타협으로 기울었다. 이유는 네 가지였다. 첫째, 과반수에 미달한 집권당이 자신의 법안들을 통과시키기 위해 야당과 협의해야 했기 때문이다. 둘째, 탈이념적 쟁점이슈들이 대거 등장했기 때문이다. 공해, 석유파동, 도시과밀화 등이다. 셋째, 신세대 의원들의 등장 때문이다. 이들은 당론에 따라 상대당과 싸우기보다 자신들의 소신과 전문성에 따라 움직였다. 넷째, 상임위원장들을 정당간에 분배하고 본회의 의장도 무소속으로 중립을 지키도록 했기 때문이다. 1990년대에 연립정권들이 들어서면서 정당간 소통과 타협의 정치는 확고하게 자리 잡게 되었다. 그러나 정당간 대결의 정치가 완전히 사라진 것은 아니다.

그러면 일본 의회에서 정당간 이견 조정에 어느 기구들이 관여하는가? 쟁점법안들의 조정에 나서는 기구들은 다음과 같다.

첫째, 상임위원회 간사회의이다. 상임위원회 간사회의는 회의운영뿐만 아니라 법안내용에 관한 이견 조정에도 나선다(Mochizuki, 1982: 74, 77). 법안내용에 대한 서로 다른 각당의 입장은 1차적으로 간사회의에서 협의조정한다. 상임위원회에서 통과시킨 수정안은 대부분 정당 간사들이 협의조정한 결과이다(Mochizuki, 1982: 96).

둘째, 정조회장회담이다. 정조회장은 당론 결정을 주도하고 당 정책기구인 정무조사회를 책임지는 고위간부 의원이다. 정조회장회담은 상임위원회에서 조정이 안 되는 심각한 이견이나 당론 변경이 필요한 중요한 이견을 조정하는 중심기구이다(Mochizuki, 1981: 77).

셋째, 간사장회담이다. 주요 정당 간사장(사무총장)들의 회의로서 정당간 쟁점법안들을 의회에 상정할 것인지 말 것인지, 쟁점법안들 가운데 어떤 것들을 심의 통과시키고 어떤 것들을 폐기시킬 것인지 등에 관해 협의조정하고, 필요한 경우 법안내용에 대한 조정도 한다. 법안내용을 큰 폭으로 수정해야 할 필요가 있으면 정조회장들을 참여시켜 조정한다.

넷째, 당총재회담이다. 간사장회담에서 합의에 실패하면 당총재회담에서 타결한다. 그러나 법안내용의 조정에 당총재회담이 활용되는 경우는 흔하지 않다. 그 이전에 대부분 조정되기 때문이다. 당총재회담에서도 타결이 안 되면 다수결로 처리하거나 법안을 폐기한다.

다섯째, 상임위원장이다. 상임위원회 논의과정에서 정당간 이견이 좁혀지지 않으면 간사회의를 소집하여 타협하도록 촉구하고, 합의가 안 되어 표결한 결과가 가부동수이면 확정투표를 할 수 있다(국회사무처입법조사국, 1999: 296; 하세헌, 2002: 47).

여섯째, 본회의 의장이다. 중의원 본회의 의장은 본회의에서 정당간 갈등이 해소되지 않으면 적극적으로 조정에 나선다. 즉 자신의 영향력을 활용하여 집권당으로 하여금 신축적인 입장을 취하게 하고 반대당들이 재협의에 나서도록 하며, 정조회장회담, 간사장회담 등을 주선하고 사회를 보기도 하며, 그래도 합의에 실패하면 마지막으로 제한적 집권조정을 하기도 한다(Krauss et al., 1984: 266–271).

정당간 조정의 중추기구는 상임위간사회의와 정조회장회의 및 간사장회의이다.

상임위원회 간사회의가 중심기구인 이유는 세 가지이다. 첫째, 상임위원회 중심주의를 채택하고 있기 때문이다. 법안내용에 대한 심도 있는 논의와 조정은 상임위원회에서 이루어지고 본회의에서의 심의는 형식적이다. 둘째, 상임위원회 간사들의 당내 영향력과 전문성이 상당하기 때문이다. 간사들 대부분이 소속정당 정무조사회 산하 해당 부회(분과위원회) 소속 재선 혹은 3선 의원들로서(Mochizuki, 1981: 138–139) 소속 정당 내에서 당론 결정에 참여할 뿐만 아니라 해당 상임위원회 재임기간도 길어 소관

법안들에 대해 해박한 지식을 보유하고 있다. 그 결과 정당간 이견이 크지 않은 법안들은 상임위원회 간사회의에서 조정된다. 정조회장회담이 중심기구인 이유는 정조회장들이 각 당 정책기구의 책임자로서 당내 정책 결정과 당론 형성의 실질적 주역이기 때문이다. 간사장회담이 중추기구인 이유는 쟁점법안들에 대한 첨예한 이견으로 법안심의가 중단될 경우 간사장들이 나서서 정치적 타협이나 흥정을 통해 이를 타결하는 조정기구이기 때문이다.

(6) 한국

가. 국회, 정당 및 입법과정

한국 국회는 단원제이다. 내부구조를 보면 의장 1명과 부의장 2명, 다수의 위원회가 있다. 의장은 집권 제1당 소속 의원이, 부의장은 집권당과 제1야당 소속의원이 차지한다. 의장은 국회운영의 공정성을 기하기 위해 임기동안 탈당하여 무소속으로 남는다. 위원회는 상임위원회와 특별위원회가 있다. 상임위원회는 행정 각 부처에 상응하게 설치되어 있고, 상임위원장과 간사들에 의해 운영된다. 상임위원장들은 교섭단체들 간에 안배하고, 간사는 교섭단체별로 1명씩 할당된다.

한국 국회에서는 보통 2~3개 정당이 교섭단체를 구성하나 전통적으로 양대 정당이 의회운영과 입법을 주도해 왔다. 정당들의 내부 기본구조는 유사하다. 대의기구로 전당대회와 그 수임기구로서 중앙위원회 혹은 전국위원회가 있고, 당내 의결기구로 당무회의와 의원총회, 집행기구로 당대표, 원내대표, 정책위의장, 사무처 등이 있다.

한국 국회의 입법과정은 다음과 같다.

첫째, 법률안의 제출이다. 법안은 정부와 국회의원 및 상임위원회가 제출할 수 있다. 정부가 제출할 경우 국무회의의 심의를 거쳐 대통령의 서명을 받아야 한다. 국회의원이 제출할 경우 동료 의원 10인 이상이 찬성해야 한다.

둘째, 본회의 보고 및 상임위원회 회부이다. 법률안이 제출되면 국회의장은 본회의에 보고한 후 해당 상임위원회에 회부한다. 소관 상임위원회가 분명하지 않으면 의장이 국회운영위원회와 협의하여 정한다(국회법 제81조2항). 의장은 각 당 원내대표들과 협의하여 위원회 심사기간을 정할 수 있다(국회법 제85조1항, 제83조2항).

셋째, 상임위원회 심의이다. 먼저 10일 이상 입법예고를 한 후 심의에 들어간다. 심의는 제안설명, 전문위원 검토보고, 대체토론(general debate), 공청회 개최, 소위원회 심사, 축조심사, 찬반토론, 표결 등의 순서로 진행한다.

넷째, 법제사법위원회 심사이다. 위헌여부, 여타 법률과의 충돌 여부, 조항간 충돌 여부, 용어의 적절성 등을 심사한다. 법률안의 실질적 내용은 심사하지 않는다.

다섯째, 본회의 심의·의결이다. 본회의 심의는 상임위원장의 심사결과 보고, 질의응답, 토론, 표결의 순서로 진행된다. 의원들은 수정안을 제안할 수 있고, 상임위원장 심사결과 보고 직후에 수정안에 대한 제안설명을 한다. 질의응답과 토론은 위원회 통과안과 수정안을 대상으로 동시에 진행한다. 표결은 수정안부터 하고 수정안이 부결되면 원안에 대해 한다.

나. 여야 정당간 조정기구

한국 국회는 1960년대부터 1980년대 중반까지 집권당이 과반수 이상의 의석을 차지하고 국회의장과 상임위원장을 독차지한 다음, 다수결 원칙에 의해 정부여당의 법안들을 효율적으로 처리해 왔다. 특히 권위주의체제 하에서 집권당이 쟁점법안들에 대해 충분한 논의와 타협 없이 다수결로 처리할 때마다 야당들은 다수결 횡포로 규정하고 국회를 보이코트했다. 그러나 민주화 이후 집권당들은 과거처럼 논의와 타협 없이 다수결 원칙을 일방적으로 구사하기 어렵게 되었다. 대결의 정치에서 타협의 정치로 점진적으로 이행하고 있는 중이다. 그에 따라 국회 입법과정에서 정당간 의사결정방식도 합의제형으로 변해 가고 있다.

이러한 변화의 원인은 다음과 같다. 첫째, 파행적 국회운영에 대한 국민들의 분노 때문이다. 반복되는 국회 파행과 대결의 정치로 인해 정치인들에 대한 불신이 극에 달한 일반국민들은 대통령, 광역단체장 및 국회의원 후보로 정치권 밖의 인물들을 선호하기 시작했다. 그 결과 정당들은 오로지 집권을 위한 대결의 정치를 과거처럼 전개하기가 어려워졌다. 둘째, 민주화 이후 여소야대 상황이 종종 발생하기 때문이다. 소수여당은 다수 야당과 타협을 하지 않을 수 없고, 또한 다수 야당도 집권가능성이 커진 만큼 좀 더 신중함과 책임감을 보일 필요가 있어 과거처럼 국회를 보이콧하기 어려워졌다. 셋째, 최근 국회의원들이 법안처리에 다수결 원칙의 일방적 적용을 바람직하지 않다고 생각하기 때문이다. 넷째, 2012년에 국회선진화법 통과로 중요 법안의 상정과 의결이 여야 정당간 합의 없이는 불가능하게 되었기 때문이다.

그럼에도 불구하고, 입법과정에서 대결의 정치가 지속되고 있는 이유는 무엇인가? 타협의 정치가 정착되지 못하는 이유는 무엇인가?

첫째, 정당들의 내부규율과 응집력이 강해 국회의원들이 당론에 따라 움직이는 경향이 강하기 때문이다. 둘째, 여권과 야권 간에 누적된 불신 때문이다. 장기집권과 민주화 투쟁을 거치면서 장기간 극한투쟁 과정에서 불신이 쌓였다. 셋째, 국회에 투쟁에 익숙한 사람들이 많이 진출했기 때문이다. 즉 각 정당들이 선거 승리를 위해 419세대, 63세대, 유신 세대, 486세대뿐만 아니라 검사, 변호사, 언론인 등 투쟁에 익숙한 사람들을 영입한 결과였다. 넷째, 정당들이 선거에서 국민다수의 지지를 얻기 위한 전략으로 원내 정책경쟁보다는 장외 세력대결에 의존하기 때문이다.

한국 국회에서 타협의 정치가 전개되든 대결의 정치가 전개되든 여야 정당 간에 조정은 시도되어 왔다. 그러면 여야 정당간 협의조정에 어떤 기구들이 나서는가?

2003년 이전에 법안내용을 둘러싼 갈등은 1차적으로 상임위원회 간사회의에서 조정하고, 여기서 조정하지 못하면 정책조정실장회의, 정책위의장회담, 사무총장회담, 당총재회담으로 올라가면서 조정했다. 그러나 한국 정당들이 2003~2005년에 원내정당화를 추진하고, 타협의 정치를 제도화하기 위해 2012년에 국회법86)을 개정한 이후 정당간 조정기구에 변화가 일어났다. 첫째, 원내대표회담의 조정역할이 확대된 반면, 총재회담과 사무총장회담의 조정역할이 약화되었다. 원내대표회담의 조정범위가 법안내용에까지 확대되었다. 과거 여야갈등이 첨예하게 전개될 때 막후 조정자로서 사무총장회담과 최종 조정자로서 총재회담이 중요했으나 2005년 이후 거의 활용되지 않고 있다. 둘째, 정당간 조정자로서 국회의장의 등장이다. 종전에 국회의장은 집권당 원로의원으로서 정부여당 법안들의 본회의 통과를 지원하는 역할에 치중했으나, 2005년 이후부터는 당적을 포기해야 하고 2012년부터는 중립조정자로서 나서고 있다. 셋째, 정당간 조정기구로서 안건조정위원회와 각종 연석회의가 추가되었다.

오늘날 국회 입법과정에서 정당간 쟁점법안 조정기구들은 다음과 같다.

첫째, 상임위원회 간사회의와 안건조정위원회이다. 상임위원회 간사는 상임위원회에서 각 교섭단체를 대표하는 의원으로서 교섭단체별로 1명씩 지정되어 있다. 간사회의는 법안내용에 대한 이견을 1차적으로 조정한다. 안건조정위원회87)도 2012년부터

---

86) 국회선진화법은 집권다수당이 자당 출신 국회의장의 직권상정권한을 이용하여 법안의 강행처리를 하고 야당이 이를 저지하기 위해 의사진행방해와 몸싸움을 벌이는 국회파행을 막기 위해 개정한 국회법이다. 주요 내용은 국회의장의 직권상정 요건 제한, 상임위원회에 안건조정위원회 설치, 안건 신속처리제 도입이다. 집권다수당의 일방적 법안처리를 막기 위해 국회의장의 직권상정권한 발동을 천재지변, 전시, 사변과 같은 국가비상사태의 경우와 각 교섭단체 대표들이 합의한 경우로 제한했고, 상임위원회 재적의원 3분의 1 이상이 요구하면 쟁점법안에 대해 안건조정위원회를 구성해 최장 90일간 논의할 수 있도록 했다.

87) 안건조정위원회는 상임위원회 재적 3분의 1 이상의 요구로 임시로 설치한다. 위원장 1인과 5인의 위원으로 구성한다. 조정위원 수는 상임위원장이 간사들과 협의하여 제1 교섭단체와 여타 교섭단체들 간에 균분하고, 위원장은 제1교섭단체 조정위원으로 선출한다. 조정위원회는 정당간 이견을 협의조정하여 타협안을 마련하고 조정위원 3분의 2 찬성으로 의결한다(국회법 제57조2, 2012.5.25. 신설).

표 6-7 한국 여야 정당간 조정기구와 절차의 변화

갈등 내용	2003년 이전	2012년 이후

법안내용 갈등	- 상임위 간사회의
	  → 정책조정실장회의
	  → 정책위의장회담,
	  → 당총재회담
		- 상임위 간사회의, 안건조정위원회
		  → 정책조정위원장회의, 정책위의장회담
		  → 원내대표회담
		    (원내대표·정책위의장연석회의)
		  → 국회의장

회의운영 갈등	- 상임위 간사회의, 운영위원회
	  → 원내(부)총무회담
	  → 사무총장회담
	  → 당총재회담
		- 상임위 간사회의, 운영위원회
		  → 원내(부)대표회담
		  → 국회의장

상임위원회 대체토론 과정에서 정당간 이견이 심하면 조정기구로 나설 수 있다.

둘째, 상임위원장이다. 여야간 갈등이 발생하면 타협과 합의를 유도하고 촉진하는 기구이다. 다만, 상임위원장은 당적을 보유하고 있어서 중립적 조정보다는 소속정당의 당론을 관철하려는 입장에서 조정하려는 경향이 강하다.

셋째, 정책위의장회담이다. 정책위의장들은 당론 결정의 실질적 책임자로서 법안내용과 관련된 정당들의 당론이 서로 달라 갈등이 초래될 때 조정에 나서는 기구이다. 정책위의장들이 나서기 전에 그 산하에 있는 해당분야 정책조정위원장들이 먼저 조정에 나선다.

넷째, 원내대표회담이다. 각 당 원내대표들 간의 회의로서 입법과정에서 정당간 이견에 대한 최고위 조정기구이다. 원내대표들은 각 당 국회대책의 사령탑으로서 국회운영에 관한 이견 조정뿐만 아니라 각 당내 당론 결정의 주도자로서 정당간 법안내용에 관한 이견 조정에도 관여한다. 원내대표회담 이전에 원내수석부대표들이 먼저 나서서 조정을 시도한다.

다섯째, 당대표회담이다. 각 당 최고실력자들 간의 회의로서 원내외를 막론하고 정당간에 발생하는 첨예한 이견을 조정하는 최고위 조정기구이다. 정책위의장회담, 원내대표회담 등이 결렬되어 여야관계가 교착상태에 빠질 때 타결에 나서는 기구이다. 최고위 조정기구로서 갈등해소의 방향과 원칙만 조정하고 세부적인 쟁점사항들은 후속 원내대표회담이나 정책위의장회담에서 조정한다.

여섯째, 원내대표·정책위의장연석회의이다. 주요 정당들의 원내대표와 정책위의장이 동시에 참여하는 조정기구이다. 주로 법안 내용과 심의 방식이 얽혀 갈등을 빚을 때 해결에 나서는 기구이다.

일곱째, 국회의장이다. 본회의 의장으로서 여야간 갈등이 발생하면 타협과 합의를 유도하고 촉진하는 기구이다. 국회의장은 주로 국회운영에 관한 여야간 이견과 갈등을 조정하나 법안내용에 관한 이견도 조정한다.

그러나 대한민국 국회 입법과정에서 법률안내용을 둘러싼 여야 정당간 조정을 주도하는 중추기구는 상임위 간사회의와 정책위의장회담 및 원내대표회담이다. 여야 정당간 갈등이 크지 않은 쟁점법안은 대부분 상임위원회 간사들이 조정하고, 갈등이 첨예하지만 정치적 여파가 크지 않은 쟁점법안들은 정책위의장들이 조정하는 경향이 있으며, 갈등이 첨예하고 정치적 여파도 크면 원내대표들이 타결한다.

상임위원회 간사회의가 중추기구인 이유는 i) 상임위원회는 법률안의 내용을 가장 심도 있게 검토하고 가장 큰 폭으로 수정할 수 있고, ii) 상임위원회를 통과하면 본회의에서 수정되는 경우가 많지 않으며, iii) 여야 정당간 갈등해결에는 각당 지도부의 의중이 중요한데, 간사들은 당지도부와 항상 접촉을 유지하면서 조정에 임하기 때문이다. 상임위원회 내에 소위원회나 안건조정위원회가 여야간 조정의 중추기구가 되지 못한 이유는 이들 위원들이 당지도부와 긴밀하게 연계되어 있지 않을 뿐만 아니라 간사들 간 합의가 쉽게 이루어지지 않는 경우 일단 이들 위원회로 회부하여 여야협의에 필요한 시간을 확보하는 수단으로 활용하는 경우가 많기 때문이다(이은영, 2007: 49-51).

정책위의장회담이 중추기구인 이유는 i) 정책위의장들이 쟁점법안을 둘러싼 정당간 갈등의 고비마다 당론 형성을 주도하는 당간부들로서 결자해지 차원에서 정당간 갈등해결에 적극 나서기 때문이다.

원내대표회담이 중추기구인 이유는 정치적 여파가 큰 쟁점법안들은 대부분 원내대표들이 조정하기 때문이다. 정당간 정치적 이견이 큰 쟁점법안은 상임위원회에서 조정이 안 되어 본회의 단계로 넘어가는데, 통과를 시키려는 정당과 저지하려는 정당은 본회의 상정 여부, 처리방식 등 회의운영을 둘러싸고 갈등을 빚기 마련이다. 원내문제에 관한 한 최고의사결정자로서 회의운영과 법안내용에 관한 이견을 동시에 타결할 수 있는 위치에 있는 자는 원내대표들이다. 정치적 쟁점법안들이 원내대표회담을 거치기 않고 타결되는 경우는 거의 없다.

2) 조정기구 유형별 활용

정당간 조정기구는 그 소속에 따라 의회기구와 원내정당기구 및 원외정당기구가 있다. 의회기구는 의회 소속 기구이고, 원내정당기구는 교섭단체 소속 기구이며, 원외정당기구는 교섭단체가 아닌 정당 소속 기구이다. 주요국들이 의회 입법과정에서 정당간 이견조정에 동원하는 기구들을 소속기관별로 구분하면 <표 6-8>과 같다.

표 6-8 국가별 소속별 정당간 쟁점법안 조정기구

	원내정당기구	의회기구	원외정당기구
미국	- 원내대표회담 - 상임위 고참회의	- 하원의장 - 상임위원장	-
영국	- 원내총무회담	- 하원의장 - 상임위원장	- 정부·그림자내각장관회의
프랑스	- 원내대표회담 - 개별법안전담위원	- 의회운영협의회 - 상임위원장	-
독일	- 원내대표회담 - 개별법안협의회의	- 의회간부회의 - 상임위원장	-
일본	- 원내대표회담 - 상임위 간사회의	- 하원의장 - 상임위원장	- 당대표회담 - 간사장회담 - 정조회장회담
한국	- 원내대표회담 - 상임위 간사회의 - 안건조정위원회	- 국회의장 - 상임위원장	- 당대표회담 - 정책위의장회담

모든 국가에서 정당간 이견 조정에 1차로 각종 정당대표회의들이 나서고 2차로 의회기구가 개입한다. 정당대표회의로서는 대체로 원내정당기구들이 나서지만, 영국과 일본 및 한국에서는 원외정당기구까지 개입하고 있다. 영국, 일본, 한국에서 첨예한 쟁점법안에 조정에 원외정당기구들이 나서는 이유는 두 가지이다. 하나는, 당내 정책결정의 최고실력자들이 원외정당기구의 장이기 때문이고, 이는 정당들이 집권을 위해 원내입법 경쟁보다 원외정치 경쟁을 중요시하기 때문이다. 다른 하나는, 이들 국가에서는 당내 규율이 강해 의원들이 당론에 따라 움직이는 경향이 강하기 때문이다. 쟁점법안에 당론이 개입되어 갈등이 첨예해지면 당론을 수정할 수 있는 당내 실력자들이 나서야만 조정할 수 있다.

3) 조정기구별 활용 방식

(1) 상임위원회내 협의조정기구: 간사회의와 개별법안조정기구

법안의 구체적 내용을 실질적으로 좌우하는 상임위원회 심의과정에서 정당간 쟁점법안들을 집중 조정하는 기구로서 미국, 일본, 한국은 간사회의(고참회의 포함)를 활용하고, 독일과 프랑스는 각각 개별법안협의회의와 개별법안전담위원을 활용하며, 영국은 정부·그림자내각장관회담을 활용하고 있다. 달리 말하면, 미국, 일본, 한국은 다수 쟁점법안들을 동시에 조정할 수 있는 복수법안 조정기구를 활용한 반면, 독일, 프랑스, 영국은 개별법안 조정기구를 활용하고 있다. 왜 국가간에 이러한 차이가 있는가? 왜 각국은 서로 다른 유형의 조정기구를 발전시켜 왔는가? 그 기저에는 민주주의에 대한 인식의 차이, 정당정치에 대한 인식의 차이, 국정운영체제의 차이 등이 존재한다.

미국과 영국, 그리고 민주주의 도입과정에서 미국의 영향을 많이 받은 한국과 일본에서는 민주주의를 국민다수 의사의 반영으로 인식하고, 독일과 프랑스에서는 민주주의를 다양한 의견들의 반영으로 인식하는 경향이 있다. 전자의 국가들은 각 쟁점법안을 다수결 원칙에 의해 처리하는 경향이 있고, 후자의 국가들은 각 쟁점법안을 정당간 합의제 원칙에 의해 처리하는 경향이 있다.

합의제 원칙을 선호하는 독일과 프랑스에서는 소수 야당들이라도 국민들을 대표하고 있는 만큼 매 쟁점법안마다 소수당들의 의견을 반영하려 한다. 그리하여 이들 국가들은 상임위원회에서 각 쟁점법안마다 합의처리에 적합한 개별법안협의회의 제도와 개별법안전담위원 제도를 발전시켰다. 그런데 독일과 프랑스는 민주주의를 다양한 의견의 반영이라고 인식하면서도 입법과정에 정당들의 정치적 이해관계가 깊이 침투하는 것에 대해서는 상반된 인식을 가지고 있다. 분권적 전통이 강한 독일에서는 입법과정에 다양한 정당들의 이해관계가 골고루 반영되는 것을 자연스럽게 받아들여 개별법안협의회의 제도를 발전시킬 수 있었으나, 집권적 전통이 강한 프랑스에서는 입법과정에 정치적 흥정보다는 합리적 이성이 반영되어야 한다는 인식이 강해 여야 정당들로부터 전문성을 인정받는 의원이 쟁점법안을 합리적으로 검토함과 동시에 정당들의 이견을 조정하여 반영하는 개별법안전담위원 제도를 발전시켰다.

한편, 다수결 원칙을 선호하는 미국, 일본, 한국에서도 매 쟁점법안마다 다수결 처리를 강행하면 야당들의 강력한 반발로 국정운영에 부담이 된다. 이러한 부담을 줄이기 위해 대다수 쟁점법안들을 다수결 원칙으로 처리하더라도 일부 쟁점법안에서는 야당에 대한 배려가 필요하다. 상임위원회에서 이러한 필요를 충족시킬 수 있는 조정기구가 다수 쟁점법안들을 연계해서 동시에 조정할 수 있는 상임위 간사회의이다.

그러나 영국 상임위원회는 다수결원칙을 선호하면서도 개별법안조정기구인 정부·그림자내각장관회담을 가동하고 있다. 영국이 상임위원회 조정과정에서 쟁점법안별 조정기구에 의존하는 이유는 상임위원회 설치 관행 때문이다. 즉 영국에서는 상임위원회를 매 법안마다 설치하고 심의를 마치면 해체한다. 따라서 상임위 단계에서 정당간 조정기구는 개별법안조정기구일 수밖에 없다.

(2) 본회의내 협의조정기구: 의회간부회의, 원내대표회담 및 당간부회담

본회의 단계에서 정치적 쟁점법안을 둘러싼 정당간 첨예한 갈등을 협의조정하는 기구가 국가간에 차이가 있다. 미국에서는 원내대표회담이, 영국에서는 정부·그림자내 각장관회담이, 독일에서는 원내대표회담과 의회간부회의가, 프랑스에서는 원내대표회담과 의회운영협의회가, 한국에서는 원내대표회담과 정책위의장회담이, 일본에서는 정조회장회담과 간사장회담이 핵심 조정기구들이다. 달리 말하면, 미국, 영국, 일본, 한국에서는 집권당과 제1 야당의 고위간부의원들이 조정해 온 반면에, 독일과 프랑스에서는 본회의 의장이 주도하고 부의장, 상임위원장, 각 정당 원내대표, 각당 고위간부 의원 등이 참여하는 회의체가 조정해 왔다. 국가간 이러한 차이의 원인은 어디에 있는가?

이러한 차이의 기저에도 민주주의에 대한 인식의 차이가 존재한다. 합의제 민주주의 인식이 강한 독일과 프랑스에서는 본회의 의장단과 모든 원내교섭단체 대표들이 참여하는 회의체에서 첨예한 쟁점법안들을 조정해 온 반면, 다수결 민주주의 인식이 강한 미국, 영국, 일본, 한국에서는 첨예한 쟁점법안의 다수결 처리에 따른 소수 야당의 반발을 최소화하기 위해 집권당 간부들이 야당 간부들과 협의조정을 해왔다.

정당 고위간부 의원들이 정당간 협의조정에 나서는 국가 중 미국과 영국에서는 원내대표, 원내총무 등 원내 교섭단체간부들이 나서고, 한국과 일본에서는 정책위의장, 간사장, 당총재 등 원외 당간부들이 나선다. 왜 이러한 차이가 있는가? 이 차이는 두 가지 요인에 기인한다. 첫째는, 정당간 경쟁과 갈등 양상의 차이이다. 미국과 영국에서는 야당 간부들이 쟁점법안을 둘러싼 경쟁과 갈등을 원외로 확산시키지 않는다. 그러나 일본과 한국에서는 원내에서 원외로 확산시켜 왔다. 즉 쟁점법안을 둘러싼 경쟁과 갈등이 전자에서는 여야 의원들 간 갈등으로 국한되어 왔으나, 후자에서는 사회집단들을 포함한 진영(camps)간 갈등으로 확대되어 왔다. 그 결과, 쟁점법안을 둘러싼 갈등을 조정하는데 있어 원내 상황과 원외 상황을 동시에 고려해야 한다. 둘째는, 원내기구의 위상과 역할상 차이이다. 원내기구가 미국과 영국에서는 정당의 의사결정을 주도하는 중심기구인 반면, 일본과 한국에서는 원내기구가 정당의 결정을 의회입법과정에서 관철시키는 보조기구였다. 즉 전자에서는 정당내 최고실력자가 원내기구의 장이지만, 후자에서는 원내외를 총괄하는 기구의 장이다. 따라서 본회의에서 정치적 쟁점법안의 상정과 통과 여부를 둘러싼 정당간 첨예한 갈등은 미국과 영국에서는 원내대표들이 해결해 왔으나, 한국과 일본에서는 원외기구인 정책위의장들이나 당대표들이 개입하여 해결하는 경우가 많다.

(3) 제3자 조정기구: 본회의 의장과 상임위원장

모든 국가에서 본회의 의장과 상임위원회 위원장이 사회자로서 질서 있고 원활한 법안처리를 도모하고 있다. 그러나 정당간 이견이 첨예할 때 이들이 제3자 조정자로서 보여주는 역할과 영향력은 국가별로 차이가 있다.

미국 하원의장이나 상임위원장의 제3자적 조정역할은 미미하다. 하원의장이나 상임위원장은 첨예한 쟁점법안의 원활한 처리를 위해 여야 정당에게 합의를 촉구하고, 필요하면 다수당의 법안에 소수당의 의견을 조금 반영한 수정안을 만들어 표결 처리한다. 그러나 이러한 일련의 제3자적 조정노력은 미미하고 중립적이지 않다. 이들은 모두 다수당 소속으로 자당의 법안들을 관철하려 하기 때문이다. 하원의장은 여야 원내대표들에게 합의를 요구하고 합의가 여의치 않으면 다수결로 처리한다. 상임위원장들은 정당간 이견 해소를 위해 다수당의 대표로서 소수당의 최고참의원과 협의조정에 나서며 이 협의에서도 합의가 안 되면 다수결 처리를 한다. 어느 경우에나 적극적인 제3자 조정에 나서지 않는다.

그러나 영국 하원의장과 상임위원장은 제3자로서 제한적인 조정역할을 한다. 이들은 첨예한 쟁점법안들에 대해 정당간 합의를 종용하고(SO, 1996: 66), 자신들의 판단에 따라 다수 수정법안들 가운데 어느 것을 토론하여 표결할지를 정하며, 가부동수일 때는 확정투표를 통해 갈등을 종결시킬 수 있기 때문이다(Silk & Walters, 1998: 22, 68, 125). 특히 영국에서는 하원의장의 중립적 조정역할을 보장하기 위해 하원의장으로 선출되면 소속당을 탈당하여 무당파로 활동하도록 했고, 한 번 선출되면 은퇴할 때까지 봉사할 수 있도록 하원의장을 자동 재선출하고 지역구에 상대당이 무공천하는 관행을 유지하고 있다(Silk & Walters, 1998: 20).

프랑스 하원의장의 제3자적 조정역할은 미미하지만 상임위원장은 좀 더 적극적이다. 하원의장은 정당간 갈등을 해결하기 위해 대화를 촉구하고 상호이해를 통해 합의가 이루어지도록 지원하는 정도의 역할만 한다. 그러나 상임위원장은 상임위원회 단계에서는 물론 본회의 단계에서도 교섭단체들의 이견을 수렴하고 중립조정하는 데 적극적이다.

독일 하원의장은 제3자적 중립조정을 전혀 시도하지 않지만 상임위원장은 제3자적 중립조정을 적극 시도한다. 하원의장은 중립조정을 하지도 않고 확정투표도 하지 않는다. 단지 본회의를 중립적으로 진행할 뿐이다. 반면에 상임위원장은 교섭단체간 이견이 개별법안협의위원들 사이에서 해소되지 않으면 적극적으로 중립조정에 나선다. 자기 자신과 소속 정당의 입장이 무엇이든 간에 교섭단체간 오해를 불식시키고 재협의를 촉구하며 필요하면 타협안을 제시하여 이견을 해소하려 한다.[88]

일본에서는 하원 의장은 제3자적 중립조정에 적극 나서는 반면, 상임위원장은 조정에 나서지만 중립적이지는 않다. 하원 의장은 여야 협의조정이 교착상태에 빠지면 자신의 영향력을 활용하여 집권당으로 하여금 신축적인 입장을 취하게 하고 반대당들이 재협의에 나서도록 하며, 정조회장회담, 간사장회담 등을 주선하고 사회를 보기도 하며, 그래도 합의에 실패하면 마지막으로 제한적 집권조정을 하기도 한다(Krauss et al., 1984: 266-271). 하원 의장이 이렇게 할 수 있는 이유는 세 가지이다. 첫째는, 취임과 동시에 탈당하여 의회운영의 공정성을 기하기 때문이다. 둘째는, 여야당에 대한 영향력이 있기 때문이다. 무소속 의원이지만 원래 집권당에서 당총재에 도전할 수 있을 만큼 실력자인 경우가 많아 여야당에 대한 영향력이 있다. 셋째, 여야 정당간 쟁점법안들을 표결에 붙이고 가부동수일 때 확정투표(casting vote)를 할 수 있기 때문이다(하세헌, 2002: 44). 한편, 상임위원장은 정당간 합의도출을 적극 유도하지만 중립적이지는 않다. 상임위원장은 여야 정당간 이견이 좁혀지지 않으면 간사회의를 소집하여 타협을 촉구하고 수정안을 만들어 표결에 부쳐 가부동수일 때 확정투표를 할 수 있다(국회사무처입법조사국, 1999: 296; 하세헌, 2002: 47). 그러나 상임위원장의 이러한 조정 노력은 중립적이지 않다. 대부분 소속정당의 중간간부로서 정무조사회 산하 부회(분과위원회)의 장을 겸임하고 있어 상임위원회에서 자당의 입장을 관철해야 할 처지에 있기 때문이다.

한국의 국회의장이나 상임위원장은 제3자적 조정에 나서기는 하지만 중립적이거나 적극적이지는 않다. 국회의장은 원내대표회담에서 타결이 안 된 쟁점법안에 대해 제3자 조정에 나선다. 그러나 그 역할은 의장에 따라 다르다. 대부분 원내대표회담이나 정책위의장회담을 주선하는 것에 그치고, 중립조정안을 만들어 타결을 시도하는 의장은 소수이다. 국회의장들이 중립조정에 적극 나서지 않는 이유는 i) 다선의원이기는 하지만 일본 중의원의장처럼 여야 의원들에 대한 영향력이 크지 않고 확정투표권도 없으며, ii) 임기중 탈당하여 무당파로 활동하지만 임기가 끝나면 원래의 소속 정당으로 돌아가야 한다. 따라서 한국 국회의장들은 원소속 정당의 입장을 뛰어넘어 여야 정당간 중립조정에 적극 나서지 않는다. 또한 상임위원장도 상임위원회에서 쟁점법안을 둘러싸고 여야 정당이 평행선을 달리면 간사회의를 소집하여 합의를 요청하고 간사들

---

88) http://www.bundestag.de/htdocs-e/budestag/function/legislation/legislat/11comchair.

이 합의에 실패하면 제3자 조정에 나서지만 그의 역할은 한계가 있다. 상임위원장들은 당적을 보유하고 있어서 소속 정당에서 제출한 법안을 가급적 원안대로 통과시켜야 할 부담을 안고 있기 때문이다.

3. 여야 정당간 정책조정기구들에 대한 비교평가

의회 입법과정에서 정당간 이견 조정에 간여하는 기구들 가운데 당대표회담, 원내대표회담, 원내총무회담, 정책위의장회담, 상임위간사회의, 개별법안협의회의 등은 당사자간 협의조정기구이고, 본회의 의장, 상임위원장, 개별법안전담위원 등은 제3자 조정기구이다. 각 유형내 조정기구들의 상대적 장단점을 대응성, 충실성, 효과성, 적시성 등에 따라 비교평가하면 다음과 같다.

1) 대응성

정당간 조정기구들을 대응성 제1 지표인 다수설치 가능성과 제2 지표인 조정업무 집중성에 따라 평가하면 다음과 같다.

(1) 다수설치 가능성

먼저, 정당간 협의조정기구들의 다수설치 가능성을 보면, 개별법안협의회의는 다수설치 가능성이 크고, 상임위간사회의는 중간 정도이며, 여타 협의조정기구들은 다수설치 가능성이 낮다. 제도상 개별법안협의회의는 매 법안마다 1개 설치할 수 있고, 상임위간사회의는 상임위원회마다 설치할 수 있으나, 당대표회담, 원내대표회담, 정책위의장회담, 원내총무회담은 하나 밖에 설치할 수 없기 때문이다.

다음, 정당간 제3자 조정기구들의 다수설치 가능성을 보면, 개별법안전담위원은 다수설치 가능성이 크고, 상임위원장은 중간 정도이며, 본회의 의장은 그 가능성이 낮다. 개별법안전담위원은 매 법안 마다 설치하고 상임위원장은 상임위원회마다 설치하는 기구이지만, 본회의 의장은 한 자리만 설치하게 되어 있기 때문이다.

(2) 조정업무 집중성

정당간 협의조정기구들의 조정업무 집중성을 보면, 개별법안협의회의는 가장 높고, 정책위의장회담과 원내대표회담 및 상임위간사회의는 중간 정도이며, 당대표회담과 원내총무회담은 낮은 편이다. 개별법안협의회의는 쟁점법안의 조정에만 전념하는 기구이고, 정책위의장은 정당간 쟁점법안 조정뿐 만아니라 당론의 결정과 수정을 겸임하며, 원내대표와 상임위간사는 정당간 쟁점법안 조정 이외에 의회일정 조정을 겸임하며, 당대표와 원내총무는 쟁점법안 조정보다는 당내문제와 의사일정 조정에 많은 시간을 할애하고 있기 때문이다.

정당간 제3자 조정기구들의 조정업무 집중성을 보면, 개별법안전담위원은 높은 반면, 본회의 의장(합의지원자)과 상임위원장(합의지원자)은 낮고, 본회의 의장(중조안설득자)과 상임위원장(중조안설득자, 합의지원자)은 중간 정도이다. 개별법안전담위원은 대부분의 시간을 쟁점법안 조정업무에 할애하고, 본회의 의장과 상임위원장은 쟁점법안 조정 이외에 의사일정 조정에도 상당한 시간을 투입하지만 합의지원자보다 중조안조정자로 나설 때 조정업무에 더 많은 시간을 투입하기 때문이다.

2) 충실성

조정기구의 충실성 제1 지표인 지식정보 동원 가능성과 제2 지표인 시너지 연계 가능성에 따라 평가하면 다음과 같다.

(1) 지식정보 동원 가능성

먼저, 정당간 협의조정기구들 가운데 지식정보 동원 가능성은 정책위의장회담과 원내대표회담, 상임위간사회의와 개별법안협의회의는 큰 편이고, 원내총무회담과 당대표회담은 작은 편이다. 정책위의장과 원내대표는 쟁점법안 조정에 필요한 지식정보를 충분히 동원할 수 있다. 당론 형성과 쟁점법안 입안에 주도적인 역할을 하는 당간부이기 때문이다. 상임위간사와 개별법안협의위원도 쟁점법안 조정에 필요한 지식정보를 충분히 동원할 수 있는데, 이는 상임위원회에서 쟁점법안에 대해 집중적으로 논의하고 필요하면 공청회를 개최하여 다양한 의견과 정보를 수집할 수 있기 때문이다. 그러나 당대표들과 원내총무들은 쟁점법안에 대한 당론 형성에 깊이 개입하지 않을 뿐만 아니라 쟁점법안에 대한 집중 논의 혹은 공청회 개최의 기회가 적어 쟁점법안의 내용에 관한 지식정보를 충분히 동원하기 어렵다. 그리하여 당대표나 원내총무들은 객관적 지식정보보다는 정치적 이해관계에 입각하여 조정할 가능성이 크다.

다음, 정당간 제3자 조정기구들의 지식정보의 동원 가능성은 개별법안전담위원과 상임위원장(중조안설득자)이 비교적 크고, 본회의 의장(중조안설득자)과 상임위원장(합의지원자)은 중간 정도이며, 본회의 의장(합의지원자)은 낮다. 개별법안전담위원은 쟁점법안에 대한 개인적 전문성과 상임위원회에서의 집중 논의 및 필요시 공청회 개최 등을 통해 지식정보를 충분히 동원할 수 있다. 상임위원장도 상임위원회에서의 집중 논의와 공청회 개최를 통해 상당히 많은 지식정보를 확보할 수 있는 여건에 있는데, 중조안설득자로 나서면 확보된 지식을 동원할 가능성이 크지만 합의조정자로 나서면 그 가능성은 낮아진다. 본회의 의장은 쟁점법안에 대해 개인적인 전문성도 부족하고 집중적으로 논의하거나 공청회를 개최할 기회가 거의 없어 지식정보 확보하는데 한계가 있다. 그러나 본회의 의장이 중조안설득자로 나서면 지식정보 동원 가능성은 조금 커진다. 이 경우 각 정당에서 중립조정안이 자신들에게 유리하게 마련되도록 필요한 지식정보를 제공할 가능성이 있기 때문이다.

(2) 시너지 연계 가능성

여야 정당들이 쟁점법안들을 연계시켜 조정하는 사례는 비일비재하지만, 대부분 정당간 동반승리를 위한 것이지 정책들 간 시너지 창출을 위한 것이 아니다. 정당들이 시너지 창출을 위해 쟁점법안을 유관법안과 연계시킬 가능성은 낮지만, 그래도 연계할 수 있으려면 조정기구가 유관정책을 발굴할 수 있도록 관할범위가 넓어야 하고 동시에 쟁점법안과 유관정책 간 인과관계를 파악할 수 있어야 한다. 이러한 측면을 고려하여 정당간 조정기구들의 시너지 연계 가능성을 평가하면 다음과 같다.

정당간 협의조정기구들의 시너지 연계 가능성을 보면, 정책위의장회담과 상임위간사회의는 가능성이 비교적 큰 편이나, 원내대표회담은 중간 정도이고, 당대표회담과 원내총무회담 및 개별법안협의회의는 낮은 편이다.

쟁점법안과 연계시킬 수 있는 유관법안을 발굴할 수 있을 만큼 업무범위가 넓고 동시에 양 법안간 인과관계를 어느 정도 파악할 수 있을 만큼 지식정보를 동원할 수 있는 자는 정책위의장과 원내대표 및 상임위간사들이다. 이들은 시너지 연계를 시도할 수 있다. 그러나 당대표회담과 원내총무회담은 업무범위는 넓으나 지식정보를 확보하기 어렵고, 개별법안협의회의는 할당된 쟁점법안에만 집중하기 때문에 유관정책을 발굴하지도 쟁점정책과의 인과관계도 파악하지 않는다.

정당간 제3자 조정기구 중에서는 시너지 창출을 위한 유관법안 연계 가능성은 상임위원장이 중조안설득자로 나서면 어느 정도 가능하지만 합의지원자로 나서면 그 가능성이 거의 없고, 본회의장과 개별법안전담위원은 연계하기 어렵다.

상임위원장은 상임위원회 관할내에서 유관법안을 발굴할 수 있고 상임위원회에서의 심층 논의와 필요시 공청회 개최를 통해 지식정보를 확보하여 인과관계를 어느 정도 파악할 수 있기 때문에 중조안설득자로 나서면 시너지 연계를 시도할 수가 있다. 그러나 합의지원자로 나서면 시너지 연계를 시도하기 어렵다. 연계여부를 상임위원장이 아니라 정당간 협의조정기구에서 결정할 수 있기 때문이다. 본회의 의장은 관할범위가 넓어 유관법안을 발굴할 수 있을지 모르나 쟁점법안에 대한 심층논의나 공청회를 접하기 어려워 지식정보가 부족해 쟁점법안과의 인과관계를 파악하기 어렵다. 본회의 의장이 중조안설득자로 나서든 합의지원자로 나서든 마찬가지이다. 개별법안전담위원은 유관법안을 검토하지 않기 때문에 쟁점법안과의 인과관계를 파악할 수 없다.

3) 효과성

정당간 정책조정기구들의 효과성 제1 지표인 합의도출 역량과 제2 지표인 재론차단 역량이다. 합의도출 역량은 조정기구의 영향력이 세고 관할범위가 넓을수록 크다. 재론차단 능력은 조정기구의 영향력이 세고 조정과정의 후반에 개입할수록 크다.

(1) 결론도출 역량

먼저, 정당간 협의조정기구들의 결론도출 역량을 보면, 당대표회담, 원내대표회담, 정책위의장회담은 역량이 크고, 상임위간사회의는 중간 정도이며, 개별법안협의회의는 역량이 적은 편이다. 원내총무회담은 경우에 따라 달라진다.

당대표회담과 원내대표회담 및 정책위의장회담이 결론도출 역량이 큰 이유는 세가지이다. 첫째, 구성원들이 각 정당내 실력자들이어서 당론의 결정과 수정에 가장 큰 영향력을 행사할 수 있기 때문이다. 이들의 당론수정 능력이 곧 정당간 양보를 통한 이견타결 능력이다. 둘째, 쟁점법안들을 연계하여 정당간 합의를 용이하게 도출할 수 있기 때문이다. 즉 이 고위조정기구들은 모든 쟁점법안에 관여할 수 있어서 여러 쟁점법안들을 연계하여 동반승리 조합을 만들 수 있기 때문에 정당간 합의를 쉽게 도출할 수 있다. 셋째, 합의결렬에 대한 여론의 압력을 많이 받기 때문이다. 이들은 그 정치적 위상에 맞게 국가적 관심과 중요성이 큰 쟁점법안들을 논의하는데 합의결렬에 대한 국민들의 비난이 크기 때문에 아무런 진전 없이 회의를 마치기기는 어렵다. 따라서 이들 회담은 일단 소집되면 이견조정에 큰 진전을 이룬다.[89]

상임위간사회의와 개별법안협의회의는 상임위원회내 각당 대표자들의 회의로서 결론도출 역량을 상당히 갖고 있다. 상임회 간사들은 소관 분야 당론 형성에 참여하고 소관 쟁점법안들을 연계할 수 있지만, 개별법안협의위원은 당내 영향력도 작고 위임받은 법안 외에는 조정할 수가 없어서 유관정책과의 연계가 불가능하다. 따라서 개별법안협의회의는 상임위간사회의보다 합의도출 역량이 낮다. 원내총무는 원내대표가 없

---

89) 최종 타결하거나, 기본 원칙에 합의한 후 세부사항은 하위 조정기구에서 조정하도록 위임한다.

는 경우 당내에서 상당한 영향력을 갖게 되고 쟁점법안을 유관법안과 연계시킬 수 있어서 결론도출 역량이 크지만, 원내대표가 있는 경우 당내 영향력이 낮아지고 당론의 결정에 주도적인 역할을 할 수 없어서 결론도출 역량이 작아진다.

다음, 정당간 제3자 조정기구들의 결론도출 역량을 보면, 본회의 의장(중조안설득자)과 상임위원장(중조안설득자) 및 개별법안전담위원은 중간 정도로 평가할 수 있으나 본회의 의장(합의지원자)과 상임위원장(합의지원자)은 낮다.

제3자 조정기구는 집권조정을 하지 않는 한 결론도출 능력이 크지는 않다. 이는 결론도출의 권한이 여전히 당사자들에게 있기 때문이다. 본회의 의장과 상임위원장은 정당간 합의를 지원하는데 그치지 않고 중조안을 작성하여 설득할 수 있으면 결론도출 역량이 상당히 커진다. 쟁점법안에 대한 영향력도 커지고 쟁점법안들을 연계할 수 있는 역량도 커지기 때문이다. 개별법안전담위원도 결론도출 역량을 상당부분 갖추고 있다. 그의 역할이 정당들의 서로 다른 입장을 반영하고 자신의 전문적 판단을 가미한 조정안을 마련하는 것이기 때문이다.

(2) 재론차단 능력

정당간 협의조정기구들의 재론차단 능력을 보면, 당대표회담과 원내대표회담은 큰 편이나, 정책위의장회담은 중간 정도이며, 상임위간사회의와 개별법안협의회의는 낮은 편이다. 원내총무회담은 경우에 따라 다르다.

당대표회담과 원내대표회담은 대체로 정당간 이견조정의 마지막 국면에서 개입하고 구성원들의 영향력도 크기 때문에 이 기구들에 의해 타결된 합의안은 다른 곳에서 재론하기 어렵다. 그러나 상임위간사회의와 개별법안협의회의의 조정안은 존중되는 편이지만 이견조정의 초반에 개입하고 정치적 영향력도 크지 않아 불만이 있는 정당은 본회의 심의 과정에서 정책위의장회담이나 원내대표회담을 통해 얼마든지 재론할 수 있다. 정책위의장은 조정과정의 중후반에 개입하고 당내 영향력도 큰 편이어서 재론차단 능력이 큰 편이지만 당대표회담이나 원내대표회담보다는 작다. 원내총무회담은 원내대표가 없는 경우 정당간 고위회담으로 격상되어 조정과정 후반에 개입하게 되어 재론차단 능력이 크지만, 원내대표가 있는 경우 위상이 낮아지고 본회의 단계 초기에 개입하게 되어 재론차단 능력이 줄어든다.

정당간 제3자 조정기구들의 재론차단 능력을 보면, 본회의 의장이 가장 크고, 개별법안전담위원이 가장 낮으며, 상임위원장은 중간 정도이다.

본회의 의장은 정치적 영향력도 상당하지만 정당간 이견조정의 마지막 국면에서 개입하여 조정하기 때문에 본회의 의장 주도로 타결된 합의안은 다른 곳에서 재론하기 어렵다. 그러나 상임위원장의 재론차단 능력은 그다지 크지 않다. 상임위원장의 조정안은 존중되는 편이나, 불만이 있는 정당이 본회의 심의 과정에서 정책위의장회담이나 원내대표회담 혹은 당대표회담에서 재론할 경우 상임위원장이 이를 차단하기 어렵기 때문이다. 본회의 의장이나 상임위원장의 재론차단 능력은 합의도출 방식과는 무관하다. 즉 합의지원을 통해 조정하든 중조안설득을 통해 조정하든 이 조정안에 대한 본회의 의장이나 상임위원장의 재론차단 역량은 동일하다. 개별법안전담위원은 정당간 조정에 제1차적으로 나서는 데다가 전문성 이외에 정치적 영향력이 약해 자신의 조정안에 대한 후속 재론을 차단할 수 있는 능력이 크게 부족하다.

4) 적시성

정당간 조정기구들의 적시성 평가지표는 지연차단 역량과 즉시개입 가능성이다. 본질적으로 여야 정당간 조정기구들은 어느 정당이 합의를 지연시키든 이를 차단하기가 어렵다. 어느 정당이든 당론을 관철하기 위해 상대방의 양보를 촉구하면서 합의를 지연시키면 이를 막을 효과적인 방법이 없기 때문이다. 그럼에도 불구하고 당내외 영향력이 있거나 쟁점법안에 재량권이 있는 조정자들은 차단능력이 있다. 정치적 영향력 혹은 여론을 동원하여 압박하여 지연시도를 어렵게 하거나 당론을 수정하여 양보함으로써 합의지연을 어느 정도 막을 수 있기 때문이다. 정당간 조정기구들이 쟁점법안 조정에 개입할 수 있는 시점은 제도적으로 정해져 있는데, 이곳에서 즉시개입 가능성은 제도적으로 개입가능한 시점이 아니라 제도적으로 개입가능한 시점이 왔을 때 즉시 개입할 수 있느냐를 의미한다. 정당간 조정기구들의 지연차단 역량과 즉시개입 가능성을 평가하면 다음과 같다.

(1) 지연차단 능력

먼저, 정당간 협의조정기구들의 지연차단 능력을 보면, 상임위원회 단계에서 개별법안협의회의는 지연차단 능력이 낮고 상임위간사회의는 지연차단 역량이 중간 정도이며, 본회의 단계에서는 당대표회담, 원내대표회담, 정책위의장회담 등은 지연차단 능력을 상당부분 갖고 있지만 원내총무회담의 지연차단 역량은 경우에 따라 다르다.

당대표, 원내대표, 정책위의장 등이 지연차단 능력을 상당부분 보유하고 있는 이유는 당내외에 대해 영향력이 있고 당론도 수정할 수 있기 때문이고, 반대로 개별법안협의위원들이 지연차단 능력이 거의 없는 이유는 대내외 영향력을 물론 당론수정 재량권도 미약하기 때문이다. 상임위간사는 영향력이나 재량권이 이들의 중간 정도이다. 원내총무회담은 원내대표가 없는 경우 여야 정당간 최고위 회담으로써 지연차단 능력이 크지만, 원내대표가 있는 경우 원내대표회담 이전에 탐색적 예비회담의 위상을 갖게 되어 지연차단 능력은 낮아진다.

다음, 정당간 제3자 조정기구들의 지연차단 역량을 보면, 상임위원회에서 상임위원장(합의지원자)은 낮으나 개별법안전담위원과 상임위원장(중조안설득자)은 중간 정도로 평가할 수 있고, 본회의 단계에서 본회의 의장(중조안설득자)는 차단능력이 비교적 큰 편이고 본회의 의장(합의지원자)은 중간 정도로 평가할 수 있다.

개별법안전담위원은 여야 의원들에 대한 정치적 영향력은 미약하지만 어느 정도 차단능력을 갖고 있다. 개별법안전담위원은 쟁점법안에 대한 전문성을 높이 평가받아 여야 정당들의 합의로 재량권을 부여받은 자이므로 그의 조정안에 대해 권한을 위임했던 정당들이 지연을 시도하기가 부담스럽고 지연을 시도하면 개별법안전담위원은 언론을 이용해 압박을 가할 수 있기 때문이다. 본회의 의장과 상임위원장은 합의지원자로 나서면 차단능력이 미미하지만 중조안설득자로 나서면 차단능력이 증가하는데[90] 이는 쟁점법안에 대한 재량권이 커지기 때문이다. 또한 동일한 역할을 하더라도 본회의 의장이 상임위원장보다 차단능력이 강한데, 이는 본회의 의장이 정치적 위상과 영향력이 강하고 입법과정의 마지막 단계에 개입하기 때문이다.

(2) 즉시개입 가능성

정당간 협의조정기구들의 즉시개입 가능성을 보면, 상임위원회에서 개별법안협의회의는 즉시 개입할 수 있으나 상임위간사회의는 즉시 개입하기 어렵고, 본회의 단계에서는 정책위의장회담은 즉시 개입할 수 있지만 원내대표회담과 당대표회담은 즉시 개입 가능성이 작고 원내총무회담은 경우에 따라 다르다.

상임위원회에서 개별법안협의회의는 정당들의 입장을 최초로 비교하므로 이견을 즉시 확인할 수 있고 또한 조정을 위임받은 각당 대리인들이기 때문에 즉시 개입할 수 있다. 그러나 상임위간사회의는 정당간 이견이 발생해도 상임위원장이 소집해야 개입할 수 있다. 본회의 단계에서는 원내대표 혹은 당대표는 전략적인 이유로 나중에 개입한다. 정당간 이견을 최종 타결해야 할 책임이 있는 자들로서 너무 일찍 개입하여 타결에 실패하면 정치리더십에 손상을 받을 수 있기 때문이다. 정책위의장회담은 원내대

---

90) 본회의 의장과 상임위원장이 지연작전을 막기 위해 구사할 수 있는 가장 강력한 수단은 다수결 투표 압박이다. 이 압박은 조정자의 역량이 아니라 법집행자의 직권이다.

표나 당대표가 개입하기 이전에 조기에 개입할 수 있다. 원내총무회담은 원내대표가 있는 경우 비교적 일찍 개입한다. 원내대표가 최종 타결하기 이전에 서로가 상대당의 양보 가능성을 타진해야 하기 때문이다. 그러나 원내대표가 없는 경우 원내총무회담은 본회의내 정당간 최고위 최종 협의조정기구로서 가급적 나중에 개입한다.

제3자 조정기구들의 즉시개입 가능성을 보면, 상임위원회에서 개별법안전담위원은 즉시 개입할 수 있고 상임위원장은 합의지원자로 나서면 즉시 개입할 수 있으나 중조안설득자로 나서면 즉시 개입하기 어려우며, 본회의 단계에서는 본회의 의장이 합의지원자로 나설 경우 즉시개입 가능하지만 중조안설득자로 나설 경우 즉시개입하기 어렵다. 개별법안전담위원은 정당들의 입장을 제일 먼저 파악할 수 있고 정당들의 합의에 의해 정당간 이견 조율을 위임받은 자이기 때문에 이견 발생 즉시 개입할 수 있다. 상임위원장과 본회의 의장은 정당간 이견 발생하면 재량으로 즉시 개입하여 합의를 촉구하고 지원할 수 있지만 이견이 발생하자마자 곧바로 중조안을 만들어 설득에 나서기는 어렵다.

5) 비교평가의 종합

정당간 정책조정기구들에 대한 평가결과를 종합하면 다음 <표 6-9>와 같다.

표 6-9 정당간 정책조정기구들에 대한 평가결과 종합

유 형	조정기구	대응성	충실성	효과성	적시성
당사자간 협의조정기구	당대표회담	하 (하)	하 (하)	상 (상)	상 (하)
	원내대표회담	하 (중)	상 (상)	상 (상)	상 (하)
	정책위의장회담	하 (중)	상 (상)	상 (중)	상 (중)
	원내총무회담	하 (하)	하 (하)	중 (중)	중 (중)
	상임위간사회의	중 (중)	상 (상)	중 (하)	중 (중)
	개별법안협의회의	상 (상)	상 (하)	하 (하)	하 (상)
제3자 조정기구	본회의의장 (합의지원자)	하 (하)	하 (하)	하 (상)	중 (상)
	본회의의장 (중조안설득자)	하 (중)	중 (하)	중 (상)	상 (중)
	상임위원장 (합의지원자)	중 (하)	중 (하)	하 (하)	하 (상)
	상임위원장 (중조안설득자)	중 (중)	상 (중)	중 (중)	중 (중)
	개별법안전담위원	상 (상)	상 (하)	중 (하)	중 (상)

참고) 괄호안은 부차적인 제2지표 평가결과

전체적으로 보면 다음과 같다. 쟁점법안을 조정하는데 있어서 정당간 협의조정기구들의 상대적 우수성은 정책위의장회담과 원내대표회담, 상임위간사회의, 개별법안협

의회의, 당대표회담, 원내총무회담 등의 순이고, 제3자 조정기구들의 상대적 우수성은
개별법안전담위원, 상임위원장(중조안설득자), 본회의의장(중조안설득자), 상임위원장(합
의지원자), 본회의 의장(합의지원자) 등의 순이다.

    기준별로 보면 다음과 같다. 첫째, 대응성 측면에서 보면, 협의조정기구 중에서
개별법안협의회의가 우수하고 상임위간사회의는 중간 정도이며, 원내대표회담과 정책
위의장회담은 낮은 편이며, 당대표회담과 원내총무회담은 낮다. 제3자 조정기구 중에
서는 개별법안전담위원이 높고 상임위원장은 중간 정도이며 본회의 의장은 낮다. 둘
째, 충실성 측면에서 보면, 협의조정기구 중에서 원내대표회담, 정책위의장회담, 상임
위간사회의가 높은 편이고, 개별법안협의회의가 중간 정도이며, 당대표회담과 원내총
무회담은 낮은 편이다. 제3자 조정기구 중에서는 상임위원장(중조안설득자)과 개별법안
전담위원은 높은 편이고, 본회의의장(중조안설득자)와 상임위원장(합의지원자)은 중간
정도이며, 본회의의장(합의지원자)은 낮은 편이다. 셋째, 효과성 측면에서 보면, 협의조
정기구 중에서 당대표회담과 원내대표회담 및 정책위의장회담은 높은 편이고 원내총
무회담과 상임위간사회의는 중간 정도이며 개별법안협의회의는 낮은 편이다. 제3자
조정기구 중에서는 본회의 의장(중조안설득자), 상임위원장(중조안설득자), 개별법안전담
위원은 중간 정도이고, 본회의 의장(합의지원자)과 상임위원장(합의지원자)는 낮은 편이
다. 넷째, 적시성 측면에서 보면, 협의조정기구 가운데 원내대표회담과 정책위의장회
담 및 당대표회담은 높은 편이고, 원내총무회담과 상임위간사회의는 중간 정도이며,
개별법안협의회의는 낮은 편이다. 제3자 조정기구 중에서는 본회의 의장(중조안설득자)
이 높은 편이고 상임위원장(중조안설득자)과 개별법안전담위원 및 본회의 의장(합의지원
자)은 중간 정도이고, 상임위원장(합의지원자)이 낮은 편이다.

4. 바람직한 활용 모형

    여야 정당간 쟁점법안들을 조정하는 시스템을 어떻게 구축하면 바람직한가? 어떤
조정기구들을 중심기구로 하고 어떤 기구들은 보완적으로 활용해야 하는가?

1) 정당간 조정시스템내 중심기구

    정당간 조정시스템에 포함시킬 조정기구들의 선정에도 필요최소의 원칙과 보완
성의 원칙이 적용되어야 한다. 즉 필요최소의 원칙에 따라 종합적으로 별다른 장점이
없는 조정기구는 정책조정시스템에 포함시키지 말아야 하고, 보완성의 원칙에 따라 협

의조정기구와 제3지 조정기구를 혼합시켜야 한다.

　　이러한 원칙을 적용하면 협의조정기구로는 정책위의장회담과 원내대표회담, 상임위간사회의, 개별법안협의회의를 포함시키고 당대표회담과 원내총무회담은 배제하는 것이 바람직하며, 제3자 조정기구로는 개별법안전담위원, 상임위원장(중조안설득자), 본회의의장(중조안설득자)를 포함시키고 상임위원장(합의지원자)과 본회의 의장(합의지원자)은 배제하는 것이 바람직하다. 본회의 의장(중조안설득자)를 포함시키고 본회의 의장(합의지원자)를 배제하라는 것은 본회의 의장이 합의지원자 역할만 하면 별 도움이 안되고 중조안설득자 역할까지 해야 도움이 된다는 것이다. 상임위원장도 마찬가지이다.

　　그러면 정당간 쟁점법안 조정시스템에서 어느 기구를 중심기구로 할 것인가?

　　먼저, 정당간 쟁점법안들에 대해 제일 먼저 조정에 나서는 제1차 조정기구는 상임위원회 단계의 상임위간사회의와 개별법안협의회의 및 개별법안전담위원인데 이들은 대응성과 충실성을 갖춰야 한다. 정당간에 발생하는 쟁점법안들의 숫자가 적지 않기 때문에 이들을 동시에 감당할 수 있어야 하고, 1차 조정이 실패할 경우 2차 조정이 용이하도록 1차 조정기구가 충분한 지식정보도 동원할 수 있어야 한다. 이들 3개 조정기구의 대응성과 충실성은 엇비슷하여 우열을 가릴 수 없지만, 여타 요건들을 동시에 고려하면 개별법안전담위원, 상임위간사회의, 개별법안협의회의 순서로 우수하다. 그리하여 정당간 쟁점법안의 제1차 조정기구로서 개별법안전담위원을 포함시켜야 한다. 그러나 개별법안전담위원은 정당간 입장차이가 커서 첨예한 갈등이 예상되는 경우 여야 합의로 선정하기가 쉽지 않을 뿐만 아니라 선정을 둘러싸고 또다른 갈등이 발생할 수 있다. 따라서 여야간 이견과 갈등이 크지 않은 쟁점법안들은 개별법안전담위원을 통해 조정하고, 이견과 갈등이 크면 상임위간사회의 혹은 개별법안협의회의를 통해 조정해야 하는데 개별법안협의회의는 개별법안전담위원과 병행 설치가 불가능하므로 상임위간사회의를 통해 조정해야 한다.

　　다음, 정당간 쟁점법안에 대해 2차적으로 나서는 조정기구는 당대표회담, 원내대표회담, 정책위의장회담, 원내총무회담 등인데, 이들은 효과성과 적시성을 갖춰야 한다. 이들의 효과성과 적시성을 보면 원내총무회담은 우수하지 못하고 나머지 3개 기구는 엇비슷하게 우수하다. 3개 기구의 효과성과 적시성 이외에 여타 요건들을 함께 고려하면 원내대표회담과 정책위의장회담이 당대표회담보다 상대적으로 우수하다. 따라서 정당간 2차 협의조정기구로서 원내대표회담과 정책위의장회담이 포함되어야 한다. 당론과 입법안 마련을 총괄하는 정책위의장들이 대다수 쟁점법안들을 조정하고 원내대표들은 정치적 성격이 강한 쟁점법안들을 조정하도록 역할 분담하는 것이 바람직하다.

마지막으로, 여야 정당들이 쟁점법안 협의조정에 실패했을 때 비교적 제3자적 위치에서 중립조정해 줄 수 있는 기구는 상임위원장과 본회의 의장인데, 이들도 효과성과 적시성을 갖춰야 한다. 상기 평가결과를 보면 이들이 중조안설득자로 나설 경우 효과성과 적시성이 크지만, 협의지원자로 나설 경우 효과성과 적시성이 낮다. 따라서 정당간 조정시스템내에서 상임위원장과 본회의 의장은 당연히 포함되어야 하고 이들에게 중조안설득자의 역할을 의무적으로 부여해야 한다.

요약하면, 정당간 쟁점법안 조정시스템은 제1차 조정기구로서 개별법안전담위원과 상임위간사회의, 제2차 조정기구로서 정책위의장회담과 원내대표회담, 제3자적 조정기구로서 상임위원장과 본회의 의장으로 구성해야 한다.

2) 정당간 조정기구들의 활성화

조정기구들을 활성화하기 위해서는 역량극대화의 원칙과 보완성의 원칙에 따라 다음과 같은 조치가 필요하다.

(1) 조정기구의 4계층화

정당간 조정기구들을 상임위원회에서 2계층으로 구축하고 본회의 단계에서도 2계층으로 구축하여 총 4계층으로 구축하는 것이 바람직하다. 구체적으로 말하면, 상임위원회 단계에서 개별안전담위원과 상임위간사회의를 제1계층으로 하고 상임위원장을 제2계층으로 하며, 본회의 단계에서는 정책위의장회담과 원대내표회담을 제3계층으로 하고 본회의 단계에서 본회의 의장을 제4계층으로 하는 것이다. 쟁점법안의 조정 순서도 계층에 따라 올라가는 것이다. 4계층 이상 다층적으로 설치하면 정당간 조정시스템이 방만해지고 전체적인 적시성과 효율성이 떨어지기 때문에 필요 이상의 설치를 억제해야 한다. 이를 위해서는 두 가지가 필요하다.

첫째, 상기 조정기구 이외에 추가로 설치하지 말아야 한다. 상임위원회에서 조정기구로서 개별법안전담위원과 상임위간사회의 이외에 소위원회나 특별위원회 설치는 바람직하지 않다. 본회의 단계에서도 정책위의장회담 산하 정책위부의장회의를 설치하거나 원내대표회담 산하에 원내부대표회담을 설치하는 것은 바람직하지 않다. 정책위부의장회의나 원내부대표회담은 상임위간사회의로 대체해야 한다.

둘째, 동급의 조정기구들을 수직적으로 연결하지 말아야 한다. 상임위원회에서 개별법안전담위원에 의해 조정이 안된 쟁점법안들을 상임위간사회의를 통해 조정하는 일은 없어야 한다. 곧바로 상위위원장의 중립조정으로 넘겨야 한다. 본회의에서도 정책위의장회담에 의해 조정안 안 된 쟁점법안들을 원내대표회담으로 가져가 조정하지 말아야 한다. 곧바로 본회의 의장에게 가져가 중립조정하도록 하는 것이 바람직하다. 동급의 조정기구들 간에는 수직적 연계가 아니라 수평적 역할 분담을 시켜야 한다.

(2) 조정기구간 역할 분담 및 연계 운영

조정기구들이 각자의 역량을 충분히 발휘하도록 하려면 역할범위를 분명히 해야 하고 조정기구들 간에 보완관계를 구축할 필요가 있다.

첫째, 쟁점법안 조정기구들 간에 역할을 분담시켜야 한다. 즉 제1차 조정기구들은 대다수 쟁점법안들을 조정하되 개별법안전담위원은 이견과 갈등이 크지 않은 법안들을 조정하고 상임위간사회의는 이견과 갈등이 큰 법안들을 조정토록 하며, 제2차 조정기구들은 제1차 조정기구들이 타결하지 못한 쟁점법안들을 조정하되 비정치적 쟁점법안들은 정책위의장회담에서 조정토록 하고 정치적 쟁점법안들은 원내대표회담을 통해 조정하는 것이 바람직하다. 한편, 제3자적 중립조정기구인 상임위원장과 본회의 의장은 합의지원 이상의 중립조정 역할을 수행토록 하되 전자는 양보유도(conciliation) 역할을, 후자에게는 중조안설득(compromise persuasion) 역할을 의무적으로 부담시키는 바람직하다.

둘째, 쟁점법안 조정기구와 회의운영 조정기구를 분리하는 것이 바람직하다.

쟁점법안 조정과 회의운영 조정을 정치전략적으로 연계시키면, i) 쟁점법안에 대한 논의가 부실해지고, ii) 쟁점법안에 자신의 입장을 충분히 반영하지 못해 쟁점법안 통과를 반대하는 정당이 여당이든 야당이든 본회의 의사일정과 안건상정에 합의하지 않으려 하기 때문에 쟁점법안들의 본회의 처리가 지연되고 정당간 갈등만 지속될 수 있다. 따라서 조정의 적시성과 충실성을 확보하기 위해서는 쟁점법안 조정과 회의운영 조정이 별개로 진행되는 것이 바람직하다. 단일 기구가 양자를 함께 조정하면 양자는 자연스럽게 연계되므로, 이러한 연계가능성을 줄이기 위해서는 회의운영 조정기구를 가급적 별도로 구축해야 한다.91)

셋째, 쟁점법안 조정기구들 간에는 수직적 연계가 필요하다. 상임위원회 단계의 조정기구와 본회의 단계의 조정기구 간 연계가 필요하다. 즉 협의조정기구들 간 수직적 연계가 필요하고, 제3자적 중립조정기구들 간 수직적 연계가 필요하다. 이러한 연

---

91) 쟁점법안 조정과 회의운영 조정을 완전히 분리하기는 어렵지만, 가급적 쟁점법안 조정은 정당간 협의조정기구가 담당하고, 회의운영 조정은 비교적 중립적인 본회의 의장과 부의장들, 상임위원장과 부위원장들이 나서서 조정하는 것이 바람직하다.

계는 자연스럽게 이루어지는 경우가 많으나 의도적인 노력을 해야 한다. 1차 조정기구의 조정결과를 2차 조정기구가 180도 뒤집는 상황이 벌어지는 것은 바람직하지 않고, 1차 조정기구와 2차 조정기구 간에는 필요에 따라 역할 분담도 해야 하기 때문이다.

(3) 제3자적 조정기구의 역할 강화

첨예한 갈등이 많은 여야 정당 간에는 협의조정기구들만으로는 부족하고 이들을 보완할 제3자 조정기구가 필요하다. 정당간 이견조정을 협의조정기구에만 맡기면 첨예한 쟁점법안들의 조정은 협의, 교착, 재협의, 재교착 등을 반복할 가능성이 커진다. 즉 중요한 쟁점법안들의 처리가 마냥 지연될 가능성이 크다. 또한 협의조정기구에만 의존하면 힘의 논리에 의해 쟁점법안들이 다수당에게 일방적으로 유리하게 조정될 수가 있다. 즉 소수당의 입장이 묵살되기 쉽다. 이러한 문제점들을 극복하기 위해서는 제3자 조정기구가 필요하다.

상기 정당간 쟁점법안 조정시스템 내에서 제3자적 조정 역할을 부분적으로 수행하는 기구는 개별법안전담위원, 상임위원장 및 본회의 의장이다. 현재 대다수 나라에서 상임위원장과 본회의 의장의 제3자적 조정 역할이 대부분 합의지원(facilitation)에 그치고 있고 일부 국가에서만 확정투표(casting vote)를 통한 제한적 집권조정을 허용하고 있다. 그러나 이들의 역할이 합의지원에 그치면 앞서 평가한 결과처럼 조정기구로서 그 유용성이 크게 떨어진다.

제3자적 조정기구들인 개별법안전담위원, 상임위원장 및 본회의 의장이 쟁점법안 조정을 위해 역량을 충분히 발휘하기 위해서는 앞서 언급한 것처럼 합의지원을 넘어 양보유도(conciliation) 및 중조안설득(compromise persuasion)까지 담당하도록 의무화되어야 한다. 그러나 제3자적 조정기구들에게 집권조정 권한을 부여하는 것은 바람직하지 않다. 정당들이 수용하지 않으면 강제할 수 없을 뿐만 아니라 민주적 의사결정의 최후 보루는 다수결 원칙이기 때문이다. 이 원칙을 위협할 수 있는 집권조정은 허용할 수가 없다. 따라서 상임위원회 단계에서나 본회의 단계에서 쟁점법안을 둘러싼 갈등을 먼저 정당들이 협의조정하고 실패하면 상임위원장과 본회의 의장이 중립조정을 시도하고 그래도 조정이 안 되면 다수결 투표를 해야 한다.

특별히 본회의 의장은 국민대표기관의 대표로서 정당간 조정의 마지막 단계에서 관여하기 때문에 좀 더 공정하고 실효성 있는 중조안설득(compromise persuasion) 역할을 수행할 수 있도록 조건이 갖추어져야 한다. 본회의 의장이 합의지원(facilitation) 역할만 수행한다면 그 실효성 확보를 위한 별다른 조건이 필요하지 않다. 그러나 중립조정(mediation) 역할을 수행하려면 기본적으로 공정성과 신뢰가 필요하다. 특히 양보유도(conciliation) 역할을 수행할 수 있으려면 공정성와 신뢰에 추가하여 각당의 입장을 분석할 수 있는 역량이 필요하고, 중립조정안을 만들어 설득할 수 있으려면 공정성과 신뢰 및 역량 이외에 각당에 대한 영향력과 제3의 중립조정안 자체에 무게가 실려야 한다.

이를 위해 다음과 같은 제도화가 필요하다. 즉 당적 포기, 임기 연장, 선출방식 변경, 지원기구와 자문기구 설치 등이 필요하다. i) 무소속으로 장기간 의장직을 수행한 후 정계 은퇴하도록 해야 하고, ii) 의장을 실질적 경선을 통해 선출하되 각 원내교섭단체들로부터 일정 비율 이상의 지지를 받도록 하며, iii) 정책전문가들로 구성된 지원기구를 설치하여 의장이 중립조정안을 마련하는 데 지원토록 하고, iv) 정치사회적 원로들로 구성된 자문기구를 설치하여 의장의 중립조정안 마련에 자문토록 함으로써 의장의 중립조정안을 각 정당들이 쉽게 거절하지 못하게 하는 것이 바람직하다.

제7장
정책조정과정론

제1절 개념과 유형

1. 정책조정절차의 개념

정책조정은 하나의 조치로 이루어지지는 않는다. 관련 당사자들의 수많은 작업과 상호작용에 의해 이루어진다. 국정 최고책임자는 단 한 번의 명령으로 정책 이견이나 갈등을 해결할 수도 있다. 그러나 처음부터 그렇게 하지는 않는다. 그것이 결과적으로 바람직하지 않기 때문이다.

정책조정을 위한 당사자들의 작업과 상호작용은 시간의 흐름에 따라 그 내용이 달라진다. 즉 구체적인 작업과 상호작용의 내용과 목적 및 중간결과물은 정책조정이 진척됨에 따라 몇 번 달라진다. 그리하여 정책조정의 시작과 종결 사이의 기간은 작업과 상호작용 및 중간결과물이 달라지는 시점을 기준으로 몇 개의 구간으로 구분할 수 있다. 즉 작업과 상호작용의 목적과 내용 및 중간결과물이 다르면 별도의 구간으로 설정할 수 있다. 그리하면 정책조정이 완결될 때까지 몇 개의 구간이 만들어진다. 이렇게 설정된 구간이 하나의 단계가 되는데, 정책조정절차란 이 단계들을 순차적으로 연결한 것이다.

2. 정책조정절차의 유형

정책조정은 일정한 절차에 따라 이루어진다. 그렇게 하는 것이 혼란을 방지하고 효율적이기 때문이다. 그러나 모든 정책조정이 표준화된 하나의 절차를 따르는 것은 아니다. 조정절차는 다양하다. 앞서 논의한 정책조정의 유형마다 그에 따른 절차가 있다. 정책조정절차의 주요 유형은 다음과 같이 구분할 수 있다. 사용논리에 따라 분석적 조정절차와 정치적 조정절차가 있고, 조정안의 단일화 여부에 따라 통합조정절차와 병행조정절차가 있으며, 조정의 주체에 따라 당사자 조정절차와 제3자 조정절차가 있다. 당사자 조정은 다시 당사자의 숫자에 따라 양자간 조정절차와 다자간 조정절차가 있고, 제3자 조정절차는 제3자의 역할에 따라 중립조정절차와 집권조정절차가 있다.

3. 국가정책추진 현장에서 조정과정

국가정책추진 현장에서 분석적 조정절차는 활용되고 있지 않다. 분석적 조정을 실시하는 데 필요한 조건들이 충족되기 어려울 뿐만 아니라 현장 전문가나 실무자들에게 분석적 조정의 절차와 논리가 인식되어 있지 않기 때문이다. 그 결과 현장에서 활용되고 있는 절차는 모두가 부분적 합리성(parochial rationality)에 입각한 정치적 절차이다.

국정운영시스템에 따라 관련기관들 간 이견과 갈등을 미리 예상하고 사전조정을 하는 경우도 있으나 대부분 이견이 표면화된 이후에 사후조정을 한다. 또한 시너지 창출을 위한 적극적 조정보다 갈등해소를 위한 소극적 조정이 이루어진다.

사후조정을 하게 되면 먼저 당사자간 조정이 진행된다. 처음부터 제3자 조정이 진행되는 경우는 거의 없다.[1] 따라서 부처간, 여당과 야당 간, 집권당과 행정부 간, 지자체간 이견과 갈등이 발생하면, 그 해소를 위해 당사자간 조정을 먼저 거친다. 당사자간 조정에는 유관기관의 숫자에 따라 양자간 조정 혹은 다자간 조정을 진행한다.

그러나 이견이 첨예한 경우 당사자간 조정을 거쳐도 해소되지 않는 경우가 많다. 당사자간 조정이 실패하거나 교착상태에 빠지거나 지지부진한 경우이다. 이 경우 제3자 개입에 의한 조정이 불가피하다. 그러나 갈등당사자들은 어느 쪽도 먼저 제3자 개

---

1) 갈등당사자들은 제3자 개입을 꺼린다. 자신들의 권한과 자율성이 훼손될지 모른다는 생각하기 때문이다.

입을 요청하려 하지 않는다. 먼저 요청하면 양보할 의향이 있는 것으로 인식되어 결과적으로 자신의 입지를 약화시킬 것이라는 우려 때문이다. 그리하여 갈등이 지속되면 갈등당사자들의 요청이 없어도 정치적 법적 의무가 있는 제3자, 즉 대통령, 국무총리, 국회의장, 정무장관 등이 개입하여 조정한다.

제3자 개입 조정도 특별한 경우가 아니면 중립조정이 먼저 시도된다. 집권조정자가 먼저 나서기에는 지식정보와 시간상의 부담이 너무 크기 때문이다. 긴급시 등 특별한 경우가 아니면 중립조정이 먼저 진행된다.

따라서 부처간 이견이 부처간 협의조정으로 해결 안되면 대통령 보좌관들이 중립조정에 나서고 그래도 해결이 안 되면 최종적으로 대통령이 집권조정에 나선다. 여당과 야당 간 입장차이가 당사자간 협의조정에 의해 타결되지 않으면 국회의장이 중립조정에 나서고, 집권당과 행정부 간 입장차이가 당사자간 협의조정으로 타결되지 않으면 정무장관이 중립조정에 나서고 그래도 해결이 안 되면 대통령(행정부 수장이자 집권당 총재)이 집권조정에 나선다.

국가정책을 수립하는 과정에서 진행되는 조정절차는 대부분 통합조정절차이다. 다양한 정책들을 만들어 가는 과정에서는 발생하는 관련기관들 간의 이견과 갈등은 대부분 하나의 정책이슈에 다수의 정책안들이 경합해서 발생하기 때문이다. 그러나 서로 다른 국가정책을 집행하는 과정에서 유관기관간 이견이 발생하면 주로 병행조정이 진행된다.

표 7-1 국가정책형성과정에서 활용되는 주요 조정절차

당사자	조정과정
여야간	협의조정(양자, 다자) → 중립조정(의회의장)
당정간	사전조정 → 협의조정(양자) → 중립조정(정무장관) → 집권조정(대통령)
부처간	사전조정 → 협의조정(양자, 다자) → 중립조정(보좌관) → 집권조정(대통령)

제2절 분석적 합리적 조정절차2)

1. 조정의 방향과 유형

현안 정책이슈에 대해 관련기관들이 서로 다른 정책입장(policy position)을 취할 때 이들을 합리적 분석을 통해 조정한다면 어떠한 절차와 논리에 따라야 하는가? 즉 관련기관들이 정책내용에 대해 나름대로 설득력을 갖춘 주장을 하는 경우 전체적 합리성에 따른다면 어떠한 절차와 논리에 따라 조정할 수 있을까?

정책입장들은 전혀 다를 수도 있고 상당히 유사할 수도 있다. 추구목표, 동원수단, 적용대상, 시행시기, 관할주체 등에 있어서 정책입장 간에 서로 차이점과 유사점이 있을 수 있다. 아래 <예시 1>은 4개의 유관 정책입장 간에 무엇이 같고 다른지를 예시하고 있다. [상황 1]은 흔히 있는 예로서 각 정책입장을 관철하려는 기관들이 "원론 합의, 각론 이견"의 형국을 이루고 있다. 목표에 대해서는 모두 이견이 없고, 적용시기에 관해 '조기실시론'과 '시기상조론'을, 적용대상에 대해서는 '보편적 적용'과 '선택적 적용'을 주장하면서 양분되어 있고, 기관들의 이해관계가 첨예하게 걸려있는 관할권과 동원수단에 관해서는 제각각이다. 반면에 [상황 2]는 극단적인 예이다. 4개 기관의 입장이 모든 측면에서 서로 다르다.

예시 1 정책입장

논 점	[상황 1]				[상황 2]			
	입장1	입장2	입장3	입장4	입장1	입장2	입장3	입장4
추구목표(Goal)	g1234	g1234	g1234	g1234	g1	g2	g3	g4
동원수단(Means)	m1	m2	m3	m4	m1	m2	m3	m4
적용대상(Range)	r12	r12	r34	r34	r1	r2	r3	r4
시행시기(Timing)	t13	t24	t13	t24	t1	t2	t3	t4
관할주체(Jurisdiction)	j1	j2	j3	j4	j1	j2	j3	j4

---

2) 아직까지 합리적 분석적 정책조정절차가 논의되거나 제시된 적은 없다. 지금까지 제시된 갈등조정과정은 대부분 현장에서 진행되는 경험적 정치적 과정을 개념화한 것이다. 이곳에서 제시한 분석적 조정절차는 저자가 도전적으로 개념화를 시도해 본 것이다.

<예시 1>과 같은 상황에서 정책입장들을 분석적으로 조정하기 위해서는 크게 두 방향의 조정을 거쳐야 한다. 먼저, 각 정책입장 간에 서로 다른 측면들을 수평적으로 조정해야 한다. 즉 추구목표, 동원수단, 적용대상, 시행시기, 관할주체 등 각 측면에서 정책입장들을 조정해야 한다. 다음으로, 조정된 정책입장 내에서 구성요소들을 수직적으로 조정해야 한다. 수직적 조정이 필요한 이유는 조정안의 내적 일관성을 확보하기 위해서이다. 원래 각 정책입장에서는 구성요소들 간에 내적 일관성이 확보되어 있었으나, 수평적 조정을 통해 마련된 조정안은 원래 입장들과는 일정부분 달라지므로 조정안의 내적 일관성이 어긋나게 되는 경우가 많다. 일관성이 결여되면 정책의 효과성이 떨어지기 때문에 조정이 필요하다.

두 방향의 조정을 거치더라도 정책조정의 유형에 따라 분석적 조정의 구체적인 절차가 달라질 수 있다. 즉 여러 정책입장들을 하나로 압축하는 통합조정절차와 각 정책입장을 존치시키면서 입장들의 관계를 개선하는 병행조정절차는 다르다. 따라서 분석적 조정절차를 분석적 통합조정절차와 분석적 병행조정절차로 구분할 수 있다.

분석적 통합조정에서는 추구목표, 동원수단, 적용대상, 시행시기, 관할주체 등 어느 측면에서든 정책입장 간에 차이가 있으면 무조건 조정대상이 된다. 그러나 분석적 병행조정의 대상이 되려면 추구목표, 동원수단, 적용대상, 시행시기, 관할주체 등 어느 측면에서든 서로 다른 정책입장들이 서로 얽혀 있어야 한다. 정책입장간에 아무런 관련이 없으면 병행조정의 대상이 되지 않는다.

2. 분석적 조정 절차

1) 분석적 통합조정의 절차

분석적 통합조정절차는 하나의 정책을 만들어 가는 과정에서 다수 정책입장들을 하나의 정책입장으로 압축하는 절차이다. 다음과 같이 5단계로 설정할 수 있다.

(1) 제1단계 : 정책입장의 비교 및 조정논점 확인

분석적 통합조정의 제1단계는 정책입장들을 비교하여 '조정논점'을 찾는 단계이다. 비교 대상이 되는 정책입장들은 대부분 하나의 현안 정책이슈에 대해 관련기관들이 마련한 정책안들이다.[3]

---

3) 그러나 기존 정책의 입장도 비교대상이 될 수 있다. 현안 정책이슈와 관련성이 큰 기존 정책은

정책입장간 비교 측면은 추구목표, 동원수단, 적용대상, 시행시기, 관할주장 등이다. 이러한 비교 측면은 한편으로는 정책입장의 구성요소이지만, 다른 한편으로는 정책입장들을 검토하고 논의해야 할 '논점'이다. 하나의 논점에서 정책입장 간에 차이가 있으면 그 논점은 조정이 필요한 '조정논점'이다. 목표간 차이가 있으면 목표 조정논점이 존재하고, 수단간 차이가 있으면 수단 조정논점이 존재한다. <예시 1>을 보면, [상황 1]은 목표들이 동일하여 하나로 통합할 필요가 없으므로 조정논점이 없으나, 수단·대상·시기·관할에 대해서는 입장들이 서로 달라 통합해야 하므로 조정논점이 4개 있다. [상황 2]는 모든 논점에서 입장간 차이가 있으므로 조정논점이 5개이다.

(2) 제2단계 : 논점내 압축조정

분석적 통합조정의 제2단계는 조정논점들을 분석하여 압축하는 단계이다. 즉 논점에 대한 서로 다른 입장들을 수평적으로 분석·압축하여 '논점조정안'을 마련하는 것이다.

분석적 통합조정에서 수평적 논점조정분석을 목표, 수단, 대상, 시기, 관할 등 모든 논점에서 실시해야 할 경우는 그리 많지 않다. 조정논점이 없으면 분석이 불필요하기 때문이다. 각 논점별 조정분석을 통해 논점조정안을 가급적 하나로 압축하는 것이 바람직하다. 그러나 불가피하게 복수일 수도 있다. <예시 2>는 각 논점별로 4개의 정책입장을 분석 압축하여 만든 논점조정안의 분포이다.

예시 2 논점조정분석 후 논점조정안 분포

조정논점	입 장				논점조정안W	논점조정안X		논점조정안Y		논점조정안Z	
목표	g1	g2	g3	g4	G	G		G		Ga	Gb
수단	m1	m2	m3	m4	M	Ma	Mb	Ma	Mb	Ma	Mb
대상	r1	r2	r3	r4	R	R		R		Ra	Rb
시기	t1	t2	t3	t4	T	T		Ta	Tb	Ta	Tb
관할	j1	j2	j3	j4	J	Ja	Jb	Ja	Jb	Ja	Jb

W의 경우 각 논점별로 압축이 용이하여 논점조정안이 하나씩 도출된 경우이고, Z의 경우는 압축이 용이하지 않아 2개씩 도출된 경우이다. 논점조정안이 둘이라는 의

제약조건으로 취급하거나 아니면 또 다른 정책입장으로 취급해야 한다. 새로운 정책을 추진하면서 기존 유관정책을 파기하거나 수정하지 않는 한 기존 정책은 제약조건으로 작용한다. 새로운 정책은 기존 정책과 충돌해서는 안 되기 때문이다. 그러나 새로운 정책을 추진하면서 기존 유관 정책도 수정할 수 있다면 기존 정책은 또 다른 정책입장으로 취급된다.

미는 다양한 입장들을 하나로 통합하기가 어려워 두 개의 조정안을 만들었고, 동시에 그 자체로는 둘 중 어느 것이 우수한지도 판단하기 어렵다는 의미이다. 양자간 우열은 다른 논점들과의 관계 속에서 판단이 가능하다. 즉 목표 논점조정안 Ga와 Gb 가운데 어느 것이 우수한지는 Ga와 Gb가 각각 연결되는 수단, 시기, 범위, 관할 등의 다른 논점조정안과의 관계에서 파악할 수 있다는 의미이다.

(3) 제3단계 : 논점간 선택조정

분석적 통합조정의 제3단계는 논점조정안들을 수직적으로 비교한 후, 선택을 통해 정합성(congruence)이 가장 큰 '연결대안'을 찾아내는 단계이다.

논점별 조정안이 각각 하나씩이면 '연결대안'이 하나이고, 논점별 조정안이 다수이면 연결대안도 다수가 된다. 예를 들면, <예시 2>에서 논점조정안들의 분포가 X와 같은 경우 연결대안은 4개이고, Y와 같은 경우 연결대안은 8개, Z와 같은 경우 연결대안은 32개이다.

논점간 선택분석은 다수의 연결대안 가운데 적합성이 가장 큰 연결대안을 찾아내는 작업이다. <예시 2>의 W처럼 연결대안이 하나이면, 논점간 선택조정 단계는 거치지 않고 곧바로 다음 단계인 논점간 수정보완 단계로 넘어간다. 선택할 연결대안이 없기 때문이다. 그러나 연결대안이 다수이면 논점간 정합성이 높은 연결대안들을 선택하여 한 두 개로 압축한다. 예를 들면, <예시 2>의 X에서 다른 논점들과의 정합성을 고려하여 수단 논점조정안 두 개 가운데 하나를 선택하고, 관할 논점조정안도 두 개 가운데 하나를 선택하는 것이다. 가급적 한 개로 압축하되 불가피한 경우 2~3개로 압축할 수도 있다.

(4) 제4단계 : 논점간 보완조정

분석적 통합조정의 제4단계는 선택된 연결대안들에 대해 다시 논점간 수정보완을 통해 정합성을 재차 제고하는 단계이다.

논점간 수직적 선택조정을 거치면 논점간 정합성이 상당히 제고된다. 그럼에도 불구하고 연결대안의 정합성을 좀 더 제고시킬 여지가 있으면 추가 작업이 필요하다. 이 추가 작업은 성격상 선택이 아니라 수정보완이다. 논점간 수정보완 작업을 거치면 선택된 연결대안은 '연결조정안'으로 전환된다. 논점간 수정보완을 통해 연결조정안의 숫자가 줄어드는 것은 아니다. 수정보완 대상 연결대안, 즉 선택된 연결대안이 하나이면 연결조정안도 하나이고, 둘이면 연결조정안도 둘이 된다.

논점조정안이 분포에 따른 연결대안의 숫자와 연결대안들에 대한 논점간 정합성

분석·조정 후 연결조정안의 분포는 <예시 3>과 같다.

예시 3 논점간 정합성 분석 후 연결조정안 분포

논점	입 장				논점조정안 W	논점조정안 X	논점조정안 Y	논점조정안 Z
목표	g1	g2	g3	g4	G	G	G	Ga Gb
수단	m1	m2	m3	m4	M	Ma Mb	Ma Mb	Ma Mb
대상	r1	r2	r3	r4	R	R	R	Ra Rb
시기	t1	t2	t3	t4	T	T	Ta Tb	Ta Tb
관할	j1	j2	j3	j4	J	Ja Jb	Ja Jb	Ja Jb
연결 대안					G-M-T-R-J (1개)	G-Ma-T-R-Ja G-Ma-T-R-Jb G-Mb-T-R-Ja G-Mb-T-R-Jb 총 4개	G-Ma-Ta-R-Ja G-Ma-Ta-R-Jb G-Mb-Ta-R-Ja G-Mb-Ta-R-Jb 등 총 8개	Ga-Ma-Ta-Ra-Ja · · · · · · · · · · · · · · · · Gb-Mb-Tb-Rb-Jb 등 총 32개
연결 조정안					1개	1-2개	1-2개	2-4개

(5) 제5단계 : 비용편익 분석과 최종 선택

분석적 통합조정의 제5단계는 연결조정안에 대해 비용편익분석을 한 후 최종 선택하는 단계이다. <예시 3>의 W처럼 연결조정안이 하나인 경우 편익이 비용보다 크면 최종 선택하고, 연결조정안이 복수인 경우는 각각에 대해 비용편익분석을 실시하여 상대적으로 우수한 연결조정안을 최종 선택한다. 최종적으로 선택된 연결조정안이 분석적 통합조정의 최종조정안이다.

2) 분석적 병행조정의 절차

분석적 병행조정절차는 정책입장(정책)들을 서로 양립가능하면서도 차별화되도록 조정하는 절차이다. 정책입장간 양립불가능한 부분이 있으면 양립가능하도록 정책입장을 수정하고, 정책입장들이 너무 유사하면 동일한 정책이 되지 않도록 차별화하는 것이다. 분석적 병행조정절차는 4단계로 설정할 수 있다.

(1) 제1단계 : 정책입장 비교 및 조정논점 확인

분석적 병행조정의 제1단계는 분석적 통합조정절차와 마찬가지로 정책들의 입장을 비교하여 조정이 필요한 조정논점을 찾는 것이다. 병행조정에서는 조정논점을 '쟁점'과 '연계점'으로 구분한다. 쟁점이란 정책들 간에 양립하기 어려워 서로 다투는 조정논점을 말하고, 연계점은 정책들을 연계시켜 추진하면 추가편익(시너지)을 가져오는 조정논점을 말한다.

병행조정에서는 정책들 간의 관계에 따라 조정논점이 존재할 수도 있고 존재하지 않을 수도 있다. 목표 논점에서 정책들은 상충, 경합, 중복, 보완, 독립 관계에 있을 수 있다. 목표들이 정책간에 상충, 경합, 보완 관계에 있을 경우 정책들에 대한 조정이 필요하다. 상충 혹은 경합관계면 쟁점이 존재하고 보완관계면 연계점이 존재한다. 그러나 서로 독립 관계에 있으면 병행을 위한 조정이 필요없어 조정논점이 없다. 수단 논점에서는 정책들이 상충, 보완, 중복, 독립 관계에 있을 수 있다. 그러나 경합관계는 존재하지 않는다. 서로 다른 정책에 동원된 수단들이 경쟁할 필요가 없기 때문이다. 수단들이 상충하거나 보완적이면 조정논점으로서 쟁점 혹은 연계점이 존재하지만, 독립 혹은 중복 관계에 있으면 조정논점은 존재하지 않는다. 적용대상이나 적용시기 논점에서는 정책간에 중복, 독립 등의 관계가 있을 수 있다. 그러나 상충 혹은 보완 관계는 있을 수 없다. 정책들이 대상이나 시기에서 중복 혹은 독립 관계에 있는 경우 조정논점으로서 쟁점 혹은 연계점이 있을 수 있다. 관할논점에서는 다수 정책들을 한 기관이 추진하든 여러 기관이 분담하여 추진하든 정책들이 병행하는 데 문제가 되지는 않는다.

또한 병행조정에서는 통합조정에서와는 달리 조정논점을 찾기 위해 다른 논점들을 함께 검토해야 하는 경우가 있다. [상황1]에서 입장1과 입장2는 목표와 대상은 같고 관할주체와 시기 및 수단이 다르다. 예를 들면, 노인들($r12$)의 건강증진($g1234$)을 위해, 보건복지부($j1$)가 향후 5년간($t13$) 의료검진프로그램($m1$)을 시행하고 문화체육부($j2$)가 그 후 5년간($t24$) 여가활동프로그램($m2$)을 추진하기로 한 경우이다. 이 경우 서로 다른 시행시기들($t13$과 $t24$)를 일치시킬 경우 의료검진프로그램($m1$)과 여가활동프로그램($m2$) 간에 시너지효과가 발생한다면 시기를 조정해야 할 필요가 있으므로 시기조정논점(연계점)이 존재한다. 시기조정의 필요성은 수단 논점내 정책입장간 관계에 따라 좌우된다. 즉 시기 조정논점은 수단 논점도 함께 검토해야 찾을 수 있다.

더 나아가 정책입장들을 차별화하기 위한 조정논점을 찾기 위해서는 여러 논점들을 동시에 검토해야 한다. 동원수단, 적용대상, 시행시기 등 세 논점에서 정책입장들이 너무 유사하면 실질적으로 동일한 정책들이다. 예를 들면, 향후 5년간(시기) 여성노인들(대상)의 의료검진프로그램(수단)을 추진할 경우, 그 목적을 각각 건강증진과 의료기술개발로 하고 그 추진주체를 보건복지부와 여성가족부로 하더라도 동일한 정책들을 중복 추진하는 것이다. 이러한 중복은 예산의 합리적 운용 차원에서 허용되지 않는다.

이 경우 동원수단, 적용대상, 적용시기 중 최소한 어느 하나를 차별화시켜야 병행 추진할 수 있다. 어느 논점을 차별화하든 차별하려는 논점이 조정논점이 된다.

(2) 제2단계 : 논점내 양립조정

분석적 병행조정의 제2단계는 논점별로 정책입장들을 조정하여 양립가능한 논점 조정안들을 마련하는 단계이다. 즉 각 논점별로 정책입장간 양립불가능한 부분이 있으면 양립가능하도록 정책입장을 수정보완하는 것이다. 달리 말하면, 제1단계에서 확인한 조정논점에서 정책입장들을 수정하여 상충 혹은 경합 관계를 독립적 혹은 보완적 관계로 전환시키는 것이다.

(3) 제3단계 : 논점간 차별화조정

분석적 병행조정의 제3단계는 양립가능한 정책입장들을 논점간 조정을 통해 차별화된 연결대안들로 만드는 단계이다. 정책입장들을 차별화한다는 것은 정책입장들이 서로 동일하지 않도록 하는 것이다. 이는 실질적으로 동일한 정책들이 중복 추진되지 않도록 하기 위한 것이다. 동원수단, 적용대상, 적용시기 등 세 논점 모두에서 정책입장간에 차이가 없으면 이 정책입장들은 사실상 동일한 정책들이다. 동일한 정책들의 중복 추진을 피하려면 이들 논점들을 함께 검토하여 최소한 어느 한 논점에서 정책입장간 차이가 나도록 수정해야 한다.

(4) 제4단계 : 논점간 보완조정

분석적 병행조정의 제4단계는 차별화된 연결대안들을 논점간 논리적 일관성 확보를 위해 수정보완하는 단계이다. 병행시킬 각 연결대안들을 수직적으로 수정보완하여 내적 일관성이 있는 연결조정안들, 즉 최종조정안들로 완성하는 것이다. 따라서 병행조정절차는 수직적 수정보완조정으로 종결된다. 병행조정의 대상인 정책입장들은 이미 집행 중이거나 집행하기로 확정된 것이기 때문에 비용효과분석을 통해 정책으로서 최종 확정하는 단계를 거칠 필요가 없다.

3. 분석적 조정의 논리

조정에 필요한 분석작업은 조정유형에 따라 약간 다르다. 통합조정은 다수의 정책입장(대체로 정책안)들을 하나의 정책입장으로 압축하는 작업이다. 이 작업에는 논점내 압축조정, 논점간 선택조정, 논점간 보완조정, 연결대안 비용효과 분석이 필요하다.

반면에, 병행조정은 정책입장(대체로 기존정책)들을 양립가능하게 하고 동시에 차별화하는 것이다. 이 작업에는 논점내 양립조정, 논점간 차별화조정, 논점간 보완조정이 필요하다.

　　이하에서 논점내 압축조정, 논점간 선택조정, 논점내 양립조정, 논점간 차별화조정, 논점간 보완조정 등에 필요한 분석논리를 설명한다.

1) 논점내 압축조정의 분석 논리

　　압축조정분석은 통합조정을 위해 다수 입장들을 소수 혹은 하나로 압축하기 위한 분석이다. 추구목표, 동원수단, 적용대상, 적용시기, 관할주체 등 모든 논점에서 압축해야 한다.

(1) 추구목표 압축조정

　　목표간 압축조정분석은 각 정책입장에서 추구하는 목표들의 관계를 파악한 후 목표들을 압축하는 분석이다.

　　목표간 관계는 중복관계, 보완관계, 충돌관계, 경합관계, 독립관계가 있을 수 있다. 중복관계는 목표간 동일한 부분이 있는 관계이다. 보완관계는 서로 다른 목표들을 연계하여 추구하면 각 목표의 달성이 좀 더 용이해지는 관계이다. 예를 들면, 과학기술정책 추진에 있어서 과학기술혁신 목표와 과학기술인재육성 목표이다. 이들을 동시에 추구하면 시너지 효과가 발생한다. 반면에, 상충관계는 서로 다른 목표들을 동시 추구하면 각 목표의 달성을 서로 방해하는 관계이다. 예를 들면, 경제정책 추진에 있어서 물가안정 목표와 경제활성화 목표 간의 관계, 산림정책 추진에 있어서 개발목표와 보존목표 간의 관계 등이다. 이 목표들을 동시에 추구하면 상쇄효과가 발생한다. 경합관계는 어느 목표에 중점을 둘지에 관해 경쟁하는 관계이다. 그러나 독립관계는 목표간에 아무 관계가 없어 서로 도움도 방해도 되지 않는 관계이다.

　　압축분석 논리는 목표들 간의 관계에 따라 달라진다.

　　먼저, 목표간 중복부분이 있으면 이를 최대한 확장한다. 각 정책입장에서 추구하는 목표는 하나 혹은 다수일 수 있고, 하나의 목표라도 다수 세부목표들로 구성되어 있을 수 있다. 따라서 각 정책입장의 목표들 간에는 중복되는 부분과 차이나는 부분이 있을 수 있다. 그런데 통합조정과정에서는 다수의 정책입장들이 하나의 정책이슈에 대한 것이므로 각 정책입장들이 추구하는 목표가 크게 다른 경우가 많지는 않다. 그럼에도 불구하고 목표들 간에 서로 차이가 있으면 재정의 혹은 수정을 통해 그 차이를 최대한 줄여야 한다.

다음, 목표간 차이를 완전히 줄이기 어려워 목표들이 하나로 압축되지 않으면 목표들 간의 관계에 따라 조정방식을 달리 한다. i) 보완관계이면 공통의 상위목표를 설정하여 대체한다. ii) 상충관계이면 부정적 영향을 차단할 수 있는 수단을 강구하고, 이러한 수단이 없으면 우선순위를 정한 후 후순위 목표를 분리하여 나중에 별도로 추진하고, 우선순위도 정할 수 없으면 일단 존치시킨 후 후술하는 수직적 조정분석의 결과에 따라 일방을 선택한다. iii) 경합관계이면 우선순위를 정한 후 후순위 목표를 분리하여 추진하고, 우선순위 설정이나 분리 추진도 어려우면 일단 존치시킨 후 수직적 조정분석의 결과에 따라 일방을 선택한다. iv) 독립관계이면 우선순위를 설정하고 우선순위 판단이 어려우면 일단 존치시킨다. 우선순위가 정해지는 경우 동원할 수 있는 자원이 부족하면 후순위 목표를 폐기하거나 분리 추진하고, 우선순위를 정할 수 없어서 존치시킨 경우 후술하는 수직적 조정의 결과에 따라 일방을 선택한다.

마지막으로, 존치시킨 목표들을 상위목표와 하위목표로 구조화하여 논점조정안을 마련한다. 논점조정안은 가급적 1 내지 2개로 압축해야 바람직하다. 논점조정안이 다수이면 후술하는 수직적 적합성 분석작업이 크게 증가하기 때문이다. 목표 논점조정안이 복수일 경우 어느 것이 최종조정안에 포함되느냐는 수직적 정합성 분석의 결과에 좌우된다.

(2) 동원수단 압축조정

동원수단간 압축조정은 각 정책입장의 수단들을 비교하여 상호관계를 확인한 후 수정 보완하여 압축시키는 것이다. 압축분석은 목표간 압축분석에서 분리된 혹은 폐기된 목표를 구현하기 위해 동원하려던 수단들은 제외하고, 압축된 목표들을 구현하기 위해 동원하는 수단들을 대상으로 분석한다. 수단들에 대한 압축분석은 수단들 간의 관계뿐만 아니라 압축목표와 수단 간의 관계도 고려해야 한다. 수단간 압축분석도 목표간 압축분석과 논리적으로 유사하다.

먼저, 서로 다른 정책입장에서 동원하려는 수단들 간의 관계를 분석한다. 수단들도 중복, 보완, 상충, 경합, 독립 등의 관계에 있을 수 있다. 중복관계는 수단들이 유사한 관계이고, 보완관계는 서로 다른 수단들이지만 함께 사용하면 각 수단의 목표달성에 긍정적 영향을 주는 관계이고, 상충관계는 서로 다른 수단들이지만 함께 사용하면 각 수단의 목표달성에 부정적 영향을 주는 관계이며, 경합관계는 서로 다른 수단들 간에 중요성을 다투는 관계이다. 그러나 독립관계는 서로 다른 수단들 간에 아무런 관련이 없는 관계이다.

다음, 관계별 압축조정분석의 논리는 다음과 같다. 각 정책입장에서 동원하려는 수단들이 중복관계에 있으면, 동일한 수단들 중 하나만 남기고 나머지는 폐기한다. 중복이 제거된 나머지 수단들은 상호관계에 따라 그 처리를 달리한다. 서로 보완 혹은 독립 관계에 있는 수단들이 있으면, 이 수단들은 모두 논점조정안으로 포괄한다. 서로가 상충관계에 있는 수단들이 있으면, 부정적 영향을 차단하는 조치를 추가한 후 논점조정안으로 포괄하고, 차단이 불가능하면 상충되는 수단들 중 하나를 압축된 목표에 기여할 수 있는 새로운 수단으로 교체하여 논점조정안으로 포함시킨다. 경합관계에 있는 수단들이 있으면, 우선순위를 설정한 후 구조화시키고, 우선순위를 정하기 어려우면 존치시킨 후 후술하는 수직적 조정분석의 결과에 따라 선정한다. 이러한 방법으로 각 정책입장에서 동원하려는 수단들을 한 1~2개의 수단 논점조정안으로 압축한다.

(3) 적용대상 압축조정

적용대상간 압축조정은 각 정책입장에서 주장하는 적용대상들을 비교분석하여 적정범위를 설정하는 것이다. 적용대상인 지역이나 사람들의 범위에 따라 투입재원과 산출편익 그리고 그에 따른 정치적 여파 등이 달라진다. 그러나 전체합리성 측면에서 생각하면 적용대상의 확대 혹은 축소는 정치적 이해관계보다 비용과 편익에 따라 이뤄져야 한다. 따라서 적용대상에 대한 압축조정분석은 비용효과분석의 논리를 활용해야 한다.

먼저, 여러 입장에서 주장하는 적용대상일수록 논점조정안에 우선 포함시킨다. 즉 4개 입장이 공통으로 주장하는 적용대상은 3개 입장이 공통으로 주장하는 적용대상보다 우선 포함시킨다. 다음, 동수의 입장이 주장하는 적용대상이 복수일 경우는 복수의 대상 각각에 대해 비용효과분석을 실시하여 우선순위를 정한 후 순서대로 포함시킨다. 정해진 순서대로 포함시키되 재원이 허용하는 범위까지만 포함시킨다. 물론 편익과 비용의 비율이 1보다 크거나 편익과 비용의 차가 0보다 큰 것을 포함시킨다. 마지막, 비용편익분석의 결과가 유사하여 우선순위를 판단하기 어려울 경우 복수의 논점조정안으로 남겨둔다. 복수의 논점조정안 가운데 어느 것을 선택할지는 수직적 정합성 분석의 결과에 입각하여 판단한다.

예를 들어, 정책입장 A, B, C, D가 주장하는 적용대상 범위가 <그림 7-1>과 같이 겹친다면 적용대상 논점조정안에 포함되는 순서를 정하는 방법은 다음과 같다. 먼저, C4, C3, C2, C1은 각각 4개, 3개, 2개, 1개 정책입장이 선호하는 적용대상이므로

그림 7-1 적용대상에 대한 입장

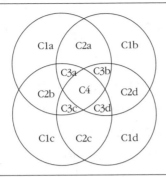

포함시켜야 할 대상들의 순서는 선호하는 입장들의 수에 따라 C4, C3, C2, C1이다. 다음으로 C3에 해당하는 a, b, c, d 각각에 대해 비용효과분석을 실시한 결과 그 우선순위가 C3a, C3c, C3b, C3d이고, C2 내에서는 C2b, C2c, C2a, C2d이며, C1 내에서는 C1d, C1a, C1c, C1b라면 그 순서대로 포함시킨다. 이를 종합하면, 포함시키는 순서는 C4, C3a, C3c, C3b, C3d, C2b, C2c, C2a, C2d, C1d, C1a, C1c, C1b가 된다. 적용대상 논점조정안에 어디까지 포함시킬지는 이 정책에 투입할 수 있는 예산의 규모에 따른다. 이 경우 논점조정안은 하나이다. 만약 C3, C2, C1 각각에서 a, b, c, d 간 비용효과 비율이 동일한 경우가 발생하면 대상 논점조정안은 다수가 된다.

　　(4) 적용시기 압축조정

　　적용시기에 대한 압축조정은 각 정책입장에서 주장하는 적용시기들을 비교분석하여 적정시기를 설정하는 분석이다. 정책을 어느 시점부터 적용하고 그 적용기간을 어느 정도로 하느냐에 따라 정책의 효과가 상당히 달라진다. 즉 적용시기가 맞지 않으면 준비한 정책은 무용지물이 되거나 그 효과가 떨어진다. 따라서 끊임없이 변화하는 여건 속에서 정책이 최대한 효과를 발휘하려면 최적의 적용시점과 적용기간을 설정해야 한다. 적용시기 압축조정은 적용대상 조정과 그 논리가 유사하다. 양자의 본질은 양적인 크기(확대, 축소) 문제이고 그에 따른 비용과 편익이 주된 관심사라는 데 있기 때문이다.

　　먼저, 각 입장에서 선호하는 적용시기들을 비교하여 여러 입장에서 선호하는 적용시기일수록 논점조정안에 우선 포함시킨다. 다음, 같은 숫자의 입장이 선호하는 적용시기가 복수일 경우는 복수의 적용시기 각각에 대해 비용효과분석을 실시하여 우선순위를 정한 후 그 순서대로 포함시킨다. 정해진 순서대로 포함시키되 재원이 허용하는 범위까지만 포함시킨다. 마지막으로, 비용편익분석의 결과가 유사하여 적용시기간 우선순위를 판단하기 어려울 경우 복수의 논점조정안으로 남겨둔다.

예를 들어, 정책입장 A, B, C, D가 선호하는 적용시기가 <그림 7-2>와 같이 겹칠 경우 논점조정안에 포함되는 순서는 다음과 같이 정한다. 먼저, 각 적용시기를 지지하는 입장의 수에 따라 포함되는 순서는 S4, S3, S2, S1이다. 다음으로, S3, S2, S1 내에서는 각 시기에 대한 비용효과를 분석한 결과 그 우선순위가 S3에서는 (t3-t4), (t7-t8), S2에서는 (t8-t9), (t2-t3), S1에서는 (t1-t2), (t9-t10)이라면 그 순서대로 포함시킨다. 종합하면, 적용시기 논점조정안에 포함시키는 순서는 (t4-t7), (t3-t4), (t7-t8), (t8-t9), (t2-t3), (t1-t2), (t9-t10)이다. 어디까지 포함시킬 지는 이 정책에 투입할 수 있는 예산의 규모에 따른다. B/C 분석 결과 우선순위가 명확하면 논점조정안은 하나이다. 만약 S3, S2, S1내 각 시기들의 비용효과 비율이 동일한 경우가 발생하면 시행시기 논점조정안은 다수가 된다.

그림 7-2 시행시기에 대한 입장

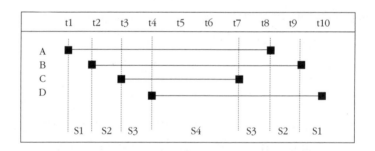

(5) 관할권 조정

관할권 조정은 현안 정책이 가장 잘 추진될 수 있도록 관할권을 배분하는 것이다. 즉 관할권을 관련기관들 간의 영향력과 게임에 의해 배분하는 것이 아니라, 현안 정책의 특성과 관련기관들의 특성을 분석하여 적합성있게 배분하는 것이다. 이 과정에서 관할권을 요구하는 기관들 간에 재배분할 수도 있고, 관할권을 회피하려는 기관에 강제로 부여할 수도 있으며, 관할권을 요구해도 부여하지 않을 수도 있다.

관할권 배분에 있어서 따라야 할 원칙은 차등배분의 원칙이다. 다시 말해, 관할권은 관련기관들 간에 균등하게 배분해서는 안 된다는 것이다. 책임 소재가 불분명해지기 때문이다. 책임을 확보하기 위해서는 관련기관들을 주도기관과 협력기관으로 구분하여 그에 상응하게 차등 배분해야 한다. 관할권의 차등배분을 위해서는 두 가지 기준을 순차적으로 적용해야 한다.

첫 번째 기준은 현안 정책과의 관련성이다. 업무상 관련성에 상응하게 권한을 차등 배분하는 것이다. 업무 관련성이 압도적으로 큰 기관이 있으면 그 기관에 관할권을 독점하도록 부여하고, 업무 관련성에 차이가 있으면 그에 상응하게 배분해야 한다. 그러나 업무 관련성이 비슷하면 관할권을 동등하게 부여하지 않고 다음 두 번째 기준을 적용해야 한다. 두 번째 기준은 관련기관들의 추진 의지와 추진 역량이다. 의지와 역량이 큰 기관에게 보다 많은 관할권을 주고, 의지도 역량도 부족하면 관할권을 적게 배분한다.

업무 관련성을 먼저 적용해야 하는 이유는 무엇인가? 업무 관련성을 먼저 고려하지 않으면 유사한 업무들을 하나의 기관에서 처리토록 하는 정부기관간 역할분담의 대원칙이 무너지기 때문이다. 다시 말해, 의지와 역량을 먼저 적용할 경우 의지와 역량이 있는 기관이 이질적인 다양한 업무를 맡게 되어 효율성이 떨어지기 때문이다.

업무 관련성은 크지만 의지와 역량이 거의 없는 기관에 관할권을 배분해야 하느냐? 반대로 추진 의지와 추진 역량은 크지만 업무 관련성이 매우 작은 기관에 관할권을 할당해야 하느냐? 전자의 경우 당연히 배분해야 한다. 업무 관련성이 먼저 적용되어야 할 뿐만 아니라 업무 관할은 정부조직상 관할기관의 권리이자 의무이기 때문이다. 후자의 경우 일단 관할권을 부여하지 말아야 하지만 업무 관련성이 있는 기관이 전혀 없을 경우 관할권은 기존 기관들 가운데 의지와 역량있는 기관에 부여하고, 이러한 기관도 없으면 새로운 기관을 설치하여 추진해야 한다.

2) 논점간 선택조정의 분석 논리

논점간 선택조정은 통합조정과정에서 논점내 조정안이 복수일 경우 논점간 선택분석을 통해 정합성이 높은 연결대안을 찾아내는 것이다. 논점조정안들이 <예시 4>의 W처럼 분포하면 연결대안이 하나가 되어 논점간 선택조정은 필요없다. 그러나 논점조정안들이 X 혹은 Y 혹은 Z처럼 분포한다면 연결대안들의 수가 많아지는데 이들 가운데 논점간 정합성(congruence)이 높은 1~2개를 찾아내야 한다.

논점간 선택조정분석은 어떻게 해야 하는가? 다수의 연결대안 가운데 정합성이 가장 큰 것은 어느 것이고 그것을 어떻게 판별할 수 있는가? 논점조정안들을 수직적으로 어떻게 연결하면 정합성이 가장 큰 연결대안을 얻을 수 있는가?

예시 4 논점 간 적합성 분석 후 연결조정안 분포

논점	논점조정안 W	논점조정안 X	논점조정안 Y	논점조정안 Z
추구목표	G	G	G	Ga Gb
동원수단	M	Ma Mb	Ma Mb	Ma Mb
적용대상	R	R	R	Ra Rb
시행시기	T	T	Ta Tb	Ta Tb
관할주체	J	Ja Jb	Ja Jb	Ja Jb
연결대안	1개	총 4개	총 8개	총 32개
연결조정안	1개	1-2개	1-2개	2-3개

(1) 사슬형 연결과 중심축 연결

논점조정안들을 정합성이 큰 것끼리 수직적으로 연결하는 방식은 두 가지가 있다. 하나는, 사슬형 연결방식이다. <예시 4>에서 목표(G)를 출발점으로 한다면, 목표(G)와 수단(M), 수단(M)과 대상(R), 대상(R)과 시기(T), 시기(T)와 관할(J) 간의 정합성을 따져 정합성이 상대적으로 큰 것을 연결하는 방식이다.

논점조정안들이 Y처럼 분포한 경우, G가 Ma와 Mb 중 Mb와 정합성이 크다면 G를 Mb와 연결하고, Mb는 R이 하나여서 선택할 여지가 없으므로 그대로 R과 연결하고, R은 Ta와 Tb 가운데 Ta와 정합성이 크다면 Ta와 연결하고, Ta는 Jb와 정합성이 더 크므로 Jb와 연결하는 것이다. 그 결과 만들어진 사슬은 G-Mb-R-Ta-Jb이다. 이는 논점조정안이 Y처럼 분포되어 있을 때 8개 연결대안들 중 정합성이 가장 큰 것이 G-Mb-R-Ta-Jb 1개라는 의미이다. 만약에 GMa의 정합성과 GMb의 정합성이 동일하다면, 정합성이 큰 연결대안은 G-Ma-R-Ta-Jb와 G-Mb-R-Ta-Jb 2개가 된다.

다른 하나는, 중심축 연결방식이다. < 예시 4 >에서 G를 중심축으로 한다면 G와 M, G와 T, G와 R, G와 J 간의 정합성을 따져 상대적으로 큰 것들을 연결하는 방식이다.

논점조정안이 Y와 같을 경우, G가 Ma와 Mb 중 Ma와의 정합성이 더 크면 Ma를 선택하고, G가 R에서는 선택할 여지가 없으므로 R을 그대로 선택하고, G가 Ta와 Tb 중 Tb와의 정합성이 크면 Tb를 선택하고, G가 Ja와 Jb 가운데 Jb와의 정합성이 더 크면 Jb를 선택하는 것이다. 그 결과 정합성이 가장 큰 연결대안은 G-Ma-Tb-R-Jb이다. 만약에 GTa의 정합성과 GTb의 정합성이 동일하면 정합성이 가장 큰 연결대안은 G-Ma-R-Ta-Jb와 G-Ma-R-Tb-Jb 두 개가 된다.

그런데 상기 두 연결방식은 논점들의 수직배열을 어떤 순서로 하느냐에 따라 최적 연결대안이 달라진다. 달리 말해, 출발점이나 중심축이 달라지면 동일한 결과가 나오지 않을 수 있다. 예를 들어, G를 출발점으로 했을 때 최적 연결대안이 G−Mb−R−Ta−Jb인 경우, G와 R의 위치를 서로 바꾸어 R에서 출발해도 동일한 최적 연결대안(R−Mb−G−Ta−Tb)이 나오려면 G가 Tb보다 Ta와의 정합성이 더 커야 한다. 그러나 G가 Ta와 정합성이 더 크리라는 보장이 없다. 따라서 논점들의 배열순서가 달라지면 최적 연결대안도 바뀐다. 또한 Y에서 중심축을 G로 했을 때 최적 연결대안이 G−Ma−R−Tb−Jb인 경우, 중심축을 바꾸어도 동일한 최적 연결대안(R−Ma−G−Tb−Jb)이 나오려면 R과의 정합성이 큰 것이 Ma, Tb, Jb이어야 한다. 그러나 Ma, Tb, Jb가 R과의 정합성이 더 크리라는 보장이 없다. 따라서 중심축을 달리하면 최적 연결대안도 달라질 수 있다. 요약하면, 논점들의 수직배열 순서에 대한 합리적인 기준을 정하지 않으면 상기 두 연결방식은 분석기법으로서 신뢰성이 떨어진다.

그러면 논점들(추구목표, 동원수단, 적용대상, 적용시기, 관할권)의 합리적 우선순위는 어떻게 정해야 할까? 정책을 추진하는 근본 이유는 필요한 결과(policy outcome)를 만들어 내기 위해서이다. 이 결과는 목표에 반영되어 있다. 따라서 목표논점의 우선순위가 가장 높아야 한다. 나머지 논점들의 순위는 목표달성에 대한 상대적 중요성에 따라 정하는 것이 합리적이다. 목표달성에 직접적으로 가장 많은 영향을 미치는 것은 동원수단이다. 수단 선정이 잘못되면 목표달성은 거의 불가능하기 때문이다. 동원수단 다음으로 적용대상과 적용시기가 목표달성에 상당한 영향을 미친다. 적용대상을 넓게 잡느냐 좁게 잡느냐에 따라, 그리고 적용시기를 앞당기느냐 늦추느냐에 따라 목표달성이 달라지 기 때문이다. 적용대상과 적용시기 중에서는 적용대상이 좀 더 중요하다. 적용대상의 적절성은 모든 정책에서 정책효과의 증감에 중요하지만, 적용시기의 적절성은 위기대응 정책이나 경기순환 대책 등 특정정책에서 정책효과의 증감에 중요하기 때문이다. 관할권도 어떻게 정해지느냐에 따라 정책집행이 적극적 혹은 소극적으로 이뤄질 수가 있기 때문에 목표달성에 영향을 미친다. 그러나 관할권은 추진기관들의 이해관계에는 큰 영향을 미칠 수 있으나 목표달성에는 그다지 큰 영향을 미치지 않는다. 요약하면, 합리적 측면에서 볼 때 정책목표, 동원수단, 적용대상, 적용시기, 관할권 등의 순서로 중요하다고 볼 수 있다.[4] 이 순위가 중심축의 중요성 순위이다.

---

4) 정치적 조정에서는 우선순위가 관할, 수단, 목표, 대상, 시기 등의 순서일 가능성이 크다. 합리성보다는 정책추진주체들의 이해관계를 중요시하기 때문이다. 현안 정책을 통해 정치적 이익을 최대화하는 방법은 일단 정책추진의 주도권을 잡는 것이다. 그 다음에 수단을 중요시할 가능성이 크다. 국민들 앞에 대의 명분상 정책목표를 중요시하지만, 실제로는 동원수단이 자신들에게 가져

그러면 사슬형 연결방식과 중심축 연결방식 중 어느 것이 더 우수한가? 중심축 연결방식이 사슬형 연결방식보다 더 우수하다. 이유는 두 가지이다.

첫째, 수단, 대상, 시기 혹은 관할기관 선택에 있어서의 이견은 모두 정책효과(목표달성)의 극대화를 위해 발생하기 때문이다. 수단 때문에 대상에 대한 이견이 있거나 대상 때문에 시기에 대한 이견이 있는 것은 아니다. 따라서 이들의 선택에는 1차적으로 목표를 고려해야 한다. 중심축 연결에서는 수단, 대상, 시기, 관할 등 각 논점별 조정안 선택이 1차적으로 목표의 영향을 받는다. 그러나 사슬형 연결에서는 목표가 수단 선택에 직접적인 영향을 미치나 적용대상 선택에는 간접적인 영향을 미치고, 적용시기 선택에 있어서는 적용대상이 목표보다 더 큰 영향을 미친다. 따라서 각 논점조정안 선택시 목표를 우선 고려하기 위해서는 중심축 연결이 적합하다.

둘째, 사슬형 연결방식에 있어서는 연결대안에 정합성 분절이 있을 수 있기 때문이다. 즉 정합성이 큰 논점조정안끼리 연결되지 않을 수도 있다는 것이다. 예를 들면, Y의 경우 G와 적합성이 큰 Ma를 선택하고 Ma는 R을 자동으로 선택하며, R은 정합성이 큰 Ta를 선택하고 Ta는 Jb를 선택하면 연결대안은 G−Ma−R−Ta−Jb가 된다. 그런데 R이 Ma가 아니라 Mb와 정합성이 더 클 수도 있다. 이 경우 정합성이 큰 연결은 G−Ma와 Mb−R−Ta−Jb이다. M에서 정합성의 분절이 일어난다. 그러나 중심축 연결에서는 이러한 분절의 문제가 생기지 않는다. 따라서 논점조정안들의 수직적 연결방식은 중심축 연결방식이어야 한다.

(2) 논점간 선택 분석

상기 논점간 우선순위에 따라 중심축 연결방식을 활용하여 정합성이 높은 연결대안을 선택하는 방법은 다음과 같다.

논점별 조정안을 선택하는데 상순위 논점을 중심축으로 하여 이 중심축과의 정합성에 따라 하순위 논점조정안들을 차례로 선택하고, 상순위 중심축과의 정합성이 동일한 경우 차순위 중심축과의 정합성에 따라 선택한다. 즉 제1 순위인 목표 논점조정안과의 정합성에 따라 수단 논점조정안, 대상 논점조정안, 시기 논점조정안, 관할권 논점조정안을 선택하고, 제1 순위인 목표 논점조정안과 각 시기 논점조정안 간의 정합성이 동일할 경우 목표 논점조정안은 시기 논점조정안을 선택할 능력을 상실하고 그 대신

올 부수효과를 중요시한다. 따라서 공식적인 목표달성에 효과적인 수단보다는 자신들의 숨겨진 이익 확보에 유리한 수단을 선호하게 된다. 적용대상과 적용시기 선택에 있어서도 적용시기보다는 지지기반과 관련된 적용대상을 더 중요시한다.

제2순위 중심축인 수단 논점조정안과의 정합성에 따라 시기 논점조정안을 선택한다.

예를 들어, 논점조정안 분포가 Y와 같을 경우, 제1 순위 중심축인 G가 수단 논점조정안 Ma와 Mb 가운데 자신과의 정합성이 높은 Ma를 선택하고, 적용대상 논점조정안 R은 선택의 여지가 없으므로 그대로 채택하고, 적용시기 논점조정안 Ta와 Tb 가운데 자신과의 정합성이 높은 Tb를 선택하고, 관할권 논점조정안 Ja와 Jb 가운데 자신과의 정합성이 높은 Jb를 선택하게 되면 G가 Ma, R, Tb, Jb를 선택하게 된다. 그 결과 중심축 연결방식에서 정합성이 높은 연결대안은 G−Ma−R−Tb−Jb가 된다. 만약 GTa의 정합성과 GTb의 정합성이 동일하면 시기 논점조정안은 목표 논점조정안에 의해 선택될 수 없다. 이 경우 제2 순위 중심축인 수단 논점조정안 Ma에 의해 선택되어야 하는데, MaTa의 정합성이 MaTb의 정합성보다 크다면 Ta가 선택된다. 따라서 이 경우 정합성이 높은 연결대안은 G−Ma−R−Ta−Jb가 된다.

논점간 선택분석을 통해 마련할 연결대안은 가급적 최소한으로 줄이는 것이 바람직하다. 그 숫자가 늘어나면 후속 분석작업이 크게 증가하기 때문이다.

3) 논점내 양립조정의 분석 논리

논점내 양립조정은 병행조정에서 각 정책들을 수정하여 양립 가능하도록 하는 것이다. 이를 위해서는 논점내에서 어떤 조정이 필요한가? 정책들을 병행시키기 어려운 이유는 상충 혹은 경합하기 때문이다. 목표, 수단, 대상, 시기 등 각 논점에서 정책들을 어떻게 수정해야 이 상충과 경합을 해소할 수 있는가?

목표 논점에서는 병행정책들의 관계가 상충관계이면, i) 부정적인 영향이 발생하지 않도록 적용시기를 변경하거나, ii) 부정적 효과를 차단할 수 있는 수단을 추가해야 한다. 목표들이 병행정책들간에 경합할 경우 우선순위를 정해 경합을 약화시켜야 한다. 그러나 목표들이 병행정책들 간에 상호 독립적이거나 보완적이거나 동일하면 각 목표들을 수정 없이 그대로 둔다. 상호 양립을 저해하지 않기 때문이다.

수단 논점에서는 병행정책들의 관계가 상충관계이면, 부정적인 영향을 차단할 수 있는 조치를 추가하거나 부정적인 영향을 발생하지 않도록 적용시기를 변경한다. 다만, 이미 집행 중인 정책들은 시기조정이 어려우므로 차단조치만 추가한다. 수단들이 병행정책들 간에 상호 독립적이거나 보완적이거나 동일해도 각 수단을 원래대로 유지한다. 수정없이 유지해도 서로가 양립을 저해하지는 않기 때문이다.

적용대상과 적용시기 논점에서는 병행정책들의 관계가 경합관계이면 우선순위를 정해야 하고, 중복 혹은 독립관계이면 상호 양립을 방해하지 않으므로 그대로 유지시

킨다. 양 논점에서는 상충관계나 보완관계가 존재하지 않으므로 양립조정을 할 필요가
없다.

4) 논점간 차별화조정의 분석 논리

정책들을 병행시키기 위해서는 양립 가능해야 할 뿐만 아니라 차별화되어야 한
다. 즉 양립 가능한 정책들이 서로 달라야 한다. 병행시키기 위해서는 무엇을 차별화
해야 하고, 무엇이 같으면 병행시키기 어려운가?

정책들을 병행시키기 위해 모든 논점에서 차별화를 시도할 필요는 없다. 여러 논
점들을 함께 고려해 일부 논점에서만 차별화해도 병행이 가능하다. 정확히 말하면, 동
원수단, 적용대상, 적용시기 중 하나 이상의 논점에서 정책들을 차별화하면 다른 여타
논점에서 정책들이 동일해도 병행이 가능하다. 예를 들면, 저소득층 노인들(대상)에 대
한 의무적 치매검진 사업(수단)을 적용시기를 달리하여 1차로 향후 10년간 추진한 다
음, 그 결과를 보아 2차로 또다시 10년간 추진한다면 1차 사업과 2차 사업은 병행(독
자적인 존립)이 가능하다: 저소득층 노인(대상)들에게 향후 10년간(시기) 동원수단을 달
리하여 치매검진 사업과 여가활동지원 사업을 추진해도 두 사업은 병행이 가능하고,
향후 10년간(시기) 치매검진사업(수단)을 그 적용대상을 달리하여 저소득층 노인들과
정신장애아들에게 실시해도 두 사업은 병행가능하다.

그러나 정책입장들이 동원수단, 적용대상, 적용시기 등 세 논점 모두에서 동일하
면 목표논점이나 관할논점에서 서로 다르더라도 병행시키기 어렵다. 이유는 세 논점에
서 동일하면 사실상 동일한 정책들이 되기 때문이다. 예를 들면, 저소득층 노인여성들
(대상)에게 향후 10년간(시기) 의무적 치매검진 사업(수단)들을 추진하되, 목적을 달리
설정하여 하나는 국민건강증진을 위해 추진하고 다른 하나는 소득재분배를 위해 추진
한다면 이 두 사업을 병행시켜도 되는가? 아니다. 하나만 추진해도 두 가지 목적이 모
두 달성될 수 있기 때문이다. 굳이 두 사업을 병행 추진하면 낭비이다. 마찬가지로 저
소득층 여성노인들에 대한 의무적 치매검진 사업을 향후 10년간 보건복지부와 여성가
족부가 각각 추진하는 경우에도 이들을 허용해서는 안 된다. 동일한 정책을 중복 추진
하는 것이기 때문이다.

5) 논점간 보완조정의 분석 논리

논점간 보완조정은 연결대안에 포함된 논점조정안들을 논점간에 비교하여 정합
성이 제고되도록 수정·보완하는 것이다. 통합조정에서는 논점간 선택분석 이후에 실

시하고, 병행조정에서는 양립분석과 차별화분석 이후에 실시한다.

논점조정안간 비교는 논점간 선택분석에서처럼 중심축 연결방식으로 한다. 즉 중심축 논점조정안과 타 논점조정안들 간에 비교해야 한다. 수정보안은 하향식으로 해야 한다. 즉 우선순위가 높은 논점조정안에 맞추어 낮은 논점조정안을 수정한다. 다만, 우선순위가 낮은 논점조정안을 수정할 수 없는 예외적인 경우에만 우선순위가 낮은 논점조정안에 맞춰 높은 논점조정안을 수정한다.

(1) 목표 논점조정안과 수단 논점조정안

목표와 수단 간 적합성 제고는 질적인 측면과 양적인 측면으로 나누어 볼 수 있다. 질적인 적합성은 양자간 인과관계의 정확성을 의미한다. 질적인 적합성을 높이기 위해서는 목표와 수단 간 인과관계가 불확실하거나 미약한 부분을 보완해야 한다. 양적인 적합성은 추구할 목표와 동원가능한 수단이 상호간에 지나침이나 부족함이 없는 것을 말한다. 양적인 적합성을 제고하기 위해서는 목표에 비추어 수단이 지나치면 축소하고 부족하면 추가한다. 수단을 수정·보완하기 어려운 경우 목표를 상향시거나 하향시킨다.

정합성 제고를 위해서는 원칙적으로 목표 논점조정안에 비추어 수단 논점조정안을 수정·보완해야 한다. 그러나 수단 논점조정안에 비추어 목표 논점조정안이 적절한지 검토해야 할 경우도 있다. 하나는 수단 논점조정안을 통해 또 다른 목표를 용이하게 달성할 수 있을 경우 시너지 효과를 만들기 위해 목표 논점조정안에 새로운 목표를 추가하는 것이고, 다른 하나는 수단 논점조정안이 목표 논점조정안의 달성에 미흡하고 새로운 수단의 추가 동원도 어려울 경우 목표 논점조정안 내에서 우선순위가 낮거나 보완관계에 있지 않은 일부 세부목표를 폐기시키는 것이다.

(2) 목표 논점조정안과 대상 논점조정안

정책목표와 적용대상 간에는 상당부분 상관관계가 있다. 즉 정책목표를 효율적으로 구현하기에 적합한 적용대상이 있고, 반대로 특정 적용대상에 효율적으로 구현될 수 있는 정책목표도 있다는 것이다. 예를 들어, 교육부가 추진하는 대학지원정책의 목표가 국제경쟁력 강화라면 모든 대학들의 경쟁력을 강화시키기란 매우 어렵고 또한 그럴 필요도 많지 않으므로 대학지원정책의 적용대상은 자연히 잠재력이 있는 소수 대학들로 제한될 수밖에 없다. 반면에 대학지원정책의 목표가 사회적 기회균등 실현이라면 저소득층 대학생자녀들에 대한 지원이 필수적이고 저소득층 자녀들은 어느 대학에나 존재하기 때문에 대학지원정책의 대상범위는 모든 대학으로 확대되어야 한다. 따

244 제2부　정책조정 일반론

라서 목표와 적용대상 간에 정합성을 추가적으로 제고하기 위해서는 상호간에 부분적
인 수정을 해야 할 필요가 있다.

먼저, 목표 논점조정안에 맞게 적용대상 논점조정안을 수정해야 한다. 목표 논점
조정안을 면밀히 검토하면 그 실현에 적합한 적용대상의 윤곽이 드러나는데, 적용대상
논점조정안이 이 윤곽에 일부라도 맞지 않으면 그 부분을 수정해야 한다. 예를 들어,
대학지원정책의 목표 논점조정안이 국제경쟁력강화인데, 적용대상 논점조정안이 대다
수 대학들을 포함하고 있으면 이를 수정하여 소수 대학으로 축소한다. 반면에 대학지
원정책의 목표 논점조정안이 사회적 기회균등 실현인데, 적용대상 논점조정안이 소수
대학들만 포함되어 있으면 이를 수정하여 전 대학으로 확대한다. 그러나 적용대상 논
점조정안을 수정하기 어려운 경우 목표 논점조정안을 수정해야 할 경우도 있다. 예를
들어, 대학지원정책의 적용대상 논점조정안이 모든 대학으로 되어 있고 목표 논점조정
안이 국가경쟁력 제고로 되어 있을 경우, 대다수 대학들의 반대로 소수 대학으로 축소
할 수 없다면 목표를 수정하여 사회적 형평성 측면을 강화하는 것이다.

(3) 목표 논점조정안과 시기 논점조정안

정책목표와 적용시기 간에도 정책에 따라 상당한 상관관계가 있다. 정책환경이
끊임없이 변하는 상황에서 특정 정책목표를 추구하기에 적합한 시기가 있을 수 있고,
또한 특정 시기에 추구하기에 적합한 정책목표가 있을 수 있다. 따라서 목표와 시기
간에 조율이 필요하다.

먼저, 목표 논점조정안에 비춰 시기 논점조정안을 수정하려면 두 가지 정보를 확
보해야 한다. 첫째는 정책이 필요한 시기에 관한 정보이다. 일반적으로 적용대상은 여
건의 변화에 따라 특정 시기에 정부 정책을 절실히 필요로 하고 그 시기가 지나면 필
요성을 느끼지 못한다. 따라서 정책은 그 적용시기를 놓치면 무용지물이 되거나 그 목
표달성이 어려워진다. 적절한 적용시기를 잡기 위해서는 언제부터 언제까지 정책이 필
요한지를 알아야 하는데, 이러한 정보는 적용대상이 처한 상황과 여건 변화를 분석하
여야 확보할 수 있다. 둘째, 정책효과가 나타나는 패턴에 대한 정보이다. 대체로 정책
을 시행했을 때 그 효과 발생은 완만한 S자 곡선을 그리거나 On-Off 그래프를 그리
는 것으로 알려져 있다. 전자의 경우는 초기에 효과가 별로 나타나지 않다가 어느 시
점이 지나면 효과발생이 가파르게 증가하고 또 어느 시점을 지나면 효과발생이 거의
증가하지 않는 것이다. 후자의 경우는 정책을 시행하면 효과가 즉각 발생하고 중단하
면 곧바로 사라지는 것이다. 정책효과가 나타나는 패턴을 알기 위해서는 정책수단들을

분석해 보아야 한다. 수단들이 적용대상의 역량을 육성하는 지원적 성격이면 그 효과가 완만한 S자 곡선을 그릴 수 있고, 적용대상의 행위를 통제하는 규제적 성격이면 On-Off 곡선을 그릴 수 있다.

다음으로, 두 가지 정보가 확보되면 목표 논점조정안에 따라 시기 논점조정안을 수정해야 한다. 즉 정책효과 발생 패턴이 완만한 S자 곡선을 그리는 경우 적용시점은 정책효과가 나타나야 할 시점보다 앞당기고 그 적용기간은 효과발생이 더 이상 증가하지 않는 시점까지 한시적으로 적용해야 한다. 반면에 정책효과 발생 패턴이 On-Off 그래프를 그릴 경우는 정책효과가 나타나야 할 시점과 동시에 적용해야 하고 적용기간은 그 정책의 필요성이 있는 한 항구적으로 적용해야 한다.

한편, 적용시기 논점조정안을 수정하기 어려운 경우 필요하면 목표 논점조정안을 수정해야 한다. 적용시점이 촉박하거나 적용기간이 짧은 경우 목표 숫자를 줄이거나 달성수준을 하향시켜야 한다. 반면에 적용시기가 여유있는 경우 목표를 늘리고 달성수준도 상향시킬 수 있다.

(4) 목표 논점조정안과 관할 논점조정안

목표와 관할기관 간에는 일정부분 상관관계가 있다. 일반적으로 각 정부기관들은 자신들의 임무, 보유자원, 행정노하우 등에 따라 보다 잘 구현할 수 있는 정책목표들이 있다. 예를 들어, 4대강 정비 정책과 관련하여 홍수통제 목표는 국토부가, 농업용수 확보 목표는 농림부가, 관광지개발 목표는 문광부가 잘 구현할 수 있다. 따라서 정책목표와 관할기관 간 조율이 필요하다.

먼저, 정합성을 제고하기 위해 목표 논점조정안에 따라 관할권 논점조정안을 수정하는 방법은 다음과 같다. 목표 논점조정안에 포함된 목표들의 상대적 비중을 분석하면 그에 따라 주도기관과 협조기관을 정할 수 있고, 이렇게 정해진 기관간 역할과 책임의 분담 틀에 비추어 관할권 논점조정안에 포함된 기관들의 역할과 책임이 이와 다른 부분이 있으면 그 부분을 수정한다. 그러나 관할권 논점조정안을 수정할 수 없는 합리적 이유가 있으면 목표 논점조정안을 수정해야 한다. 현안 정책이 성공적으로 추진되려면 관할기관들의 이해관계와 가치관을 부분적으로나마 반영해주어야 하기 때문이다. 그 결과 관할권 논점조정안내 관할기관들의 관계에 맞게 목표 논점조정안에 포함된 목표들 간 우선순위를 변동시키거나 일부 목표를 추가 혹은 폐기할 수 있다.

(5) 수단 논점조정안과 적용대상 논점조정안

정책수단과 적용대상 간에도 정책에 따라 상관관계가 있을 수 있다. 예를 들면,

중소기업 활성화 정책의 경우 기술 개발, 시설·공정 개선, 유통 개선 등을 위해 충분한 재원을 투입하는 것이 관건인데, 정부의 한정된 재원으로 다수 중소기업들을 직접 지원한다면 개별기업들이 수령한 재원의 규모가 너무 작아 활성화에 별다른 도움이 안 되지만, 중소기업들이 빌릴 수 있는 자금의 금리를 인하해 준다면 개별 중소기업들은 활성화에 필요한 충분한 자금을 동원할 수 있다. 따라서 대상 중소기업의 수가 많으면 금융수단이 적합하고 적으면 재정수단이 적합하다. 역으로 금융수단을 동원하려면 적용대상을 넓히고 재정수단을 동원하려면 축소하는 것이 합리적이다.

수단 논점조정안에 따라 적용대상 논점조정안을 수정하려면, 먼저 수단 논점조정안을 분석하여 합리적인 적용대상을 정한 다음, 적용대상 논점조정안이 이와 다른 부분이 있으면 그 부분을 수정한다. 예를 들면, 중소기업 활성화 정책의 수단 논점조정안이 금리 위주로 되어 있고 적용대상 논점조정안이 특정분야 소수 중소기업들로 되어 있으면, 그 적용대상을 확대할 필요가 있다. 그러나 적용대상 논점조정안을 수정하기 어려우면 적용대상 논점조정안에 따라 수단 논점조정안을 수정할 수도 있다. 예를 들면, 중소기업 활성화 정책에서 적용대상 논점조정안이 다수 중소기업들로 되어 있고 수단 논점조정안이 재정위주로 되어 있을 경우, 다수 중소기업을 소수로 축소하기 어려운 합리적 이유가 있다면 수단 논점조정안을 금리위주로 수정해야 한다.

(6) 수단 논점조정안과 시기 논점조정안

정책수단과 적용시기 간에 조율이 필요한 경우가 있다. 정책수단을 크게 보면 규제와 지원으로 구분할 수 있다. 일반적으로 규제 수단은 시행과 동시에 효과가 나타나지만 규제 기간 동안에만 효과가 나타나는 반면, 지원 수단은 효과가 나타나는 데 상당한 시간이 걸리지만 장기간에 걸쳐 나타나는 경우가 많다. 규제는 적용대상(피규제자)의 행동을 직접 변화시키는 수단이나, 지원은 1차적으로 적용대상에게 제공되고 2차적으로 적용대상이 지원기관이 기대한 행동을 해야 그 효과가 나타나는 수단이기 때문이다. 그 결과 조기 성과가 필요하면 규제 수단이 유용하고, 장기간의 효과가 필요하면 지원 수단이 유용하다.

그러나 수단에 따라 적용시기(효과를 기대하는 시기)를 조정하는 경우는 별로 없고, 그와는 반대로 시기에 맞게 수단을 조정하는 경우는 많다. 예를 들어, 상황이 급박하여 단기간에 성과가 요구되는 경우 수단 논점조정안이 지원 위주로 되어 있으면 이를 규제 위주로 전환해야 한다.

(7) 수단 논점조정안과 관할 논점조정안

정부기관들은 각자가 잘 구사할 수 있고 나름대로 특색있는 정책수단들을 가지고 있다. 정책에 동원될 수단들이 정해지면 그 정책에 참여해야 할 기관들이 정해진다. 따라서 수단과 관할권 간에는 일정부분 상관관계가 있다.

수단 논점조정안과 관할권 논점조정안 간에 정합성을 제고할 여지가 있으면, 수단 논점조정안에 포함된 수단들의 구성과 비중을 분석하여 그에 맞게 주도기관과 협력기관을 정한 후, 이에 따라 관할권 논점조정안 내 관할기관들의 구성과 역할을 수정해야 한다.

(8) 적용대상 논점조정안과 적용시기 논점조정안

적용대상과 적용시기 간에는 반드시 조율이 필요하다. 긴급한 조치가 필요한 적용대상에게는 그 적용시기를 앞당겨야 하고, 그렇지 않으면 그 시기를 늦출 수 있다. 또한 역량을 키워주어야 할 대상이면 그 적용기간을 길게 해야 하고, 일정한 제약과 부담을 부과해야 할 정책대상이면 그 적용기간을 짧게 하는 것이 바람직할 수 있다.

적용대상 논점조정안에 따라 적용시기 논점조정안을 수정할 경우, 적용대상 논점조정안에 포함된 대상들을 분석하여 합리적인 적용 시점과 기간을 설정한 한 후, 시기 논점조정안이 이와 부합하지 않은 부분이 있으면 그 부분을 수정해야 한다. 그러나 위기대응 정책처럼 적용시기를 수정할 수 없으면 적용시기 논점조정안에 따라 적용대상를 핵심 집단이나 지역에 국한시켜야 한다.

(9) 적용대상 논점조정안과 관할 논점조정안

적용대상과 관할기관 간에는 조율이 필요한 경우가 있다. 정부기관들은 대부분 그 업무와 관련하여 배려해야 할 특정 고객집단이 있다. 예를 들면, 산업자원부는 기업인, 보건복지부는 저소득층, 교육과학기술부는 과학기술인, 문화관광부는 문화예술인 등이 있다. 따라서 현안 정책이 어떤 집단들을 대상으로 하느냐에 따라 동 정책에 대한 이해관계 기관들이 달라진다. 정부기관들은 자신의 고객이 포함된 정책에서 관할권이 배제되면 비협조적인 태도를 취한다. 따라서 적용대상에 따라 관할기관을 선정해야 한다.

적용대상 논점조정안에 따라 관할 논점조정안을 수정하기 위해서는, 먼저 적용대상 논점조정안을 분석하여 이해관계 기관들을 확인하고 그 이해관계의 정도에 따라 관할권을 분배한 후, 관할권 논점조정안이 이 분배 내용과 부합하지 못한 부분이 있으면 그 부분을 수정한다.

(10) 적용시기 논점조정안과 관할 논점조정안

적용시기와 관할기관 간에도 조율이 필요하다. 일반적으로 정책이 빠른 시일 내에 빠른 속도로 추진되어야 하면 추진력이 강한 기관이나 상급기관이 담당해야 한다. 그럼에도 불구하고 관할 논점조정에 포함된 기관들이 적용시기 논점조정안이 요구하는 시기와 속도를 충족시키지 못할 것 같으면 그에 맞는 관할기관으로 교체할 수 있다.

제3절   정치적 경험적 조정절차

정치적 경험적 조정절차는 정책조정의 현장에서 자주 활용되는 절차이다. 조정주체에 따라 당사자간 협의조정(negotiation)절차, 제3자에 의한 중립조정(mediation) 절차, 상급자에 의한 집권조정(arbitration) 절차가 있다.

1. 협의조정절차(Negotiation Process)

1) 당사자간 조정절차의 유형

당사자간 조정절차는 당사자들의 숫자에 따라 양자간 조정절차와 다자간 조정절차가 있다. 그 특징에 따라 세분하면 다음과 같다.

먼저, 양자간 조정절차는 갈등당사자들이 갈등을 해소하는 방식에 따라 원칙타결절차(Formula Detail Procedure)와 점증합의절차(Gradual Agreement Procedure)로 구분할 수 있다. 원칙타결절차는 당사자들이 먼저 쟁점타결 원칙에 대해 합의를 한 후 이 원칙에 입각하여 쟁점들을 신속하게 타결하는 절차이고, 점증합의절차는 당사자들이 쟁점들에 대한 서로 다른 입장을 단계적으로 조금씩 양보하여 합의에 이르는 절차이다. 점증합의절차는 더 나아가 상호작용의 형태에 따라 대면접촉양보절차(Face-to-Face Concession Procedure)와 서면교환양보절차(Document-Exchange Concession Procedure)로 구분할 수 있다. 대면접촉양보절차는 갈등당사자들이 직접 접촉하여 입장과 영향력을 주고받아 단계적으로 양보하여 합의에 이르는 절차이고, 서면교환양보절차는 갈등당사자들이 서면을 통해 서로의 입장과 설득자료를 주고받으면서 단계적으로 양보하여 합의에 이르는 절차이다.

다음, 다자간 조정절차는 상호작용의 방식에 따라 각개협의절차(Bilateral Serial Procedure)와 공동협의절차(Consensus Building Procedure)로 구분할 수 있다. 각개협의절차는 다자가 일련의 양자접촉을 통해 조정하는 절차이고, 공동협의절차는 다수 당사자가 함께 논의하여 조정하는 절차이다. 공동협의절차는 다시 잠정안회람절차(Draft Circulation Procedure)와 공감확대절차(Snowball Running Procedure) 및 다수안표결절차(Draft Voting Procedure)로 구분할 수 있다. 잠정안회람절차는 잠정합의안을 마련한 후 갈등당사자들에게 순차적으로 회람시켜 모두가 동의할 수 있도록 수정하게 하는 절차이고, 공감확대절차는 단계적 질문과 수정요구를 통해 다수 입장들 간 공통부분을 확대해 가는 절차이며, 다수안표결절차는 다수 당사자들이 지지하는 조정안이 나올 때까지 각 당사자들로 하여금 수차례 수정조정안을 제안토록 하여 표결하는 절차이다.

이상의 구분을 요약하면 <표 7-2>와 같다.

표 7-2 갈등당사자간 협의조정절차의 구분

양자간 협의조정절차	┌ 원칙타결절차	
	└ 점증합의절차	┌ 대면접촉양보절차
		└ 서면교환양보절차
다자간 협의조정절차	┌ 각개협의절차	┌ 원칙타결절차
		└ 점증합의절차
	└ 공동협의절차	┌ 잠정안회람절차
		─ 공감확대절차
		└ 다수안표결절차

이하에서 원칙타결절차, 대면접촉양보절차, 서면교환양보절차, 각개협의절차, 잠정안회람절차, 공감확대절차, 다수안표결절차에 대해 구체적으로 설명한다. 각 절차를 구성하는 단계들과 각 단계에서 당사자들이 해야 할 작업들은 다음과 같다.

2) 원칙타결절차(Formula Detail Procedure)[5]

원칙타결절차의 5단계와 각 단계별로 필요한 작업은 다음과 같다.

제1단계는 정책입장비교 및 쟁점확인 단계(identification phase)이다. 당사자들이 정책입장들을 비교검토하여 이견이 있는 쟁점들을 파악하고, 서로의 주장과 논리 및 증거가 무엇인지 파악한다.

제2단계는 협의가능성 탐색과 협의조정준비 단계(diagnostic phase)이다.

먼저, 곧바로 협의조정을 개시할 수 있는지 그 가능성을 탐색해야 한다. 당사자들 간에 쟁점이 있다고 해서 협의조정이 곧바로 시작되는 것은 아니다. 비록 쟁점이 있더라도 현재의 상황이 유리하다고 판단하거나 지금 당장 협의에 들어가는 것이 불리하다고 판단한 당사자는 이견의 존재를 무시하고 협의조정에 응하려 하지 않는다. 더 나아가 당사자들이 협의조정의 필요성을 인식하더라도 어느 쪽도 먼저 협의를 제안하지 않으려 한다. 먼저 제안하면 취약점과 양보의사를 드러내는 것으로 인식되거나, 조금만 더 버티면 상대방이 양보할 거라고 생각하기 때문이다. 그 결과 협의조정이 곧바로 시작되지 않는다.

협의조정이 시작되려면 상황의 변화나 협의조정하려는 의지가 있어야 한다. 상황이 변하면 당사자들의 유불리에 대한 판단이 달라져 협의조정이 추진될 수 있다. 즉 협의조정을 거부하거나 지연시키는 것이 이득이 되지 않는다고 판단하면 협의조정에 임하게 된다. 또한 비록 상황이 변하지 않았더라도 최소한 당사자 가운데 일방이 협의조정에 강한 의지를 가지고 있으면 영향력을 행사하여 상대방을 협의조정으로 유도할 수 있다.

다음, 상황변화의 결과이든 전략적 유도의 결과이든 상대방이 협의조정에 응하게 되면 구체적인 준비해야 한다. 준비 사항은, i) 쟁점의 내용과 원인 및 맥락에 대한 검토, ii) 유사한 상황에 적용되었거나 참고가 될 만한 조정 원칙과 절차에 대한 검토, iii) 자신과 상대방의 이해관계에 대한 검토와 목록작성 및 분류,[6] iv) 이견과 관련된

---

5) I. William Zartman and Maureen R. Berman은 1982년에 출간한 The Practical Negotiator (New Haven: Yale University Press)에서 성공한 협의조정들이 대부분 따르고 있다는 원칙타결 모형(Formula–Detail Model)를 제시했다. 이곳에서는 Zartman과 Berman이 제시한 세 단계에 두 단계를 추가하여 5단계로 확대하고 각 단계에서 고려해야 할 사항들을 간결하게 통합한 후 쟁점별 협의조정과 패키지 협의조정 간 비교분석, 쟁점별 타결에 있어서 양보전략 등을 추가하여 원칙타결절차(Formula Detail procedure)로 제시한다.

6) 이해관계 우선순위, 협의조정 가능한 것과 불가능한 것, 상대방에게 허용할 수 없는 것과 상대방으로부터 얻고 싶은 것 등.

감정적 요소 파악, v) 해결대안 마련 등이다.

제3단계는 당사자들이 따라야 할 쟁점타결의 원칙(a framework of settlement, a set of principles)을 설정하는 단계(formula phase)이다. 쟁점에 대한 협의조정에 앞서 쟁점들을 해결하기 위한 원칙 혹은 기본 틀을 마련해야 한다는 것이다. 이 타결원칙은 협의조정의 조건과 한계를 정하고 구체적 쟁점들에 대한 합의 기준이 되며 합의결과를 정당화시켜주는 역할을 한다. 타결원칙은 두 종류가 있다. 하나는 정책입장들의 내용을 취급하는 원칙들이고, 다른 하나는 순조로운 협의진행에 필요한 협의대표 자격과 협의 절차 등을 취급하는 원칙들이다. 이러한 타결원칙들이 갖추어야 할 조건들은 다음과 같다 (Zartman & Berman, 1982: 109−117). 첫째, 포괄성(comprehensiveness)이다. 타결원칙은 관련 쟁점들 대부분에 적용할 수 있어야 한다. 둘째, 일관성(coherence)이다. 타결원칙은 경우에 따라 수정되더라도 그 핵심내용의 일관성은 유지되어야 한다. 셋째, 균형성 (balance)이다. 타결원칙은 상대방이 거부할 만큼 편향되어서는 안 된다. 넷째, 대체불가능성(irreplaceability)이다. 타결원칙은 다른 원칙들로 쉽게 대체될 수 없어야 한다.

당사자들이 타결원칙들에 합의하기 위해서는 시행착오가 불가피하다. 첫 협의에서 합의되지 않더라도 논의를 지속해야 한다. 재차 삼차 논의를 하면서 합의에 도달하기 위해서는 다음과 같은 노력이 필요하다(Zartman & Berman, 1982: 122−125). 첫째, 타결원칙들을 개선하는 것이다. 즉 용어들에 대한 정의(definition), 원칙들의 의미와 적용시 예상되는 결과 등을 좀 더 구체화하는 것이다. 둘째, 타결원칙들을 수정하는 것이다. 기존 타결원칙들의 구성요소들을 재구성하거나 새로운 정의(justice) 개념을 도입함으로써 타결원칙들을 좀 더 새롭게 수정하는 것이다. 셋째, 타결원칙들을 적용하기 어려운 쟁점을 제외시키는 것이다. 타결원칙들에 대한 합의를 어렵게 만드는 쟁점은 나중에 별도의 원칙 하에 처리할 수 있도록 잠시 열외로 하는 것이다. 그래도 합의에 이르지 못하면 상황변화를 기다려 합의를 시도한다.

제4단계는 원칙들에 입각하여 쟁점들을 타결하는 단계(detail phase)이다.

먼저, 합의 도출에 필요한 정보를 충분히 수집하고 교환해야 한다. 즉 상대방의 숨은 의도와 전략 등에 대해 충분한 정보를 수집해야 하고, 각자가 원하는 것과 양보할 수 있는 것 그리고 각각의 이유 등에 대한 정보를 충분히 교환해야 한다. 그러나 당사자들은 숨은 의도를 관철하기 위한 전략적 필요에 의해 정보교환을 통제하고 조작하려 한다. 그럼에도 불구하고 정보교환이 충분하지 않으면 원활한 협의 진행과 합의 도출이 어려워진다.

다음, 정보 수집과 교환이 충분히 이뤄지면 쟁점들을 하나씩 순차적으로 타결해야 한다. 쟁점 타결에 있어서 중요한 것은 i) 작은 쟁점들에 파묻혀 큰 그림을 놓치지 않아야 하고, ii) 양보는 타결원칙에 의해 정당화될 수 있는 방법으로 해야 하며 (Zartman & Berman, 1982 : 201 - 202), iii) 모멘텀을 만들어 중요 쟁점들을 타결하고 분수령을 넘기는 것이다. 모멘텀은 협의조정 과정에서 형성된 가속도 혹은 탄력을 말하는데, 타결원칙들에 합의한 직후 혹은 당사자들의 진지함을 시험하기 위해 사소한 쟁점들을 타결한 직후에 생긴다(Zartman & Berman, 1982: 186). 모멘텀이 만들어지면 후속 협의조정은 빠른 속도로 진행해야 한다. 그렇지 않으면 상대방의 진의를 의심하게 되어 협의조정이 지연된다. 분수령은 타결된 쟁점들의 숫자와 남은 쟁점들의 숫자가 같아지는 시점이다. 분수령을 지나면 나머지 쟁점들에 대한 협의조정이 수월하게 진행된다. 그러나 종종 분수령이 지난 후에도 협의조정이 결렬되는 경우가 있는데, 이는 지금까지 협의조정을 불리하게 해 왔다고 판단하는 측에서 이미 타결된 내용을 부정하고 협의조정을 원점으로 돌리려고 하기 때문이다(Zartman & Berman, 1982: 188).

제5단계는 협의조정을 종결하고 타결내용을 정리하는 단계(wrap - up phase)이다. 협의조정은 모든 쟁점들이 타결된 이후에 종결하는 것이 바람직하다. 그러나 일부 미해결 쟁점들이 남아 있더라도 빠른 시일 내에 타결될 것 같지 않으면 다음 기회로 미루고 협의조정을 종결해야 한다. 이미 타결된 쟁점들은 그 내용을 정리하여 상호간에 확인하고 성실한 이행을 약속함으로써 협의조정을 마무리한다.

3) 대면접촉양보절차(Face-to-Face Concession Procedure)

대면접촉양보절차[7]는 다음과 같은 5단계로 구성된다.

---

7) P. H. Gulliver는 1979에 출간한 그의 저서 Disputes and Negotiations, New York : Academic Press에서 현장에서 활용되는 다양한 협의조정절차들을 발전모형(Developmental Model)과 순환모형(Cyclical Model)으로 유형화했다. 발전모형에서는 당사자들이 합의도출을 위해 다음과 같은 8단계를 따른다는 것이다. 즉 i) 이견의 상호인지(recognition of a dispute), ii) 협의조정 무대 선정(search for an arena), iii) 협의조정의제 선정과 쟁점 정의(agenda definition), iv) 시험적 탐색과 요구한도 설정(establishing maximal limits), v) 입장차이 좁히기(narrowing the differences), vi) 마지막 주고받기 준비(preliminaries to final bargaining), vii) 마지막 주고받기(final bargaining), viii) 합의확인 의식(ritual affirmation) 등이다. 순환모형에서는 당사자들이 초기 입장을 조금씩 끊임없이 수정하여 합의에 이르는데, 이 합의를 위해 당사자들은 다음과 같은 절차를 따른다는 것이다. A party i) asks and assesses information from the opponent, ii) learns what is probable, possible, impossible and what the opportunity cost is, iii) adjusts and redefines his preference, iv) makes tactical decisions (what response, what information, how), v) offers information to the opponent. The opponent does the same process (i) to (v). This process continues until the end of negotiation.
이곳에서는 두 모형을 정부내 정책조정의 상황에 맞게 수정보완하여 제시한다. 발전모형에서

제1단계는 당사자간 입장교환과 협의준비이다. 당사자들이 정책입장을 상호교환하고 협의조정을 준비하는 단계이다. 먼저, 각자의 정책입장을 상호 교환하여 각자의 주장들과 그에 따른 쟁점들을 확인해야 한다. 협의조정은 바로 이 쟁점들에 대해 이루어지기 때문이다. 쟁점들이 확인되면 상호간 자율적 조율(mutual adjustment)을 통해 해결할 수 있는지 아니면 협의조정(negotiation)을 통해 해결할 수 있는지 판단해야 한다. 다음으로, 자율적 조율로 해결될 것 같지 않으면 협의조정을 위한 준비를 해야 한다. 이를 위해 협의조정을 위한 팀 구성과 일정 및 장소에 대해 합의를 해야 한다.

제2단계는 제1차 협의안과 전략을 마련하는 단계이다. 먼저, 각자가 상대방의 입장과 자신의 입장을 평가하고, 양보할 쟁점과 양보받아야 할 쟁점들을 정리하여 제1차 협의안을 마련한다. 일반적으로 제1차 협의안은 원래의 정책입장에서 약간 수정한 입장이다. 합의 도출을 용이하게 하기 위해 상대방에 대한 요구의 수준을 낮출 수도 있고, 유리한 결과를 도출하기 위해 상대방에 대한 요구의 수준을 높일 수도 있다. 다음으로, 전략을 준비해야 한다. 협의조정에 있어서 각자가 자신은 적게 양보하고 상대방으로부터는 많은 것을 양보받으려 하기 때문에 전략적 접근이 중요하다. 상대방에게 양보를 적게 하기 위해서는 상대방의 전략을 분석하여 대응책을 마련해야 하고, 상대방으로부터 많은 양보를 받아 내기 위해서는 자신의 전략을 개발해야 한다.

제3단계는 제1차 협의조정을 진행하고 후속 협의조정을 준비하는 단계이다. 제1차 협의조정에서는 세 가지 작업을 해야 한다. 첫째, 각자가 준비한 양보를 교환하여 부분적으로라도 합의를 도출해야 한다. 단 한 번의 협의로 모든 쟁점들이 조정되는 것은 아니므로 일부 쟁점들이라도 합의를 이끌어내야 한다. 둘째, 합의에 도달하지 못한 나머지 쟁점들에 대해 상대방의 진심과 최저수용선을 알아내기 위한 정보를 수집해야 한다. 이 정보 수집은 제1차 협의조정에서부터 시작되나 이후에도 공식 혹은 비공식 접촉, 직접 혹은 간접 접촉을 통해 지속적으로 시도해야 한다. 셋째, 추후 협의조정 방식을 합의해야 한다. 즉 개별타결(separate deal)방식으로 할 것인지 아니면 일괄타결(package deal)방식으로 할 것인지, 회의를 공개할 것인지 비공개할 것인지 등을 결정해야 한다. 각각은 나름대로 장단점이 있으므로 전략적으로 선택하여 합의해야 한다.

제4단계는 나머지 쟁점들에 대한 후속 협의조정 단계이다. 이전까지 상대방이 보

지나치게 세분화된 단계들을 5단계로 축소하고 단계별 작업내용도 수정하여 대면접촉양보절차(Face-to-Face Concession procedure)로 제시하고, 순환모형에서의 절차를 5단계로 구분하고 각 단계에서 해야 할 작업들을 보완한 후 서면교환양보절차(Document-Exchange Concession Procedure)로 제시한다.

여준 태도와 그간에 수집된 정보에 따라 미합의 쟁점들에 대한 협의안과 전략을 마련한 후 일련의 후속 협의조정을 진행한다. 이러한 후속 협의조정들은 제1차 협의조정에서 정한 후속 협의조정 방식에 따라 나머지 모든 쟁점들에 대해 합의가 이루어 질 때까지 진행한다. 후속 협의조정에서 각 당사자들은 자신에게 유리한 합의를 도출하기위해 다양한 전략들을 구사하는데, 이러한 전략들이 부딪치면 일련의 후속 협의조정이순조롭지만은 않다. 협의조정이 교착상태(stalemate)에 빠지지 않도록 사전에 예방해야하고 일단 빠지면 탈출해야 한다.

제5단계는 합의사항들과 그 이행방안을 정리하여 교환함으로써 마무리하는 단계이다. 모든 쟁점들에 대한 타결이 이루어졌으면 먼저 그 합의사항들을 명확하게 정리한 후 반드시 상호확인 작업을 거쳐야 한다. 그 외에도 합의사항에 대한 당사자들의이행계획과 점검방안을 정하는 것이 바람직하다. 이행방안과 점검방안의 결정은 또 다른 협의조정의 대상일 수 있다. 협의조정은 확인된 합의사항과 이행점검방안을 상호교환함으로써 끝이 난다.

4) 서면교환양보절차(Document-Exchange Concession Procedure)

서면교환양보절차는 다음과 같은 5단계로 구성된다.

제1단계는 정책입장 차이와 관철 의지를 확인하는 단계이다. 주무기관이 상대기관과 정보교환을 통해 정책입장의 차이를 확인하고, 나아가 상대기관이 자신의 입장을관철하려는 의지가 어느 정도인지를 예측하는 것이다.

제2단계는 주무기관이 자신의 수정입장과 전략을 정한 후 이를 상대기관에게 전달하는 단계이다. 주무기관은 상대기관의 초기 입장과 의지를 분석한 후 자신이 기대할 수 있는 것을 확인한다. 이어서 주무기관은 자신의 기대에 입각하여 자신의 최초입장을 약간 수정하고 자신이 원하는 양보를 유도하기 위한 설득논리를 개발한 후, 이수정입장과 설득논리를 유관기관에 전달하여 동의를 구한다.

제3단계는 상대기관이 자신의 수정입장과 설득논리를 정한 후 주무기관에게 전달하는 단계이다. 상대기관도 주무기관의 수정입장과 설득논리를 평가한 후, 자신이 기대할 수 있는 것이 무엇인지 확인한다. 그 후 자신의 기대에 입각하여 자신의 초기 입장을 수정하고, 자신이 원하는 양보를 얻어내기 위한 설득논리를 개발한후, 이 수정입장과 설득논리를 주무기관에게 전달한다.

제4단계는 반복적 교환을 통해 입장들을 하나로 수렴하는 단계이다. 주무기관과 상대기관은 서로 다른 최초의 입장들이 수렴될 때까지 상기 방식으로 수정안과

설득논리를 지속적으로 교환한다. 주무기관과 상대기관은 자신들에게 유리한 합의
결과를 도출하기 위해 설득논리 이외에 전략적인 정보도 교환한다. 전략적인 정보
는 초기에는 공유해야 할 사실(facts)과 수렴에 필요한 절차 및 각자 입장의 장점과
약점에 관한 것이나, 후기로 갈수록 압박(pressures)하거나 유인(promises)하기 위한
것이 많아진다. 당사자들이 수정입장을 교환하는 것은 상호간에 요구사항을 알리기
위한 것이고, 설득논리와 전략적인 정보를 교환하는 것은 서로가 상대방의 입장변
화를 유도하기 위한 것이다.

제5단계는 협의조정을 종결하는 단계이다. 주무기관과 상대기관은 상호 양보
교환을 통해 합의된 내용을 확인하고 합의이행 방안을 마련함으로써 협의조정을 종
결한다.

5) 각개협의절차(Bilateral Serial Procedure)

각개협의절차는 주무기관이 다수 유관기관들을 상대로 일련의 양자협의를 통해
이견을 조정하는 절차이다. 즉 주무기관이 다수 유관기관들을 분리시켜 각각 개별적으
로 접촉하여 이견을 협의조정하는 절차이다. 구체적 단계는 다음과 같다.

첫째, 유관기관들의 입장과 쟁점을 확인하는 단계이다. 주무기관은 자신의 입장
을 정한 후 유관기관들에 전달하여 동의를 구한다. 이에 유관기관들은 주무기관의 입
장에 대해 자신들의 입장을 정하여 전달한다. 주무기관은 자신의 입장과 유관기관들의
입장 간 차이를 확인한다.

둘째, 입장차가 크지 않는 유관기관들과 순차적으로 1 : 1 협의조정하는 단계이
다. 주무기관은 입장차가 적은 유관기관들을 골라 순차적으로 협의조정한다. 주무기관
은 본격적인 협의조정 대상의 숫자를 줄이기 위해 입장차가 크지 않은 유관기관들의
입장을 수정하려 하기 보다는 포용함으로써 합의를 조기에 끝내야 한다.

셋째, 입장차가 큰 유관기관들과 순차적으로 1 : 1 협의조정을 하는 단계이다. 주
무기관은 입장 차이가 상당히 큰 유관기관들과도 차례로 협의조정하여 합의를 이끌어
낸다. 서로가 설득과 압박 등의 전략을 통해 상대방의 입장을 수정토록 함으로써 합의
를 도출한다.

넷째, 최종 조정안을 확정하는 단계이다. 순차적 조정이 모두 끝나면 주무기관은
최종조정안을 확정하여 유관기관들에게 통보하고 합의이행 방안을 마련함으로써 각개
협의절차를 마친다.

6) 공감확대절차(Snowball Running Procedure)

공감확대절차는 주무기관이 질의와 응답을 통해 다수 유관기관들의 입장을 단계적으로 수정하도록 함으로써 공통의 입장을 확대시켜 가는 조정절차이다. 질의응답은 구두 혹은 서면으로 할 수 있다. 구체적인 절차는 다음과 같다.

첫째, 갈등당사자 기관들의 입장간 공통부분을 확인하는 단계이다. 주무기관이 유관기관들로부터 각각의 입장을 제출받아 비교한 후, 모든 입장간 공통된 부분과 서로 다른 부분을 확인한다.

둘째, 유관기관들의 입장 중 공통부분과 차이가 있는 부분에 대해 수정을 요구하는 단계이다. 주무기관이 유관기관들에게 공통부분을 제시한 후, 이 공통부분과 다른 각자의 입장을 재검토하여 수정하도록 요구한다. 모든 유관기관들로부터 받아낸 수정 입장들을 비교검토하여 새로 일치된 부분을 확인하고 추가하여 공통부분을 확대한다.

셋째, 확대된 공통부분과 차이가 있는 유관기관들의 입장에 대해 재차 수정을 요구하는 단계이다. 확대된 공통부분과 유관기관들의 입장 간에 괴리가 여전히 남아있는 각 유관기관들에게 새로 확대된 공통부분을 제시한 후 각자의 입장에 대한 재차 수정을 요구한다. 재차 수정된 입장들을 비교하여 새롭게 형성된 공통부분을 확인하고 이를 추가하여 기존 공통부분을 좀 더 확대한다. 이러한 방식으로 갈등당사자들의 입장 간 차이가 사라질 때까지 공통부분을 지속적으로 확대한다.

넷째, 최종조정안을 확정하여 통보하는 단계이다. 공통부분이 확대되어 다수 당사자들 간에 입장 차이가 해소되면 이를 최종조정안으로 확정하여 유관기관들에게 통보하고 이행방안을 마련함으로써 조정절차를 종결한다.

7) 잠정안회람절차(Draft Circulation Procedure)

주무기관이 모든 갈등당사자들이 합의할 수 있다고 생각하는 잠정합의안을 마련하여 갈등당사자들에게 순차적으로 회람시켜 모든 당사자들이 합의할 수 있도록 수정하게 하는 절차이다.

첫째, 유관기관들의 입장과 숨은 이해관계를 파악한다. 유관기관들의 공식 입장은 서면으로 요구해도 되지만, 숨은 이해관계를 파악하기 위해서는 비공식적으로 직간접 접촉을 하거나 유관기관들이 처한 여건을 분석하여 추론한다.

둘째, 잠정합의안을 마련한다. 합의를 용이하게 하기 위해서는 잠정합의안에 모든 갈등당사자들의 공식 입장뿐만 아니라 숨은 이해관계까지 반영해야 한다.

셋째, 잠정합의안을 모든 갈등당사자들에게 차례로 회람시켜 모든 갈등당사자들이 수용할 수 있도록 수정토록 한다. 주무기관은 잠정합의안과 모든 당사자들의 입장을 함께 회람시켜 각 갈등당사자들이 자신의 입장과 다른 당사자들의 입장을 고려하여 모두가 수용할 수 있도록 잠정합의안을 수정하도록 한다. 추가 수정이 필요 없을 때까지 2차, 3차 회람시키되 갈등당사자들이 이전에 누가 어떤 수정을 했는지 모르게 해야 한다.

넷째, 조정절차를 마무리한다. 더 이상의 수정이 필요하지 않으면 주무기관은 최종합의안으로 확정하고, 모든 갈등당사자에게 최종합의안의 내용을 통보하고 이행방안을 마련함으로써 조정절차를 마무리한다.

8) 다수안표결절차(Draft Voting Procedure)

주무기관과 모든 유관기관들이 함께 수차례 논의하여 입장차이를 최대한 좁힌 후 여전히 이견이 있는 부분에 대해 다수가 지지할 수 있는 타협안을 마련하여 투표로 확정하는 절차이다. 구체적인 절차는 다음과 같다.

첫째, 모든 당사자기관들이 쟁점을 확인하고 다수결의 기준을 정하는 단계이다. 당사자기관들은 서로의 입장을 교환하고 비교검토하여 이견이 있는 쟁점들을 확인한다. 그리고 향후 논의 일정뿐만 아니라 다수결 투표시 적용할 다수의 기준을 정한다. 다수의 기준을 과반수 이상으로 할 것인지 3분의 2 이상으로 할 것인지를 정한다.

둘째, 당사자간 입장차이를 최대한 좁힌 후 다수가 동의할 수 있는 조정안을 마련하는 단계이다. 당사자간 수차례 논의를 통해 당사자들의 입장차이를 최대한 좁힌다. 그래도 좁혀지지 않는 나머지 부분에 대해서는 최대한의 다수가 지지할 수 있는 임시조정안을 마련한다.

셋째, 임시조정안에 대해 투표하는 단계이다. 다수가 지지할 수 있는 임시조정안을 투표에 부쳐 다수를 확보하면 실질적 조정은 끝난다. 그러나 다수 확보에 실패하면, 새로운 임시조정안을 만들어 재차 투표에 붙인다. 다수의 지지를 확보할 때까지 임시조정안 작성과 투표를 반복하여 조정안을 확정한다.

넷째, 마무리하는 단계이다. 이상의 과정을 통해 조정안이 확정되면, 주무기관은 확정내용을 종합정리하여 당사자들에게 통보하고 이행방안을 마련함으로써 조정절차를 종결한다.

2. 중립조정절차(Mediation Process)

1) 중립조정의 의미와 방식

중립조정은 갈등당사자가 양자이든 다자이든 제3자가 중립적 조정자로서 개입하여 정책갈등을 해소하는 것이다. 중립조정자는 일정한 요건을 갖추어야 하는데 대체로 세 가지이다. 하나는 중립적이어야 한다는 것이고, 다른 하나는 쟁점이슈에 대해 충분한 지식이 있어야 한다는 것이며, 마지막 하나는 중립조정 절차와 전략에 정통해야 한다는 것이다.

중립조정 방식은 중립조정자가 갈등해결에 어떤 역할을 해야 하느냐에 따라 합의지원(facilitation) 방식과 양보요구(conciliation) 방식 및 타협안설득(compromise-persuasion) 방식으로 구분할 수 있다.[8] 합의지원 방식은 중립조정자가 갈등당사자들이 교착상태에서 벗어나 다시 협의조정하도록 유도하고 지원하여 합의에 이르도록 하는 방식이다. 양보요구 방식은 중립조정자가 각 당사자들이 무엇을 양보해야 하는 지를 구체적으로 제시하고 양보를 촉구하여 합의에 이르도록 하는 방식이다. 타협안설득 방식은 중립조정자가 공정한 타협안을 만들어 갈등당사자들이 수용하도록 설득하는

---

8) Mediation의 개념 정의에 대한 합의가 부족하다. 미국 학자 Gladstone(1984: 2-3)은 중립적인 제3자의 역할로 conciliation, mediation, arbitration을 제시하면서, conciliation은 제3자가 갈등당사자들을 접촉하여 기존 입장의 변화를 유도하여 합의에 이르게 하는 것이고, mediation은 제3자가 공정한 갈등해결책을 제시하고 갈등당사자들이 받아들이도록 하는 것이며, arbitration은 제3자가 구속력 있는 결정으로 갈등을 해결하는 것으로 정의하고 있다. Moore(1986: 5-8)는 mediation을 제3자가 갈등당사자들이 negotiation을 계속하여 합의하도록 도와주는 것이고, arbitration은 제3자가 갈등당사자들의 요청으로 공정하고 구속력 있는 해결책을 내는 것으로 정의하고 있다. 미국 mediation 전문변호사 Zumeta(2000)는 현장에서 자주 활용되는 mediation을 facilitative mediation과 evaluative mediation으로 구분하고, 전자는 갈등당사자간 상호 비난이나 비협력적인 행동을 막고 편협된 시각을 바로 잡으며 상호 수용가능한 합의를 도출하도록 도와주는 것으로, 후자는 갈등당사자들의 주장을 평가한 후 해결대안을 제시하는 것으로 정의했다. 이 주장들을 비교평가하면, Gladstone는 mediation을 갈등당사자들이 수용할 수 있는 타협안을 설득하는 것으로 정의하는 반면, Moore는 갈등당사자들이 negotiation을 통해 합의하도록 지원하는 것으로 정의하고 있다. Zumeta는 Gladstone의 mediation을 evaluative mediation으로, Moore의 mediation을 facilitative mediation로 보고 있다. 또한 mediation 개념이 다양하게 정의되고 있고 그에 따라 몇몇 유형으로 구분할 수 있음을 고려하면 Gladstone의 conciliation도 mediation의 한 유형으로 간주할 수 있다. 그 결과, mediation은 facilitative mediation, conciliatory mediation, compromise mediation으로 구분할 수 있다. 그리하여 이 책에서는 용어들의 辭典的 의미보다 제3자 역할을 부각시켜 facilitative mediation은 '합의지원 중립조정'으로 번역하고, conciliatory mediation은 '양보요구 중립조정'으로, compromise mediation은 '타협안설득 중립조정'으로 번역한다.

방식이다.

2) 중립조정절차

이곳에서는 합의지원 방식, 양보요구 방식 및 타협안설득 방식 등 세 가지 방식 모두를 포함할 수 있는 중립조정절차를 제시한다.[9) 구체적인 절차는 7단계로 되어 있고 각 단계별 필요 작업은 다음과 같다.

(1) 제1단계 : 중립조정 여건의 조성

중립조정절차의 첫 단계는 중립조정에 나설 자가 개입시기를 정하고 중립조정 여건을 조성하는 단계이다.

먼저, 중립조정에 나설 자는 언제 구체적 조정활동에 들어갈 것인지 그 개입시기를 전략적으로 결정해야 한다. 일찍 개입하거나 늦게 개입하면 나름대로 장단점이 있다(Moore, 1986: 57-58). 일찍 개입하는 경우 갈등해결의 장애요인들을 제거할 수 있는 충분한 시간을 가질 수 있다. 즉 쟁점에 대한 당사자들의 입장이 강경해지는 것을 막고 비협조적인 태도를 누그러뜨릴 수 있어서 갈등해결을 용이하게 할 수 있다. 그러나 일찍 개입하는 경우 당사자들을 필요 이상으로 자극하여 거부감을 일으킬 수 있다. 즉 당사자간 조정 실패 과정에서 발생한 적대적 감정과 분위기가 어느 정도 가라앉지 않은 상황에서 중립조정자가 조급하게 개입하면 갈등당사자들의 반감을 초래해 중립조정을 어렵게 할 수도 있다.

다음, 갈등당사자들이 제3자 중립조정을 받아들이고 협조하도록 유도해야 한다. 이를 위해서는 중립조정자가 갈등당사자들을 접촉하여 친밀감과 신뢰를 심어야 한다. 이는 갈등당사자들과 자유롭고 솔직하게 대화하고 자신의 조언이나 제안이 갈등당사자들에게 수용되도록 하는 데 필수 조건이다. 갈등당사자들과 친밀해지는데 특별한 방

---

9) 국회의장이나 대통령 비서실 혹은 총리 국무조정실, 무임소장관 등이 제3자로 나서서 여야간, 부처간, 당정간 중립조정하는 상황을 염두에 두고 개발한 것이다. Christopher W. More가 제시한 mediation process를 참고했다. Moore는 1986에 출간한 The Mediation Process: Practical Strategies for Resolving Conflict(San Francisco: Jossey-Bass Publishers)에서 중립조정 방식을 합의지원 방식에 국한시켜 그 절차로서 12단계를 제시했다. 12단계는 i) Initial Contacts with the Disputing Parties, ii) Selecting a Strategy to Guide Mediation, iii) Collecting and Analyzing Background Information, iv) Designing a Detailed Plan for Mediation, v) Building Trust and Cooperation, vi) Beginning the Mediation Session, vii) Defining Issues and Setting an Agenda, viii) Uncovering Hidden Interests of the Disputing Parties, ix) Generating Options for Settlement, x) Assessing Options for Settlement, xi) Final Bargaining, xii) Achieving Formal Settlement 등이다.

법이 있는 것은 아니지만 많은 대화를 하고 유머감각, 열린 마음과 진지함 등을 보일 필요가 있다. 신뢰를 얻기 위해서는 갈등당사자들의 정당한 권리를 존중해 주는 것이 중요하고 또한 정직성과 균형감각이 있음을 보여 주어야 한다.

(2) 제2단계 : 갈등정보의 수집과 분석

중립조정절차의 두 번째 단계는 중립조정자가 갈등쟁점들과 그와 관련된 중요 사항들에 대해 정보를 수집하고 검토하는 단계이다. 정보의 수집과 검토가 필요한 이유는 당사자간 갈등의 진정한 원인은 무엇이었고 당사자간 1차 조정과정에서 갈등타결에 장애가 되었던 요인이 무엇이었는지를 다각도로 파악하여, 잘못된 정보와 인식으로 인한 불필요한 갈등 확산을 방지하고 갈등상황에 맞는 중립조정의 방식과 계획 및 전략을 결정하기 위해서이다. 중립조정자가 수집하여 검토해야 할 정보는 다양하나 최소한 다섯 가지 정보는 수집하여 검토해야 한다.

첫째, 갈등당사자간 미해결 쟁점들에 대한 정보이다. 갈등당사자간 조정과정에서 해결된 쟁점들과 해결되지 못한 쟁점들을 확인하고, 해결된 쟁점들은 왜 어떻게 타결되었고 미해결 쟁점들에 대한 타결시도는 어떻게 이루어졌으며 왜 타결되지 않았는지를 확인해야 한다.

둘째, 갈등당사자들의 상호관계(dynamics)와 심리상태에 관한 정보이다. 갈등당사자간 조정과정에서 상호관계가 협조적이었는지 아니면 경쟁적이었는지, 갈등당사자간 상호신뢰와 적개심이 현재 어느 정도 남아있는지, 갈등당사자간 권력관계가 균형적인지 불균형적인지 등을 파악해야 한다.

셋째, 갈등당사자들 각자가 선호하는 갈등해결의 절차와 방식에 관한 정보이다. 각 당사자들은 아직 남아있는 이해관계와 상호간 심리적 관계 및 조정과정에서의 경험 등에 비추어 미해결 쟁점들의 타결에 적용할 수 있기를 바라는 절차나 방식이 있을 수 있고, 최소한 피하고 싶은 절차나 방식이 있을 수 있다.

넷째, 갈등당사자들의 숨은 이해관계와 그들간의 관계 및 각자가 원하는 결과에 대한 정보이다. 미해결 쟁점들에는 갈등당사자들이 중요하게 생각하는 숨은 이해관계(체면, 명예 등도 포함)가 있을 수 있다. 이 숨은 이해관계를 모르고서는 중립조정을 성공시키기 어렵다. 또한 미해결 쟁점들과 관련된 갈등당사자들의 이해관계가 어느 정도 양립 가능한지도 파악해야 한다. 완전하게 상호배타적이면 중립조정을 통해 타결하기 어렵다. 마지막으로, 미해결 쟁점들에 대해 당사자들이 선호하는 최종결과에 관한 정보도 수집해야 한다. 숨은 이해관계와 선호하는 결과에 대한 정보는 중립조정자가 후술하는 합의지원을 넘어 양보유도나 타협안설득을 시도할 때 특히 중요한 정보이다.

중립조정자는 수집된 정보를 원칙적으로 공개해서는 안 된다. 예외적으로, 갈등 당사자의 동의가 있을 때만 공개할 수 있다.

(3) 제3단계 : 중립조정 방식과 계획 결정

중립조정절차의 제3단계는 중립조정 방식을 선정하고 중립조정 계획을 세우는 단계이다.

먼저, 중립조정 방식으로 합의지원, 양보요구, 타협안설득 중 어느 하나를 선택할 것인지, 아니면 합의지원을 먼저 하고 필요에 따라 양보요구, 타협안설득을 단계적으로 추가할 것인지를 결정해야 한다. 합의지원 방식은 당사자간 갈등이 첨예하고, 중립조정자의 영향력이나 중립조정자에 대한 신뢰가 크지 않으며, 중립조정자가 갈등의 내용에 대해 정통하지도 않을 때 유용할 수 있다. 반면에, 타협안설득 방식은 당사자간 갈등이 첨예하지 않고, 중립조정자가 갈등당사자들에게 영향력이 있거나 그들의 신뢰와 존경을 받으며, 중립조정자가 갈등의 내용에 대해 정통할 때 유용할 수 있다. 양보요구 방식은 양자 중간 여건에 있을 때 유용하다.

중립조정자는 어느 방식이 갈등해소에 효율적이고 당사자들에게 수용가능한지를 판단한 후 갈등당사자들과 협의하여 정해야 한다. 어느 방식이 채택되느냐에 따라 해결의 결과가 상당히 달라질 수 있기 때문에 갈등당사자들은 자신들에게 유리한 방식을 선호한다. 중립조정자는 협의하기 이전에 미해결 쟁점 타결에 투입할 수 있는 시간, 각 방식이 최종조정안에 미칠 수 있는 영향, 각자의 체면과 권력에 미치는 영향, 현재의 당사자간 관계와 갈등타결 후 지속되기를 바라는 관계 등을 고려해야 한다.

다음, 조정해야 할 쟁점들의 목록, 중립조정의 원칙과 기준, 상호작용의 일정 등을 정해야 한다. 중립조정의 원칙과 기준은 합의를 지원하거나 구체적 양보를 요구하거나 타협안을 작성할 때 적용할 원칙과 기준을 말한다.

쟁점 목록, 중립조정의 원칙과 기준, 일정 등도 갈등당사자들과 협의하여 결정해야 한다. 이들이 어떻게 정해지느냐에 따라 최종 조정결과에 영향을 미칠 수 있을 뿐만 아니라 당사자들이 중립조정에 충실히 따르도록 유도하기 위해서는 중립조정자가 일방적으로 정할 수는 없기 때문이다.

(4) 제4단계 : 갈등당사자간 상호협조 분위기 조성

중립조정절차의 제4단계는 갈등당사자 간에 서로 협조하는 분위기를 조성하는 단계이다. 중립조정자가 갈등당사자간 협조분위기를 조성하기 위해 취해야 할 조치는 세

가지이다.

첫째, 갈등당사자간 정서적 심리적 장벽을 제거하고 신뢰가 쌓이도록 하는 것이다. 즉 원활한 소통이 가능하도록 불필요한 걱정과 적대적 감정을 최소화하고 갈등당사자들이 최소한이나마 서로를 인정하고 존중하도록 하는 것이다. 이를 위해 중립조정자는 갈등당사자들을 각각 별도로 만나 걱정과 적대감 및 불만을 모두 털어 놓도록 해야 한다. 이때 중립조정자는 인내심을 갖고 성실히 경청하고 동조하여 각자의 응어리진 감정을 풀어준다. 동시에 갈등당사자 각자가 갖고 있는 불필요한 걱정과 과도한 적대감을 파악하여 갈등당사자 사이를 왕복하면서 그러한 걱정과 적대감을 갖지 않도록 지원한다. 또한 중립조정자는 갈등당사자들이 서로 상대방의 권리와 주장을 당연한 것으로 인정하도록 하여 상호간에 신뢰가 쌓이도록 한다.

둘째, 갈등당사자들이 준수해야 할 행동지침을 마련하여 주지시키는 것이다. 행동지침은 자료와 의견의 제출, 발언의 방법, 자료와 발언의 공개여부 등에 관한 규칙

표 7-3 갈등해결의 예상결과와 발생조건

예상 결과	발생 조건
1. 동반승리(Win-Win) : 갈등당사자 모두의 이해관계 충족	- 양측이 권력투쟁(power struggle)을 하지 않을 때 - 향후에도 당사자간 상호관계가 중요할 때 - 상호 만족스런 해결이 중요할 때 - 양측이 적극적인 문제해결자일 때 - 당사자들의 이해관계가 상호의존적일 때

2. 타협(Compromise)
 : 갈등당사자들이 각각 일부를 얻고
  다른 일부를 잃는 것
  (이익과 손해의 공유)
	- 어느 측도 완전한 승리에 필요한 영향력이 없을 때
	- 향후 상호관계가 중요하나, 상호간 신뢰가 불충분할 때
	- 승자의 이익이 아주 크지도 않고 아주 작지도 않을 때
	- 양측의 주장이 서로 강할 때
	- 양측이 서로 협력하고 주고받을 여지가 있을 때
	- 교착의 손실을 피하고 향후 좋은 관계 유지가 필요할 때

3. 승패(Win-Lose), 양보(Yielding) : 한 쪽은 얻고, 다른 쪽은 잃는 것	- 일방이 압도적인 영향력을 갖고 있을 때 - 갈등당사자들이 갈등타결 이후 상호관계에 관심이 없을 때 - 승자의 이익이 너무 클 때 - 일방은 아주 공격적인 반면, 상대방은 방어적일 때 - 당사자 일방 혹은 쌍방이 비협조적일 때 - 장차 좋은 관계를 위해 상대방에 대한 양보가 필요할 때
4. 교착(Impasse), 회피(Avoidance) : 갈등타결 실패	- 당사자들이 갈등해결에 비협조적이고 소극적일 때 - 상호간 신뢰와 소통이 부족하고 감정이 격해져 있으며 적절한 해결절차가 없을 때 - 승자의 이익이 작고, 어느 측도 충분한 영향력 없을 때 - 합의도 안 되고 갈등도 바람직하지 않을 때

이다. 이 행동지침은 갈등당사자간 적대감 표출이나 비방을 최소화하고 동시에 각자의 입장을 질서있고 상대방을 배려하는 방식으로 주장하도록 하기 위한 것이다.

셋째, 예상되는 결과에 대해 논의하는 것이다. 중립조정자는 갈등당사자들을 개별적으로 접촉하여 각 갈등당사자들로 하여금 갈등이 타결된다면 예상되는 결과는 무엇이고 그러한 결과는 어떤 여건에서 나올 수 있는지를 검토하도록 한다. 중립조정자는 이를 통해 갈등당사자들이 다양한 여건하에서 얻을 수 있는 최선의 결과와 최악의 결과를 미리 예측해 보도록 함으로써 향후 갈등해결과정에서 지나치게 많은 기대를 하거나 불필요한 실망을 하지 않고 현실적인 대안을 추구하도록 한다. 예상할 수 있는 네 가지 결과와 여건들은 앞 페이지 <표 7-3>과 같다(Moore, 1986: 65-67).

(5) 제5단계 : 이견접근 유도

중립조정절차의 제5단계는 갈등당사자들 간에 미해결 쟁점들에 대한 이견을 줄이는 단계이다. 즉 중립조정 원칙들을 적용하여 갈등당사자들의 이견을 해소해 가는 단계이다. 중립조정자가 어떤 방식을 활용하느냐에 따라 이견접근을 촉진하기 위해 취하는 조치들은 달라질 수 있다.

먼저, 합의지원 방식을 선택한 경우 당사자들이 합의에 이르도록 유도하기 위해 중립조정자가 취해야 할 최소한의 조치들을 다음과 같다(Moore, 1986: 176-179).

첫째, 갈등당사자들의 재협의 의지를 높이 평가하고, 상호협조의 필요성을 강조하며, 협의 원칙과 지침을 성실히 따르도록 요청해야 한다. 둘째, 갈등당사자들 사이에 남아있는 선입견이나 오해를 바로 잡고 감정이 악화되는 것을 방지해야 한다. 선입견이나 오해를 바로잡기 위해서는 사실관계 및 당사자들의 의도 등에 대한 정확한 정보가 충분히 교환되도록 한다. 이를 위해 중립조정자는 갈등당사자들 각자가 궁금해 하는 것이 무엇인지 파악한 후, 이를 알아내기 위해 상대방에게 대신 질문해 주기도 하고 자신이 보유하고 있는 정보를 공정하게 제공해야 한다. 또한 감정 악화를 방지하기 위해서는 서로가 구사하는 용어를 순화시켜주거나 표현을 달리 해 주어야 한다. 셋째, 각 당사자들이 기존 입장에 집착하지 않도록 하면서 상대방이 받아들일 수 있는 양보안을 제시하도록 지원한다. 이를 위해 중립조정자는 갈등상황과 쟁점들을 재정의(redefinition) 혹은 재구조화(restructuring)해 주어야 한다. 중립조정자는 이러한 최소 조치들을 취한 후 쟁점들에 대한 합의를 유도하기 위해 원칙타결절차, 대면접촉양보절차, 각개협의절차, 공동협의절차 중 적절한 절차를 선정하여 권장할 수 있다. 다만, 권장 절차는 당사자간 1차 조정시 사용했던 절차와는 달라야 바람직하다.

다음으로, 양보요구 방식을 취할 경우 중립조정자는 갈등당사자들의 기존입장을 완화시키고 더 나아가 다음과 같은 적극적인 조치를 취해야 한다(Moore, 1986: 202).

첫째, 과도한 주장을 찾아내 지적하고 적정 수준에서 다시 주장하도록 한다. 쟁점들에 대한 각자의 입장은 대부분 상대방의 이익을 고려하지 않고 자신의 이익만 극대화하려는 입장이다. 더 나아가 조정과정에서 축소될 것을 예상하여 필요 이상으로 부풀려 제시하는 경우도 있다. 중립조정자는 갈등당사자들의 입장 가운데 상식적으로 과도한 부분을 찾아낸 후 당사자들로 하여금 스스로 합리적으로 수정하여 다시 제안하도록 한다.

둘째, 각 갈등당사자들이 양보할 수 있는 부분을 찾아내 양보를 서로 균형있게 교환하도록 한다. 즉 중립조정자는 갈등당사자들을 개별적으로 접촉하여 각자가 양보할 수 있는 쟁점들을 파악한 후 하나의 쟁점에서 서로 양보하게 하든가 아니면 서로 다른 쟁점들을 교환하도록 한다. 갈등당사자들이 가장 중요시하는 쟁점이 동일한 경우 중립조정자는 각 갈등당사자들로 하여금 상대방에게 요구하는 최소 조건이 무엇인지 제출하도록 하여 '상대방이 들어주기 쉬운 최소 조건을 제시한 당사자'의 입장에 따라 조정되도록 유도한다.

셋째, 핵심쟁점에 대해 양보 교환이 불가능하면 제3의 대안을 찾도록 유도한다. 이러한 유도를 위해서는 갈등당사자들에게 자신의 이해관계가 제3의 대안에 반영될 수 있음을 확신시켜주거나, 자신의 이해관계를 반영할 수 있는 제3의 대안 탐색절차를 알려주어야 한다.

마지막으로, 타협안설득 방식을 취할 경우 중립조정자는 설득과 수용이 용이한 타협안을 마련하기 위해 다음과 같은 조치들을 취해야 한다.

첫째, 갈등당사자들을 개별적으로 접촉하여 깊이 있는 대화를 통해 각자가 요구하는 최소 요구사항을 파악하여 타협안에 반영한다. 둘째, 갈등당사자들의 주장 뒤에 숨어있는 이해관계를 다양한 방법으로 확인하여 타협안에 균형있게 반영한다. 셋째, 설득을 용이하게 하기 위해 타협안을 복수로 만들어 갈등당사자들이 그 중 하나를 선택하도록 한다.

(6) 제6단계 : 완전타결 종용

중립조정절차의 제6단계는 미해결 쟁점들에 대한 완전한 타결을 유도하는 단계이다. 완전타결은 모든 쟁점들에 대해 조건이 붙지 않고 항구적이며 구속력 있는 최종타결이다. 반면에 부분타결은 일부 쟁점들이 미해결되거나 타결이 임시적이거나 갈등해결의 원칙만 합의했거나 조건이 붙거나 구속력이 없거나 추가협의가 필요할 수도 있는 타결이다.

　　중립조정자가 완전타결을 종용하는 방법은 조정절차가 공정하고 타결결과가 모든 당사자들을 만족시킬 수 있도록 유도하는 것이다. 중립조정은 갈등당사자 어느 한쪽 편을 드는 것이 아닐 뿐더러, 중립조정이 성공하려면 최종안이 갈등당사자 모두가 수용할 수 있을 만큼 만족스러워야 한다.

　　(7) 제7단계 : 마무리

　　중립조정절차의 마지막 단계는 갈등타결 내용에 대한 이행방안을 작성하고 갈등이 최종적으로 종결되었음을 알리는 상징적 의식을 거행하는 단계이다. 타결하자마자 갈등이 해소되는 것이 아니고 타결내용이 상당기간에 걸쳐 집행된 후에야 갈등이 해소되는 경우 타결내용의 이행방안을 작성해야 한다. 상징적 의식은 보통 서명식, 기념 촬영, 축하 식사 등이다. 중립조정자는 당사자들에게 이러한 마무리 작업을 거행토록 요구하고 지원해야 한다.

3. 집권조정절차(Arbitration Process)

1) 집권조정의 의미와 특징

　　집권조정은 갈등당사자가 양자이든 다자이든 제3자가 갈등당사자들의 상급자로서 개입하여 정책갈등을 조정하는 것이다. 즉 상급자가 갈등당사자들의 서로 다른 입장들을 고려하여 자신의 입장을 권위적으로 정한 후 갈등당사자들로 하여금 따르도록 함으로써 정책갈등을 종결시키는 것이다. 집권조정자가 서로 다른 입장들을 고려하여 자신의 입장을 정한다는 것은 갈등당사자들의 서로 다른 입장들을 구성요소들로 분해한 후 취사선택하고 필요하면 수정하고 추가하여 집권조정자 자신의 입장으로 재구성하는 것이다. 그런데 정책입장은 정책내용에 관한 인과지도(causal map), 즉 정책 목표와 수단, 대상, 시기 간 인과관계 지도이다. 따라서 집권조정이란 집권조정자가 갈등당사자들의 서로 다른 개별인과지도들을 분해한 후 취사선택, 수정, 추가 등을 거쳐 자신의 새로운 최종 인과지도를 만드는 것이다. 이 최종 인과지도가 집권조정자의 입장이자 조정안이다.

　　집권조정은 대부분 쟁점정책 조정의 최종 단계에서 이루어진다. 즉 당사자간 협의조정(negotiation)과 제3자의 중립조정(mediation)에서도 해소되지 않은 갈등을 종식시키기 위한 마지막 시도이다. 또한 집권조정의 시점에 기존 연구의 부족 혹은 새로 연구할 시간의 부족 등으로 인과관계 판단에 필요한 객관적 지식정보와 자료를 충분히 확보할 수 없다는 것이다. 그렇다고 집권조정자가 혼자 고민하고 독단적으로 판단하여 최종 인과지도를 마련하지는 않는다. 다양한 사람들의 판단을 참고하여 스스로 마련한 것이다. 따라서 최종 인과지도는 집권조정자 개인의 순수한 주관적 판단이 아니라 집권조정자 주도의 간주관적(Intersubjective) 판단의 결과이다.

2) 집권조정절차

제3자가 집권조정자로서 당사자간 정책갈등을 종결시키는 절차는 다음과 같다.[10]

(1) 제1단계 : 정보수집

집권조정의 제1단계는 현안 쟁점정책에 관한 정보를 수집하는 단계이다. 대체로 집권조정자는 쟁점정책에 대해 책임이 있는 상급기관이므로 갈등당사자간 이견과 갈등양상에 관한 보고, 소문, 언론보도 등을 통해 직간접적으로 많이 알고 있다. 그럼에도 불구하고 집권조정자가 나서서 조정하기 위해서는 좀 더 구체적이고 정확한 정보가 필요하다. 집권조정자들이 수집하는 정보의 종류는 최소한 두 가지이다.

첫째, 쟁점정책의 등장배경과 파장에 관한 정보이다. 그 정책이 왜 필요하고 어떻게 논의되어 왔으며 핵심쟁점은 무엇이며, 그 쟁점정책이 어떠한 파장을 몰고 올 것인지에 대한 정보를 수집해야 한다. 집권조정자가 특별히 관심을 갖는 파장은 쟁점정책이 국가발전, 자신의 정책노선, 자신의 정치적 입지 등에 미치는 파장이다. 이들 정보는 쟁점정책의 내용과 파장을 가급적 객관적으로 이해하기 위한 정보이다. 특히 파장에 관한 정보가 중요한데 그 파장에 따라 집권조정자는 자신이 어느 정도 개입할지, 자신의 입장을 어느 정도 반영해야 할지를 조절해야 하기 때문이다. 집권조정자는 파장이 클수록 깊숙이 개입하고 자신의 입장을 많이 반영하려고 한다.

둘째, 갈등당사자들의 입장에 관한 정보이다. 갈등당사자들이 주장하는 내용과 논리 및 그것을 뒷받침할 만한 객관적 근거는 무엇인지, 각자의 주장 뒤에 숨겨져 있는 이해관계와 가치관은 무엇인지 등에 관한 정보이다. 전자는 집권조정자가 조정안 작성에 필요한 지식과 정보를 확보하기 위해 필요하고, 후자는 부분적으로나마 반영해 줌으로써 갈등당사자들의 협조를 유도하기 위해 필요하다.

집권조정자는 이러한 정보를 대부분 갈등당사자들로부터 수집하지만, 전문가, 학

---

10) 이곳에서 제시된 집권조정절차는 정부내 집권조정 사례들의 분석을 통해 개발한 것이다. 즉 정책을 둘러싸고 부처간 갈등과 당정간 갈등이 대통령에 의해 집권조정되는 과정을 분석하여 개념화한 절차이다.

자, 언론기관, 정당 및 사회단체들로부터도 수집한다. 일반적으로 쟁점정책의 등장배경과 당사자들의 입장에 관한 정보는 갈등당사자들로부터 직접 보고를 받아 수집하고, 쟁점정책의 파장에 관한 정보는 참모, 전문가, 학자, 언론기관, 정당, 사회단체 등으로부터 수집한다.

(2) 제2단계 : 관심사와 개입의 구체화

집권조정의 제2단계는 집권조정자가 자신의 관심사, 조정의 방향, 개입의 강도 등을 정하는 단계이다. 집권조정자가 스스로 정하거나 참모들과 상의하여 정한다.

먼저, 집권조정자는 쟁점정책의 조정을 통해 반영해야 할 자신의 관심사가 무엇인지 명확히 해야 한다. 집권조정자가 대통령이나 총리 혹은 장관인 경우 중요한 관심사는 두 가지이다. 하나는 자신이 이루려는 업적(historical achievement)이고, 다른 하나는 임무수행에 필요한 권력기반(power base)이다. 집권조정자는 쟁점정책의 조정을 통해 자신의 업적을 조금이나마 쌓아올릴 수 있는지, 자신의 권력기반을 강화할 수 있는지를 확인한다. 구체적 업적과 권력기반은 집권조정자가 누구냐에 따라 다르다.

집권조정자가 자신의 관심사를 명확히 해야 하는 이유는 두 가지이다. 하나는, 집권조정자는 쟁점정책에 대한 직접적인 권한과 책임을 갖고 있어서 자신의 관심사를 반영할 필요가 있기 때문이다. 집권조정은 사실상 자신의 정책결정 행위이고 그 결과에 책임을 져야 한다. 다시 말해, 쟁점정책에 대한 결정권과 책임이 갈등당사자들에게서 집권조정자로 이동하기 때문이다. 다른 하나는, 자신의 관심사에 입각하여 조정방향과 개입정도를 정해야 하기 때문이다. 즉 집권조정자는 자신의 관심사를 반영하기 위해 양자의 입장을 수정할 것인지 아니면 제3의 입장을 마련할 것인지를 정해야 하고, 자신의 관심사를 크게 반영해야 할 필요가 있으면 좀 더 적극적으로 깊숙이 개입해야 한다.

(3) 제3단계 : 인과관계 설정

집권조정의 제3단계는 집권조정자가 갈등당사자들의 입장과 자신의 관심사에 입각하여 자신이 추구할 목표구조를 만들고 이 목표구조에 적합해 보이는 정책수단들, 적용대상들, 적용시기들을 연결한 잠정적인 인과지도를 구축하는 단계이다.

먼저, 잠정적 인과지도 구축을 위해 집권조정자는 먼저 갈등당사자들의 입장들을 구성요소별로 분해한다. 즉 자신이 고려할 수 있는 정책목표군(a group of goals), 동원수단군(a group of instruments), 적용대상군(a group of targets), 시행시기군(a group of timing)으로 분리한다. 아울러 추가로 고려해야 할 정책목표, 동원수단, 적용대상, 시행시기, 관할기관 등이 있는지 확인한다. 새로 발굴되면 추가한다. 이 발굴을 위해 의견을 수렴하거나 스스로 창안한다. 자신이 잘 알고 있는 분야이면 자신의 생각을 추가하고 그렇지 않으면 의견을 수렴한다.

다음으로, 집권조정자는 자신의 업적 관심사에 입각하여 정책목표군 속에서 구체적 목표들을 선택 혹은 수정을 통해 자신이 선호하는 목표구조(goal structure, interrelated goals)를 만든다. 이 과정에서 집권조정자는 갈등당사자들이 제시한 목표들을 받아들일 것인가 아니면 자신의 새로운 목표를 추구할 것인가, 갈등당사자들의 목표를 받아들인다면 어느 쪽의 목표를 얼마만큼 받아들일 것인지를 결정해야 한다.

마지막으로, 집권조정자는 동원수단군, 적용대상군, 시행시기군에서 이 목표구조의 달성에 기여할 수 있을 것으로 판단되는 동원수단들, 적용대상들, 시행시기들을 선정한다.

이러한 작업들을 거치면 집권조정자의 머릿속에 복잡한 인과지도(causal map)가 구축된다. 이 지도는 집권조정자가 쟁점정책을 통해 자신이 구현하려고 하는 업적 관심사에 입각하여 정책내용의 구성요소들을 인과적으로 연결시킨 것이다. 달리 말하면, 집권조정자의 잠정적 입장이다. 이 인과지도가 잠정적인 이유는 집권조정자가 가설적으로 인과관계를 다양하게 설정했을 뿐 아직 최종 확정하지 않았기 때문이다.

(4) 제4단계 : 인과강도 확인

집권조정의 제4단계는 집권조정자가 인과지도상 가설적 인과관계들의 강도를 점검하는 단계이다. 즉 다양한 경로를 통해 수집한 지식과 정보를 활용하여 인과지도상 인과관계들이 현실에서 과연 타당한지, 어느 인과관계가 설득력이 큰지 등을 확인하는 단계이다.

그러면 집권조정자는 어떤 방법으로 각 인과관계의 설득력을 점검하는가? 문제는 집권조정자가 인과관계를 객관적으로 보여줄 정보와 지식을 충분히 확보할 수 없다는 것이다.[11] 이러한 상황에서 잠정적 인과지도 속 다양한 인과관계들 가운데 어느 것이 믿을 만하고 어느 것이 의심스러운지를 판단하는 준거는 누가 어느 인과관계를 지지하느냐이다. 집권조정자는 갈등당사자들의 주장에만 의존하면 인과관계의 설득력을 판단하기 쉽지 않다. 갈등당사자들은 서로가 자신들이 설정한 인과관계가 설득력이 있다고 주장하기 때문이다. 그리하여 집권조정자는 제3의 위치에 있는 자들의 의견에 따

---

11) 반복적으로 등장하는 정책이슈가 아니고 새로 등장한 정책이슈에 대한 인과관계 지식과 정보는 그 당시에 충분히 존재하는 경우는 거의 없다. 확보가능한 지식과 정보는 부분적이고 불완전하다.

라 인과관계의 신뢰성을 판단하는 경향이 있다.

집권조정자는 1차적으로는 전문가들의 의견에 입각하여 인과관계의 강도를 판단하는 경향이 있다. 그러나 전문가들 사이에서도 인과관계 판단에 이견이 있는 경우가 많다. 그리하여 집권조정자는 인과관계를 평가하기 위해 2차적으로 국민다수의 여론이나 자신이 신뢰하는 지인들의 의견을 점검한다. 인과지도상 특정 인과관계에 대해 국민다수 여론이 지지하거나 신뢰하는 지인들이 지지하면 그 인과관계가 설득력이 있는 것으로 믿는다.

집권조정자가 국민다수 여론을 따를지 아니면 신뢰하는 지인들의 의견을 따를지는 집권조정자가 처한 상황에 따라 달라진다. 구체적으로 말하면, 자신에 대한 국민들의 지지율이 낮으면 국민여론에 따르고, 지지율이 높으면 지인들의 의견에 따르는 경향이 있다. 즉 자신의 권력 구축 필요성에 따라 달라진다.

(5) 제5단계 : 최종조정안 확정

집권조정의 제5단계는 집권조정자가 최종 인과지도를 확정하는 단계이다. 다시 말해, 집권조정자가 잠정적 인과지도상 설득력이 약한 인과관계는 지우고 설득력이 강해 살아남은 인과관계들을 중심으로 자신의 최종 인과지도를 확정하는 단계이다. 이 최종 인과지도가 갈등당사자들의 입장차이를 집권조정한 최종 조정안이 된다. 이 최종 조정안은 갈등당사자들의 입장들을 균형있게 수정 통합한 것이거나, 어느 한편의 입장을 중시한 것이거나, 아니면 전혀 새로운 제3의 것일 수 있다.

(6) 제6단계 : 통보

집권조정의 마지막 단계는 집권조정자가 최종 조정안을 갈등당사자들에게 통보하거나 공표하는 단계이다. 집권조정자가 통보나 공표함으로써 쟁점정책에 대한 집권조정은 완료된다. 통보나 공표하면 갈등당사자들은 더 이상 갈등을 중지하고 조정안에 따라야 한다. 집권조정자가 갈등당사자들에게 권한이 있는 상급기관이기 때문이다.

제8장
정책조정전략행태론

제1절 개관

1. 전략적 행태의 개념

　　정책조정 전략행태론이 가정하는 기본전제는 정책조정을 주도하는 자들은 모두 전략적 행동을 한다는 것이다. 여기서 주도자는 갈등을 벌이는 당사자들과 갈등해결에 개입하는 제3자이다. 전략적 행태는 상대방의 판단이나 입장을 변화시켜 원하는 결과를 유도하기 위해 특정한 제약이나 기회에 적합하게 지식, 권력, 자원 등을 활용하는 정치적 지적 작업이다. 정책조정과정에서 주도자들이 취하는 모든 행태가 전략적 의미를 갖고 있는 것은 아니지만, 유리한 결과를 얻기 위해 의도적으로 취한 행동이라면 전략적 행태에 해당된다. 전략적 행태들은 상황에 따라 창의적으로 새롭게 만들어지고 있어서 전략적 행태를 모두 망라하여 제시하는 것은 불가능하다. 그러나 정책조정과정에서 자주 사용되고 관찰되는 전략적 행태는 있다.

2. 상호작용 구조와 전략적 행태

　　정책조정 주도자들의 전략적 행태는 상호작용 구조(interaction structure), 조정이슈의 성격, 추구이익의 성격, 상대적 영향력 등에 따라 달라질 수 있다. 즉 주도자간 상호작용이 어떻게 구조화되었는지, 조정이슈가 분할 불가능한 가치관 이슈인지 아니면 분할 가능한 이해관계 이슈인지, 주도자들이 추구하는 이익이 자신만의 이익인지 아니면 상호이익인지, 주도자간 영향력 차이가 큰지 작은지 등에 따라 전략적 행태가 달라진다는 것이다. 이 가운데 전략적 행동의 방향과 내용을 결정하는데 기본 틀을 제공하는 것은 상호작용의 구조이다.

　이 장에서는 쟁점정책의 조정과정에서 상호작용의 구조에 따라 주도자들 중 누가 누구에게 어떠한 전략적 행태를 보이는지 살펴본다. 이를 위해 상호작용 구조를 갈등당사자간 협의조정 구조와 제3자 개입 구조로 설정한 다음, 전자는 다시 양자 구조와 다자 구조로 세분하고, 후자는 다시 중립조정 구조와 집권조정 구조로 구분한다. 이러한 상호작용 구조가 최종조정안의 내용이 누구에 의해 좌우되는지, 그에 따라 누가 누구에게 어떤 전략적 행동을 해야 하는지에 크게 영향을 미치기 때문이다.

　첫째, 갈등당사자간 협의조정(negotiation) 구조 하에서는 최종조정안의 내용이 갈등당사자들에 의해 좌우된다. 따라서 갈등당사자들은 상대방의 양보를 얻어내고 자신의 입장을 관철하기 위해 서로가 상대방에게 전략적인 행동을 한다.

　둘째, 제3자 집권조정(arbitration) 구조 하에서는 최종조정안의 내용을 집권조정자가 결정한다. 따라서 집권조정자에 대한 갈등당사자들의 전략적 행동은 매우 중요한 반면에, 갈등당사자들에 대한 집권조정자의 전략적 행동은 거의 없고, 갈등당사자간 전략적 행동은 그다지 중요하지 않다. 집권조정자에 대한 갈등당사자들의 전략적 행동이 중요한 이유는 집권조정자가 자신들에게 유리한 판단을 하도록 유도해야 하기 때문이다. 반면, 집권조정자가 갈등당사자들에게 전략적 행동을 취하지 않는 이유는 집권조정에 갈등당사자들의 협조나 지원을 받지 않아도 되기 때문이다. 집권조정자는 갈등당사자들의 상급자로서 그들의 입장을 청취하면 그것으로 충분하고, 집권조정에 필요한 추가적인 지식과 정보는 집권조정자 자신이 이미 많이 확보하고 있거나 외부전문가들로부터 확보할 수 있기 때문이다. 집권조정 구조하에서 갈등당사자 상호간 전략적 행동이 중요하지 않는 이유는 갈등당사자간 상호작용이 조정결과에 미치는 영향이 크지 않기 때문이다.

　셋째, 제3자 중립조정(mediation) 구조 하에서는 최종조정안의 내용이 갈등당사자들과 중립조정자 모두에 의해 영향을 받는다. 상호간 전략적 행태는 중립조정자의 역할 유형에 따라 다르다.

　중립조정자가 갈등당사자간 합의를 지원하는 경우, 갈등당사자들에 대한 합의지원자의 전략적 행동과 갈등당사자 상호간 전략적 행동은 중요하나, 합의지원자에 대한 갈등당사자들의 전략적 행동은 중요하지 않다. 합의지원자의 전략적 행동이 중요한 이유는 갈등타결 여부가 상당부분 합의지원자에게 달려 있기 때문이다. 합의지원자가 전략적으로 접근하지 않으면 갈등당사자들이 합의에 이르도록 유도하기 어렵다. 또한 갈등당사자간 전략적 행동이 중요한 이유는 갈등타결 여부가 여전히 갈등당사자들에게 달려 있기 때문이다. 합의지원자는 갈등당사자들이 다시 협의하여 합의를 도출하도록 지원만 할 뿐이다. 합의지원자에 대한 갈등당사자들의 전략적 행동이 중요하지 않는 이유는 합의지원자가 최종조정안의 내용에 영향을 미치지 못하기 때문이다.

중립조정자가 갈등당사자들에게 양보를 유도하는 경우, 양보유도자는 갈등당사자들에 대한 전략이 필요하고, 갈등당사자들은 양보유도자에 대한 전략이 필요할 수도 필요하지 않을 수도 있으며, 갈등당사자들 상호간에는 전략의 필요성이 크지 않다. 갈등당사자들에 대해 양보유도자의 전략이 필요한 이유는 갈등당사자의 표면적 입장뿐만 아니라 숨은 이해관계를 파악하여 양보의 내용을 정하고 양보를 유도해야 하기 때문이다. 갈등당사자들이 양보유도자에 대해 특별히 전략적으로 접근해야 할 필요성이 크지 않는 이유는 양보 여부는 갈등당사자들이 결정하기 때문이다. 그러나 갈등당사자들이 양보유도자를 통해 상대방으로부터 특정양보를 받아내기를 원한다면 양보유도자에 대한 전략이 필요하다. 갈등당사자들 상호간에 전략적 행동의 필요성이 크지 않는 이유는 상대방에게 양보를 직접 요구하는 것이 양보유도자를 통해 요구하는 것보다 성공 가능성이 낮기 때문이다.

중립조정자가 타협안을 만들어 설득하는 경우, 갈등당사자들과 타협안설득자 상호간에 전략적 행동은 중요하고, 갈등당사자들 상호간 전략적 행동은 그다지 중요하지 않다. 갈등당사자들에 대한 타협안설득자의 전략이 중요한 이유는 타협안설득자가 자신이 마련한 타협안에 갈등당사자들이 동의하도록 유도해야 하기 때문이고, 타협안설득자에 대한 갈등당사자들의 전략이 중요한 이유는 타협안이 조금이라도 자신들에게 유리하게 작성되도록 유도해야 하기 때문이다. 그러나 갈등당사자들 상호간 전략적 행동은 그다지 중요하지 않다. 최종합의안의 내용이 상대방을 움직임으로써 결정되는 것이 아니기 때문이다.

3. 조정유형별 핵심주도자와 전략

이상을 요약하여 조정유형별로 핵심주도자와 전략을 정리하면 <표 8-1>과 같다. 이 전략들 가운데 대표성을 갖는 전략은 i) 협의조정(negotiation)에서 갈등당사자간

표 8-1 조정유형별 핵심주도자와 전략

협의조정	합의지원 조정	양보유도 조정	타협안설득 조정	집권 조정
- 갈등당사자간 전략	- 갈등당사자간 전략 - 갈등당사자들에 대한 합의지원자 전략	- 갈등당사자들에 대한 양보유도자의 전략	- 갈등당사자들에 대한 타협안설득자의 전략 - 타협안설득자에 대한 갈등당사자들의 전략	- 집권조정자에 대한 갈등당사자들의 전략

전략, ii) 합의지원조정(facilitation)에서 갈등당사자들에 대한 합의지원자의 전략, iii) 타협안설득조정(compromise-persuasion)에서 갈등당사자들에 대한 타협안설득자의 전략, iv) 집권조정(arbitration)에서 집권조정자에 대한 갈등당사자들의 전략 등이다.

합의지원조정에서 갈등당사자간 전략은 협의조정에서 갈등당사자간 전략과 거의 유사하고, 타협안설득자에 대한 갈등당사자들의 전략은 집권조정자에 대한 갈등당사자들의 전략과 유사하여 이들을 중복 설명하지 않는다. 갈등당사자들에 대한 양보유도자의 전략은 갈등당사자들에 대한 타협안설득자의 전략과 유사한 측면이 많다. 갈등당사자들에게 요구할 양보를 정하는 것은 타협안을 마련하는 것과 유사하고, 양보를 유도하는 것은 타협안에 대한 동의를 유도하는 것과 유사하기 때문이다. 따라서 양보유도자의 전략을 별도로 설명하지 않는다.

이하에서는 갈등당사자간 전략, 갈등당사자들에 대한 합의지원자의 전략, 갈등당사자들에 대한 타협안설득자의 전략, 집권조정자에 대한 갈등당사자들의 전략 등을 살펴본다.

제2절 협의조정에서 갈등당사자들의 전략적 행태

갈등당사자간 협의조정에서는 각자가 자신의 입장을 최대한 관철하려고 한다. 그런데 갈등당사자간에는 권력의 차이가 존재하더라도 서로가 상대방에게 거부권(veto power)을 어느 정도 행사할 수 있어서 상대방 혹은 다수의 동의 없이는 일방적으로 밀어 붙이기는 어렵다. 그 결과 갈등당사자들은 합의도출을 위해 양보를 하되 가급적 적게 양보하고 자신들의 입장관철을 위해 전략적으로 행동한다.

협의조정에서 당사자들은 상호간 합의도출과 자신의 입장관철을 용이하게 하기 위해 두 측면에 영향력을 행사하려 한다. 하나는, 상호작용의 여건과 기본틀이다. 여건과 기본틀이 어떻게 구축되느냐에 따라 합의도출의 용이성은 물론 누구의 입장관철이 상대적으로 유리해지는지가 결정되기 때문다. 다른 하나는, 상대방의 사고방식과 입장이다. 상대방의 사고방식과 입장이 어떻게 변하느냐에 따라 합의도출의 용이성은 물론 자신의 입장이 어느 정도 관철되는지가 결정되기 때문이다.

여건과 기본틀을 유리한 방향으로 구축하려는 노력을 거시 전략이라고 한다면, 상대방의 사고방식과 입장을 변화시키려는 노력을 미시 전략이라고 할 수 있다. 갈등 당사자들은 서로가 자신들에게 유리한 합의결과가 나오도록 거시적 전략과 미시적 전략을 모두 구사한다.

1. 거시적 전략 행태

거시적 전략행태는 자신들에게 유리한 맥락과 흐름을 만들어가는 전략으로서 협의조정팀의 구성, 협의조정장소의 선정, 협의조정채널의 선정, 협의조정절차의 결정, 복수쟁점의 처리방식 등과 관련된 전략들이다.

1) 협의조정팀 구성 전략

협의조정팀을 어떻게 구성하느냐에 따라 협의의 진행과 결과가 달라진다. 각 팀들이 협력적인 사람들로 구성되느냐 아니면 경쟁적인 사람들로 구성되느냐에 따라 협의조정이 순조로울 수도 있고 험난할 수도 있다. 또한 협의조정팀의 역량에 따라 결과가 달라질 수도 있다. 따라서 갈등당사자 기관들은 협의조정팀의 구성에 전략적인 고려를 해야 한다.

협의조정팀에 참여시킬 수 있는 사람들로는 업무담당자, 전문가, 자문관, 이해관계자 등이 있다. 전문가는 쟁점정책에 대해 해박한 지식과 정보를 가진 자이고, 자문관은 법률, 회계, 과학기술 등 전문기술적 측면에 대해 정보를 제공하는 자들이다. 전략적으로 선정할 경우 어떤 조건에서 누구를 포함시켜야 하는지가 문제이다.

정부내 기관들 간 정책조정의 경우 협의조정자는 자동적으로 정해진다. 대체로 쟁점정책을 담당하는 업무담당자이다. 같은 업무담당자라도 협의조정대표로서 적합한 사람은 상대방으로부터 거부받지 않으면서도 자신들의 입장을 관철할 수 있는 사람이다. 그러나 입장을 강력하게 관철하려는 경쟁적인 사람은 상대방이 협의조정 상대로서 거부하기 쉽고, 상대방이 선호할 수 있는 협력적인 사람은 입장을 제대로 관철하지 못할 수 있다. 따라서 갈등의 지속보다 조속한 타결이 더 중요하면 상대방에게 거부감이 없는 사람을 선정해야 하고, 타결 그 자체보다 타결된 내용이 중요하면 입장을 강력하게 관철할 수 있는 사람을 선정해야 한다.

협의조정팀에 전문가와 자문관을 참여시키면 다양한 지식과 정보를 동원하여 상대방에 대한 영향력을 증가시킬 수 있다. 이해관계 대표자의 참여는 협의조정팀의 입장에 힘을 실어 줄 수 있고 이해관계자들을 설득하는 데 도움이 되지만, 협의조정팀의 재량권과 신축성을 제한하여 타결을 어렵게 할 수도 있다. 따라서 갈등당사자가 상대방에 비해 힘이 약한 경우 이해관계 대표자를 참석시킬 필요가 있으나 그렇지 않으면 반드시 참석시킬 필요는 없다. 국가간 협의조정이 아닌 정부내 협의조정에서는 전문가와 자문관 및 이해관계자를 협의조정팀원으로 참여시키는 경우는 드물다. 그러나 전문가와 자문관을 대신할 수 있는 내부직원들을 참여시키는 경우는 많다.

2) 협의조정장소 선정 전략

협의조정장소도 협의조정팀 간의 상호작용에 영향을 미칠 수 있다. 협의조정장소는 자신에게 편리한 장소, 상대방에게 편리한 장소, 제3의 중립적인 장소가 있다. 협의조정을 자신의 관할 내에서 진행하면 정서적 안정감을 가질 수 있고 시설장비를 유리하게 활용할 수 있으며, 상대방에게 여러 가지 배려를 할 수 있어서 상대방의 협조를 얻어내는 데도 유리할 수 있다. 그러나 협의조정을 상대방 관할 내에서 진행하면 그 반대이다. 한편, 중립적 장소는 모두에게 공평하다. 어느 일방도 장소를 자신에게 유리하게 활용할 수 없기 때문이다.

갈등당사자들은 가급적 자신에게 유리한 장소를 선택하고 그것이 불가능하면 최소한 중립적인 장소를 선택해야 한다. 다만, 상대방을 협의조정에 끌어들이는 전략의 일환으로 혹은 다른 측면에서 상대방의 협조를 얻어내기 위한 전략의 일환으로 상대방의 관할지역을 선택할 수도 있다.

3) 협의조정채널 선택 전략

협의조정채널은 고위 채널과 실무 채널, 공식 채널과 비공식 채널, 공개 채널과 비공개 채널 등이 있다. 고위 채널은 협의조정의 모멘텀을 만들고 교착상태를 해소하며 합의안을 공식화하는 데 유용한 반면, 실무 채널은 정보를 교환하고 새로운 시도를 하며 이견을 좁히는 데 유용하다. 공식 채널에서의 합의는 번복하기 쉽지 않고 갈등당사자들을 강하게 구속하나, 비공식 채널에서의 합의는 상황 변화를 이유로 변경하기 쉽고 갈등당사자들을 강하게 구속하지는 못한다. 공개 채널에서는 이해관계자들이나 언론이 협의조정 진행상황을 주시하고 있어서 협의조정팀은 진지하게 합의도출에 임하기보다는 공식적인 입장만 반복할 가능성이 크다. 반면에 비공개 채널에서는 이해관계자나 언론의 감시에서 벗어나 서로의 의중을 충분하고도 솔직하게 교환하고 상호간에 양보도 비교적 쉽게 할 수 있다.

갈등당사자의 입장에서 어떤 조건 하에서 어느 채널을 선택해야 할까? 이 선택은 협의조정의 단계, 협의의 직접 목적, 갈등당사자간의 권력관계 등에 따라 달라야 한다. 또한 채널간의 전환, 즉 고위 채널과 실무 채널, 공식 채널과 비공식 채널, 공개 채널과 비공개 채널 간의 전환도 전략적으로 이뤄져야 한다.

우선, 협의조정의 중요한 단계에서는 고위 채널을 가동하고, 그 외 단계에서는 실무 채널을 가동해야 한다. 중요한 단계란 협의조정의 총체적 결과에 지대한 영향을 미치는 쟁점타결 원칙에 대한 합의 단계, 교착상태 타결 단계, 책임소재를 분명히 하는 협의조정 마무리 단계 등이다. 협의조정은 원칙적으로 쟁점정책에 대해 결정권과 책임을 갖고 있는 고위 정책결정자들 간에 이뤄져야 한다. 그러나 고위 정책결정자들은 크고 작은 모든 쟁점들에 간여할 만큼 시간적 여유가 없고, 구체적인 쟁점에 대해서는 전문성도 부족하다. 따라서 협의조정을 효율적으로 진행하기 위해서는 협의조정의 단계에 따라 협의채널을 고위 채널에서 실무 채널로, 혹은 실무 채널에서 고위 채널로 전환해야 한다.

다음으로, 협의의 직접 목적이 합의안 도출인 경우는 공식적 공개 채널을 가동하고, 탐색인 경우는 비공식적 비공개 채널을 가동하는 것이 바람직하다. 합의안 도출에 공식적 공개 채널을 가동해야 하는 이유는 구체적인 합의가 번복되지 않고 구속력을 갖도록 하기 위해서이다. 책임이 없는 비공식 채널이나 베일에 쌓인 비공개 채널에서의 합의는 갈등당사자 일방의 필요에 따라 무시되기도 하고 언제든지 번복될 수 있다. 그 결과 신뢰가 깨져 최종 합의안 도출이 불가능해진다. 탐색에 비공식 비공개 채널을 가동해야 하는 이유는 상대방의 의중이나 숨은 이해관계, 상대방이 수용가능한 합의안 등을 알아내기 위해 비밀유지를 전제로 솔직한 대화를 교환하거나 다양한 제안을 해볼 수 있기 때문이다.

마지막으로, 상대방에 비해 권력이 약하면 공식적 공개 채널을 선택해야 유리하다. 공식적 공개 채널에서는 약자가 여론이나 이해관계자들에게 호소함으로써 강자의 비합리적이고 불공정한 영향력을 상당부분 차단할 수 있기 때문이다. 반면에, 강자는 비공식 비공개 채널을 활용하는 것이 바람직하다. 여론의 간섭을 차단하고 힘의 우위를 활용하여 상대방을 자신에게 유리하게 조종할 수 있기 때문이다.

4) 협의조정절차 선택 전략

갈등당사자들이 선택할 수 있는 협의조정절차는 다양하다. 각 협의조정절차들은 활용할 수 있는 여건이 다르고 각각 나름대로의 장단점이 있다. 갈등당사자들은 합의도출을 용이하게 하기 위해 주어진 여건에 적합한 절차를 채택해야 하고, 그 범위 내에서 자신들의 입장관철에 유리한 절차를 선택할 수 있다. 입장관철에 유리한 절차의 선택은 당사자간 지식정보의 차이와 권력의 차이 등에 따라 달라질 수 있다.

(1) 양자 협의

쟁점정책과 관련된 기관이 2개인 경우 갈등당사자들은 협의조정절차를 채택하기 위해 다음과 같은 선택을 해야 한다.

먼저, 점증합의절차를 따를 것인지 원칙타결절차를 따를 것인지 선택해야 한다.

합의도출 측면에서, 점증합의절차는 쟁점정책에 포함된 당사자간 쟁점들이 많지 않고, 대다수 쟁점들이 이해관계에 관한 것이며, 갈등해결에 시간적인 여유가 있을 때 유용한 절차이고, 반면에 원칙타결절차는 쟁점들이 많고, 가치관 쟁점들이며, 갈등을 조속히 타결해야 할 필요가 있을 때 유용한 절차이다. 점증합의절차는 매 쟁점마다 상호간에 조금씩 양보와 재양보를 수차례 거쳐야 하지만, 원칙타결절차는 쟁점정책 타결의 기본원칙만 합의되면, 세부쟁점들을 조정하기 위해 세세한 분석과 양보·재양보를 주고받지 않아도 되기 때문이다. 갈등당사자들은 주어진 여건에 맞는 절차를 채택해야 한다. 대체로 갈등당사자들은 별다른 생각없이 점증합의절차에 따라 협의조정이 임하는 경우가 많으나 양자간 전략적인 선택을 할 수 있다.

입장관철 측면에서는 지식과 정보에서 상대방보다 우위에 있으면 원칙타결절차보다는 점증합의 절차를 선택해야 한다. 원칙타결보다 점증타결이 보다 많은 지식과 정보가 필요하므로 지식과 정보의 우위를 살릴 수가 있기 때문이다. 그러나 지식과 정보에서 차이가 크지 않으면 상대적 권력에 따라 선택을 달리해야 한다. 권력이 상대적으로 약하면 점증합의절차보다는 원칙타결절차를 선택해야 한다. 강한 상대에게 덜 양보할 수 있고, 양보하더라도 명분이 있기 때문이다. 구체적 쟁점들을 원칙에 따라 조정하면 약자라 하더라도 상당수의 쟁점에서 유리한 결과를 만들어 낼 수 있고, 강자라도 모든 쟁점에서 자신에게 일방적으로 유리한 결과를 만들어내지 못한다. 또한 양보하더라

도 강자의 힘에 밀린 것이 아니라 원칙에 따라 한 것이기 때문에 양보를 정당화할 수
있어서 체면유지가 가능하다. 반면, 권력이 상대적으로 강하면 원칙타결절차보다 점증
합의절차를 선택하는 것이 바람직하다. 자신의 힘을 활용하기가 용이하기 때문이다.

다음으로, 점증합의절차에 따를 경우 서면교환양보절차와 대면접촉양보절차 중
선택을 해야 한다. 양 절차는 활용할 수 있는 여건이 다르다. 즉 대면접촉양보절차는
갈등당사자 간에 i) 쟁점들이 숫자도 많고 정치적이며, ii) 이견과 갈등이 크고, iii) 당
사자들이 용이하게 자주 접촉할 수 있을 때 유용하다. 반면, 서면교환양보절차는 갈등
당사자간에 i) 쟁점의 숫자가 많지 않고 전문기술적이며, ii) 이견과 갈등이 크지 않고,
iii) 당사자들이 자주 접촉하기 어려울 때 유용하다.

입장관철을 위한 전략적 측면에서 보면, 지식정보와 권력이 충분한 당사자는 대
면접촉양보절차를 선택하고 모두 부족한 당사자는 서면교환양보절차를 선택하는 것이
바람직하며, 지식정보만 우세한 당사자는 서면교환양보절차를 선택하고 권력만 우세
한 당사자는 대면접촉양보절차를 선택하는 것이 상대적으로 유리하다. 권력은 대면접
촉양보절차에서 구사하기 용이하고 지식정보는 서면교환양보절차에서 구사하기 용이
하기 때문이다. 그 외에도 쟁점정책을 조속히 타결해야 할 필요가 있는 당사자는 대면
접촉양보절차를, 쟁점타결이 시간적으로 급하지 않은 당사자는 서면교환양보절차가
유리하다. 서면교환양보절차에서는 회의일정 등 시간에 쫓기지 않고 정보와 양보를 교
환할 수 있기 때문이다.

(2) 다자 협의

쟁점정책과 관련된 기관들이 다수인 경우 갈등당사자들은 협의조정절차를 채택
하기 위해 다음과 같은 선택을 해야 한다.

먼저, 다수가 함께 논의하는 공동협의절차를 따를 것인지 아니면 일련의 양자회
의를 통해 논의하는 각개협의절차를 따를 것인지를 결정해야 한다.

합의도출 측면에서 보면, 공동협의절차는 동일한 쟁점에 모든 유관기관들이 이견
을 갖고 있고[1] 쟁점을 둘러싼 이견과 갈등이 상대적으로 크지 않을 때 합의도출에 유
용한 절차이고, 각개협의절차는 서로 다른 쟁점에 서로 다른 기관들이 이견을 갖고 있
고[2] 당사자간 이견과 갈등이 상대적으로 클 때 합의도출에 유용한 절차이다. 갈등당

---

1) 예를 들면, 쟁점정책내 A 쟁점에 대해 모든 유관기관들이 이견을 갖고 있고, B쟁점에서도 모든
유관기관들이 이견을 갖고 있는 등, 모든 쟁점에서 유관기관들이 이견이 있는 경우.
2) 예를 들면, 주무기관 A가 정책수단에 관해 B와 이견이 있고, 목표에 대해서는 C와 이견이 있으

사자들은 협의조정의 여건에 맞게 양 절차 중 하나를 채택해야 한다.

자신의 입장을 관철하려는 전략적 측면에서는 힘이 강한 기관, 숨은 이해관계가 있는 기관, 쟁점정책에 대한 지식정보가 상대적으로 적은 기관, 주무기관 등은 각개협의절차를 선택하는 것이 유리하고, 힘이 약한 기관, 숨은 이해관계가 없는 기관, 쟁점에 대한 지식정보가 많은 기관, 협력기관은 공동협의절차를 선택하는 것이 유리하다. 즉 힘 있는 기관은 다수의 집단적 반대가 없는 각개협의에서 영향력을 행사하기 수월하고, 숨은 이해관계는 공동협의보다는 각개협의에서 반영하기 용이하며, 지식정보가 상대적으로 많은 기관은 각개협의에서 상대방을 설득하기보다는 공동협의에서 다수 유관기관을 설득하는 것이 용이하고, 주무기관은 다수여론에 밀리지 않고 자신의 주도권을 행사하는데 각개협의절차가 유리하다. 그러나 주무기관과 힘있는 기관은 하나의 쟁점에 대해 다수 유관기관들이 이견이 있어 공동협의를 해야 함에도 불구하고 각개협의를 활용하는 경향이 있다. 이유는 관할권과 지식정보 및 영향력 측면에서 유리한 위치에 있어서 이를 활용하여 쟁점을 자신에게 유리하게 조정할 수 있기 때문이다.

다음, 각개협의절차를 채택한 경우, 원칙타결절차 혹은 점증합의절차를 선택해야 하는데, 앞서 논의한 것처럼 지식정보와 권력의 차이를 고려하여 결정해야 한다. 공동협의절차를 채택한 경우 또다시 공감확대절차 혹은 잠정안회람절차 혹은 다수안표결절차 중 어느 절차를 따를지 선택해야 한다.

합의도출 측면에서, 잠정안회람절차는 유관기관들 간 이견이 크지 않고 협조적일 때, 다수안표결절차는 이견이 크고 경쟁적일 때, 공감확대절차는 이견이 크지만 협조적일 때 유용하다. 또한 공감확대절차와 다수안표결절차는 쟁점들이 정치적이고 유관기관들이 함께 모이기 쉬울 때 유용하고, 잠정안회람절차는 쟁점이 전문기술적이고 유관기관들이 함께 모이기 쉽지 않을 때 유용한 절차이다.

입장을 관철하려는 전략적 측면에서는, 지식정보와 권력이 열세인 기관은 잠정안회람절차를 선택하는 것이 유리한 반면에, 권력이 우세한 기관은 다수안표결절차를 선택하는 것이 유리하며, 지식정보가 우세한 기관은 공감확대절차를 선택하는 것이 유리하다. 이유는 잠정안회람절차는 유관기관들 상호간에 지식정보나 권력을 활용한 영향력 행사가 어려운 반면, 다수안표결절차에서는 권력에 의한 영향력이 크게 작용할 수 있고 공감확대절차에서는 지식정보에 의한 영향력이 크게 작용할 수 있기 때문이다. 또한 주무기관은 공감확대절차를 우선 선택하고 협력기관들은 다수안표결절차를 선택

며, 적용대상에 대해서는 D와 이견이 있고, 적용시기에 대해서는 E와 이견이 있는 경우.

하는 것이 유리하다. 주무기관은 관할권과 지식정보상 이점을 활용할 수 있고, 협력기
관들은 주무기관의 영향력에 휘둘리지 않을 수 있기 때문이다.

(3) 3자 협의

갈등당사자들이 협의조정에 실패하여 제3자에게 의존해야 한다면, 집권조정절차
와 중립조정절차 중 어느 것을 선택해야 할까? 이 선택에는 갈등당사자들의 상대적 권
력과 지식정보를 고려해야 한다. 상대적 약자는 집권조정절차를 선택하고, 강자는 중
립조정절차를 선택해야 유리하다. 집권조정절차에서는 최종조정안에 대한 집권조정자
의 영향력이 압도적이어서 약자나 강자의 권력은 그다지 중요하지 않다. 그러나 중립
조정절차에서는 최종조정안에 대한 갈등당사자들의 상대적 권력이 여전히 중요하다.
따라서 강자는 중립조정절차에서 자신의 입장을 관철할 가능성이 크고, 약자는 집권조
정 절차에서 상대적 불이익이 적다. 또한 지식정보가 충분하면 집권조정절차를, 부족
하면 중립조정절차를 선택하는 것이 유리하다. 집권조정자는 설득력 있는 지식정보를
제공받으면 갈등해결에 충분히 활용하지만, 중립조정자는 당사자간 균형을 잡으려는
성향이 있어서 설득력 있는 지식정보를 제공받더라도 갈등해결에 충분히 활용하지 않
기 때문이다.

5) 복수쟁점 처리 전략

협의조정과정에서 갈등당사자들이 다수의 쟁점들을 처리하는 전략은 개별타결
전략과 일괄타결 전략 및 합의종합타결 전략, 선중후경 전략과 선경후중 전략, 교차제
안 전략과 이난(易難)교차 전략 등이 있다.

(1) 개별타결 전략과 일괄타결 전략 및 합의종합타결 전략

개별타결 전략은 다수 쟁점들을 차례로 하나씩 합의하여 타결하는 전략이다. 이
에 반해 일괄타결 전략은 모든 쟁점들에 대한 논의를 마친 후 전체적인 득실을 고려하
여 쟁점들에 대한 양보를 주고받음으로써 한꺼번에 타결하는 것이다. 서로에게 중요한
쟁점들에 대해 상대방의 양보를 얻어내고 덜 중요한 쟁점들에서 양보를 제공하여 서
로가 원하는 결과를 차지함으로써 합의를 도출하는 전략이다. 합의종합타결 전략은 다
수의 쟁점들을 하나씩 개별적으로 합의를 이루어 가되 마지막 쟁점에 대한 합의가 이
뤄지기 전에는 이전의 어떠한 합의도 최종 확정되지 않은 것으로 간주하는 전략이다
(Zartman & Berman, 1982: 180). 즉 쟁점 하나하나에 대한 합의를 최종합의로 인정하는
것이 아니라, 후속 쟁점들에 대한 합의가 완결된 후에 모든 합의들을 최종 확정하는

전략이다. 각 전략의 상대적 장단점은 다음과 같다.

첫째 최종 합의도출의 용이성 측면에서 일괄타결 전략이 가장 유리하다. 일괄타결을 시도할 경우 주고받을 쟁점들의 다양한 조합으로 상호 수용가능한 최종합의안을 용이하게 마련할 수 있어서 가장 단기간에 합의를 도출할 수 있기 때문이다. 갈등당사자들의 관계가 경쟁적인 경우에도 합의안을 도출할 수 있다. 그러나 개별타결을 시도할 경우 매 쟁점마다 적절한 양보가 이뤄지지 않으면 교착상태에 빠지기 쉽다. 갈등당사자들의 관계가 협조적이어야 최종 합의에 이를 수 있다. 한편, 합의종합타결 전략은 교착상태에 빠지는 것은 방지할 수 있으나 신속한 타결이 어렵다. 쟁점 하나하나에 합의를 할 때마다 그 합의를 최종 합의로 인정하게 되면, 갈등당사자들에 따라서는 자신들이 원하는 쟁점들에서 양보를 얻어내 합의를 도출하고 나머지 쟁점들에서는 양보를 하지 않고 합의를 지연시킬 수가 있다. 합의종합타결 전략은 이러한 비협조적 행태를 차단하고 나머지 쟁점들에 대한 합의를 촉진하여 최종 타결을 촉진할 수가 있다. 그러나 매 쟁점들을 개별타결해야 하므로 모든 쟁점들을 타결하는 데까지 상당한 시간이 소요된다.

둘째, 최종 합의안에 대한 만족에 있어서도 일괄타결 전략이 가장 우월하다. 개별타결에서는 갈등당사자들이 최종 결과에 만족하지 못하는 경향이 있는데, 이는 합의도출을 위해 모든 쟁점에서 각자가 일정부분 양보한 결과 각자가 원하는 것을 충분히 얻지 못했다고 생각하기 때문이다. 반면에, 일괄타결에서는 갈등당사자들이 최종결과에 만족하는 편인데, 이는 각자가 중요시하는 쟁점들에 대해 자신들이 원한 것을 얻었다고 생각하기 때문이다. 합의종합타결에서도 갈등당사자들이 최종합의 결과에 만족한다. 쟁점들에 대한 기존 합의내용이 불만스러울 경우 최종합의 직전에 만족할 만한 수준으로 수정할 수가 있기 때문이다.

그럼에도 불구하고, 모든 갈등당사자들이 일괄타결 전략을 선호하지는 않는다. 상황에 따라서는 일괄타결 전략이 자신에게 유리한 전략이 아닐 수 있기 때문이다. 그러면 갈등당사자들은 자신들의 입장을 최대한 관철하기 위해 어떤 여건에서 어떤 전략을 구사해야 하는가?

먼저, 전략 선택에 있어서 가장 중요한 여건은 지식정보와 권력의 상대적 우열관계이다. 우월한 강자에게는 개별타결이 유리하고, 약자에게는 일괄타결이 유리하다. 강자는 개별타결을 해야 매 쟁점마다 유리한 위상을 활용할 수 있고, 그 결과 전체적으로 자신의 입장을 최대한 관철할 수 있기 때문이다. 반면에, 약자가 쟁점별 조정을 시도하면 강자에게 휘둘려 모든 쟁점에서 불리한 결과를 초래할 가능성이 크다. 그보

다는 오히려 일괄타결을 통해 일부 쟁점에서는 양보를 하고 다른 쟁점에서는 양보를
받는 것이 안전하다. 합의종합타결은 강자에게나 약자에게 공평한 편이다. 약자가 쟁
점별 합의내용을 마지막에 수정할 수 있기 때문이다.

　　다음으로, 중요한 상황은 이해관계자의 압력이다. 즉 이해관계자들이 협의조정과
정을 주시하고 조정결과에 민감하게 반응하는 정도에 따라 전략 선택이 달라진다. 이
해관계자로부터 압력을 많이 받으면 일괄타결 전략을 선택하는 것이 안전하고 개별타
결 전략은 불리하다. 전자의 경우 일정부분 양보를 얻어낼 수 있어서 이해관계자들로
부터 비난을 피하고 체면을 유지할 수 있으나, 후자의 경우 매 정점을 타결할 때마다
이해관계자들이 일희일비하고 불만을 표출할 수 있어서 협의조정 당사자들에게 상당
한 부담이 될 수 있다. 그러나 합의종합타결 전략은 개별쟁점 타결시 이해관계자들의
불만을 최종타결시 반영할 수 있어서 이해관계자들의 비난은 크지 않을 수 있다.

(2) 선중후경(先重後輕) 전략과 선경후중(先輕後重) 전략[3]

　　선중후경 전략은 중요한 쟁점들을 먼저 처리하고 덜 중요한 쟁점들은 나중에 처
리하는 전략이다. 이 전략의 전제는 먼저 중요한 쟁점들을 타결하면 나중에 덜 중요한
쟁점들의 타결이 용이해진다는 것이다. 그러나 중요한 쟁점들은 타결이 어려운 쟁점들
이다. 타결이 지연되면 나머지 쟁점들의 타결도 지연된다.

　　반면, 선경후중 전략은 먼저 덜 중요한 쟁점들을 처리하고 나중에 중요한 쟁점들
을 처리하는 전략이다. 이 전략의 전제는 가벼운 쟁점들의 타결이 누적되면 신뢰가 형
성되어 후속 쟁점들의 타결이 용이해진다는 것이다. 그러나 가벼운 쟁점들은 먼저 타
결해 버리면 중요한 쟁점들을 타결할 때 유용하게 활용할 수 있는 교환카드가 소멸되
고, 또한 덜 중요한 쟁점들에 대한 합의에 실패하면 후속 중요 쟁점들에 대한 합의는
더욱 어려워질 수 있다.

　　선경후중 전략과 유사한 전략으로 모멘텀 전략이 있다. 중요한 쟁점들을 모멘텀
을 이용하여 타결하는 전략이다. 즉 중요 쟁점들이 협의조정 초기에 확인되더라도 곧
바로 타결하지 않고 잠시 미뤄두었다가 주변적인 쟁점들[4]을 먼저 타결하여 협의조정
의 모멘텀이 만들어 진 후 타결하는 것이다. 중요 쟁점들은 모멘텀 없이 타결하기가
쉽지 않을 뿐만 아니라 타결을 너무 빨리 시도하여 합의에 실패하면 협의조정이 결렬

---

3) Rubin &. Brown, 1975, 148; Gulliver, 1979: 143－146; Moore, 1986: 183.
4) 이견이 크지 않은 쟁점이슈, 복잡하게 얽히지 않은 쟁점이슈, 양보해도 큰 손해 없는 쟁점이슈,
　 감정이 실리지 않은 쟁점이슈, 상징성이 크지 않는 쟁점이슈 등.

될 수 있기 때문이다. 중요한 쟁점들은 너무 일찍 논의해도 바람직하지 않고 너무 늦게 논의해도 바람직하지 않다.

그러면 협의조정팀은 어떤 상황에서 어떤 전략을 선택해야 하는가?

먼저, 상대방이 협조적이면 선중후경 전략을 채택하고, 상대방이 비협조적이면 선경후중 전략을 채택하는 것이 바람직하다. 상대방이 협조적일 때 중요한 쟁점들을 먼저 타결하여 당사자간 갈등을 빨리 해소하는 것이 중요하고, 비협조적일 때는 서두르지 않고 가벼운 쟁점들을 먼저 타결하여 중요 쟁점들을 타결할 수 있는 모멘텀을 만드는 것이 중요하기 때문이다.

다음, 각 협의조정팀이 서로 다른 전략을 선호할 경우, 갈등당사자는 상대방을 설득 혹은 유인하여 자신이 선호하는 전략을 수용하도록 유도하거나 아니면 쟁점들을 교대로 타결하는 방안을 찾아야 한다.

(3) 이난교차(易難交叉) 전략과 교차제안(交叉提案) 전략

이난교차 전략은 타결하기 쉬운 쟁점과 어려운 쟁점을 교대로 조정하는 전략이다 (Moore, 1986: 121－122, 184). 반면, 교차제안 전략은 갈등당사자들이 번갈아가며 교대로 원하는 쟁점을 상정하여 조정하는 전략이다. 이 전략들은 협의조정이 중도에 결렬되지 않고 마지막 쟁점까지 진행되도록 유도하는 데 효과가 있다.

갈등당사자들은 어떤 경우에 어떤 전략을 선택해야 하는가? 지식정보나 권력 측면에서 우세하면 교차제안 전략을 채택하는 것이 유리하고, 열세이면 이난교차 전략을 채택하는 것이 안전하다. 교차제안 전략 하에서 강자는 자신의 지식정보과 권력을 활용하여 자신의 입장을 가장 많이 관철할 수 있는 쟁점처리순서를 정할 수 있는 반면, 약자는 지식정보와 권력의 부족으로 자신에게 유리한 쟁점처리순서를 정하기 어렵다. 그러나 이난교차 전략 하에서는 지식정보와 권력이 많다고 유리한 순서를 정할 수 없고, 적다고 불리한 순서가 정해지지 않는다.

2. 미시적 전략행태

미시적 전략행태는 협의조정 과정에서 상대방의 입장을 변화시키기 위한 것이다. 미시적 전략행태들은 그 의도에 따라 6개 유형으로 세분할 수 있다. 즉 협의조정으로 유도하기 위한 전략행태, 협의조정에서 유리한 고지를 차지하기 위한 전략행태, 원하는 것을 얻어내려는 전략행태, 협의조정의 추진력을 유지하기 위한 전략행태, 최종타결을 촉진하기 위한 전략행태, 협의조정 결과를 합리화하기 위한 전략행태 등으로 구분할 수 있다.

1) 협의거부 극복 전략

갈등당사자 가운데는 상대방의 협의조정 요구를 거부하는 당사자가 종종 있다. 조정거부자는 두 부류가 있다. 즉 조정이 안 되어도 불리할 것이 없어 현상유지를 선호하는 자와, 상대방의 양보를 얻어내기 위한 전략의 하나로 협의조정을 거부하는 자이다. 전자는 조정에 응해 보아야 일정부분 양보할 수밖에 없기 때문이고, 후자는 상대방으로 많은 양보를 얻어내기 위해서이다. 이유야 어떻든 갈등당사자 일방이 거부하면 협의조정을 시작할 수 없다. 협의조정이 이루어지기 위해서는 어떻게 해서든 이러한 거부를 극복해야 한다. 거부를 극복하기 위해 세 가지 전략을 구사할 수 있다.

(1) 유연화 전략

유연화 전략은 자신의 입장에 신축성을 두는 전략이다. 즉 자신의 입장을 약간 모호하게 하거나 수정할 여지를 두는 것이다. 처음부터 자신의 입장을 명확하게 밝히고 이를 공고화하면, 갈등상대방은 얻어낼 것이 없다고 판단하여 협의조정에 임할 수가 없기 때문이다.

(2) 상황변화 전략

상황변화 전략은 협의조정을 시작하기 위해 상황변화를 인위적으로 촉진시키거나 그것이 불가능할 경우 기다리고 있다가 상황변화를 포착하여 이를 협의개시의 기회로 활용하는 전략이다. 협의개시를 위해 촉진하거나 활용할 수 있는 상황변화는 다음과 같다.

첫째, 새로운 쟁점들의 등장이다. 기존 갈등상황에 새로운 쟁점들이 추가되면 갈등당사자들의 기존 이해관계가 변할 수 있고, 이에 따라 갈등당사자들이 협의조정의 필요성을 공감하게 되면 협의조정이 시작될 수 있다. 둘째, 권력관계의 평등화이다. 갈등당사자간 권력관계가 불균형이면 약한 쪽에서 협의조정을 통해 얻을 것이 없다고 생각하기 때문에 협의조정을 거부하기 쉽다. 이 경우 권력관계가 좀 더 평등해지는 계기가 마련되면 협의조정을 개시하기 용이해진다. 셋째, 갈등의 악화이다. 갈등이 좀 더 악화되는 상황이 오면 갈등을 방치하는 것보다 해결하는 것이 유리하다는 공감대가 확산되어 협의조정이 시작될 수 있다.

(3) 영향력행사 전략

협의조정을 거부하는 상대방에게 설득, 유인, 압박 등을 구사하는 전략이다.

설득 전략은 갈등을 해결했을 때 예상되는 혜택과 갈등을 방치했을 때 예상되는 고통이 갈등당사자 양측에 어떻게 귀속되는지를 보여 주고, 더 나아가 협의조정을 통해 어떻게 개선될 수 있는지를 보여 주는 전략이다. 쟁점들을 새로운 각도에서 달리 보고 달리 정의하여 상대방에게 새로운 해결의 가능성을 보여주는 것이 중요하다. 유인 전략은 협의조정에 임했을 때 보상(side benefits)을 제공하는 것이다. 압박 전략은 여론호소, 단절, 도발 등을 구사하는 전략이다. 여론호소는 공익, 윤리, 정의 등에 호소하여 다수 국민들이나 사회적 저명인사들이 협의조정을 지지하도록 유도함으로써 상대방을 압박하는 것이다. 단절은 협의조정에 응하지 않으면 향후 어떠한 협력도 거부하겠다는 압박이다. 도발은 상대방에게 피해를 주어 협의조정에 응하도록 하는 압박이다(Gulliver, 1979: 123). 즉 피해를 주어 상대방이 피해보상을 요구하도록 유도한 후 피해문제를 갈등문제와 연계시킴으로써 상대방이 갈등문제의 협의조정에 응하도록 하는 것이다.

2) 정보 교환과 수집 전략

협의조정을 위해서는 다양한 정보가 필요하다. 협의조정 당사자가 필요로 하는 주요 정보는, i) 상대방의 입장과 장단점, 주장의 강도, 상대방의 전략, ii) 상대방의 이해관계와 가치관 및 숨은 의도, iii) 상대방이 수용할 수 있는 최저선(minimum outcome)과 상대방이 현실적으로 확보하려는 기대선(expected outcome), iv) 협의조정의 여건 등이다.

이러한 정보가 필요한 이유는 대체로 세 가지이다. 첫째, 자신에게 유리한 조정안을 작성하기 위해서이다. 즉 갈등당사자는 자신의 입장을 최대한 반영하기 위해서는 상대방의 입장과 최저선 등에 대한 정보가 필요하다. 둘째, 협의조정을 자신이 원하는 대로 순조롭게 이끌어 가기 위해서이다. 이를 위해 상대방 주장의 강도, 상대방의 숨은 의도와 전략 등에 관한 정보가 필요하다. 셋째, 자신의 행동과 성과를 정당화하기 위해서이다. 협의조정 당사자들은 소속기관이나 자신이 대표한 집단에게 중간보고 혹은 최종보고를 할 때 자신의 전략과 성과를 설명하고 정당화해야 한다. 이러한 설명과 정당화에는 자신과 상대방에 대한 정보 및 협의조정의 여건에 관한 정보가 필요하다.

협의조정 당사자들은 이러한 필요에 따라 나름대로 상호간에 정보교환을 한다.

그러나 협의조정 과정에서 특별한 경우가 아니면 상호간에 필요한 정보가 충분히 교환되지 않는다. 각자가 자신의 입장을 최대한 관철하기 위해 전략적으로 중요한 정보를 의도적으로 통제하는 경우가 많기 때문이다. 숨기거나 허위 정보를 제공하기도 한다. 그럼에도 불구하고 협의조정 당사자들은 상대방에 대한 다양하고 정확한 정보를 수집해야 한다. 정보 수집은 협의조정에 임하기 전에는 물론 협의조정이 진행되는 도중에도 해야 한다. 그런데 이러한 중요한 정보는 대체로 상대방이 숨기고 있는 정보로서 직접적으로 묻거나 자료를 요구하는 방법으로 알아낼 수가 없다. 이러한 정보를 수집하는 데는 특별한 전략이 요구된다. 협의조정 당사자들이 필요한 정보를 수집하기 위해 사용하는 주요 전략은 다음과 같다.

(1) 상대방의 제안 분석

이 전략은 상대방의 제안들을 면밀히 분석하여 상대방이 관철하려는 입장과 그 관철 전략을 알아내는 방법이다. 협의조정 과정에서 당사자들은 최종 합의에 이를 때까지 많은 제안과 역제안을 한다. 이 제안에는 각자가 주장하는 입장과 그 이유뿐만 아니라 상대방의 제안에 대한 평가와 그 이유가 들어 있다. 이 제안들에 나타난 상대방의 초기 입장과 그 이후의 변화를 분석함으로써 상대방이 진정 원하는 것이 무엇인지, 그것을 얻기 위해 무엇을 어떻게 해왔는지, 상대방은 무엇을 어느 정도 양보할 수 있는지, 상대방이 양보하는데 걸림돌이 무엇인지 등에 관한 정보를 알아낼 수 있다.

(2) 제3자 활용

이 전략은 제3자를 비공개로 활용하여 상대방에 대한 정보를 수집하는 전략이다. 갈등당사자들 간에는 직접적 대화나 제안·역제안을 통해서는 필요한 정보를 확보할 수 없는 경우가 많다. 특히 이해관계자들이나 지지집단들이 지켜보고 있는 경우는 더욱 그러하다. 이 경우 제3자를 활용하여 중요한 정보를 수집할 수 있다. 즉 쟁점들을 타결하기 위해 상대방이 추가 양보할 의향이 있는지, 양보를 한다면 상대방이 체면을 구기지 않고 양보할 수 있는 조건이 무엇인지 등에 대한 정보를 수집할 수 있다.

(3) 가상입장 띄우기

이 전략은 복수의 다양한 가상입장들을 띄워 상대방의 반응을 떠봄으로써 상대방의 숨은 이해관계와 우선순위 및 마지노선에 대한 정보를 수집하는 전략이다 (Ramberg, 1978: 134-138, 143; Zartman & Berman, 1982: 153). 이 전략은 상대방에 대한 정보는 수집하고, 자신에 관한 정보는 숨기는 효과가 있다. 그러나 자칫하면 상대

방이 더 이상 협의조정이 불가능하다고 판단하여 더 이상의 접촉을 거부하는 빌미를
줄 수 있다.

3) 주도권 확보 전략

갈등당사자들은 유리한 위치에서 협의조정을 시작하려 한다. 초기부터 약점 노출
이나 저자세 등 불리한 위치에서 협의조정에 임하면 협의조정 과정 내내 피곤할 뿐만
아니라 협의조정 결과를 유리하게 도출하기도 어렵기 때문이다. 상대적으로 유리한 위
치를 선점하려는 주도권 확보 전략은 정보교환과 입장교환 과정에서 구사된다.

(1) 정보교환 과정에서 주도권 확보 전략

첫째, 과잉 전략과 지연 전략이다(Gulliver, 1979: 110, 119). 과잉 전략은 상대방을
혼란에 빠뜨리기 위해 갈등쟁점과 별로 관련 없거나 부차적인 정보를 지나치게 많이
제공하는 것이다. 지연 전략은 상대방이 특정 부분에 대해 집중적으로 정보를 요구할
경우 그 의도가 무엇인지 불분명하거나 자신의 약점을 노출시킬 가능성이 있으면 다
른 부분들에 대한 정보를 제공함으로써 특정 부분에 대한 정보제공을 지연시키는 것
이다.

둘째, 최소제공 최대요구 전략과 최대제공 최소요구 전략이 있다(Gulliver, 1979:
123). 양 전략은 내용상 서로 상반되는 전략인데, 서로 다른 조건에서 효과적이다. 전
자는 정보격차를 만들어 후속 협의조정 과정을 유리하게 이끌어가기 위한 여건을 만
들려는 전략으로 갈등당사자간 불신으로 경쟁관계에 있을 때 활용되는 전략이다. 반대
로, 후자는 자신의 입장의 정당성을 충분히 설명하여 후속 협의조정 과정에서 상대방
이 반대하기 어려운 상황을 만들려는 전략으로써 상호간에 신뢰가 어느 정도 형성되
어 협력관계에 있을 때 활용할 수 있는 전략이다.

셋째, 받는 만큼 제공하는 것이다. 이는 상대방의 협조에 보답하면서 동시에 상대
방의 의도대로 끌려가지 않기 위해서이다. 넷째, 상호간에 충분히 제공하는 것이다. 당
사자간 쟁점에 대해 각자가 가지고 있는 정보를 최대한 제공하여 서로 동반승리
(Win-Win)할 수 있는 해결책을 찾기 위함이다.

(2) 입장교환 과정에서 주도권 확보 전략

첫째, 최대제안(maximalist positioning) 전략이다. 상대방이 수용할 수 없는 과도
한 요구안을 제시하는 전략이다. 협의조정 초기에 사용하면 여러모로 협의조정을 주도
적으로 이끌어 갈 수 있는 기회를 준다. 우선, 이 과도한 요구안은 상대방의 허를 찔러

머뭇거리게 하거나 자존심을 건들어 당분간 협의조정을 시작하지 못하게 한다. 이렇게 확보된 시간은 상대방에 대한 정보를 수집하고 좀 더 효율적인 전략을 다듬을 수 있게 해 준다. 다음으로, 과도한 요구안 제시는 상대방이 크게 양보하지 않으면 갈등이 해소되지 않을 것을 암시해 갈등해소를 원하는 상대방의 입장을 수정하게 만들 수 있으며, 마지막으로 나중에 상대방으로부터 필요한 양보를 받아내기 위한 교환카드로도 활용할 수 있도록 해 준다.

둘째, 신축제안(flexible positioning) 전략이다. 요구안을 상황에 따라 신축성있게 변경하여 제시하는 전략이다. 즉 상황에 따라 다양한 요구안을 제시함으로써 상대방을 자신에게 유리한 방향으로 유도하려는 전략이다. 그러나 요구안을 상황변화에 따라 빈번하게 수정하는 것은 번거롭고 쉬운 일이 아니다. 사전에 복수의 입장을 마련한 후 상황에 따라 적절한 것을 선택 활용하는 것이 바람직하다. 협의조정자들이 자주 마련하는 복수 요구안은 대체로 네 가지이다. 최대 관철안, 최소 관철안, 실현가능 관철안, 공평한 관철안 등이다(Gulliver, 1979: 102－103; Ramberg, 1978: 134－138).

4) 입장관철 전략

협의조정 과정에서 갈등당사자들은 가급적 자신의 입장을 최대한 관철하려고 한다. 다시 말해 상대방의 무리한 요구를 차단하고 상대방으로부터 많은 양보를 얻어내려 한다. 그런데 너무 경직되고 강경하면 합의 기회를 놓치고, 너무 유화적이면 양보를 얻어 내지 못한다. 이러한 상황을 피하면서 자신의 입장을 최대한 관철하기 위해 구사하는 전략은 다음과 같다.

(1) 주체적 포용 전략

주체적 포용 전략은 자신의 입장을 근간으로 하여 상대방 입장의 일부를 받아들이는 전략이다. 조정자 입장에서 보면 조정은 서로 다른 입장들을 혼합하는 것이고, 어떤 비율로 혼합하느냐에 따라 각자의 입장이 어느 정도 관철되는지가 결정된다. 자신의 입장을 최대한 반영하기 위해서는 자신의 입장이 최종조정안의 근간이 되도록 하는 것이 중요하다. 이러한 주체적 포용 전략이 먹혀 들어가려면 자신의 입장을 좀 더 포괄적으로 마련하고 윤리적 실천적 측면에서 우수하다는 것을 보여줘야 한다.

(2) 외유내강(Flexible rigidity) 전략

외유내강 전략은 외관상 유화적이지만 내면적으로는 강경한 입장을 견지한 전략이다(Brown, 1977: 277). 상대방에 대해 다각도로 최대한 배려하고 예우를 하여 양보는 최소한으로 국한시키고 보다 많은 양보를 얻어 내는 것이다.

(3) 전략적 양보 전략

협의조정자들은 합의안도출을 위해 양보해야 할 필요성이 있고, 동시에 유리한 합의안을 도출하기 위해 양보를 할 수 없는 이유도 있다. 전략적 양보 전략은 협의조정을 결렬시키지 않으면서 원하는 것을 얻어내거나 양보한 것보다 더 많은 양보를 얻어내기 위한 전략이다. 이러한 전략적 양보는 다양한 형태로 나타나고 있다.

첫째, 경성(Tough Pressing) 전략이다. 시종일관 강경하게 많은 것을 요구하되 상대방이 전혀 양보를 하지 않으면 조금 양보하는 전략이다(Hamner & Yukl, 1977: 141). 이 전략은 성공하면 자신의 입장을 최대한 관철할 수 있지만 합의에 실패할 확률이 크다. 상대방의 양보를 집요하게 요구하면서 자신은 양보에 매우 인색한 결과, 상대방이 희생을 감수하고라도 갈등을 타결하려고 하지 않는 한 합의도출이 쉽지 않기 때문이다.

둘째, 선강후양(先强後讓) 전략이다. 선강후양 전략은 처음에 많은 요구를 강경하게 한 후 조금씩 단계적으로 양보하는 전략이다(Rubin & Brown, 1975: 267-268; Zartman & Berman, 1982: 171). 반면, 선양후강 전략은 초기에 많이 양보하고 그 이후 확고부동한 입장을 견지하는 전략이다. 경험적 연구자들에 의하면 선강후양 전략이 선양후강 전략보다 원하는 결과를 더 많이 얻어 낼 수 있는 전략이다(Rubin & Brown, 1975: 267,268,272). 초기에 선강입장을 취하면, 나중에 필요 이상으로 지나치게 많이 양보할 가능성을 차단할 수 있을 뿐만 아니라 시간적 여유를 갖고 조금씩 양보하는 과정에서 상대방이 동의할 수 있는 합의점을 찾음으로써, 상대방에게 최소한만 양보할 수 있기 때문이다. 양보 빈도 측면에서 보면 빈번한 양보보다는 간헐적 양보가 원하는 것을 얻어낼 가능성이 크다(Rubin & Brown, 1975: 276). 빈번한 양보는 상대방에게 또다시 양보할 수 있다는 인식을 심어주어 상대방이 조정협의가 교착상태에 빠질 때까지 양보하지 않고 기다리면서 추가 양보를 요구할 수 있는 기회를 주기 때문이다.

셋째, 체계적 양보 전략이다(Pruit & Lewis, 1977: 172). 요구 수준을 단계적으로 낮춰가면서 각 수준을 관철하기 위해 다양한 입장들을 제안하여 합의를 시도하는 전략이다. 구체적으로 말하면, 처음에 원하는 요구 수준을 높게 설정하고 이를 충족시킬 수 있는 다양한 입장들을 마련하여 상대방과 협의한다. 어느 입장으로도 합의가 이루어지지 않으면, 요구 수준을 낮추고 이를 충족시킬 수 있는 다양한 입장들을 마련하여 재차 협의한다. 제시된 입장 가운데 어느 하나에 합의가 이루어질 때까지 반복한다. 이 체계적 양보 전략은 상대방으로부터 많은 양보를 얻어낼 수는 있으나 다양한 입장을 제시하는 데 많은 정보와 시간 및 노력이 들어간다.

넷째, 도약(Jumping) 전략이다. 상당기간 동안, 경우에 따라 최종시한까지, 강경한 입장을 취한 후 자신에게 유리하되 상대방이 수용할 수밖에 없는 조정안을 제안하는 전략이다. 이 전략은 상대방이 초기에 최저선(minimum outcome)과 기대선(expected outcome) 등을 숨긴다는 것을 전제로 하고 있다. 최저선은 갈등이 최종 타결되기 위해 반드시 충족되어야 할 수준이고, 기대선은 갈등을 비교적 공정하고 합리적으로 타결하기 위해 반영되기를 기대하는 수준이다. 상대방의 최저선과 기대선에 대한 비교적 정확한 정보를 가지고 있으면 협의조정을 자신에게 유리하게 이끌어갈 수 있다. 도약 전략은 먼저 시간적 여유를 갖고 일관적으로 강경입장을 취하여 그에 대한 상대방의 다양한 반응을 통해 상대방의 최저선이나 기대선을 파악한 후 상대방의 기대선보다 낮은 최저선 근처에 상응한 조정안을 제안하는 방식으로 구사된다. 도약 전략의 목적은 자신의 입장을 최대한 관철하고 상대방의 입장은 최소한만 허용하는 데 있다. 그런데 도약 전략은 성공하면 많은 것을 얻어 낼 수 있으나 협의조정을 불필요하게 지연시키거나 결렬시키기 쉽다(Zartman & Berman, 1982: 174).

다섯째, 조건부 양보(Matching Concession) 전략이다. 말 그대로 조건을 달아 양보하는 전략이다. 즉 일정한 조건이 충족되어야 양보를 하고, 충족되지 않으면 양보를 하지 않는 것이다. 가장 일반적인 조건은 "원하는 것을 양보 받는 조건"이다. 갈등당사자가 양보를 하는 경우, 갈등당사자 간에 신뢰가 있고 협력적이면 상대방은 상응양보를 하나, 갈등당사자 간에 신뢰가 부족하고 경쟁적이면 상대방은 더 많은 양보를 요구한다. 일반적인 조건을 달아 양보하는 전략은 갈등당사자 간에 불신이 있고 경쟁적이더라도 상대방에게 이용당하지 않고 원하는 것을 확실하게 얻어낼 수 있는 전략이다.

여섯째, 성동격서(聲東擊西) 전략이다. 협의조정 시작과 함께 별로 중요하지 특정 쟁점을 중요한 쟁점인 것처럼 포장하여 협의조정 대상에 올려놓은 다음, 자신에게 우선순위가 높은 쟁점에 대해 양보를 받는 조건으로 이 위장쟁점(sham position)에 대해 양보하는 전략이다(Gulliver, 1979: 166; Moore, 1986: 237). 이 전략이 성공하려면, 자신에게는 별로 중요하지 않으나 상대방에게는 중요한 쟁점이 있어야 하고, 특정 쟁점이 자신에게 별로 중요하지 않다는 것을 상대방이 몰라야 한다. 이 전략은 구사하는 당사자에게는 실제로 아무런 양보없이 상대방으로부터 중요한 양보를 얻어내기 때문에 최선의 전략으로 생각할 수 있다. 그러나 이러한 술수가 알려지면 신뢰가 무너져 향후 어떤 협력과 양보도 얻어내기 힘들다.

일곱째, 하순위쟁점 양보 전략이다. 우선순위가 낮은 쟁점들에 대해 양보하는 대신, 우선순위가 높은 쟁점에 대해서는 확고한 입장을 견지하여 양보를 받아내는 전략이다(Pruit & Lewis, 1977: 173). 이 전략은 상호간에 쟁점들의 우선순위가 다르면 서로가 최종 조정안에 자신의 입장을 충분히 관철할 수 있는 전략이다. 그러나 이 전략은 쟁점들의 우선순위가 상대방과 같으면 교착상태에 빠진다.

(4) 과도한 요구 거부 전략

상대방이 무리한 요구를 할 때 이를 거부하는 데 자주 활용되는 전략은 세 가지이다. 첫째는, 지연 전략이다. 과도한 요구를 하면 협의조정의 절차상 문제를 거론하며 협의조정을 진전시키지 않는 전략이다. 이 지연 전략도 협상을 교착상태로 빠뜨릴 수 있다. 둘째는, 재량한계 전략이다. 재량권의 한계를 이유로 상대방의 과도한 요구를 거부하는 전략이다. 즉 당사자가 상관의 지침과 이해관계집단의 압력으로 상대방에게 양보할 수 있는 여지가 없음을 설명하여 상대방의 과도한 요구를 거부하는 것이다. 셋째는, 되치기 전략이다. 상대방이 과도한 양보를 요구할 경우 당사자도 상대방에게 과도한 양보를 요구하는 전략이다. 그러나 이러한 되치기는 협상을 결렬시킬 수 있다.

5) 교착 방지 전략

협의조정이 교착상태에 빠지는 이유는 다음과 같다. 첫째, 상대방이 수용할 수 없는 무리한 요구를 하기 때문이다. 무리한 요구를 하는 것은 상대방의 약점을 이용하여 더 많은 것을 얻으려 하거나, 지금까지 너무 많을 것을 양보하여 남은 협의조정에서 이를 만회하려 하기 때문이다. 둘째, 협의조정의 진행을 기피하기 때문이다. 기피하는 이유는 불리한 조정결과에 대한 책임추궁이 두려워 협의조정을 꺼려하거나 상황변화를 기다려 협의조정을 더 유리하게 이끌려고 하기 때문이다. 협의조정 과정에서 교착상태에 빠지지 않도록 예방하거나 교착상태에서 벗어나기 위해 취할 수 있는 전략은 다양하다. 그 가운데 중요하고 자주 동원되는 전략을 보면 다음과 같다.

(1) 굴욕강요금지 및 체면세워주기 전략

굴욕강요금지 전략은 무리한 요구나 협박을 일방적으로 강요하여 상대방을 궁지에 몰아넣지 않는 것이다. 체면세워주기(face-saving) 전략은 상대방이 유약하고 어리석고 무능하게 보일 수 있는 이미지를 차단해 주거나, 열정적이고 현명하며 유능하게 보이는 이미지를 제고시켜 주는 것이다. 체면손상이나 굴욕은 자존심, 명예, 지위와 역량 등에 흠집이 나는 것을 말한다. 협의조정 당사자가 일반국민(the public)이나 고객집단 앞에서 체면손상이나 굴욕을 당하면 개인적인 희생을 감수하고서라도 상대방에게 과도한 요구를 하거나 협의진행을 거부하는 경향이 있다. 이러한 상황을 방지하기 위해 체면세워주기 혹은 굴욕강요금지 전략이 필요하다.

(2) 협력적 양보 전략

교착상태 방지를 위해 양보를 하더라도 상대방에게 이용당하지 않고 자신에게 큰 피해 없이 양보하는 것이 중요하다. 말하자면, 명분있고 명예로운 양보가 필요하다. 이러한 필요에 부응할 수 있는 양보 전략으로 다음과 같은 전략이 있다.

첫째, 상응양보 전략이다. 처음에 많은 것을 요구한 뒤 조정을 진행하면서 상대방이 양보하는 만큼 양보하고, 상대방이 양보를 하지 않으면 일방적으로 조금 양보하는 연성 전략이다. 상응양보 전략은 상대방으로부터 얻어내는 양보가 서로 비슷하여 상호간에 만족할 만한 합의에 도달할 수 있다. 따라서 교착상태에 빠지거나 조정안 합의에 실패할 확률은 적다. 그러나 합의도달까지 시간이 많이 소요된다.

둘째, 공정양보 전략이다. 처음부터 공정한 입장을 제시하고 그 이후에 거의 양보하지 않은 전략이다(Hamner and Yukl, 1977: 141-142). 이 전략은 공정하고 균형잡힌 입장을 제시함으로써 조정협의가 교착상태에 빠지는 것을 방지할 뿐만 아니라 합의에 도달할 가능성이 크고 합의 도달에 시간도 적게 소요된다. 그러나 상대방이 공정한 입장을 부풀려진 입장으로 간주하여 추가양보를 집요하게 요구하면 상대방으로부터 받아내는 양보가 가장 적을 수 있다(Ramberg, 1978: 143).

(3) 이중협의 전략

갈등당사자들은 한편으로는 원만한 합의를 위해 서로 협조적이어야 하고, 다른 한편으로는 자신의 입장을 관찰하기 위해 경쟁적이어야 한다. 그런데 하나의 협의조정 테이블에서 각 갈등당사자들이 협조적 행태와 경쟁적 행태를 양립시키기 어려운 딜레마가 있다. 두 가지 행태를 동시에 견지할 수 있는 전략은 다음과 같다.

첫째, 두 팀(Two Track) 가동 전략이다. 두 개의 협의조정팀을 가동시켜 서로 다른 행태의 협의조정을 하도록 함으로써 교착을 방지하는 전략이다. 두 팀 전략은 두 가지 방식이 있다. 하나는 경쟁적 협의조정팀과 협조적 협의조정팀을 동시에 가동하는 것이다. 즉 경쟁적 실무협의를 진행하면서 필요에 따라 협조적 고위협의를 진행하는 것이다. 다른 하나는, 공식적 공개적 협의조정팀을 가동시키면서 필요에 따라 비공식 비공개 협의조정팀을 활용하는 방식이다. 쟁점들이 경쟁적 협의조정팀에서 타결되지 않으면 협조적 협의조정팀으로 넘겨 타결하거나, 공식적 공개 협의팀에서 타결되지 않으면 비공식 비공개 협의팀을 가동하여 진지한 의견교환으로 쟁점타결의 실마리를 찾음으로써 교착상태를 피할 수 있다.

둘째, 한 팀 전환(Mode Shift) 전략이다. 하나의 협의조정팀이 공식적 협의조정과 비공식적 협의조정, 경쟁적 협의조정과 협조적 협의조정을 필요에 따라 바꿔가는 전략이다. 즉 공식적 혹은 경쟁적 협의조정이 교착에 빠질 것 경우 비공식 혹은 협조적 협의조정으로 전환함으로써 교착을 방지하는 전략이다.

셋째, 두 팀 전환(Mixed) 전략이다. 두 팀을 가동하되 필요에 따라 두 팀 중 한 팀이 협의조정 행태를 바꿔가며 협의조정함으로써 교착을 방지하는 전략이다. 경쟁적 실무협의→ 협조적 고위협의→ 협조적 실무협의 패턴이 가장 많이 활용된다. 즉 소속기관의 입장을 최대한 많이 관철하려는 실무자들의 경쟁적 태도로 인해 이견이 좁혀지지 않은 주요 쟁점들을 고위협의에서 타결하고, 그래도 타결되지 않은 쟁점들은 다시 실무협의로 넘겨 타결하는 것이다.

6) 최종타결 촉진 전략

협의조정의 마지막 단계에서 최종 타결이 안 되는 경우가 있다. 이유는 마지막 한두 쟁점에 대한 합의가 어렵거나 지금까지의 협의에서 원하는 결과를 얻지 못한 당사자가 최종타결을 거부하기 때문이다. 최종타결을 서두르기 위해 구사하는 전략은 다음과 같다.

(1) 최종시한(Deadline) 전략

최종타결을 촉구하기 위해 가장 많이 활용되는 전략이 최종시한(deadline)을 설정하는 전략이다. 일반적으로 최종시한이 주어지면 각자가 요구수준을 낮추어 나머지 쟁점들에 대한 타결을 서두르기 때문이다. 최종시한은 합의에 의해 또는 일방적으로 설정할 수 있다. 최종시한 설정에는 두 가지 사항을 고려해야 한다(Zartman & Berman, 1982: 193-195). 첫째는, 남은 쟁점들에 대한 협의조정, 최종합의안 검토시간, 소속기관이나 고객집단의 추인에 걸리는 시간 등 고려하여 충분한 시간을 주어야 한다는 것이다. 그렇지 않으면 최종시한을 지킬 수 없기 때문이다. 둘째는, 불이행에 따른 벌칙이 있어야 한다. 벌칙이 없으면 최종시한이 무시될 수 있기 때문이다. 벌칙으로는 협상파기, 기합의 무효, 양보제안 철회, 법정절차 이관, 불이익 부과 등이 있다. 그러나 최종시한 설정에는 위험도 따른다. 지금까지의 협의조정에서 불리했다고 판단하는 측이 협의조정의 파기를 각오하면서 강경한 입장으로 선회하는 기회를 제공하기도 하고 (Zartman & Berman, 195), 좀 더 많은 양보를 얻어내기 위해 최종시한이 임박할 때까지 협의조정을 지연시키는 기회를 줄 수 있으며, 시간에 쫓겨 이행 불가능한 부실한 타결이 이루어질 수 있기 때문이다(Moore, 1986: 241).

(2) 복수쟁점화 전략

협의조정의 마지막 단계에서 하나의 커다란 쟁점에 대해 합의를 보지 못하여 최종타결이 지연되면, 쟁점세분화와 쟁점추가를 통해 최종타결을 촉진하는 전략이다. 즉 하나의 쟁점을 다수의 소쟁점으로 분할하여 일괄타결하거나, 하나의 쟁점에 다른 쟁점들을 추가하여 복수 쟁점들을 마련한 후 일괄타결하는 것이다.

(3) 봉합 전략

바람직하지는 않지만 최종타결을 용이하게 하기 위해 협의조정을 봉합하는 전략도 있다. 첫째, 쟁점분리 전략이다. 최종 타결을 어렵게 하는 특정 쟁점을 분리하여 별도로 처리하기로 하고 나머지 쟁점들을 최종타결하는 전략이다. 즉 특정 쟁점을 협의조정 의제에서 완전히 제외시키거나 권위적으로 최종 결정할 수 있는 자에게 타결을 위임하는 전략이다(Moore, 1986: 237-238). 둘째, 상징적 타결 전략이다. 실질적인 합의가 이뤄지지 않았음에도 불구하고 갈등당사자들이 서로 아전인수격 해석의 여지를 남긴 채 추상적으로 타결한 후 추후 문제발생시 해결방법을 규정하는 전략이다 (Zartman & Berman, 1982: 183-184). 모든 합의내용은 구체적이고 명확해야 한다. 추후에 해석을 둘러싸고 또 다른 분쟁과 갈등을 없애기 위해서이다. 그러나 이에 대한 예외도 필요하다. 최종 단계에서 한두 쟁점에 대해 합의가 이뤄지지 않아 타결이 마무리되지 않으면 상징적 타결도 필요하다.

(4) 상대방 업적 부풀기 전략

불만족스런 합의로 최종타결을 망설이는 당사자의 열정과 업적을 부풀리는 전략이다. 상대방의 스타일이 매우 공격적이었고 그 결과 얻어간 결과가 작지 않으며 중요한 것은 다 챙겨 갔다고 주장하는 것이다. 이러한 전략이 효과를 발휘하기 위해서는 공개적으로 해야 한다. 즉 언론에 노출시키거나 소문을 통해 상대방과 그 이해관계자들에게 전달되어야 한다.

7) 최종조정안 정당화 전략

협의조정 당사자들은 최종조정안을 정당화할 필요가 있다. 정당화에 실패하면 비난과 책임추궁이 발생할 수 있고 합의결과의 이행이 어려워 질 수 있기 때문이다. 따라서 협의조정 당사자들은 협의조정의 결과를 정당화하는 데 서로 협력해야 한다. 조정당사자들이 자신들의 배후세력들에게 조정결과를 정당화하기 위해 자주 활용하는 전략은 대체로 두 가지이다.

첫째, 자화자찬 전략이다. 조정당사자들은 조정결과가 무엇이든 간에 자신들이 조정에서 상당한 성공을 했다고 주장하는 것이다. 조정결과에 대한 불만과 비난이 쇄도해도 조정결과의 특정 측면을 부각시키고 다른 측면을 무시하면서 자신들이 원하는 최선의 결과를 얻었다고 주장하는 것이다. 둘째, 외부여건 탓 전략이다. 협의조정의 성과가 미흡하다고 판단되면 그 원인이 협의조정자들의 능력이나 전략 부재가 아니라 통제불가능한 외부 여건에 있었다고 주장하는 것이다.

제3절 중립조정에서 중립조정자의 전략행태

1. 합의지원자의 전략행태

합의지원자의 임무는 갈등당사자간 재협의가 순조롭고 충실하게 진행되도록 조언하고 미합의 쟁점들에 대해 상호 수용할 수 있는 합의안에 도달하도록 도와주는 것이다. 즉 갈등당사자간 상호작용의 틀과 절차 및 행태에 변화를 줌으로써 갈등당사자들이 재협의를 통해 갈등을 해소하도록 도와주는 것이다. 합의지원자가 재협의를 지원하기 위해 선택한 전략들은 갈등당사자들에게 공평해야 한다. 어느 한 편에 유리해서는 안 된다. 이를 위해 합의지원자가 갈등조정에 대한 전문성은 있어야 하지만, 갈등당사자들과 특별한 관계나 편익 교환은 없어야 한다.

합의지원자가 구사할 수 있는 전략도 거시 전략과 미시 전략이 있다. 거시 전략들은 재협의조정에 도움되는 상호작용의 틀에 변화를 주는 전략들이고, 미시 전략들은 나머지 미해결쟁점들에 대한 이견해소에 도움되는 행위는 장려하고 방해되는 행위는 완화시키는 전략이다.

1) 거시 전략

거시 전략은 재협의의 진행과 합의도출에 도움을 줄 수 있는 기본 틀을 만들고 관리하는 전략인데, 구체적으로는 재협의팀 구성, 재협의장소 선정, 재협의채널 구축,

재협의절차 선정 등에 관한 전략을 말한다.

(1) 재협의팀 구성 전략

재협의팀 구성에서 합의지원자가 구사할 수 있는 전략은 다음과 같다.

첫째, 거부감 배제 전략이다. 재협의팀에 상대팀이 강하게 거부할 수 있는 자들을 포함시키지 않도록 유도하는 전략이다. 특히 이전의 협의조정에서 지나치게 적대적인 태도를 보였거나 평소에 개인적인 원한과 불신이 있는 자들이 재협의팀원이 되지 않도록 해야 한다. 둘째, 결정권자 주도 전략이다. 결정권이 있는 자가 재협의팀 대표를 맡아 재협의를 주도하도록 유도하는 전략이다. 대리인들끼리 재협의하게 하면 결정권자가 합의안을 거부할 수도 있는데, 이 경우 재협의가 또다시 실패하게 되고 합의지원도 무위로 돌아간다. 이를 피하기 위해서는 결정권자가 직접 나서도록 해야 한다. 셋째, 합리적 인사 포함 전략이다. 재협의가 좀 더 합리적이고 대승적 차원에서 진행될 수 있도록 가급적 합리적인 인사들이 참여하도록 유도해야 한다. 이 전략들 가운데 거부감 배제 전략과 결정권자 주도 전략이 합의도출을 용이하게 하기 위한 것이라면, 합리적 인사 포함 전략은 합의결과의 공정성을 확보하기 위한 전략이다.

(2) 재협의장소 선정 전략

재협의장소 선정에서 합의지원자가 구사할 수 있는 전략은 다음과 같다.

첫째, 종전장소 배제 전략이다. 1차 협의조정했던 장소를 재협의장소로 사용하지 않도록 유도하는 전략이다. 종전의 장소는 격론과 감정악화 등 지난번 협의조정에서의 부정적 상호작용을 연상시키기 때문에 재협의에 이로울 것이 없다. 둘째, 중립·교대 전략이다. 가급적 중립적인 장소를 선정하거나 갈등당사자들의 관할내 장소를 번갈아가며 사용하도록 유도하는 전략이다. 셋째, 관할내 전략이다. 비협조적인 갈등당사자를 재협의로 유도하기 위해 그의 관할내 장소를 재협의장소로 정하도록 하는 전략이다. 이 전략들 가운데 종전장소 배제 전략과 관할내 전략은 재협의를 촉진하기 위한 전략이고, 중립·교대 전략은 공정성을 확보하 위한 전략이다.

(3) 재협의 채널과 절차 구축 전략

합의지원자가 고려할 수 있는 전략은 다음과 같다.

첫째, 병행 전략이다. 재협의 진행 상황에 따라 고위 채널과 실무 채널, 공식 채널과 비공식 채널, 공개 채널과 비공개 채널 등을 함께 활용토록 해야 한다. 둘째, 원인대응 전략이다. 갈등의 원인이 이해관계 차이라면 점증합의절차를 권장하고, 갈등의 원인이 가치관의 차이라면 원칙타결절차를 권장해야 한다. 셋째, 권력균형화 전략이다. 강자의 부당한 압력이 작용하지 않도록 갈등당사자 간에 권력 차이가 크면 공개채널과 원칙타결절차를 권고하고, 그 차이가 크지 않으면 비공개 채널과 점증합의절차를 권고해야 한다. 이 가운데 병행 전략과 원인대응 전략은 재협의를 촉진하는 전략이고, 권력균형화 전략은 강자와 약자가 대등하게 재협의를 할 수 있게 하는 공정성 확보 전략이다.

(4) 복수쟁점 관리 전략

복수 쟁점들을 타결하는 데 있어서 개별타결 전략보다는 일괄타결 전략을 권장해야 한다. 쟁점이 하나인 경우에는 여러 소쟁점들로 쪼개거나 다른 쟁점들을 추가하여 복수 쟁점들을 만든 후 일괄타결하도록 권장해야 한다.

복수 쟁점들의 협의순서는 쟁점들의 중요성과 갈등당사자들의 관계에 따라 전략을 달리 하도록 권장해야 한다. 먼저, 갈등당사자들이 서로 다른 쟁점들에 서로 다른 중요성을 부여는 경우 당사자들에게 공평한 기회를 주는 교차제안 전략을 권장하는 것이 바람직하다. 다음, 갈등당사자들이 각 쟁점에 동일한 중요성을 부여하는 경우에는 갈등당사자들이 서로 협조하려는 의지를 보이면 선중후경 전략을 권장하고, 그렇지 않을 때는 선경후중 전략을 권장해야 한다. 마지막으로, 쟁점들의 상대적 중요성과 갈등당사자들의 상호관계를 파악하기 어려우면 이난교차 전략을 권장하는 것이 무난하다.

2) 미시 전략

미시 전략은 재협의조정자들의 상호작용 행태를 변화시킴으로써 입장차이를 좁히도록 유도하는 전략들이다. 즉 재협의조정자들의 인식과 판단, 태도와 행태 등에 영향을 주는 전략이다. 구체적으로 재협의분위기 조성, 갈등확대 방지, 선양보 유도, 이견 좁히기, 최종타결 촉구 등을 위한 전략들이 있다.

(1) 재협의분위기 조성 전략

갈등당사자들 간에 1차 협의조정 과정에서 생긴 오해와 감정을 풀어주어 새로운 마음으로 재협의에 나서도록 분위기를 조성해 주는 전략이다. 이를 위해 합의지원자가 구사할 수 있는 전략들을 다양하나 그 중 중요한 것은 다음과 같다.

첫째, 감정풀어주기 전략이다. 합의지원자가 유머를 통해 갈등당사자 간에 남아있는 부정적 감정을 완화시켜주는 전략이다. 즉 각 재협의조정팀을 별도로 불러 상대방에 대한 부정적 감정을 모두 표출하도록 하거나, 재협의조정팀들을 모두 소집한 후

유머를 활용하여 함께 웃게 함으로써 상호간 부정적 감정을 누그러뜨리는 것이다.

둘째, 교감 전략이다. 합의지원자가 재협의조정팀들과 공유할 수 있는 관심사를 찾아내 의견과 감정을 교환하는 전략이다. 공동관심사는 정치, 경제, 사회, 문화 등은 물론 건강, 자녀, 노후, 친구 등 다양하다. 또한 재협의조정팀을 별도로 만나 각 팀이 좋아하는 대상들에 대해서는 존경을 표시하고, 싫어하는 대상에 대해서는 비난을 하는 것도 교감전략이다(Moore, 186: 135).

셋째, 권력균형화 전략이다. 갈등당사자간 권력관계가 불균형적이면 약자는 강자가 부당하게 강압할 것으로 생각하기 때문에 재협의에 소극적일 수 있다. 이를 극복하기 위해 합의지원자는 약자에게 적절한 조언과 심리적 지지를 제공하고, 강자가 위협을 동원할 의사가 있으면 그 효과에 의구심을 제기해 자제하도록 해야 한다(Moore, 186: 281). 그러나 합의지원자는 중립을 지켜야 하기 때문에 약자를 위해 자신의 영향력을 동원해서는 안 된다.

넷째, 상징적 파격 전략이다. 재협의를 꺼려하는 갈등당사자가 원하는 장소와 원하는 시간에 재협의가 개최되도록 파격적으로 배려하는 전략이다.

(2) 갈등확대 방지 전략

합의지원자는 갈등당사자간 불필요한 갈등이 확대되지 않도록 해야 하는데, 이를 위해 구사할 수 있는 전략들 가운데 중요한 것은 다음과 같다.

첫째, 대동소이(大同小異) 전략이다. 공통점은 확대하고 차이점은 축소하는 전략이다. 즉 갈등당사자들 간 출신학교, 취미, 관심사 등 공통점이 있으면 이를 부각시켜 유대감을 조성하고, 차이점은 있으면 이를 경시함으로써 거리감을 줄이는 것이다.

둘째, 의사소통 관리 전략이다. 갈등당사자간 정확하고 건설적이며 절제된 소통이 이루어지도록 의사소통 내용이나 방법을 조절해 주는 전략이다. 대체로 오해제거 전략, 용어순화 전략, 발언억제 전략, 소통방식 전환 전략 등의 세부전략들이 사용된다.

오해제거 전략은 불분명한 부분이나 이해하기 어려운 부분을 제거하여 오해가 없도록 해 주는 전략이다. 합의지원자가 갈등당사자의 발언에 질문하거나 아니면 갈등당사자의 발언을 반복(restatement), 요약(summarization), 확인(expansion), 달리표현 (paraphrase), 구조화(structuring), 구체화(probing)함으로써5) 갈등당사자간 소통이 정

---

5) restatement는 발언자의 발언내용을 합의지원자가 반복하는 것, paraphrase는 다른 말로 표현하는 것, summarization은 핵심내용을 간단히 표현하는 것, 확인(expansion)은 발언내용을 좀 더 elaboration한 후 정확한 이해인지 발언자에게 물어보는 것, structuring은 일정한 기준에 따라

확하게 이뤄지도록 하는 전략이다(Moore, 186: 169). 용어순화 전략은 상대방에게 양자
택일을 강요하는 가치판단적 용어나 적대감을 불러일으킬 수 있는 용어들을 중립적인
용어로 바꿔주는 전략이다. 예를 들면, 갈등(conflict)을 문제(problem)로, 입장
(position)을 견해(viewpoint)로 바꿔 표현하고, 위협적 언사를 변화촉구 요청으로 해석
해 주는 것이다(Moore, 186: 145, 180-182). 발언억제 전략은 과거의 잘못에 대한 비난
과 책임전가를 못하도록 하거나, 나중에 돌아오지 못할 입장을 성급하게 표명하지 않
도록 억제하는 전략이다. 소통방식 전환 전략은 적대적 감정이 격화될 때 재협의조정
자간 직접적 의사소통을 차단하고 합의지원자가 중계해 주는 전략이다.

셋째, 상황탓 전략이다. 갈등이 발생한 경우 그 원인을 재협의조정자들의 개인적
성향이 아니라 쟁점을 둘러싼 외부여건에서 찾아 줌으로써 재협의조정자 간에 상호비
방이 일어나지 않도록 해주는 전략이다.

(3) 선양보 유도 전략

재협의조정자들은 다양한 이유로 서로가 양보안을 먼저 제시하는 것을 망설인다.
합의지원자는 이러한 망설임을 극복할 수 있도록 도와주기 위해 다양한 전략을 구사
할 수 있다. 그 중에는 주도권 각인 전략, 명분 제공 전략, 잠정합의안 전략, 위장 전략
등이 있다.

첫째, 주도권 각인 전략이다. 선양보가 약함의 증표가 아니라 주도권 행사임을 각
인시켜 주는 전략이다. 재협의조정자 가운데 일방이 먼저 양보안을 제시할 경우 이 선
양보가 선의의 협력 혹은 상대방에 대한 배려의 일환으로 이루어는 것임을 분명히 밝혀
주거나, 다른 쟁점에서 상대방의 양보를 받기 위한 것임을 확실히 밝혀 주는 전략이다.
재협의조정자들이 약자로 오인될 염려 때문에 양보안을 먼저 제시하지 않는 경우 구사
하는 전략이다(Moore, 186: 230).

둘째, 명분 제공 전략이다. 선양보의 명분을 만들어 주는 전략이다. 즉 선양보가
자존심이나 명예의 손상으로 연결되지 않도록 양보의 명분을 만들어 주는 것이다. 재
협의조정자들이 체면 때문에 먼저 양보하지 않으려 할 경우 명예로운 후퇴(graceful
retreat)의 기회를 제공하기 위해 구사하는 전략이다(Moore, 186: 231).

셋째, 잠정합의안 전략이다. 합의를 목표로 하는 공식적인 양보안이 아니라 합의
가능성을 타진하기 위한 비공식적 잠정합의안을 만들어 먼저 제시하도록 유도하는 것
이다. 조속한 합의를 원하는 측이 상대방이 추가양보를 요구할 수 있어서 양보안을 먼

재정리하는 것, probing은 좀 더 정확한 표현·정보를 요구하는 것을 말한다.

저 제안하지 않으려 할 경우 활용하는 전략이다(Moore, 186: 229).

넷째, 위장 전략이다. 재협의조정자의 양보안을 합의지원자 자신의 제안으로 위장하는 전략이다. 제안내용이 아니라 감정을 이유로 먼저 양보하지 않으려는 경우 구사하는 전략이다(Moore, 186: 230).

(4) 이견축소 유도 전략

재협의조정자들이 이견을 좁히도록 도와주기 위해 합의지원자가 구사할 수 있는 전략들로서 중요한 것은 다음과 같다.

첫째, 재정의(redefinition) 전략이다. 합의지원자가 쟁점을 재정의해 줌으로써 쟁점에 대한 재협의조정자들의 시각을 바꿔주는 전략이다. 재정의 방식으로 성격전환과 결과유연화가 있다.

성격전환은 재해석을 통해 쟁점의 성격을 바꾸는 것이다. 예를 들면, 가치관 쟁점을 이해관계 쟁점으로 재해석하는 것이다. 가치관 쟁점은 규범적 판단에 입각한 흑백논리가 지배하여 당사자들의 입장이 양극화됨으로써 타결이 어렵다. 이러한 가치관 쟁점을 이해관계 쟁점으로 바꾸어 주면 동반승리(win−win) 가능성이 커져 이견을 좁힐 수 있다. 성격전환은 확대·축소 해석을 통해서도 가능하다. 예를 들어, 쟁점에 가치관 갈등과 이해관계 갈등이 섞여 있을 경우 이해관계 부분을 확대 해석하고 가치관 부분은 축소 해석하는 것이다.

결과유연화는 '특정 결과'를 얻어내려는 쟁점을 '무언가 유리한 결과'를 얻어내는 쟁점으로 재정의하는 것이다. 예를 들면, 저소득층 지원을 위해 예산당국과 복지당국이 예산투입규모를 놓고 갈등을 벌일 때, 국무조정실이 쟁점을 "저소득층 소득지원"이 아니라 "저소득층 삶의 질 향상"으로 재정의하는 것이다. 저소득층 소득지원이라는 특정 결과를 놓고 협의하면 예산당국은 방대한 예산이 소요될 것을 우려하여 적극 반대할 수밖에 없지만, 삶의 질 향상이라는 일반적인 결과를 놓고 협의하면 방대한 예산투입이 없이도 저소득층을 지원할 수 있는 방법이 다양하므로 예산당국은 크게 반대하지 않을 수 있다. 복지당국도 고객집단인 저소득층에게 소득지원은 아니더라도 다양한 지원이 가능하기 때문에 저소득층의 삶의 질 향상을 수용할 수 있다.

둘째, 재구조화(reframing) 전략이다. 의견 접근이 용이하도록 쟁점들의 구조를 바꾸어 주는 전략이다. 재구조화 방식으로 쟁점세분화와 쟁점추가가 있다.

쟁점세분화와 쟁점추가는 승패 구조의 단일 쟁점을 합의도출이 용이한 동반승리 구조의 복수 쟁점들로 바꾸는 것이다. 단일 쟁점을 세분화하거나 단일 쟁점에 유관쟁점들을 추가하여 복수 쟁점들을 만들어 주는 것이다. 복수 쟁점들이 만들어지면 서로 다른 쟁점들에 대해 양보를 주고받을 수 있어서 이견을 좁힐 수 있다.

셋째, 통합논리 제공 전략이다. 재협의조정자들이 추구하는 서로 다른 주장들을 포괄할 수 있는 대의명분이나 상위공동목표를 발굴하여 제시해 주는 것이다. 대의명분은 국가공동체 차원의 상생논리나 공익논리이다. 대의명분을 제공하면 갈등당사자들은 불리하더라도 체면을 유지하기 위해 자신들의 입장을 완화시킬 수 있다. 상위공동목표는 갈등당사자들이 공동으로 선호하나 각자의 역량으로는 달성하기 어려워 양자의 협력이 필요한 목표이다. 재합의지원자가 상위공동목표를 발굴해 주면 갈등당사자 간 빈번한 상호작용과 진솔한 대화가 촉진되어 이견이 좁혀진다.

넷째, 도전 전략이다. 재협의조정자의 극단적인 주장에 대해 합의지원자가 여러 가지 의문점을 제기함으로써 무리한 주장이 아니라 상대방이 수용가능한 주장을 하도록 유도하는 전략이다(Moore, 186: 275).

다섯째, 정보전달지침 전략이다. 합의지원자가 재협의조정자들을 각각 별도로 불러 교환되어야 할 정보의 내용과 양에 대해 조언함으로써 이견을 좁히도록 유도하는 전략이다. 어떤 정보가 공유되어야 하고 어떤 정보는 공유되어서는 안 되는지, 누가 상대팀의 누구에게 언제 정보를 전달해야 바람직한지 등에 대해 조언하는 것이다(Moore, 1986: 144-146). 특히 누가 누구에게 전달하느냐에 따라 수용정도가 달라진다. 전달대상은 대체로 결정권자, 온건한 자, 청취할 준비가 되어 있는 사람 등이다.

여섯째, 기다림 전략이다. 쟁점들에 대한 재협의조정자들의 입장이 단기간에 변할 것 같지 않으면, 무리하게 변경을 종용하기보다는 일방의 입장이 바뀔 때, 재협의조정팀내 강성 멤버가 바뀔 때, 새로운 쟁점들이 제기될 때를 기다려 이견을 좁히도록 유도하는 전략이다(Moore, 186: 237).

(5) 최종타결 유도 전략

최종타결을 촉진하기 위해 합의지원자가 구사할 수 있는 전략으로는 최종시한설정 전략, 쟁점분리 전략, 쟁점세분화 전략, 상징적 타결 전략, 시한세분화·유연화 전략, 배후세력 전략 등이 있다. 이곳에서는 시한 세분화·유연화 전략과 배후세력 전략만 설명한다. 나머지는 앞서 논의한 갈등당사자간 협의조정에서 이미 설명했기 때문이다.

시한 세분화·유연화 전략은 합의지원자가 중간시한을 정해 주고 최종시한을 유연하게 관리하는 전략이다. 시한 세분화 전략은 최종시한까지 몇 개의 중간시한을 설정해 준 다음, 각 중간시한까지 계획한 쟁점들을 타결하면 혜택이 무엇이고 타결하지 못하면 피해가 무엇인지를 분명히 알려주는 전략이다. 시한 유연화 전략은 최종타결이 최종시한을 넘어 지연되더라도 타결 가능성이 높으면 최종시한을 신축성 있게 연장시켜 주는 전략이다.

배후세력 전략은 최종타결을 촉진하기 위해 합의지원자가 재협의조정팀의 소속 기관장 혹은 고객집단 등 배후세력에게 구사하는 전략이다. 배후세력 설득 전략은 강경한 입장을 고수하는 재협의조정팀의 배후세력에게 최종타결에 실패할 경우 발생할 수 있는 배후세력의 피해를 조목조목 열거함으로써 배후세력으로 하여금 재협의조정팀의 강경한 입장을 완화시키도록 유도하고, 동시에 양보안을 제시한 재협의조정팀의 배후세력에게는 양보안의 우수성과 그로 인해 배후세력에게 돌아갈 혜택을 부각시킴으로써 양보안을 철회하지 못하도록 유도하는 것이다.

2. 타협안설득자의 전략

타협안설득자의 임무는 중립적 조정안을 마련하여 설득함으로써 갈등해결을 유도하는 제3자이다. 타협안설득자는 갈등당사자들이 타협안을 수용하도록 강제할 수 있는 권력을 갖고 있지 않으므로, 갈등당사자들이 수용할 수 있는 타협안을 마련해야 하고, 더 나아가 갈등당사자들을 설득할 수 있어야 한다. 여기에는 타협안설득자의 전략이 필요하다.

1) 타협안 작성 전략

타협안설득가 갈등당사자들이 수용할 수 있는 타협안을 작성하는 데 있어서 사용하는 전략 중 중요한 것은 다음과 같다.

(1) 균형화 전략

각 갈등당사자의 입장을 균형있게 반영하는 전략이다. 즉 각자에게 돌아갈 편익과 부담을 전체적으로 공평하게 하는 것이다. 수용가능한 타협안을 작성하기 위해서는 갈등당사자들의 숨은 이해관계를 균형있게 반영하는 것이 중요하다. 숨은 이해관계의 균형이 무너지면 수용되기 어렵다. 서로 다른 입장의 균형있는 반영을 위해 수렴(convergence) 방식, 조건(condition) 방식, 조합(combination) 방식, 교대(cycle) 방식을 활용할 수 있다.

(2) 최고의사 반영 전략

타협안의 수용성을 높이기 위해 타협안에 최고의사를 반영하는 전략이다. 최고의사란 국정운영에 있어서 가장 중요시 되는 의사로서 국민다수의 여론 혹은 대통령의 의사 혹은 국회의 의사를 말한다.

(3) 복수 타협안 전략

갈등당사자들이 선택할 수 있도록 복수의 타협안을 만드는 전략이다. 갈등당사자들의 입장들을 융합해 하나의 타협안을 만들면 어느 쪽의 입장이 더 많이 반영됐는지 쉽게 확인되고 그에 따라 편파성 논란에 휘말릴 수도 있다. 이를 피하기 위해 갈등당사자들의 입장을 공평하게 반영하되 그 내용을 조금씩 달리한 복수의 타협안들을 마련하는 것이다. 이 복수의 타협안 중 어느 것이 최종조정안이 될지는 설득 과정에서 결정된다. 복수 타협안 전략은 갈등당사자들의 숨은 이해관계를 파악하기 쉽지 않고 갈등당사자들이 타협안의 공평성에 지나치게 민감할 때 활용하기 좋은 전략이다.

(4) 당사자작성 지원 전략

갈등당사자들에게 각자가 선호하는 타협안 초안을 제시토록 하여 이 초안들에 입각한 잠정타협안을 마련한 다음, 잠정타협안을 다시 갈등당사자들에게 보내 수정요구를 받아 최종타협안을 마련하는 전략이다. 잠정타협안에는 갈등당사자들의 숨은 이해관계를 반영되어야 한다.

(5) 대리인 활용 전략

타협안에 갈등당사자들의 입장을 균형있게 반영하기 위해서는 타협안 작성에 갈등당사자들을 참여하는 것이 바람직하다. 그러나 갈등당사자들을 한 자리에 불러 모아 타협안을 작성할 경우 추가적인 주장과 논쟁이 지속되어 타협안 작성이 어려울 수 있다. 이러한 문제를 피할 수 있는 방법이 대리인을 활용하는 것이다. 즉 갈등당사자들의 대리인들을 소집하여 타협안을 작성하는 것이다. 대리인들은 갈등당사자들보다 좀 더 냉정하고 객관적으로 타협안을 작성하는 데 기여할 수 있기 때문이다.

2) 타협안 설득 전략

타협안을 갈등당사자들 모두가 순순히 수용할 만큼 완벽하게 마련하는 것은 생각만큼 쉽지 않다. 갈등당사자 모두 혹은 일부가 불만을 표시할 수 있다. 숨은 이해관계가 반영되지 않으면 타협안의 내용이 불공평하다거나 아니면 타협안설득자가 월권했다거나 타협안 작성과정이 적절한 절차를 위반했다는 등의 이유로 타협안을 수용하지 않을 수 있다. 타협안설득자는 자신의 주도로 마련한 타협안을 갈등당사자들이 수용하도록 해야 한다. 이를 위해 동원할 수 있는 전략은 다음과 같다.

(1) 공멸부각 전략

타협안이 갈등당사자들이 추구하는 가치와 이익에 어떻게 부합되는지 설명한 후 다른 대안이 없음을 인식시키고, 타협안이 거부될 경우 갈등당사자들 모두가 공멸할 수 있음을 부각시키는 전략이다.

(2) 권위동원 전략

갈등당사자들에게 나름대로의 영향력을 갖고 있는 자들을 동원하여 타협안을 수용토록 압박하는 전략이다. 특히 제3지대에 있는 국가 원로, 전문가 집단, 다수 여론 등에 호소하여 타협안에 대한 지지를 얻어냄으로써 갈등당사자들을 간접적으로 압박하는 것이다. 지지를 얻는 방법은 갈등당사자들 각자의 주장, 타협안작성의 기준과 절차, 타협안의 내용 등을 설명하는 것이다. 그러나 처음부터 권위를 동원하는 것은 바람직하지 않다. 떠밀려 마지못해 수용하는 형상이기 때문이다. 그러나 비공개 설득에도 불구하고 수용을 거부할 경우에는 권위를 동원하여 압박할 필요가 있다.

(3) 희생양 전략

재협의조정자들에게 압력을 가해 타협안을 수용토록 한 다음, 타협안 수용에 불만이 있는 배후세력들의 각종 비난을 타협안설득자가 대신 뒤집어쓰는 전략이다. 이 경우 재협의조정자들은 타협안을 받아들이더라도 그 책임과 비난을 모두 다 부담하지 않으므로 타협안에 약간의 불만이 있더라도 수용할 수 있다. 재협의조정자들이 배후세력으로부터 비난을 받을 우려가 있어서 수용하지 않으려 할 때 구사할 수 있는 전략이다.

제4절 집권조정에서 갈등당사자들의 전략행태

1. 집권조정의 메커니즘

집권조정자는 갈등당사자간 쟁점정책에 대해 최종 결론을 내리는 제3자이다. 집권조정자는 나름대로 심사숙고하여 갈등당사자들의 입장들을 통합하거나 한쪽의 입장을 지지하거나 아니면 제3의 입장을 제시함으로써 갈등을 조정한다. 외형상 한쪽의 입장을 지지하더라도 그것은 단순한 지지가 아니고 집권조정자 자신의 기준에 따라 판단해 내린 결론이다.

집권조정자가 갈등당사자들의 입장을 조정한다는 것을 달리 해석하면 갈등당사자들의 서로 다른 입장들을 집권조정자 자신의 입장으로 재구성(reconstruction)하는 것이다.[6] 재구성은 집권조정자가 갈등당사자들의 입장(freeze)들을 목표들과 수단들로 분해(unfreeze)한 다음, 취사선택하고 필요하면 수정하고 추가하여(reframe) 자신의 입장(refreeze)으로 전환하는 것이다. 이 재구성 과정에서 중요한 것은 집권조정자의 관심사이다. 집권조정자는 자신의 관심사에 입각해 갈등당사자들의 입장들을 재구성하기 때문이다. 집권조정자의 관심사는 업적쌓기와 권력기반이다.

집권조정자가 쟁점정책에 대해 자신의 업적 관심사에 따라 갈등당사자들의 목표들과 수단들을 재구성하면 집권조정자의 머릿속에 잠정적인 인과지도(temporal causal map)가 그려진다. 이 잠정적 인과지도는 집권조정자가 쟁점정책을 통해 구현하려고 하는 업적목표를 중심으로 다양한 현상들이 인과적으로 복잡하게 얽힌 지도이다.

잠정적 인과지도는 집권조정자가 구축한 다양한 인과관계들의 집합이다. 그러나 그 인과관계가 확실한 것은 아니다. 따라서 집권조정자는 자신의 최종 입장을 정하기 전에 다양한 인과관계들 가운데 어느 것이 믿을 만하고 어느 것이 의심스러운지 판단해야 한다. 그러나 문제는 집권조정 당시에 그것을 증명할 만한 과학적이고 객관적인 증거가 없다는 것이다. 사전에 충분히 연구된 지식과 정보가 축적되어 있지 않고, 전문가들 사이에서도 의견이 분분한 경우가 대부분이기 때문이다.[7] 이러한 상황에서 집

---

6) 이는 갈등당사자들이 각자 구축한 서로 다른 개별인과지도들을 집권조정자가 취사선택, 수정, 추가 등을 통해 새로운 통합인과지도로 만드는 것을 의미한다. 이 과정을 통해 갈등당사자들의 서로 다른 입장들이 집권조정자의 입장으로 전환된다.

7) 반복적으로 등장하는 정책이슈가 아니고 새로 등장한 정책이슈에 대한 인과관계 지식과 정보는

권조정자가 인과관계의 신빙성을 판단하기 위해 의존하는 것은 갈등당사자들이 아닌 제3의 위치에 있는 다수 국민들이나 소수 측근들의 의견이다. 이들의 의견이 각 인과관계의 신빙성에 대한 집권조정자의 판단에 결정적인 영향을 미친다. 그런데 집권조정자가 누구의 의견에 의존할 지는 자신의 권력기반에 따라 달라진다.

집권조정자는 잠정적 인과지도 속에서 의심스런 인과관계들을 걸러내고 살아남은 믿을 만한 인과관계들로 최종 인과지도를 구축한다. 이 최종인과지도가 집권조정안이다.

2. 갈등당사자들의 전략

집권조정에서 갈등당사자들에게 가장 중요한 것은 집권조정자의 최종인과지도이다. 최종인과지도가 어떤 모습으로 그려지느냐에 따라 갈등당사자들 가운데 누구의 입장이 어느 정도 반영되는지가 달라지기 때문이다. 따라서 갈등당사자들은 자신들의 입장을 가급적 많이 반영된 최종 인과지도가 그려지도록 다양한 전략을 구사한다.

갈등당사자들이 집권조정자를 향해 구사하는 전략들은 세 가지 유형으로 구분할 수 있다. 즉 집권조정자의 관심사에 대한 정보를 수집하기 위한 전략, 집권조정자가 자신들에게 유리한 인과지도를 그리도록 유도하는 전략, 집권조정자가 자신들에게 유리한 인과관계를 신뢰하도록 유도하는 전략 등이다.

1) 집권조정자의 관심사 파악 전략

갈등당사자들은 집권조정자의 판단에 중요한 영향을 미치는 집권조정자의 관심사들을 파악해야 한다. 집권조정자가 자신의 업적을 위해 공개적으로 천명한 약속은 무엇인지, 공개 천명은 안 했더라도 무엇을 자신의 업적으로 생각하고 있는지, 더 나아가 무엇이 집권조정자의 업적이 될 수 있는지 등을 파악해야 한다. 동시에 집권조정자가 무엇을 자신의 권력기반으로 생각하는지, 권력기반을 강화하거나 약화 방지를 위해 무슨 조치가 필요한지 등을 파악해야 한다. 이러한 관심사들은 집권조정자가 집권조정에 임하기 전부터 명확히 인식하고 있는 경우가 있고, 조정과정에서 새로이 인식하는 경우도 있다.

그 당시에 충분히 존재하는 경우는 거의 없다. 확보가능한 지식과 정보는 부분적이고 불완전하다. 전문가들이 제공한 지식과 정보도 그들의 주관적 판단에 입각한 것이 대부분이고 객관적인 증거에 입각한 것은 많지 않다.

갈등당사자들이 집권조정자의 관심사들을 파악하기 위해 활용하는 전략은 다음과
같다.

(1) 접근 전략

직접 면담 혹은 측근들을 통해 집권조정자가 무엇을 고민하는지를 알아내는 전략
이다. 집권조정이 시작되면 갈등당사자들은 집권조정자에게 자신들의 입장을 직접 설
명하고 집권조정자로부터 질문을 받는 기회가 많다. 이러한 면담 과정에서 집권조정자
가 스스로 자신의 관심사를 직접 거론하는 경우가 많다. 집권조정자가 스스로 거론하
지 않으면 갈등당사자가 직접 물을 수도 있다. 명확한 응답을 하지 않으면 갈등당사자
는 집권조정자의 질문들을 분석하여 그의 관심사를 알아낼 수도 있다. 더 나아가 집권
조정자가 갈등당사자에게 자신의 관심사를 전혀 노출시키지 않을 경우 갈등당사자는
집권조정자의 참모나 측근을 통해 그의 관심사를 파악해야 한다.

(2) 추적 전략

집권조정자의 공약이나 취임사 혹은 각종 연설 등을 추적 분석하여 그의 구체적
관심사를 알아내는 전략이다. 집권조정자가 일관성 있게 강조하는 내용, 특별히 강조
하고 있는 내용, 자주 우려하고 있는 내용 등을 분석하면 그의 관심사가 무엇인지 알
아낼 수 있다. 이 추적 전략은 갈등당사자가 집권조정자에게 접근하기 어려운 경우 요
긴하게 활용할 수 있는 전략이다.

(3) 유추 전략

집권조정자의 국정운영 현황 및 정치적 상황 등을 검토 분석하여 집권조정자의
관심사를 유추해 내는 전략이다. 국정운영 현황을 분석하여 업적이 될 수 있는 정책이
슈[8]들을 유추하거나, 정치적 상황을 분석하여 지지율 하락을 막거나 지지율 제고를
촉진할 수 있는 조치들을 유추하는 것이다. 이러한 유추전략은 수면 아래에서 모호한
상태로 있는 잠재되어 있는 관심사를 수면 위로 명확하게 부상시키는 전략이다. 다시
말해, 집권조정자가 자신의 관심사가 무엇인지 명확히 인식하지 못하고 있을 때 갈등
당사자가 이러한 발굴을 통해 명확히 각인시켜줄 수 있는 전략이다.

---

8) 대체로 누적된 문제점을 해결할 수 있거나 새로운 미래를 창조할 수 있는 이슈 등이다.

2) 유리한 인과지도 구축 전략

갈등당사자들은 집권조정자가 자신들에게 유리한 인과지도를 그리도록 유도해야 한다. 즉 집권조정자가 그리는 잠정적 인과지도에 자신들이 주장하는 목표들과 수단들을 가급적 많이 포함시키도록 하고, 상대방이 주장하는 목표들과 수단들은 가급적 적게 포함되도록 해야 한다. 더 나아가, 자신들에게 유리한 것은 들어가고 불리한 것은 들어가지 않게 해야 한다. 이를 위해 갈등당사자들이 구사할 수 있는 전략은 다음과 같다.

(1) 이슈연계(issue association) 전략

이슈연계 전략은 갈등당사자가 자신 또는 상대방의 입장을 집권조정자의 관심사에 연계시키는 전략이다. 구체적으로 말하면, 집권조정자의 잠재적 인과지도가 자신에게 유리하게 그려지도록 갈등당사자가 자신이나 상대방의 목표 혹은 수단을 집권조정자의 관심사인 업적목표와 연결시키는 전략이다.

이슈연계의 논리는 다음과 같다. 갈등당사자의 입장, 즉 목표와 수단이 실현될 경우 여러 방향의 파장을 일으킨다. 사회가 복잡할수록 더욱 그러하다.

갈등당사가가 동원하는 수단은 그 파장들 가운데 강력한 파장이 갈등당사자의 목표에 도달하여 긍정적 영향을 미치기 때문에 선택된 것이다. 그러나 수단을 선택할 당시에는 목표에 도달하는 특정 파장에만 집중적으로 관심을 갖고, 나머지 파장에 대해서는 그 종착역이 어디인지 관심을 두지 않고 부수효과(side effects)로서 가볍게 취급한다. 그러나 여타 파장들 가운데 어느 일부가 집권조정자의 업적목표에 도달하여 영향을 미칠 수 있다. 이러한 파장이 존재하면 갈등당사자의 수단과 집권조정자의 업적목표가 연결되는 것이다.

갈등당사자의 목표도 실현되면 여러 방향의 파장을 일으킨다. 갈등당사자의 목표는 여러 파장 가운데 중요한 파장이 갈등당사자가 고려하는 대상집단에게 도달하여 긍정적 영향을 주기 때문에 선택된 것이다. 목표가 일으키는 여타 파장들 가운데 어느 일부가 집권조정자의 관심사(업적목표)에 영향을 미치면 갈등당사자의 목표와 집권조정자의 관심사(업적목표)가 연결될 수 있다.

이슈연계는 갈등당사자가 이 여타 파장을 이용하여 자신의 목표나 수단을 집권조정자의 관심사와 연결시킴으로써 자신의 목표나 수단을 잠재적 인과지도에 포함시키는 전략이다. 즉 갈등당사자는 여타 파장들 가운데 어느 일부가 집권조정자의 업적목표에 도달하여 어떤 영향을 미치는지를 발굴하여 자신의 목표 혹은 수단을 집권조정자의 업적목표와 전략적으로 연계시키고 그 연계고리를 간결하면서도 선명하게 부각시키는 이슈연계 논리를 개발할 수 있다. 갈등당사자가 이슈연계 논리들을 집권조정자 주변에 유포시키면 집권조정자는 갈등당사자들의 이러한 이슈연계를 보고 들으면서 자신의 머릿속에 잠정적 인과지도를 그린다. 달리 말하면, 갈등당사자들은 이슈연계를 통해 자신의 목표나 수단을 집권조정자의 인과지도에 포함시킬 수 있게 된다.

예를 들어, 부동산투기를 막기 위해 재정당국은 부동산실명제를 주장하고 건설당국은 양도세 인상을 주장함으로써 부처간 갈등이 발생했다고 하자. 재정당국이 부동산실명제를 주장하는 이유는 부동산 실명화의 파장으로 차명거래가 억제되고 누진세가 적용됨으로써 부동산투기 억제는 물론 더 나아가 세수의 증대와 부의 공평한 분배를 실현할 수 있기 때문이다. 건설당국이 양도소득세 인상을 주장하는 이유는 양도소득세 중과로 불로소득을 환수하여 주택공급을 늘리면 부동산투기를 억제함과 동시에 서민들의 주거 안정과 건설사 부도방지를 도모할 수 있기 때문이다.

갈등이 당사자간에 타결되지 않아 정치개혁을 준비하고 있던 대통령이 집권조정을 할 경우, 갈등당사자들은 자신들의 입장을 관철시키기 위해, 다시 말해 자신의 목표와 수단을 대통령의 인과지도에 포함시키기 위해, 어떤 이슈연계를 할 수 있을까?

재정당국은 자신의 부동산실명제와 대통령의 정치개혁을 이슈연계할 수 있다. 부동산실명제 파장의 또 다른 일부는 부동산 실거래자 노출, 정치인들의 부동산투기 불가, 대규모 음성적 정치자금 조성 차단 등을 거쳐 돈선거와 금권정치 방지에 이를 수 있기 때문이다. 따라서 부동산실명제와 돈선거방지 간 이슈연계가 전략적으로 이루어지면 대통령은 자신의 정치개혁 목표를 위해 부동산실명제를 여러 수단 가운데 하나로 인지하게 된다. 대통령의 정치개혁에 관한 인과지도에 부동산실명제가 수단으로서 포함되는 것이다.

이슈연계에 활용되는 이슈들은 출발이슈, 징검다리이슈, 종착이슈가 있다. 출발이슈는 갈등당사자들의 입장이고, 종착이슈는 집권조정자의 관심사이다. 징검다리이슈는 출발이슈와 종착이슈 사이에 끼어들어 양자를 연결시키거나 차단할 수 있는 이슈들로서, 출발이슈가 종착이슈에 이르는 경로가 된다. 상기의 예에서 출발이슈는 '부동산실명제'이고, 종착이슈는 '정치개혁'이며, 징검다리이슈는 '정치인 부동산투기 차단', '음성적 정치자금조성 차단' 등이다. 이슈연계의 성패는 징검다리이슈의 발굴에 있다.

이슈연계는 전략적으로 이뤄진다. 이슈연계는 파장이 도달하는 모든 이슈들을 대상으로 하는 것은 아니고 특별한 이유로 선택된 특정 이슈를 대상으로 이뤄진다. 또한 이슈연계는 선명하고 간결한 "ㅇㅇ론"의 형태로 제공된다. 인과관계를 객관적으로 증명할 수 없는 상황에서 전문지식과 객관적 증거에 근거한 것처럼 보이게 함과 동시에 복잡한 인과관계를 단순하고 강렬하게 부각시킴으로써 집권조정자 주변이나 일반국민들 사이에 널리 확산되고 쉽게 이해되도록 하기 위해서이다. 예를 들면, "성장기여론" "중산층피해론" "위헌론" 등이다.

이슈연계 전략을 효과적으로 구사하기 위해서는 해박한 지식과 순발력이 필요하다. 우선 "기여론"이나 "피해론"의 개발에는 갈등당사자들의 목표나 수단이 초래할 다방면의 여파에 대한 전문지식이 필요하다. 또한 갈등당사자들은 끊임없이 변화하는 정치경제적 여건 속에서 적절한 이슈연계의 기회를 포착하는 순발력도 있어야 한다. 상황의 변화에 따라 자신의 이슈연계가 유리해질 수도 있고 불리해질 수도 있는데, 적절한 징검다리이슈들을 발굴하지 못하면 이슈연계의 기회를 놓치게 되기 때문이다.

갈등당사자들이 집권조정자를 향해 구사할 수 있는 이슈연계 전략에는 네 가지 세부전략이 있다.

첫째, 긍정적 연계 전략이다. 갈등당사자가 자신의 입장을 집권조정자의 관심사와 긍정적으로 연계시키는 전략이다. 즉 갈등당사자가 어떤 측면에서든 자신의 입장이 집권조정자의 관심사에 어떻게 연결되어 어떤 기여를 할 수 있는지 그 논리와 경로를 개발해 보여주는 것이다. 긍정적 연계는 "ㅇㅇ기여론"으로 제공된다. 긍정적 연계 전략은 자신의 목표나 수단을 집권조정자의 인과지도에 포함시키려는 전략이다.

둘째, 부정적 연계 전략이다. 갈등당사자가 상대방의 입장을 집권조정자의 관심사와 부정적으로 연계시키는 전략이다. 즉 상대방의 입장이 집권자의 관심사와 어떻게 연결되어 어떤 방해를 하는지를 그 논리와 경로를 개발하여 보여주는 것이다. 부정적 연계는 "ㅇㅇ피해론"으로 제공된다. 부정적 연계는 상대방의 목표나 수단이 집권조정자의 인과지도에 끼어들지 못하게 하는 전략이다.

셋째, 편승 연계 전략이다. 갈등당사자가 자신의 목표나 수단을 상대방의 목표나 수단에 긍정적으로 연계시켜 상대방과 함께 자신의 목표나 수단도 집권조정자의 인과지도에 끼워넣는 전략이다. 이는 자신의 목표나 수단을 집권조정자의 인과지도에 끼워넣기 위해 상대방에 편승하는 전략이자 동시에 상대방의 목표나 수단이 집권조정자의 인과지도에서 일방적으로 유리한 입지를 구축하는 것을 약화시키는 전략이기도 하다. 이 전략은 상대방의 목표나 수단이 집권조정자의 인과지도에 확실하게 포함될 것이 예상될 때 구사할 수 있는 전략이다.

넷째, 수정 연계 전략이다. 갈등당사자가 자신의 목표나 수단을 수정한 후 집권조정자의 관심사와 긍정적으로 연계시키는 전략이다. 이는 갈등당사자가 자신의 목표나 수단이 상대방에 의해 집권조정자의 관심사와 부정적으로 연계될 경우 활용할 수 있는 전략이다.

(2) 이슈격리(issue dissociation) 전략

이슈격리 전략은 갈등당사자가 자신에게 불리한 조건이슈는 자신의 입장으로부터 격리시키고, 상대방에게 유리한 조건이슈는 상대방 입장으로부터 격리시키는 전략이다. 조건이슈란 이슈연계를 용이하게 하거나 어렵게 하는 이슈이다.

쟁점정책과 관련된 정치적 경제적 사회적 이슈들 중에는 각 갈등당사자들에게 유리하게 연계될 수 있는 조건이슈들이 있고 불리하게 연계될 수 있는 조건이슈들이 있다. 예를 들면, '경제활성화'를 위한 수단으로써 '조세감면'을 주장하는 기관(A)와 '재정지출'을 주장하는 기관(B)가 대립하고 있는데, 언론기관에 의해 공무원들의 예산낭비 실태가 집중적으로 보도되어 사회적 쟁점이 된 경우, '예산낭비 이슈'는 기관(A)에게는 유리하게 연계될 수 있는 조건이슈이지만 기관(B)에게는 불리하게 연계될 수 있는 조건이슈이다. '재정지출 이슈'가 '예산낭비 이슈'와 연계되면 지출한 만큼 투자가 이루어지지 않아 경제활성화에 비효과적이라고 판단하게 되고, 그 결과 "재정지출무용론"이 제기될 수 있다. 반면에 '조세감면 이슈'는 '예산낭비 이슈'와 연계되더라도 감면액이 중간에 누수되지 않고 바로 투자되어 경제활성화에 효과적이라고 판단하게 되어 "감세유효론"이 제기될 수 있기 때문이다. 이 경우 기관(B)는 '재정지출무용론'을 잠재우기 위해서 어떻게든 '예산낭비 이슈'를 자신의 '재정지출 이슈'와 격리시켜야 하고, 또한 '감세유효론'이 확산되지 않도록 '예산낭비 이슈'를 상대방의 '감세 이슈'로부터 격리시켜야 한다.

새로 등장한 조건이슈가 자신에게 불리한 경우 갈등당사자가 이 조건이슈를 격리하기 위해 활용할 수 있는 세부 전략은 다음과 같다.

첫째, 과소평가 전략이다. 어떤 기준을 동원해서라도 불리한 조건이슈를 과소평가하여 자신의 입장으로부터 격리시키는 전략이다. 예를 들어, 예산낭비 이슈를 과소평가하는 전략은 '예산낭비무관론'(예산낭비에도 불구하고 재정지출로 경제가 활성화된 경우가 많이 있었다) 혹은 '예산낭비저수위론'(다른 나라에 비해 예산낭비가 심하지 않다)을 주장하는 것이다. 이러한 과소평가를 통해 예산낭비 이슈가 재정지출 이슈와 연계되는 것을 차단할 수 있다.

둘째, 희석 전략이다. 상대방의 입장에 불리하게 연계될 수 있는 또 다른 조건이슈를 발굴하여 연계시킴으로써 자신의 입장에 대한 불리한 이슈연계를 희석시키는 전략이다. 예를 들면, '공무원의 예산낭비 이슈'가 등장하여 '재정지출유효론'에 불리하게 연계되면, '기업인들의 모럴해저드 이슈'를 발굴하여 '감세유효론'에 불리하게 연계시킴으로써 '재정지출무용론'을 희석시키는 것이다.

셋째, 흘려보내기 전략이다. 불리한 조건이슈가 상황변화에 휩쓸려 집권조정자의 주의를 끌지 못하고 사라지기를 기다리는 것이다. 예를 들면, '재정지출유효론'을 시종일관 주장하지 않고 '예산낭비 이슈'가 사라지기를 기다려 '재정지출유효론'을 다시 주장하는 것이다.

3) 잠정 인과관계에 신빙성 부여 전략

갈등당사자들이 집권조정자의 잠정적 인과지도 속에서 자신에게 유리한 인과관계에 신빙성을 부여하기 위해 집권조정자를 향해 구사하는 전략은 다음과 같다.

(1) 다수동원 전략

다수동원 전략은 갈등당사자가 자신에게 유리한 인과관계에 다수 여론의 지지를 동원하는 전략이다. 다시 말해, 자신에게 유리한 인과관계들을 지지하는 다수세력을 형성하는 전략이다. 여기서 다수란 국민여론의 다수이다. 다수가 지지한다고 해서 그 인과관계가 타당하다는 보장은 없다. 그러나 객관적 과학적 증거가 부족한 상황에서 다수가 옳다고 판단하여 주장하면 그 인과관계를 무시할 수는 없다.

이 전략은 집권조정자의 권력기반이 약할 때 효과적이다. 집권조정자는 자신의 권력기반이 취약하면 국민들 사이에서 다수의 지지가 절실히 필요하고, 그 결과 자신의 결정을 다수지지 확보에 유리한 방향으로 내리는 경우가 대부분이기 때문이다.

(2) 신뢰동원 전략

신뢰동원 전략은 갈등당사자가 자신에게 유리한 인과관계에 집권조정자가 신뢰하는 자들의 지지를 동원하는 전략이다. 다시 말해, 집권조정자가 신뢰하고 자주 상의하는 지인이나 저명인사 및 전문가를 동원하여 갈등당사자가 주장하는 인과관계를 지지하는 발언을 하도록 유도하는 전략이다.

이 전략은 다수동원 전략과는 반대로 집권조정자의 권력기반이 견고할 때 효과적이다. 집권조정자는 자신의 권력기반이 튼튼하면 다수의 의견보다는 자신에게 진정성을 가지고 이야기해 주는 사람들의 의견에 따르는 경향이 있기 때문이다.

제**3**부

정책조정의
현장

제1절 개 관

    각국 정부가 복잡하고 방대한 업무를 효율적으로 수행하기 위해 현재와 같은 역할분담체제를 유지하는 한 부처간 이견과 갈등은 구조적으로 불가피하다. 이 불가피한 이견과 갈등에 대응하기 위해 모든 나라가 나름대로의 제도적 장치를 구축해 왔다.

    어느 나라에서나 행정부내 정책형성과정에서 공통적으로 거치는 것은 주무부처 초안 작성, 부처간 협의와 조정, 대통령 재가 등이다. 우리나라에서도 주무부처가 초안을 작성한 다음, 유관 부처들과 협의 조정하고 공청회와 입법예고를 통해 일반국민과 이해관계자들의 여론을 수렴하여 초안을 수정한 주무부처안을 만든다. 이 주무부처안은 법제처 검토, 차관회의 심의, 국무회의 심의를 거친 후 대통령 재가를 통해 행정부 정책으로 확정된다.

    이 일련의 과정 중 부처간 협의조정은 두 가지 측면에서 중요하다. 하나는, 정책의 실질적 내용과 운명을 결정할 수 있기 때문이다. 행정부 정책의 내용은 1차적으로는 초안작성단계에서 정해지지만 2차적으로는 부처간 협의조정 결과에 따라 주무부처 초안이 크게 변경될 수도 있고 아예 정책화되지 않을 수도 있다. 다른 하나는, 일련의 과정 중 가장 넘기 힘든 고비이기 때문이다. 부처간 협의조정에 가장 많은 논란과 가장 많은 시간이 수반된다. 이 단계만 거치면 주무부처 정책안은 어려움 없이 행정부 정책으로 전환된다.

316 제3부 정책조정의 현장

그런데 우리나라 공무원들에 대한 설문조사에 의하면, 부처간 갈등이 빈번하고 심각하지만 외부에 공개되는 경우가 드물고, 이러한 갈등은 가치관 차이보다 이해관계 차이에 기인하는 경우가 많으며, 부처간 갈등은 공식 비공식 여러 채널을 통해 해소되지만 힘센 부처에게 유리하게 조정되는 경향이 있다(박천오, 2005: 22). 그렇다면 우리나라 행정부내 이러한 현상과 경향이 바람직한가? 왜 어떻게 이러한 현상과 경향이 나타나는가? 앞으로 무엇을 어떻게 개선해야 할 것인가?

이 장에서는 우리나라 부처간 이견과 갈등 조정을 구체적으로 이해하기 위해 부처간 정책갈등의 원인과 조정의 필요성을 설명한 다음, 이러한 부처간 정책갈등들이 우리나라에서 누구에 의해 어떻게 조정되는지를 밝힌다. 특히 우리나라에서 정책이슈에 대한 각 부처들의 내부입장 정립 과정, 부처간 이견과 갈등 조정에 동원되는 기구와 절차, 조정자들의 행태와 전략, 부처간 정책갈등의 조정 사례 등을 살펴본다.

제2절 행정부처간 정책갈등의 원인과 정책조정의 필요성

1. 부처간 정책갈등의 원인

행정부처간 정책 이견과 갈등이 끊임없이 발생하고 지속적으로 증가하고 있다. 그 원인은 무엇인가? 발생 원인과 증가 원인을 구분하여 설명하면 다음과 같다.

1) 정책갈등의 발생 원인

(1) 불분명한 업무경계와 관할영역 확장

부처간 정책갈등이 발생하는 가장 큰 원인은 부처간 업무경계에 있다. 부처들의 업무경계를 명확하게 설정하기는 거의 불가능하다. 따라서 특정 정책이슈에 대해 자신의 업무라고 주장할 수 있는 부처들이 둘 이상 있을 수 있다. 이 경우 정책 관할권을 둘러싸고 부처간 첨예한 경쟁과 갈등이 발생하기 쉽다. 또한 부처간 업무관할이 중복된 부분이 있다. 정부 부처들의 업무관할은 목표(기능), 고객, 지역, 수단 등을 기준으로 설정되는 되는데, 이로 인해 불가피하게 업무가 중복되는 영역이 발생한다. 예를 들어, 교육부와 노동부 간에는 실업자 교육이, 보건복지부와 여성가족부 간에는 노인건강 문제가, 외교부와 산업자원부 간에는 대외통상교섭 문제가 중복 영역이다. 이러한 중복영역내 정책들을 둘러싸고 정책갈등이 발생한다.

한편, 부처들은 관료적 이익[1] 제고에 필요한 보다 많은 영향력, 인력 및 예산 등을 확보하기 위해 자신들의 관할영역을 끊임없이 확장하려는 속성을 갖고 있다. 관할영역 확장을 위해 자신의 기존 업무와 조금이라도 관련이 있으면 자신의 관할로 하려고 한다. 관할 확장은 i) 새로운 업무영역 선점을 위한 신사업 전개, ii) 자신의 목적을 위해 타부처 관할 자원과 수단들에 대한 영향력 행사(타부처 수단들의 동원·활용), iii) 자신이 주도할 수 있는 조정기구의 신설 혹은 역할확대, iv) 행정개혁을 활용한 타부처들의 기능과 업무 흡수 등의 방식을 통해 시도한다. 이 경우 부처들은 관할을 놓고 치열한 경합과 생존 게임을 벌인다.

(2) 정책지향의 차이

정책갈등이 발생하는 또 다른 이유는 부처들이 서로 다른 정책지향을 갖고 있기 때문이다(김영평·신신우, 1991: 313). 정책지향이란 소관 정책들을 특정 방향과 방식으로 처리하려는 경향이다. 부처들이 서로 다른 정책지향을 갖고 있다는 것은 동일한 정책이슈라도 관할부처가 달라지면, 추구 목적, 동원 수단, 추진 방식 등이 상당히 달라진다는 것이다.

부처간에 정책지향이 다른 이유는 조직문화와 고객집단 등이 다르기 때문이다. 조직문화는 구성원들이 공유하는 가치관과 신념, 사고방식, 행동양식 등의 집합이다. 각 부처들은 담당업무의 성격과 필요한 지식정보, 구성원들의 성향과 이해관계, 공동학습과 경험, 업무수행 여건 등으로 인해 소통과 상호작용이 오랜 기간 동안 내부지향적으로[2] 이루어짐으로써 형성된 나름대로의 조직문화를 갖고 있다. 또한 부처들 중에는 전국민을 대변하는 부처가 있는가하면 특정 집단들을 대변하는 부처도 있다. 각 부처들은 고객집단으로부터 강력한 압력을 받는다. 이러한 조직문화와 고객집단으로 인해 각 부처들은 각각 나름대로 특정 정책지향을 갖게 된다.

각 부처들은 정책들을 자신들의 정책지향에 맞게 판단하고 처리하려고 하기 때문에 관련부처간 정책 이견과 갈등이 발생한다. 이러한 정책지향은 쉽게 바뀌지 않기 때문에 부처간 갈등은 어느 정도 구조적인 성격을 갖고 있다.

---

[1] 성과향상을 통한 보수확대, 조직팽창을 통한 승진기회 확대, 사회적 평판과 퇴직후 자리 등.
[2] 소통과 상호작용이 조직내 구성원들 간에는 상시적으로 이뤄지고, 외부기관과는 필요에 따라 간헐적으로 이루어지는 경향이다.

(3) 목표관리 부처와 수단관리 부처의 분리

부처간 정책갈등이 발생하는 다른 이유는 목표관리 부처와 수단관리 부처가 분리되어 있기 때문이다. 부처들은 대다수가 목표관리 부처들이지만, 수단관리 부처들도 있다. 목표관리 부처들은 국가안보 향상, 경제 성장, 산업 육성, 과학기술 진흥, 인재 육성, 삶의 질 향상 등을 추구하는 부처들이고, 수단관리 부처들은 규제, 예산, 조세, 금리, 조직, 인력 등을 신설·배분·폐지할 수 있는 부처들이다. 예를 들면, 국방부, 재정경제부, 산업통상부, 교육부, 과학기술부, 보건복지부, 문화체육부 등은 목표관리 부처에 해당되고, 예산처, 재무부, 행정자치부, 중앙인사처 등은 수단관리 부처에 해당한다. 규제 수단은 대다수 목표관리 부처들이 보유하고 있으나, 지원 수단들은 별도의 부처들이 관할하는 경우가 일반적이다.

특정 정책에 대한 목표관리 부처와 수단관리 부처가 분리되어 있을 경우, 목표관리 부처는 목표달성을 위해 수단관리 부처가 보유한 수단들을 아무런 제약 없이 원하는 만큼 동원하려고 하고, 수단관리 부처는 수단이 한정되어 있기 때문에 수단의 능률적인 활용이나 동원가능한 범위 내에서 목표를 관리하기를 바란다. 이 때문에 목표관리 부처와 수단관리 부처 간에 갈등의 소지가 크다.

(4) 분석능력의 한계

정책갈등이 발생이 발생하는 마지막 원인은 정책이슈에 대한 분석능력의 한계에 있다. 분석이 객관적이고 종합적으로 이뤄질 수 있으면 정책갈등은 크게 줄어든다. 불필요한 오해가 감소하고 주관적 판단이나 이기적 주장이 개입할 소지가 그만큼 줄어들기 때문이다. 그러나 정책이슈들이 복잡하게 얽혀 있고 끊임없이 변화하는 여건하에서 정책이슈에 대한 객관적이고 종합적인 분석이 시의적절하게 확보되지 못하는 경우가 대부분이다. 정책추진시 동원될 수 있는 것은 정책담당자들의 제한된 정보나 경험에 입각한 주관적 판단이다. 이처럼 부처들이 정책을 추진함에 있어서 객관적 분석자료가 불충분하면 주관적 판단에 의존할 수밖에 없는데 이 주관적 판단이 부처간에 서로 달라 갈등이 발생한다. 즉 분석능력의 부족이 정책갈등을 초래한다.

2) 정책갈등의 증가 원인

(1) 민주화와 세계화

부처간 정책갈등이 증가하는 이유는 국가가 민주화·세계화되기 때문이다.

권위주의 체제에서는 어떤 정부기관이라도 권력자의 의중에서 벗어난 의견들을 표출하기가 쉽지 않다. 민주화되면 정부내 하위조직들이 나름대로 자율성을 갖게 되어 독자적인 목소리를 적극적으로 표출한다. 달리 말하면 정책형성과정에서 종전에 침묵하던 기관들도 민주화되면 자신들의 입장을 제시하고 관철시키려 한다. 따라서 민주화 될수록 부처간 정책갈등은 증가한다.

또한 세계화로 인해 국가간 장벽이 낮아지면 외국정부와 국제기구들은 물론 외국 대기업도 국내정책에 영향력을 행사하려고 한다. 외교정책뿐만 아니라 전통적으로 국 내정책이었던 농업정책이나 복지정책도 이들의 입장을 반영하지 않을 수 없게 된다. 특히 협약이 체결된 경우 그 의무 이행을 위해 더욱 그러하다. 그 결과, 종전에 국내정 책 영역에 머물렀던 정책들이 국제화됨으로써 국제적인 의무를 강조하는 부처들과 국 내 지지층을 보호하려는 부처들 간에 갈등이 증가하고 있다.

(2) 정책성격의 다차원화(multi-dimensionalization)

부처간 정책갈등이 증가하는 또 다른 이유는 종전에 단일 차원의 정책이슈들이 다차원화되어 가기 때문이다. 즉 정책이슈를 취급하는 데 있어서 지금까지 하나의 차 원만을 염두에 두었으나 사회경제적 여건의 변화로 인해 다양한 차원들을 고려하지 않을 수 없기 때문이다. 이러한 다차원화로 인해 과거 단일부처 소관 정책이슈들이 여 러 부처들의 관심사로 부각됨으로써 부처간 갈등이 증가하고 있다.

예를 들면, 대외무역정책의 경우, 주무부처인 산업통상자원부는 수출경쟁력 강화 를 위해 전통적으로 생산비용 절감과 해외시장 개척에 역점을 두어왔다. 그러다가 국 가간 수출경쟁이 치열해짐에 따라 새로운 제품을 개발하기 위한 신기술의 중요성이 부 각되었고, 그에 대응하여 산업통상자원부는 수출문제를 기술개발 차원에서 접근하지 않을 수 없게 되었다. 또한 지구환경 보호를 위해 선진국을 중심으로 수입제품에 대한 환경규제를 강화하자 산업통상자원부는 수출증대를 위해 수출제품의 환경친화성을 고 려하지 않을 수 없게 되었다. 그 결과, 오늘날 무역정책은 과거의 생산비와 시장개척 차원을 넘어 기술개발과 환경보호라는 새로운 차원을 고려하지 않을 수 없게 되었고, 과거 산업통상자원부가 전담해 왔던 정책에 과학기술부와 환경부가 끼어들게 되었으 며, 그만큼 정책갈등이 빈번해지고 있다.

(3) 복합이슈들의 등장

정책갈등이 증가하는 이유는 전통적인 부처간 업무분담의 경계를 넘어서는 거대 하고 복합적인 정책이슈들이 증가하고 있기 때문이다. 경제사회 구조의 빠른 변화와 유기적 고도화 및 기술융합으로 인해 복합적이면서 동시에 거대한 정책이슈들이 등장하고 있다. 거대복합이슈의 예로는 과거에 서로 별개로 취급되어 왔던 방송정책이슈와 통신정책이슈가 기술의 발달과 융합으로 하나의 정책이슈로 취급되는 방송통신정책, 자동차 생산기술과 IT기술을 융합한 스마트자동차(smart car) 개발정책 등이다.

복합이슈들은 이중으로 부처간 갈등을 초래한다. 먼저, 복합이슈는 그 관할이 단일부처에 떨어지지 않고 여러 부처에 걸치게 된다. 그리하여 부처간 주도권 경쟁을 초래한다. 부처들은 복합이슈를 자신들의 관할로 하기 위해 경쟁적으로 새로운 유관사업을 벌이고 그에 필요한 예산을 확보하고 법제도를 구축한다. 이 과정에서 관할중복 문제로 인한 갈등이 생긴다. 다음, 복합이슈들의 관할이 여러 부처에 분산되면 유관부처들은 주무부처가 복합이슈를 통해 추구하려는 목표와 동원하려는 수단에 대해 이견을 제시할 수 있다. 그리하여 주무부처와 유관부처 간에 목표 혹은 수단에 대한 갈등이 발생할 수 있다. 따라서 이러한 거대 복합이슈들은 관할권을 둘러싼 갈등뿐만 아니라 정책 목표와 수단에 대한 갈등도 초래한다.

2. 부처간 정책조정의 필요성

부처간 정책조정은 자원의 효율적 활용, 정책갈등의 부작용 방지와 편익 확보 등 정책조정의 일반적 목적 이외에 다음과 같은 이유로 필요하다.

1) 주무부처 한계의 극복

주무부처는 타 부처들의 정책목표에 미칠지 모르는 부정적 효과에 대한 고려 없이 자신의 정책목표를 정하는 경우가 많고, 또한 제한된 전문성과 정보 때문에 좀 더 바람직한 정책수단들을 동원하지 못하는 경우도 있다. 주무부처는 유관부처들과의 정책조정을 통해 (i) 미처 고려하지 못했던 타 정책목표에 미치는 영향을 확인할 수 있고, (ii) 유관부처들의 정보와 역량을 지원받을 수 있다. 즉 주무부처는 유관부처들과의 정책조정을 통해 자신의 한계를 극복하고 다양한 시각과 정보를 활용하여 좀 더 종합적이고 실현가능한 정책을 만들 수 있다.

2) 대정부 불신의 방지

정부정책에 대한 국민들의 불신과 불만은 상당부분 부처간 갈등과 그 피해에 기인한다. 부처간 이견과 갈등이 장기화되어 정책추진이 지연되는 경우, 주무부처가 일방적으로 정책을 발표한 후 나중에 유관부처들의 반대로 정책을 번복하여 정책혼선이 발생한 경우, 유관부처들과 충분한 논의 없이 정책을 마련함으로써 집행과정에서 심한 반발이나 부작용이 발생한 경우 국민들이 피해를 받게 된다. 그리하여 정부에 대한 국민들의 불신과 비난이 증가하게 된다. 부처간 조정은 국민들의 불신과 불만을 막기 위해서도 필요하다.

제3절 부처들의 내부입장 정립

부처간 정책 갈등과 조정의 직접적인 원인은 정책이슈에 대해 주무부처와 유관부처들이 서로 다른 입장을 취한다는 데 있다. 부처들이 입장을 정하는 경우는 자신의 관할 정책이슈에 대해 주무부처로서 입장을 정립하는 경우와 타부처 관할 정책이슈에 대해 유관부처로서 입장을 정립하는 경우가 있다. 각각의 경우에 우리나라 부처들이 어떻게 입장을 정하는지를 살펴보면 다음과 같다.

1. 주무부처의 입장 정립

정책이슈에 대한 주무부처들의 내부입장 정립 과정은 정책추진의 필요성을 누가 제기하느냐, 누가 특별히 관심을 갖고 있느냐에 따라 달라진다.

행정부처 내에서 새로운 정책 추진의 필요성은 대체로 청와대나 집권당의 요구, 장관의 신념, 간부들의 판단 및 이해관계자의 건의 등에 의해 제기된다. 기존 정책(법률)의 수정(개정) 필요성은 집행과정에서 타 정책과 상충될 경우 실무자의 인지, 타부처의 요청 혹은 감사원의 지적 등에 의해 제기된다.

내부입장 정립은 정책추진의 필요성이 청와대의 요구, 집권당의 공약이행, 장관의 신념 등에 의해 제기되면 대체로 장관 주도의 하향식 절차를 거치는 반면, 중장기계획의 구체화, 담당 실무자들의 인지, 이해관계자의 건의, 타 부처의 요구, 감사원의 지적 등에 의해 제기되면 과장(課長) 중심의 상향식 절차를 거친다. 또한 대통령, 집권당 및 장관이 전략적으로 관심을 갖는 정책에 대한 내부입장은 하향식으로, 그 이외의 정책에 대한 내부입장은 상향식으로 정립되는 경향이 있다. 상향식이든 하향식이든 초안의 구체적인 내용은 주무과(主務課)에서 정한다.

1) 하향식 입장정립

장관주도의 하향식 입장정립은 대체로 다음과 같은 단계를 거친다.

첫째 단계는 장관이 정책(입법)추진을 검토하도록 지시하는 단계이다. 장관이 주무과장을 불러 정책추진의 취지를 알려주면서 정책추진 방향과 주요 내용을 검토해 보도록 지시한다.

둘째 단계는 주무과에서 정책추진 검토보고서를 마련하는 단계이다. 과장은 부처내 의견을 수렴하고 전문가들의 자문(연구보고)을 받아 정책의 필요성과 목적, 정책에 포함되어야 할 주요 내용 등을 검토하고 그 결과를 담은 검토보고서를 작성하여 장관에게 보고한다.

셋째 단계는 장관이 추진여부를 결정하는 단계이다. 장관은 이 보고서 내용을 검토한 후 추진여부를 결정한다. 추진여부 결정에 있어서 장관은 대통령의 의중, 집권당의 입장, 여론의 반응, 자신의 관심사 등은 물론 정책추진의 구체적 시기와 성공가능성 등을 고려한다. 장관은 필요하면 대통령이나 집권당에게 비공식적으로 보고한 후 추진여부에 대한 의견을 듣는다.

넷째 단계는 주무과에서 정책안 초안을 작성하는 단계이다. 장관이 추진하기로 결심하면, 장관은 주무과장에게 구체적인 초안을 작성하도록 지시한다. 지시하는 과정에서 정책의 핵심내용을 정해 주는 경우가 많다. 과장은 장관의 지시에 따라 외국 사례를 참고하고, 전문가들의 의견, 경우에 따라서는 이익집단들의 의견까지 수렴하고 부처내부의 의견을 반영하여 구체적인 초안을 작성한다.

다섯째 단계는 부처내 의견을 조율하는 단계이다. 초안의 구체적인 내용을 하나씩 정해가는 과정에서 과장은 수시로 진척된 주요 내용을 국장, 차관, 장관 등 상급자들에게 보고하고 상급자들은 이를 검토하여 수정·보완한다. 이 수정·보완 과정에서 논란이 될 만한 쟁점이 발생하면 부처내 과장회의와 국장회의에서 조정하고 최종적으로는 장관이 결정한다. 또한 추진하는 정책이 대통령의 관심사나 공약과 관련되어 있으면, 장관, 차관, 국실장 등이 청와대 비서실과 접촉하여 의견을 듣는다.

여섯째 마지막 단계는 장관이 부처안을 확정하는 단계이다. 정책초안이 최종 완성되면 장관이 확정한다. 이로써 부처안 작성(부처내 입장정립)이 완료된다.

이상의 하향식 입장정립 과정에서 장관들은 대통령이나 집권당 혹은 자신의 관심사를 정책초안에 충실히 반영하려 한다. 그러나 주무 국과장들은 대통령, 집권당 및 장관의 요구대로 항상 순순히 응하는 것은 아니다. 먼저, 대통령이나 집권당이 요구하는 정책들에 대해 국과장들은 한편으로는 적극적으로 호응하면서도 다른 한편으로는 정책의 시급성과 자원의 한계를 고려하여 우선순위를 정하거나 부작용을 줄이기 위해 일부를 보류시키려 한다(정덕구, 2003: 243-244). 다음, 장관이 자신의 신념에 따라 추진하는 정책에 대해서도 국과장들은 실현가능성이 부족하거나 부작용이 예상되면 이를 반대하는 경향이 있다(정덕구, 2003: 245). 장관이 물러난 뒤 해당 정책의 부작용에 대해 책임지는 상황이 벌어질 수 있기 때문이다.

그리하여 장관들이 대통령이나 집권당 혹은 자신의 요구를 충실히 반영하기 위해서는 국과장들에 대한 전략이 필요하다. 장관들은 설득, 인사조치, 위장 등의 전략을 구사한다. 장관들은 대통령이나 집권당의 요구를 관철시키기 위해서는 국과장들과의 많은 토론을 통해 설득하는 경향이 있다. 이러한 토론과 설득을 거치면 국과장들은 대통령이나 집권당의 요구를 수용하는 경향이 있다(정덕구, 2003: 244). 장관들이 자신의 관심사를 반영시키려 하는 경우, 힘 있는 장관들은 담당 국과장을 우호적인 인사로 교체하는 경향이 있으나, 임기가 짧고 정치적 영향력도 강하지 않아 인사조치가 어려운 장관은 자신의 관심사를 대통령의 관심사로 포장하여 관철시키는 경향이 있다.

2) 상향식 입장정립

부처내 상향식 입장정립은 주무과장이 주도하는 다음과 같은 단계를 거친다.

첫째 단계는 주무과장이 정책추진의 필요성을 보고하고 장관의 승인을 받아내는 단계이다. 주무과장은 자신의 판단이나 과내 의견에 따라 추진이 필요하다고 생각하면 국장과 차관 및 장관에게 추진 이유를 설명하고 동의를 받아낸다. 실무자(과장과 사무관)들이 새로운 정책을 추진할 때 추진여부를 최종 결정하는 장관의 동의를 얻는 것이 중요하다. 장관들은 신임하지 않는 실무자들이 추진하려는 정책에 대해서는 보다 많은 검토를 요구하면서 수용하지 않으려는 경향도 있기 때문이다(정덕구, 2003: 246). 그러나 실무자들이 여타 정책과의 상충 혹은 상황의 변화 등을 이유로 기존 정책을 수정하려는 경우 장관들은 별다른 이의없이 승인하는 경향이 있다.

둘째 단계는 주무과에서 초안을 작성하는 단계이다. 장관의 동의를 받으면 주무과장은 과원(課員)들을 동원하여 부처의 이해관계를 반영하고 전문가들의 조언을 받아 초안을 작성한다. 초안 작성과정에서 이해관계집단들의 의견도 수렴한다.

셋째 단계는 부처 내에서 조율하는 단계이다. 초안이 작성되면 주무과장은 유관 과장들에게 회람시켜 의견을 수렴한다. 의견수렴 과정에서 이견이 발생하면 과장들이 나서서 조정하지만 여의치 않으면 주무국장에게 조정토록 한다. 유관과장들과의 조정이 끝나면 주무과장은 수정·보완된 초안을 주무국장에게 보고한다. 주무국장은 다시 유관국장들에게 회람시켜 의견을 받아 재차 수정·보완한다. 유관국장들과의 이견이 발생하면 국장들 간 협의조정하고 여의치 않으면 차관에게 조정토록 한다. 그러나 정책을 긴급히 추진해야 하거나 이견이 있는 쟁점이 중요할 경우 회람절차보다는 과장회의와 국장회의를 통해 의견을 수렴하거나 이견을 조정한다.

넷째 단계는 장관이 승인하는 단계이다. 부처내 국과장들의 의견수렴이 끝나면 장관에게 보고하고 장관이 승인한다. 이로써 부처안(부처내 입장정립)이 완성된다.

2. 유관부처의 입장 정립

주무부처 과장은 부처간 협의를 위해 주무부처안을 유관부처 담당과장에게 보낸다. 법령안이면 유관부처의 법무담당관에게, 기본계획이면 기획예산담당관에게, 일반정책안이면 담당과장에게 보낸다. 유관부처가 주무부처안에 대한 입장을 정하기 위해 내부적으로 거치는 절차는 다음과 같다.

첫째 단계는 담당과장이 협의요청 내용을 상관에게 보고한다. 담당과장은 주무부처의 정책안이 소속부처에 중요하지 않거나 소속부처의 입장과 차이가 크지 않으면 상관들에게 보고하지 않고, 중요하거나 입장차이가 크면 상관들에게 보고한다. 대체로 위임전결규정에 따라 최종 결정권자까지 보고한다.

둘째 단계는 담당과장과 담당사무관이 집중 검토하여 부처 입장을 정한다. 협의요청안이 중요하지 않거나 입장차이가 크지 않으면 담당과장이 부처 입장을 단독으로 정하고, 입장차이가 크면 구체적 내부입장을 정하기 위해 의견수렴 절차를 거친다. 즉 담당과장이 주도하여 초안을 작성한 후 유관 과장들과 국장들의 의견을 차례로 수렴하여 장관의 최종 승인을 받는다.

셋째 단계는 장차관에 대한 보고이다. 협의요청안이 법령안이면 경미하든 중요하든 주무부처의 입장과 소속부처의 입장을 비교 정리하여 차관과 장관에게 보고한다. 차관과 장관은 각각 차관회의와 국무회의에 대비해 알고 있어야 하기 때문이다. 협의요청안이 중요하고 이견이 큰 정책안이면 장차관들이 나서서 조정할 것에 대비해 입장 간 차이를 정리하여 차관과 장관에게 보고한다. 그러나 협의요청안이 경미하거나 입장차이가 크지 않으면 담당과장이 결정한 내부입장은 상관에게 보고하지 않아도 된다.

넷째, 담당과장은 소속부처의 입장을 주무부처 담당과장에게 통보한다.

제4절 부처간 정책조정 실태

부처간 입장차이가 크지 않으면 주무부처가 유관부처들의 입장을 수용함으로써 부처간 입장차이는 해소된다. 그러나 입장차이가 크면 주무부처 과장이 유관부처 과장을 접촉하여 직접 설명하고 협조를 부탁한다. 과장들 간에 합의가 안 되면 본격적인 조정에 들어간다. 우리나라에서 부처간 정책조정에 동원되는 기구와 절차 및 행태를 보면 다음과 같다.

1. 부처간 쟁점정책 조정기구

부처간 조정기구들은 그 성격에 따라 당사자간 협의조정(negotiation)기구, 제3자 중립조정(mediation)기구, 제3자 집권조정(arbitration)기구로 구분할 수 있다. 현재 우리나라에서 각 유형별로 동원할 수 있는 조정기구들은 다음과 같다.

1) 협의조정 기구

(1) 비공식 실무회의

비공식 실무회의는 실무자들 간 의견교환 및 이견조정 회의이다. 주무부처 국과장들은 필요하면 언제든지 유관부처 국과장들을 비공식적으로 접촉하여 의견을 교환하고 이견을 조정한다. 이 비공식 실무회의에는 정해진 구조와 절차가 없다. 관련부처 국과장들이 아무런 형식없이 필요에 따라 회합을 가지면 그것이 비공식 실무회의이다.

(2) 관계장관회의

관계장관회의는 정책이슈와 관련된 장관들의 회의로서 부처간 협력을 통해 정책을 추진하고 부처간 이견을 개별조정하기 위한 기구이다. 개별조정이란 정책의 형성 혹은 집행 과정에서 발생하는 쟁점들을 그때그때 개별적으로 집중 심의하여 조정하는 것을 말한다. 관계장관회의는 업무 범위에 따라 분야별 관계장관회의와 이슈별 관계장관회의로 구분할 수 있다. 그 설치 및 운영 방식은 대통령에 따라 달라져 왔다.

분야별 관계장관회의는 국정전반을 4~6개 분야로 나누어 분담하는 장관회의로서 국가안보회의, 경제장관회의, 인적자원개발회의, 사회관계장관회의, 과학기술장관회의 등이 이에 해당되며, 각 분야와 관련된 장관들로 구성되고 주무장관이 의장을 담당한다. 이슈별 관계장관회의는 특정이슈와 관련된 장관들로 구성되고 그 중요성에 따라 대통령, 총리 혹은 주무장관이 의장을 담당한다. 이슈별 관계장관회의는 법령에 의해 상설회의로 설치되는 경우가 있으나[3] 대다수가 법령에 근거없이 조정이 필요할 때마다 소집하는 임시회의 형태로 활용된다. 이슈별 임시 관계장관회의는 총리가 소집하는 경우가 많다. 관계장관회의가 상설로 설치되는 경우 산하에 실무회의를 두고 의장부처의 해당 국과에서 행정지원한다.

(3) 정부위원회

정부위원회는 중장기적 대응이 필요한 쟁점정책을 심의조정하는 기구이다.[4] 즉 특정문제를 상당기간에 걸쳐 집중적으로 해결하는 과정에서 부처간에 발생하는 수많은 쟁점들을 연계조정해야 할 필요가 있을 때 설치해 온 기구이다. 연계조정이란 정책내용의 일관성 확보를 위해 다수 유관쟁점들을 분절시키지 않고 연관시켜 조정하는 것을 말한다. 연계조정을 위해서는 모든 유관쟁점들을 책임지고 조정하는 단일 상설기구가 필요한데, 이것이 정부위원회이다. 정부위원회의 핵심멤버는 고위공직자들이지만 민간전문가도 참여한다.[5] 정부위원회는 대부분 법령에 근거하여 설치 혹은 폐지된다.

가. 정부위원회의 설치 필요성

정부위원회의 설치가 필요한 경우를 좀 더 구체적으로 유형화하면 다음과 같다.[6]

첫째, 정책문제를 일정기간 내에 비교적 완전하게 해결하기 위해 종합대책과 그 집행점검이 필요한 경우이다. 종합대책은 일반적으로 특정고객, 특정지역, 특정문제 등을 대상으로 마련한다. 특정고객은 주로 청소년, 여성, 장애인, 재외동포 등을 말하

---

3) 예를 들면, 지구환경관계장관회의(92.7.), 남북경제협력추진회의(01.3.) 등.

4) 정부위원회는 의결, 심의조정, 자문, 조사연구 등 목적으로 설치된다.

5) 심의조정 목적의 장관급 정부위원회는 그 기능과 운영방식이 이슈별 관계장관회의와 동일하다. 다만, 장관급 정부위원회는 장관들 이외에 민간전문가 혹은 광역단체장들이 참여하기도 한다.

6) 그 외에도 우리나라 공무원들은 다음과 같은 이유로 관계장관회의가 아니라 정부위원회를 선호한다. 첫째, 주도권 싸움 때문이다. 관계장관회의를 설치하면 힘 있는 부처가 의장을 차지하여 조정을 주도하는 경우가 많으나 정부위원회를 설치하면 주무부처가 확실하게 위원장을 차지할 수 있고, 위원장을 총리로 하더라도 주무부처가 실무위원장을 차지할 수 있어서 주무부처 주도로 조정할 수 있기 때문이다. 둘째, 정부위원회는 반드시 장관급이 아니라 그 중요성에 따라 차관급, 실국장급으로 설치할 수도 있기 때문이다. 즉 중요하지 않으면 실무선에서 조정을 끝낼 수 있기 때문이다. 셋째, 민간전문가들을 참여시킬 수 있기 때문이다. 즉 부족한 전문성을 확보하고 여론을 부분적으로나마 수렴할 수 있기 때문이다.

고, 특정지역은 농어촌, 낙후지역, 접경지역, 폐광지역, 전략적 개발지역 등을 말하며, 특정문제는 국제행사, 위기예방 등을 말한다.

종합대책은 대부분 여러 부처들에 걸쳐있는 업무를 대상으로 한다. 종합대책을 마련하는 작업은 관련부처들이 각자의 시각에서 해결책을 제안하면 이 다양한 해결책들을 모순 없이 일관성 있게 통합하는 것이다. 이 통합과정에서 해결책들 간에 수많은 쟁점들이 발생할 수 있는데 이 쟁점들을 서로 연계시켜 조정해야 종합대책의 일관성을 확보할 수 있다. 또한 종합대책은 그 집행을 책임질 적절한 단독 부처가 없는 경우가 많아 그 집행을 여러 부처들에게 분담시킨다. 그런데 분담만 시켜 놓고 방치하면 집행부처들은 각자가 자신의 이해관계에 따라 집행을 소홀히 하거나 자신의 편의에 따라 집행하는 경우가 많다. 따라서 종합대책을 시행할 때에는 집행부처들이 제대로 집행하는지를 점검해야 되고 집행과정에서 불거진 이견과 갈등을 조정해 주어야 한다. 요약하면, 종합대책을 마련하고 집행을 점검해야 할 뿐만 아니라 그 과정에서 발생하는 부처간 다양한 이견과 갈등들을 연계조정할 필요가 있을 때 정부위원회를 설치한다.

둘째, 특정대상을 국가비전에 따라 체계적으로 진흥·육성하기 위해 기본계획을 세우고 이를 시행계획에 따라 단계적으로 추진할 필요가 있는 경우이다. 기본계획은 일반적으로 정보화추진, 해양수산진흥, 부품소재개발 등 특정분야를 대상으로 하지만, 종합대책처럼 특정지역이나 특정고객을 대상으로 할 수도 있다. 특정대상에 기본계획을 세우느냐 종합대책을 세우느냐는 정책적 판단에 따라 달라진다. 또한 기본계획을 마련하고 집행하는 절차와 방식은 종합대책과 거의 같다. 특정대상의 진흥·육성을 위해서는 비전 설정, 기본계획수립, 시행계획 수립, 시행계획 집행 등의 단계를 거치는데, 매 단계를 거칠 때마다 순차적으로 발생하는 다수 쟁점들을 서로 연계시켜 조정해야 진흥정책의 일관성, 더 나아가 성공을 기대할 수 있다. 요약하면, 기본계획과 시행계획을 세워야 할 뿐만 아니라 그 과정에서 순차적으로 발생하는 이견과 갈등을 연계시켜 조정해야 할 필요가 있을 때 정부위원회를 설치한다.

셋째, 특정 쟁점정책 내에서 유사한 세부쟁점들을 반복적으로 조정할 필요가 있는 경우이다. 쟁점정책들 중에는 유사한 종류의 세부쟁점들이 부처간에 정기적 혹은 간헐적으로 반복해서 발생하는 쟁점정책들이 있다. 예를 들면, 정부수매, 공공요금정책, 정부업무평가, 정부기금운영 등이다. 하나의 특정 쟁점정책 내에서 이처럼 시차를 두고 반복적으로 발생하는 동일한 세부쟁점들을 조정할 때 이전에 조정했던 결과를 고려하지 않을 수 없다. 이처럼 반복적으로 발생하는 세부쟁점들에 대한 조정결과가 상충되지 않도록 조정할 필요가 있을 경우 정부위원회를 설치하는 경향이 있다.

넷째, 특정정책을 추진하는 과정에서 서로 연관된 다양한 세부쟁점들을 한꺼번에 발굴·조정하는 것이 불가능하여 상황에 따라 시차를 두고 발굴·조정할 수밖에 없는 경우이다. 특정 쟁점정책 내에서 서로 다른 세부쟁점들을 한꺼번에 확정하기가 쉽지 않는 경우가 많다. 예를 들어, 교육개혁의 쟁점은 대학입시제도가 핵심이지만 정부의 관심사이나 국민들의 요구가 변함에 따라 창의성교육, 인재교육 등 다양한 세부쟁점들로 확대될 수 있다. 또한 기후변화협약대책에서도 상황의 진전에 따라 다양한 세부쟁점들이 새로 등장할 수 있다. 어느 경우에나 세부쟁점들을 한 번에 발굴하여 조정하기가 쉽지 않다. 요약하면, 특정정책의 세부쟁점들을 시간을 두고 발굴할 수밖에 없고, 각 세부쟁점에 대한 조정도 이전의 조정내용과 서로 연계시켜 그때그때 조정해야 할 경우 정부위원회를 설치하는 경향이 있다.

표 9-1 정부위원회 설치 이유와 예시

설치 이유	예 시	
종합대책/집행점검	청소년육성위원회(87.11.)	장애인복지조정위원회(99.3.)
	국가에너지위원회(06.9.)	국가교통위원회(09.11.)
	농어촌대책협의회(85.12.)	제주특별자치도지원위원회(06.8.)
기본계획/시행계획	해양수산발전위원회(02.5.)	정보화추진위원회(95.8.)
	국가에너지절약추진위원회(97.8.)	원자력진흥위원회(11.10.)
	저출산고령사회위원회(05.5.)	국가우주위원회(05.5.)
동종쟁점 반복조정	산업입지정책심의회(96.10.)	정부업무평가위원회(01.8.)
	공무원연금운영위원회(01.2.)	공적자금관리위원회(00.12.)
이종쟁점 대증조정	인력개발촉진위원회(76.5.)	산업정책심의회(81.12.)
	교육개혁추진위원회(92.2.)	규제개혁위원회(98.2.)
	정보통신기반보호위원회(01.9.)	기후변화협약대책위원회(01.9.)

나. 정부위원회의 설치 위치

정부위원회는 소관업무의 중요성, 관련부처의 수, 관할권 경쟁, 전략적인 이유 등에 따라 대통령, 총리 혹은 주무부처 산하에 설치되어 왔다.

정부위원회의 소관업무가 국가적 혹은 정치적으로 특히 중요하여 대통령의 관심이 필요하다고 판단되는 경우 관련부처의 수나 관할권 경쟁 등과 관계없이 대통령 산하에 설치되는 경향이 있다. 반면, 관련부처들의 수가 많은(12개 이상) 경우, 총리 혹은 주무장관이 그 중요성으로 인해 범정부적 관심을 보일 필요가 있다고 판단하는 경우,

힘이 약한 주무부처가 전략적으로 총리의 권위를 활용하여 조정하려 할 경우,[7] 관할경쟁이 심해 주무부처를 정하기 어려운 경우 등에는 정부위원회가 총리 산하에 설치되는 경향이 있다. 그러나 소관업무가 특별히 중요하지 않고 관련부처들도 많지 않으며 관할권 경쟁도 심하지 않으면 주무부처에 설치되는 경향이 있다. 또한 동일한 정부위원회라도 그 중요성에 대한 판단이 바뀌면 소속이 변경되기도 한다.[8]

표 9-2 대통령 산하 정부위원회와 지원기구

위원장	예 시	
대통령	저출산고령사회위원회(05.5.)	(보건복지부 인구정책총괄과)
	일자리위원회(17.5.)	(일자리기획단)
	국가인적자원위원회(07.6.)	(교육부 인재직무능력정책과)
국무총리	국가지식재산위원회(11.5.)	(과기정통부, 별도 지식재산전략기획단)
주무장관	국가우주위원회(05.5.)	(과기정통부 산하 거대공공연구정책과)
민간인사	국가건축정책위원회(08.6.)	(국토교통부 건축정책과)
	국가생명윤리심의위원회(05.1.)	(보건복지부 생명윤리정책과)
	지방자치발전위원회(13.5.)	(행안부주관, 별도 지방자치발전기획단)

표 9-3 총리 소속 정부위원회와 소속 이유

위원장	소속 이유	예 시	
국무총리	범정부 관할	정보화추진위원회(95.8.)	정보통신기반보호위원회(01.9.)
		녹색성장위원회(09.2.)&지	중앙안전관리위원회(04.6.)
	범정부 관심	에너지전략추진위원회(97.8.)	기후변화협약대책위원회(01.9.)
		교육개혁추진위원회(95.8)	실업대책위원회(98.12.)
		정부업무평가위원회(06.4.)#	평창올림픽지원위원회(12.1.)
	부처 전략	다문화가족정책위원회(11.4.)	양성평등위원회(14.5.)
		보육정책조정위원회(07.10)	아동정책조정위원회(12.8)
	관할경쟁	국제개발협력위원회(06.3.)#	산업융합발전위원회(11.4.)
		재외동포정책위원회(96.2.)	행정규제완화위원회(90.5.)
국조실장	범정부 관할	외국인력정책위원회(03.8.)	
	범정부 관심	보육정책조정위원회(07.10.)	
	부처 전략	주파수심위원회(13.3.)	
	관할 경쟁	유아교육보육위원회(10.3)	
민간인사	범정부 관할	국가기록관리위원회(07.4.)	정부3.0위원회(14.6.)

(지원기구) & : 국조실 추진단/지원단/기획단   # : 국조실 정책관

---

7) 주무부처가 유관부처들의 협력을 유도하면서 동시에 쟁점정책 조정에서 주도권을 잡기 위한 것.

8) 예를 들어, 저출산고령사회위원회는 노무현 정부가 대통령 산하에 설치했으나 이명박 정부가 보건복지부 산하로 이동시켰고 박근혜 정부가 다시 대통령 산하로 옮겼다. 녹색성장위원회는 이명박 정부가 대통령 산하에 설치했으나 박근혜 정부가 총리 산하로 이동시켰다.

표 9-4 주무부처 소속 정부위원회

위원장	예 시	
주무장관	생명공학종합정책심의회(93.8. 과기부)	벤처기업활성화위원회(97.8. 산자부)
	고용정책심의회(93.12. 노동부)	국가핵융합위원회(07.3. 과기정통부)
	남북교류협력추진협의회(89.3. 통일부)	해양수산발전위원회(02.11. 해수부)
주무차관	산업입지정책심의회(90.1. 건교부)	북한이탈주민대책협의회(97.1. 통일부)
	민군겸용기술위원회(99.7. 산자부)	환경기술심의위원회(00.2. 환경부)
주무실국장	대체에너지정책심의회(88.6. 산자부)	공공철도건설심의위원회(03.2. 건교부)

다. 운영기구

일반적으로 정부위원회는 소관업무의 상대적 비중, 소관업무의 관할권, 지원업무의 성격에 따라 운영기구(위원장, 실무위원장, 지원기구)를 달리한다.

먼저, 정부위원회들은 소속이 같더라도 상대적 비중에 따라 위원장을 달리해 왔다. 시간의 흐름에 따라 중요성이 변하면 위원장이 바뀌기도 한다.[9] 소관업무가 정치적 판단보다는 전문적인 판단이 중요한 경우 위원장을 민간인사가 담당하기도 하는데, 이 경우 부위원장직을 신설하여 주무부처 장관이 담당하는 경향이 있다.

다음, 정부위원회들은 그 소관업무에 대한 관할권에 따라 실무위원회 위원장을 달리해 왔다. 소관업무에 대한 주무부처가 분명한 경우에는 대통령 산하에 설치되었든 총리 산하에 설치되었든 그 위원장이 누구든, 유관부처가 몇 개든, 실무위원장을 주무부처가 담당한다. 그러나 주무부처가 명확해도 총리가 범정부적 관심과 지원이 필요하다고 판단해 직접 챙기려 하는 경우 실무위원장을 국무조정실장이 담당한다. 한편, 정부위원회 소관업무에 대해 2~3개 부처가 치열하게 주무부처 경합을 벌이는 경우에는 경합부처들이 실무위원장이나 부위원장을 복수로 설치해 분배한다. 이는 어느 한 부처가 쟁점정책의 조정을 주도하지 못하도록 견제하기 위해서이다.

마지막, 지원기구는 일반적으로 실무위원장 산하 공무원들이 담당한다. 그러나 지원대상업무의 성격이나 분량에 따라 달라진다. 반복적 조정이나 대중적 조정이 필요한 경우 그 지원업무가 그리 많지 않아 국무조정실내 정책관[10]이나 주무부처내 국과

---

9) 예를 들면, 해외사업조정위원회는 1977년에 총리가 위원장인 장관급 위원회로 출발했으나 1983년에 위원장만 경제기획원장관으로 바뀌었고, 접경지역정책심의위원회는 2000년에 총리가 위원장인 장관급 위원회로 출발했으나 2006년에 행자부장관을 위원장으로 하는 차관급 위원회로 격하되었다. 반대로 에너지정책심의위원회는 1976년에 경제기획원 차관을 위원장으로 하는 차관급 위원회로 출발했으나 1997년에 총리를 위원장으로 하는 장관급 위원회로 격상되었다.

10) 예를 들면, 재외동포정책위원회(외교안보정책관실), 정보통신기반보호위원회(일반행정정책관실),

(局課)를 지원기구로 지정하고, 종합대책 혹은 기본계획을 수립하고 집행점검까지 해야 할 경우 업무량이 많아 기획단, 추진단, 지원단 혹은 대책반을 별도로 설치하는 경향이 있다. 비교적 장기에 걸쳐 정부주도로 종합대책(기본계획)을 세우고 집행점검을 해야 할 필요가 있으면 추진단(기획단)을 설치하고,11) 비교적 한정된 기간내 민관합동으로 상황변화에 종합적으로 대처해야 할 필요가 있으면 대책반을 설치하며,12) 민간주도 사업에 범정부적 지원이 필요하면 지원단을 설치하는 경향이 있다.

구체적으로 살펴보면, 대통령 산하 정부위원회의 경우 위원장은 대통령, 총리, 주무장관 혹은 민간인사가 위원장을 담당하고, 총리 산하 정부위원회들의 경우 총리나 국무조정실장이 위원장을 담당한다. 대통령 혹은 총리 산하 정부위원회들의 운영은 주무부처가 분명하면 주무부처가 담당한다. 즉 주무부처 장차관 혹은 실국장이 실무위원장을 담당하고 지원업무도 주무부처 국과장이 담당한다. 그러나 주무부처 경쟁이 있으면 공동으로 관리하거나 국무조정실에서 관리한다. 즉 경합부처 장관들이 공동으로 실무위원장을 맡고 경합부처 국과에서 공동으로 지원하거나,13) 아니면 국무조정실장이 실무위원장을 맡고 산하 정책관이 지원한다.14) 예외적으로 경합부처 중 한 부처에서 관리하고 대신 부위원장을 복수로 신설하여 분배하는 경우도 있다.15) 범정부적 관심을 보이기 위해 총리가 위원장인 정부위원회의 경우 실무위원장은 국무조정실장이 담당하고 지원업무는 주무부처 국과,16) 국무조정실 기획단 혹은 정책관,17) 혹은 주무부처와 국무조정실이 공동으로18) 담당한다. 주무부처 산하 정부위원회들은 당연히 주무부처 장관 혹은 차관이 위원장을 담당하고 고위공무원이 실무위원장을 담당하며 해당 과에서 지원한다. 종종 기획단을 설치하여 지원하는 경우도 있다.

국제개발위원회(개발협력정책관실), 정부업무평가위원회(정책평가정책관실) 등.
11) 추진단의 예로는 주한미군대책위원회 산하 주한미군이전추진단, 기획단의 예로는 중앙안전대책위원회 산하 안전관리개선기획단, 물관리정책조정위원회 산하 수질개선기획단, 세계화추진위원회 산하 기획단, 제주특별자치도추진위원회 산하 제주자치도기획단 등.
12) 대책반의 예로는 88올림픽유치지원위원회 산하 대책반, 기후변화협약대책위원회 산하 실무대책반, 식품안전관리대책협의회 산하 대책반 등이 있다.
13) 산업융합발전위원회(11.4.), 재외동포정책위원회(96.2.), 행정규제완화위원회(90.5.)
14) 국제개발협력위원회(06.3.)
15) 사회보장심의위원회(09.6.)
16) 정보화추진위원회(95.8.), 제주국제자유도시추진위원회 (02.1.)
17) 실업대책위원회(98.12.)
18) 교육개혁추진위원회(95.8), 에너지전략추진위원회(97.8.)

(4) 입법정책협의회[19]

국회의원이 추진하는 입법의 내용에 대해 집행부처와 유관부처 간 이견을 조정하는 기구이다. 법제처 차장의 주재하에 재정경제부, 법무부, 행정안전부, 국무조정실, 공정거래위원회, 법제처, 법률안 집행부처와 유관부처 등의 고위공무원들이 참석한다. 국회의원들이 제정하는 입법이나 수정한 정부법안이 헌법 위반 소지, 다른 법률과의 충돌, 조세 감면, 재정지출 증가, 조직의 신설·폐지·변경, 추가인력의 소요, 규제의 신설·강화, 정부정책의 변경 등을 수반하면, 법률안의 집행부처와 유관부처들이 이를 검토해야 하고 부처간 이견이 있으면 조정해야 한다.

집행부처와 유관부처는 상호 협의조정하여 이견을 타결해야 하지만, 타결이 안 된 경우 입법정책협의회에 조정을 요청할 수 있고, 입법정책협의회에서도 조정되지 않으면 총리가 주재하는 국정현안점검조정회의에 상정하여 조정한다. 그러나 신속한 대응이 필요하면 곧바로 국정현안점검조정회의에 상정하여 조정한다.

2) 중립조정 기구

(1) 국가정책조정회의

국가정책조정회의는 총리의 국정통할권에 입각하여 설치된 최고위 조정회의이다.[20] 총리가 매주 주재하는 정기적 회의로서 안건과 관련된 장관들이 참석한다. 차관들이 대리 참석할 수 있고, 청와대 수석비서관들이 참석하기도 한다. 경우에 따라 총리 주재 관계장관회의를 대신하기도 한다. 업무범위는 대통령과 총리와의 관계에 따라 달라지지만, 대체로 주요 국책사업들의 집행상황을 점검하고, 부처간 이견을 심의조정하며, 당면 현안과제들[21]에 대한 선제적 대응을 담당한다. 국가정책조정회의는 산하에 국무조정실 차장과 안건관련 부처 실국장으로 구성된 실무회의를 두고, 상정될 안건을 사전조정하도록 하거나 쟁점안건을 위임하여 검토하도록 한다. 국가정책조정회의와 실무회의에 대한 행정지원은 국무조정실에서 담당한다.

---

19) 정부입법정책수행의 효율성 제고 등에 관한 규정 [국무총리훈령 제00516호, 시행 2008. 7.10.]
20) 노무현 정부가 책임총리제의 일환으로 설치한 국정현안점검조정회의의 후신이다.
21) 국민불편사항 해소대책, 기업현장애로사항 해소대책, 서민생활 안정화대책, 노인·여성·청소년· 어린이 취약계층대책, 재해·재난·질병 안전대책 등.

(2) 국무조정실

국무조정실의 뿌리는 1961년 9월에 내각수반 산하에 설치한 기획통제관실이다. 각 부처의 중장기계획과 기본운영계획을 심사분석, 평가 및 조정하는 기구였다. 기획통제관실은 1962년 12월 제3공화국 출범으로 국무총리 산하 기획조정관실로 전환되었고, 1973년 1월 행정조정실로 확대되었으며 1999년에 국무조정실로 격상되었다.

표 9-5 역대 정부의 행정(국무)조정실의 구조와 기능

정 권	내부 구조	비 고
박정희 (73-80)	제1행정조정관 : 비경제부처 행정의 지휘조정감독 제2행정조정관 : 경제부처 행정의 지휘조정감독 제3행정조정관 : 서울시 조례 · 예산업무 감독 제4행정조정관 : 서정쇄신업무 통할 · 감독 제5행정조정관 : 국무총리 특명사항	제1,2행정조정관이 부처간 이견 조정
전두환 (81-89)	제1행정조정관 : 비경제부처 행정의 지휘조정감독, 올림픽지원 조정 제2행정조정관 : 경제부처 행정의 지휘조정감독 제3행정조정관 : 서울시 조례 · 예산업무 감독 제4행정조정관 : 청소년대책 및 국민계도(1983.3. 폐지)	- 상 동 -
노태우 (89-92)	제1행정조정관 : 비경제부처 행정의 지휘조정감독 제2행정조정관 : 경제부처 행정의 지휘조정감독 제3행정조정관 : 서울시 조례 · 예산업무 감독 제4행정조정관 : 사정 · 공직기강 · 부조리	- 상 동 -
김영삼 (93-98)	제1행정조정관 : 비경제부처 행정의 지휘조정감독 제2행정조정관 : 경제부처 행정의 지휘조정감독 제3행정조정관 : 내무 · 사회복지 행정의 지휘조정감독 제4행정조정관 : 사정업무 지휘감독, 국민운동지원, 민원처리	부처간 이견 조정관이 2명에서 3명으로 세분화
김대중 (99-02)	총괄조정관 : 국무회의 · 차관회의 관리, 외교안보 · 행자 · 법무 감독조정 경제조정관 : 재경 · 금융 · 산업 · 농수산 행정의 지휘감독조정 사회문화조정관 : 복지노동 · 교육문화 · 환경 행정의 지휘감독조정 규제개혁조정관 : 규제개혁, 정부출연연 심사평가조정관 : 업무평가, 공직기강	국무조정실로 격상, 명칭변경, 업무관할변경, 부처간 이견 조정관 세분화
노무현 (03-07)	기획관리조정관 : 국무회의 · 차관회의 관리, 주요 국정과제 관리/점검, 　　　　　　　　외교통일안보 · 행자 · 법무 · 재난 행정의 지휘감독조정 경제조정관 : 재경 · 금융 · 예산 · 산업과학기술 행정의 지휘감독조정 사회문화조정관 : 복지노동 · 교육문화 · 환경 행정의 지휘감독조정 규제개혁조정관 : 규제개혁 총괄 심사평가조정관 : 정부업무평가 국정상황실장 : 정책의제관리시스템운영, 현안 · 조정과제의 발굴 · 추진	국정상황실 설치
이명박 (08-12)	- 국무조정실의 조정기능 폐지 -	

현재 국무조정실 내에는 국정운영실, 경제조정실, 사회조정실, 규제조정실 및 정부업무평가실이 있고, 각 실내에는 1인의 조정관과 다수의 정책관들이 있다. 이 정책관들은 관련 부처들을 분장하고 있고, 대부분 고위공무원들이다.

그림 9-1 국무조정실 내부구조(2015년 12월 현재)

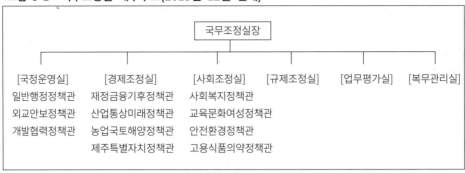

국무조정실장, 조정관, 정책관들이 주축이 되어, 범정부적 혹은 관련분야 부처간 이견들을 조정한다. 국무조정실은 예산권, 인사권, 전문성 등 영향력 행사 수단의 부재로 부처간 조정력이 미약하다는 평가도 있으나 전문성과 조정역량이 꾸준히 향상되어 조정력을 발휘하고 있다는 평가도 있다(하민철, 2010: 248).

국무조정실은 중립조정기구(mediator)이다. 즉 부처간 이견조정에 중립성과 공정성을 유지한다. 국무조정실이 특정분야 정책영역을 관할하고 있지 않을 뿐만 아니라 나름대로 설득력있는 논리와 자료에 입각하여 주장하는 갈등부처들 사이에서 어느 한 부처의 입장을 일방적으로 지지할 수 없기 때문이다.

국무조정실의 조정역량과 중립성 때문에 부처들이 국무조정실에 조정을 의뢰하는 건수가 증가하고 있다. 국무조정실은 부처간 재협의를 지원하고(facilitative mediation) 합의에 도움이 되는 조언(대통령 의중 암시, 미래적 시각 권장, 국민전체 혹은 대통령의 입장 배려 요청)을 통해 상호양보를 유도하며(conciliatory mediation) 필요하면 타협안을 마련하여 당사자 부처들을 설득한다(compromise-persuasion mediation).

국무조정실은 부처간 이견을 공식 정부위원회나 비공식 임시회의를 통해 조정한다. 공식 정부위원회는 법령에 따라 설치된 위원회로서 국무총리나 국무조정실장이 위원장인 위원회들이다. 비공식 임시회의는 국무총리, 국무조정실장, 국무차장, 조정관, 정책관 등이 필요하면 언제라도 소집하는 회의로서 관련부처 장관, 차관, 국장, 과장들이 참석한다. 국무조정실에 의한 조정은 대부분 비공식 임시회의를 통한 조정이다.

(3) 기획기구

기획기구는 부처간 정책갈등의 사전예방기구로서 중요한 역할을 한다. 한국에서 기획기구들은 1960년대와 70년대에 경제개발5개년계획을 세웠고, 80년대에 경제시회개발5개년계획을, 1990년대 이후에는 과학기술개발5개년계획, 인재개발계획, 첨단기술개발계획 등을 수립하면서 관련부처간 이견을 조정해 왔다. 이러한 계획들은 대부분 주무부처가 유관부처들과 함께 기획기구를 설치하여 수립했다. 기획기구는 대체로 관련부처간 이견을 중립적 입장에서 조정하고 있다.

(4) 예산실(예산처)

예산실도 부처간 조정에 중요한 역할을 하고 있다. 예산을 무기로 부처간 중복과 우선순위를 조정한다. 즉 예산실은 부처간 서로 다른 정책들에 대해 우선순위를 부여하고, 유사한 정책들에 대해서는 내용상 중복을 없앤다. 예산실은 원칙적으로 경합부처들 사이에서 중립조정(mediation)을 시도한다.

3) 집권조정 기구

(1) 대통령과 비서실

대통령은 부처간 갈등이 여타 조정기구들에 의해 조정되지 않을 경우 최종적으로 조정한다. 부처간 갈등에 가급적 관여하지 않지만 갈등이 첨예해진 경우 국가정책에 대한 최고책임자로서 조정에 나선다. 대통령의 조정은 그 성격상 대부분 집권조정 (arbitration)이다. 대통령 비서실 정책보좌관들도 부처간 정책조정의 핵심기구이다. 정책보좌관들은 대통령에게 정책 정보와 지식 및 조언을 제공하지만, 대통령의 정책노선에 맞는 정책들을 추진하고 부처간 이견을 조정하는 데 깊숙이 개입한다.

대통령비서실 정책보좌기구는 여러 대통령을 거치면서 분화되어 왔다. 현대적 비서실체제가 구축되었던 시점은 1960년대 초이다. 이 시기에는 정무수석비서관이 정부의 모든 정책들을 혼자 조정했다. 1960년대 말부터 경제수석비서관들이 추가되어 정무수석비서관과 조정역할을 분담했고, 1980년대부터 정무수석비서관은 정치문제에 국한되고 정책보좌기구가 외교안보통일, 경제산업, 교육과학, 문화복지 등 분야로 분화되었다.

표 9-6 역대 대통령 비서실의 구조

정권	시기	내부 구조	비 고
박정희	1963.12	비서실장, 정무(정책), 정보, 공보, 민원, 총무, 의전	현대적 비서실체제 구축
	1969.3	비서실장, 경제1(재경, 상공, 농림, 건설), 경제2(교통, 체신, 과기, 보사), 정무(문공, 문교, 법무, 외교국방, 지방행정), 민정(정보,민원), 총무(인사), 의전	정책보좌관 세분화 (비서실중심 국정운영)
	1972.5	비서실장, 경제1(재경, 상공, 농림, 건교), 경제2(과기, 중화학), 경제3(관광), 정무1(정당, 외교안보), 정무2(내무, 문공, 법무, 문교, 보사, 새마을), 민정(정보, 민원), 총무(인사), 의전	정책보좌관 세분화 (비서실중심 국정운영)
전두환	1983.10	비서실장, 정무1, 정무2, 공보, 사정, 경제, 교문, 민정, 의전, 총무	정책보좌관 축소 (장관중심 국정운영)
노태우	1988.2	비서실장, 정무, 공보, 행정, 외교안보, 경제, 정책, 민정, 의전, 총무	정책보좌관 확대
김영삼	1993.3	비서실장, 정무, 공보, 행정, 외교안보, 경제, 사회문화, 민정, 의전, 총무	나중에 정책기획 추가
김대중	2000.1	비서실장, 정책기획, 정무, 민정, 공보, 외교안보, 경제, 교육문화, 복지노동	의전·총무 축소
노무현	2003.5	비서실장, 정책기획, 정무, 민정, 홍보, 국민참여, 안보, 경제, 정보과학기술	정책보좌관 축소, 국민참여 추가
이명박	2008.5.	비서실장, 국정기획, 정무, 민정, 홍보, 외교안보, 경제, 사회, 체육과학문화	정책보좌관 확대, 국민참여 삭제

대통령비서실내 각 수석비서관실은 수석비서관 1인과 3~6인의 비서관 및 다수 행정관들을 계층적으로 조직화해 왔다. 각 비서관들은 대체로 유관분야 부처들을 분장하고 있다. 과거 권위주의체제 하에는 수석비서관과 비서관 및 행정관들을 대부분 유관부처 엘리트 공무원들이 차지했으나, 민주화 이후 수석비서관들은 외부전문가들이고, 비서관과 행정관들은 외부인사와 공무원으로 혼합되어 있다.

정책보좌관들, 즉 외교안보통일, 경제산업, 교육과학, 문화복지 등 분야 수석비서관과 비서관들이 해당분야 부처간 정책조정에 관여한다. 수석비서관들은 부처간 갈등에 대해 중립조정 혹은 집권조정을 한다. 어떤 역할을 하느냐는 대통령의 국정운영스타일과 수석비서관에 대한 대통령의 신임도 및 수석비서관의 성향에 따라 달라졌다. 대통령이 비서실 중심의 국정운영을 하면, 예를 들어 1969년 이후 박정희 대통령처럼 주요 정책들의 추진을 정책보좌관들과 상의하면서 직접 챙기면, 수석비서관들은 부처

그림 9-2 대통령비서실 내부구조(2015년 12월 현재)

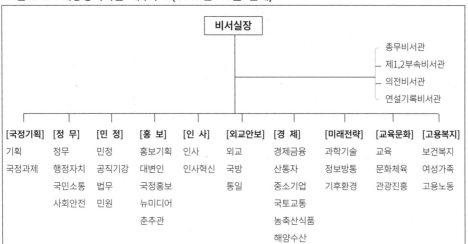

간 갈등을 집권조정하는 경향이 있다. 반면에 대통령이 장관 중심의 국정운영을 하면, 예를 들어 전두환 대통령처럼 주요 정책추진에 깊이 개입하지 않고 장관 책임하에 추진하도록 하면, 수석비서관들은 부처간 갈등을 중립조정하는 경향이 있다. 또한 동일 정권 내에서도 수석비서관에 대한 대통령의 신임이 두터우면 그 수석비서관은 집권조정자와 유사한 역할을 하고, 그렇지 않으면 중립조정자에 머무는 경향이 있다. 마지막으로, 수석비서관이 자신의 정책아이디어를 관철하려는 성향(advocate)이 강하면 대통령을 설득하면서 부처간 갈등에 집권조정자와 유사한 역할을 하며, 협력과 조화를 추구하는 성향(neutral broker)이면 중립조정자 역할을 한다.

  (2) 집권당과 국회

  집권당이나 국회가 종종 부처간 갈등을 집권조정한다. 법률안을 둘러싼 부처간 갈등이 첨예하여 행정부내 조정기구들이 조정을 하지 못하는 경우 집권당(정책위원회)이나 국회(상임위원회)는 각각 정치 권력과 법적 권한을 활용하여 부처간 갈등을 자신들의 입장에 맞게 조정하기도 한다. 그러나 집권당이 분명한 입장을 갖고 있지 않거나 국회에서 여야 정당간 합의가 없으며 집권당이나 국회는 중립조정을 시도하고, 실패하면 조정을 포기하거나 총리에게 넘겨 조정토록 하는 경우가 많다.

표 9-7 조정단의 설치 현황 (예시)

소 속	조 정 단	단 장
대통령비서실	중화학공업기획단(1974.2.)	경제2수석
	삶의질향상기획단(1999.7.)	복지노동수석
	지역균형발전기획단(2000.2.)	경제수석
국무조정실	공공기관지방이전범정부대책반(2006.8.)	국무조정실 차장
	주한미군기지이전지원단(2008.9.)	국무조정실 고위공무원
	정부합동부패척결추진단(2014.7.)	국무조정실 고위공무원
주무부처	행정서비스통합추진단	행자부 고위공무원
	국고보조금통합관리추진단	기재부 고위공무원
	지능정보사회추진단	미창부 정보통신정책실장

4) 기타 조정기구

(1) 조정단(기획단, 추진단, 대책반, 지원단)

행정부내에는 기획단, 추진단, 지원단, 대책반 등 조정단이 설치 운영되고 있다. 이들은 관련 부처에서 파견한 국과장들로 구성되어, 정책의 기획과 형성은 물론 집행 및 점검을 통합 관리하면서, 정책추진 전과정에서 관련부처간 끊임없이 발생하는 전문 기술적인 이견들을 조정한다. 이들은 정부위원회의 지원기구로서 설치되는 경우가 많으나, 독자적인 조정기구로 설치되는 경우도 있다.[22]

독자적인 조정단은 그 중요성에 따라 대통령비서실, 국무조정실, 주무부처 내에 설치되고, 단장은 대통령 수석비서, 국무조정실 조정관, 부처 고위공무원 등이 담당한다. 조정단은 설치 위치에 따라 그 성격을 달리하는 경우가 많다. 즉 대통령 비서실에 설치되면 집권조정기구가 되고, 국무조정실에 설치되면 중립조정기구가 되며, 주무부처에 설치되면 협의조정기구가 되는 경향이 있다.

(2) 부총리

1960년대 이래 경제기획원장관(1963~1997, 2001~2007)이 부총리직을 보유했고, 그 후 통일부장관(1991.1.~1998.3.)과 교육인적자원부장관(2001~2007)이 한시적으로 부총리로 격상되었다. 부총리들은 관계장관회의 의장을 겸임했다. 따라서 부총리는 관계장관회의를 통해 공식적으로 조정하기도 하고, 계층적 지위를 이용하여 관련부처 장

---

22) 기획단·추진단을 먼저 설치하여 운영하다가 나중에 상부 조정기구가 필요하면 정부위원회를 설치하거나 임시 관계장관회의를 소집하여 조정한다.

관들을 접촉하여 비공식적으로 조정하기도 했다.

그러나 이들 부총리들은 경제기획원 부총리를 제외하고 부처간 정책조정에 한계가 있었다. 경제기획원 부총리는 대통령의 신임, 기획예산권 및 유관부처들에 대한 모니터링 조직 등 영향력 수단들을 보유하고 있어서 유관부처들을 조정할 수 있었으나 여타 부총리들은 이러한 수단들을 보유하고 있지 않아 조정역할을 제대로 수행하지 못했다. 즉 부총리 직급 그 자체만으로는 조정기구로서 실효성이 적었다.

(3) 거대부처

부처들을 통합해 만든 거대부처도 갈등해결에 기여한다. 우리나라에서 1990년대에 들어 작은 정부를 추구함에 따라 경제기획원과 재무부를 재정경제원으로, 건설부와 교통부를 건설교통부로, 상공부와 동력자원부를 산업자원부로, 교육인적자원개발부와 과학기술부를 교육과학기술부로, 산업자원부와 정보통신부를 지식경제부로 통합했다. 이들 통합은 정부규모 축소 차원에서 이뤄졌음에도 불구하고 부처간 갈등을 줄이는 데 기여했다. 그러나 부처간 갈등 해결을 위한 부처통합은 신중해야 한다. 한 측면에서는 부처간 갈등을 줄여주지만, 다른 측면에서는 갈등을 증가시키기 때문이다.[23]

2. 부처간 쟁점정책 조정절차

우리나라 부처간 이견 조정절차를 거시적으로 보면, 먼저 당사자 부처간 협의조정을 하고, 합의에 실패하면 국무조정실이 중립조정을 하며, 그래도 이견이 타결되지 않으면 청와대에서 집권조정을 한다. 그러나 자세히 살펴보면, 부처간 이견 조정절차는 쟁점정책의 유형에 따라 달라지는 경향이 있다. 즉 쟁점정책의 유형에 따라 조정에 개입하는 기구들이 달라지고, 기구들이 달라지면 조정절차도 달라진다.

---

23) 그 외에도 부처통합은 경험상 세 가지 문제점이 있는 것으로 지적되고 있다. 하나는, 건전한 갈등과 토론을 차단함으로써 합리적 결정을 방해했다는 것이다. 예를 들어, 경제기획원과 재무부의 통합은 금융·외환정책을 둘러싼 건전한 갈등과 토론을 배제하여 안이한 대처로 일관케 함으로서 외환위기를 초래하는 데 일조했다는 것이다. 다른 하나는, 국가전략적으로 중요한 정책들의 우선순위를 떨어뜨릴 수가 있다는 것이다. 예를 들어, 국제 해양개발은 국가적으로 중요한 정책과제임에도 불구하고 국토부와 해수부가 통합된 국토해양부에서 해양개발정책의 추진이 크게 위축되었다는 것이다. 이러한 정책실패는 모두 전략적으로 중요한 정책을 추진했던 부처들이 통합부처내 주도권 싸움에서 밀림으로써 발생한 것들이다. 마지막 하나는, 거대부처 내부비효율(X-inefficiency)이 발생한다는 것이다. 통합부처내 국장들의 수가 너무 많아져 국장들이 장관과 상의하고 결재받는 데 너무 많은 시간이 소요된다는 것이다.

1) 쟁점정책의 유형과 주도기구

먼저, 부처간 쟁점정책들을 조정 차원에서 의미있게 구분하면 다음과 같다.

첫째, 관련부처의 숫자 및 정부의 관심정도에 따라 범정부 쟁점정책과 관련부처 쟁점정책으로 구분할 수 있다. 범정부 쟁점정책은 대다수(12개 이상) 부처들이 관련된 쟁점정책이다. 올림픽(1988), 월드컵(2002), APEC(2005) 등 국제행사를 유치·지원하는 대책이나 Y2K 대책 등이 이에 해당된다. 반면, 관련부처 쟁점정책은 다수(2개 이상) 부처들이 관련되어 있는 쟁점정책이다. 부처간 쟁점정책 대다수가 이에 해당된다. 그러나 관련부처 쟁점정책들이라도 정부가 국가적 차원에서 지대한 관심과 강력한 의지를 갖고 추진하려는 쟁점정책들은 범정부 쟁점정책으로 취급한다. 국가적 충격이 큰 국내외 변화에 대한 대책(WTO 대책, 기후변화협약 대책, 저출산·고령화 대책), 국가전략적으로 중요한 특정분야 진흥책, 국내정치적 의미가 큰 특정계층과 특정지역에 대한 종합대책(취약계층 긴급지원, 재해지역 긴급지원) 등이 이에 해당된다.

둘째, 개별조정이 필요한 쟁점정책과 연계조정이 필요한 쟁점정책으로 구분할 수 있다. 전자는 정책의 형성 혹은 집행 단계에서 1회성으로 발생한 부처간 이견을 단기간에 적시에 집중조정해야 하는 쟁점정책이다. 예를 들어, 부처 간에 관할권, 정책목표, 정책수단 등을 둘러싸고 갈등이 발생한 쟁점정책들이다. 반면에, 후자는 정책안의 사전 준비와 결정 및 집행에 이르기까지 상당기간에 걸쳐[24] 수시로 연달아 발생하는 다양한 이견들을 일관성 있게 조정해야 하는 쟁점정책들이다.

다음, 상기 쟁점정책의 유형에 따라 주도적인 조정기구도 달라지는데, 구체적으로 보면 다음과 같다. 범정부 쟁점정책은 주로 국무조정실이 주도하여 조정하고, 관련부처 쟁점정책은 주로 주무부처가 주도하여 조정한다. 개별조정이 필요한 쟁점정책은 임시 조정기구로 대처할 수 있으나, 연계조정이 필요한 쟁점정책은 정책추진 전과정을 모니터링하면서 조정을 할 수 있는 상시 조정기구가 필요하다. 그리하여 개별조정은 주로 관계장관회의를 통해 이루어지고, 연계조정은 정부위원회를 통해 이루어진다. 이상의 논의를 요약하면, <표 9-8>과 같다.

---

[24] 여기서 장단기는 시간의 문제가 아니다. 집중조정이 필요한 쟁점정책은 조정이 지연됨으로써 기간이 많이 소요될 수는 있으나(예, 10년) 동시에 발생한 쟁점들이 해소되면 조정이 완결되는 쟁점정책이다. 반면, 수시조정이 필요한 쟁점정책은 기간이 상대적으로 짧을 지라도(예, 5년) 서로 다른 쟁점들이 시차를 두고 연달아 발생하여 즉각즉각 조정해야 하는 쟁점정책이다.

표 9-8 쟁점유형별 조정주도기구

	관련부처 조정	범정부 조정
개별 조정	- 정부입법 제·개정 - 일반정책추진 [비공식회의, 분야별 관계장관회의]	- Y2K종합대책, 정보화기반시설보호 - 대형사건·사고처리 [국무조정실, 임시 관계장관회의]
연계 조정	- 각종 진흥계획(기본계획·시행계획) - 내수활성화, 창업활성화 [정부위원회(주무장관)]	- 국제행사 유치·지원 [국무조정실, 정부위원회(총리)] - WTO·기후협약, 저출산·고령화 [정부위원회(대통령, 총리), 조정단]

2) 쟁점정책의 유형에 따른 조정과정

정책조정과정은 쟁점정책의 유형에 따라 달라지는 경향이 있다. 즉 쟁점정책을 어떤 유형으로 판단하느냐에 따라 1차 조정기구가 정해지고 1차 조정기구에 따라 후속 조정기구들이 정해지는데, 이처럼 순차적으로 개입하는 일련의 조정기구들이 정해지면 전체적인 조정과정도 정해진다.

쟁점정책이 발생하면 다음과 같은 판단을 거쳐 1차 조정기구가 정해진다.

첫째, 범정부적으로 대응해야 하느냐 아니면 관련부처들에게 넘겨야 하느냐를 판단한다. 이 판단은 국무총리, 국무조정실장, 대통령 정책보좌관 등이 한다. 범정부적 대응이 필요한 쟁점정책이면 조정책임이 국무조정실로 넘어가고 그렇지 않으면 관련부처들에게 넘어간다.

둘째, 관련부처들로 넘어가든 국무조정실로 넘어가든 쟁점정책이 연계조정을 필요로 하는지 아니면 개별조정으로 충분한지를 판단한다. 관련부처들은 연계조정이 필요한 쟁점정책이면 주무부처에 정부위원회를 설치하여 조정하고, 개별조정이 필요한 쟁점정책이면 당사자간 비공식 실무회의와 분야별 관계장관회의를 통해 조정한다. 그러나 국무조정실은 개별조정이 필요하면 자신의 주도로 부처간 임시회의를 소집하여 조정하고, 연계조정이 필요하면 총리소속 정부위원회를 설치하여 조정한다.

이처럼 쟁점정책을 어떤 유형으로 판단하느냐에 따라 1차 조정기구가 정해진다. 각 쟁정정책 유형별로 1차 조정기구가 선정되면 <그림 9-3>에서 보는 바와 같이 2차·3차 조정기구가 정해진다. 1차 조정기구는 국무조정실 주재 회의, 총리소속 정부위원회, 주무부처소속 정부위원회, 당사자간 비공식 실무회의 등이다. 부처간 모든 쟁점정책들은 1차 조정기구 가운데 어느 하나를 기점으로 전체적인 조정과정이 시작된

그림 9-3 쟁점정책의 유형과 조정과정

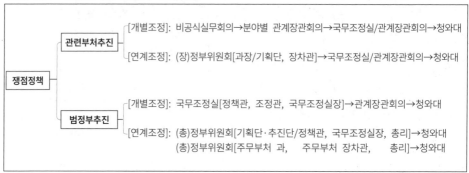

다. 쟁점정책이 1차 조정기구에 의해 조정되지 않으면, 2차·3차 조정기구들에 의해 조정되고, 그래도 조정되지 않으면 청와대로 넘어간다. 1차 조정기구에 의해 조정이 되지 않으면 중간 조정기구를 건너 뛰어 청와대로 가는 경우가 많고, 청와대가 어떤 이유든 간에 조정에 나서기 어려우면 총리나 국무조정실에 넘긴다.

쟁점정책들 중 가장 많은 비율을 차지하는 유형은 관련부처간 개별조정이 필요한 쟁점정책들이다. 이들 쟁점정책에 대한 조정 기구와 절차는 "정부업무조정 등에 관한 규정"(총리훈령 제447호와 제475호)으로 제도화되어 있다. 따라서 당사자간 비공식 실무회의로 시작되는 정책조정과정이 부처간 정책조정의 일반절차라고 할 수 있다.

(1) 관련부처 쟁점정책의 조정과정

가. 개별조정이 필요한 쟁점정책

관련부처간 개별조정이 필요한 쟁점정책은 정부입법이나 일반정책의 추진과정에서 부처간 일회성 이견조정이 필요한 쟁점정책들이다. 이들은 부처간 쟁점정책의 대다수를 차지한다. 쟁점정책의 일반적 조정과정은 다음과 같다.

첫째, 관련부처간 비공식 실무접촉을 통해 조정한다. 부처간 정책조정은 대부분 비공식 실무회의에서부터 시작된다. 주무부처 담당실무자(과장, 사무관)가 유관부처 실무자들을 비공식적으로 접촉하여 쟁점들을 확인하고, 확인된 쟁점들에 대해 1차 조정을 시도한다. 여기서 조정이 안 되면 공식적인 조정기구와 조정절차로 넘어간다.

둘째, 분야별 관계장관회의를 통해 조정한다. 비공식 실무접촉으로 조정이 안 되면, 분야별 관계장관회의에 상정하여 조정한다. 분야별 관계장관회의에 의한 조정절차는 다음과 같다. i) 먼저, 의장부처나 주무부처가 쟁점안건을 상정한다. ii) 심의자료를 준비한다. 쟁점안건을 제안한 부처는 물론 쟁점안건에 이견이 있는 부처들도 자료를 준비한다. iii) 실무회의에서 사전 검토한다. 실무회의는 이견이 크면 이견을 상당히 좁힌 후에 장관회의로 넘기고, 이견이 크지 않으면 이견을 타결하여 종결한다. iv) 장관회의에서 심의조정한다. 심의는 대체로 자유토론 방식으로 진행하고, 이를 통해 이견을 조정하여 합의를 도출한다.

셋째, 총리 주재 임시관계장관회의 혹은 국무조정실에 의한 조정이다. 분야별 관계장관회의에서도 조정이 안 되면 국무조정실은 당사자 부처의 조정신청 혹은 직권으로 조정에 착수한다. 당사자 부처들이 조정신청을 하면 국무조정실은 대체로 총리주재 임시 관계장관회의에 상정하여 조정한다. 그러나 부처간 갈등으로 정책추진이 지연되고 있음에도 조정신청을 하지 않으면 국무조정실이 직권으로 조정한다. 국무조정실에 의한 조정절차는 다음과 같다. i) 먼저, 보고요청이나 정보수집을 통해 관련부처들의 입장을 파악한다. ii) 정책관(3급), 조정관(1급), 국무조정실장(장관급)이 차례로 나서 각각 관련부처 과장들, 국장들, 차관들을 소집하여 조정한다. iii) 국무조정실장에 의해서도 갈등이 해소되지 않으면 총리주재 임시 관계장관회의(혹은 국정현안정책조정회의)를 소집하여 조정한다.

넷째, 청와대 비서실과 대통령에 의한 조정이다. 총리에 의해서도 조정이 안 되면 최종적으로 청와대에서 조정한다. 청와대에서는 대통령이 나서기 전에 먼저 수석비서관들이 주도하여 조정한다. 수석비서관들이 관련부처 고위공무원들을 불러 비공개로 의견을 청취한 후 논의 조정하는 것이다.25) 수석비서관은 자신의 노력으로 조정이 안 되면 대통령으로 하여금 임시 관계장관회의를 소집하여 조정하도록 한다.

나. 연계조정이 필요한 쟁점정책

관련부처 간에 연계조정이 필요한 쟁점정책은 관련부처 수가 10개 미만이고 종합대책 혹은 기본계획이 필요한 정책으로서, 장애인복지정책, 생명공학진흥정책, 벤처기업활성화정책, 철도산업정책, 농어촌대책, 해양수산정책 등이 그 예이다.

이러한 쟁점정책은 먼저 주무부처가 산하에 정부위원회를 설치하여 조정하고, 이곳에서 조정이 실패하면 국무조정실에 보내 조정한다. 구체적인 조정과정은 다음과 같다.

첫째, 주무부처내 해당 과(課)에서 조정안건을 작성하여 유관부처들의 과장과 비

---

25) 최근에는 [김대중 정부부터] 청와대 수석비서관들이 부처간 쟁점정책이 국무조정실을 거쳐 청와대로 넘어오기 이전에 전술한 분야별 관계장관회의에 참석하여 의견을 피력함으로써 조정하는 경향이 있다. 분야별 관계장관회의에서 수석비서관의 의견은 대통령의 의중을 반영한 것으로 간주되어 조정논의에 크게 영향을 미친다.

공식 협의한다. 둘째, 과장들의 협의에 의해 조정이 안 되면 정부위원회를 소집하여 조정한다. 공식적으로는 실무위원회와 장관위원회를 거쳐 조정한다. 그러나 관행상 대부분 주무부처 장관이 유관부처 차관들이나 국실장들을 소집하여 협조를 부탁한다. 부처간 이견이 크지 않은 쟁점들은 이러한 방식으로 조정된다. 셋째, 주무부처 정부위원회에서도 조정이 안 되면 국무조정실에 조정신청을 한다. 국무조정실에서는 정책관, 조정관, 국무조정실장 등이 차례로 나서서 관련부처 과장들, 국장들, 차관들을 소집하여 조정한다. 넷째, 그래도 조정이 안 되면 총리주재 임시관계장관회의에서 조정한다.

(2) 범정부적 쟁점정책의 조정과정

가. 개별조정이 필요한 정책

범정부적 개별조정이 필요한 쟁점정책은 긴급히 해결하기 위해 많은 부처들 간 협력과 조정이 필요한 쟁점정책들이다. 자연재해, 인적재난, 돌발사건·사고, 하절기·동절기 서민생활, 성수기 에너지 수급 등에 대한 대책들이 그 예이다. 이러한 유형의 쟁점정책들에 대한 부처간 조정은 대체로 국무조정실이 주도한다. 즉 국무조정실이 이러한 쟁점정책들을 스스로 발굴하거나 적극적으로 채택하여 주도적으로 조정한다. 국무조정실이 조정에 실패하면 총리주재 임시 관계장관회의에서 조정하고, 그래도 조정되지 않으면 청와대로 보내 조정한다.

국무조정실에 의한 조정절차는 다음과 같다. 첫째, 쟁점정책을 파악한다. 총리, 국무조정실장, 조정관 등이 언론보도, 정보수집, 국정운영계획, 청와대 요구 등을 통해 사전예방 혹은 사후대처를 위한 범정부적 개별조정이 필요한 쟁점정책이 무엇인지를 발굴 혹은 채택한다. 둘째, 국무조정실에서 실무조정을 한다. 먼저, 정책관이 관련부처 과장들을 소집하여 조정을 시도하고, 정책관에 의한 조정이 실패하면 조정관이 관련부처 국장들을 소집하여 조정하며, 여기서도 실패하면 국무조정실장이 관련부처 차관들을 소집하여 조정한다. 셋째, 총리주재 임시관계장관회의에서 추인 혹은 최종 조정한다. 총리가 임시 관계장관회의를 소집하여 국무조정실의 조정안을 추인한다. 국무조정실장에 의해서도 부처간 이견이 해소되지 않았으면 이 회의를 통해 조정한다.

국무조정실에 의한 조정은 범정부적 쟁점정책이든 관련부처 쟁점정책이든 일반적으로 실무 단계부터 순차적으로 최고위 단계를 거치면서 상향식으로 조정된다. 그러나 어떤 쟁점정책은 하향식으로 총리가 임시 관계장관회의를 먼저 소집하여 조정의 틀을 마련하고 구체적인 세부조정은 정책관 주재 과장회의에서 마무리되는 경우도 있다(유종상·하민철, 2009: 13). 대체로 쟁점정책이 중요하고 시급하면 하향식 조정절차를 거치고, 그렇지 않으면 상향식 조정절차를 밟는 경향이 있다. 또한 조정에 모든 단계의 회의를 거치는 것도 아니다. 쟁점정책의 성격과 초기 조정자의 역량에 따라 달라진다(유종상·하민철, 2009: 14; 2010: 361). 전문기술적 측면이 강하거나 중요성 및 시급성이 크지 않은 쟁점정책은 정책관 단계에서 시작하고, 정책적이거나 중요성 및 시급성이 커지면 조정관 혹은 국무조정실장 단계에서 시작한다. 초기 조정자의 역량이 크면 조정단계가 짧아지기도 한다. 즉 정책관 단계에서 시작하여 정책관 단계에서 종결되기도 하고, 정책관 단계에서 시작하여 조정관 단계에서 종결되기도 하며, 국무조정실장 단계에서 시작하여 국무조정실장 단계에서 마무리되기도 한다.

나. 연계조정이 필요한 정책

범정부적 정책들 가운데 연계조정이 필요한 쟁점정책들은 정보화추진정책, 세계화추진정책, 기후변화협약대책, 제주특별자치도추진대책, 각종 국제행사지원대책 등과 같은 쟁점정책들이다. 이러한 쟁점정책들은 1차로 국무총리 산하에 정부위원회를 설치하여 조정하는 경향이 있다. 대부분 총리 산하 정부위원회에서 조정이 종결되나 예외적으로 청와대로 넘어가는 경우가 있다. 청와대로 넘어가면 대체로 대통령이 장관위원회를 재차 소집하여 조정한다.

총리 산하 정부위원회에 의한 조정과정을 보면, 종합대책(기본계획)과 집행점검이 필요한 쟁점정책을 조정하는 과정과 반복적 대증적 조정이 필요한 쟁점정책을 조정하는 과정이 다르다.

먼저, 종합대책(기본계획)과 집행점검이 필요한 쟁점정책을 추진하는 과정은 다음과 같다. i) 총리 주재 정부위원회(장관위원회)에서 쟁점정책에 대한 해결방향을 설정한 후, ii) 기획단에서 주요 과제들을 선정하고 관련 부처들과 전문가들로부터 해결책들을 제안 받아 취합 정리하여 종합대책(기본계획)을 마련하고, iii) 실무위원회와 장관위원회에서 심의 확정하며, iv) 유관부처들로 하여금 집행토록 한 다음, vi) 기획단에서 집행상황을 점검하고 결과를 평가하여 장관위원회에 보고한다.

쟁점정책에 대한 부처간 조정은 부처들의 제안을 받아 종합대책(기본계획)을 작성하는 과정과 해당부처들이 집행하는 과정에서 필요하다. 부처간 이견은 대부분 기획단에서 조정되고, 기획단에서 조정이 안 되면 실무위원회에서 협의조정하며, 그래도 해결이 안 되면 장관위원회에서 조정한다. 장관위원회는 이미 합의된 조정안을 확정하는 경우가 대부분이나, 예외적으로 최종 조정하는 경우도 있다.

기획단 내에서 부처간 이견을 조정하는 절차는 다음과 같다. i) 각 부처들의 입장을 확인하고 쟁점들도 확인한다. 기획단에 파견된 공무원들이 소속부처의 입장을 제시하면, 기획단장이 부처간에 서로 다른 쟁점들을 확인한다. ii) 기획단장은 먼저 쟁점별로 유사한 입장들 간 상호조율(mutual adjustment)토록 하여 하나로 통합함으로써 전체적으로 2~3개의 서로 다른 대체입장으로 압축한다. iii) 각 쟁점내 대체입장들을 하나로 압축한다. 압축하는 방법은 협의조정, 다수결 투표, 공감확대 등이다. 가장 간단한 방법은 다수결 투표이다. 그러나 부처간 승패가 분명해지므로 선호하는 방법은 아니다. 다수결 투표를 하지 않는 경우에는 각 대체입장을 지지하는 부처들 간 협의조정 혹은 공감확대를 통해 하나로 압축한다.

다음, 반복적 혹은 대중적 시차 조정이 필요한 범정부적 쟁점정책은 이견이 표출될 때마다 해당 정부위원회에서 조정한다. 먼저 지원기구에서 관련부처 과장들을 소집하여 조정하고, 조정에 실패하면 실무위원회와 장관위원회를 순차적으로 소집해 조정한다. 실무위원회나 장관회의가 조정을 할 때 지원기구는 이전의 조정결과가 무엇이었는지를 상기시켜 조정결과들이 일관성을 유지되도록 한다.

3. 부처간 쟁점정책 조정방식과 조정행태

1) 일반적 조정방식과 조정행태

(1) 갈등내용에 따른 조정

부처 간에 빈번히 발생하는 갈등은 그 내용상 정책관할을 둘러싼 갈등, 정책목표를 둘러싼 갈등, 정책수단들을 둘러싼 수단 갈등이다. 이러한 갈등들이 조정되는 방식은 다음과 같다.

첫째, 정책목표를 둘러싼 갈등은 대통령의 의중, 정치권의 분위기, 국민들의 여론 등을 반영하여 조정되는 경향이 있다. 정책목표 조정에서 가장 중요한 것은 대통령의 의중이다. 모든 부처들은 국민의 대표이자 공직 임명권자인 대통령의 입장을 우선시하여 이에 맞게 부처간 이견을 조정하려 한다. 그러나 대통령의 입장이 분명하지 않을 경우 각 부처들은 집권여당의 의견에 따라 조정하고, 집권여당의 의견이 갈리면 국민여론에 따라 조정하는 경향이 있다. 정책목표에 관한 조정에 있어서는 유리한 분위기 조성이 중요하기 때문에, 각 부처들은 대통령과 그 주변, 집권여당 간부들과 국회상임위원회 위원들에 접근하여 설득하고, 국민여론 조성을 위해 전문가들에게 신문기고를 유도하거나 전문가들에게 연구를 부탁하여 유리한 결과가 나오도록 유도한 후 그 결과를 유포시킨다.

둘째, 정책수단[26])에 대한 갈등은 유관부처들이 주장하는 수단들을 모두 포함시키거나 상대방이 극구 거부하는 수단은 배제하는 방식으로 조정되는 경향이 있다. 각 부처들을 자신들에게 유리한 정책수단들을 동원하려 하고 불리한 수단들은 배제하려 한다. 그 결과 서로가 주장하는 수단들이 양립가능할 경우 이들을 모두 포함시킴으로써 갈등을 해결하는 경향이 있고, 서로가 극구 반대하는 수단들이 있을 경우 이들을 제외시킴으로써 갈등을 해결하는 경향이 있다.

셋째, 관할권을 둘러싼 갈등은 관할권을 세분하여 경쟁부처들에게 분배하는 방식으로 조정하고, 분할이 여의치 않으면 공동관할 방식으로 조정되는 경향이 있다. 부처들은 관할권을 조금도 양보하려 하지 않는다. 관할권을 양보하면 소규모 힘없는 부처로 전락하기 때문이다. 또한 관할권 조정에 나서는 부처 대표들은 상대방의 주장이 설득력이 있어도 양보하려 하지 않는다. 양보하면 소속 부처로부터 비난을 받기 때문이다. 그리하여 관할권 갈등은 당사자 부처들 서로에게 위험부담이 적은 차선책으로 해결되는 경향이 있다. 즉 관할권을 세분하여 서로 나눠 갖는 방식으로 조정하거나[27]) 관할권을 분배하지 않고 함께 모여 공동관할 방식으로 조정하는 경향이 있다. 이는 갈등당사자 부처간 조정은 물론 국무조정실이나 청와대의 개입에 의한 조정에서도 마찬가지이다. 이러한 방식의 조정도 실패하면 관할권 조정을 미루다가 새로운 정부가 들어선 직후 행정개혁을 통해 유관조직 통합방식으로 해결하는 경향이 있다.

(2) 갈등양상에 따른 조정

갈등당사자 부처들이 자신의 입장을 관철하려는 의지가 강하지 않아 갈등이 심하지 않으면 대체로 당사자간 비공식 실무협의를 통해 조정한다. 굳이 불협화음을 대외적으로 노출시키고 싶지 않기 때문이다.

관철의지가 서로 강해 갈등이 커지면 서로가 자신들에게 유리한 조정기구로 가져가 조정하려 한다. 즉 자신들이 주도할 수 있는 관계장관회의나 정부위원회가 있으면 이곳으로 가져가 조정하려 하고, 자신이 주도할 수 있는 관계장관회의나 정부위원회가 없으면 비교적 중립적인 국무조정실로 가져가 조정하려 한다.

관철의지가 아주 강하면 갈등이 첨예해지는데, 이 경우 청와대로 가져가 조정하

---

26) 예산투입, 조세감면, 금리조정, 규제, 정보제공, 행정지원 등.

27) 관할권을 세분화하면 민원인은 접촉부서가 많아져 불편과 낭비를 감수해야 하고, 정책은 파편화되어 전략적 시각을 반영하기 어려워지고 그 책임소재도 불분명해진다.

거나 아니면 갈등을 언론에 공개한 후 국민다수 여론을 조성해 자신에게 유리하게 조정하려 한다. 대체로 대통령 혹은 수석보좌관들이 우호적이거나 이들을 설득할 자신이 있으면 청와대로 가져가 조정하려 한다. 그러나 청와대가 우호적이 않지만 국민여론 조성에 자신이 있는 부처는 의원입법을 통해 조정하려 한다. 즉 평소 우호적인 의원에게 쟁점정책을 가져가 유리하게 조정된 의원입법을 발의해 주도록 부탁한 후 법안통과를 위해 국민여론, 여야 정당간부, 국회 상임위원, 전문가집단, 사회단체들을 설득하여 다수를 형성함으로써 의원입법이 통과되도록 한다. 청와대로 가져가든 아니면 의원입법을 추진하든 어느 경우에나 장관의 정치적 역량이 매우 중요하다.[28]

2) 조정주체별 조정방식과 전략행태

(1) 당사자 부처들의 조정

가. 공통적인 방식과 행태

부처들은 사전조정을 최대한 기피하고 가급적 사후조정하려 한다. 우리나라 규정상 부처간 이견 조정은 정책안 작성 초기단계에서부터 사전에 하게 되어 있으나 실제로는 부처안이 사실상 작성된 이후 최종 결정에 임박하여 사후조정을 시작하려 한다. 이는 주무부처들이 유관부처들의 간섭을 최대한 배제하여 자신들의 입장을 최대한 반영하기 위해 정책을 비밀리에 추진해 오다가 최종 결정에 임박하여 부처간 협의에 상정함으로써 유관부처들이 수정할 시간적 여유를 주지 않으려는 전략적 행태이다.

또한 부처들은 쟁점정책을 국가전략적 시각이 아니라 관료적 관점에서 조정하는 행태를 보인다. 달리 말하면, 국가적으로 중요한 복합적인 쟁점정책들이라도 직업관료 수준에서 조정을 완결하고 그 조정결과들을 장관회의에 상정하여 별다른 이견 없이 승인받으려 하는 경우가 많다. 장관들이 쟁점정책들을 국가전략적으로 심층 논의하고 조정하는 경우가 드물다.

나. 위상에 따른 행태 : 주무부처 vs 유관부처

먼저, 주무부처의 전략적 행태를 보면 다음과 같다.

---

28) 대통령을 설득하는 데에는 대통령의 신뢰가 중요하고, 정당 간부들과 국회 상임위원들을 설득하는 데는 장관의 정치적 역량이 중요하며, 국민여론을 유리하게 조성하는 데는 우호적인 전문가들의 신문기고가 중요하다. 따라서 부처간 이견이 첨예할 경우 최종조정 결과를 유리하게 하는 데는 장관에 대한 대통령의 신임과 장관 자신의 정치적 역량 및 전문가들과의 협력이 중요하다.

주무부처는 자신의 주도권 확보를 위해 다자회의보다 일련의 양자회의를 선호하는 전략적 행태를 보인다. 즉 다수 부처들이 관련된 쟁점정책을 조정하는 데 있어서 유관부처들과 다자회의를 기피하고 일련의 양자회의를 통해 조정하려 한다. 주무부처가 서로 다른 유관부처들과 서로 다른 쟁점이 있는 경우 각 쟁점을 양자회의를 통해 조정하는 것은 당연하다. 그러나 하나의 쟁점에 여러 부처들이 관련되어 있는 경우에도 주무부처는 다자회의가 아닌 일련의 양자회의를 통해 조정하려 한다. 이유는 두 가지이다. 하나는, 다자회의를 활용할 경우 주무부처가 가장 많은 책임을 져야 함에도 불구하고 다수 의견에 밀려 자신의 입장을 관철하기 어려울 수 있기 때문이다. 다른 하나는, 양자간 협의조정을 하면 주무부처가 권한과 전문지식 및 정보 등 측면에서 우위에 있어 주도권을 유지하면서 자신의 입장을 관철하는데 유리하기 때문이다.

또한, 주무부처는 유관부처들의 입장을 포용하는 행태를 보인다. 즉 주무부처는 다양한 이견들을 포용할 수 있는 자신의 입장을 정립한 후 그 근간이 흔들리지 않는 범위 내에서 유관부처들의 입장을 부분적으로 수용하려 한다. 즉 갈등을 완화시키면서 자신의 입장을 가장 많이 관철하기 위해 자신의 입장을 근간으로 하되 유관기관의 입장을 일부 반영하는 전략적 행태를 보인다.

다음으로, 유관부처의 행태를 보면 다음과 같다.

유관부처는 입장차이가 크지 않으면 대체로 주무부처의 입장을 수용한다. 즉 대승적 차원에서 주무부처의 원안을 그대로 수용하는데, 이는 필요 이상으로 갈등을 벌이고 싶지 않을 뿐만 아니라 향후 자신이 주도하게 될 쟁점정책에서 협력을 유도하기 위해서이다. 그러나 유관부처는 입장차이가 크면 기존 정책(혹은 법령)과의 상충, 형평성 위배, 부작용 등을 이유로 일단 거부한 후 시간을 끌면서 상황을 보아가며 대처한다. 대체로 청와대나 집권당 및 여론의 분위기를 파악하여 유리하면 강력하게 반대하면서 유리한 조정기구로 가져가 조정하려 하고, 불리하면 반대하다가 최소한의 조건을 붙여 동의해 주는 경향이 있다.

다. 권력에 따른 전략 행태 : 힘 있는 부처 vs 힘 없는 부처

힘 있는 부처들[29]은 대체로 두 가지 전략적 행태를 보인다. 하나는, 비공식회의

---

29) 예산과 인력의 규모가 크거나, 조직인사권과 전문지식 등 타부처들을 통제할 수단이 있거나, 관할업무나 장관에 대한 대통령의 관심과 지지가 있거나, 강력한 고객집단의 지원을 받고 있는 부처 등이다. 최근 조사에 의하면 힘 있는 부처는 재정경제부, 행정안전부, 외교통상부, 법무부 등이고, 힘이 약한 부처는 노동부, 문화관광부, 농림부, 해수부 등이다(박천오, 2005: 22).

를 통해 조정하려 한다. 당근과 채찍을 동원하여 힘 없는 부처의 양보를 얻어내기 용이하기 때문이다. 다른 하나는, 일련의 양자회의를 통해 조정하려 한다. 다자회의를 통한 조정이나 제3자 개입에 의한 조정에서는 힘 있는 부처라도 이를 행사하기가 쉽지 않아 유리한 조정결과를 만들어내기가 쉽지 않기 때문이다.

반면에, 힘 없는 부처들은 세 가지 전략적 행태를 보인다. 이견이 크지 않으면 대체로 힘 있는 부처의 입장에 따라 준다. 향후 다른 측면에서 힘 있는 부처의 협조를 받을 필요가 있기 때문에 사사로운 이견에 반대하지 않는다. 그러나 이견이 크면 제3자를 이용하려는 전략적 행태를 보인다. 즉 청와대나 국무조정실로 가져가 조정하려 한다. 힘 없는 부처라도 제3자를 논리적으로 설득하면 유리한 결과를 유도할 수 있기 때문이다. 더 나아가 이견이 커서 갈등이 첨예해지면 전선을 확대하는 전략적 행태를 보인다. 이는 1차적으로 집권당과 야당 및 전문가집단으로 확대하고, 필요하면 언론, 시민단체, 고객집단 등으로 확대하여 찬반논란을 불러일으키는 전략이다. 팽팽한 찬반논란으로 일방적으로 끌려가지 않는 상황을 조성한 다음, 협의조정하거나 제3자에게 가져가 조정하려 한다. 최소한 불리하지는 않고, 경우에 따라 유리한 조정결과를 얻어낼 수 있기 때문이다.

(2) 국무조정실의 조정

국무조정실은 국정총괄자인 총리의 지위와 권한에 근거하여 갈등당사자가 아닌 중립적인 제3자로서 부처간 이견 조정에 개입한다.

가. 예측과 발굴에 의한 사전조정

국무조정실은 부처간 이견과 갈등이 예상되는 쟁점정책들을 사전에 발굴하여 선제적으로 조정하고, 부처들의 신청이나 청와대의 요청에 의해 사후에 조정한다. 특히 범정부적 조정이 필요한 쟁점정책들은 대부분 국무조정실이 나서서 사전에 조정하는 경향이 있다. 국무조정실은 부처간 쟁점정책들을 발굴하기 위해 국정상황실[30]을 설치·운영하거나 각 부처 내에 구축해 놓은 네트워크를 활용한다. 즉 국무조정실은 국정상황실을 설치할 경우 각 부처 공무원들을 파견받아 구성하고, 국정상황실을 설치하지 않을 경우에는 국무조정실 국과에서 파견 근무한 적이 있는 각 부처 공무원들과의 네트워크를 구축하여, 조정이 필요한 쟁점정책들을 적극적으로 발굴한다.

---

30) 노무현 정부시절 정책조정 과제의 발굴과 적절한 조정기구에 배분 및 조정결과의 사후관리를 위해 2004.9－2007.2 까지 설치한 적이 있다.

나. 합리적 원칙과 기준에 의한 사후 조정

국무조정실은 합리적 원칙과 기준에 입각한 설득을 통해 조정한다. 현 대통령제 하에서 총리가 갈등당사자 부처들을 강제할 수 있는 강력한 권한을 갖고 있지 않으므로 국무조정실은 힘에 의존하여 조정하는 것이 아니라 전체합리성과 균형감각에 입각한 원칙과 기준을 활용하여 조정한다.

다. 전략에 의한 조정

그러나 합리적 원칙에 의한 조정이 여의치 않으면 나름대로의 전략에 입각해 조정한다. 국무조정실이 부처간 조정을 위해 사용하는 전략들을 조정방식에 따라 정리하면 다음과 같다.[31]

a. 합의촉진(facilitation) 전략

국무조정실은 갈등당사자 부처들이 체면을 손상시키지 않으면서 서로 합의하도록 유도하기 위해 다음과 같은 전략들을 사용한다.

첫째, 공감 전략이다. 갈등당사자 부처들을 개별적으로 따로따로 접촉하여 각자의 주장들을 겸허하게 끝까지 경청해 주고, 상대부처에 대한 비난에도 동조해 주는 것이다. 국무조정실은 이러한 공감전략을 통해 갈등당사자 부처들이 국무조정실을 믿고 상대방과의 재협의에 적극 나서게 한다.

둘째, 메타프레임 제공 전략이다. 갈등당사자 부처들로 하여금 개별부처 차원이 아니라 국가전체 차원에서 쟁점정책을 재검토하도록 함으로써 부처들의 합의를 유도하는 전략이다. 즉 쟁점정책의 근본취지와 의미를 국가전체 차원에서 부각시킴으로써 갈등부처들이 자신들의 입장을 스스로 수정하여 합의토록 하는 것이다.

셋째, 수권적 연계 전략이다. 최고결정권자인 대통령의 정책의중을 암시함으로써 갈등부처들의 합의를 유도하는 전략이다. 즉 모든 부처들이 대통령의 의중에 맞지 않으면 자신들의 입장을 관철하기 어렵다는 것을 알고 있기 때문에 국무조정실은 대통

---

31) 정책관, 조정관, 국조실차장, 국조실장 등이 조정에 나서는데 이들은 경험을 통해 나름대로 터득하고 활용해 온 전략들이 있다. 그러나 이 전략들은 국무조정실 차원에서 공식적으로 개발되고 표준화된 것이 아니기 때문에 누가 조정에 나서느냐에 따라 달라진다. 즉 개인적으로 사용하는 전략들이 서로 다르다. 하민철 교수와 유종상 전국무차장은 공동 작성한 논문(2010)에서 논변과정 활용, 메타프레임 제공, 수권적 연계, 비공식 연계망 활용, 중립부처 초청, 분할 등의 전략들을 제시하고 있고, 저자가 또다른 국무조정실 간부들을 인터뷰(2015, 2016)한 결과 회의빈번화, 개인책임화, 동시배려, 동원압박, 발효시기미루기, 동의간주 등의 전략들을 활용한 것으로 확인했다. 이 전략들을 분류하여 재정리한 것이다.

령의 의중이 무엇인지 넌지시 알려 줌으로써 갈등부처들이 이에 맞게 입장을 수정하여 합의하도록 종용하는 전략이다. 총리는 대통령과의 독대를 통해 주요 국정처리 결과를 보고하고 향후 국정처리 방향을 논의하는데, 총리는 이를 통해 대통령의 의중을 부처 장관들보다 훨씬 더 정확하게 파악할 수 있다. 국무조정실은 총리가 이렇게 파악한 대통령 의중에 관한 정보를 부처간 정책조정에 활용한다.

넷째, 분할 전략이다. 쟁점정책을 세부쟁점들로 분할시켜 줌으로써 갈등부처들이 쉬운 것부터 합의하도록 유도하는 전략이다. 즉 일부 세부쟁점들을 먼저 합의토록 하고, 나머지는 시간을 갖고 외부전문가들의 의견을 들은 후 조정토록 하는 것이다.

b. 양보유도(conciliation) 전략

국무조정실이 갈등부처들이 상호 양보하도록 유도하는 전략은 다음과 같다.

첫째, 논변과정 활용 전략이다. 갈등부처들로 하여금 각자의 입장과 논리를 제시하고 서로 공방을 벌이게 한 후 국무조정실이 각 부처들의 입장에 내제된 문제점을 찾아내 지적함으로써 각 부처들이 스스로 자신들의 입장을 수정토록 하는 전략이다.

둘째, 중립부처 초청 전략이다. 갈등부처들 이외에 쟁점정책의 성격에 따라 예산권을 보유한 부처, 인사·조직권을 보유한 부처, 법령심사권을 보유한 부처 등을 부처간 조정회의에 초청하여 쟁점정책에 대한 입장을 표명케 함으로써 갈등부처들이 요구할 수 있는 범위와 한계를 인식케 하여 양보를 유도하는 전략이다.

셋째, 회의빈번화 전략이다. 부처간 조정회의를 빈번하게 소집함으로써 양보를 유도하는 전략이다. 조정회의를 빈번하게 소집하면 완강한 당사자들이라도 지치고 귀찮아서 양보하는 성향이 있는데, 국무조정실은 부처들의 이러한 성향을 활용하여 조정회의를 빈번하게 소집하여 양보를 유도한다.

넷째, 개인책임화 전략이다. 부처간 합의결렬의 모든 책임을 비협조 당사자 개인 책임으로 돌리는 전략이다. 부처들은 자신들에게 유리한 조정안을 고집하면서도 조정 실패의 모든 책임을 단독으로 지는 것을 부담스러워 한다. 국무조정실은 부처들의 이러한 성향을 이용하여 비협조 부처에게 일정한 기한을 주고 양보안을 제출하도록 한후 기한 내에 제출하지 않으면 합의결렬의 모든 책임을 비협조 부처에 돌리겠다고 압박함으로써 양보를 유도한다.

c. 타협안설득(compromise persuasion) 전략

국무조정실은 자신이 마련한 조정안(타협안)을 갈등부처들이 수용하도록 설득하기 위해 다음과 같은 전략을 구사한다.

첫째, 동시배려 전략이다. 국무조정실이 타협안을 마련할 때 갈등부처들의 입장을 균형있게 반영하거나 갈등부처들의 정책안들을 모두 포함시켜 좀 더 포괄적인 조정안을 제시하는 전략이다. 즉 어느 한 부처의 입장이 옳다고 해서 이를 일방적으로 반영하지 않고, 다른 부처의 입장이 그르다고 해서 이를 일방적으로 무시하지 않는 전략이다. 어떻게든 갈등부처들의 입장을 골고루 반영해 주는 전략이다.

둘째, 비공식 연계망 활용 전략이다. 국무조정실이 각 부처 내부에 구축해 온 비공식 네트워크32)를 활용하여 내부정보를 확보하고 이를 바탕으로 좀 더 설득력 있는 조정안을 만들어 제시하는 전략이다.

셋째, 다수파 동원 전략이다. 부처간 조정회의에 참석한 다수파를 동원하여 소수파를 압박하는 전략이다. 즉 국무조정실의 조정안에 찬성하는 다수 부처들을 동원하여 반대하는 소수 부처들을 압박하여 국무조정실의 조정안을 수용하도록 하는 것이다.

넷째, 발효시기 미루기 전략이다. 국무조정실 조정안의 발효시기를 훗날로 미루는 전략이다. 쟁점정책 조정에 참여한 각 부처 공무원들은 발효시기가 자신들이 보직이동한 이후이면 다소 불만이 있더라도 국무조정실의 조정안을 수용하는 경향이 있다. 그리하여 국무조정실은 그 발효시기를 훗날로 미룸으로써 자신이 마련한 조정안을 갈등부처들이 수용토록 한다.

다섯째, 동의간주 전략이다. 국무조정실의 조정안에 대해 반대하는 부처들로 하여금 일정기간 내에 의견서를 제출하도록 한 후, 그 기한 내에 제출하지 않으면 동의한 것으로 간주하는 전략이다. 부처들은 국무조정실의 조정안에 다소 불만이 있어도 더 급한 일이 생기면 의견서를 내지 않고 지나가는 경향이 있다. 국무조정실은 부처들의 이러한 경향을 활용하여 자신이 마련한 조정안을 불만있는 부처들로 하여금 거절하지 못하게 한다.

(3) 청와대의 조정

청와대는 최고결정권자로서 스스로 정한 방향과 방법에 따라 집권조정한다.

가. 국정운영방향에 의한 사전조정

선제적 사전조정은 정책추진방향을 미리 정해 줌으로써 부처들로 하여금 서로 다른 방향의 정책을 추진하지 못하도록 하여 부처간 갈등이 발생하지 않도록 하는 조정

---

32) 국무조정실은 과장 등 실무자들의 일부를 관련 부처들로부터 파견되어 온 공무원들로 구성해 왔는데, 이들이 복귀한 이후에도 유대를 유지함으로써 비공식 네트워크를 구축해 왔다.

방식이다. 정책추진방향을 미리 정해 주는 방법은 대체로 2단계로 진행된다.

먼저, 대통령과 수석비서관들이 국정운영의 방향과 원칙을 천명한다. 국정운영의 방향과 원칙은 대통령과 수석비서관들이 선거공약을 토대로 작성하여 새 정부 출범과 동시에 발표한다. 이 방향과 원칙이 각 행정부처들이 추진하는 정책들 간에 일관성과 통일성을 부여한다. 그 결과, 부처들이 추진하는 정책들 간에 갈등이 일어날 가능성이 크게 줄어든다.

다음, 수석비서관이 관련부처 기획관리실장들을 소집하여 소관분야 구체적 정책 추진방향을 논의하는 것이다. 국정운영의 방향과 원칙은 대부분 추상적이어서 해석상 논란으로 쟁점정책 조정의 기준이 되지 못한 경우가 많다. 이 경우에 수석비서관은 기획관리실장들을 정기적으로 혹은 수시로 불러 구체적인 정책방향을 논의함으로써 향후 정책추진에 있어서 부처간 이견이 발생하지 않도록 유도한다.

나. 요청과 선택에 의한 사후조정

청와대가 국정운영의 방향과 원칙, 분야별 정책추진방향 등을 제공하여 부처간 정책갈등을 대폭 줄였음에도 불구하고 부처간에는 또 다른 이유로 갈등이 끊임없이 발생한다. 그 가운데 갈등이 첨예한 경우 부처들은 최종적으로 청와대에 조정을 요청한다. 이 경우 청와대의 사후조정 방식과 행태는 다음과 같다.

첫째, 첨예한 쟁점정책들이라도 선택적으로 개입하여 조정한다. 국무조정실은 갈등부처들의 요청이 있을 때마다 조정에 나서는 경향이 있으나, 청와대는 갈등부처들의 요청이 있더라도 선별적으로 조정한다. 즉 국가적 차원에서 중요하고 대통령의 관심사인 쟁점정책인 경우에만 조정에 나서고 그렇지 않으면 국무조정실에서 조정하도록 위임한다. 특히 국가적으로 중요한 쟁점정책이지만 정치적 중요성(실익)이 없거나 조정에 시간이 많이 걸리는 복잡한 쟁점정책인 경우 조정방향을 정해주고 국무조정실에서 조정하도록 위임하는 경우가 많다. 다만, 외교·안보·통일 분야 쟁점정책은 청와대에서 조정한다.

둘째, 대통령의 입장에 입각한 조정이다. 대통령은 집권 초에 마련한 국정운영의 방향과 원칙을 천명하고, 집권 도중에는 대국민 국정연설을 하거나 총리·장관·수석비서관들의 보고를 받는 과정에서 구체적인 정책현안에 대한 자신의 입장을 직간접적으로 피력하는 경우가 많다. 청와대 수석비서관들은 담당 정책분야에 대한 대통령의 국정운영 방향과 정책현안 발언들[33]을 검토하여 대통령의 입장과 의중을 파악하고 있

---

33) 대통령 지시사항 특별관리체계가 구축되어 있다.

다가 부처간 갈등이 올라오면 이에 입각하여 조정한다. 그러나 쟁점에 대한 대통령의 입장이 불분명하면 수석비서관들은 일단 중립조정을 시도하고 그래도 조정되지 않으면 대통령에게 보고하여 그 판단과 반응에 따라 조정한다.

셋째, 핵심당사자들과 외부전문가들을 활용한 조정이다. 수석비서관들은 첨예한 갈등의 핵심당사자들만 불러 조정한다. 핵심당사자들이란 모든 관련부처들이 아니라 가장 첨예하게 부딪치는 부처들의 차관들 혹은 국실장들을 말한다. 그러나 첨예한 쟁점이 전문기술적이어서 고위공무원들의 의견만 듣고 조정하는 것이 바람직하지 않는 경우 수석비서관들은 외부전문가들의 의견을 수렴하여 그에 따라 조정한다.

넷째, 해당 수석비서관의 관할을 넘어서는 쟁점정책일 경우 비서실장(혹은 정책실장)이 관련 수석비서관들을 소집하여 조정한다.

제5절 부처간 정책조정의 특징과 평가

1. 조정기구 활용상 특징과 평가

1) 다양한 조정기구들의 난립

우리나라에서는 다양한 조정기구들이 두 가지 측면에서 난립되어 있다.

첫째, 조정기구들이 국정현안조정회의(국가정책조정회의), 총리 주재 관계장관회의, 분야별 관계장관회의, 임시 관계장관회의, 수많은 정부위원회, 국무조정실, 청와대, 각종 비공식회의, ○○본부, ○○조정국 등 다양하다. 부처간 갈등이 분야별 관계장관회의나 정부위원회에서 조정이 안 되면 총리 주재 국정현안정책회의나 임시 관계장관회의에서 조정하고, 그래도 타결이 안되면 대통령이 관련부처 장관들을 불러모아 조정하고 있다. 이는 관련부처 장관회의들이 회의 주재자만 달리하여 반복 소집되는 구조이다. 또한 정부위원회의 설치가 남발되고 있다. 여러 부처들과 관련된 법안들은 거의 정부위원회를 설치하고 있다. 특히 대통령과 총리의 의사와 관계없이 그 산하에 남설되고 있다. 그 결과, 대통령과 총리가 관심과 시간 부족으로 주재할 수 없는 정부위원회들이 너무 많고, 이들은 대부분 유명무실화되어 있다. 마지막으로, 모든 부처들이 기회만 되면 자신이 주도할 수 있는 조정기구(관계장관회의, 정부위원회, 부총리, ○○혁신본부, ○○교섭본부, ○○조정국 등)를 설치해 왔다.

둘째, 다양한 조정기구들이 서로 연계되어 있지 않고 독립적으로 각자 움직인다. 국무조정실이 총리 주재 관계장관회의와 일부 정부위원회들을 연계하여 관리하고 있으나, 다양한 조정기구들을 통합적으로 연계 관리하는 기구가 없다.

이처럼 다양한 조정기구들의 난립과 연계부족으로 주무부처들이 자신들에게 유리한 조정기구를 선택하여 주도권을 잡을 수 있을지 모르나 쟁점정책들이 서로 연계되어 적시에 효율적으로 조정되기 어려울 뿐만 아니라 일부는 유명무실한 상태이고 일부는 유관부처들의 업무에 간섭하는 수단이 되고 있다.

2) 비공식 채널의 선호와 공식 기구의 요식화

행정부처들은 공식적 조정기구보다 비공식적 협의채널을 통해 조용히 조정하려는 경향이 있다. 부처간 갈등의 대부분을 공식적인 분야별 관계장관회의나 정부위원회 시스템에 상정하지 않고, 비공개 비공식 접촉을 통해 실질적으로 조정을 마친 후 공식적인 시스템에서 요식적으로 확정하는 경우가 많다. 또한 비공개 비공식 접촉에서 최종 조정하지 못하면 공식적인 관계장관회의나 정부위원회에 상정하기보다는 국무조정실로 가져가 조정관이나 국무조정실장을 통해 조용히 조정하려는 경향이 강하다. 그 결과, 부처간 조정에 제도적으로 가장 우수한 분야별 관계장관회의와 정부위원회 시스템이 명실상부한 실질적인 조정기구로 자리잡지 못하고 있다.

부처들이 쟁점정책들을 드러내지 않고 가급적 당사자간 비공식 채널을 통해 조용히 조정하려 하는 이유는 세 가지이다. 하나는 '부처이기주의'라는 비난을 받을 수 있는 갈등노출을 꺼려하기 때문이고, 다른 하나는 체면을 중시하는 풍토에서 패배로 인식되는 양보가 알려지는 것을 싫어하기 때문이다. 마지막 하나는, 단결과 화합을 중시하는 조직문화에서 갈등의 표출을 지도력의 실패로 간주하기 때문이다(김영평, 1991: 316).

3) 당사자간 실질적 조정자로서 과장들과 차관들

부처간 조정에서는 장관들과 실국장들이 실질적으로 중요한 역할을 해야 한다. 주요 조정기구인 관계장관회의나 정부위원회의 내부구조상 장관위원회의 멤버는 장관들이고 실무위원회의 멤버는 주로 실국장들이기 때문이다. 그러나 실제로는 부처간 조정에서 장관들과 국실장들이 상대적으로 적극 나서지 않는 경향이 있다.

부처간 실질적 조정에 장관들이 적극 나서지 않는 이유는 세 가지 성향 때문이다. 첫째, 우리나라 고위 직업공무원들은 부처간 이견을 조정하는 데 장관들을 끌어들이지 않고 자신들의 노력으로 조정을 끝내려는 성향이 있다. 부처간 이견조정을 위해 장관들끼리 논란을 벌이게 하는 것은 장관들에 대한 예의가 아니라고 생각하기 때문이다. 둘째, 우리나라 고위 직업공무원들은 정책추진과정에서 분석적 전문가 역할보다는 정치적 관리자 역할을 선호하는 성향이 있다. 즉 쟁점정책을 분석하고 대안을 마련하는 전문적인 작업은 계장들과 외부전문가들에게 맡기고, 이익집단과 유관부처의 의견을 수렴하여 이를 수정·보완하는 작업은 자신들이 주도하려 한다. 셋째, 우리나라 장관들도 부처간 갈등을 직접 조정하기보다는 실무자들이 해결해 오기를 바라는 성향이 있다. 부처간 갈등조정은 쉽게 결론이 나지 않을 뿐만 아니라 쟁점을 파악하고 관철전략을 수립하는데 상당한 시간이 소요되고 대면논쟁이 부담스럽기 때문이다.

부처간 실질적 조정에 국실장들이 적극 나서지 않는 이유는 실국장들 상호간에 친분과 신뢰가 형성되어 있지 않아 깊이있는 소통과 신속한 조정이 쉽지 않기 때문이다. 우리나라 국실장들은 공식적 관계장관회의 산하 실무회의가 활성화되어 있지 않아 평소에 국실장들 간 자주 접촉할 기회가 많지 않다.

반면, 우리나라 부처간 갈등 조정에서 실질적으로 중요한 역할은 과장들과 차관들이 한다. 부처간 이견이 발생하면 먼저 과장들이 접촉해서 조정하고, 과장들이 조정하지 못하면 곧바로 차관들이 나서서 조정하는 경향이 있다. 과장들이 적극 나서는 이유는 부처 이익을 위해 무엇을 관철하고 무엇을 양보해도 되는지를 가장 잘 알고 있기 때문이다. 과장들은 실무책임자로서 쟁점의 세부내용에 대해 가장 잘 알고 있다. 차관들이 적극 나서는 이유는 매주 열리는 차관회의를 통해 자주 만나 차관들끼리 친분과 신뢰가 상당히 형성되어 있어서 소통과 양보가 상대적으로 용이하여 부처간 이견을 잘 조정할 수 있기 때문이다.

2. 조정절차 활용상 특징과 평가

1) 당사자간 협의조정 강조

부처간 이견은 일단 당사자들이 자율적으로 조정하는 것을 원칙으로 하고, 제3자 조정은 보완적으로 실시하고 있다. 부처간 이견은 일차적으로 주무부처가 유관부처들과의 비공식 비공개 접촉을 통해 조정을 시도한다. 여기서 조정이 되지 않으면 관계장관회의나 정부위원회에서 조정하는데 이곳에서도 먼저 당사자들이 합의할 기회를 주고, 국무조정실이나 청와대비서실이 개입하여 조정할 때에도 당사자들이 서로 합의하도록 유도하고 지원하는 시도를 먼저 한다. 어느 조정기구가 나서든 가급적 당사자들이 협의조정하도록 최대한의 기회를 주고 있다. 부처간 갈등이 당사자간 자발적 합의에 의해 해결되면, 갈등이 재발할 가능성이 줄어들 수 있고 집행가능성이 커지기 때문이다. 그러나 당사자간 합의를 지나치게 강조하면 두 가지 문제가 발생할 수 있다. 하나는, 조정에 각 부처의 상대적 힘이 크게 작용할 수 있다. 즉 힘센 부처에게 유리하게 조정될 가능성이 그만큼 커진다. 다른 하나는, 제3자 개입조정을 최대한 미룸으로써 정책조정의 적시성을 떨어뜨려 정책의 시행시기를 놓칠 수 있다.

2) 부처 전략에 따라 상이한 조정과정

당사자간 비공식 조정이 안 될 경우 부처들은 자신들의 전략에 따라 유리한 조정기구와 조정과정을 선택할 수 있다. 이유는 행정부 내에 다양한 조정기구와 절차가 난립되어 있어서 선택할 수 있는 여지가 있기 때문이다.

첫째, 각 부처들은 자신들이 주도할 수 있는 관계장관회의나 정부위원회를 통해 조정하려 하고, 경쟁부처가 주도할 수 있는 관계장관회의나 정부위원회를 기피한다.

재정경제부, 교육부, 과학기술부, 복지부, 통일부 등 국정운영의 중심축 역할을 하는 핵심부처들은 분야별 관계장관회의를 설치해 왔다. 그러나 비핵심부처들은 부처간 조정에 총리의 지위를 활용하기 위해 총리를 의장으로 하고 자신들이 실무위원장 혹은 간사를 담당하는 정부위원회를 설치해 왔다. 즉 각 부처들은 부처간 이견에 대비해 자신들이 주도할 수 있는 조정기구들을 설치해 온 것이다. 그리하여 각 부처들은 부처간 이견이 발생하면 자신들에게 유리한 조정기구에 가져가 조정하려 한다. 이유는 자신들의 입장을 관철하기 용이하기 때문이다. 같은 맥락에서 자신과 갈등관계에 있는 상대부처가 관리하는 관계장관회의나 정부위원회는 기피한다. 특히 분야별 관계장관회의들은 국정전반을 분담하고 있기 때문에 어떠한 부처간 이견도 조정할 수 있다. 그럼에도 불구하고, 비핵심부처들은 핵심부처와 이견이 있는 쟁점정책을 분야별 관계장관회의를 통해 조정하려 하지 않는다. 이유는 분야별 관계장관회의의 의장을 핵심부처 장관이 담당하고 있어서 그 공정성을 신뢰하지 않기 때문이다.

둘째, 힘없는 부처들은 자신이 주도할 수 있는 관계장관회의나 정부위원회가 없으면 곧바로 국무조정실이나 청와대로 가져가 조정하려 한다.

부처간 이견을 국무조정실에 가져가 조정하려는 가장 큰 이유는 국무조정실은 쟁점정책에 대한 이해관계가 없어서 공정하게 조정하리라는 기대를 할 수 있기 때문이고, 그 이외에도 국무조정실이 자신의 존재가치와 역할을 제고하기 위해 어떤 이견이라도 개입하여 조정해주려 하기 때문이다. 부처간 이견을 청와대에 가져가 조정하려는 이유는 당사자간 조정에서 힘의 열세를 만회할 수 있고, 더 나아가 대통령 관심사를 위해 열심히 일한다는 것, 청와대가 어떤 결론을 내더라도 충실하게 따르겠다는 것을 보여줌으로써 청와대 내에서 소속부처에 대한 평가나 고위공무원 자신의 승진에 유리한 분위기를 조성하기 위해서이다. 그러나 과거에 일부 부처들이 쟁점정책을 관계장관회의를 우회하여 청와대로 가져가 유리하게 조정했으나 나중에 배제된 부처들의 집단반발로 청와대 조정안이 번복된 경우가 종종 있었다.

이처럼 표준화된 조정절차 없이 부처들의 선호와 전략에 따라 조정기구와 조정절차가 달라지면, 조정결과도 달라져 조정결과들 간에 일관성이 떨어질 수 있고, 주도권을 갖고 있는 주무부처에게 유리한 조정결과가 도출될 수 있다.

3. 전략행태상 특징과 평가

1) 조정자에 따라 서로 다른 전략적 행태

부처간 이견과 갈등을 당사자 부처들이 조정하든 국무조정실이나 청와대 등 제3자가 조정하든 조정자에 따라 조정행태가 상당히 다르다. 이는 전반적으로 정책조정에 유용한 전략들의 개발과 축적이 미흡하기 때문이다. 즉 국무조정실 실무자들을 제외하고 대부분 빈번한 보직이동과 짧은 임기 등으로 정책조정 노하우를 습득하기 쉽지 않고(박천오, 2005: 21-22), 습득되었더라도 인수인계의 불충분으로 유용한 노하우가 전달되지 않아 축적되지 못하고 있다.

2) 힘의 논리가 지배하는 조정 행태

부처간 정책갈등이 합리적 설득과 상호 양보보다는 힘의 논리에 조정되는 경향이 있다. 당사자부처간 조정이 대부분 힘센 부처의 영향력에 의해 조정되는 경향이 있고 (박천호, 2005: 21-22), 당사자간에 힘의 균형으로 조정이 용이하지 않으면 대통령이나 집권당의 힘을 이용하려 하거나[34] 아니면 갈등전선을 언론, 여야정당, 이익집단, 시민

---

34) 부처간 이견이 크면 주무부처가 대통령이나 집권당을 설득하여 국가적 과제로 전환한 후 대통령이나 집권당으로 하여금 유관부처들에게 협조명령을 내리게 하여 유관부처들의 양보를 얻어내는 방식으로 조정하는 경우도 많다.

단체 등으로 확대하여 다수의 힘에 의해 타결하려는 경향이 강하다.

3) 단편적인 조정행태

서로 관련된 쟁점정책들을 전략적으로 연계하여 국가 전체적 관점에서 조정하기 보다는 각 쟁점정책별로 따로따로 조정하는 경향이 있다.35) 그 결과, 쟁점정책들이 개별적으로 조정됨으로써 시너지 창출이 어렵다. 이러한 단편적 조정행태가 지배적인 이유는 다음과 같다.

첫째, 부처들이 배타적 독점적 권한행사를 선호하기 때문이다. 부처들은 조직화된 고객집단에 대한 자신들의 영향력을 강화하기 위해 타부처들의 간섭을 싫어한다. 달리 말하면, 자신들의 권한 행사에 방해받지 않기 위해 타부처의 권한 행사에 끼어들지 않으려 한다. 넓은 범위에서 공동의 영향력을 행사하기보다는 좁은 범위에서 독점적 권한을 행사하려 하기 때문에 정책조정이 단편화되고 있다.

둘째, 유관 쟁점정책들을 조기에 발굴하여 조정하는 사전조정시스템이 활성화되어 있지 않기 때문이다. 청와대와 국무조정실에 유관정책들을 조기에 발견할 수 있는 정책추진상황실의 설치·운영이 제도화되어 있지 않고, 분야별 관계장관회의 시스템도 본래의 취지에 맞게 활성화되어 있지 않기 때문이다. 분야별 관계장관회의는 정책의 추진과 조정에 있어서 해당분야 다수 정책들을 함께 고려하도록 하기 위해 개발된 기구이다. 그러나 분야별 관계장관회의가 이러한 역할을 제대로 수행하지 못함으로써 쟁점정책들의 조정이 단편화되고 있다.

제6절 쟁점정책을 둘러싼 부처간 갈등과 조정 사례

1. 사례 소개

이곳에서 검토되는 조정 사례는 과학기술혁신법 사례와 검경수사권 사례이다.

과학기술혁신법 사례는 과학기술혁신정책의 추진에 필요한 기본틀 구축을 둘러싸고 1992~1993, 1995~1997년에 걸쳐 주무부처인 과학기술처와 유관부처들 간에 있었

---

35) 기획을 하거나 종합대책을 마련하지 않는 한 쟁점정책들을 연계시켜 조정하는 경우는 드물다.

던 이견과 조정에 관한 사례이다.[36] 이 사례는 과학기술연구개발 혁신을 위한 특단의 대책을 명분으로 유관부처들의 권한과 사업 및 예산에 영향력을 행사하려는 과학기술처와 이러한 간섭을 반대하는 유관부처들 간의 조정이다. 또한 이 사례는 힘이 약한 주무부처와 힘이 강한 유관부처들 간 조정사례이자, 유관부처들이 법안 취지에는 동의했으나 관할권과 수단들에 대해 반대했던 사례이다. 부처간 갈등과 조정에서 대다수를 차지하는 일반적인 유형이다.

검경수사권 조정 사례는 2003~2011년 동안 수사권의 분배를 둘러싸고 경찰과 검찰 간에 사투를 벌인 사례이다.[37] 검찰의 수사지휘권을 축소하여 독자적 수사권을 확보하려는 경찰과 이를 허용하지 않고 수사지휘권을 유지하려는 검찰 간 갈등과 조정에 관한 사례이다. 이 사례는 권력기관들 간 관할권을 둘러싸고 갈등이 첨예했던 흔하지 않는 사례이다.

이 사례들을 통해 정책조정에 있어서 주요 특징들을 도출하고 그 원인을 밝힌다.

2. 과학기술혁신법 사례

1) 추진 배경

냉전 종식으로 국가간 경쟁이 정치군사 중심에서 경제 중심으로 이동함에 따라 선진 각국들은 자국산업의 경쟁력 강화를 위해 과학기술개발에 심혈을 기울이기 시작했다. 이에 우리나라도 선진국 모방형 과학기술정책에서 국내 혁신형 과학기술정책으로 전환해야 할 필요가 생겼다. 그러나 과학기술혁신을 위한 제도, 투자, 인력 면에서 크게 취약했다. 그리하여 과학기술처는 1980년대 중반부터 과학기술 세계 7위를 목표로 과학기술혁신체제 구축, 과학기술투자 GNP 5% 확보, 고급연구인력 확보 등을 희망해 왔다. 그러나 과학기술처는 주무부처로서의 역할과 위상이 약해 이들 과제들을 추진하는 데 어려움을 겪고 있었다. 그러던 중 정치적 역량이 있는 외부인사가 장관으로 부임함으로써 이 과제들을 추진하게 되었다.

---

36) 박정택 박사의 박사학위논문에 실린 사례이다. 박정택 박사의 구두 허락을 받아 재사용했다.

37) 저자가 인터뷰, 언론보도, 정부문서 등을 활용하여 개발한 사례이다.

2) 과학기술혁신법을 둘러싼 갈등과 조정

(1) 과학기술혁신특별조치법의 추진경과 및 보류(1990~1993)

가. 추진 시동과 법안 마련

과학기술 주무부처로서의 위상 강화와 현안과제 해결을 위한 구체적인 노력은 1990년 11월에 임명된 김진현 장관이 시동을 걸었다. 김진현 장관은 과학기술에 해박한 언론인 출신으로서 대통령에게 직접 접근하여 과학기술진흥이 국가경쟁력의 핵심이라는 것을 설득하여 지지를 얻으려 했다.

김진현 장관은 취임 한 달 후인 12월 한·소정상회담시 노태우 대통령을 수행하여 대통령에게 경제와 안보를 위해 과학기술의 중요성을 적극 설득했고, 이듬해인 1991년 4월 30일에 한국과학기자클럽과 대통령 간의 간담회를 주선하여 '과학기술에 관한 정책선언'을 하도록 유도했다. 그 핵심내용은 2001년까지 과학기술을 선진 7개국 수준까지 향상시키고 이를 위해 과학기술투자를 GNP의 5%까지 늘린다는 것이었다. 김진현 장관은 과학기술혁신 현안문제들을 대통령에게 보고하는 데 있어 청와대비서실을 이용하지 않았다. 이유는 당시 과학기술담당보좌관이 경제부처 공무원 출신이어서 과기처를 대변해 주는 데 한계가 있었기 때문이었다. 그 대신 대통령 직속 국가과학기술자문회의를 활용하기로 했다. 이를 위해 종전까지 비상설기구였던 국가과학기술자문회의를 1991년 5월에 상설기구화하고 초대의장을 노태우 대통령의 육사동기인 김성진 전 과기처장관을 앉히고 자신은 실질적 운영자인 간사위원을 담당했다.[38] 김진현 장관은 이 자문회의를 통해 과학기술혁신 관련 주요 내용을 대통령에게 보고하면서 설득했다. 이러한 노력의 결과, 노태우 대통령은 1991년 11월 1일, 제9차 국가과학기술자문회의에서 최각규 경제부총리에게 과학기술개발투자를 GNP 5%까지 확보하는 방안을 마련하라고 지시했다.

김진현 장관의 노력으로 대통령으로부터 '과학기술정책선언'과 'GNP 5% 투자'를 유도하는 데 성공하자, 과기처 공무원들은 과학기술개발제도 개혁, 과학기술투자 확대, 고급과학기술인력 확보를 위해 본격적인 시동을 걸었다. 1991년 12월 19일, 과기처는 경제기획원과 함께 '과학기술혁신종합대책'을 마련하여 청와대 과학기술진흥회의

---

[38] 이로써 국가과학기술자문회의는 과학기술처와 과학자들의 의견을 대통령에게 전달하는 통로가 되었다.

에서 대통령에게 보고했다. 이 종합대책을 실현하기 위해서는 과학기술혁신체제를 구축해야 했고 이를 위해 여러 부처들의 소관법령들을 개편해야 했다. 이에 과기처는 조속한 시일 내에 과학기술혁신체제를 구축하기 위해 '과학기술혁신특별조치법'을 제정하기로 했다.

그리하여 1992년 2~3월, 과기처는 '과학기술혁신특별조치법'에 포함될 내용을 정하기 위해 연구계와 산업계를 대상으로 과학기술혁신 애로사항을 조사를 했고, 4~5월에 과학기술혁신특별조치법 1차 시안을 마련했다. 주요 내용은 다음과 같다.

표 9-9 과학기술혁신특별조치법 시안의 주요 내용

분 야	구체적 내용
1. 과학기술정책 수립	- 과학기술예산편성에 종합과학기술심의회의 심의조정결과 반영 의무화 - 각 부처 과학기술진흥계획에 대한 종합과학기술심의회의 사전 심의조정 의무화
2. 과학기술개발 투자	- 정부 과학기술예산 증가율 의무화(매년 20~23%)
3. 과학기술인력 양성	- 연구요원 병역특례 요건 완화(석사 → 학사) - 사내기술대학 활성화 및 수료자에 대한 정규 학·석사 학위수여
4. 기업의 과학기술 　 개발 지원	- 기업의 기술개발활동에 대한 조세·금융 지원 - 녹지지역내 기업부설연구소 설립시 건폐율 완화 - 부동산 취득 후 4년내 연구소 설치시 업무용 부동산으로 인정 - 영리목적의 연구개발법인에게 기업부설연구소 수준의 조세금융 지원
5. 기술 도입과 확산	기술도입절차 간소화, 기술유통기관 설립

나. 부처간 쟁점과 조정

과학기술처는 특별조치법 시안을 1992년 6월 언론에 공개한 후 7~8월 동안 유관부처들과 비공식 협의조정을 벌였다. 유관부처들은 입법취지에는 동감했으나 자신들의 관할권이나 이해관계 및 가치관을 침해할 소지가 있는 부분에 대해 적극 반대했다. 과학기술처와 유관부처들 간의 쟁점과 조정은 다음과 같다.

첫째, 경제기획원과의 쟁점은 과학기술예산 증가율의 수치화와 과학기술예산편성시 종합과학기술심의회 심의조정결과의 의무적 반영이었다. 과학기술처는 21세기 과학기술선진국 진입이라는 비전과 대통령의 지시라는 양대 명분으로 과학기술예산 증가율의 수치화에 대해 경제기획원의 양보를 얻어내려 했다. 이에 경제기획원은 수치화가 예산의 효율적 운용에 경직성을 초래하고 다른 분야(예, 교육, 국방)에서도 유사한 요구를 할 수 있다며 반대했다. 그러나 경제기획원은 과학기술처의 명분을 무시할 수도 없었다. 그리하여 양 부처는 '예산증가율의 수치화' 대신 '매년 전체예산증가율 이상으로 확대한다'는 선에서 타협했다. 또한 과학기술처는 과학기술정책 주무부처로서 경제기획원의 과학기술예산편성에 종합과학기술심의회의 심의조정결과를 의무적으로 반영하라고 요구했다. 이에 경제기획원은 자신의 예산 편성권과 조정권에 대한 침해를 우려하여 의무적 반영을 거부했다. 양 부처는 이 쟁점에 대해 합의에 이르지 못했다.

둘째, 교육부와의 쟁점은 사내기술대학의 정규학위 수여 여부였다. 과학기술처가 기업들의 기술인력 적기확보와 기술인들의 사기진작을 위해 사내기술대학 설립을 허용하고 그 수료자들에 대해 정규대학의 학사와 석사 학위를 수여해 달라고 요구하자, 교육부는 사내기술대학은 기업 훈련기관이지 정규 교육기관이 아닐 뿐만 아니라 별도의 학위수여제도 신설로 학위남발이 우려되어 기존 교육정책과 배치된다는 이유로 정규학위 수여를 거부했다. 그리하여 양 부처는 '교육부장관에 의한 정규학위'가 아니라 '과학기술부장관에 의한 준학사 및 준석사 수료증'을 수여하는 선에서 타협했다.

셋째, 건설부와의 쟁점은 자연녹지지역과 산림보전지역 내 규제완화 여부였다. 과학기술처가 기업들의 부설연구소 설립을 촉진하기 위해 자연녹지지역과 산림보전지역 내 설립시 대폭적인 규제완화를 요청하자, 건설부는 산림보전지역내 설치는 용도변경을 통해서라도 허용하겠지만, 자연녹지지역은 도시민의 휴식·건강을 위한 것이라는 이유로 자연녹지지역내 연구소 건폐율 규제완화는 거부했다.

넷째, 국방부와의 쟁점은 병역특례요건 완화 여부였다. 과학기술처가 기업들의 기술인력난을 덜어주기 위해 병역특례요건을 석사에서 학사로 완화해 달라고 요청하자, 국방부는 1990년에 학사에서 석사로 상향한 바 있어 2년 만에 또다시 하향시키면 정책의 일관성을 훼손한다며 반대했다. 그리하여 과학기술처는 이를 수용했다.

다섯째, 재무부와의 쟁점은 업무용부동산 인정과 조세금융상 우대 여부였다. 과학기술처가 기업들의 연구개발 활동을 유인하기 위해 기업들이 부설연구소 부지로 매입한 토지를 업무용부동산으로 인정해 달라고 요구하자, 재무부는 부동산투기가 상존하는 상황에서 취득후 1년내 착공하지 않으면 업무용으로 인정하기 곤란하다고 했다. 또한 과학기술처가 위험부담이 큰 연구개발업의 활성화를 위해 연구개발법인에 대한 조세금융상 우대를 요청하자 재무부는 영리 목적의 연구법인을 비영리 목적의 연구법인보다 우대하면 형평성에 어긋난다며 반대했다. 또한 과학기술처가 비영리 연구법인에 대한 기부금 전액의 손금처리를 요구하자, 재무부는 기존 30% 인정으로 충분하며 추가확대는 준조세 억제정책과 상충된다며 거부했다.

여섯째, 상공부와의 쟁점은 기술도입절차 간소화와 과학기술정보유통기관 설립 문제였다. 과기처가 외국(소련) 첨단기초과학기술의 도입을 촉진하기 위해 도입절차의 간소화를 요청하자, 상공부는 기술도입절차를 간소화하기 위해서는 외자도입법의 개정이 필요하다며 시간을 끌었다. 또한 과학기술처가 과학기술정보의 수집과 유통을 촉진하기 위해 전담기관의 설립을 주장하자, 상공부는 새로운 기관을 설립하기보다는 기존 산업기술정보원의 역할을 확대하는 것이 바람직하다고 주장했다. 그리하여 과학기술처는 업무가 중복되지 않도록 '산업정보기술'을 제외한 '연구개발정보'에 국한시켜 '과학기술정보유통기관'이 아니라 '연구개발정보센터'를 별도로 설치하기로 했다.

다. 의원입법 추진

부처간 갈등에 의해 특별조치법안의 내용 중 일부는 대폭 수정되고 일부는 여전히 갈등상태로 남게 되자, 과학기술처는 자신의 정당한 명분에도 불구하고 유관부처들의 반대를 극복하는 데 한계가 있다고 판단하고, 당초 구상했던 과학기술혁신조치들을 원상회복하기 위해 집권당을 활용한 의원입법을 추진하기로 했다. 그리하여 부처간 협의조정이 완결되지 않은 상태에서 곧바로 당정협의(1992.8.1.과 8.19.)를 통해 여당인 민자당의 협조[39]를 받아 특별조치법안을 의원입법 형식으로 11월 6일 국회에 제출했다.

라. 국회 보류

국회 경제과학위원회는 동 법률안에 대해 1993년 2월에 관련부처들로부터 의견을 수렴한 다음, 5월에 심의에 착수했다. 의원들은 혁신조치가 중요하므로 의결하자는 측과 부처간 이견이 여전하므로 보류하자는 측으로 갈라졌다. 그리하여 법안소위를 구성하여 재론하기로 했다. 법안소위에서 유관부처들, 특히 경제기획원이 과학기술예산 증가율을 법령에 의무화할 경우 이것이 선례가 되어 국방예산, 교육예산 등에서 동일한 요구를 하면 거부할 명분이 없어진다면서 강력 반대했다. 그러자 의원들은 법안을 보류시켰다. 동 법안은 얼마 후 국회 회기만료로 자동 폐기되었다.

(2) 과학기술혁신특별법으로 재추진(1995~1997)

가. 재추진 배경과 보완 내용

한국경제의 국제경쟁력 강화와 유동적인 동북아 정세 속에서 국가안보 강화를 위해 과학기술혁신은 여전히 시급한 국정과제로 인식되어 왔다. 1993년 2월에 취임한

---

39) 민자당내에서는 황인성 정책위의장이 특별조치법은 관련부처들이 다수이므로 정부입법으로 하자고 했으나, 금진호 과학기술진흥특별위원장이 과기처만으로는 다수 부처들을 설득하는 데 한계가 있고 특별조치법의 내용이 과학기술인들에게 희망을 줄 수 있는 내용들이 많아 집권당 차원에서 추진할 필요가 있다고 주장하여, 민자당에서 추진하기로 합의했다.

김영삼 대통령은 집권 첫해 문민정부를 구축하기 위한 민주개혁과 부정부패척결에 집중했다. 집권 2년째 들어 국정운영 방향을 국가경쟁력 강화와 세계화·정보화·지방화로 정하고 이의 구체화를 서둘렀다. 동시에 국제경쟁력 강화에 있어서 과학기술진흥의 중요성을 인식하고 국가과학기술자문회의를 격월로 소집키로 했다.

과학기술에 대한 대통령의 관심사를 확인한 과학기술처(장관 김시중)는 1994년에 주무부처로서의 위상 강화와 종합조정력 확보를 위해 과학기술정책기본법 제정을 추진했다. 그러나 이번에도 '과학기술종합조정의 강화'와 '정부연구개발예산의 정부예산 증가율 이상 증액' 등에 대한 관련 부처들의 반대로 무산되었다.

그러던 중 1995년에 기회가 찾아 왔다. 당시 출범한 WTO체제는 국가간 공정한 무역을 강화를 위해 각국의 산업지원보조금과 기술개발보조금에 제한을 가했고 지적재산권 보호를 강화했다. 이에 선진 각국들은 과학기술혁신체제를 재정비하면서 기술보호주의를 심화시켰다. 또한 김영삼 대통령이 자신의 치적으로 삼기 위해 선진국 클럽인 OECD가입을 신청했다. 가입되면 개도국으로서의 지위를 벗어나 보호무역주의를 폐기하고 선진국들과 치열한 경쟁을 벌어야 했다. 그 결과, 선진국 반열에 올라야 할 우리나라로서는 부족한 과학기술력 확보를 위해 국내 과학기술혁신을 위한 특단의 조치가 불가피해졌다.

과학기술처(장관 정근모)는 1995년 12월 이러한 상황을 활용하여 또다시 위상 강화와 종합조정력 확보를 위한 입법을 재추진하기로 결정했다. 1992년 과학기술혁신특별조치법과 1994년 과학기술정책기본법 제정의 실패 과정에서 대통령의 막연한 지지 표명만으로 부족하다는 것을 경험한 과학기술처는 재추진을 위해 대통령의 확실한 지지를 유도하려 했다. 이러한 시도에는 대통령 국가과학기술자문회의가 활용되었다.

김영삼 대통령은 1996년 1월 11일 국가과학기술자문회의에서 연구개발 투자규모와 참여부처가 증가함에 따라 과학기술정책에 대한 종합조정이 필요하다는 자문위원들의 건의를 받아들여 과학기술처장관에게 경제부총리와 협의하여 과학기술장관회의를 설치·운영토록 지시했다. 이어 2월 9일 국가과학기술자문위원 초청 청와대 오찬간담회에서 김영삼 대통령은 과학기술혁신을 위한 범정부적 특별입법을 추진하라는 지시를 내렸다. 즉 21세기 세계중심국가 진입을 위해 국가안보와 삶의질 향상에 과학기술이 중추적 역할을 담당할 수 있도록 향후 5년간(1997~2001) 과학기술특별지원책을 추진하라는 것이었다.

대통령의 지시에 따라 1996년 3월에 재정경제원 부총리를 의장으로 하는 과학기술장관회의를 신설했고[40] 그동안 보류되었던 특별입법이 다시 추진되었다. 과학기술

처는 1993년에 국회에서 폐기된 '과학기술혁신특별조치법'을 타부처들이 수용할 수 있
도록 보완하고 그동안 기술개발환경의 변화에 따라 새로운 내용을 포함시키는 특별법
제정에 착수했다.

　　과학기술처는 1996년 4~5월에 다양한 의견들을 수렴하기 위해 정부출연연구기
관, 대학, 산업계, 과학기술단체들을 대상으로 대규모 설문조사를 실시했다. 과학기술
처는 의견수렴 결과를 반영하고 과거 과학기술혁신특별조치법을 대폭 보완하여 '과학
기술혁신특별법' 1차 시안을 마련했다. 주요 내용은 <표 9-10>과 같다.

표 9-10　1995년 과학기술혁신특별법안 주요 내용

분 야	구체적 내용
1. 과학기술정책 종합조정	- 과학기술혁신5개년계획과 연도별 시행계획 수립 의무화 - 과학기술장관회의 설치 및 과학기술 정책·계획·사업·예산 심의조정
2. 연구개발투자 확대	- 과학기술혁신5개년계획에 정부연구개발투자 목표치 반영 의무화 - 과학기술진흥기금 설치 및 정부투자기관·사행사업 기금출연 권고
3. 연구인력 확보	- 기업 연구인력, 과학기술장관회의 지정 연구원 등에 대한 병역특례
4. 민간기술혁신 유도	- 기술집약형 중소기업에 대한 조세감면특별법상 특례확대 - 기업기술개발투자에 대한 최저한세 적용 완화, 기술담보대출제 신설 - 국공립기관 보유 기술 무상양여
5. 연구개발사업 관리	- 국가연구개발사업 조사·분석·평가기관 신설 - 대형공동연구시설·장비 전담관리기구 신설
6. 기타	- 국방연구개발비 확대　- 기초연구 강화 - 지방과학기술 진흥　　- 과학문화재단 설립

나. 부처간 쟁점 및 당사자간 조정

　　과학기술처는 동 특별법안에 대해 1996년 5월 16일 대규모 공청회를 실시했다.
연구계, 학계, 산업계, 행정부, 입법부 등에서 340명이 참석했다. 6월에 입법예고를 거
쳐 7월부터 유관부처들과 의견 조율에 들어갔다. 그러나 유관부처들은 4년 전인 1992
년 특별조치법 때와 동일한 논리로 반대했다. 주요 쟁점들과 조정과정은 다음과 같다.

a. 재정경제원과의 쟁점과 조정

　　재정경제원은 특별법 내용 중 예산이나 세제·금융지원 사항이 과학기술처의 영

---

40) 실질적 운영은 과학기술처에서 담당하면서도 재경원부총리를 의장으로 한 것은 연구개발예산 관
　　련 조정을 용이하게 하기 위해서였다. 종합과학기술심의회(총리/의장, 과기장관/간사)는 유명무
　　실해졌다. 과학기술장관회의 의장은 1998년 2월에 과학기술부장관으로 교체되었다.

역으로 편입될 소지가 있는 부분에 대해 강력히 반대했다. 구체적인 쟁점과 조정을 보면 다음과 같다.

첫째, 재정경제원은 과학기술장관회의의 심의조정 대상[41]에 과학기술예산을 포함시키는 것에 강하게 반대했다. 표면적 이유는 i) 과학기술장관회의는 그 설치 목적상 다수 부처들과 관련된 정책·계획·사업 등에 대한 종합조정만 담당해야 하고, ii) 과학기술예산은 국가과학기술자문회의의 의견을 수렴하여 편성하고 있는데 추가로 과학기술장관회의의 심의조정을 받도록 하면 이중 심의가 된다는 것이었다. 그러나 숨은 이유는 재정경제원의 예산 편성권과 조정권이 축소되기 때문이었다. 이에 대해 과학기술처는 i) 과학기술정책을 종합적 체계적으로 추진하고, ii) 연구개발계획과 과학기술투자의 효율성을 제고하기 위해서는 과학기술장관회의의 심의조정이 필요하다고 주장했다. 그럼에도 재정경제원이 강하게 반대하자, 과학기술처는 과학기술예산의 '편성시'가 아니라 '집행시'에 부처간 협의조정하여 시너지 효과를 높이겠다고 수정·제안했다. 그러자 재정경제원이 이에 동의했다.

둘째, 재정경제원은 과학기술처 주도로 수립될 과학기술혁신5개년계획의 목적으로 규정한 "국가 총 연구개발투자 중 정부부문의 비중 제고 및 정부연구개발투자를 제고하기 위하여"를 "국가 총 연구개발투자를 제고하기 위하여"로 수정해 줄 것을 요구했다. 이유는 우리나라의 연구개발투자 중 정부투자 비중이 낮은 것은 민간투자 비중이 급격히 증가했기 때문이며, 연구개발투자 중 정부투자 비중 제고, 정부연구개발투자 제고 등은 예산당국이 정할 사안이라는 것이었다. 그러나 과학기술처는 i) 국가 총 연구개발투자 중 정부투자의 비중이 선진국들에 비해 지나치게 낮을 뿐만 아니라, ii) 민간부분이 감당하기 어려운 기초연구, 미래원천기술개발, 공공복지기술개발 등을 위해 정부의 획기적인 투자가 이뤄져야 하고, iii) 과학기술진흥에 대한 정부의 확고한 의지 표명을 위해서도 원래 규정이 유지되어야 한다고 주장했다. 그럼에도 재정경제원이 지속적으로 반대하자 과학기술처는 재정경제원의 주장을 수용했다.

셋째, 재정경제원은 기업의 기술개발투자에 대한 지원책 일부에 대해서도 반대를 했다. 먼저, 최저한세 적용 완화를 반대했다. 이유는 최저한세는 조세부담의 형평성 및 국민개납 측면에서 모든 과세대상에 예외없이 적용되는 제도로써 예외를 인정할 경우

---

41) 특별법안에서는 "과학기술관련 부처간 긴밀한 협조체제 구축과 과학기술관련 주요 연구개발계획·사업 및 예산 등에 관한 심의 조정을 위해 과학기술장관회의를 둔다"로 규정하고, 심의조정 대상을 "과학기술혁신5개년계획, 과학기술예산의 확대 방안, 정부의 과학기술관련 주요정책·연구개발계획·사업의 조정 및 예산의 효율적 집행에 관한 사항"으로 세분화하고 있다.

최저한세의 의미가 없어질 뿐만 아니라 중소기업과 농어촌 등 다른 분야에서도 동일한 요구를 하면 거부할 명분이 없다는 것이었다. 이에 대해 과학기술처는 민간부분의 기술혁신을 촉진하기 위한 특단의 조치로서 세수확보에 지장이 없는 한 반드시 완화해야 한다고 주장했다. 그러나 재정경제원은 이를 수용하지 않았다. 다음, 재정경제원은 국가연구개발사업에 참여하는 중소기업들의 연구비 중 일정부분을 정부가 무상지원하는 것에 대해서도 반대했다. 연구개발비에 대한 자기부담률이 대기업은 50%이고 중소기업은 30%이므로 중소기업에 대한 추가지원은 중복지원이라는 것이다. 과학기술처는 재정경제원의 중복지원 반대 주장을 수용했다. 그러나 재정경제원은 과학기술연구기관과 대학 및 단체에 대한 기부금의 손금처리 요구에 대해서는 이를 수용하여 조세감면규제법 개정시에 반영하겠다고 했다.

넷째, 재정경제원은 국공립연구기관의 연구결과로 확보된 지적재산권을 중소기업에 무상양여하는 것에 이의를 제기하면서 대안을 제시했다. 즉 지적재산권 중 '기초기술은 무상양여, 제품화기술은 유상양여'를 원칙으로 하고, 예외적으로 중소기업 등 기타 정책적 수요에 맞춰 무상양여의 길을 열어 놓아야 한다고 제안했다. 이에 과학기술처는 재정경제원의 주장을 수용하여 '정부연구기관이 보유하고 있는 기술을 중소기업에 무상으로 양여할 수 있도록 하되, 무상양여를 위한 자격기준을 마련'하는 것으로 입장을 수정했다.

다섯째, 정부출연연구기관에 단설대학원을 설치하는 것에 대해, 재정경제원은 정부출연연구기관의 고유기능과 배치되고 모든 정부출연연구기관들이 동일한 요구를 할 경우 재정부담이 된다며 반대하면서 기존 학·연·산 학위프로그램을 활용하는 것이 바람직하다는 대안을 제시했다. 과학기술처는 재정경제원의 이 대안을 수용했다.

여섯째, 대형연구시설·장비를 관리하는 전담기구 설치에 대해서는 재정경제원은 기존 기초과학지원연구소를 활용할 수 있다며 새로운 기구 설치에 반대했다. 이에 과학기술처는 시설·장비의 개별 구입과 활용을 지양하고 범정부적 공동 구입과 활용을 통해 재정효율성을 제고하자고 설득했다. 그러자 재정경제원은 이를 수용했다.

b. 통상산업부 및 정보통신부 등과의 쟁점과 조정

과학기술처와 이들 부처들 간의 쟁점은 과학기술장관회의 심의대상, 과학기술진흥기금 확보방안, 기술평가원 설치, 기술담보대출제 신설 등이었다.

첫째, 과학기술장관회의의 심의조정 대상에 각 부처의 과학기술개발 계획과 정책을 포함시킨 것에 대해 통상산업부와 정보신통부 및 국방부가 반대했다. 이유는 자신들의 독자적인 과학기술개발사업 추진을 제약할 수 있기 때문이었다. 그러나 연구개발 사업들에 대한 정부 차원의 종합조정강화 필요성이라는 명분에 밀려 과학기술처의 주장을 수용했다.

둘째, 정부투자기관들을 과학기술진흥기금 출연 권고대상에 포함시키고 동시에 정부지원으로 개발된 기술의 기술료 일정부분을 기금으로 적립하는 것에 대해 통상산업부와 정보통신부가 강력히 반대하고 나섰다.

양 부처가 정부투자기관들의 기금출연에 반대 이유는 i) 정부투자기관들이 자체적으로 기술개발에 투자하고 있고, ii) 기관 고유사업과 무관한 과학기술진흥기금에 출연할 경우 공공요금이 인상될 수 있으며, iii) 공기업 경영자율화 정책에도 배치된다는 것이었다. 이에 과학기술처가 i) 일반회계 예산만으로는 과학기술투자 확대에 한계가 있고, ii) 민간기업에 비해 연구개발투자가 낮은 정부투자기관들이 과학기술진흥기금 조성에 적극 참여해야 하며, iii) 기금이 기업의 연구개발에 융자되므로 정부투자기관 자체사업의 효율화에 기여할 수 있다고 설득했다. 그러자 통상산업부는 수용했으나 정보통신부는 반대했다. 정보통신부의 반대에 대해 과학기술처는 기금출연 권고시 사전 협의하겠다고 수정안을 제안했다. 그럼에도 정보통신부는 요지부동이었다.

또한 양 부처는 정부연구개발사업 기술료의 일부분을 과학기술진흥기금에 적립하는 것에 반대하면서 기술료는 당해 연구개발사업에 사용해야 하기 때문에 당해 연구개발사업이 아닌 곳에 사용할 수 없다고 주장했다. 이에 과학기술처는 진흥기금 지원대상이 과학기술처 사업만이 아니고 범정부적으로 추진하는 선도기술개발사업, 특정연구개발사업, 공업기반기술개발사업 등에 참여하는 기업들에 연구개발비로 융자지원하기로 되어 있어서 각 부처 연구개발사업과 밀접한 관계가 있다고 설득했다. 그럼에도 불구하고 양 부처가 강력히 반대하자 과학기술처는 반대 입장을 수용했다.

셋째, 기술평가원 신설에 대해서는 통상산업부와 정보통신부가 반대했다. 연구개발사업의 효율적 관리를 위해 기술평가원을 설치하자는 과학기술처의 주장에 통상산업부와 정보통신부는 새로운 기관을 설치하기 보다는 기존 기관을 지정하거나 신설하려면 복수기관을 설치하는 것이 바람직하다고 제안했다. 이에 과학기술처는 이들 부처들의 주장을 수용하여 '기술평가기관을 지정할 수 있다'고 입장을 수정했다.

넷째, 기술담보대출제도 신설에 대해서는 통상산업부가 반대하면서 자신의 관할하에 있는 '기술신용대출'로 수정하자고 제안했다. 이에 과학기술처는 신기술의 상업화 및 기술집약형 중소기업의 지원 등을 위해서는 기술력이 있는 기업에 대해 기술을 담보로 한 대출이 필요하다고 재차 설득했다. 이에 통상산업부가 양보하여 수용했다.

c. 문화체육부와의 쟁점과 조정

과학기술처와 문화체육부 간의 쟁점은 경마사업, 경륜사업, 경정사업을 과학기술진흥기금 출연 권고대상에 포함시키는 문제였다. 과학기술처는 이 사업들은 사행성이 크고 수익이 많으므로 일정 수익을 과학기술진흥기금에 출연하는 것이 국민정서에 맞다고 주장하자, 문화체육부는 법인설립 목적과 무관한 과학기술진흥기금에 출연하는 것은 부당하고 법령상 임의로 사용할 수 없다고 주장했다. 그리하여 과학기술처는 문화체육부의 주장을 수용하여 이들 사업을 기금출연 권고대상에서 제외했다.

d. 국방부와의 쟁점과 조정

과학기술처와 국방부 간의 쟁점은 연구원들의 병역문제였다.

첫째, 기업연구인력을 '공익근무요원'으로 지정하는 것에 대해 국방부는 기존 병역특례제도의 근간을 흔들 수 있어 새로운 특례의 신설은 불가하다고 반대했다. 그러자 과학기술처는 '공익근무요원'으로 지정하려던 입장을 수정하여 '기존 전문연구요원으로 추가지정'하는 대안을 제시했지만, 국방부는 이 추가지정도 반대했다.

둘째, '과학기술장관회의에서 정한 연구원과 기술자에 대한 병역특혜'에 대해서도 국방부는 반대했다. 이유는 연구원 병역특혜는 기존 '전문연구요원제도'로도 충분하다고 판단했기 때문이다. 그러나 과학기술처는 전문연구요원제도로 구제가 불가능한 첨단연구개발종사자들(예를 들면, 항공우주, 생명공학 등 분야)의 연구단절을 막고, 또한 해외교포 과학자들의 경우 국적 회복시 병역의무가 발생하므로 이들을 유치하기 위해 병역특혜가 필요하다고 주장했다. 그러면서도 과학기술처는 양보하여 '병역법이 정하는 바에 따라 전문연구요원 혹은 공익근무요원에 준하는 공익연구요원으로 편입하게 할 수 있다'라고 수정·제안했다. 국방부는 이를 수용했다.

다. 청와대의 개입 조정

과학기술처가 유관부처들과 이견을 조정하기 위해 적극 노력했음에도 불구하고 과학기술장관회의의 심의 대상, 연구개발투자확대의 명문화, 국방예산 중 연구개발투자 비중의 확대, 과학기술진흥기금의 확충, 기술개발에 대한 최저한세의 완화, 연구원의 병역특례 등 일부 핵심쟁점들은 유관부처들의 반대가 심해 타결이 안 되거나 원안이 크게 변형되었다. 유관부처들의 반대의견들을 수용하면 특별법제정의 의미가 퇴색되고, 더 많은 시간을 투입하여 부처간 협의를 계속하더라도 갈등만 증폭될 것으로 판단되었다. 그리하여 과학기술처는 미합의 쟁점들을 청와대로 가져가 특별법제정의 취지에 맞게 조정하기로 했다. 청와대 경제수석비서실 구조상 과학기술처에 불리하지만, 동 특별법안이 대통령의 특별지시로 추진되는 법안임으로 경제수석비서가 과학기술처에 불리하게 조정하기는 어려운 상황이었기 때문이었다.

그리하여 1996년 7월 18일, 청와대 경제수석비서관이 나서서 부처간 조정을 시도했다. 조정회의에는 과학기술처 차관, 재경원 제1차관보, 국방부 정책실장, 과학기술비서관, 경제비서관 등이 참석했다. 이 조정회의에서 '국가중점사업단 연구원과 기업화 참여인력에 대한 병역특례 확대' '과학기술진흥기금 확충' 등 나머지 대다수 쟁점들이 조정되었다. 병역특례 확대는 '새로운 전문연구요원 추가지정'이 아니라 '기존 전문연구요원으로 우선배정'하는 선에서 조정했다. 과학기술진흥기금 출연 권고대상에 정부투자기관과 정부출자기관은 포함시키고 경마사업, 경정사업, 경륜사업은 제외하기로 했다. 그러나 청와대 조정회의에서도 '연구개발투자확대의 명문화' '기술개발비에 대한 최저한세 완화'는 재정경제원의 반대로 조정에 실패했다. 그 결과, 일부 쟁점들이 미해결된 상태로 정부안이 확정되었다. 이렇게 확정된 정부안은 1996년 8월 30일 경제장관회의, 10월 19일 차관회의, 10월 29일 국무회의를 통과했다.

라. 국회 논의 및 통과

과학기술혁신특별법안은 1996년 11월 4일 국회에 제출되었다. 동 법안이 국회 정보통신과학기술위원회에 상정되자, 과학기술계 출신 의원들은 과학기술처 법안이 부처간 협의과정에서 많이 약화되었다고 판단하여 '연구개발투자확대 목표치 GNP 5%' '국방연구개발비 국방예산의 6%로 확대' '기술개발투자비에 대한 최저한세 완화'등 과학기술처 원안과 유사한 의원발의안을 12월 67일에 제출했다. 그리하여 법안소위원회는 정부법안과 의원발의법안을 병행 심사했다. 법안소위원회는 대부분 부처간 합의안대로 확정했다. 유관부처들의 강력 반대로 의원발의안을 채택하기 어려웠기 때문이다. 다만, 법안소위원회는 유관부처들이 수용하기 어려운 일부 내용을 수정하자는 과학기술처의 건의를 받아들여 '과학기술투자확대 목표치를 특별법이 아니라 과학기술혁신5개년계획에 연도별 투자목표치로 반영'토록 했고, '기술개발투자비용 최저한세'도 완화하지 않는 대신 '기술집약적 산업을 세제상 우대'하는 선에서 수정했다. 동 특별법안은 1997년 3월 국회 본회의를 통과했다.

3) 쟁점 조정상 특징

(1) 조정기구와 조정절차

과학기술처가 과학기술혁신법안을 둘러싼 부처간 이견을 조정하기 위해 거친 조정기구와 조정절차는 다음과 같다. 먼저, 특별조치법 추진시(1992~1993)에는 i) 유관부처들과 비공식 접촉을 통해 상당수 쟁점들을 조정한 후, ii) 미타결 쟁점들을 당시 공식적인 조정기구인 종합과학기술심의회나 경제장관회의에 상정하지 않고, 당정회의와 의원입법을 통해 원안 관철을 시도했으나, iii) 국회에서 관할권 침해를 우려한 경제기획원의 강력한 반대로 통과되지 못했다. 다음, 특별법으로 재추진시(1995~1997)에는 i) 유관부처들과 비공식 접촉을 통해 다수 쟁점들을 조정한 후, ii) 미타결 쟁점들을 과학기술장관회의에 상정하지 않고 청와대로 가져가 조정을 시도했으며, iii) 청와대 조정회의에서 재정경제원이 반대한 쟁점들이 조정되지 않은 채 나머지 쟁점들을 조정하여 정부안을 확정했고, iv) 그 후 경제장관회의와 국무회의를 거쳐 국회로 보냈고, 국회는 재정경제원의 관할권을 침해하지 않는 선에서 약간의 수정을 가한 다음 통과시켰다.

이 과정을 보면 두 가지 특징을 확인할 수 있다.

첫째, 갈등당사자간 조정에서 종합과학기술심의회 혹은 경제장관회의 혹은 과학기술장관회의 등 공식적 조정기구를 통해 조정하지 않았다. 왜 그랬는가?

당시 종합과학기술심의회는 총리를 의장으로 하여 과학기술처장관, 경제기획원장관, 안건관련 장관들, 민간전문가들로 구성되어 있었고, 당시 신설된 과학기술장관회의는 과학기술개발에 참여하는 부처 장관들로 구성했고 예산관련 조정을 용이하게 하기 위해 재경원 부총리를 의장으로 했었다. 종합과학기술심의회와 과학기술장관회의는 과학기술혁신법안 관련 부처 장관들이 모두 참석할 수 있어서 부처간 협의조정에 가장 적절한 조정기구들이었으나 과학기술처는 이들을 활용하지 않았다. 이유는 유관부처에 따라 쟁점이 달랐을 뿐만 아니라 다자회의가 되어 유관부처들의 집단 반발에 밀려 과학기술처가 주무부처로서 법안내용의 결정을 주도할 수 없었기 때문이다. 그리하여 특별조치법 추진시(1992~1993)에는 과학기술처 장관의 개인적인 영향력을 활용하여 부처간 합의내용을 번복하고 법안원안 관철을 위해 당정회의와 의원입법을 활용했고, 특별법 재추진시(1995~1997)에는 대통령의 지원을 활용하여 원안을 관철하기 위해 청와대로 가져가 조정했다. 당시 대통령은 1996년에 OECD에 가입과 함께 선진국으로서 경쟁력 강화를 위해 과학기술혁신을 강력히 주문해 왔기 때문이다. 요약하면, 과학기술처는 비공식 양자협의를 통해 이견이 크지 않는 쟁점들을 일차 조정한 후, 부처간 협의조정이 쉽지 않은 쟁점들을 타결하기 위해 자신에게 불리한 조정기구를 피하고 자신에게 유리한 조정기구로 가져가 조정했다.

둘째, 부처간 이견과 갈등의 정도에 따라 조정기구와 조정절차가 달랐다. 즉 이견과 갈등이 첨예한 쟁점들은 청와대와 국회에서 조정되었다. 관할권 쟁점 등 일부 첨예한 쟁점들은 청와대나 국회의 개입으로 조정되었고, 정책수단들과 관련된 쟁점들을 대부분 부처간 협의조정으로 타결 되었으며, 어느 경우에나 재정경제부(경제기획원)가 반대하면 청와대나 국회도 조정하지 못했다(박정택, 2004: 150).

(2) 설득 논리와 반대 논리

과학기술처는 주무부처로서 위상과 영향력 강화를 위해 자신이 주도할 수 있는 조정기구의 역할 확대,[42] 새로운 기구들의 신설,[43] 유관부처들이 통제하고 있는 재정금융[44] 및 규제완화 수단들의 총동원 등을 추구했고, 유관부처들은 이에 반발했다.

부처간 협의조정과정에서 과학기술처는 어떤 논리로 유관부처들을 설득했고, 유관부처들은 어떤 이유로 어떻게 대응했는가? 과학기술처는 합목적적 대의명분, 대통령의 지시 등에 입각하여 공격적으로 설득했고, 유관부처들은 형평성, 부작용, 기존정책과 배치, 합법성 등에 입각해 방어적으로 대응했다. 좀 더 구체적으로 보면 <표 9-11>과 같다.

표 9-11   부처간 협의조정의 논리와 결과

	쟁 점	설득논리(과학기술처)	대응논리(유관부처)	조정 결과
조정력 강화	1. 과학기술예산편성시 종합과학기술심의회 조정결과 반영	- 과학기술개발 부처수와 예산 증가에 효율적 대처 - 대통령 지시	(경제기획원) - 예산편성권 침해	- 결렬
	2. 과학기술예산편성시 과학기술장관회의 심의조정결과 반영	- 과학기술정책 체계적 추진 - 연구개발 계획과 투자를 연계한 효율적 추진 - 대통령 지시	(재정경제원) - 이중 심의 [국가과학기술자문회의] - 예산편성권 침해	- 일부 관철 : 편성시 아닌 집행시 조정 (combination)
투자	1. 과학기술예산증가율	- 과학기술선진화 비전	(경제기획원)	- 일부 관철 :

---

42) 종합과학기술심의회 혹은 과학기술장관회의의 심의 대상에 과학기술예산을 포함시킴.

43) 과학기술정보유통기관, 대형연구시설장비 전담관리기관, 기술평가원 등.

44) 과학기술예산증가율 확대, 총연구개발투자 중 정부비중 확대, 정부투자기관들의 출연, 경마·경륜·경정사업법인들의 출연, 국가 기술료의 일부 동원 등을 통해 과학기술진흥기금 설치.

증대	수치화	- 대통령 지시	- 전체예산 효율화 불가 - 형평성 [타분야요구 거절곤란]	총예산증가율 이상 증액 (convergence)
	2. 총연구개발투자 중 정부비중 확대	- 낮은 정부비중 - 기초연구·미래원천기술· 복지기술 등 민간 곤란	(재정경제원) - 예산당국의 권한 - 대안 : 국가 총연구개발 투자 제고	- 양보 : 재경원대안수용 (convergence)
	2. 정부투자기관들의 과학기술진흥기금 출연	- 일반예산만으로 부족 - 민간 대비 정부투자기관의 낮은 연구개발투자 - 기관들에게 기금 융자	(통산부, 정통부) - 정부투자기관도 기술개발 수행 - 기관고유업무와 무관 - 공공요금인상 - 경영자율화에 배치	- 관철(통산부) - 결렬(정통부) [사전협의 조건 도 반대]
	2.경마·경륜·경정사업의 과학기술진흥기금 출연	- 국민정서상 사행성 고수익 사업의 공익 기여 필요	(문체부) - 법인 목적과 무관 - 법령상 불가	- 양보 : 관철 실패
	2. 정부기술료 일부 과학기술진흥기금 적립	- 범정부적 기술개발에 융자 - 부처 연구개발사업에 기여	(통상부, 정통부) - 목적외 사용 곤란 - 기존처럼 소관부처 연구개발사업에 투입	- 양보 : 관철 실패
	1. 비영리법인에 대한 기부금전액 손비인정	- 과학기술개발투자 증대	(재무부) - 기존 30%로 충분 - 준조세억제 배치	- 양보 : 관철 실패
	2. 연구기관·대학에 기부금 손금 처리	- 과학기술개발투자 증대	(재정경제원) - 조감법개정약속	- 관철
인력 확충	1. 사내기술대학수료자 정규학위 수여	- 기술인력 적기확보 - 자질향상과 사기진작	(교육부) - 기존 교육정책에 배치 [사내대학은 훈련기관, 학위남발]	- 일부 관철 : 과기처장관 명의 준학·석사수료증 (convergence)
	2. 정부출연연구기관내 대학원 설치	- 고급인력 확보	(재경원) - 출연연 고유기능 이탈 - 형평성, 재정부담 - 대안 : 기존제도 활용	- 양보 : 재경원 대안 수용
	1. 기업연구인력 병역 특례요건 완화 [석사 → 학사]	- 기업 기술인력난 해소	(국방부) - 정책일관성 훼손 [1990년 학사 → 석사]	- 양보
	2. 과학기술장관회의 지정 연구원의 병역특례요건 완화	- 첨단연구자 연구단절 방지 - 해외교포과학자 유치	(국방부) - 기존 전문연구요원제로 충분	- 양보 : 관철 실패
	2. 기업연구인력의 공익근무요원 지정	- 기업 연구인력난 해소	(국방부) - 기존 병역특례제 훼손	- 양보 : 관철 실패
민간 기업 연구 지원	1. 연구개발법인에 조세금융 우대	- 연구개발업 활성화 - 연구개발의 높은 위험도	(재무부) - 기존정책에 배치 - 형평성 위배 [영리법인 우대불가]	- 양보 : 관철 실패

	2. 최저한세 적용완화	- 민간기술혁신 특단조치	(재정경제원) - 국민개납원칙 위배 - 형평성 [중기, 농어촌]	- 결렬 : 재경원 반대

	2. 국가연구개발사업
	   참여 중소기업
	   연구비 일부 지원
		- 중소기업 기술개발 촉진	(재정경제원)
			- 중복지원 [대기업 50%,
			  중소기업 70% 지원중]
				- 양보 :
				  중복주장 수용

	1. 기업연구소 신설
	   부지 규제완화
		- 기업연구소 설치 촉진	(건설부)
			- 자연녹지 불가
			  [도시민의 휴식·건강]
			- 산림보전지 가능
				- 일부 관철 :
				  산림보전지 완화
				  (combination)

	1. 기업연구소 부지의
	   업무용부동산 인정
	   기간 4년으로 확대
		- 기업 연구활동 지원	(재무부)
			- 기존정책과 상치
			  [1년 내 착공해야]
			- 부동산투기 방지
				- 양보 :
				  관철실패

	2. 기술담보대출제도입	- 신기술 상업화 - 기술집약형 중소기업 지원	(상공부) -기존 기술신용대출 활용	- 관철 : 상공부 양보

연구
사업
관리
	2. 기술평가원 설치	- 연구개발사업 효율적 관리
		- 기업들의 기술력 평가
			(상공부, 정통부)
			- 대안 : 기존기관 지정
			        혹은 복수 설치
				- 일부관철 :
				  복수설치

	2. 대형연구시설장비
	   전담관리기관 설치
		- 개별보다 공동 구입·활용
		  으로 재정효율화
			(재정경제원)
			- 신설반대, 기존기구활용
				- 관철 :
				  재경부 양보

기술
확산
	1. 과학기술정보
	   유통기관 설치
		- 정보 수집과 확산 촉진	(상공부)
			- 기존 산업기술정보원
			  확대 활용
				- 일부 관철 :
				  연구개발정보
				  유통기관 설치

	2. 국공립연구기술의
	   중소기업에 무상양여
		- 중소기업 기술혁신 유도	(재정경제원)
			- 대안 : 기초기술 무상,
			        제품화기술 유상,
			        중소기업 배려
				- 일부 관철 :
				  무상양여하되
				  자격제한
				  (condition)

(참고) 1: 특별조치법 2: 특별법

　　첫째, 정책추진기구의 확대를 위해, 과학기술처가 '정책추진의 체계화와 효율화' '대통령의 지시' 등의 명분으로 설득했으나 유관부처들은 '역할 중복' '기존기구 활용' 등의 논리로 반대했다. 구체적으로 보면, 과학기술처가 자신이 주도할 수 있는 조정기구의 역할확대와 신설을 주장하자 경제기획원과 그 후신인 재정경제원은 이중 심의를 이유로 거부했다.[45] 또한 과학기술처가 새로운 집행기구들을 설치하려 하자 유관부처들은 신설하기보다는 자신들이 관할하는 기존기구를 활용해야 한다[46]거나 신설기

---

45) 예를 들면, 과학기술예산편성시 과학기술장관회의 심의조정결과를 반영해 달라는 과학기술처의 요구에 대해 재정경제원이 국가과학기술자문회의의 의견을 반영하고 있기 때문에 과학기술장관회의의 심의조정결과를 반영하는 것은 이중심의가 된다며 반대한 것.

46) 예를 들면, 정부출연연구기관내 대학원 설치, 과학기술정보유통기관 설치, 대형연구시설장비 전담관리기관 설치, 기술평가원 설치 등에 대한 유관기관들의 반응.

구의 업무범위가 자신들이 관할하는 기존기구와 중복되어서는 안 된다는 반응이다.[47) 전자는 유관부처들이 주무부처의 기구신설을 자신들의 영향력 확대 수단으로 역이용하는 전략이고, 후자는 유관부처들이 자신들의 영향력을 방어하는 전략이다.

둘째, 다양한 재정금융 수단들을 최대한 차출하기 위해, 과학기술처가 '과학기술선진화 비전' '공공부분역할 미흡' '특별법 취지' 등의 논리로 설득했으나 유관부처들은 '기존정책과 배치'[48) '고유목적과 무관'[49) '형평성 위배'[50) '부작용 초래'[51) '기존제도 충분'[52) '중복 지원'[53) 등의 논리로 자신들의 수단을 제공하지 않으려 했다.

셋째, 유관부처들이 보유한 규제완화 수단들을 동원하기 위해, 과학기술처가 '민간부문 과학기술혁신'을 내세워 설득했으나 유관부처들은 '기존정책과 배치'된다거나[54) '기존제도로 충분'하다[55)며 반대했다.

---

47) 예를 들면, 과학기술장관회의 설치에 대해 재경원이 국가과학기술자문회의와의 업무 중복을 이유로 반대한 것, 기술평가원 설치에 대해 상공부가 기존 평가기구와 업무중복이 안 되도록 설치하라고 요구한 것 등.
48) 최저한세 적용 완화 요구를 재정경제원이 국민개납원칙에 반한다며 거부한 것, 연구개발법인에 대한 조세금융 우대 요구를 재무부가 기존정책에 배치된다며 거부한 것, 비영리법인에 대한 기부금 전액 손비 인정 요구를 재무부가 준조세 억제정책에 배치된다며 거부한 것, 정부투자기관들의 과학기술진흥기금 출연 요구를 통산부와 정통부가 공기업경영자율화정책에 배치된다면 거부한 것 등 특히 규제완화에 대해 유관부처 거의 모두가 기존정책과의 배치를 이유로 거부.
49) 정부투자기관들의 과학기술진흥기금 출연을 통산부와 정통부가 정부투자기관의 고유 업무와 무관하다면 거부한 것, 경마·경륜·경정사업 법인들의 과학기술진흥기금 출연을 문체부가 법인설립 목적과 무관하다며 거부한 것, 정부기술료 일부를 과학기술진흥기금으로 적립하자는 요구를 통상부와 정통부가 기술료는 목적외 사용이 곤란하다면 거부한 것 등이다.
50) 예산증가율 수치화와 정부비중 확대 요구에 대해 재경원이 교육이나 국방 분야에서 유사한 요구를 하면 거절하기 곤란하다면 거부한 것, 최저한세 적용 완화 요구를 재경원이 중소기업과 농어촌 분야에서 유사한 요구를 하면 거절하기 곤란하다며 거부한 것, 연구개발법인에 대한 조세금융 우대 요구를 재무부가 영리법인을 비영리법인처럼 우대할 수는 없다며 거부한 것 등.
51) 과학기술예산증가율의 수치화해 달라는 요구를 경제기획원이 전체예산운영의 효율성 저해를 이유로 거부한 것, 정부투자기관들의 과학기술진흥기금 출연을 통산부와 정통부가 공공요금 인상 우려를 이유로 거부한 것,
52) 비영리법인에 대한 기부금전액 손비 인정 요구를 재무부가 기존 30%로도 충분하다며 거부.
53) 국가연구개발사업 참여 중소기업 연구비에 대한 국가지원 요구를 재경원이 중복지원을 이유로 거부한 것.
54) 기업연구인력 병역특례요건 완화 요구를 국방부가 정책일관성 유지를 이유로 거부한 것, 기업연구인력의 공익근무요원 지정 요구를 국방부가 기존 병역특례제도 근간을 훼손한다는 이유로 반대한 것, 기업연구소 설치부지 규제완화 요구를 건설부가 자연녹지는 도시민 휴식과 건강을 위한 것이라는 이유로 거부한 것, 기업매입연구소부지 업무용 인정기간 확대 요구를 재무부가 부동산 투기방지 정책과 상치한다는 이유로 거부한 것.
55) 과학기술장관회의 지정 연구원에 대한 병역특례요건 완화 요구를 국방부가 기존 전문연구요원제

(3) 입장관철 전략

가. 힘이 약한 주무부처 : 과학기술처

과학기술처는 상대적으로 힘이 강한 유관부처들을 상대로 위상과 영향력을 확대한다는 것이 쉽지 않다는 것을 알고 있었기 때문에 처음부터 전략적으로 접근했다. 과학기술처가 유관부처들의 반대를 극복하고 협조와 양보를 얻어내기 위해 구사했던 기본 전략은 외부세력 활용전략이었다. 세부적으로 보면 다음과 같다.

첫째, 대통령 활용 전략이다. 부처간 협의조정에서 예상되는 반대를 극복하기 위해 과학기술처가 제일 먼저 고려한 전략은 대통령의 영향력을 활용하는 전략이었다.

과학기술처는 정책의 추진 여부를 대통령의 지지 확보 여부에 따라 결정했다. 특별조치법 추진시(1992~1993)에는 장관이 대통령에게 접근하여 당위적인 명분과 선거공약[56]을 활용한 설득을 통해 대통령의 지지(1991년 4월 과학기술혁신특별선언, 11월 과학기술투자 GNP 5% 확보 지시)를 유도한 후 과학기술혁신특별조치법을 추진했고, 특별법 재추진시(1996~1997)에도 대통령의 관심사를 이용하여 대통령의 지지(1996년 1월 과학기술장관회의 설치 지시, 2월 특별법제정 지시)를 유도한 후 과학기술혁신특별법을 추진했다. 또한 과학기술처는 어느 경우에나 입법추진의 동력을 유지하고 부처간 조정을 유리하게 이끌어가기 위해 대통령의 지속적인 지지를 유도해 가면서 입법을 추진했다. 대통령의 지지를 지속적으로 유도하기 위해서는 우호적이지 않은 청와대 경제수석실을 우회하여 대통령에게 접근할 수 있는 채널이 필요했는데, 과학기술처는 대통령 자문기구인 국가과학기술자문회의를 정기회의로 전환시켜 대통령에게 주기적으로 직접 보고하고 지시를 받음으로써 대통령의 관심을 지속시켰다.

둘째, 정책공동체와 국민여론의 지지를 동원하는 전략이다. 먼저, 과학기술처는 과학기술 관련 연구기관, 단체 및 기업들의 지지를 확보하기 위해 이들의 의견들과 요구사항들을 광범하게 심층조사(1992년 2~3월, 1996년 4~5월)하여 법안에 반영하는 전략을 구사했다. 이는 부처간 밀고당기는 조정과정에서 정치적 지지를 확보하고 동시에 유관부처들에 대한 설득논리 개발에 필요한 지식정보와 아이디어를 확보하기 위해서였다(박정택, 2004: 83, 87). 또한 과학기술처는 부처간 본격적인 협의조정에 들어가기

도로 충분히 해결할 수 있다며 거부한 것.
56) 대통령 후보들은 국가적 필요와 과학기술인들의 표를 의식해 과학기술의 획기적 진흥과 예산투자 확대를 공약으로 제시해 왔다.

전에 여론조성에 적극 나섰다. 이를 위해 1992년 6월에 특별조치법안을 부처간 협의를 시작하기 전에 미리 언론에 공표했고, 1996년 5월에는 특별법안에 대한 대규모 공청회를 열었다. 이유는 과학기술선진국 진입과 국가경쟁력 강화라는 입법취지에 대해 국민들의 공감대를 형성하여 부처간 조정에서 유리한 환경을 조성하기 위한 것이었다 (박정택, 2004: 87).

셋째, 의원입법화 전략이다. 과학기술처는 부처간 조정에서 불리해지면 장관의 개인적 인맥이나 대의명분을 활용하여 의원들에게 접근·설득하여 의원입법화를 추진했다. 특별조치법 추진시에 과학기술처가 의원입법화 전략을 구사할 수 있었던 이유는 당시 장관이 과학기술에 관심이 많았던 중진언론인 출신이어서 친분이 있는 여당의원들이 많았을 뿐만 아니라 정책문제를 정치적으로 해결하려는 성향을 가졌기 때문이다 (박정택, 2004: 100). 또한 특별법 추진시에는 당시 장관들이 과학자 출신들이어서 과학기술계 출신 여야 의원들이 적극 호응해 줄 수 있었기 때문이었다.

나. 힘이 강한 유관부처 : 경제기획원, 재정경제원

힘이 강한 재정경제원(경제기획원)이 자신의 권한에 도전하는 과학기술처를 상대로 부처간 이견을 조정하는 과정에서 구사한 전략은 세 가지였다.

첫째, 형식적 양보 전략이다. 과학기술처의 구체적인 요구를 추상적 선언적 표현으로 수용함으로써 형식적으로만 양보하는 전략이다. 실질적으로 양보하는 것이 아니기 때문에 일종의 위장양보 전략이다. 과학기술처가 대의명분과 대통령 지시에 따라 추진하는 법안을 힘 있는 부처라 해서 마냥 거부할 수만은 없었기 때문에 형식적으로만 양보하고 실질적으로 양보하지 않는 것이다. 예를 들면, 과학기술예산을 확실히 증액시키기 위해 연평균 증가율을 20%로 수치화해야 한다고 요구하자 이를 거부하고 '국가 총예산증가율 이상으로 증액'이라는 모호한 표현으로 양보하는 것, 과학기술예산 편성시 과학기술장관회의 심의조정결과를 반영해야 한다고 요구하자 편성시가 아닌 집행시로 양보한 것 등 별 의미없는 양보를 한 것이다.

둘째, 전체합리성에 입각한 거부 전략이다. 국가전체예산의 합리적 배분에 배치된다는 이유로 일관성있게 거부하는 전략이다. 예를 들면, 국가 과학기술예산 중 정부비중 확대 요구에 대해 교육이나 국방 분야에서 유사한 요구를 하면 거절하기 곤란하다며 거부한 것, 기업의 기술개발투자에 대한 최저한세 완화 요구에 대해 농어촌 분야에서 유사한 요구를 하면 거절하기 곤란하다며 거부한 것 등이다.

다. 힘이 유사한 유관부처 : 산자부, 정통부, 교육부, 건교부,

힘이 상대적으로 강하지 않은 유관부처들이 과학기술처의 권한 확대나 수단 동원에 대한 대응 전략은 두 가지였다.

첫째, 반론제시 전략이다. 즉 과학기술처의 주장이 자신들의 기존 정책이나 법령에 배치되어 거부할 명분이 충분하면 강하게 반론을 제기하면서 끝까지 버티는 전략이다. 예를 들면, 기업연구인력의 공익근무요원 지정 요구를 국방부가 기존 병역특례제도의 근간을 훼손한다는 이유로 반대한 것, 기업매입연구소부지 업무용 인정기간 확대 요구를 재무부가 부동산투기방지 정책과 배치된다는 이유로 거부한 것, 정부투자기관들의 과학기술진흥기금 출연 요구를 통산부와 정통부가 공기업경영자율화정책에 배치된다면 거부한 것, 비영리법인에 대한 기부금전액 손비인정 요구를 재무부가 준조세 억제정책에 배치된다며 거부한 것 등이다.

둘째, 대안제시 전략이다. 즉 과학기술처의 주장이 설득력이 있어 강하게 거부하기 어려우면 자신들의 영향력 축소를 최소화하거나 영향력 확대를 도모할 수 있는 대안을 제시하는 전략이다. 예를 들면, 과학기술정보유통기관 설치 요구에 대해 상공부가 기존 산업기술정보원을 확대하여 활용하자고 제안한 것, 기술담보대출제 도입 요구에 대해 상공부가 기존 기술신용대출제를 활용하자고 제안한 것 등은 상공부가 과학기술처의 요구를 활용해 자신의 영향력 확대를 시도하기 위한 전략이고, 국가연구개발사업의 조사·분석·평가를 위한 기술평가원의 설치 요구에 대해 상공부와 정통부가 기존의 조사·분석·평가기관을 지정하거나 복수로 설치하자고 제안한 것은 자신들이 이미 확보한 영향력에 대해 간섭받지 않기 위한 전략이다.

(4) 주무부처와 유관부처들 간 조정의 결과

과학기술처가 유관부처들과 협의조정한 결과는 다음 페이지 <표 9-12>와 같다. 구체적으로 살펴보면, 부처간 조정에 다음과 같은 특징이 있다.

첫째, 부처간 협의조정에 분석 논리뿐만 아니라 힘의 논리도 작용했다는 것이다. 과학기술처는 힘의 격차가 크지 않은 상공부 및 정통부와의 협의조정에서는 관철과 양보, 타협과 결렬 등 균형을 이루었다. 힘의 격차가 상대적으로 크지 않은 유관부처들과의 조정에서는 전문지식과 정보에 의한 분석논리가 작용했다(박정택, 2004: 95). 그러나 과학기술처와 재정경제원 간의 협의조정에서는 힘의 논리가 작용했다(박정택, 2004: 95). 힘이 약한 과학기술처가 주무부처임에도 불구하고 힘이 센 재정경제원(경제기획원) 및 국방부와의 협의조정에서 대부분 양보했고 관철한 경우는 소수이다. 특히

표 9-12 협의조정의 결과

결과	유관 부처	쟁 점
관 철	재정경제원	2. 연구기관·대학에 기부금 손금 처리 2. 대형연구시설장비 전담관리기관 설치
	통상부 (상공부)	2. 기술담보대출제도입 2. 정부투자기관들의 과학기술진흥기금 출연
양 보	재정경제원 (재무부)	2. 총연구개발투자 중 정부비중 확대 (재경원) 2. 정부출연연구기관내 대학원 설치 (재경원) 2. 국가연구개발사업 참여 중소기업 연구비의 일부 지원 (재경원) 1. 비영리법인에 대한 기부금전액 손비 인정 (재무부) 1. 연구개발법인에 조세금융 우대 (재무부) 1. 기업연구소부지의 업무용부동산 인정 기간 4년으로 확대 (재무부)
	상공부	2. 정부기술료 일부 과학기술진흥기금 적립
	정통부	2. 정부기술료 일부 과학기술진흥기금 적립
	국방부	1. 기업연구인력 병역특례요건 완화 2. 과학기술장관회의 지정 연구원의 병역특례요건 완화 2. 기업연구인력의 공익근무요원 지정
	문화체육부	2. 경마·경륜·경정사업의 과학기술진흥기금 출연
타 협 (일부 관철)	재정경제부 (경제기획원)	1. 과학기술예산증가율 수치화 (총예산증가율 이상 증액) 2. 과학기술예산편성시 과학기술장관회의 심의조정결과 반영(편성시 아닌 집행시) 2. 국공립연구기관 기술의 중소기업에 무상양여 (무상양여하되 자격제한)
	상공부	1. 과학기술정보유통기관 설치 (연구개발정보 유통기관 설치, 범위축소) 2. 기술평가원 설치 (설치 or 지정)
	교육부	1. 사내기술대학수료자 정규학위수여 (과기처장관 명의 준학·석사수료증)
	건설부	1. 기업연구소 신설 부지 규제완화 (자연녹지 제외, 산림보전지만 완화)
	정통부	2. 기술평가원 설치 (설치 or 지정)
결 렬	재정경제원 (경제기획원)	1. 과학기술예산편성시 종합과학기술심의회 조정결과 반영 2. 최저한세 적용 완화
	정통부	2. 정부투자기관들의 과학기술진흥기금 출연

(참고): 1: 특별조치법 2: 특별법

과학기술처는 모든 부처들이 동의하는 과학기술선진화 비전, 모든 부처들이 따라야 할 대통령의 지시 등을 동원했음에도 불구하고 재정경제원의 완강한 거부로 과학기술예산의 배분권과 조정권을 확보하는 데 실패했다. 과학기술처가 재정경제원(경제기획원)과의 쟁점들에서 대부분 양보한 이면에는 다른 측면에서 정책갈등이나 예산배정에서 불이익을 받을 수 있다는 우려가 자리잡고 있었다(박정택, 2004: 88).

둘째, 주무부처가 고객집단의 지지 확보를 위해 그들의 요구와 이해관계를 무비판적으로 대변한 경우 부처간 조정에서 대부분 거부 혹은 수정에 직면했다는 것이다.

과학기술처가 재무부와 국방부에 양보하거나 교육부 및 건설부와 타협한 쟁점들은 대부분 고객집단들을 대변한 쟁점들이다.

셋째, 주무부처가 힘센 유관부처들의 관심사에 맞는 설득논리를 개발하면 자신의 입장을 관철할 수 있다는 것이다. 과학기술처가 재정경제원을 상대로 쉽게 관철한 쟁점이 대형연구시설 전담관리기구 설치인데, 이는 과학기술처가 대형 연구시설과 장비들을 개별적으로 구입·활용하는 것보다 공동으로 구입·활용하는 것이 재정경제원의 관심사인 재정효율성을 높일 수 있다고 주장했기 때문이다.

넷째, 과학기술처와 유관부처가 타협한 경우 그 방식은 대부분 수렴방식(convergence)이었고 조합방식(combination)과 조건방식(condition)이 부차적으로 활용되었다. 수렴방식으로 조정한 것은 과학기술정보유통기관 설치에 대해 유통정보의 범위를 축소하여 연구개발정보에 국한된 유통기관을 설치하기로 합의한 것, 사내기술대학 수료자에 교육부장관 명의 정규학위를 수여하는 쟁점에 대해 과기처장관 명의 준학·석사수료증을 수여하기로 합의한 것, 과학기술예산증가율을 구체적으로 수치화하는 쟁점에 대해 총예산증가율 이상으로 증액하기로 합의한 것, 기술평가원 신설 쟁점에 대해 신설과 지정을 병행할 있도록 합의한 것 등이다. 조합방식으로 조정한 것은 과학기술예산 편성시 과학기술장관회의 심의조정결과 반영 여부에 관한 쟁점에서 편성 단계와 집행 단계를 구분하여 편성 단계에선 반영하지 않고 집행 단계에서만 반영하기로 합의한 것, 기업연구소 설치부지에 대한 규제완화 여부에 대해 자연녹지와 산림보전지를 구분하여 자연녹지에 대한 규제는 유지하고 산림보전에 대한 규제는 완화하기로 합의한 것 등이다. 조건방식으로 조정한 것은 국공립연구기관 기술을 중소기업에 무상양여하는 것에 대해 일정한 자격을 갖춘 중소기업에게만 무상양여하기로 합의한 것 등이다.

3. 검경수사권 사례

1) 개 관

검찰과 경찰 간 수사권갈등은 수십년간 수면 위아래를 오르내리며 진행되어 온 해묵은 쟁점정책이다. 일제 강점기에 일본 제도가 도입되어 검사가 경찰의 수사를 지휘감독함으로써 경찰에게 독자적인 수사권이 없었다. 해방후 미군정기에는 미국 제도에 따라 경찰이 수사를 하고 검찰이 기소를 함으로써 양자간 협력관계를 유지했다. 문제는 정부수립 직전에 제정된 검찰청법이었다. 검찰에 수사권을 부여한 후 검사로 하여금 사법경찰관을 지휘감독토록 한 것이다. 이 내용은 1954년 형사소송법 제정시 논란이 있었으나 그대로 승계되어 2010년까지 유지되어 왔다. 그 결과 모든 사건에 대한 수사의 개시와 진행 및 종결에 관한 권한은 검사에게 있다. 즉 경찰은 검사의 지시에 의해서만 수사를 시작하고 진행할 수 있다.

검경간 수사권조정의 핵심쟁점은 경찰에게 수사권을 부여하느냐 마느냐, 검찰과 경찰 간 수직적 관계를 수평적 관계로 전환하느냐 마느냐였다. 수사권 재조정은 그동안 물밑에 잠재되어 있다가 김대중 정부에 의해 수면위로 올라온 후, 노무현 정부와 이명박 정부에서 8년 간의 기나긴 갈등과 조정 과정을 거쳐 부분적으로 재배분되었다. 검경간 기존 틀을 깨려는 경찰과 유지하려는 검찰이 8년간 벌인 혈투의 결과였다.

2) 수사권을 둘러싼 검찰과 경찰 간 갈등과 조정

(1) 김대중 정부의 시동과 중단

1998년에 집권한 국민회의·자민연 연립여당은 민생 범죄와 경미 범죄에 대해서는 검사의 지휘 없이 경찰이 독자적으로 수사를 할 수 있게 하고 검경간 상호협력을 요구하는 형소법개정안을 마련했다. 그러나 국회에 제출하지 않았다. 그러자 1999년에 김광식 경찰청장이 수사권 현실화를 대통령 공약인 자치경찰제와 연계하여 동시에 추진하는 방안을 대통령에게 보고했다. 김대중 대통령은 수사권 현실화에 대한 공론화를 지시했다. 그러자 검찰총장이 법무부장관을 통해 대통령에게 경찰의 수사권 독립에 반대한다고 보고했다. 이로 인해 검경간 갈등 조짐이 보였다. 이에 김대중 대통령은 검경갈등이 더 중요한 정책현안들을 추진하는 데 방해가 될 것으로 판단해 경찰청장과 검찰청장에게 논의를 중단하도록 지시했다.

(2) 노무현 정부의 재시동

가. 재시동 배경

2003년 2월 말에 출범한 노무현 정부가 '분권과 자율' '권력기관간 견제와 균형' 등을 국정지표로 선정한 후 2004년 1월 자치경찰제 추진 임시작업반(TF)을 구성하자, 최기문 경찰청장은 자치경찰제 수용을 조건으로 수사권독립을 요청했다. 이에 노무현 정부는 자치경찰제와 수사권조정을 동시 추진키로 했다. 7월에 그동안 정부혁신과 지방분권화 작업을 추진해 오던 김병준 대통령자문 정부혁신지방분권위원장이 대통령 정책실장에 임명되자 참여정부의 공약이행 및 국정과제추진 차원에서 대통령에게 검경간 수사권조정의 필요성을 건의했다. 이에 노무현 대통령은 민정수석실 법무비서관에게 청와대 내에 관계비서관들로 임시작업반을 구성하여 수사권조정을 추진토록 지시했다. 그러자 김승규 법무장관이 법무부에서 조정을 해 보겠다고 건의해 허락을 받은 후 검찰총장에게 위임했다.

나. 수사권조정협의회에 의한 조정 시도와 실패

그리하여 검찰과 경찰은 2004년 9월 5일부터 세 차례 협의를 통해 '수사권조정협의회'를 구성하여 이견을 조정하기로 했다.

9월 15일 수사권조정협의회[57] 제1차 회의에서 회의안건과 논의순서를 논의했다. 검찰은 경찰이 먼저 안건들을 제시하면 검찰이 이에 검토의견을 제시하는 방식으로 회의를 진행하자고 제안해 경찰이 이에 동의했다. 복수 안건들에 대해서는 경찰은 '선핵심쟁점 후부수쟁점'을 주장했으나 검찰은 '선부수쟁점 후핵심쟁점'을 주장했다. 4시간 동안 논의했으나 합의가 안 되자, 이견이 작은 쟁점과 큰 쟁점을 교차로 논의하되 이견이 가장 큰 핵심쟁점은 전체 쟁점리스트의 한가운데에 배치하기로 합의했다. 그리하여 제2,3차 회의에서 '긴급체포에 대한 승인' '압수물 처리에 대한 지휘' '체포구금장소에 대한 감찰' '경찰 내사중인 사건에 대한 검사의 지휘범위' 등을 논의하고, 제4차 회의에서 핵심쟁점인 '수사권배분'과 '검경상호관계' 등을 논의하기로 했다. 제2차 제3차 회의에서 일부 쟁점들에 합의가 도출되었다. 경찰은 부차적 쟁점들에 대한 잠정합의는 핵심쟁점에 대한 논의 결과에 따라 재검토할 것임을 분명히 했다.

2004년 10월 21일 경찰의 날 노무현 대통령은 "수사권조정은 '자율과 분권'이라는 민주주의 원리와 '국민편익'을 고려해 반드시 실현될 수 있도록 하겠다"고 밝혔다.

그럼에도 불구하고, 10월 22일 제4차 회의에서 검경은 핵심쟁점인 '수사권배분'과 '검경관계' 쟁점들에 대해 이견을 좁히지 못했다. 검찰은 새로운 안건들을 제안했다. 즉 수사시스템의 효율화를 위해 '법무부 산하에 사법경찰과 검찰수사관을 통합한 특별수사기구'를 신설하고, 경찰권의 비대화를 막기 위해 수사지휘대상을 지방경찰청장으로 확대해야 한다고 주장했다. 이에 경찰은 경찰청을 검찰청에 예속시키겠다는 것이라며 반발했다. 핵심쟁점에 대해 경찰은 대통령의 국정철학인 견제와 균형을 내세워 경찰의 수사주체성 인정과 검경간 지휘복종관계 폐지를 강력히 요구했다. 그러나 검찰

---

57) 수사권조정협의회는 검찰에서 수사정책기획단장과 검사 4명 등 5명, 경찰에서 혁신기획단장과 총경 3명 및 교수 1명 등 5명으로 구성했다.

은 현행제도는 국민의 헌법적 입법적 결단임으로 그 변경에는 국민의 의사에 따라야한다면서, 사법경찰에게는 법률상으로 이미 수사개시진행권이 부여되어 있어 별도의법조항을 신설할 필요가 없고, 검사의 수사지휘는 인권침해 방지를 위한 것으로 이는검경간 자율과 협력이 아니라 통제와 감독으로 확보될 수 있으므로 검경관계를 수평적 관계로 전환해서는 안 된다고 주장했다. 그러면서 대통령의 공약을 반영하기 위해민생범죄에 대한 경찰의 자율수사를 대폭 허용하겠다고 했다. 회의는 결렬됐다.

2주 후 재개된 제5차 회의에서, 경찰은 수사권 인정과 상호협력관계 설정을 전제로 검사의 사법적 통제를 받아들이겠다고 했다. 그러나 검찰은 강력한 경찰권을 유지한 채 경찰수사에 대한 통제를 완화시키려는 것은 '경찰이기주의'라고 비난했고, 동시에 그동안 양자간 잠정합의를 검찰의 일방적 제안에 불과한 것으로 호도한다면서 경찰의 협상태도까지 비난했다. 협의는 다시 미궁에 빠졌다.

제5차 회의가 결렬된 후 검경 양측의 협상팀장과 간사 등 4명이 저녁식사를 하면서 논의를 이어갔다. 검찰 측은 '형소법을 개정하지 않는다는 전제 하에 규칙개정으로경찰의 자율성을 최대한 보장하겠다'고 제안했다. 경찰 측은 이 제안을 거부했다.

다. 수사권조정자문위원회

검경은 직접 협상에 의한 합의가 어렵게 되자 국민의 입장에서 조정안을 만들어건의해 줄 수 있는 '수사권조정자문위원회'를 구성키로 했다. 자문위원회는 양측에서추천한 동수의 위원들로 구성했다. 수사권조정자문위원회는 2004년 12월 20일부터2005년 5월 2일까지 15차례 회의를 거쳐 검경 양측에서 상정한 26개 쟁점을 논의했다. 논의 과정과 주장 논리는 수사권조정협의회와 유사했다.

먼저, 논의순서에 대해 경찰 측은 '선핵심쟁점, 후부수쟁점'을 주장했고, 검찰 측은 반대로 주장했다. 이 논란은 비전문가 자문위원들의 입장을 배려하여 부수쟁점들부터 논의하기로 했다. 회의는 안건별로 검경 당연직위원(검경 간사)들의 입장설명을 들은 후 다른 위원들의 자유토론 방식으로 진행키로 했다. 이어 자문위원회는 수차례 회의를 거쳐 부차적 쟁점 19개에 대해 조정안을 마련했다. 그러나 경찰주장 핵심쟁점(수사권배분, 검경관계)과 검찰주장 신규쟁점(수사관통합, 수사지휘대상확대) 등에 대해서는합의점을 찾지 못했다.

수사권조정자문위원회가 논쟁만 벌일 뿐 조정안을 마련하지 못한 이유는 검찰 측과 경찰 측이 자신들의 기본입장을 철저하게 고수했기 때문이다. 즉 경찰 측은 현행수사구조를 변경하되 경찰수사에 대한 통제장치로서 검사의 일반적 수사기준 제정권,

송치 후 보완수사 요구권 등은 인정할 수 있다는 입장을 고수한 반면, 검찰 측은 기존 합의만으로도 수사자율성을 최대한 보장하고 있으므로 수사구조 골격을 바꿀 필요가 없다는 입장을 고수했다. 그리하여 검찰 측과 경찰 측은 국민들의 의견을 수렴하기 위해 2005년 4월 11일 공청회를 개최하기로 했다.

공청회 개최에 앞서 검경은 한 차례 설전을 벌였다. 4월 4일, 송광수 검찰총장이 퇴임하면서 "검찰은 사회의 부패와 부조리를 척결하는 세상의 소금과 같다" "국민의 인권보호를 위해 마련된 체계의 근간을 허물어선 안 된다"고 했다. 이에 허준영 경찰청장은 정례브리핑을 통해 "소금은 하나만 있으면 안 된다. 굵은 소금, 가는 소금, 맛소금 등 여러 종류의 소금이 있어야 한다"고 응수했다. 공청회 당일에도 신임 김종빈 검찰총장이 "수사과정의 불편을 없애기 위해 경찰수사에 자율성을 보장할 필요는 있지만 인권침해 우려를 없애야 한다"고 지적하자, 허준영 청장은 "인권문제는 모든 기관들이 소중히 여겨야 하는 문제이지 특정기관의 전유물은 아니다"고 응수했다. 공청회에서는 검경 양측에서 400여 명이 참여하여 치열한 논쟁을 벌였다. 경찰 측은 견제와 균형을 위해 수사권를 재분배해야 한다고 주장했고, 검찰 측은 경찰권 남용을 방지하기 위해 재분배해서는 안 된다고 주장했다.

공청회를 마친 후 수사권조정자문위원회는 핵심쟁점 조정안 마련에 심혈을 기울였다. 그러나 더 이상의 진전이 없었다. 검경 양측이 다음 같은 입장을 고수했기 때문이다. 검찰 측은 인권침해와 경찰비대화를 이유로 경찰의 수사주체성 인정과 검경간 수평관계 설정은 불가하다는 입장을 견지했다. 다만, 민생치안범죄에 대한 경찰의 수사개시진행권을 부여하고, 경찰수사의 인권침해에 대비하여 검사의 지휘는 유지하되 송치 전 검사지휘를 대폭 축소하겠다고 했다. 반면에 경찰 측은 모든 범죄에 대해 경찰의 수사권을 부여하고 검경간 관계를 수평적 협력관계로 전환하되, 송치전 강제수사 및 송치후 보완수사에서 검사의 지휘권을 인정하겠다는 입장이었다.

2005년 4월 21일, 노무현 대통령은 '검찰도 시대변화에 맞춰 내놓을 권한은 내놓아야 한다'고 주문했다. 그러면서 검경간 합의가 안 되면 '대통령이 참석하는 토론회를 마련해 결론을 내겠다'고 밝혔다. 이에 4월 30일 수사권조정자문위원회의 검찰측 S 위원과 경찰 측 O 위원은 평소의 친분을 이용해 별도로 만나 책임과 비난을 감수하더라도 수사권분쟁을 종결하기로 하고, '경찰에 수사권 부여, 검찰의 제한적 지휘권 유지'라는 원칙을 만든 다음, 위원회 제14차 회의에서 다른 자문위원들을 설득했다. 두 위원의 노력에도 불구하고 합의에 이르지 못했다.

2005년 5월 2일, 수사권조정자문위원회는 마지막 제15차 회의를 열어 10시간 30

분 동안 마라톤회의를 가졌다. 이날 검찰은 미해결 쟁점들은 장기적으로 논의하고 지금까지 합의한 사항들만 시행하자고 주장한 반면, 경찰은 수사권조정협의회와 수사권 자문위원회를 통해 관련 쟁점들이 충분히 논의되었음으로 결론을 내자고 주장했다. 서로의 주장이 평행선을 달리자, 양측 자문위원들이 핵심쟁점에 대해 각각 타협안을 마련했다. 그러나 양측이 제시한 타협안들은 그 내용이 크게 달랐다. 그 결과 조정안 마련에 실패했다. 자문회의가 파장될 위기에 이르자, 양측 일부 소수 자문위원들이 또 다른 타협안들을 제시했다. 이 타협안들은 거의 유사했다. 다만, 검찰의 수사지휘에 대해 '원칙적 지휘, 예외적 지휘배제' 입장과 '원칙적 지휘배제, 예외적 지휘' 입장 간의 차이가 있었다. 이에 청와대는 검찰에게는 경찰의 주장을, 경찰에게는 검찰의 주장을 수용토록 압박했다. 그럼에도 검찰은 이를 수용하지 않았다. 수용하면 평검사들이 지휘부에 반기를 들고 일어날 분위기였기 때문이었다.

자문위원회 활동기한이 다가오자 기한을 연장해서라도 결론을 내자는 일부 위원들의 주장에도 불구하고 자문위원장은 자문위원회 활동을 종료시켰다.

라. 검경간 총력전

경찰은 검경관계를 정상화할 수 있는 기회가 다시는 오지 않을 것으로 판단하고 제3의 길을 찾기로 했다. 즉 우호적인 여론을 조성하면서 국회의원들의 협조를 구하기로 했다. 이를 위해 내부에 '법률축조팀'과 '대외활동팀'을 설치했다. 이에 대응하여 검찰도 위력을 과시하면서 수사권조정을 반대하기 위해 정면돌파를 시도했다.

이를 지켜보던 이해찬 총리가 5월 6일 오영교 행자부장관, 김승규 법무부장관, 허준영 경찰청장, 김종빈 검찰총장 등과 5자 회동을 갖겠다고 통보했다. 총리 개입이 예상되자 허준영 경찰청장은 자세를 낮추고 여론에 지지를 호소했다. 그러나 5월 9일, 검찰은 '권력형 비리 및 지역토착 비리와의 전쟁'을 선포한 후, 노무현 대통령의 측근들을 조사하고 야당 대선주자인 이명박 서울시장을 조사했다.

검경갈등이 노골화되는 가운데, 2005년 6월 2일, 5자 만찬회동이 있었다. 이해찬 총리는 처음부터 수사권논의를 일절 못하게 한 후, 검찰총장과 경찰총장 간 감정의 앙금을 풀기 위한 분위기 조성에만 치중했다. 만찬 말미에 이 총리는 '공직자의 기본자세는 국민을 편하게 하는 것이고 국민을 편하게 하기 위해서는 자신의 이념이나 자존심도 꺾어야 할 때는 꺾어야 한다'면서 1차로 행자부장관 및 법무부장관, 2차로 경찰청장 및 검찰총장과 골프 약속을 잡았다.

마. 여야 의원들의 입법발의와 여당의 수사권조정정책기획단

한편, 경찰은 여론조성 노력과 함께 의원입법화를 위해 물밑에서 여야 의원들을 접촉했다. 그러나 의원들은 권력기관간 첨예한 갈등에 선뜻 나서려 하지 않았다. 그럼에도 야당인 한나라당 이인기 의원과 여당인 열린우리당 홍미영 의원이 호응했다. 이인기 의원은 경찰출신으로 경찰의 숙원사업을 잘 알고 있었고, 홍미영 의원은 운동권 출신으로 권력구조 개편에 소신을 가지고 있었다.

2005년 6월 15일에 이인기 의원이, 6월 25일에는 홍미영 의원이 형소법개정안을 발의했다. 양 법안은 i) 경찰의 수사권을 인정하고, ii) 검경간 수평적 협력관계를 요구하며, iii) 사법경찰관은 경무관·총경·경정·경감·경위로, 사법경찰리는 경사·경장·순경으로 하며, iv) 검찰에 수사에 관한 일반적 기준 제정권을 부여하고, v) 경찰이 수사를 한 때에는 사건을 서류 및 증거물과 함께 신속히 검사에게 송치하게 했다. 다만, 이인기 의원 법안은 검찰총장이 지정한 사건은 송치하지 않아도 된다고 한 반면, 홍미영 의원 법안은 사건 송치 후 검사가 경찰에게 보완수사를 요구할 수 있게 했다.

여야 의원들이 법안을 제출하자, 검경은 이들 의원들에게 의견을 전달하고 로비전에 뛰어들었다. 경찰은 법제사법위원회와 행정자치위원회 소속 의원들의 성향을 파악해 대응전략을 세운 다음, 일선 경찰서장들로 하여금 관할지역 국회의원 초청강연회를 개최하도록 했다. 이에 호응하여 일반경찰관들도 스스로 의원들의 홈페이지에 글을 올렸다. 반면, 검찰은 고급인맥을 총동원해 여야 지도부를 설득했다. 동시에 검경은 상대방의 약점들을 들춰내기 시작했다. 경찰은 검찰이 무혐의 처리했던 사건들에 대한 재수사를 시도했고, 검찰은 과거 잘못된 경찰수사를 검찰수사로 바로잡은 사건들을 공개하기 시작했다. 더 나아가, 검찰이 경찰간부 비리파일을 확보해 놓았다고 하자, 경찰도 검찰간부 비리파일을 확보해 두었다고 응수했다.

2005년 6월 21일, 그동안 관망하던 집권당이 대통령공약을 이유로 정책위원회 산하에 '수사권조정정책기획단'을 설치했다. 이에 김승규 법무부장관은 수사권조정은 검경간 권한분배 문제이기 때문에 정치권이 논의할 대상이 아니라고 주장했다.

수사권조정정책기획단은 7월 1일 제1차 회의에서 검경 양측의 기본입장을 보고받고, 7월 14일부터 31일까지 법조계와 학계 의견을 조회했다. 8월 23일 제2차 회의에서 '민생범죄에 대해서는 경찰의 독자적 수사개시진행권을, 중요범죄에 대해서는 검찰의 지휘권'을 인정하기로 결정했고, 9월 12일 제3차 회의에서는 검찰과 경찰에게 대등한 지위를 부여할 것인지, 검찰의 지휘권을 어느 범위까지 인정할 것인지에 대해 논의했으나 의견이 갈렸다. 10월 들어, 수사권조정정책기획단은 조정안 마련에 박차를 가한 결과 10월 하순에 거의 완성되었는데, 그 내용의 80% 정도가 경찰 입장과 유사했다.

바. 청와대와 집권당의 조정 시도

청와대 민정수석실은 2005년 10월 27일경 '민생관련 범죄에 한해 경찰의 수사권을 인정하고 검찰의 수사지휘권을 배제'하는 것을 골격으로 하는 조정안을 만들어 경찰과 검찰의 의견을 조회했다. 이에 경찰은 범죄영역을 나누어 어떤 영역에서는 인정하고 어떤 영역에서는 배제하는 것은 세계적으로 유례가 없다며 반대했다. 그러나 진짜 이유는 다른 데 있었다. 경찰은 여당 조정안이 자신에게 유리했기 때문에 청와대 조정안을 수용할 수 없었다. 한편, 검찰도 대검중수부장 주재로 검사 60명이 토론을 벌인 결과 '검경을 대등한 관계로 설정하지 않았기 때문에 수용하자'는 의견과 '경찰의 독자수사권을 인정하고 있기 때문에 반대하자'는 의견으로 갈렸으나 반대가 다수였다. 이유는 일선 검사들의 반발이 워낙 거셌기 때문이었다.

그러자 수사권조정정책기획단장이 11월 4일 집권당 차원에서 결론을 내기 위해 제4차 회의를 소집하여 검경 상호관계를 논의했다. 그러나 결론을 내지 못했다. 기획단 내 행자위출신 의원과 법사위출신 의원 간에 이견이 있었고 당내에서 2006년 지방선거에 대비해 당차원의 성급한 결론을 내지 말자는 분위기가 있었기 때문이다.

청와대 민정수석은 2005년 12월 2일 천정배 법무장관과 조성래 수사권조정정책기획단장을 불러 조정을 시도했다. 의견이 갈리자 민정수석은 더 이상 청와대 조정안은 없다면서 그동안 청와대가 검토했던 조정안을 집권당에 넘겼다. 청와대의 이러한 결정은 검경의 반발과 눈앞에 다가온 지방선거를 고려한 정치적 판단의 결과였다.

그러자 수사권조정정책기획단장은 최종조정안 마무리를 서둘렀다. 12월 4일 검찰총장은 기획단의 막판 조정안이 검찰에 불리하게 만들어져 간다는 정보를 입수하자 전국 고검장과 지검장 및 대검간부들을 긴급 소집하여 '일부 민생범죄에 경찰수사의 주체성을 인정할 수 있지만 그 전제로 검찰의 수사지휘권이 확보되어야 한다'는 의견을 모아 전달했다. 검찰로서 마지막 카드를 전달한 것이다.

집권당은 12월 5일 오후 최종조정안을 발표했다. 내용은 이인기 의원 안과 홍미영 의원 안을 통합한 후 몇 가지 사항을 추가한 것이었다. 즉 i) 검찰과 경찰 모두에게 수사권을 인정하고 사법경찰의 범위는 대통령령으로 정하며, ii) 검찰과 경찰은 수사에 관해 서로 협력해야 하고, iii) 내란 및 외환 등 대통령령으로 정한 중요 범죄에 대해서만 검사의 지휘를 인정하며, iv) 검사는 경찰수사에 관한 일반적 기준을 정할 수 있고,

경찰이 위법부당한 수사를 하거나 검사의 협력요구에 응하지 않을 경우 검찰이 교체와 징계를 요구할 수 있다는 것이다.

집권당 조정안에 대해 경찰은 다소 부족하지만 환영한다는 입장을 피력했다. 그러나 검찰은 당정협의도 없이 일방적으로 발표했다면서 수용할 수 없다고 반발했다. 야당인 한나라당은 '수사권조정의 필요성에 원칙적으로 동감하지만 충분한 여론수렴과 검증 없이 추진하면 부작용을 초래할 수 있다며 국회에서 심도있는 논의가 필요하다'는 입장이었다.

사. 국무총리의 조정시도와 낙마

검경수사권조정 법안의 연내처리가 어렵게 되자 이해찬 총리가 나섰다. 이 총리는 2005년 12월 16일 정상명 검찰총장과 허준영 경찰청장을 불러 협조다짐을 받은 후 이를 대통령에게 보고하자 대통령은 '총리 주도로 정부조정안을 마련하라'고 지시했다. 이에 따라 집권당은 수사권조정정책기획단 조정안을 당론으로 확정하는 것을 미루고 정부조정안을 기다리기로 했다.

검찰도 2005년 12월 22일, 한나라당 김재원 의원을 통해 검찰의 입장을 반영한 형소법개정안을 국회에 제출했다. 경찰 입장이 많이 반영된 이인기 의원 법안과 홍미영 의원 법안에 대항하기 위해서였다. 핵심내용은 검경간 현행 기본틀을 유지하되, 현실을 반영하여 경찰에게 민생범죄에 대한 수사개시권만 인정하고, 검사의 지휘권을 현행보다 대폭 강화한 것이었다. 2005년 11월 15일 서울 여의도에서 개최된 농민집회에서 경찰과 농민단체 사이에 발생한 충돌의 여파로 농민 2명이 사망했다. 허준영 경찰청장이 책임을 지고 12월 29일 사표를 제출했다.

2006년 새해 들어, 국무조정실이 이해찬 총리의 지시와 결단에 따라 조정안의 윤곽을 만들어 갔다. 이때 '집권당 조정안에 검경간 상호견제 장치를 추가한다는 기본원칙'을 정했다.

1월 24일, 검찰은 '윤상림 수사사건에 대한 입장'이란 자료를 배포했다. 법조브로커 윤상림과 금전거래를 한 주요 인사는 검사출신 2명을 포함한 변호사 11명, 현직판사 2명, 경찰관 10명, 정치인 1명, 기업가 19명이라고 밝혔다. 이와 관련하여 언론에 실명이 거론된 인사는 세 명이었는데, 총리가 윤상림과 골프를 쳤고, 경찰청 차장과 열린우리당 대변인은 윤상림과 돈거래를 했다는 것이다. 이에 경찰은 수사권조정을 막기 위한 표적수사라며 반발했다.

이해찬 국무총리는 2006년 1월 31일 검찰총장, 2월 1일 경찰청장을 직접 불러 의견을 청취했고, 2월 2일 당정회의에서 검찰총장과 경찰청장이 아닌 행자부장관, 법무부장관, 국무조정실장 간 논의를 통해 조정하겠다고 밝혔다. 그런데 이해찬 총리가 정부조정안 막바지 작업이 진행되던 중 3·1절 골프파문으로 3월 6일 사의를 표명했다. 총리 사의로 수사권조정 작업은 표류하기 시작했다.

아. 청와대의 포기

2006년 4월 20일, 한명숙 총리가 취임하자 수사권조정은 청와대가 챙기기로 했다. 신임 총리에게 맡겨두면 추진력이 떨어질 것을 우려했기 때문이다. 그러나 검경수사권 조정은 지자체선거, 한미 자유무역협정 등 굵직한 국정현안들에 의해 뒷전으로 밀렸다. 또한 경찰이 수사권조정을 다시 밀어붙일 여건도 아니었다. 호의적이던 여론도 많이 달라졌고, 수사권조정에 적극적이었던 주역들도 정부와 경찰청을 떠났기 때문이다. 그 후 집권당이 지방선거에서 완패하자 정개개편, 연정논의 등 정국의 소용돌이 속에서 검경수사권 이슈는 실종되었다. 9월에는 법사위에서 헌법재판관 청문회 문제로 여야갈등이 발생하여 의원들이 발의한 법안들에 대한 논의도 중단됐다.

그러던 중 노무현 대통령은 2006년 10월 21일 경찰의 날 기념사에서 '검경간 권한조정이 아직 합의에 이르지 못해 아쉽게 생각한다' '기관간 상호 합의 없이 일방적으로 결정하게 되면 그것이 또다른 갈등을 낳는다'면서 임기내 매듭짓겠다고 밝혔다. 그러나 1년간 아무런 노력도 하지 않다가 2007년 경찰의 날 기념사에서 '대선공약보다 더 개선된 수사권조정안을 마련해 중재하려 했으나 여러분의 조직이 받아들이지 않았습니다. 지금은 대통령의 말 한마디로 결정할 수 있는 시대도 아닙니다. 경찰과 검찰이 머리를 맞대고 타협해서 합의를 이루는 것이 바람직합니다'라고 함으로써 노무현 정부에서의 수사권조정 노력은 공식적으로 종결되었다.

(3) 이명박 정부에서 재부상

가. 재부상 배경

수사권조정이 다시 탄력을 받게 된 것은 이명박 정부에서 검찰의 무리한 수사와 검사들의 비리가 드러나면서부터였다. 2009년 5월 23일, 박연차게이트 사건으로 검찰조사를 받던 노무현 전 대통령이 투신자살했다. 이에 야당인 민주당이 검찰의 '표적수사' '망신주기수사'라고 비난하면서 국회에 검찰개혁특별위원회 설치를 제안했다. 그러나 여당인 한나라당의 비협조로 무산되었다. 그러던 중 법원이 2009년 9월에 PD수첩 사건에 대해, 2010년 1월에는 강기갑 의원 사건에 대해 각각 무죄판결을 내리자 이번

에는 한나라당이 판사들의 편향판결을 시정해야 한다며 사법부개혁의 필요성을 제기
했다. 사법부를 개혁하려는 한나라당과 검찰을 개혁하려는 민주당이 2010년 2월 18일
국회에 사법제도개혁특별위원회를 설치키로 합의했다. 사개특위는 산하에 법원소위,
검찰소위, 변호사소위를 구성하고 5개월 기한으로 활동에 들어갔다.

나. 사법개혁특별위원회의 수사권조정

사개특위 검찰소위는 4월 13일 공청회를 개최하면서 활동을 본격화했다. 이에 경
찰은 검찰개혁 의제에 수사권조정을 포함시키기 위해 검찰소위 PY 위원에게 면담을
신청했다. 그러나 냉담했다. 노무현 전 대통령 추모집회시 경찰이 과잉대응했다는 이유
에서였다. 경찰은 PJ 의원의 도움을 받아 다시 PY 위원을 접촉하여 경찰이 검찰비리를
수사할 수 없도록 하는 형소법 조문과 명령복종 표현이 포함된 검찰청법 조문을 설명
해 주었다. 그러자 PY 위원은 검찰을 견제할 수 있는 수사권 부여와 전근대적 복종의
무 폐지를 약속했다. 이로써 검경수사권조정은 검찰소위의 쟁점의제로 채택되었다. 그
러나 검찰소위에서 수사권조정은 대검중수부 폐지 논란에 밀려 주목받지 못했다.

검찰은 2010년 11월 5일, 전국청원경찰친목협의회로부터 불법정치자금을 받았다
는 이유로 여야 국회의원 후원회사무실을 수사하기 시작했다. 그러자 여야 의원들은
입법권에 대한 도전이라면서 비대해진 검찰권을 제한하기 위한 수사권조정 문제를 급
속하게 공론화시켰다. 그러나 사개특위 개혁 논의는 여전히 답보상태였다. 법원개혁안
의 경우 한나라당이 제시하면 민주당이 반대하고, 검찰개혁안의 경우 민주당에서 제시
하면 한나라당이 반대했기 때문이다. 사개특위는 2010년 12월 7일 활동시한을 2차 연
장하면서 여야 동수로 '6인 소위원회'를 추가로 구성하여 핵심쟁점들을 조율키로 했다.

6인소위는 다섯 차례 비밀협상을 벌인 후, 2011년 3월 10일, 잠정합의안을 발표
했다. 잠정합의안에는 '대검중수부'를 폐지하는 대신 '특별수사청'을 설치하고, '경찰수
사권의 명문화'와 '경찰 복종의무의 삭제'가 포함되어 있었다. 이 합의는 한나라당이
대검중수부 폐지와 검찰권 제한에서 양보하고, 민주당이 공수처와 법원개혁에서 양보
함으로써 이뤄졌다.

잠정합의안이 발표되자, 검찰은 강력 반발했고, 경찰은 크게 환영했다. 의원들과
법조계 및 시민단체들은 찬반 논란을 벌였다. 청와대는 언급을 자제했다. 검찰은 대검
간부회의와 전국고검장회의를 소집하여 6인소위 합의안을 반대하기로 결의했고, 동시
에 물밑으로 사개특위 위원과 법사위 위원 및 언론기관을 대상으로 학맥과 인맥을 총
동원하여 전방위 로비를 개시했다.

사개특위는 전체회의와 3개 소위원회를 번갈이 소집했다. 4월 1일 전체회의에서 이귀남 법무부장관은 6인소위 합의안을 공식적으로 반대했다. 그러나 법무부는 내부적으로 조건부 수용 방안을 검토했다. 즉 '경찰수사권을 인정하고 복종의무를 삭제하되, 비대해질 경찰권을 견제하기 위해 검찰의 사법경찰 교체·징계요구권을 신설하는 방안'을 검토했다.

2011년 4월 12일, 사개특위 검찰소위는 조건부로 6인소위 합의안을 따르기로 했다. 즉 '경찰이 검사의 수사지휘에 따라야 한다'는 조건 하에 '경찰의 수사권'을 명문화하고 '경찰의 복종의무'를 삭제키로 했다. 이후 검찰소위는 1차로 다음 <표 9-13>과 같이 조문화했다. 4월 20일 사개특위 전체회의는 이를 추인했다.

표 9-13 검찰소위, 검경수사권 조정안 1차 조문화

[형소법]	제196조	(현행)	- 수사관, 경무관, 총경, 경감, 경위는 사법경찰관으로서 검사의 지휘를 받아 수사를 해야 한다.
		(개정안)	- 수사관, 경무관, 총경, 경감, 경위는 사법경찰관으로서 범죄혐의가 있다고 인식한 때에는 범인, 범죄사실과 증거를 수사해야 한다.
	제196조의2	(신설)	- 사법경찰관리는 수사에 대한 검사의 지휘가 있는 때에는 따라야 한다.
[검찰청법]	제53조	(현행)	- 사법경찰관리는 검사가 직무상 내린 명령에 복종하여야 한다.
		(개정안)	- 삭제

그런데 5월 16일 검찰소위에서 검찰의 요청을 받은 한나라당 일부 위원들이 이의를 제기했다. 경찰의 수사개시에 대한 통제장치를 두지 않으면 국민들에게 억울한 일이 발생할 수 있다는 주장을 했다. 그 결과, 형소법개정안은 <표 9-14>와 같은 재조문화가 논의되었다.

표 9-14 검찰소위, 검경수사권 조정 2차 조문화

[형소법]	제196조 1항	(현행유지)	- 수사관, 경무관, 총경, 경감, 경위는 사법경찰관으로서 검사의 지휘를 받아 수사를 해야 한다.
		(수정안)	- 수사관, 경무관, 총경, 경감, 경위는 사법경찰관으로서 범죄혐의가 있다고 인식한 때에는 범인, 범죄사실과 증거에 대한 <u>수사를 개시하여야 한다.</u>
	제196조 2항	(신설)	- 사법경찰관리는 검사가 직무상 내린 명령에 복종하여야 한다.
[검찰청법]	제193조 3항	(수정안)	사법경찰관은 수사에 대한 <u>검사의 지휘에 따라야 한다.</u>
		(추가)	- 사법경찰관이 <u>피혐의자 소환조사, 강제수사</u> 등으로 수사를 개시한 때는 지체 없이 사건의 수리절차를 이행하고 수사하여 지체 없이 관련 서류와 증거물을 검사에게 보내야 한다.

이 경우 경찰은 수사개시만 독자적으로 하고 진행은 검사의 지휘를 받아야 하며, 중요범죄든 민생범죄든 가릴 것 없이 종전처럼 검사의 지휘를 받아야 하고, 내사단계부터 검찰의 통제가 시작될 수 있다. 이에 조현오 경찰청장은 '경찰은 강력하게 저항한다'는 내부방침을 세웠다. 김준규 검찰총장도 '수사권문제는 국가와 국민을 위해 판단해야 한다'고 응수했다. 검경은 여론전과 물밑로비전 이외에도 상대방의 부실수사사건들에 대한 폭로전도 벌였다. 즉 검찰이 부실한 경찰수사를 검찰수사로 바로잡았다는 사건들을 폭로하자 경찰도 스폰서검사, 그랜저검사 등에 관한 내용을 유포시켰다.

핵심쟁점의 조문화를 둘러싼 여야간 검경간 합의조정이 난항을 겪는 가운데, 이주영 사개특위 위원장은 2011년 5월 25일 사개특위 활동시한을 재연장하지 않기로 결정하고, 검경수사권조정은 국무총리실에 넘겨 조정하기로 했다. 사개특위활동을 종결시킨 이유는 i) 핵심쟁점들에 대해 이미 충분한 논의를 거친 만큼 더 끌고 가 보아야 의견일치를 보기 어렵고, ii) 내년으로 다가온 총선과 대선 등 정치일정상 특위활동을 지속하기 어렵다는 것이었다.

다. 국무총리의 수사권조정 시도와 실패

2011년 6월 2일부터 국무차장 주재로 다섯 차례 검경실무간담회를 열었다. 경찰은 형소법 제196조 1항에서 '검사의 지휘를 받아'라는 문구를 삭제해야 한다는 입장을 고수했고, 검찰은 1항은 그대로 두되 '경찰의 수사개시권'을 별도 규정해야 한다는 입장을 고수했다. 국무조정실의 조정에 진전이 없자, 사개특위는 15일 '경찰의 수사개시권'과 '검찰의 수사지휘권'을 동시 인정한다는 원칙을 재확인한 후 국무조정실이 20일까지 조정하지 못하면 사개특위 전체회의에서 결론내기로 했다. 사개특위 압박에 평검사들은 지방청별 회의를 갖고 '어떤 경우에도 검사지휘규정 삭제나 경찰수사개시권 명문화를 반대한다'는 의견을 모아 검찰총장에게 전달했다.

6월 16일, 오전에 국무차장이 검경실무간담회를 소집하여 국무조정실에서 마련한 잠정 타협안을 보여주며 조정을 시도했고, 오후에는 국무조정실장이 검찰총장과 경찰청장을 불러 조정을 시도했다. 타협안은 국무조정실이 형소법 전문가들을 동원하여 6인회의 합의안에 입각하여 조문화한 것이었다. 내용은 전반적으로 4월 12일 검찰소위 1차 조문과도 유사했지만 상호견제장치가 추가된 것이었다. 검찰과 경찰은 이러저런 인맥을 통해 국무조정실 조정자들을 설득하거나 직접 전화를 걸어 압박하기도 했다. 이 타협안에 대해 경찰 측은 찬성 입장을 보였으나 검찰 측은 반대했다.

검경간 합의가 좀처럼 이뤄지지 않자, 이명박 대통령은 6월 17일 검경수사권 갈등을 '밥그릇 싸움'이라고 질타했다. 다음날, 김황식 총리가 이귀남 법무장관과 조현오 경찰청장을 불러 '경찰의 수사개시권을 명문화하고 검찰의 수사지휘권도 유지'하는 선에서 서로 조금씩 양보할 것을 종용했다.

라. 청와대의 조정

국무총리에 의한 조정도 실패하자, 이명박 대통령은 임태희 대통령실장으로 하여금 조정토록 했다. 이에 비서실장은 2011년 6월 20일 청와대 정책실장, 국무조정실장, 그리고 검찰업무를 담당하는 권재진 민정수석과 이귀남 법무장관, 김준규 검찰총장, 경찰업무를 담당하는 김효재 정무수석과 맹형규 행안부장관, 조현오 경찰청장 등을 청와대로 긴급 소집했다. 국무조정실이 마련한 타협안을 놓고 조율을 시도한 결과, 극적합의에 도달했다. 주요 내용은 <표 9-15>와 같다.

표 9-15 청와대 합의안의 주요 내용

ⅰ) <u>모든 수사에 대해</u> 검찰의 수사지휘권을 인정하되, 사법경찰관은 범죄혐의가 있다고 인식한 때에는 범인, 범죄 사실과 증거에 관해 수사를 개시·진행하도록 한다.
ⅱ) 사법경찰관리는 검사가 직무상 내린 명령에 복종해야 한다는 검찰청법 제53조를 삭제한다.
ⅲ) <u>검사의 지휘가 있는 때에는</u> 사법경찰관리는 이에 따르되, <u>검사의 지휘에 관한 구체적 사항은 향후 6개월 내에 검경간 협의를 거쳐 법무부령으로 정한다.</u>
ⅳ) 사법경찰관리는 범죄를 수사한 때에는 관계 서류와 증거를 지체 없이 검사에게 송부한다.

이 조정안에 검경 모두 불만이었으나 청와대가 수용하도록 압박해 양측의 싸인을 받았다. 합의안이 발표되자, 검찰은 수사지휘권이 유지된 것으로 보고 일단 안도한 반면, 경찰은 수사지휘권이 모든 수사에 인정된 것을 보고 다소 실망했다. 이에 국무조정실장은 수사권을 재조정한 것이 아니라 수사현실을 법으로 뒷받침한 것이라면서 경찰이 법적 근거를 갖고 수사를 개시할 수 있도록 함과 동시에 검찰에 수사지휘권을 보장하여 견제와 균형이 이뤄지도록 했다고 말했다.

마. 법제사법위원회의 절충안 및 본회의 통과

청와대 조정안이 나오자, 사개특위는 6월 22일 전체회의를 열어 형소법개정안을 여야 만장일치로 의결한 후, 법제사법위원회로 회부했다. 사개특위는 형소법개정 이유로 수사현실과 법률규정이 부합하도록 현행법을 정비하는 것이라고 밝혔다.

그러자 경찰은 PJ 의원을 찾아가 '모든'과 '법무부령'을 수정해 달라고 부탁했다. 6월 28일, 국회 법제사법위원회에서 PJ 의원은 '모든'을 삭제하고 '대통령령'으로 정해야 하며, '내사는 포함되지 않는다고 명문화해야 한다'고 강력 주장했다. 법제사법위원

회는 논의 끝에 '모든' 수사로 하되 '대통령령'으로 정하는 절충안을 의결했고, 이귀남
법무부장관은 '수사에 내사는 포함되지 않는다'고 말했다.

표 9-16 검경수사권 관련 법률개정안 법사위 수정안

[형소법 개정안]   제195조(현행 유지)
제196조(사법경찰관리)
1. 수사관, 경무관, 총경, 경정, 경감, 경위는 사법경찰관으로서 　　　　　　　　　　　모든 수사에 관해 검사의 지휘를 받는다.
2. 사법경찰관은 범죄혐의가 있다고 인식한 때에는 　　　　　　　　　　　범인, 범죄사실과 증거에 관해 수사를 개시진행해야 한다.
3. 사법경찰관리는 검사의 지휘가 있는 때에는 이에 따라야 한다. 　　　　　　　　　　　검사의 지휘에 관한 구체적 사항은 대통령령으로 정한다.
4. 사법경찰관은 범죄를 수사한 때에는 　　　　　　　　　　　관계서류와 증거물을 지체없이 검사에게 송부해야 한다.
[경찰청법]　　　　제53조(폐지)

　　　수정의결에 대해 검찰은 법제사법위원회를 비난했다. 반면, 경찰은 대통령령으로
바꾼 것과 내사는 검사의 지휘를 받지 않는다는 점을 명확히 한 것은 나름 성과이나
'모든'이라는 문구가 그대로 유지된 것은 아쉽다는 반응이었다. 법제사법위원회 수정안
은 2011년 6월 30일 국회 본회의를 통과했다.

　　　　　　　　바. 검사의 수사지휘 범위에 관한 총리 및 국무조정실의 조정

　　　2011년 10월, 법무부와 검찰은 형소법 시행령 초안을 제시했다. 핵심내용은 경찰
의 내사범위를 축소하여 검찰의 통제를 강화하고 진행중인 경찰수사도 검사의 지시로
검찰에 송치하도록 한 것이었다. 이에 경찰은 수용할 수 없다고 했다.

　　　다시 국무조정실이 나섰다. 쟁점은 내사의 범위와 통제, 중요범죄 사건에 대한 수
사지휘 여부, 경찰수사 사건 송치여부 등이었다. 내사의 범위에 대해, 경찰은 기존 관
행을 주장하고, 검찰은 기존 내사활동 중 사실상 수사는 제외하라고 주장했다. 대공,
선거, 집단행동, 테러 등 중요범죄에 대해 경찰은 독자수사를 주장하고, 검찰은 수사지
휘를 주장했다. 경찰은 경찰이 수사중인 사건에 대해 송치를 요구하지 말고 지휘하라
고 주장한 반면, 검찰은 요구하면 송치하라고 주장했다. 공무원 범죄에 대해 경찰은
전현직 검사가 관련된 범죄는 검사지휘를 배제해야 한다고 주장하고, 검찰은 공무원범
죄는 초기부터 검사가 지휘해야 한다고 주장했다.

　　　검경이 서로 양보하지 않자 11월 21일 국무조정실은 기존 법무부령인 <사법경
찰관리집무규칙>을 기본틀로 하여 강제조정안을 마련했다. 핵심내용은 다음과 같다.

첫째, 경찰 내사활동 중 사실상 수사활동에 대해 검사의 지휘를 허용했고, 내사사건의 목록과 요지를 분기마다 검찰에 제출토록 했다. 둘째, 진행중인 경찰수사도 검사의 지시로 검찰에 송치하도록 했다. 셋째, 선거, 노동, 집시법위반 등 주요 공안사건의 입건여부도 검사의 지휘를 받게 했다. 넷째, 검사의 지휘가 부당하다고 판단할 경우 재지휘를 청구할 수 있도록 했다. 국무조정실의 강제조정안이 발표되자, 정치권은 여야 없이 위임의 범위를 벗어났다고 비판했다. 그럼에도 법무부는 강제조정안이 포함된 시행령을 입법예고했다. 이에 경찰은 강력 반발하면서 검사비리를 경찰이 수사할 수 있게 해주면 강제조정안을 수용하겠다고 했다.

국무조정실 강제조정안에 대해 정치권과 경찰의 반발이 심하자 김황식 국무총리가 일선 수사현장 실무자들의 의견을 듣기 위해 검사 10명, 경찰 10명을 추천받아 12월 15일 별도로 면담을 가졌다. 김 총리는 수사현장에서 가장 큰 불만이 무엇인지 물었다. 경찰의 가장 큰 불만은 '수사중인 사건을 검찰이 도중에 가져간다'는 것이었고, 검찰의 가장 큰 불만은 경찰이 '내사를 이유로 정보수집을 넘어 강제로 수사한다'는 것이었다. 김 총리는 양쪽 불만을 수용해도 문제가 없음을 확인하고, 국무조정실로 하여금 이를 반영한 조정안을 만들도록 했다.

이에 국무조정실이 절충안을 마련했다. 즉 순수 내사활동에 대해서는 검사의 지휘를 배제하되 내사사건들의 목록과 요지를 분기별로 검찰에 제출하도록 했고, 경찰이 수사중인 사건들은 인권침해 가능성이 큰 경우에만 검사의 요구로 송치하도록 했다. 중요범죄사건에 대해 경찰이 수사를 개시한 때에는 검사에게 지휘를 건의토록 했다. 국무조정실은 검경 양측의 동의를 받아냈다. 이로써 8년에 걸친 기나긴 검경간 수사권 갈등은 일단락되었다.

3) 갈등조정의 특징과 원인

(1) 갈등의 첨예화

검경이 핵심쟁점에서 감정싸움, 비방, 협박 등을 하면서까지 필사적으로 자신들의 입장을 관철하려 했던 이유는 무엇인가?

첫째, 핵심쟁점이 검경간에 자존심이 걸린 쟁점이었기 때문이다. 경찰 입장에서 보면, 검경간 지배복종관계로 인해 검사들이 경찰관들을 하수인 취급하고 굴욕감을 주는 경우가 비일비재하여 과거 검사들로부터 상처받았던 경찰 간부들이 굴욕을 청산하기 위해 필사적으로 상호협력관계로 전환하려고 했다는 것이다. 과거에는 검경간 자질의 차이가 커서 경찰이 이러한 차별을 수용했으나 이제는 경찰의 자질이 크게 향상되었으므로 그에 상응한 변화가 있어야 한다는 것이다. 반면, 검찰 입장에서 보면, 하수인인 사법경찰관들이 상전인 검사들에게 맞먹자고 덤비는 형국이어서 자존심이 상한다는 것이다. 그리하여 검찰은 검경을 동급으로 설정하려는 것에 여러 차례 반감을 표시했다.

둘째, 핵심쟁점이 승패(zero-sum)가 갈리는 관할권 갈등이었기 때문이다. 일반적으로 관할권이 문제가 되면 부처들은 쉽게 양보하지 않는다. 특히 기존 업무영역을 놓고 뺏고 뺏기는 관할다툼에서는 더욱 그러하다. 검경수사권조정은 기존 수사권의 범위를 놓고 벌이는 승패결정 게임이어서 서로가 전혀 양보하지 않아 갈등이 첨예했다. 검찰에게는 수사권과 기소권이 있는데, 검찰의 실질적 권력기반인 수사권을 놓치면 그에 버금가는 대체 권력기반이 없어서 검찰의 위상과 권력이 크게 추락한다. 따라서 검찰은 경찰의 수사자율권 요구와 수사지휘권 축소에 필사적으로 반대했다. 반면, 경찰은 수사사건들의 97%를 수사하고 있음에도 법적 권한이 없어 수사나 사법 관련 모든 정책결정에서 소외당해 왔다는 것이다. 따라서 경찰은 어떻게든 현실에 상응한 권한을 부여받을 필요가 있었다.

셋째, 검경의 폐쇄적 권위주의적 상호배타적 조직문화 때문이다. 검찰과 검찰은 상명하복의 수사기관들로서 다른 행정기관들에 비해 상대적으로 권위주의적 폐쇄적 조직문화를 갖고 있다. 권위주의적 조직문화로 인해 수평적 소통과 관계에 익숙하지 않고, 폐쇄적 수사기관으로서 외부의 압력을 부당하다고 생각하는 경향이 있다. 또한 검경은 업무상 경쟁관계로 인해 상대방에 대한 배타적 심리를 갖고 있다.

그 결과, 검찰과 경찰은 양보하려 하지 않았고 제3자의 조정도 수용하지 않으려 했다. 갈등은 타결되지 않고 시간의 흐름에 따라 감정싸움까지 더해져 첨예한 갈등으로 비화되었다.

(2) 조정기구와 조정방식 및 조정절차

검경수사권 조정에 어떤 조정기구가 개입했고, 각 조정기구는 어떤 방식의 조정을 시도했으며, 어떤 절차를 진행했는가? 요약하면 <표 9-17>과 같다.

가. 조정채널과 조정기구에 있어서 특징과 원인

첫째, 첨예한 갈등임에도 실무채널만 가동되고 고위급인 청장 채널과 장관 채널이 가동되지 않았다. 검찰총장과 경찰청장은 직접 만나 조정을 시도한 적이 없다. 이유는 세 가지였다. 하나는, 수사권독립과 수사지휘권은 일선 경찰과 검사의 이해관계가 너무 커서 이들의 입장을 무시하고 총장과 청장이 합의할 수 없었기 때문이다. 즉 무리

표 9-17 검경수사권 조정메커니즘

시기	조정 기구	조정 방식	진행 절차
노무현 정부	1. 검경수사권조정협의회 (2004.9.13-2004.11.22)	당사자 협의조정	- 사전준비(9.13): 협의회 설치 - 협의전략(9.14): 협의팀 구성, 전략 마련 - 1차 회의(9.15): 논의순서 결정 - 2,3차 회의(9.23, 10.6): 비핵심쟁점 일부 합의 - 4차 회의(10.22): 핵심쟁점 이견, 검찰 강경안추가 - 5차 회의(11.5): 각자 주장 강경, 교착 - 6차 회의(11.22): 자문위원회 구성 합의
	2. 수사권조정자문위원회 (2004.12.20-2005.5.2)	대리 협의조정	- 사전준비: 협의회 8,9차회의에서 구성/개최 준비 - 1차-13차 회의(12.20-5.29): 26 중 19개 쟁점 합의 - 공청회(4.11): 미합의쟁점 찬반 양론 - 14차 회의(4월): 4대 핵심쟁점 평행선 - 15차 회의(5.2): 일부위원 타협안 마련, 합의 실패
	3.여야의원(이인기/홍미영) (2005.6.15-2005.11.21)	집권조정	- 법안준비(2005. 5월) - 법안제출(6.15, 6.25) - 법사위상정(9.13) - 공청회(9.15) (이인기) - 법안소위회부(11.21)
	4. 여당 수사권조정기획단 (2005.6.21-2005.12.5)	중립조정 (타협안설득)	- 사전준비(6.21): 수사권조정기획단 설치 - 1차 회의(7.1): 양측 보고 청취 - 2차 회의(8.23): 타협안 기본골격 합의 - 3차 회의(9.12): 검사지휘권 논의·이견 - 4차 회의(11.4) 검경상호관계 논의, 진행 연기 - 최종안 발표(12.5): 이인기안+홍미영안+기타
	5. 국무총리(국무조정실) (2005.5.6-2006.3.7)	중립조정 (타협안설득)	- 개입분위기 조성(05.5.6): 5자회동 제안 - 양측의견 수집(5월 중순): 실무자, 자문위 - 검경협조분위기 조성(6.2): 5자회동/검경감정풀기 - 본격개입 시도(12.16,19): 협조다짐/권한위임 받음 - 기본원칙 설정(06.1): 여당조정안+상호견제장치, 행자·법무·국조실장 3자조정, 3월 최종안 마련 - 세부방안 수집(1월): 양측에 원칙 구현방안 요구 - 최종입장 청취(1.31, 2.1): 검경청장의견 수렴 - 조정작업 중단(3.7): 이해찬 총리 사의
	6. 대통령(비서실) (2005.10.27-2007.10.21)	중립조정 (타협안설득)	- 정책실장 조정 시동(04.7월): 공약이행차원 - 대통령 조정원칙 표명(10.21): 자율과 분권 - 양측 입장 정보수집(05.10월) - 민정수석 조정골격 마련(10.27): 지휘권치+일부독자수사, 검경불수용 - 민정수석 집권당에 위임(12.2) - 대통령 국무총리에게 위임(12.19) - 대통령 개입시기 검토(06.1.25): 신년기자회견 - 대통령 조정원칙 표명(10.21): 견제와 균형 - 대통령 조정포기 선언(07.10.21): 검경합의 부탁

이명박 정부	7. 국회 사법개혁특위 (2010.2.18-2011.5.25)	잡권조정	- 사전준비(2.18): 사개특위 구성 - 여야협의(3.16-12.6): 지지부진, 합의가능성 탐색 - 6인소위 골격합의(12.7-3.10): 수사명문화, 복종삭제 - 전체회의(3.11): 야당 일부 위원 불만 표시 - 검찰소위(4.10): 6인합의 조건부 동의, 1차 조문화 - 전체회의(4.20): 검찰소위결정 추인, 최종확정 연기 - 검찰소위(5.19): 야당위원 1차조문에 이의제기·수정 - 여당위원간담회(5.25): 나머지 쟁점 국조실 이관
	8. 국무총리(국무조정실) (2011.6.2-2011.6.18)	중립조정 (재협상지원) (타협안설득) (양보유도)	- 국무차장, 재협의지원 　1차 검경실무간담회(6.2): 양측 입장 청취 　2차 검경실무간담회(6.6): 형소법 문구교체 합의 　3,4,5차 검경실무간담회: 검찰 대안없이 논쟁 - 국무차장, 타협안 제시·설득(6.16) - 총리, 법무장관·경찰청장 소집 양보유도(6/18)
	9. 청와대 비서실장 (2011.6.20.)	중립조정 (타협안설득)	- 국무조정실 마련 타협안 강압적 설득, 　검경 마지못해 수용
	10. 국회 법제사법위원회 (2011.6.28.)	집권조정	- 논란 끝에 절충안(모든 수사 + 대통령령) 의결
	11. 국무총리(국무조정실) (2011.10월초-12.16)	중립조정 (재협의지원) (양보유도) (타협안설득)	- 서면협의 2회(2011.10월 초): 입장 수집 - 실무조정회의(11.16-11.19): 이견 - 타협안 마련·발표(10.21, 10.23) - 총리·검경현장실무자 간담회(12.15): 현장애로 청취 - 최종타협안 마련·설득(12.16): 검경 수용

하게 나서서 합의하면 내부반발이 불가피했기 때문이다. 다른 하나는, 실무채널에서 첨예한 이견을 충분히 좁히지 못했기 때문이다. 이 상태에서 총장과 청장이 만나 보아야 합의가능성이 거의 없었기 때문이다. 마지막 하나는, 감정싸움으로 번졌기 때문이다. 검찰총장과 경찰청장이 설전을 벌이는 과정에서 감정이 격화되어 양자가 자발적으로 만나기는 어려웠다.

　또한 검경의 상급기관인 법무부장관과 행안부장관 양자회담도 소집된 적이 없었다. 이유는 두 가지이다. 하나는, 검찰과 경찰은 장관들에게 산하기관들이지만 나름대로의 힘과 역량을 갖고 있어서 장관들이 마음대로 움직일 수 있는 기관이 아니라는 것이다. 따라서 장관들은 국무회의에서 대변해 주기는 하지만 검경에 대한 실질적 권한이 크지 않아 검경갈등 해결에 적극 나서지 않았다. 다른 하나는, 상급기관과의 관계에 있어서 검찰과 경찰의 차이이다. 법무부장관은 대부분 검찰총장 출신이고 검사들이 법무부내 요직을 장악하고 있어서 법무부는 사실상 검찰청의 영향 하에 있다. 따라서 법무부장관은 검찰을 위해 적극 나설 수 있다. 그러나 행안부장관은 경찰출신이 아니고 경찰은 행안부에 1명의 직원을 파견하고 있을 뿐 행안부에 대한 영향력이 거의 없다. 따라서 행안부장관은 경찰을 위해 적극 나서려 하지 않는다.

둘째, 조정에 개입한 제3의 기구가 다수였다. 검경당사자간 조정에 실패하자, 제3의 조정기구로서 노무현 정부에서는 수사권조정자문위원회, 여야의원, 집권당, 청와대, 총리와 국무조정실, 청와대 민정수석실이 개입했고, 이명박 정부에서는 국회 사개특위, 총리와 국무조정실, 청와대 비서실, 국회 법사위, 총리와 국무조정실 등이 순차적으로 개입했다. 왜 다양한 제3의 조정기구들이 개입했는가? 이유는 당사자들이 스스로 해결하지 못하면서도 자신들에게 불리한 제3자의 조정결과에 강력히 저항할 수 있었기 때문이다. 저항할 수 있는 이유는 권력기관으로서 나름대로 제3의 조정기구들을 압박할 수 있는 수단(수사권)을 갖고 있다는 데 있었다. 그리하여 제3자는 검찰 혹은 경찰이 조정안을 거부하면 수용하도록 압박하기 어려웠고, 검경간 갈등이 지속되면 또 다른 제3자가 또다른 조정안 마련에 나설 수밖에 없었다. 그 결과 개입했던 제3의 조정기구들이 많아졌다.

셋째, 행정기관간 이견 조정에 당연히 나서야 할 국무조정실과 청와대 이외에도 집권당과 국회까지 나섰다. 집권당과 국회는 왜 나섰나? 노무현 정부에서 집권당이 나선 이유는 선거공약 이행을 위해서였다. 즉 수사권의 합리적 조정을 공약한 집권당으로서 검경 당사자들이 수사권조정에 난항을 겪자 이를 해결하기 위해 개입한 것이다. 한편 이명박 정부에서 국회가 개입한 이유는 검사와 판사들의 행태를 시정하려는 여야간 정치적 이해관계가 일치했기 때문이었다. 야당은 검찰개혁을 위해, 여당은 사법제도개혁을 위해 법률들을 개정해야 하는데, 여야당은 법률개정과정에서 상대방의 도움이 필요했다. 그리하여 여당과 야당은 동상이몽으로 관련법 개정에 나서기로 합의한 것이다.

나. 조정방식상 특징과 그 원인

검경수사권 조정기구들이 구사한 조정방식들은 다음 <표 9-18>과 같다.

자세히 살펴보면, 세 가지 특징이 발견된다.

첫째, 제3자 조정방식들이 총동원되었다. 중립조정(mediation)과 집권조정(arbitration)이 동원되었고, 중립조정 내에서도 합의지원(facilitation), 양보유도(conciliation), 타협안설득(compromise persuasion) 등이 모두 동원되었다. 제3자 조정방식이 총동원된 이유는 무엇인가? 검경이 자신들의 기본입장을 철저히 고수하여 갈등이 지속되자 이를 방치할 수 없어 제3자들이 온갖 조정방식들을 다 동원했기 때문이다.

둘째, 수사권조정자문위원회는 형식상 제3의 조정기구였으나 실질적으로는 검경 양측을 대표하여 대리협의를 했다. 이유는 자문위원회의 구성에 있었다. 검경이 각각

표 9-18   검경수사권 조정방식

조정 기구	조정 방식
수사권조정협의회, 수사권조정자문위원회	협의조정
이해찬 국무총리 (국무조정실)	타협안설득
노무현 대통령	집권조정 시도, 검경합의 압박
노무현 청와대 (민정수석)	양보유도, 타협안설득
여야의원 (홍미영, 이인기)	집권조정
여당 수사권조정기획단	타협안설득
김황식 국무조정실 (차장/총리/실차장)	재협의지원/양보유도/타협안설득
이명박 대통령	검경 비난, 비서실장에게 위임
이명박 청와대 (비서실장)	국무조정실 타협안을 강제설득 (집조적 중조)
사법개혁특별위원회, 법제사법위원회	집권조정

동수로 추천한 인사들로만 구성하여 중립적 공익대표들이 배제되었고, 검경 실무책임자들이 공동간사로 참여했기 때문이다. 그 결과 수사권자문위원회는 검경으로부터 자유롭지 못해 중립적 입장에서 검경간 이견을 좁히는 데 실패했다.

셋째, 제3의 조정기구로서 국무총리와 국무조정실, 집권당, 국회는 타협안설득과 집권조정 등 각자가 할 수 있는 가장 강력한 조정방식을 동원했으나 대통령들은 그러지 않았다. 대통령들은 자신들의 집권조정 이외에는 해결방법이 없었는데도 끝까지 집권조정을 하지 않았다.

노무현 대통령이 집권조정을 피했던 이유는 두 가지였다. 하나는, 민주화를 추진하는 대통령으로서 검경갈등을 권위적으로 해결하고 싶지 않았기 때문이고,[58] 다른 하나는, 자신이 집권조정을 해 주어도 검경은 또다시 갈등을 일으킬 것으로 판단했기 때문이다.[59] 그러나 이명박 대통령이 공약과는 달리 검찰이 꺼려하는 수사권조정에 직접 개입하지 않았던 이유도 두 가지로 추론된다. 하나는, 일부 언론에서 지적한 것처럼 집권과정에서 검찰의 간접적인 도움이 있었기 때문이라는 것이다. 즉 선거과정에서 불거진 여러 의혹들에 대해 검찰이 적극 수사하지 않은 것에 대한 배려라는 것이다. 다른 하나는, 퇴임 후를 고려했다는 것이다. 즉 노무현 대통령이 재임 중 검찰과 갈등을 벌이다 퇴임 후 검찰수사를 받는 과정에서 자살한 것을 보고 검찰에게 부담을 주지 않으려 했다는 것이다.

---

58) "대통령의 말 한마디로 결정할 수 있는 시대도 아닙니다."

59) "기관간 상호 합의없이 일방적으로 결정하면 그것이 또 다른 갈등을 낳고..."

다. 조정절차상 특징과 원인

각 조정기구들이 진행한 절차들의 특징을 요약하면 <표 9-19>와 같다.

표 9-19 검경수사권 조정절차

조정 기구	조정 절차
수사권조정협의회, 수사권조정자문위원회	점증합의절차
이해찬 총리와 국무조정실	중립조정절차를 충실히 밟아 감
노무현 대통령 비서실	핵심단계만 밟음
여야 국회의원 (홍미영, 이인기)	집권조정절차를 비교적 충실히 밟음
집권당 수사권조정기획단	중립조정안 마련 절차가 원칙타결절차와 유사
김황식 총리와 국무조정실	핵심단계만 밟음
이명박 대통령 비서실	핵심단계만 밟음
사법개혁특별위원회	집권조정안 마련 절차가 원칙타결절차와 유사
법제사법위원회	핵심단계만 밟음

활용한 절차들을 보면 다음과 같은 특징이 발견된다.

첫째, 당사자간 조정기구인 수사권조정협의회와 수사권조정자문위원회는 원칙타결절차가 아닌 점증합의절차를 따랐다. 이유는 경찰협의조정팀이 양 절차의 장단점을 충분히 이해하지 못했던 것으로 보인다. 수사권 재배분 협의에서 검찰은 협의조정을 결렬시켜 현상을 유지하는 것이 유리한 반면, 경찰은 성사시켜 현상을 변경하는 것이 유리하다. 그런데 유리한 입장에서 결렬시키기에는 쟁점들은 순차적으로 논의해 나가는 점증합의절차가 유리하고, 불리한 입장에서 조금이라도 얻어내기에는 원칙에 따라 쟁점들을 타결하는 원칙타결절차가 유리하다. 따라서 점증합의절차는 검찰에 유리하고, 원칙타결절차는 경찰에게 유리하다. 그럼에도 불구하고 경찰이 점증합의절차에 따른 것은 각 절차에 대한 이해가 부족했기 때문으로 추론된다.

둘째, 제3의 조정기구로서 이해찬 총리와 국무조정실, 여당 수사권조정기획단, 여야 국회의원, 국회 사법개혁특별위원회 등은 조정절차상 주요 단계들을 충실히 밟아갔으나, 김황식 총리와 국무조정실, 노무현과 이명박 대통령의 비서실, 국회 법사위원회 등은 조정절차상 핵심단계만 밟았다. 이유는 전자는 시간적 여유를 갖고 주도적으로 조정하려 했기 때문이고, 후자는 시간에 쫓기면서 불가피하게 조정해야 했기 때문이다.

(3) 입장관철과 입장변화 및 입장교환

가. 입장관철 전략

검경은 자신들의 입장을 관철하기 위해 어떤 전략들을 구사했는가? 검경이 구사한 전략들은 <표 9-20>과 같다.

표 9-20 수사권조정과정에서 검경의 전략

단 계	경찰의 전략	검찰의 전략
수사권조정 시동 (1999)	이슈연계(자치경찰제)	주도전략, 지연전략
수사권조정 협의회	선중후경	선경후중
	이슈연계(자율분권, 견제균형)	되치기(수사관통합, 지휘대상확대)
	포용	포용, 지연(자문위원회 제안)
수사권조정 자문위원회	희석화(경찰도 동일역할)	이슈연계(부패척결, 인권보호)
	이슈연계(견제균형, 자율분권)<공청회>	이슈연계(경찰권남용방지)<공청회> 지연(위원장의 종료강행, 장기검토 주장)
정치권 개입 (의원/정당/청와대)	이슈연계 (검찰인권침해, 부실수사원인, 맨손질서)	이슈연계 (경찰권남용, 인권보장, 수사권충돌, 서민피해)
	다수동원(의원초청강연, 홈페이지글쓰기)	신뢰동원(간부인맥동원)
	상대방 흠집내기(재수사, 검사비리파일)	상대방 흠집내기(재수사, 경찰비리파일)
	-	상대방 견제(경찰차장 수사), 정치권 압박(대통령측근 조사, 전국정원장 구속), 지연(심층검토 주장, 정부입법마련 요구) 내부결집, 되치기(김재원의원 법안)
총리실 개입 (2005.12-2006.2)	이슈연계(경찰희생론)	조정자압박(총리관련 윤상림 재수사)
재시동 (2010)	이슈연계(견제균형), 신뢰동원(PJ)	-
사개특위 개입	이슈연계(기득권내리기)	이슈연계(비리파수꾼, 서민무해, 인권보호)
	내부결집	내부결집
	다수동원(경찰서 → 국회의원)	신뢰동원(간부인맥 → 사개특위/법사위)
	상대방 흠집내기(검사비리행태 부각)	상대방 흠집내기(경찰부실수사사례 폭로)
		상대방 견제(발언파문 경찰청장조사 결정)
국무조정실 개입 (2011.11-12)	이슈연계(검찰견제), 내부결집 상대방 견제(검사 수사 방침)	상대방 흠집내기(재수사) 상대방 견제(경찰청장 소환 암시)

i) 유리한 조정결과를 유도하기 위한 전략

첫째, 복수쟁점 협의순서 전략에서, 검찰은 선경후중 방식을 주장했고 경찰은 선중후경 방식을 주장했다. 검찰이 선경후중 방식을 주장했던 이유는 먼저 부차적인 쟁점들에서 양보를 해 놓으면 공평과 균형의 논리에 따라 핵심쟁점에서 양보를 거부하기 용이하기 때문이었다. 경찰이 선중후경 방식을 선호했던 이유는 대통령의 지지가 있을 때 먼저 핵심쟁점을 해결하기 위해서였다. 양측의 주장이 충돌하자 경찰이 양보했다. 협의순서 문제로 시간을 끌면 검찰을 설득하여 양보를 받아내는 데 유리할 것이 없었기 때문이었다.

둘째, 복수쟁점 타결 전략에서, 검찰은 쟁점들에 대한 개별타결을, 경찰은 합의종합타결을 지향했다. 경찰이 합의종합타결을 지향한 것은 핵심쟁점 타결이 목적이기 때문에 여타 쟁점들만 타결하고 핵심쟁점을 미타결 상태로 방치할 수는 없었기 때문이다. 검찰이 개별타결을 지향한 이유는 대통령 의중에 비추어 일정부분 양보가 불가피한 상황에서 개별타결 방식에 따라 부차적 쟁점들에서 대폭 양보하면 핵심쟁점에서 결렬되도 검찰로서는 성의를 다해 양보했다는 모습을 보여줄 수 있었기 때문이다.

셋째, 타협안 전략에서 검경은 서로가 자신의 입장을 기본으로 하여 상대방의 입장을 부분적으로 수용하는 포용 전략을 구사했다. 검찰은 검경간 기존 틀을 유지한다는 전제 하에 소소한 것들만 양보하려 했고, 경찰도 기존 틀을 바꾸는 것을 전제로 부차적인 쟁점들을 양보하려 했다. 이유는 최종조정안에 각자 자신의 입장을 가장 많이 반영할 수 있기 때문이었다.

ii) 양보 유도 전략과 양보 거부 전략

경찰은 검찰을 설득하기 위해 이슈연계 전략을 구사했고, 검찰은 경찰의 요구를 거절하기 위해 되치기 전략과 희석 전략 및 지연 전략으로 응수했다.

수사권조정협의회 단계에서 경찰은 수사권 재배분을 '대통령의 공약 및 국정운영 원칙(견제와 균형, 자율과 분권)'과 연결시켜 설득했다. 검찰은 이에 대한 반대논리를 마련하기 어렵게 되자 경찰이 도저히 받아들일 수 없는 주장(검경수사인력 통합, 수사지휘 대상 확대)으로 되받아 쳤다. 수사권조정자문위원회 단계에서는, 경찰이 수사권독점을 권력남용, 국민권익침해, 국민불신, 수사비효율, 조직원리위반 등과 연결시켜 비난하자, 검찰은 수사권부여를 위헌론, 거악척결불가, 수사혼선, 경찰국가 등과 연결시켜 희석시켰다. 또한 검찰은 합의를 지연시키기 위해 수사권조정자문위원회의 설치 제안과 연장 차단 등을 구사했다. 제3자들의 자문위원회가 더 많은 시간을 필요한데다가 구성원을 동수로 추천하면 자문위원회내 합의도출도 쉽게 막을 수 있었기 때문이다. 또한 검찰 측은 자문위원장을 통해 자문위원회의 추가 논의를 종결시킴으로써 합의를 지연시켰다.

iii) 제3 조정자를 향한 전략

첫째, 검경은 이슈연계 전략을 구사했다. 제3의 조정자를 설득하고, 여론의 지지를 유도하여 제3의 조정자를 압박하기 위해서였다. 이슈연계 전략은 경찰청장과 검찰총장이 설전을 벌이는 과정에서 네 차례 구사되었다.

1차적으로 수사권조정자문위원회 공청회 전후하여 소금논쟁과 인권논쟁을 벌이면서 검찰이 이슈연계 전략을, 경찰은 희석화 전략을 구사했다. 즉 검찰이 수사권조정을 '부패척결' 및 '인권보호'와 연결시켜 현행 유지를 주장하자, 경찰은 이를 차단하기 위해 부패척결에는 검찰만이 아니라 경찰도 필요하고 인권침해에 있어서는 검찰과 경찰 모두 자유롭지 못하다는 논리로 검찰의 주장을 희석시켰다. 2차적으로는 홍미영과 이인기 의원이 경찰에 유리한 의원입법을 추진할 때 경찰은 의원입법이 의회 다수형성이 가능하도록 하기 위해 수사권조정을 '인권침해방지' '검찰성역화방지' '검찰견제' 등과 연계시켰던 반면, 검찰은 의원입법이 탄력을 받지 못하도록 하기 위해 '경찰권남용'[60] '인권침해' '수사권충돌' 등과 연계시켰다. 3차로는 집권당이 수사권조정기획단을 출범시킬 때, 검찰은 수사권조정문제를 정치권으로부터 격리시키기 위해 '행정부소관론'을 주장했고 동시에 수사권조정을 '서민피해'와 연계시켰고, 경찰은 '권경책경[61]' '맨손질서'와 연계시켰다. 4차로는 국회 사개특위가 잠정합의안을 발표한 직후 검찰은 수사권조정을 '부정부패' '서민무해' '인권보호' '국민불편' 등과 연계시켰고, 경찰은 '기득권내리기' '국민불행' 등과 연계시켰다.

둘째, 로비전를 벌이면서 경찰은 다수동원 전략을, 검찰은 신뢰동원 전략을 구사했다. 의원입법안들이 논의되자, 경찰은 경찰서장들에게 관할지역 의원들을 초청하여 강연회를 개최토록 했고 하위직 경찰관들은 국회의원 홈페이지에 들어가 사이버설득전을 벌이도록 유도했다. 반면에, 검찰은 고위간부들을 내세워 여야 지도부와 검찰출신 국회의원들을 설득했다. 또한 경찰은 의원입법안 공청회에 다수 시민단체들을 동원했고, 검찰은 사개특위 6인소위가 잠정합의안을 발표하자 간부들을 내세워 친분 있는 검찰출신 사개특위 위원과 법사위 위원들을 집중 설득했다. 즉 경찰은 다수 의원들과 시민단체들을 동원하여, 검찰은 믿을 만한 소수 유력의원들을 동원하여, 수사권조정에

---

60) 예를 들면, 수사권을 가지게 된 일선경찰이 국회의원을 자의적으로 수사하는 부작용이 생긴다는 것이다. (연합뉴스. 2011. 6.2. '검찰, 여에 수사조정 로비')

61) 權檢責警은 권한은 검찰에게 있고 책임은 경찰에게 있다는 의미이다. 현 수사구조상 지배복종관계로 수사상 잘못에 대해 경찰이 모든 책임을 뒤집어쓰고 있다는 것이다.

관여하는 의원들에게 영향을 미치려 했다.

셋째, 내부결집 전략을 구사했다. 검경은 제3자 조정안이 자신들에게 불리하게 나올 때마다 내부구성원들을 일치 단결시켰다. 검찰은 사개특위 6인소위가 잠정조정안을 발표하자 대검간부회의와 전국고검장회의를 잇달아 열어 강력 반대하기로 결의했고, 사개특위가 2011년 6월 국무조정실에 수사개시권과 수사지휘권을 동시에 인정한다는 원칙을 주고 구체적인 조정안을 마련해 오라고 하자 일선 평검사들이 지방청별로 모여 수사개시권 인정과 지휘권 삭제를 강력 반대하기로 결의했다. 이에 맞대응하여, 경찰도 사개특위 검찰소위가 1차로 조문화한 형소법개정안을 일부 한나라당 위원의 반대로 경찰에 불리하게 수정하자 전국지방경찰청장회의를 소집하여 수정을 강력 반대하기로 결의했고, 국무조정실이 경찰에 불리한 시행령 강제조정안을 발표하자 전국 일선경찰들이 모여 밤샘토론을 통해 수사포기 선언과 강제조정안 수용불가를 결의했다. 양측이 내부결집을 시도한 이유는 자신들의 입장을 조금도 양보할 수 없다는 의지를 보여주기 위해서였다.

넷째, 상대방 흠집내기 전략을 구사했다. 2005년 6월에 여야 의원들이 의원입법을 발의하자, 검찰은 논란이 있을 수 있는 경찰수사사건들을 재수사하려 했고, 경찰은 검찰 수사독점의 문제점을 부각시키기 위해 검찰이 무혐의 처리한 사건들을 재수사하려 했다. 또한 검찰이 경찰간부 비리파일을 암시하자 경찰도 검사 비리파일을 암시했다. 2011년 5월에는 사개특위 형소법개정안 조문화를 둘러싼 갈등과정에서 검찰은 경찰의 부실수사 사례들을 폭로했고, 경찰은 검사들의 비리행태를 부각시켰다. 양측의 이러한 전략은 상대방의 무능력과 비리를 폭로하여 상대방의 주장에 대한 신뢰와 지지를 무너뜨리기 위해서였다.

다섯째, 제3 조정자와 상대방에 대한 위협전략도 구사했다. 2005년 5월부터 총리가 개입하자 검찰은 권력형 비리를 척결한다는 이유로 대통령 측근과 야당 대선후보를 조사했고, 10월 말부터 집권당이 조정안에 대한 결론을 내려하자 11월 전 국정원장 2명을 구속했으며, 총리가 2005년 연말에 검경수사권조정에 본격 나서자 2006년 1월에는 총리를 직접 겨냥하여 총리와 골프를 친 것으로 알려진 브로커의 계좌추적하여 그 결과를 발표했다.[62] 경찰도 15만 경찰의 투표권으로 정치권을 압박했다. 그 외에도 검찰은 2006년 1월에 수사권조정에 강경입장을 견지했던 경찰청 차장의 비리 여부를

---

62) 정치인 비리수사는 일상적인 비리수사일 수도 있지만, 당시 민감한 상황이라 검찰과 경찰이 자신들의 입장을 지지하도록 정치권을 압박하는 것으로 해석되었다.

조사했고, 2011년 4월에는 수사권독립을 적극 추진하던 현직 경찰청장을 전직 대통령 차명계좌발언을 이유로 조사하겠다고 했다.

이러한 위협은 제3 조정자가 자신들에게 불리한 조정안을 만들지 못하게 하거나 상대방이 자신의 입장을 강하게 주장하지 못하도록 하기 위한 것이다.

나. 입장변화

검경은 시간의 흐름에 따라 자신들의 입장을 변경시켰다. 논의 단계별 변경 내용은 다음 <표 9-21>과 같다.

표 9-21 검경의 단계별 입장변경

검찰 입장	< 단 계 > - 제3자 타협안 -	경찰 입장
- 기존 골격 유지 - 민생범죄 지휘권행사 완화	< 수사권조정협의회 >	- 기존 골격 변경 - 지휘·보고·승인 규정 개선
- 기존 골격 유지 - 검경수사관 통합, 지휘대상 확대		- 기존 골격 변경 - 검사의 사법적 통제 수용
- 기존골격 유지 - 수사관통합 - 검사수사대상확대 - 검사의 징계소추권 신설	< 수사권조정자문위원회> * 검찰 측 자문위원 - 형소법 제195·196조 유지 - 민생범죄 지휘부재시 경찰자율수사 - 검사지휘대상 치안정감까지 확대	- 기존 골격 변경 - 수사관통합 반대 - 수사지휘대상 경정까지 축소 - 검사의 징계소추권 폐지 - 검사의 수사기준제정· 보완수사요구 인정

- 기존골격 유지, 장기 논의
- 민생범죄에 경찰수사개시권 인정
- 검사의 일반적 지휘
  (부재시 자율수사)
- 수사지휘 축소(송치전 지휘 폐지,
  중요사건과 강제수사는 예외)
	* 경찰 측 자문위원
	- 형소법 제195·196조 개정
	- 경찰의 수사개시진행권 부여
	- 검사지휘는 중요범죄로 국한,
	  검사에게 수사기준제정·보완수사요구·
	  징계해임요구권 부여
		- 기존 골격 변경
		- 경찰의 모든 범죄 자율수사
		- 검사의 지휘 예외적 허용
		  (송치전 강제수사, 송치후 보완수사)

- 기존골격 변경은 심층 연구 필요
- 의원안 반대
	< 입법발의 여야의원 >
	- 형소법 제195·196조 개정
	  • 경찰수사권과 상호협력관계 인정
	- 사법경찰범위 현행유지
	- 검사의 수사기준제정·보완수사요구
		- 기존 골격 변경
		- 검사의 중요사건지휘·수사기준
		  제정·보완수사지시·징계요구 인정
		- 의원안 지지

- 거부	< 집권당 수사권조정기획단>
	- 형소법 제195·196조 개정
	  • 경찰수사권과 상호협력관계 인정
	- 검사지휘는 중요범죄에 국한
	- 검사의 수사기준제정·징계교체
	  요구권 인정
	- 사법경찰범위는 대통령령에 규정
		- 수용

- 거부
- 민생분야, 경찰수사권인정,
  검찰지휘권 유지
	< 청와대 >
	- 민생범죄분야 경찰수사권 인정,
	  검찰지휘권 배제
		- 거부

- 협조 사전약속	< 총리/국조실 1차 > - 여당조정안 + 상호견제장치 - 법무장관·행안장관·국조실장간 조정	- 협조 사전약속
- 거부	< 사개특위 원안 > - 경찰수사권, 복종의무삭제, 검사지휘권	- 수용
- 수용 - 모든 범죄 경찰수사개시권 인정 - 검사 수사지휘권 확대(내사단계통제)	< 사개특위 수정안 > - 경찰 수사개시, 검사 수사지휘 - 피혐의자조사·강제조사 등 내사자료 송치	- 거부
- 거부	< 총리/국조실 2차 > - 사개특위 원안 + 상호견제장치	- 수용
- 기존 골격 유지 - 자율수사권 제한적 인정 - 불만, 그러나 수용	< 청와대 > - 수사개시진행권부여, 복종의무폐지 - 모든 사건 검사지휘, 지휘사항 법무부령 - 경찰의 수사서류·증거 송치	- 기존 골격 변경 - 수사지휘 최소화 - 불만, 그러나 수용
- 모든 수사, 법무부령	< 법사위원회 > - 청와대조정안, 모든 수사, 대통령령	- 수사, 대통령령
- 내사범위 축소, 내사통제 - 중요범죄에 대한 수사지휘 - 경찰수사중 사건의 검찰 송치	< 총리/국조실 3차 > - 내사범위 축소 - 진행중 경찰수사 검찰송치 허용 - 부당지휘에 경찰의 재지휘 요구	- 내사범위 유지, 내사통제 배제 - 중요범죄 지휘없이 독자수사 - 경찰수사중 사건의 검찰송치 배제
- 수용	< 총리/국조실 4차 > - 일부내사활동 수사로 전환·지휘 - 내사에 검사지휘 배제, 내사목록·요지 분기별 제출 - 진행중 경찰수사 조건부 송치 - 부당한 지휘에 경찰의 재지휘 요구	- 수용

검경은 자신들의 초기 입장을 언제 어떻게 변경시켰고 그 이유는 무엇인가?

검경은 자신들의 기존입장을 몇 차례 변경시켰다. 첫 번째는 수사권조정협의회 단계에서, 두 번째는 수사권조정자문위원회 단계에서 변경시켰고, 세 번째는 집권당의 논의 단계와 사개특위 논의단계에서 또다시 입장을 수정했으며, 네 번째는 경찰이 이명박 청와대 조정 직후 시행령 마련 과정에서 자신의 입장을 변경했다.

첫째, 수사권조정협의회 단계에서 검경은 순조롭게 합의를 이뤄가다가 핵심쟁점에 이르자 검찰은 검경수사인력 통합과 수사지휘대상 확대라는 새로운 주장을 함으로써 기존 입장을 강경 선회했고, 경찰은 경찰수사에 대한 검찰의 사법적 통제를 허용하겠다고 함으로써 기존 입장을 완화시켰다.

검찰이 강경 선회한 이유는 협의조정을 결렬시키기 위해서였다. 검찰은 대통령이 관심을 갖고 조정방향을 제시하는 상황에서 협의조정에 나서지 않을 수 없고 적극적으로 나서자니 얻을 것은 없고 양보해야 할 것밖에 없었다. 가급적 적게 양보하기 위해서는 시간을 끌어 경찰이나 대통령의 의지가 약화되기를 기다려야 했다. 또한 대통령의 국정운영원칙과 연계하여 주장하는 경찰의 설득논리에 대응할 반박논리도 찾기 쉽지 않았다. 그리하여 검찰은 협의조정을 결렬시키 위해 경찰이 도저히 수용하기 어려운 주장을 한 것으로 해석된다.

한편, 경찰이 초기입장을 완화시킨 이유는 검찰의 양보를 얻어내기 위해서였다. 대통령의 지원이 있더라도 검찰의 양보가 없으면 경찰은 어떠한 것도 얻을 수 없었다. 따라서 경찰은 검찰이 우려하는 인권보호와 경찰비대화를 불식시키고 핵심쟁점에서 검찰의 양보를 유도하기 위해 경찰수사에 대한 검찰의 사법적 통제를 수용하는 양보를 한 것으로 해석된다.

둘째, 수사권조정자문위원회 단계에서, 검찰은 경찰의 수사주체성을 전면 거부하던 입장을 변경하여 민생 분야에 국한해 최소한의 수사권[수사개시진행권 인정, 검사지휘 부재시 자율수사]를 인정하는 입장으로 전환했고, 경찰은 경찰수사에 대한 검찰의 사법적 통제[일반적 수사기준 제정, 송치후 보완수사 요구]를 허용하던 입장에서 검찰의 지휘를 최소화하는 강경입장[모든 범죄분야 자율수사, 검사지휘 예외적 인정]으로 전환했다.

검경이 입장을 변경시킨 이유는 검찰에 대한 대통령의 압력 때문이다. 검찰이 수사권조정협의회에서는 물론 수사권조정자문위원회에서도 협의조정을 결렬시키자 대통령이 검찰을 압박하면서 수사권조정에 대한 개입을 시사했다. 이에 검찰은 경찰입장의 일부[수사권 인정]를 수용했고, 경찰은 대통령의 지원으로 인해 상황이 유리해지자 더 많은 양보를 얻어내기 위해 강경입장으로 선회한 것으로 보인다.

셋째, 집권당에 의한 조정논의 과정에서, 경찰은 경찰의 자율수사권을 최대화하고 검찰의 지휘를 최소화하려던 기존의 강경입장을 다시 완화시켰다. 즉 중요사건 수사에 대한 검사의 지휘, 검찰의 수사기준 제정, 검사의 보완수사 지시 및 징계요구권 등을 수용하기로 했다. 이유는 집권당 수사권조정기획단이 경찰의 자율수사권과 검경 간 협력관계를 지지하자 검찰의 반발을 완화시키고 정치권의 입장이 입법화되도록 지원하기 위해서였다. 즉 경찰에 비교적 우호적이었던 정치권의 판단을 수용하고 법개정까지 정치권이 협조해 주도록 지원하고, 중요 범죄에 대한 수사로써 존재가치를 부각시켜 온 검찰의 체면을 살려 줌으로써 양보를 유도하기 위해서였다.

넷째, 국회 사개특위에 의한 조정논의 과정에서, 검찰은 기존 입장을 변경하여 경찰수사권과 복종의무폐지를 인정하되 경찰을 내사단계에서부터 통제하기로 했다. 이유는 검사들의 연이은 비리와 무리한 수사권행사로 여론의 비난에 직면했을 뿐만 아니라 경찰수사권 인정과 복종의무 폐지에 관한 국회 사개특위 여야 합의 때문이다. 검찰은 필사적으로 반대했으나 정치권내 제3 조정자들이 연달아 찬성하고, 특히 국회 사개특위에서 여야가 합의하여 더 이상 반대하기 어렵게 되자 불가피하게 이를 수용했다. 이로 인해 지금까지 누려왔던 권한이 대폭 축소될 상황에 놓였다. 그러나 이를 만회할 대안을 마련했다. 즉 수사지휘권을 경찰의 내사까지 확대하여 경찰에 넘겨준 권한을 되찾으려고 한 것이다.

다섯째, 시행령 제정과정에서 경찰은 수사지휘 범위에 관한 기존 입장을 수정했다. 즉 중요범죄에 대해 검사의 수사지휘를 받아 수사하려던 입장에서 검사의 수사지휘를 받지 않고도 독자 수사할 수 있어야 한다는 입장으로 전환했고, 검사비리에 대한 수사에서 검사의 수사지휘를 인정하려던 입장에서 검사가 수사지휘해서는 안 된다는 입장으로 전환했다. 중요 범죄에 대한 독자 수사를 주장한 이유는 사개특위와 청와대 조정과정에서 경찰내사에 대한 검찰의 통제력이 확대되어 경찰의 고유 권한이 축소되자 이를 만회하기 위한 것이고, 검사비리 수사에서 수사지휘를 배제하려는 이유는 검찰 견제기관으로서 경찰의 위상을 확립하기 위해서였다.

이상의 논의를 종합하여 검경의 입장변화와 영향요인들을 정리하면 다음과 같다.

검찰은 초기에 부분 양보한 후 강경입장으로 선회했고, 중반에 일부 양보한 입장을 일관되게 유지하다가, 마지막 단계에서 대폭 양보했다. 반면, 경찰은 초기에 검찰의 양보를 유도하기 위해 먼저 유화적인 입장을 취했으나 상황이 유리해지자 더 많은 것을 얻기 위해 강경입장으로 선회했으며, 중반에 다시 검찰의 양보를 유도하기 위해 유화적인 입장을 취했으나, 마지막 시행령 작성과정에서 불리한 상황을 만회하기 위해 강경한 입장을 취했다.

검찰의 입장변화에 영향을 미친 요인들은 대통령의 공약, 경찰의 전략, 검찰에 대한 비판여론, 정치권의 견제심리 등이었다. 대통령이 수사권조정 공약을 구체화하려하자 검찰은 현상유지만을 고집하기 어려웠다. 경찰이 전략적으로 대통령 공약에 수사권조정을 연계시켜 설득해 오자 반박하기도 쉽지 않았다. 게다가 여론과 정치권이 검찰에 비판적이었다. 여론이 검찰에 비판적이었던 이유는 검찰의 내부비리들이 잇따라 노출되었기 때문이었고, 정치권이 검찰에 비판적이던 이유는 검찰이 권한을 남용하여 정치인들에 대해 무리한 수사를 하고 있다고 생각했기 때문이었다. 이러한 상황에서 정치권이 검찰의 무리한 권한행사를 견제하기 위해 경찰에 유리한 조정안을 마련하여 압박하자, 검찰은 양보하지 않을 수 없는 상황이 이르렀다.

이러한 악조건 속에서도 검찰이 경찰의 요구를 성공적으로 방어하여 최소한만 양보할 수 있었던 것은 검찰이 지연전략63)을 효과적 구사했을 뿐만 아니라 요소요소에 검찰출신 인사들이 포진되어 있었기 때문이다. 검찰은 불리한 상황에서 불리한 조정안이 만들어지지 않도록 지연전략과 버티기전략으로 시간을 끌다가 막판에 제도권내 유리한 네트워크를 활용하여 경찰의 요구를 효과적으로 방어하여 최소한만 양보했다. 제도권내 검찰의 영향력 네트워크는 법무부, 청와대 민정수석실, 국회 법사위원회, 재야 법조계 등에 포진되어 있는 검사출신 인사들이다.

한편, 경찰의 입장 변화에 영향을 미친 요인들은 검찰의 전략, 대통령의 지원, 정치권에 대한 지원, 만회심리 등이었다. 경찰은 검찰의 버티기와 지연전략에 번번이 막혀 그때마다 검찰의 협력과 양보를 얻어내기 위해 자신의 입장을 완화시켰고, 대통령과 정치권의 지원에 힘입어 좀 더 유리한 결과를 얻어내기 위해 자신의 입장을 강화시켰으며, 우호적인 정치권의 입장이 입법화되도록 지원하기 위해 자신의 입장을 변경했고, 정치권의 지원으로 독자적 수사권과 복종의무 폐지를 확보했음에도 불구하고 청와대 비서실장의 강압적 조정과 법무부의 일방적 시행령 제정으로 자신의 수사권한이 위축될 위기에 놓이자 이를 만회하기 자신의 입장을 변경했다.

경찰이 자신의 입장을 어느 정도 관철시킨 것은 경찰이 연계전략을 잘 구사했을 뿐만 아니라 정치권의 검찰 견제심리와 경찰의 영향력이 작용했기 때문이다. 경찰은 수사권조정을 대통령의 국정개혁 목표와 연계시킴으로써 대통령과 집권당의 지원을 얻을 수 있었고, 민주화 이후 견제기관이 사라진 검찰의 무소불위 권한행사에 대한 정치인들의 견제심리가 작용했으며, 선거에 대한 경찰의 영향력이 작용했기 때문이다. 경찰은 국회의원 지역구 내에서 정보를 수집할 뿐만 아니라 방대한 조직으로서 많은 표를 가지고 있기 때문에 정치인들이 경찰의 입장을 무시하기 어렵다. 그러나 경찰은 막판에 검찰의 인적 네트워크의 벽을 넘지 못해 자신의 입장을 충분히 관철시키지 못했다.

---

63) 검찰이 구사한 지연전략 중 대표적인 예는 i) 청와대 임시작업반에서 조정하려던 것을 막고 법무부와 검찰이 스스로 조정하겠다고 양해를 구한 것, ii) 수사권조정협의회에서 경찰이 도저히 받아들일 수 없는 제안을 함으로써 결렬시킨 것, iii) 성격과 구성상 조정안 마련하기 어려운 수사권조정자문위원회를 설치 운영한 것, iv) 핵심쟁점들을 뒤로 하고 부차적인 쟁점들을 우선 논의한 것 등이다.

다. 입장교환

검찰의 입장과 경찰의 입장이 최종적으로 어떻게 교환되었는가?

첫째, 수사권배분은 조합방식(combination)으로 교환되었다. 경찰에게 수사개시진행권을 인정하고 검찰에게는 내사에 대한 수사지휘 범위를 넓혀주는 것이었다. 즉 경찰의 내사활동을 순수한 내사활동과 사실상 수사활동으로 구분하고 검사의 수사활동도 수사개시진행과 수사종결로 구분한 다음, 검경간에 사실상 수사활동과 수사개시진행권을 교환한 것이다. 이는 내사와 수사를 연계하여 내사에서는 검찰의 입장을 부분적으로 반영하고 수사에서는 경찰의 입장을 부분적으로 반영한 조합방식의 교환에 해당된다.

둘째, 지배복종 관계는 수렴방식(convergence)으로 조정되었다. 경찰은 수평적 협력관계를 구축하지는 못했지만 지배복종 관계는 벗어났고, 검찰은 복종을 유지하지 못했지만 지휘는 유지했다. 이는 검경이 지배복종관계와 상호협력관계 사이의 중간점을 채택한 것으로 수렴방식의 교환에 해당된다.

셋째, 수사지휘의 범위는 대체로 일정한 전제 하에 지휘를 폐지하는 조건(condition)방식 혹은 지휘요건을 완화하는 수렴(convergence)방식으로 교환되었다. 경찰이 수사중인 사건의 송치지휘에 대해 인권침해 가능성이 큰 경우에만 송치지휘하도록 했고, 고소·고발사건의 관할 이송에 대해서는 경찰이 이송남용방지 대책을 마련할 경우 검사의 이송지휘를 폐지하기로 했다. 중요범죄 사건에 대해서도 검사에게 지휘를 건의한다는 조건 하에 경찰의 독자수사를 허용했다. 이러한 합의안들은 일정한 조건 하에서 검사의 수사지휘를 허용 혹은 폐지하는 조건방식의 교환이다. 한편, 검찰에 보고해야 할 범죄 22개에 대해 경찰은 축소를 주장하고 검찰은 유지를 주장하다가 12개로 합의를 본 것은 서로가 조금씩 양보한 수렴방식의 교환이다. 조건방식과 수렴방식을 혼합한 조정방식도 있다. 예를 들면, 검경이 각자 작성한 피의자신문조서의 증거능력에 대해 차등 폐지를 주장하는 경찰과 차등 유지를 주장하는 검찰이 '특별히 신뢰할 만한 상태가 있는 경우 차등을 완화'하기로 합의한 것이 이에 해당된다.

(4) 갈등조정 지연 원인

검경수사권갈등은 왜 다른 부처간 갈등과는 달리 제때에 조정되지 않고 지연되었는가?

첫째, 갈등이슈의 성격 때문이다. 검경수사권조정은 성격상 승패결정(zero-sum) 이슈였고 국정우선순위가 낮은 이슈였다. 먼저, 수사권조정은 검찰이 누려왔던 권한 일부를 경찰이 일부 뺏어오는 권한싸움이었다. 이 때문에 검찰은 얻을 것은 없고 양보할 것밖에 없어 기회만 있으면 조정을 지연시켜 왔다. 동시에 수사권조정은 대다수 국민들에게 밥그릇싸움으로 간주될 뿐 관심사가 아니었다. 그리하여 수사권조정을 위해 노력하다가도 지방선거, 한미FTA, 정계개편논의, 경제위기, 재보궐선거 등 중요한 국정현안들이 등장하면 수사권조정 작업은 항상 뒤로 밀렸다. 또한 수사권조정은 이를 적극 추진하던 주체들이 수사권과 관련 없는 돌발사건들[64]에 의해 사임함으로써 조정작업이 지연되기도 했다.

둘째, 권력기관들의 싸움이었기 때문이다. 검경은 상대방뿐만 아니라 제3의 조정자도 위협할 수 있는 수단을 보유한 권력기관들이었다. 검찰은 국회의원과 대통령 및 주변인물들의 비리를 수사할 수 있고, 경찰은 국회의원들의 정보를 수집하고 정당들에게는 15만 투표권으로 정치적 보복을 할 수 있다. 검경은 이 수단을 활용하여 자신들에게 불리한 조정안을 주장하는 정치인들을 직간접적으로 압박했다. 그 결과 제3 조정기구의 조정역할이 한계에 부딪칠 수밖에 없었다.

셋째, 대통령들이 집권조정을 회피했기 때문이다. 첨예한 갈등을 강제적으로라도 최종 조정할 수 있는 자는 대통령이다. 그러나 대통령들은 검경간 합의를 압박만 할 뿐 집권조정을 회피했다. 노무현 대통령은 자신의 공약을 실현하기 위해 조정원칙과 방향을 제시하면서 집권조정을 할 듯하다가 마지막 순간에 멈췄다. 이명박 대통령은 공약과는 달리 처음부터 수사권조정에 관심이 없었고 불가피하게 집권조정에 나서야 할 마지막 순간에도 밥그릇 싸움이라고 비난만 하고 자신은 빠지고 비서실장에게 미루어 버렸다. 이처럼 대통령들의 집권조정 회피가 수사권조정 지연에 일조했다.

넷째, 핵심쟁점 관리에 실패했기 때문이다. 즉 동반승리틀(win-win frame)을 마련하지 않고 승패결정틀(win-lose frame)에 집착했으며, 타쟁점들과 연계도 못했기 때문이다.

수사권조정자문위원회와 수사권조정기획단 및 청와대 비서실이 중요 범죄와 민생 범죄로 구분하여 전자의 수사는 검사가 지휘를 하고 후자의 수사는 경찰이 독자수사하는 동반승리틀에 입각해 조정을 시도했으나, 검경은 이를 거부하고 내사-수사-송치-보완수사 등 연속선상에서 경찰의 자율수사 범위나 검찰의 수사지휘 범위를 놓고 밀고당기는 승패결정의 틀에 갇혔다.

경찰이 중요범죄와 민생범죄를 구분하여 접근하는 것을 반대한 이유는 수사권조

---

64) 예를 들어, 대통령의 위임을 받아 조정안 작업을 하던 이해찬 총리를 사임에 이르게 한 3·1절 골프사건, 검찰의 양보를 얻어내기 위해 강력하게 여론전을 펼치던 허준영 경찰청장을 사임하게 한 농민시위 사망 사건.

정을 견제와 균형의 논리에 따라 해결하려 했기 때문이다. 경찰의 수사가 민생범죄에 국한되면 검찰비리에 대한 수사가 불가능해 진다. 그 결과, 검찰에 대한 견제가 불가능하고, 이로 인해 수사권조정을 통해 권력기관간 견제와 균형을 이루겠다는 주장이 모순에 빠진다. 검찰이 양자 구분을 반대한 이유는 스스로를 인권보호의 수호자로 자처했기 때문이다. 검찰이 경찰을 통제해 왔던 명분은 인권보호였다. 법률지식이 부족한 경찰이 수사과정에서 인권을 침해할 소지가 크니까 법률전문가인 검사가 경찰의 수사과정을 감독해야 하고 이 감독은 민생범죄라고 예외일 수는 없다는 것이다.

또한 당시에 대통령이나 국회가 수사권조정 쟁점과 연계처리할 수 있는 쟁점들이 있었음에도 이를 활용하지 못했다. 수사권조정에 적극적이었던 노무현 대통령이나 국회 사개특위는 수사권조정을 대검중수부 폐지 혹은 공수처 설치와 연계시키지 못했다.[65] 연계시켰더라면 수사권조정이 좀 더 조기에 타결될 수도 있었다.

다섯째, 조정기구들의 동시가동 때문이다. 노무현정부 시절 제3 조정기구로서 여야의원, 집권당 수사권조정기획단 및 청와대가 동시에 가동된 시기가 있었다. 이 시기에 검경은 자신들에게 불리하게 조정한 조정기구의 조정안은 거부하면서 자신에게 유리한 조정기구의 조정안이 대세가 될 때까지 기다렸다. 그 결과, 제3자 조정안이 검경 양측에 적시에 수용되지 못해 타결이 지연되었다.

제7절 제 안

우리나라 부처간 정책조정의 일반적 특징과 구체적인 조정사례 검토결과를 보면, 부처간 쟁점정책들이 효율적이고 시의적절하게 조정되기 위해서는 다음과 같은 조치들이 필요하다.

---

65) 검찰에게 중수부 존치 대신 수사권 양보를 요구하거나 공수처 설치 포기 대신 수사권 양보를 요구하는 등.

1. 정책조정시스템 재정비

부처간 정책조정시스템을 대통령과 총리의 보좌기구, 분야별 관계장관회의 및 각종 정부위원회로 구축하고, 이들의 역할을 명확히 구분하고 활성화해야 한다.

첫째, 분야별 관계장관회의가 활성화되어 제 역할을 다하도록 해야 한다. 분야별 관계장관회의는 원래 해당 분야의 정책들을 주도적으로 추진하고 조정하도록 하기 위해 개발된 기구이다. 분야별 관계장관회의가 주무부처들이 정책들의 내용을 구체화하기 전에 정책들의 추진 방향과 추진 전략을 논의하여 갈등의 증폭을 막고, 정책들의 내용이 구체화된 이후에 이견과 갈등이 있으면 이를 조정해야 하며, 해당분야 정책들의 추진 실태도 정기적으로 점검토록 해야 한다. 다른 나라들과는 달리 우리나라에서 분야별 관계장관회의가 활성화되지 않고 제 역할을 하지 못하는 이유는 대통령이 이들을 전략적으로 활용하지 않고 핵심부처 장관에게 맡기고 있기 때문이다. 분야별 관계장관회의를 유용하게 활용하기 위해서는 정기회의와 임시회의로 구분하고, 정기회의는 대통령이 직접 6개월 단위로 소집하여 주재하면서 관련정책들의 추진방향 설정과 이행 점검을 해야 하고, 임시회의는 안건 주무부처 장관이 필요시 소집하여 주재하면서 부처간 이견과 갈등을 조정토록 해야 한다. 분야별 관계장관회의 시스템이 제 역할을 다할 수 있도록 하기 위해서는 대통령과 정책보좌관, 관련부처들 및 국무조정실을 연계한 개편이 필요하다.

둘째, 정부위원회들의 축소와 내실화이다. 정부위원회는 하나의 특정정책을 추진하는 과정에서 부처간에 발생하는 다양한 쟁점들을 일관성 있게 조정하기 위한 기구로서 분야별 관계장관회의를 보완해 줄 수 있는 중요한 기구이다. 문제는 남설되어 유명무실화되어 있다는 것이다. 이를 해결하기 위해서는 두 가지 조치가 필요하다. 하나는, 조정수요가 많지 않은 정부위원회들은 과감하게 폐지하고 그 업무를 분야별 관계장관회의로 이관해야 한다. 즉 특정 쟁점정책을 추진하는 과정에서 조정이 필요한 쟁점이 많지 않은 경우 이러한 쟁점정책들은 정부위원회가 아니라 분야별 관계장관회의를 통해 조정해야 한다. 다른 하나는, 조정수요가 많은 주요 정부위원회들도 설치·운영 일몰제(susset law)를 적용하여 유명무실화를 방지해야 한다. 즉 주무부처들이 설치만 해놓고 활용하지 않는 폐단을 막아야 한다.

2. 쟁점정책 관리방식 개선

우리나라 부처간 쟁점정책들의 관리에 있어서 문제점은, 쟁점이 될 만한 정책이슈들을 사전에 발굴하려는 노력이 미흡해 갈등이 필요이상으로 확대되고 있고, 쟁점정책들을 효율적으로 충실하게 조정하지 못하고 있다는 것이다. 이러한 문제점을 해소하기 위해서는 다음과 같은 조치가 필요하다.

첫째, 쟁점정책들의 조기발굴을 위해서는 청와대와 총리실에 정책추진상황실을 설치하여 각각 국정기획수석(혹은 정책실장)과 국무조정실장이 관리하도록 할 필요가 있다. 상황실은 각 부처들과 긴밀한 소통이 필요하므로 각 부처 공무원들이 상황실에 파견나와 근무해야 한다.

둘째, 쟁점정책들의 과정관리를 강화하는 것이다. 이를 위해 청와대 정책비서관들은 쟁점정책들의 내용을 조정하도록 하고, 총리산하 국무조정실은 쟁점정책들의 조정과정을 관리하도록 해야 한다. 현재 청와대는 대통령에게 중요한 쟁점정책들의 내용을 조정하고, 국무조정실은 대통령에게 크게 중요하지 않은 여타 쟁점정책들의 내용을 조정하고 있는데, 이 시스템은 개선될 필요가 있다.

중요한 쟁점정책들은 분야별 관계장관회의 시스템 내 장관회의에서 조정하고 덜 중요한 쟁점정책들은 실무회의에서 조정하도록 해야 한다. 동시에 국무조정실은 부처간 쟁점정책들이 적시에 충실히 효율적으로 조정될 수 있도록 분야별 관계장관회의들과 주요 정부위원회들의 운영을 담당해야 한다. 즉 회의의제 발굴, 회의 소집, 회의자료 점검, 회의결과 이행 점검 등을 담당하는 것이다. 이 경우 청와대 정책수석비서관은 분야별 관계장관회의시스템 내 장관회의에 참석하고 실무회의를 주재할 수 있게 해야 한다.

3. 중립조정과 집권조정 강화

부처간 갈등이 첨예한 경우 당사자간 조정이 쉽지 않다. 적시에 제3자가 개입하여 갈등을 타결해야 한다. 이를 위해 총리의 중립조정과 대통령의 집권조정이 중요하다.

총리는 부처들의 정책갈등에 너무 일찍 개입해도 안 되지만 부처들이 총리에게 조정을 부탁할 때까지 기다려서도 안 된다. 부처들이 스스로 조정하지 못해 총리에게 조정을 요청하는 시점은 대부분 정책시행의 적기가 지난 시점이다. 따라서 총리는 부처들이 정책갈등을 스스로 제때에 조정하지 못하고 시간을 끌면 국무조정실의 지원을 받아 곧바로 개입하여 중립조정할 수 있어야 한다.

특히 중요한 것은 대통령이 집권조정을 회피해서는 안 된다는 것이다. 부처간 조정도 실패하고 총리의 중립조정도 실패한 경우 마지막 조정 메커니즘은 대통령의 집권조정이다. 그런데 일부 대통령들이 이러저런 이유로 집권조정을 회피하는 바람에 쟁점정책들이 5년 혹은 10년 동안 표류하는 경우가 종종 있다. 이러한 표류로 인해 그동안 조정을 위해 투입한 시간과 자원은 낭비로 귀결되고 주요 정책들이 제때에 집행되지 않음으로써 막대한 국민적 피해가 발생한다. 이러한 낭비와 피해를 줄이기 위해서는 대통령이 집권조정을 피하지 말아야 한다.

제10장
집권당과 행정부 간 정책조정

제1절 개 관

집권당과 행정부 간 정책조정은 국가정책을 둘러싼 집권당과 행정부의 서로 다른 입장을 협의하여 좁혀가는 과정이다. 국가정책을 둘러싼 행정부처간 협의조정이나 여야 정당간 협의조정은 모든 국가에서 존재한다. 그러나 집권당과 행정부 간 공식적인 협의조정은 극히 일부 국가에서만 존재한다. 어떤 국가에서 존재하는가?

집권당과 행정부 간 협의조정 관계가 성립하려면 국정운영을 주도하려는 강력한 집권당과 강력한 관료집단이 병존해야 한다. 먼저, 집권당과 행정부처가 국가정책에 대해 각각 서로 다른 내부시각을 보유함으로써 양자가 서로 다른 입장을 갖고 있어야 한다. 집권당 의원들이나 행정부 고위공무원들이 동일한 시각을 내부적으로 공유하지 않아 집권당 의원이든 행정부 공무원이든 각자의 의견을 개별적으로 주장하면 집권당의 입장과 행정부의 입장이 존재하지 않고 집단차원에서 양자간 조정관계도 성립하지 않는다. 다음으로, 집권당과 행정부가 서로 다른 입장을 관철하려는 의지와 영향력이 있어야 한다. 집권당과 행정부가 서로 다른 입장을 갖고 있더라도 각자의 입장을 관철하려는 의지가 없으면 갈등이 발생하지 않는다. 또한 집권당과 행정부가 서로 다른 입장과 이를 관철하려는 의지가 있더라도 서로가 상대방에 대한 영향력이 없으면 양자간 조정관계가 발생하지 않는다. 집권당이 원내 다수 확보에 실패하여 충분한 영향력을 갖추지 못하면 행정부는 다수 야당을 접촉하든가 아니면 여야 의원들을 개별적으로 접촉하여 협력을 구할 수밖에 없고, 행정부도 나름대로의 영향력을 갖추지 못하면 집권 다수당의 정책을 집행하는 종속관계로 전락할 수밖에 없다. 요약하면, 집권당과 행정부가 서로 다른 시각을 갖고 국정운영을 주도하려는 의지와 영향력을 보유하고 있을 때 양자간 정책조정 관계가 성립한다.

논리적으로 보면 의원내각제 국가에서는 집권당과 행정부 간 협의조정제도가 발달할 수 없다. 집권 다수당의 간부들이 행정부 수뇌부를 차지하여 행정공무원들을 관리하기 때문에 집권당과 행정부처 간에는 수직적인 지시복종 관계만 있을 뿐, 수평적인 협의조정 관계는 존재하지 않는다. 그러나 실제로는 같은 의원내각제 국가라도 일본에서는 집권당과 행정부 간 공식적인 협의조정 제도가 잘 발달한 반면에, 영국과 독일에서는 발달하지 않았다. 이유는 일본에는 정치인들과는 다른 시각으로 국정을 주도하려는 강력한 의지와 영향력이 있는 관료집단이 발달해 있으나 영국과 독일에서는 그렇지 못했기 때문이다.

일본은 관료지배사회(Bureaucratic Dominance Society)[1]라고 불릴 정도로 전통적으로 국정주도 의지와 영향력이 강한 관료집단이 발달해 왔다. 더 나아가 집권당의 파벌정치가 관료들의 이러한 의지와 영향력을 강화시켜 왔다. 파벌정치로 인해 장차관직이 파벌간 합의에 따라 분배되고 유지되는데, 파벌간 권력투쟁이 심해 합의가 쉽게 깨지는 경우가 많아 장관들의 재임기간이 짧다. 따라서 장관들은 자리 유지나 총리직 도전을 위해 당내 세규합에 많은 시간을 할애한다. 그 결과, 행정부처 정책들은 장관이 아니라 고위관료들에 의해 좌우되는 경향이 있다. 그런데 집권 다수당 평의원들은 다음 선거에서 재선하기 위해 관료집단을 활용하여 집권당 정책공약을 실현해야 한다. 집권당 대다수 의원들은 관료집단을 통제하고 정책공약을 실현하기 위한 방안으로 당 간부들인 장관들에 의존하기보다는 별도의 당정간 협의조정제도를 발전시켜 왔다.

반면, 영국에서는 전통적으로 관료집단의 정치적 중립이 확립되어 있어서 어느 정당이 집권해도 집권당의 정책노선에 따른다.[2] 영향력이 없는 것은 아니나 국정운영

---

1) 일본이 관료주도 국가인지 정당주도 국가인지에 대한 논란이 있을 정도이다. 일본 정책결정과정을 연구해 온 서구 학자들 가운데 관료주도 국가론을 주장하는 학자로는 Chalmers Johnson, T. J. Pempel, J. Zysman 등이 있고, 이에 반해 정당주도 국가임을 주장하는 학자로는 재미학자 박영호가 있다(그의 저서 Bureaucrats and Ministers in Contemporary Japan. 1986. 참조). 한편 정책영역별로 주도집단이 달라진다고 주장하는 학자는 Bradley Richardson(그의 저서 Politics in Japan,1984, 제9장 Policy-Making in Japan 참조)이다.

2) 고위관료들의 이러한 성향에 대해 대처 총리는 소신도 없고 사명감도 없는 집단으로 매도한 바 있다.

을 주도하려는 의지가 없다. 독일에서는 임시퇴직(temporary retirement)제도가 있어서 고위공무원들이 국정운영을 주도하려는 의지가 있어도 영향력을 행사할 수 없다. 임시퇴직제도는 장관이 집권당 노선에 반발하거나 집권당 정책을 집행하지 않는 고위공무원을 3년간 한시적으로 퇴직시킬 수 있고 그 기간 동안에 고위공무원이 새로운 보직을 부여받지 못하면 자동으로 영구 퇴직되는 제도이다. 또한 영국과 독일에서는 집권당 간부들이 내각에 들어간 후 장관직 수행에 심혈을 기울인다. 당내 파벌정치보다는 장관으로서의 업적을 쌓고 국민들 사이에 국가적 리더로서 각인되어야 총리직에 도전할 수 있기 때문이다. 집권당 출신 정치인 장관들이 관료집단을 강력하게 통제한 결과 집권당에 대한 관료집단의 영향력이 강하지 않다. 이런 이유들로 인해 두 나라에서는 관료집단이 국정운영을 놓고 집권당과 경쟁하지 않는다. 그 결과 집권당과 행정부 간 공식적인 협의조정제도가 발달하지 않았다.

대통령제 국가에서는 논리적으로 보면 주요 정책들을 둘러싸고 집권당과 행정부 간 정책조정제도가 발달할 수 있다. 나름대로의 정책공약으로 선거에서 승리한 집권당은 이 공약들을 행정부를 통해 실현하려고 하지만, 행정부 장차관들은 대통령이 임명한 자들이기 때문에 집권당의 요구를 고분고분 수용하려 하지 않는다. 그 결과, 집권당 공약실현과 관련하여 집권당과 행정부 간에 갈등이 발생한다. 그럼에도 불구하고 집권당과 행정부는 당총재이자 행정부 수장인 대통령을 중심으로 서로 연계되어 있어서 대통령의 원활한 국정운영을 위해 서로 협력해야 한다. 따라서 대통령제 국가에서는 집권당과 행정부는 국가정책을 둘러싼 갈등과 협력이 불가피하고 이에 따라 양자 간 협의조정제도가 발달할 수 있다.

그런데 집권당과 행정부 간 협의조정제도는 같은 대통령제 국가라도 미국에서는 발달하지 못하고 한국에서는 발달했다. 이유는 미국 집권당과 한국 집권당의 차이 때문이다.

한국의 집권당은 선거시에는 물론 평상시에도 국가정책에 관여할 수 있도록 잘 조직화된 정당이다. 집권당 내에 정책기구가 잘 발달되어 있고 당리더들의 영향력과 당내 규율도 강하기 때문이다. 그리하여 집권당은 평상시에도 원내다수 유지와 차기 재집권을 위한 지지기반 확대를 위해 선거 공약을 이행하는 것 이외에도 주요 현안 정책이슈들에 대해 당의 입장을 정하고 이를 관철하기 위해 끊임없이 노력한다.

그러나 미국 집권당은 선거시에나 평상시에 국가정책에 깊이 관여할 만큼 잘 조직화되어 있지 않다.3) 첫째, 집권당 내 정책기구가 잘 발달되어 있지 않다. 그 결과 평

---

3) 미국의 정당들은 국정운영에 관여하기 위해 조직화된 정당이 아니다. 평상시에는 중앙당의 조직

상시에 당 차원의 정책개발에 심혈을 기울이지 않고, 선거에 임박해서는 대통령 후보나 의회의원 후보들이 각자 자신의 선거캠프에서 선거공약을 마련한다.[4] 당 차원에서 정책공약을 개발하여 대통령 후보나 의원 후보들을 지원하는 것이 아니다. 집권당은 독립적인 주체로서 당론을 마련하여 각 후보들을 당선시켜 국정운영을 주도하려는 강력한 의지와 이를 실행할 수 있는 시스템을 갖고 있지 못한다. 둘째, 미국 집권당은 당내 리더십과 정당규율도 강하지 않다. 집권당 리더들은 원내에서 소속 의원들과 회합을 갖고 의견을 수렴하여 당의 입장을 정하기는 하지만 당의 입장을 따르게 할 수 있는 영향력이 부족하다. 정당규율도 약하고 리더들이 평의원들을 통제할 수 있는 수단도 별로 없기 때문이다. 그 결과 의원들이 당론에 따라 움직이기보다는 자신의 소신이나 지역구 이익에 따라 움직이는 경향이 강하다. 요약하면, 미국의 집권당들은 당론을 마련하고 추진할 수 있는 시스템이 마련되어 있지 않고, 당론을 중심으로 국정을 주도할 만한 의지 및 영향력도 강하지 않다. 그 결과 집권당과 행정부 간에 정책갈등이 발생하더라도 그것은 대부분 집권당과 행정부 간 조직적 차원의 정책갈등이 아니며, 그 해결을 위해도 비공식적 메커니즘에 의존할 뿐 공식적인 정책조정제도를 발전시키지 못했다.

제2절 당정간 정책갈등의 원인과 정책조정의 필요성

집권당과 행정부는 집권세력으로서 일정기간 국정과제들을 추진하고 예상치 못한 돌발 현안들에 대처해야 한다. 이 과정에서 양자 간에는 긴밀한 협력이 필요한데, 불가피하게 발생하는 갈등이 이를 가로 막는다. 갈등을 방지하고 협력을 위해서는 양자간에 적절한 조정이 필요하다.

적 활동은 없고 주단위 지방당의 활동만 있다. 대통령 선거시 전국조직인 중앙당이 꾸려지는데 이는 지방당 조직들의 임시 연합체에 가깝고 선거가 끝나면 해체된다.

4) 각당의 대통령후보 선거캠프나 의원후보 선거캠프에서 마련한 공약들이 취합되어 집권당 공약이 된다. 정당들은 서로 다른 정치이념과 지지기반을 갖고 있어서 이를 반영한 각 정당의 공약은 어느 정도 일관성이 있고 정당간 공약의 차이도 나타난다.

1. 당정간 정책갈등의 원인

집권당과 행정부 간에 정책갈등이 발생하는 이유는 정책에 대한 시각 차이가 있고 동시에 서로가 자신의 시각을 관철하려 하기 때문이다.

1) 시각의 차이

집권당과 행정부는 국가정책을 보는 시각이 다르다(Aberbach et al., 1981: 6-18).

첫째, 집권당은 민주성과 반응성을 중시하고, 행정부는 효과성과 능률성을 중시한다. 다시 말해, 집권당은 정책추진 과정을 중요시하고, 행정부는 정책추진 결과를 중요시한다. 집권당은 정책추진 과정에서 국민들의 요구를 수용할 뿐만 아니라 불만을 초래하거나 소외자를 만들지 않으려고 한다. 유권자들의 표를 의식해서이다. 반면 행정관료들은 자신들의 노력을 증명해 줄 구체적인 성과를 만들어 내려 한다. 자신들에 대한 평가를 높이고 책임추궁을 방지하기 위해서이다.

둘째, 집권당은 단기 처방을 중요시하고 행정부는 장기 처방을 중요시 한다. 집권당은 정책결정에 있어서 국민들이 지금 현재 겪고 있는 고통을 덜어 주려 한다. 임기 내에 가시적인 성과를 내야 재집권에 유리하기 때문이다. 이에 비해 행정부는 국민들에게 장래의 부강을 위하여 현재의 고통을 감수할 것을 요구하는 경향이 있다. 행정공무원들은 신분이 보장되어 재임기간이 길기 때문에 당장 가시적인 성과는 없더라도 장기적인 발전을 중시한다.

셋째, 집권당은 정책대안 선택에 있어서 정치적 실현가능성을 중요시하고, 반면에 행정부는 경제적 실현가능성을 중요시 한다. 항상 국민들과 호흡을 같이해야 하는 집권당은 국가정책 추진에 있어서 다수 국민들의 지지를 유도하고 소수의 방해를 극복해야 할 책임이 있다. 따라서 정책대안의 최종 선택에 있어서 정치적 실현가능성의 잣대를 적용하려고 한다. 반면에, 행정부는 항상 수요에 미치지 못하는 자원(예산, 인력, 장비)을 관리하고 있기 때문에 동원가능한 자원의 범위내에서 실행가능한 정책대안을 선택하려 한다.

넷째, 정당들은 조직화되지 않은 다수 국민들의 이해관계를 반영하려고 하고, 행정부는 조직화된 집단의 요구를 반영하려고 한다. 집권당은 유권자들의 표를 의식해야 하기 때문에 대다수 국민들의 관심사와 요구에 민감하고 이를 적극적으로 반영하려 하나, 행정부는 강력하게 표출된 주장과 이해관계만 반영하고 그렇지 않으면 자신들의 판단대로 정책내용을 결정하려 한다.

이러한 시각 차이 때문에 집권당과 행정부는 정책갈등을 벌이는 경우가 많다.

2) 주도권 경쟁

집권당과 행정부 간 정책갈등은 국가정책에 대한 시각 차이 그 자체만으로 발생하지는 않는다. 이들 간에 주도권 경쟁이 있기 때문에 발생한다. 시각 차이가 필요조건이라면 주도권 경쟁은 충분조건이다. 집권당의 주도권 추구는 행정부 정책에 대한 개입으로 나타나고, 행정부처의 주도권 추구는 집권당 요구에 대한 거부로 나타난다. 이러한 개입과 거부가 정책갈등을 촉발한다. 집권당은 왜 개입하고, 행정부처들은 왜 거부하는가?

(1) 집권당의 개입

당정간에 정책갈등이 발생하는 이유는 집권당이 자신의 정책공약을 실현하기 위해 행정부의 정책결정에 개입하기 때문이다. 집권당은 왜 행정부의 정책결정에 관여하는가? 이론적 근거는 다음과 같다.

가. 책임정당론(Responsible Party Theory)

집권당이 행정부 정책에 깊이 개입하는 배경에는 책임정당론이 있다. 책임정당론은 국민 다수로부터 선택받은 정당이 국정운영을 책임져야 한다는 이론이다. 다시 말해, 국민들에게 정책공약을 제시하고 선거에서 승리하여 집권당이 되면, 국민다수가 지지한 자신의 정책공약에 입각하여 국정을 책임지고 주도해 나가야 한다는 이론이다.

오늘날 국정운영에 있어서 개개 의원들보다는 정당이 주도적인 역할을 하는 정당민주주의[5]하에서 국민들은 각종 선거 후보를 독자적인 후보가 아니라 정당의 후보로

---

5) 원래 민주주의는 소수 시민들에 의한 직접 민주주의에서 시작했으나, 대중의 정치참여로 직접 민주주의가 현실적으로 어렵게 되자 대의민주주의가 발달했다. 대의민주주의는 선거로 국민의 대표자들을 뽑아 그들로 하여금 국민을 대신하여 국가의사를 결정하게 하는 제도이다. 그러나 사회가 복잡해지고 국민들의 이해관계가 다원화되면서 국민대표자 개개인들의 노력으로는 다양한 국민의견의 수렴, 복잡한 국가정책의 결정, 치열한 선거운동 등을 효율적으로 수행하기 어렵게 되었다. 이러한 난관을 극복하기 위해 뜻을 같이하는 정치인들이 정당이라는 조직을 만들어 집단적 대응을 시작했다. 국민들이 후보 개개인의 공약을 보고 투표하면 국민들의 의견이 분산 표출되어 다수 의견을 확인하기 어렵지만 국민들이 정당의 공약을 보고 투표하면 다양한 국민의사가 몇 갈래로 결집되고 다수당이 정해지면 다수 의사도 확인된다. 또한 입법에는 사회가 복잡해질수록 많은 정보와 전문성이 필요하나, 지역구 활동에 많은 시간을 할애해야 하는 의원들이 필요한 정보와 전문성을 개별적으로 확보하기에는 너무 힘들다. 입법안의 국회통과도 개개인의 노력으로는 효과적이지 않다. 이 경우 정당을 결성하여 대처하면 용이하다. 마지막으로, 선거운동에 있어서도 후보자 각자가 공약을 개발하고 홍보하는 것보다 정당을 결성하여 집단적으로 공약을 만들

인식하고 있고, 후보 개인뿐만 아니라 그가 소속된 정당을 보고 지지를 보낸다. 주요 정책공약은 후보자 개인의 작품이라기보다는 정당의 작품이다. 이는 국민들이 민의를 수렴하고 국가의사를 결정하는 책임을 개개 의원이 아닌 정당에게 부여하고 있음을 의미한다.

이러한 정당민주주의 하에서는 집권당이 국민 다수가 지지한 자신의 정책공약들을 실현하기 위해서는 행정부 정책에 적극 개입할 수밖에 없다.

나. 자발적 결사체론(Voluntary Association Theory)

집권당이 행정부 정책에 개입하는 또 다른 이유는 집권당이 정부기구가 아닌 자발적 결사체라는데 있다. 자발적 결사체론은 정당은 정치적 견해를 같이하는 사람들이 그 견해를 실현하기 위한 수단으로서 권력을 획득하고 유지하기 위해 자발적으로 결성한 단체라는 것이다. 따라서 정당은 본질적으로 민간단체이다. 단지 그 목적과 역할이 일반 민간단체들과는 달라 특별한 취급을 받을 뿐이다.[6)]

정당이 선거를 통해 집권했으면 국민들에게 약속한 정책공약을 이행해야 한다. 그런데 국민들에게 영향을 미칠 수 있는 정책은 행정부나 의회 등 공식적인 정부기관만이 결정할 수 있다. 집권당이 공식적인 정부기관이라면 행정부 정책에 개입할 필요가 없다. 집권당의 결정이 바로 정부의 정책이기 때문이다. 그러나 집권당은 특수한 민간단체로서 집권하더라도 정부기구가 되는 것은 아니다. 집권당이 정책공약을 이행하기 위해서는 행정부의 정책에 자신의 입장을 반영하거나 소속 국회의원을 통해 입법을 해야 한다. 행정부의 정책 중에는 법률 형태가 아닌 대통령의 명령이나 정부의 계획 등의 형태로 추진되는 것들도 많아 국회 심의를 거치지 않고 추진되는 정책들도 많다. 따라서 집권당은 자신의 정책공약을 행정부의 정책에 반영시키기 위해 적극 개입할 수밖에 없다.

고 홍보하는 것이 훨씬 효율적이다. 좀 더 실현가능한 공약을 만들 수 있고 좀 더 많은 국민들의 관심을 끌 수 있기 때문이다.

6) 정당은 당파성으로 인해 국론통일을 저해할 것으로 생각되어 초기에는 불법화되다가 선거나 국정운영 과정에서 그 현실적 역할이 인정되어 나중에 합법화되었고, 오늘날에는 이익집단들과는 달리 법적으로 특별한 보호를 받는 단계에 이르렀다. 특별한 보호를 받는 이유는 정당이 사익이 아닌 공익을 추구하고, 국민다수의 지지를 받고 있으며, 영향력 행사가 아닌 집권을 목표로 하기 때문이다. 많은 나라에서 헌법이나 법률에 정당의 자격요건과 특권과 의무 등을 규정하고 있다. 우리나라에서는 설립과 해산상 특권, 공직선거시 특권, 재정경제적 특권, 민주적 기본질서 존중의 의무, 당내 민주주의 의무, 재원 공개의 의무, 정책활동 보고의 의무 등을 규정하고 있다(이관희, 2004, 한국민주주의헌법론 II, 서울: 박영사, pp.23-24).

(2) 행정관료들의 불응

집권당과 행정부 간에 갈등이 발생하는 이유는 행정관료들이 집권당의 정책공약을 순순히 수용하지 않기 때문이다. 행정관료들은 대통령이나 총리의 정책노선에 따라야 한다. 대통령이나 총리가 선거에 의해 국민들로부터 국정운영의 책임을 위임받았을 뿐만 아니라 자신들을 임명했기 때문이다. 또한 대통령이나 총리는 집권당의 정책들을 국정운영에 당연히 반영해야 한다. 당총재로서 자신들의 책임 하에 당정책들을 만들었고 그것들을 국민들에게 공약하여 당선되었기 때문이다. 그 결과, 행정부처들이 대통령이나 총리를 매개로 하여 집권당의 정책을 따라야 한다는 것은 당연한 귀결이다.

이 경우 집권당과 행정부 간 정책을 둘러싼 갈등이 발생할 수 없다. 그러나 실제에 있어서는 집권당과 행정부 간에 정책갈등이 발생한다. 그 이유는 다음과 같다.

가. 대통령의 태도 변화

어느 나라에서나 집권당 총재가 선거에서 승리하여 대통령 혹은 총리가 되면 집권당 총재로서 당파적 이해관계보다 국가 통치자로서 국민전체의 이해관계에 따라 정책을 추진하려 한다. 그리하여 대통령이나 총리는 집권당 정책들을 충실하게 이행하려 하지 않는다. 그러나 집권당 리더들은 자신들의 차기 대통령 도전과 소속의원들의 재선을 위해 선거공약들을 행정부를 통해 약속대로 이행하려고 한다. 그런데 장차관들과 행정관료들은 집권당의 정책을 순순히 수용하지 않는다. 자신들을 임명한 대통령이나 총리의 정책노선을 우선시 할 수밖에 없기 때문이다. 그 결과, 집권당과 행정부처들 간에 정책갈등이 벌어지기도 한다.

나. 행정관료들의 영향력 증대

행정관료들은 자신들이 보유한 전문지식과 정보, 기획권, 예산편성권, 정책집행권 등을 활용하여 국가정책에 대한 영향력을 키워 왔다. 영향력만 키워온 것은 아니다. 이러한 영향력을 행사해 오면서 나름대로의 국가목표관과 조직이해관계도 키워왔다. 즉 행정관료들은 자신들의 가치관과 전문성 및 이해관계에 입각하여 집권당과는 별개의 국가정책들을 추진할 수 있는 능력을 갖게 된 것이다. 그 결과, 행정부는 집권당의 정책공약을 당연히 따르지만은 않는다. 자신들이 직접 마련한 정책들을 적극 추진하려 하기도 하고, 집권당의 정책공약을 선심성 공약, 예산 제약 등을 이유로 거부하기도 한다. 그리하여, 행정부처와 집권당 간에 정책갈등이 발생한다.

2. 당정간 정책조정의 필요성

1) 일반적 필요성

국가정책 추진에 있어서 집권당과 행정부 간에 협의와 조정이 필요한 근본 이유는 집권당과 행정부가 갈등관계에 있을 뿐만 아니라 보완관계에 있기 때문이다.

집권당과 행정부는 앞서 지적한 시각 차이와 주도권 경쟁으로 인해 국가정책을 둘러싸고 갈등을 벌인다. 그러나 서로 갈등관계에 있으면 국가정책은 추진될 수 없다. 행정부가 추진하는 입법안과 예산안은 집권당이 협조하지 않으면 국회를 통과하기 어렵고, 집권당이 추진하는 정책과 입법은 행정부가 협조하지 않으면 제대로 집행될 수 없다. 따라서 원활한 국정운영을 위해 어떻게든 양자 간 갈등을 해소하는 협의조정이 불가피하다.

한편, 집권당과 행정부는 국가정책 추진에 있어서 상호보완적인 서로 다른 역량을 동원할 수 있다. 구체적으로 살펴보면 다음과 같다(Aberbach et al., 1981: 6-18).

첫째, 정당들은 정책추진과정에서 가치판단에 입각한 방향설정에 능하고, 행정공무원들은 사실관계에 입각한 전문적 분석에 능하다. 정당들은 각계각층의 국민들과 소통하는 과정에서 옳은 것과 그른 것, 바람직한 것과 그렇지 않은 것, 해야 할 것과 하지 말아야 할 것 등에 관해 끊임없이 질문을 받고 응답한다. 그들은 가치판단 업무를 선호할 뿐만 아니라 그러한 업무에 익숙해져 있다. 반면, 행정공무원들은 정보와 자료의 수집 및 분석 속에서 살아간다. 그들의 주업무는 현장에서 정책의 집행을 통해 원하는 결과를 만들어 내는 것이므로 사실관계, 인과관계에 매우 민감하고 그러한 관계를 분석하는 업무에 잘 훈련되어 있다.

둘째, 정당들은 비전과 열정으로 역동적 변화와 추진력을 제공할 수 있는 반면에, 행정공무원은 실용주의와 균형감각으로 안정감을 제공할 수 있다. 정당은 나름대로 정치적 가치관과 신념을 갖고 있는 사람들로 구성되어 있어서 새로운 변화를 추구하고 이에 필요한 에너지를 동원할 수 있는 역량을 갖고 있는데, 집권당은 이러한 역량으로 행정부의 현실안주와 무사안일에 경종을 울릴 수 있다. 반면에 행정공무원들은 모든 정책들을 자원과 연계시켜 성과를 생각하고 사회적 갈등에 중립적으로 처리하는 역량을 갖고 있는데, 행정공무원들의 이러한 역량은 정당들의 불필요한 공론화와 부작용을 고려하지 않는 대중인기 몰이식 정책추진에 제동을 걸 수 있다.

요약하면, 집권당과 행정부 간 협의조정은 서로 다른 시각과 주도권 경쟁에 따른 정책갈등을 해소하고 양자의 서로 다른 역량을 상호보완적으로 동원하기 위해 필요하다. 양자의 시각과 역량을 균형있게 통합하면 국가정책의 내용이 보다 충실해질 수 있고 부작용도 줄일 수 있으며, 추진력과 그 속도도 적정화할 수 있다.

2) 구체적 필요성

집권당 혹은 행정부는 각자의 입장에서 상대방의 협조가 필요하다. 따라서 각자는 상대방의 협조를 받기 위해 서로 협의조정한다. 이를 좀 더 구체적으로 살펴보면 다음과 같다.

(1) 집권당의 관점

집권당은 권력을 유지하기 위해 국민다수의 지지를 지속적으로 유지해야 한다. 이를 위해서는 자신의 선거공약을 실천에 옮겨야 하고, 더 나아가 지지기반의 확대를 위해 적극적으로 새로운 정책들을 개발 추진해야 하며, 행정부가 추진하는 정책들이 집권당의 지지기반을 잠식하지 않도록 유도해야 한다. 뿐만 아니라 국민들의 의견을 수렴하고 불평과 불만을 해소해 주어야 한다. 집권당이 이러한 역할을 전략적이고 효율적으로 수행하기 위해서는 다음과 같은 측면에서 행정부와의 협의조정이 필요하다.

첫째, 집권당은 어떤 정책들을 누가 추진할 것인지 역할분담을 위해 행정부와 협의조정이 필요하다. 집권당 입장에서는 국민들에게 인기있는 정책의제들은 직접 추진하고 국가적으로 필요하지만 인기없는 정책의제들은 행정부로 하여금 추진토록 하는 것이 지지기반 관리 전략상 도움이 된다. 그러나 행정부도 인기없는 정책의제들을 좋아할 리가 없다. 그래서 집권당은 행정부와 역할분담을 위한 조율이 필요하다.

둘째, 집권당은 행정부가 자율적으로 추진하는 정책들이 지지기반 확대에 도움이 되거나 최소한 지지기반을 약화시키지 않도록 유도하기 위해 행정부와의 협의조정이 필요하다. 이러한 유도를 위해서는 집권당이 행정부가 추진하는 정책들을 모니터링하고 필요하면 개입하여 정책내용들을 수정할 수 있어야 하는데, 이 모니터링과 수정은 행정부의 협조가 필요하다. 따라서 집권당은 행정부와 협의조정해야 한다.

셋째, 집권당은 정책공약의 입법화에 필요한 전문성 확보와 집행가능성 타진을 위해 행정부와 협의조정이 필요하다. 집권당은 법안을 마련하는 데 전문지식과 정보의 부족으로 행정부의 지원을 받아야 하는 경우가 많다. 또한 집권당 법안들이 국회통과 이후 잘 집행될 수 있으려면 집행을 책임지는 행정부로부터 집행가능성에 대한 검토와 조언을 받아야 한다. 이러한 지원, 검토, 조언을 받기 위해 행정부와의 협의조정이 필요하다.

넷째, 집권당은 행정부법안들을 국회에서 원활하게 통과시키기 위해 행정부와 협의조정이 필요하다. 집권당이 야당을 설득하여 행정부법안을 통과시키려면 사전에 행정부법안들의 내용을 충분히 알고 있어야 한다. 집권당과 행정부는 야당을 설득할 수 있는 논리와 전략을 개발하기 위해 협의조정할 필요가 있다.

다섯째, 집권당은 당 정책의 효과적 집행과 국민들의 불만처리를 위해 행정부와 협의조정이 필요하다. 집권당은 자신이 입안한 정책들을 행정부가 제대로 집행하고 있는지 점검하고, 집행이 지지부진하면 적극적으로 집행하도록 촉구하며, 집행상의 애로사항이 있으면 이를 해결해 주어야 한다. 또한 집권당은 행정부에 대한 국민들의 불만들도 해소시켜 주어야 한다. 특히 권한 남용과 소수자권익 침해를 방지하고, 국민 다수의 의견에 거스르는 일이 없도록 해야 한다. 집권당은 현장 집행권이 없기 때문에 국민들의 불만과 요구는 행정부를 통해서만 해결할 수 있다. 이 해결을 위해 집권당은 행정부와의 협의조정이 필요하다.

(2) 행정부처들의 관점

행정부처들도 정책추진의 편의성을 위해 집권당과의 협의조정이 필요하다.

첫째, 행정부처 주도의 법률안과 예산안을 국회에서 용이하게 통과시키기 위해서이다. 행정부처 입장에서 볼 때, 집권당은 대부분 의회내 다수당일 뿐만 아니라 가장 우호적인 정치세력으로서 야당을 설득하여 그 반대를 막아 줄 수 있다. 따라서 행정부처들은 입법안과 예산안의 국회 통과를 위해서는 사전에 집권당의 지지를 확보해 두는 것이 가장 중요하다. 이를 위해서는 행정부처들은 사전에 집권당의 의견을 수렴해야 하고 이견이 있으면 조정해야 한다.

둘째, 긴급한 입법안의 처리에서 시간을 단축하기 위해서이다. 동일한 내용의 법안이라도 행정부처가 추진할 경우 행정부 내에서 길고도 복잡한 절차와 국회내 심의의결 절차를 거쳐야 하지만, 집권당이 추진하면 국회의 심의의결 절차만 거치면 된다. 긴급한 법안들은 행정부내 절차를 건너뛸 필요가 있는데, 이를 위해 행정부처들은 법안 초안들을 곧바로 집권당에 보내 집권당이 수정한 후 국회에서 통과시켜 주도록 요청한다. 이러한 요청과 법안수정을 위해 행정부처들은 집권당과의 협의조정이 필요하다.

셋째, 부정적인 여론을 우회하고 책임을 분담하기 위해서이다. 특정 부처가 추진하려는 정책에 대해 일반 국민들과 대통령 및 타 부처들의 부정적인 태도를 갖고 있을 수 있다. 이 경우 특정 부처는 집권당과의 미리 협의조정하여 합의를 이뤄내면 부정적인 여론을 완화시키고 동시에 집권당과의 책임을 분담할 수 있다. 행정부처는 이러한 부정적 여론 극복과 책임 공유를 위해 집권당과의 협의조정이 필요하다.

넷째, 집권당이 현장활동을 통해 파악한 민심을 수렴하기 위해서이다. 집권당 의원들은 지역구 활동을 통해 현장의 민심를 잘 파악하고 있다. 행정부처들은 자신들이 추진하는 정책에 이러한 현장민심을 반영하기 위해 집권당과 협의조정을 할 필요가 있다.

제3절   당정간 정책조정 실태

1. 당정간 정책조정 대상

집권당과 행정부가 취하는 모든 조치들이 당정간 조정의 대상이 될 수 있다. 그러나 현실적으로는 그 대상이 제한되어 있다. 모든 조치들을 대상으로 할 필요가 없고 또한 불가능하기 때문이다. 우리나라 당정협의규정들은 조정의 대상을 세 가지로 구분하고 있다.

첫째, 국회통과가 필요한 모든 사안들이다. 국회가 의결권과 동의권을 가지고 있는 법률안, 예산안, 각종 동의안 등이 이에 해당된다.

둘째, 국민생활 또는 국가경제에 중대한 영향을 미치는 정책안이다. 어떤 정책안이 국민생활 또는 국가경제에 중대한 영향을 미치는지를 판단하는 구체적인 기준은 없다. 집권당이나 행정부처의 주관적 판단에 의존할 수밖에 없다.

셋째, 정치적 파급효과가 큰 현안이슈들이다. 즉 여야 정당간 정치적 논란을 초래할 수 있거나, 국민들의 관심이 집중되어 사회적 논란이 있거나, 집권당의 지지기반에 직접적으로 영향을 미칠 수 있는 현안이슈들은 대부분 당정협의 대상이다.

반면, 당정간 조정의 대상에서 제외되는 사안들도 있다. 국가기밀에 해당하는 사안, 정치적 중립의 원칙상 행정공무원들이 관여해서는 안 되는 사안, 국회의 사후승인만으로도 추진이 가능한 사안 등이다. 정치적 중립을 이유로 제외되는 사안의 예로는 정당법, 국회법 등의 제개정이 있고, 국회 사후승인만으로 추진할 수 있는 사안의 예로는 대통령 긴급명령권이 있다.

2. 당정간 정책조정기구

우리나라에서 집권당과 행정부 간 정책조정은 주로 당정회의를 통해 이루어지고, 종종 대통령이나 정무장관이 관여한다. 당정회의는 당사자간 협의조정기구이고, 정무장관은 제3의 중립조정자이고, 대통령은 제3의 집권조정자에 가깝다. 이 조정기구들 가운데 가장 중요한 중추기구는 당정회의이다. 당정간 대부분의 의견 조율과 갈등 조정이 당정회의를 통해서 이루어지고 있기 때문이다.

1) 협의조정기구 : 당정회의 시스템

(1) 당정회의 구조

당정회의는 고위 당정회의, 중위 당정회의, 실무 당정회의 등 3단 구조이다. 각급 당정회의의 구성 멤버와 주요 임무 및 회의개최 시기를 보면 다음과 같다.

첫째, 고위 당정회의는 집권당 측에서 당대표와 고위당직자(원내대표, 정책위의장, 사무총장, 당대표자 지정하는 고위당직자), 행정부 측에서 국무총리와 관계부처 장관들이 참석하는 회의이다. 필요에 따라 대통령비서실장과 안건관련 수석비서관도 참석한다.

고위 당정회의는 국정운영의 거시적인 방향과 흐름을 잡는 기구이다. 주요 정책분야 동향을 점검하고, 정치적으로 민감하거나 국민생활에 충격이 큰 주요 현안들에 대해 정부와 여당이 어떻게 대응할 것인지를 논의하며, 주요 입법안과 예산안의 국회 심의통과 전략에 대해 협의조정함으로써, 갈등의 사전예방에 치중하는 회의이다. 뿐만 아니라 고위 당정회의는 주요 국정과제들과 민생·재난대책 및 국제행사지원 등이 제대로 추진되고 있는지 점검하고 논의하기도 한다. 고위 당정회의는 규정상 집권당대표와 국무총리가 교대로 매월 소집하기로 규정되어 있으나 실제로는 당대표나 총리가 필요하다고 판단한 경우에 소집해 왔다.

둘째, 중위 당정회의는 장관급 당정회의이다. 집권당 측에서 정책위원회 의장과 해당 정책조정위원장(분과위원장)들이 참석하고[7] 행정부 측에서 안건관련 부처 장차관이 참석하여 당정간 이견을 조정하는 부처별 당정회의이다.

중위 당정회의에서는 당정간 이견이 있는 법령안과 정책안들을 조정한다. 법령안과 정책안을 둘러싼 당정간 갈등은 대부분 중위 당정회의에서 타결된다. 중위 당정회

---

7) 단일부처 안건이면 정책조정위원장(분과위장)이 참석하고, 다수부처 관련 안건이면 정책위의장과 정책조정위원장(분과위장)들이 참석한다.

의는 정책위의장(정책조정위원장, 분과위원장)과 주무장관이 공동으로 주재하고 참석자들은 안건을 고려하여 정한다. 중위 당정회의는 정기적으로 개최하게 되어있으나, 필요하면 언제라도 소집한다.

셋째, 하위 당정회의는 실무급 당정회의이다. 집권당 정책전문위원과 행정부 실국장 간의 회의이다. 필요에 따라 집권당 정책조정실장과 관련부처 차관이 참석하기도 한다. 법령안을 둘러싼 당정간 갈등이 경미하거나 전문적인 내용에 관한 것인 경우 실무 당정회의에서 조정한다. 실무 당정회의는 정기회의가 없고 필요하면 수시로 소집된다.

표 10-1 당정회의 시스템

각급 당정회의	구성 멤버	주요 임무	소 집
고위 당정회의	- 당대표, 고위당직자 - 총리, 관계장관	- 정책동향, 정치현안, 국정현안, 입법·예산안 - 대책 협의 - 이행 점검	- 월1회 - 필요시
중위 당정회의	- 정책위의장, 분과위장 - 관계부처 장차관	- 법령안 조정 - 중요 정책안 조정	- 격월 - 필요시
하위 당정회의	- 정책전문위원(정책조정실장) - 관련부처 실국장(차관)	- 법령안 - 경미한 갈등 조정 - 전문기술적 조정	- 수시

(2) 지원기구

지원기구는 각급 당정회의들이 잘 운영되도록 행정적으로 지원하는 기구이다. 행정지원 기구가 담당하는 구체적인 기능은 다음과 같다. 첫째, 당정 간에 이미 표면화된 쟁점이슈들뿐만 아니라 잠재적 쟁점이슈들을 사전에 발굴 확인하여 당정회의에 상정하는 것이다. 둘째, 소집될 당정회의의 의제선정, 참석자 선정, 회의 진행 등을 지원하는 것이다. 즉 공동의장들이 의제와 참석자를 정하고 회의를 교대로 주재하는데 필요한 정보와 관례 및 조언을 제공한다. 셋째, 하위 당정회의에서 타결되지 않으면 상위 당정회의를 소집하도록 건의하는 것이다.

2018년 현재 행정지원업무는 고위 당정회의의 경우 국무총리실내 정무운영 비서관실에서 담당하고, 중위 당정회의와 하위 당정회의는 집권당 정책위원회 전문위원과 정책실 스탭들이 담당한다.

2) 중립조정기구 : 정무장관

정무장관도 집권당과 행정부처 간 갈등을 조정하는 기구이다. 당정회의에 의한 이견조정이 순조롭지 않을 때 정무장관이 중립적인 입장에서 조정에 나선다. 역대 정무장관은 1981년 이후 대통령의 국정방향에 부응하여 청와대, 행정부, 집권당, 야당 등을 넘나들면서 막후조정을 해 왔다. 특히 정치적으로 민감한 쟁점정책에 관한 당정 간 갈등의 막후조정에 많은 공헌을 해 왔다. 정무장관은 당정간 조정역할을 성공리에 수행할 수 있도록 집권당 실세 중진의원이 겸임해 왔다. 그러나 최근에 대통령에 따라 정무장관을 임명하기도 하고 임명하지 않기도 한다.

3) 집권조정기구 : 대통령

대통령은 집권당과 행정부 간 정책갈등에 대한 최종 조정자이다. 즉 집권당 총재이자 행정부 수장이기 때문이다. 당정간 갈등은 대부분 당정회의나 정무장관에 의해 조정이 되지만, 당정간에 갈등이 첨예하여 조정이 안 될 경우 최종적으로 대통령이 나서서 조정한다. 대체로 국민들의 일상생활에 지대한 영향을 미치지만 정치적으로 민감한 안건들은 당정회의에 의해 조정이 잘 안되어 대통령이 개입하여 조정하는 경우가 많았다(김형곤, 2009: 113).

[참고] 우리나라 당정회의시스템의 변천과 운영실태

가. 최초의 당정회의시스템 구축

우리나라 정당 역사상 당정회의시스템을 최초로 구축한 집권당은 민주공화당이다. 민주공화당 당의장 김종필은 집권당 중심의 국정운영을 위해 1964년 1월에 박정희 대통령 당선자와 협의하여 최초로 간담회 형식의 당정회의시스템을 구축했다. 즉 국가정책의 수립을 협의하기 위한 '당무위원－국무위원 간담회'와 간담회 합의사항의 실천방안을 협의하기 위한 '당정연락소위원회'를 설치하고,[8] 총무처에서 행정지원하도

---

8) 간담회는 당의장과 국무총리의 공동 주재로 매월 1회 정례회의를 개최하고 필요시 임시회의를 소집하였으며, 연락소위원회는 당의장이 지명한 당무위원급 3인(사무차장, 정책연구실장, 기획부장)과 총리가 지명한 국무위원급 3인(무임소국무위원, 내무부장관, 상공부장관)으로 구성하여 매주 1회 소집하였다.

록 했다.9)

　　설치 이유는 두 가지였다. 첫째, 집권세력내 갈등을 방지하기 위해서였다. 5.16 혁명 주도자들은 군정기간에 행정부와 정치권으로 이동했는데, 행정부로 간 사람들은 정부주도 근대화를 추진하기 위한 행정체제를 구축했고, 정치권으로 간 사람들은 정치 안정을 위해 민주공화당을 창당했다. 혁명주도자들이 이렇게 이원화되자 갈등의 소지가 있었다. 당정회의시스템은 국정운영에 있어서 이러한 갈등을 방지하기 위해 구축되었다. 둘째, 국정운영에 정당중심주의를 구현하기 위해서였다. 민주공화당은 대중정당과 정책정당을 지향하면서 국정을 국회의원들과 행정공무원들에게 맡기지 않고 스스로 국민여론에 입각한 정책들을 개발하여 국정에 반영하려 했다.10) 당정회의시스템은 집권당의 정책을 행정부에 반영하기 위한 통로로 설치되었다.

　　그러나 이 초기 시스템은 잘 작동하지 않았다. 새로운 제도에 대한 이해가 부족했을 뿐만 아니라 대통령의 구체적인 지침이 없었기 때문이었다. 그리하여 박정희 대통령이 1965년 4월 대통령지시11)를 내림으로써 공식적인 당정회의시스템으로 확대 개편되었다. 즉 법률안과 당면정책을 협의조정하기 위한 4단 당정회의를 구축하고12) 대통령 직속 무임소국무위원13)으로 하여금 관리하도록 했다.14)

---

9) 민주공화당사, pp.161 – 163.

10) 종전에는 국회내 의사결정의 주도자가 정당들이 아니라 개별 국회의원이었다. 민주공화당은 정당 책임주의에 입각하여 국정운영을 주도하기 위해 정책정당 및 대중정당을 지향했고, 이를 실현하기 위해 기존 정당들과는 달리 정책기구와 사무처를 대폭 강화시켰다.

11) [정당과 정부 간의 유기적인 협조 개선방침에 관한 대통령 지시각서]의 내용
　1. 인사 – 정부는 주요 인사문제를 결정할 때 당과 사전 협의하며,
　　　　　　당원을 기용할 때에는 당 공식기구의 추천을 거치도록 한다.
　　　　 – 현행 공무원관계법령과 정당법시행령을 조속히 개정하여 정책결정에 참여하는 고위공무원직, 특히 기획관리부문 및 참모부서에 유능한 당원을 우선적으로 등용한다.
　2. 제도 – 정부는 주요 정책의 수립 및 집행에 있어서 당과 사전에 협의한다.
　　　　 – 청와대연석회의를 통하여 각급회의에서 결정되지 않는 사항과 기타 정책을 수립한다.
　　　　 – 국무위원은 당무위원과 정기적으로 회합하여 정부의 당면문제를 논의한다.
　　　　 – 경제관계장관은 당정책심의회와 정기적인 연석회의를 개최하여 경제문제전반에 걸쳐서 토의하고 의견을 조정토록 한다.
　　　　 – 당출신 무임소국무위원을 제도화하여 당정협조 기능을 강화한다.

12) 그 외에 광역단위 당정협의체, 즉 도당 간부들과 도내 기관장들 간의 당정협의체를 구축하였다. 지방 당정협의회는 간담회 형식으로 이루어졌는데 주로 지역사업과 민원처리가 주요 안건들이었다(최항순, p.36). 이리하여 대통령을 정점으로 중앙에서 지방에 이르기까지 집권당과 행정부 간 위상에 따른 각급 당정협조체제가 구축되었다. 이 체제가 제3,4공화국 동안 유지되었다.

13) 무임소 국무위원은 종래에 제도 개선과 특명사항 처리 등을 담당해 왔으나, 당정회의시스템의 구축과 함께 그 관리를 떠맡게 되었다.

최고위 당정회의는 '청와대정부·여당연석회의'이다. 대통령 주재하에 집권당 측에서 당의장, 중앙위의장, 사무총장, 원내총무, 정책위의장 등과 행정부 측에서 총리, 부총리, 안건관련 장관, 무임소장관 등이 참석하는 회의로서, 청와대에서 월1회 개최되었다. 이 회의는 향후 정국변화, 주요 안보현안, 주요 경제현안에 대한 대응 방향을 논의하고,[15] 고위 당정회의에서 조정되지 않은 안건들을 최종 타결하는 회의였다. 고위 당정회의는 '당무위원·국무위원연석회의'이다. 당의장과 당무위원, 국무총리와 국무위원이 참석하는 회의로서 월 1회 개최되었다. 이 회의는 집권당이 민의에 입각하여 행정부에 다양한 주문을 하는 창구였고, 중위 당정회의에서 조정되지 않은 쟁점들을 타결하는 기구였다. 그러나 규모가 크고 소집 간격도 길어 긴급 현안을 논의하기 어렵자, 당의장과 총리가 매주 1회 비공식 간담회를 가졌다. 중위 당정회의는 매주 입법안과 정책안을 협의조정하는 회의로서 집권당 측에서 정책위의장단과 관련 분과위원장들이 참석하고 행정부 측에서는 관련부처 장관들이 참석하는 회의였다. 경제분야에 '경제정책회의'와 비경제분야[16]에 '정책협의회'를 설치했다. 하위 당정회의는 '실무 당정회의'이다. 당 정책전문위원과 행정부처 기획관리실장이 월 2회 만나 정책입안과정에서 당정간 협의하기 위한 회의이다. 이로써 한국형 당정회의시스템의 기본틀이 완성되었다.

이 당정회의시스템은 집권당과 행정부 간 이견 해소와 협조체제 구축에 큰 공헌을 했다. 각급 당정회의들이 빈번히 소집되었고, 충실한 사전 준비와 활발한 토론도 이루어졌다. 정권 실세 국회의원이 무임소장관을 겸임하여 당정회의시스템을 챙겼고, 각급 당정회의들을 정례화했기 때문이다. 그러나 무엇보다도 중요했던 것은 박정희 대통령이 청와대 당정회의를 매월 주기적 소집했던 것이다. 최고위 당정회의가 자주 소집되니 나머지 당정회의들도 활발해지지 않을 수 없었다.

나. 위기와 지속

당정회의시스템은 지난 50여 년 동안 우여곡절을 겪으면서 오늘날까지 유지되어 왔다. 그러나 집권당의 위상에 따라 존폐 혹은 유명무실화의 고비가 있었다.

첫 번째 고비는 1970년대 유신체제의 성립이었다. 박정희 대통령이 권위주의적

---

14) 민주공화당사, pp.218-219.
15) 대통령이 중요한 국정현안에 대해 최종적으로 결정하기 전에 집권당과 행정부의 의견을 수렴하기 위해 소집되기도 했다.
16) 학원데모, 언론문제, 대간첩작전 등.

독제체제를 구축하면서 집권 민주공화당의 영향력은 크게 약화되었다.[17] 행정 각 부처들이 정책이나 입법을 추진하는 데 있어서 민주공화당을 크게 의존하지 않아도 되었다. 그 결과 청와대 당정회의와 고위 당정회의는 정치적으로 민감한 현안들을 논의할 필요가 있을 때만 소집되었고, 소집되면 행정부가 대책을 일방적으로 통보하고 집권당이 지지를 표명한 후 양자가 야당의 반대를 극복하는 방안들을 논의했다. 법률안을 협의조정하는 중하위 당정회의[18]는 정상적으로 개최되었으나 행정부처들은 당정회의를 여론수렴창구 정도로 생각하면서 집권 민주공화당의 정책과 요구를 심각하게 받아들이지 않았다.[19]

이렇게 무력화된 당정회의시스템은 신생 집권당인 민주정의당(1981~1992)의 등장으로 원상회복되었다.[20] 1982년부터 당정간 협의조정이 활발하게 진행되었다.[21] 이유는 전두환 정권 실세들이 집권당 주요 요직에 포진하여 당우위론에 입각한 국정운영을 시도했을 뿐만 아니라 전두환 대통령 자신도 당정회의시스템의 운영에 많은 관심[22]을 표명했기 때문이다.

두 번째 고비는 1980년대 말 여소야대 정국(1988~1989)이었다. 당정회의시스템은 두 가지 측면에서 위기를 맞았다. 하나는, 야당들이 당정회의시스템을 폐지하라고 강력히 요구한 것이다. 그러나 당정회의시스템은 폐지되지는 않았다. 당정회의 설치 근거가 법률이 아니어서 야당들이 폐지할 수 없었기 때문이다. 다른 하나는, 행정부처들이 집권당과의 당정회의를 기피하고 오히려 야당들과의 협의조정에 적극 나선 것이다. 여소야대 국회에서 집권당의 협조만으로는 행정부 법안들을 통과시킬 수 없었기 때문이다. 이러한 상황에서 노태우 정권은 두 가지 조치를 취했다. 하나는 주요 정치현안

---

17) 국회의원 총 219명 중 73명을 대통령 임명직으로 전환했고, 나머지 146명은 여야 정당들이 차지했다. 임명직 국회의원들은 유신정우회란 원내교섭단체로 활동했다. 그 결과, 민주공화당과 유신정우회 2개 교섭단체 소속 국회의석 3분의 2 정도가 대통령의 영향권에 들어갔다. 국정운영에 있어서 민주공화당의 상대적 영향력은 크게 약화되었다.

18) 청와대 당정회의를 제외한 나머지 당정회의도 이원적으로 진행되었다. 즉 행정부처들은 민주공화당과의 당정회의, 유신정우회와 당정회의를 병행해야 했다.

19) 심지어 행정부처들은 국민들의 경제활동에 큰 충격을 가져오는 부가가치세 도입(1976년)과 같은 중요한 정책도 대통령의 사전 내락을 앞세워 당정협의 없이 관철시켰다.

20) 국무총리훈령 제178호. 당정협조에관한처리지침.

21) 고위당정회의가 연평균 9.7회, 중위당정회의가 연평균 134.3회 개최되었다(정무장관실 연혁, pp.108, 118-119.)

22) 전두환 대통령의 당정회의시스템에 대한 관심을 나타내는 발언으로 "당정협의는 우리 정당사를 볼 때 가장 잘 되고 있다고 생각하며 지금이 당정협의가 성숙 정착되어가는 과정이라고 생각한다" 등이 있다.

들은 고위 당정회의가 아닌 비공식 비밀당정회의23)를 통해 협의조정한 것이고, 다른 하나는 법률안과 예산안은 집권당은 물론 야당들과도 협의토록 했다. 그리하여 청와대 당정회의나 고위 당정회의 개최는 크게 줄었고,24) 중위 당정회의는 빈번히 소집되기는 했으나 당정간 조정에서 집권당의 입장이 비중 있게 반영되지 않았다.

그러다가 1990년 1월 3당합당25)으로 거대 여당인 민주자유당이 탄생하자 당정회의시스템은 다시 정상화되었다. 그러나 대통령선거가 다가오자 또다시 불구가 되었다. 당내 계파갈등26)으로 인한 잦은 당직개편, 김영삼 대표위원의 정국주도 전략 등으로 인해 청와대 당정회의와 고위 당정회의가 마비되다시피 했다. 다만, 민생관련 법률안과 정책안을 조정하는 중하위 당정회의들은 정상 가동되었다. 비정치적인 법안들의 국회통과를 위해서는 행정부처와 원내다수당의 협조가 필요했기 때문이다. 김영삼 정권 하에서도 당정회의 소집빈도는 첫해와 마지막 해에 저조했다.27) 첫해에 저조한 이유는 대통령이 공직자재산 공개, 금융실제 도입, 성역없는 비리사정 등 개혁정책을 추진함에 따라 집권당 고위당직자들의 반발28)과 고위공무원들의 몸조심29)으로 인해 당정회의를 자주 소집할 수 있는 분위기가 아니었기 때문이었고, 집권 마지막 해에는 집권세력의 비리와 외환위기로 인해 국민들의 신뢰를 잃어 국정운영의 동력을 상실했기 때문이다.

세 번째 고비는 1998년 수평적 정권교체였다. 당정회의시스템의 해체를 줄기차게 요구30)했던 정치세력이 집권당이 된 결과 당정회의시스템이 존폐의 기로에 서게 되었

---

23) 집권당 측의 사무총장, 정책위의장, 원내총무과 행정부 측의 안건관련 장관들 간의 비공식 당정회의로서 청와대 비서실장이나 정무수석 및 안기부 고위간부가 참석하기도 한 회의이다.

24) 노태우 대통령은 집권초 2년 동안 청와대당정회의 2회, 고위당정회의 8회 개최하였다.

25) 당시 원내 제1당인 민주정의당, 제3당인 통일민주당, 제4당인 신민주공화당.

26) 당권을 둘러싼 민주계와 민정계의 주도권 다툼, 내각제각서 파동, 김영삼 대표위원의 당무거부, 김영삼 대표위원의 대통령후보 선출, 민정계 의원들의 연쇄탈당 등.

27) 고위 당정회의의 경우, 1993년 4회, 1994~1996년 매년 6회, 1997년 3회 개최되었다(정무장관실 연혁, p.108.).

28) 고위당직자들의 사퇴와 탈당 및 제명 등으로 집권당내 혼란이 있었다.

29) 논란이 있는 정책에 대한 소신발언은 관련 이익집단과의 부정한 유착으로 오해될 수 있는 상황이었다.

30) 전통 야당세력은 1960년대 신민당시절부터 줄곧 당정회의시스템의 해제를 요구하였다. 당정회의시스템을 야당세력은 '관권선거', '일당독재', '공무원의 정치간여' 등을 위한 제도로 인식하여 즉각 폐지하라고 요구해왔고, 이에 여권세력은 '대민봉사','국민여론에 입각한 민주행정' 등을 위한 제도이니 폐지할 수 없다고 맞섰다(안성렬, "당정협의회란 무엇인가," 신동아 1970년 11월호, pp.94-99. 참조).

다. 그럼에도 불구하고, 당정회의시스템은 폐지되지 않았다. 이유는 행정부내 지지기
반이 없었던 집권 새정치국민회의 입장에서는 당정회의시스템이 행정부에 대한 통제
와 관리에 요긴한 수단이었고, 또한 공동여당인 자유민주연합의 총재인 김종필 총리가
30여 년 전 당정회의시스템을 창설한 장본인이었기 때문이었다. 그러나 김대중－김종
필 공동정권에서는 당정회의 소집빈도가 줄어들었다. 공동여당 체제하에서 고위 당정
회의는 활발했으나31) 중위 당정회의는 그렇지 못했다.32) 고위 당정회의가 활발했던
이유는 수평적 정권교체33)와 외환위기로 고위 당정회의 안건이 많았을 뿐만 아니라
공동여당의 한 축이 국무총리인 김종필이었기 때문이다. 중위 당정회의 개최가 상대적
으로 적었던 이유는 공동여당간 이견에 있었다. 이념이 전혀 다른 공동여당 간에 주요
정책안이나 입법안에 대한 합의가 쉽지 않았고, 공동여당 간에 합의가 안 된 분야에서
는 중위 당정회의를 소집하기가 어려웠기 때문이다. 2001년 중반에 공동여당체제가 붕
괴되어 여소야대 정국이 형성되자 중위 당정회의 소집은 줄어들었고, 2002년 5월 대통
령 자녀 비리가 드러나자 당내 차기 대선후보에게 부담을 주지 않기 위해 대통령이 탈
당함으로써34) 집권당이 없어져 당정회의는 또다시 유명무실해졌다.

　　노무현 정권도 당정회의시스템을 그대로 유지시켰으나 각급 당정회의의 개최는
극과 극을 오갔다. 노무현 정권 첫해에 집권당내 주류가 대통령에게 비판적35)인데다
가 여소야대 정국이었다. 집권당 주류와의 갈등으로 노무현 정부는 집권당 책임주의에
입각한 국정운영보다는 제 정당들에 대한 설득과 협의에 의한 국정운영을 시도하였다.
그 결과, 집권당과 행정부 간 고위 당정회의는 소집되지 않았다. 또한 여소야대 정국
으로 행정부처들은 법률안과 예산안의 국회통과를 위해 집권당과의 당정회의를 거의
포기하고 모든 정당들에 대한 정책설명회를 통해 협조를 구했다. 그러나 노무현 대통

31) 고위 당정회의는 집권 직후 6개월 동안 매달 개최되었다. 그러나 6개월 후부터 공동여당간에 이
　　견이 드러나기 시작해 국정협의회가 가동됨으로써 고위 당정회의는 거의 소집되지 않았다. 국정
　　협의회는 공동여당간 조율기구였는데 구성멤버가 고위당정회의와 대부분 중복되어 고위 당정회
　　의 안건까지 논의했다. 국정협의회는 활동개시 이후 공동여당간 균열로 중단될 때까지 1년 동안
　　총 15회를 개최되었다. 고위 당정회의 소집과 이를 대신한 국정협의회 소집을 합치면 1년 6개월
　　동안 총 24회이다. 따라서 고위급 당정회의가 매우 활발했다고 볼 수 있다. 이 기간 동안 고위
　　당정회의나 국정협의회를 주도한 사람은 공동여당 총재이자 국무총리인 김종필이었다.
32) 중위 당정회의는 1989년과 1990년에 각각 87회, 64회 개최되었다.
33) 오랜만의 수평적 정권교체로 기존의 정책방향과 내용을 변경하려는 욕구가 강했기 때문이다.
34) 자녀들의 비리로 인해 자신에 대한 비난 여론이 집권당내 대선후보에게 부담을 줄까 우려하여
　　탈당했다.
35) 노무현 대통령의 언행과 몇몇 주요 정책에 대해 야당인 한나라당은 물론 집권 새천년민주당 주
　　류도 비판적이었다.

령 지지자들이 창당한 열린우리당이 탄핵정국의 여파로 2004년 4월 실시된 총선에서 원내다수당이 되자[36] 고위 당정회의와 중위 당정회의가 그 어느 때보다도 가장 활발하게 개최됐다.[37] 노무현 대통령에 대한 여론 지지율이 또다시 하락하여 바닥에 이르자 2005년 10월 국회의원 재보궐 선거에서 열린우리당이 완패하여 원내과반수에 미달했고, 설상가상으로 2007년 들어 일부 의원들이 탈당하여 열린우리당은 원내 제2당으로 전락하고, 당내 차기 대통령 예비후보들이 노무현 대통령에 대한 비판을 개시했다. 이에 노무현 대통령은 임기 1년을 남긴 2007년 2월 탈당했다. 그 결과 집권당이 사라져 집권당과 행정부 간 당정회의는 또다시 유명무실해졌다.[38] 고위 당정회의는 소집되지 않았고, 중위 당정회의는 정당정책협의회[39]로 대체되었다. 이명박 정권에서는 당정회의시스템이 큰 변화 없이 그 기본틀과 활동을 지속적으로 유지해 오고 있다.

다. 주요 수정

당정회의시스템은 몇 차례 수정이 있었다.

전두환 정권은 기존 시스템을 보완하는 차원에서 수정을 가했다. 중위 당정회의를 분야별 당정회의에서 분과별 당정회의로 세분화시키고, 당정간 협의조정 안건도 법률안에서 국민생활에 큰 영향을 미치는 대통령령안을 추가시켰고, 지원기구인 무임소장관실의 기능[40]을 확대하여 정무장관실로 개편했다.

노태우 정권은 3당 합당을 통해 민주자유당을 창당하면서 약간의 수정을 가했다. 당정회의 대상을 법률안과 중요 대통령령안에 중장기정책안과 주요 현안문제는 물론

---

36) 노무현 대통령은 자신에 대한 당내 비판과 비협조가 지속되자 2009년 9월 자신의 지지자들과 열린우리당을 창당했다. 그러나 야당이 된 새천년민주당과 야당인 한나라당이 2004년 3월 국회에서 노무현 대통령 탄핵을 결정했다. 이로 인해 노무현 대통령의 권한이 정지되자 동정 분위기가 전국적으로 형성되었다. 탄핵 한 달 후 2004년 4월 실시된 국회의원 총선에서 제3당으로 출발한 열린우리당이 152석을 확보하여 원내 다수당이 되었다.

37) 2004년 5월부터 2005년 6월까지 13개월 동안 고위 당정회의 71회, 부처별 당정회의 425회를 개최했다(열린우리당 정책위원회, 원내정책활동보고서, 2005, 2006.)

38) 대신 행정부는 법률안과 예산안의 국회통과를 위해 여야를 초월하여 제정당과 등거리 협의조정을 추진하기 위해 '정당정책협의회'를 가동했다. 국무총리와 대통령 비서실장 및 관련부처 장관, 각당 원내대표와 정책위의장 등이 참석하는 회의이다(국무총리훈령 제493호, 당정협의업무 운영규정).

39) 국무총리, 대통령비서실장, 관련부처 장관, 여야 원내대표와 정책위의장이 모여 입법안과 예산안을 논의했던 회의이다.

40) 당정회의시스템 관리 이외에 행정부와 여당간 비공식 조율은 물론 여야당간의 관계도 조율하는 포괄적 조정역할이 부여되었다. 그리하여 정무장관은 야당 대한 정책설명회를 주관하고, 여야 지도부간 대화는 물론 여야 영수회담도 주선했다.

국민적 관심사까지 포함시켰고,41) 분과별 중위 당정회의들을 단일부처 당정회의와 복수부처 당정회의로 이원화시켰으며, 예산관련 실무 당정회의를 신설했다. 협의조정 대상을 확대한 이유는 민자당 김영삼 대표위원이 차기 대권전략으로 여권 전체를 자신의 영향권이 넣고 집권에 필요한 정보를 확보하려 했기 때문이었다.

김영삼 정권은 당정회의시스템을 민주화 효율화하고 자신의 정치적 주도권 확립을 위해 수정했다. 첫째, 청와대 당정회의를 폐지하여 고위 당정회의, 중위 당정회의, 실무 당정회의 3단구조로 축소시켰다. 김영삼 대통령이 청와대 당정회의를 폐지한 이유는 세 가지이다. 하나는, 당정회의시스템 내에서 제왕적 대통령의 이미지를 제거하기 위한 것이고, 다른 하나는 공식회의에서 토론 유도와 결론 도출에 능숙하지 못했기 때문이었으며, 마지막 하나는 중요한 정치적 쟁점에서 자신이 주도권을 잡기 위해 고위당직자들과 논의하고 싶지 않았기 때문이었다. 둘째, 임시방편으로 가동되었던 비밀 당정회의42)를 폐지했고 청와대나 국가안전기획부 직원의 참석 혹은 배석을 금지했다.43) 이는 권위주의적 잔재를 제거하기 위함이었다. 셋째, 당정회의 협의조정 대상에서 중장기 정책안과 국민적 관심사를 제외시켰고, 고위 당정회의의 대상도 정치현안들이 아닌 민생관련 주요 정책들로 국한시켰다. 민자당 대표위원 시절 고위 당정회의 소집을 기피했던 김영삼은 대통령이 된 이후 고위 당정회의 소집은 허용하되 정치현안을 논의하지 못하게 했다. 자신의 정치적 주도권 행사에 제약을 가할 수 있었기 때문이었다. 넷째, 중위 당정회의를 부처별 당정회의로 환원하고, 예산당정회의를 폐지했다. 넷째, 모든 당정회의는 필요시에만 소집하도록 했다.

김대중 정권은 당정회의시스템을 좀 더 충실하게 운영하고 공동정부에 맞게 수정을 가했다. 첫째, 고위 당정회의의 협의조정 대상과 참석멤버를 수정했다. 국민생활에 중요한 범정부적 정책, 정치적 논란 소지가 있는 정책, 국회입법계획, 긴급현안대책 등을 협의토록 하고, 고위 당정회의 참석범위를 회의의제에 따라 신축적으로 조정함과 동시에 청와대 정무수석비서와 의제 관련 수석비서들을 참석시켰다. 참석범위를 신축적으로 정한 이유는 종전처럼 고위당직자들을 모두 참석시키면 집권당이 둘이어서 참석자가 너무 많아지기 때문이었다. 대통령 수석비서들을 참석시킨 것은 고위 당정회의에서의 협의 결과가 대통령의 국정운영 방향과 어긋나지 않도록 하기 위해서였다.44)

---

41) 국무총리 훈령 제244호, 당정협조에관한처리지침, 1990. 8. 9.

42) 예를 들면, 안가(당정)회의이다. 이 회의를 통해 국가안전기획부의 의견이 정치권에 제시되었다. (김교준, 변화하는 당정관계, 조선일보, 1990. 4. 10일자. 참조).

43) 권찬호, 논문, p.175.

44) 청와대 당정회의를 부활시키지 않은 상태에서 고위 당정회의에서의 협의조정 결과가 대통령의

둘째, 회의안건을 구분 관리하고 회의결과의 사후관리를 강화했다. 회의안건을 보고안건과 토의안건으로 구분하여 보고안건은 사전 배포하여 회람으로 처리하고 토의안건은 회의석상에서 집중 협의토록 했다. 또한 국무조정실장으로 하여금 당정회의에서 결정된 사안에 대한 후속조치를 차기회의에서 보고토록 했다. 셋째, 지원기구를 정무장관실에서 국무총리 비서실로 바꿨다. 공동여당 총재인 국무총리를 배려하는 차원에서 당정회의 운영을 총리에게 맡겼기 때문이다.

노무현 정권과 이명박 정권은 당정회의시스템에 별다른 수정을 가하지 않았다. 다만, 고위 당정회의 참석멤버로 청와대 비서실장과 수석비서관을 추가시켰다. 이는 민주화 이후의 대통령들이 제왕적 대통령의 이미지를 주는 청와대 당정회의를 부활시킬 수 없는 상황에서 고위 당정회의의 협의결과가 자신의 국정운영방향과 배치되지 않도록 하기 위해 취해진 조치이다.

라. 변화 내용

이러한 수정으로 인해 변화된 내용을 다음과 같다.

첫째, 당정회의의 구조와 참석멤버에 변화가 있었다. 당정회의는 4단 구조로 출발했으나 김영삼 정권이 최고위 청와대당정회의를 폐지함으로써 3단 구조로 변경되었다. 중위 당정회의는 초기에 경제분야 당정회의로 출발했으나 비경제분야가 추가되었고, 분과별 당정회의로 세분화되었다가 다시 단일부처 당정회의와 복수부처 당정회의로 이원화된 다음, 또다시 부처별 당정회의로 세분화되었다. 고위 당정회의 참석멤버로서 김대중 정권은 청와대 수석비서관을, 노무현 정권은 청와대 비서실장을 추가시켰고, 이명박 정권은 청와대 비서실장과 수석비서관들을 필요하면 참석시키도록 했다. 반면에, 중하 위당정회의는 참석멤버의 위상은 초창기부터 최근까지 변화가 없었다.

둘째, 협의조정대상과 중심의제에 변화가 있었다. 당정회의의 협의조정 대상은 법령안, 정책안 및 정치사회현안이다. 먼저, 법령안을 보면 민주공화당(1963~1979)은 법률안에 국한시켰고, 민주정의당(1981~1989)과 민주자유당(1990~1996)은 국민생활 또는 국가경제에 중대한 영향을 미치는 중요 대통령령안을 추가시켰으며,[45] 신한국당(1996~1997)은 모든 대통령령안과 중요 부령안을,[46] 새정치국민회의(1998~2003)과 열

노선에서 벗어날 소지가 있었다. 공동정부 하에서 제1 여당의 수장은 대통령이고 제2 여당의 수장은 국무총리였는데, 고위 당정회의는 국무총리인 제2 여당의 수장이 주도하게 되므로 상대적으로 제1 여당의 수장인 대통령의 입장 반영이 소홀해질 수 있었다.

45) 국무총리훈령 제178호, 당정협조에관한처리지침, 1982. 4. 19.

46) 국무총리훈령 제334호, 당정협조업무운영규정, 1996. 8. 5.

린우리당(2004~2007)은 중요 총리령까지 포함시켰다.47) 이는 행정대상이 복잡 다양해
짐에 따라 불가피하게 행정입법인 대통령령이나 총리령 및 부령에도 국민의 부담을
지우는 내용을 포함시키기 때문에 당정협조의 대상에 포함시켰다(권찬호, pp.94-95).
다음, 정책안을 보면 민주공화당은 당면정책을,48) 민주정의당은 주요 정책을,49) 민자
당은 중장기정책안을,50) 신한국당 이후부터는 주요 정책안을 당정협의 대상으로 했다.
마지막으로, 정치사회 현안문제를 보면 민주자유당, 새정치국민회의 및 열린우리당은
당정회의 규정에 협의조정 대상으로 명시했으나 민주공화당, 민주정의당 및 한나라당
은 명시하지 않았다. 그러나 현안문제는 명시 여부와 관계없이 항상 협의조정의 대상
이 되어 왔다.

당정회의 중심의제는 정치체제 안건,51) 일반정치 안건,52) 경제사회 안건 등이다.

중하위 당정회의의 중심의제는 설치 초기에 경제사회 안건과 정치체제 안건이었
다. 박정희 정권은 경제사회 안건들을 조정하는 경제분야 정책협의회 이외에 정치체제
안건들을 조정하는 비경제 정책협의회를 가동했기 때문이다. 그러나 전두환 정권은 비
경제 정책협의회를 폐지하고 관할 안건들을 고위 당정회의에서 협의조정토록 했다. 그
결과 중위 당정회의의 중심의제는 경제사회 안건들로 바뀌었다.

반면에 고위급 당정회의의 중심의제는 민주화의 진전과 함께 크게 변했다. 박정
희 정권에서 최고위 청와대 당정회의의 중심의제는 정치체제 안건, 일반 정치현안, 그
리고 경제사회적 파장이 큰 정책안들이었던 반면, 고위 당정회의의 중심의제는 정책화
해야 할 공약들과 국민여론이었다. 그러나 전두환 정권은 고위 당정회의도 정치체제
및 일반정치 관련 안건들을 협의 조정토록 함으로써 고위 당정회의와 청와대 당정회
의의 중심의제를 구분하지 않았고, 노태우 정권은 청와대 당정회의나 고위 당정회의가
아닌 비공식 비밀 고위당정회의53)에서 정치현안 안건들을 협의조정하고 경제사회 안
건들은 중위 당정회의에서 조정토록 했다. 김영삼 정권은 청와대 당정회의와 비밀 당

47) 국무총리훈령 제360호, 당정협조업무운영규정, 1996. 8. 5.
48) 여당과 정부 간 유기적인 협조 개선방침에 관한 지시각서, 1965.4.8. 당면정책은 국정전반에 걸
   쳐 정부여당이 추진해야할 다양한 크고 작은 과제들이다. 그 list가 당헌에 명시되어있다.
49) 국무총리훈령 제178호, 당정협조에관한처리지침, 1982.4.19.
50) 국무총리 훈령 제244호, 당정협조에관한처리지침, 1990.8.9.
51) 개헌문제, 언론대책, 학생시위대책, 재야인사대책, 정치인 사면복권 등.
52) 정치관계법 처리, 선거대책, 국회대책, 지자체 실시 등.
53) 국가안전기획부 고위간부와 청와대 보좌관 등이 추가로 참석하는 비공식 비공개 당정회의(속칭,
   안가회의).

정회의를 폐지함으로써 제도적으로 고위 당정회의가 청와대 당정회의와 비밀 당정회의의 중심의제들을 흡수토록 했으나 실제로는 정치현안들을 고위 당정회의가 아니라 소수 측근들과 협의 조정했다. 따라서 고위 당정회의의 실질적 중심의제는 정치현안 안건들이 아니라 경제사회 안건들이었다.[54] 김대중 정권에 들어서서 국민생활에 지대한 영향을 미치는 경제사회적 안건, 정치적으로 민감한 선거대책과 국회대책 등이 고위 당정회의의 중심의제로 자리잡아 오늘날까지 유지되고 있다. 최근에는 이러한 쟁점들보다는 정부여당의 국정운영방향이 중심의제가 되고 있다.

셋째, 당정회의의 개최는 정치적 상황과 대통령의 국정운영 전략에 따라 부침이 있었다. 집권당이 원내다수이고 대통령이 집권당 총재직을 유지하면 집권당과 행정부 간 각급 당정회의들이 활성화되었다. 그러나 집권당이 원내 과반수 확보에 실패한 여소야대 정국[55]이나 대통령이 집권당을 탈당할 경우[56] 집권당과 행정부 간 당정회의는 무

---

54) 고위 당정회의 의제의 성격 변화를 보면 다음과 같다.

정권	회의 횟수	체제관련의제	정치현안의제	경제사회의제	계
전두환 정권 (1985–86)	12	12 (25.0%)	16 (33.3%)	20 (41.7%)	48 (100%)
노태우 정권 (1990–91)	12	4 (11.8%)	10 (29.4%)	20 (58.8%)	34 (100%)
김영삼 정권 (1995–96)	12	2 (4.4%)	16 (35.6%)	27 (60.0%)	45 (100%)

참고) 정무장관실, 정무장관실 연역, pp.109–116에 실린 자료를 분석.

55) 제1차 여소야대 정국은 노태우정권 초기(1988.5.–1990.1)였다. 1988년 4월 총선에서 과반수의석 확보에 실패하여 야3당에게 끌려 다니다가 1990년 1월 3당 합당으로 여소야대 정국을 극복하였다. 1992년 3월 총선과 1996년 4월 총선에서 당시 집권당이던 민자당과 신한국당은 국회 과반수의석 확보에 실패했으나 국회개원 전에 정개개편으로 과반수의석을 확보했다. 제2차 여소야대 정국은 김대중정권 초기(1998.2.–1998.9.)였다. 공동여당인 새정치국민회의와 자유민주연합은 131석에 불과해 과반수에 미달했다. 그러나 1998년 9월 정개개편으로 공동정권은 과반수 153석을 넘겨 여소야대 정국을 종식시켰다. 제3차 여소야대 정국은 김대중정권 중후반(2000.2.–2002.2.)이다. 2000년 2월 새정치국민회의와 자유민주연합 간 공조가 무너지자 집권당 새정치국민회의는 다시 소수 여당으로 전락하였다. 그해 4월 총선에서 한나라당이 133석, 새천년민주당이 115석, 자유민주연합이 17석을 확보했는데, 당시 국회의원은 총273명으로써 제1당인 한나라당은 물론 집권 새천년민주당도 과반수에 미달하였다. 2001년 1월에 새천년민주당과 자유민주연합이 다시 공조했음에도 공동여당은 여전히 과반수에 미달하였다. 제3차 여소야대 정국은 김대중 대통령이 집권당을 탈당한 2002년 2월까지 지속되었다. 제4차 여소야대 정국은 노무현정권 초기(2003.2.–2004.4)이다. 원내 제2당인 새천년민주당 후보로 당선된 노무현 대통령은 여소야대 정국에서 국정운영을 시작했다. 새천년민주당과의 갈등으로 결별하고 추종 의원 47명으로 열린우리당을 창당하여 2004년 4월 총선에서 152석을 확보하여 여소야대 정국에서 벗어났다. 제5차 여소야대 정국은 2005년 3월 열린우리당 의원들이 잇달아 당선무효 판결을 받아 원내의석이 과반수 이하로 내려감으로써 시작되어 노무현 대통령이 2007년 2월 열린우리당을 탈당할 때까지 지속되었다.

56) 대통령들이 집권말에 차기 대통령 선거의 공정한 관리와 초당적 국정운영을 이유로 집권당을 탈

기력해졌다.

　　정치적 안건들을 협의조정하는 고위 당정회의의 개최는 여소야대, 대통령의 탈당, 선거임박, 집권당 대선후보의 집권전략, 대통령의 국정운영 전략 등에 크게 영향을 받았다. 야당들이 원내다수를 점한 후 강력히 반대하거나 대통령이 탈당하여 집권당이 사라질 경우 고위 당정회의57)는 유명무실해졌다. 또한 대통령 선거를 앞둔 상황에서 고위 당정회의 소집은 줄어들었다. 집권당은 선거에 행정조직을 동원한다는 오해를 받지 않기 위해, 행정부는 특정 정당을 편든다는 오해를 받지 않기 위해 고위 당정회의에 적극 나서지 않았기 때문이다. 고위 당정회의 소집은 집권당 대선후보의 집권 전략이나 대통령의 국정운영 전략에 따라 달라지기도 했다. 전두환 정권 마지막해인 1987년에는 고위 당정회의가 크게 증가했는데,58) 이는 대통령이 정권 재창출을 목표로 차기 대선 후보인 당대표에게 정국운영을 주도할 기회를 부여한 결과 당대표가 정치현안들을 해결하기 위해 고위 당정회의를 적극 소집했기 때문이다. 그러나 노태우 정권 후반기에 고위 당정회의 소집이 극히 저조했는데,59) 이는 김영삼 민자당 대표위원이 당내 반대세력이 강력한 상황에서 차기 대선에서 유리한 상황을 만들기 위해 주요 정치현안을 청와대 당정회의나 고위 당정회의에서의 논의하기보다는 노태우 대통령과의 담판을 통해 자신의 입장을 관철하려는 전략을 구사하였기 때문이었다. 또한 김영삼 정권 초기와 노무현 정권 초기에도 고위 당정회의 소집이 줄어들었는데, 이는 김

　　당한 경우가 여러 번 있었다. 노태우 대통령은 1992년 9월 18일 차기 대통령 선거 3개월 전에 탈당했다. 민자당내 계파간 주도권 경쟁, 차기 대통령 후보 선출과 선거지원 등을 놓고 김영삼 후보와 갈등을 벌이던 도중에 공정한 대선을 위해 탈당하라는 김대중 후보의 요청이 있자 중립내각을 표방하면서 탈당하였다. 김영삼 대통령은 1997년 11월 7일 차기 대통령 선거 1달 10여일을 남겨두고 집권당 차기 대통령 후보의 요구로 탈당하였다. 김영삼 대통령이 한보사건과 민주계실세 구속, 아들의 국정간여, 금융위기 등으로 신한국당 지지율을 떨어뜨린 데다가 당내 대통령후보 경선에서 패배한 이인제 의원 탈당을 방조하고 야당 대통령후보 김대중의 비자금 수사를 선거 이후로 미루자, 신한국당 차기 대통령후보 이회창은 집권당 프레미엄을 포기하고 김영삼 대통령의 탈당을 강력히 요구했다. 김대중 대통령은 2002년 5월 6일 차기 대통령 선거를 7개월 10일을 남겨두고 탈당했다. 측근들과 아들들의 비리 등으로 각종 선거에서 새천년민주당이 연패하자 자신으로 인해 차기 새천년민주당 대통령후보에 부담을 주지 않기 위해 스스로 탈당했다. 노무현 대통령도 2007년 2월 차기 대선 10개월을 앞두고 탈당했다. 집권기간 동안의 정책실패와 개인적 자질 시비로 열린우리당 지지율이 바닥을 맴돌자 집권당과 상의한 후 탈당했다. 그러나 이전 탈당 대통령들과는 달리 차기 대통령 선거에서 정치적 중립이나 초당적 국정운영을 표방하지는 않았다.
57) 최고위 청와대 당정회의는 박정희 정권시 월1회 정기적으로 소집되었으나, 김영삼 정권에 의해 폐지될 때까지 전두환 정권과 노태우 정권하에서 연1~2회 정도 소집되었다.
58) 전년도에 6회이던 것이 1987년에 14회로 증가했다.
59) 청와대당정회의는 전혀 소집되지 않았고, 고위당정회의는 평균 3.5회 소집되었다.

영삼 대통령이 자신의 국정운영 주도권 장악을 위해 고위 당정회의의 소집을 억제했고, 노무현 대통령은 집권 첫해 집권당 주류의 비협조로 집권당 중심의 국정운영을 포기함으로써 고위 당정회의를 거의 소집하지 않았기 때문이다. 이명박 정권도 자신의 국정운영에 대한 집권당의 간섭을 가급적 차단하기 위해 고위 당정회의 소집을 꺼렸다.

중위 당정회의는 여소야대 여부에 따라 소집 빈도가 달라졌다. 즉 집권당이 원내 다수인 경우 정상적으로 소집되었으나, 여소야대인 경우 소집 빈도가 줄어들었다. 행정부처들이 집권당과의 협의를 줄이고 야당들과의 협의를 강화했기 때문이다. 그러나 중하위 당정회의는 선거와 관계없이 개최되어 왔다.[60] 이는 중하위 당정회의 안건이 선거와 직접적인 관련성이 크지 않기 때문이다.

넷째, 당정회의시스템의 운영 및 지원 업무의 관할이 바뀌었다. 초기에 대통령 소속 무임소 국무위원실(1964~1980)에서 담당했으나[61] 정무장관실(1981~1997)을 거쳐, 1998년 이후에는 총리 정무비서실(1998~현재)과 집권당 정책국(전문위원)에서 각각 고위 당정회의와 중하위 당정회의를 지원하고 있다.

3. 당정간 정책조정 절차

고위 당정회의가 주요 정책현안들에 대한 대응 방향을 논의하고 중위 당정회의가 쟁점정책들을 최종 타결하는 경우가 많아짐에 따라, 전자는 당정간 정책갈등을 사전에 예방하고 후자는 사후에 조정하는 것으로 역할 분화가 이루지고 있다. 당정간 협의조정에 핵심역할을 하는 두 당정회의의 조정절차를 보면 다음과 같다.

1) 정책(국정운영)방향 조정절차

당정간 갈등의 사전예방 역할을 하는 고위 당정회의의 절차는 다음과 같다.

첫째, 회의안건을 정한다. 총리 정무실장이 집권당, 청와대, 관계부처 등의 요청이나 총리의 판단에 따라 회의안건들을 선정한다.

둘째, 참석대상 선정과 회의일정 협의이다. 총리 정무실장이 회의안건들에 입각하여 참석대상을 선정한 후, 당대표 비서실장, 청와대 정무기획비서관, 관계부처 장관

60) 권찬호, pp.97-98 ; 동아일보, 1995.5.17.
61) 무임소장관실은 정부수립 이후 제2공화국까지 제도개선과 대통령 특명사항을 처리해 왔다.

비서실과 접촉하여 회의안건들을 통보하고 일정을 협의하여 확정한다. 회의는 월1회 개최하는 것이 원칙이나 필요에 따라 수시로 소집할 수 있다.

셋째, 확정된 안건, 참석대상, 일시 및 장소의 통보이다. 장소는 국회나 총리공관이다. 총리 정무실장은 안건과 일정을 통보한 후 총리와 상의하여 보도자료 초안을 마련한다.

넷째, 회의개최 및 안건논의이다. 회의가 개최되면, i) 국무총리, 당대표, 대통령비서실장이 차례로 인사말을 한 다음, ii) 총리 정무실장이 회의안건들을 소개한다. 이어서 iii) 총리 혹은 당대표의 주재로 정국현황을 검토한 다음, iv) 안건들에 대해 논의한다. 마지막으로, v) 국무총리, 당대표, 대통령비서실장이 차례로 마무리 발언을 한다. 회의가 마무리되면 논의결과를 반영하여 보도자료 초안을 수정한다.

다섯째, 회의결과의 브리핑이다. 당대변인이 회의결과를 요약하여 언론에 공표한다.

2) 쟁점정책 조정절차

(1) 당정의 입장정립

가. 집권당의 내부검토와 입장정립

행정부처가 법안 등 당정간 협의조정안건을 제출하면, 집권당은 내부적으로 검토한 후 어떻게 대응할지 입장을 정한다. 그 절차를 보면 다음과 같다.

a. 전문위원의 검토 및 보고

행정부처안을 접수한 정책국은 소관 정책조정위원회[62] 소속 전문위원에게 배정하여 검토케 한다. 행정부처안이 다수 정책조정위원회들과 관련되어 있으면 다수 전문위원들이 검토한다. 검토기준은 선거공약과 당론 및 유권자지지 등이다. 즉 행정부안이 선거공약 혹은 당론과 배치되는지, 지지유권자들에게 피해를 주는지 등을 검토한다. 전문위원은 검토기준에 따라 행정부처안을 평가한 후 그 결과에 따라 처리를 달리한다.

첫째, 당정간 입장이 유사하면, 즉 행정부안이 집권당의 공약 혹은 당론에 부합하거나 지지기반에 피해가 없으면, 행정부안을 수용한다. 둘째, 당정간 입장 차이가 미미

---

62) 정책위원회 산하 분과위원회이다.

표 10-2 행정부안에 대한 집권당내 검토와 처리절차

입장차	정책전문위원(들)	정책조정위장(정책위의장)	원내대표(당대표)

현격	- 쟁점 정리
	- 실무당정회의 및
	  결과보고
		1. 검토 및 배포
		2. 정책조정위(연석회의)에서 검토
		3. 중위당정회의를 통한 조정 시도
		4. 결과보고
			1. 검토
			2. 의원총회(최고위원회) 상정
			3. 조정안 : 추인
			   미조정안 : 고위당정회의 상정

미미	- 실무당정회의 조정
	  및 결과 보고
		1. 검토 및 배포
		2. [이견부재]
		   정책조정위(연석회의)에서 추인
		3. [미조정/이견발생]
		   중위당정회의에서 조정·재조정
		4. 종결
			- 무관여 -

부재	- 행정부안 수용 및 보고	1. 검토 및 배포 2. 정책조정위(연석회의)에서 추인 3. 종결	- 무관여 -

무관	- 의견서 작성
	  및 보고
		1. 검토 및 배포
		2. 정책조정위(연석회의)에서 검토
		3. 당론 수립
		4. [입장차 부재] 행정부안 수용·종결
		   [입장차 존재] 중위당정회의 조정
		5. 일반안건 : 종결
		   중요안건 : 결과 보고
			1. 검토
			2. 의원총회(최고위원회) 당론 확정
			3. 중요안건 조정안 : 최고위 추인
			4. 중요안건 미조정안 : 고위당정회의
			              상정

하면 전문위원 선에서 이견을 해소한다. 즉 행정부안이 집권당의 공약 혹은 당론과 약간의 차이가 있거나 지지집단에게 약간의 피해를 줄 수 있으면 전문위원이 행정부로부터 입장수정을 받아냄으로써 조정을 종결한 후 정책조정위원장에게 보고한다. 셋째, 당정간 상당한 입장 차이가 있으면, 즉 당론 혹은 선거공약에서 상당히 벗어나 있거나 지지집단에 상당한 피해를 줄 수 있으면, 전문위원이 실무 당정회의를 개최하여 1차 조정한 후 그 결과를 정책조정위원장에게 보고한다. 넷째, 행정부처안과 관련된 공약 혹은 당론이 없거나 행정부처안이 지지기반과 무관한 경우, 전문위원은 자신의 개인적 판단에 따라 검토의견을 작성하여 정책조정위원장에게 보고한다.

  b. 정책조정위원장(정책위의장)의 검토 및 의견수렴[63]

  정책조정위원장은 전문위원이 처리한 모든 결과, 즉 검토종결한 안건, 실무당정

---

63) 단일 정책조정위원회 소관 안건이면 정책조정위원장이, 다수 정책조정위원회 관련 안건이면 정책위의장이 검토한 후 당내 의견수렴과 당정간 조정을 주도한다.

회의에서 논의한 안건, 당론부재로 검토의견만 작성한 안건 등을 해당 위원회 위원들에게 배포한다. 정책조정위원장은 안건의 유형에 따라 후속 처리를 달리한다.

첫째, 전문위원이 종결 처리한 안건, 실무 당정회의에서 조정한 안건 등에 대해 해당위원회 위원들의 이견이 없으면 추인하여 조정절차를 종결한다. 그러나 이견이 있으면 정책조정위원회를 소집하여 당의 입장을 정한 후 중위 당정회의를 소집하여 재조정한다.

둘째, 실무 당정회의에서 이견 조정이 안 된 안건, 집권당의 당론이 불분명하거나 지지기반 이해관계와 무관하여 전문위원이 협의조정을 시도하지 않고 검토의견만 작성한 안건 등의 경우, 정책조정위원장(정책위의장)이 정책조정위원회(연석회의)를 소집하여 행정부 입장을 수용할 것인지 아니면 수정할 것인지를 검토한다. 수용하기로 결정하면 조정절차는 종결되고, 수정하기로 결정하면 당의 입장을 정한 후 중위 당정회의를 소집하여 조정한다.

정책조정위원장(정책위의장)은 중요 안건인 경우 중위 당정회의에서 조정이 이뤄졌든 이뤄지지 않았던 그 결과를 원내대표(당대표)에게 보고한다.[64]

c. 원내대표(당대표)의 검토 및 결정[65]

원내대표(당대표)는 중요 안건인 경우 중위 당정회의의 결과를 의원총회(최고위원회)에 상정하여 검토한다. 의원총회(최고위원회)에서는 중위 당정회의에서의 조정 여부에 따라 후속 절차를 달리한다. 먼저, 중위 당정회의에서 조정된 안건에 대해서는 추인여부를 결정한다. 추인을 받으면 당정간 조정은 종결되고, 추인을 못 받으면 중위 당정회의를 재소집하여 재조정한다. 다음, 중위 당정회의에서 조정이 안 된 안건은 의원총회(최고위원회)에서의 논의를 거쳐 당의 입장을 재확인한 후 고위 당정회의에 상정하여 조정토록 한다.

고위 당정회의에서도 조정이 안 되면, 과거 권위주의 체제하에서는 대통령이 개입하여 집권조정했으나 민주화 이후 최근에는 해당 정책추진을 미루거나 포기하는 경우가 많다.

---

64) 2018년 현재 집권당인 더불어민주당의 경우 대체로 원내대표와 당대표에게 보고하고, 자유한국당의 경우 원내대표에게만 보고한다.

65) 2018년 현재 당헌·당규상 더불어민주당의 경우 당정책(법률안)에 대한 최종 의결을 대부분 의원총회에서 하지만 당대표의 판단에 따라 최고위원회 혹은 당무회의에서 의결할 수도 있고, 자유한국당의 경우 의원총회에서 최종 의결하고 당대표나 최고위원회는 관여하지 않는다.

나. 행정부처의 내부검토와 입장정립

집권당이 법안 등 협의조정대상에 대해 협의를 요청해 오면, 행정부처는 내부적으로 검토한 후 어떻게 대응할지 입장을 정하여 전달한다. 그 절차를 보면 다음과 같다.

첫째, 당 정책전문위원이 해당부처 과장에게 법안 등을 전달하여 사전 검토를 요청한다. 모든 안건들에 대해 요청하지는 않는다. 특히 공무원의 정치적 중립 원칙상 공무원이 관여해서는 안 되는 안건들은 요청하지 않는다.

둘째, 안건을 접수한 과장은 대부분 국실장에게 보고하고, 중요한 안건이면 국실장이 장관에게 보고한다.

셋째, 국실장이 과장과 협의한 후 내부입장을 정한다. 내부입장을 정하는 과정에서 행정부처는 집권당의 입장에 대해 예산소요, 집행가능성, 야당의 반대 가능성 등을 검토한다. 중요한 쟁점에 대해서는 장관에게 보고하고 의견을 받아 반영한다.

넷째, 국실장이 당 정책전문위원에게 행정부의 입장을 전달한다. 공식 서면으로 전달하거나 비공식적으로 직접 만나 설명하기도 한다.

다섯째, 당 정책전문위원은 행정부처의 의견을 검토하여 양 입장의 차이에 따라 후속 처리절차를 달리한다. 즉 행정부처가 기본틀 혹은 핵심내용의 수정을 요구하지 않는 한 행정부처의 입장을 대부분 수용하여 반영한다. 그러나 행정부처의 입장을 수용하기 어려우면 정책위원회 의장에게 보고하고 당정회의를 소집한다.

(2) 당정간 입장차이 조정절차

가. 당정회의를 통한 협의조정

집권당과 행정부처 간 입장 차이는 일차적으로 당정회의를 통해 협의조정한다.

일반적인 협의조정절차는 다음과 같다. 먼저, 실무 당정회의를 소집하여 조정하고, 실무 당정회의에서 조정되지 않으면 중위 당정회의를 소집하여 조정하며, 중위 당정회의에서도 조정되지 않으면 고위 당정회의를 소집하여 조정한다. 당정회의 과정에서 당론을 정할 필요가 있으면 당정회의를 중단하고 별도의 절차를 통해 당론을 정한 후 당정회의를 재소집하여 조정한다. 하위 당정회의에서 조정되면 상위 당정회의는 조정결과를 대체로 추인하지만, 상위 당정회의에서 이견이 있으면 재조정한다. 하위 당정회의에서 조정되었더라도 국가적 중요성이 있거나 정치적 파장이 있는 쟁점정책의 경우 고위 당정회의에 상정하여 승인을 받는다.

그러나 당정간 협의조정이 모두 이러한 일반절차를 따르는 것은 아니다.

첫째, 당정회의들의 소집이 순차적이지 않은 경우가 있다. 즉 어떤 쟁점정책은 하위 당정회의에서 협의조정이 끝났음에도 상위 당정회의에서 다시 쟁점화되어 재조정되기도 하고, 어떤 쟁점정책은 상위 당정회의에서 처음으로 이견이 표출되어 하위 당정회의가 소집되어 조정되기도 하며, 어떤 쟁점정책은 여야당 협의조정 과정에서 이견이 표출되어 다시 당정회의를 소집하여 조정하기도 한다.

둘째, 최근 들어 당정간 쟁점정책들이 대부분 중위 당정회의에서 최종 타결되는 경향이 있다. 즉 실무 당정회의와 고위 당정회의의 이견조정 역할이 줄어들고 있다. 실무 당정회의는 쟁점들을 확인한 후 직접 조정하기보다는 중위 당정회의에 상정하는 경우가 많고, 중위 당정회의에서도 타결이 안 된 쟁점정책들은 과거에는 고위 당정회의에서 조정했으나 최근에는 중위 당정회의를 2~3차례 더 소집하여 조정하는 경향이 있으며, 고위 당정회의는 당정간 쟁점정책을 둘러싼 이견 조정보다는 주요 현안들을 점검하고 대응방안을 협의하는 경향이 있다.

중위 당정회의의 소집과 진행 및 마무리 절차는 다음과 같다. i) 회의안건의 선정이다. 당 정책전문위원이 정책위의장과 협의하여 당정회의에 상정하여 논의할 필요가 있는 안건들을 선정한다. ii) 당정회의 소집의 통보이다. 당 정책전문위원이 정책위의장 명의로 안건관련 당내 분과위원회와 행정부처들에 당정회의 소집을 통보한다. 동시에 정책위원회 산하 관련 분과위원들과 행정부처 장관들 및 청와대 수석비서의 참석을 요청한다. iii) 당 정책전문위원이 회의자료와 보도자료를 작성하여 정책위원회 의장에게 보고한다. iv) 당정회의가 소집되면, 언론기자들이 지켜보는 공개적인 상황에서 정책위원회 의장과 부처 장관이 모두발언을 하고, 비공개로 안건별 논의를 한 다음, 다시 정책위의장과 장관이 마무리 발언을 한다. 안건별 논의는 담당 분과위원장의 사회로 진행되는데 안건 관련 회의자료를 배포하고 논의를 마무리한 후 회의자료를 다시 회수한다. v) 안건별 논의가 모두 끝나면 정책위의장이 당 전문위원과 배석한 행정부 국실장들과 상의하여 회의내용을 요약하고 보도자료를 수정한다. vi) 마지막으로 기자들을 불러 보도자료를 배포하거나 브리핑을 통해 개략적인 논의내용을 설명한다. vii) 해당 부처 국실장들이 합의사항의 이행을 위한 구체적인 대책과 향후 추진일정을 마련하여 분과위원회에 보고한다.

중위 당정회의 논의과정에서 행정부처들은 법규정 범위 내에서의 해결책을 주장하고, 집권당은 선거공약, 당론 및 국민들의 입장에 따른 해결책을 주장한다. 행정부처들은 집권당 의원들의 전문적이고 현장감 있는 주장을 대부분 수용한다.

나. 정무장관에 의한 중립조정

중위 당정회의에서 조정이 잘 안 되는 쟁점정책들 가운데 정치적 고려가 필요한 쟁점정책은 정무장관이 나서서 물밑 조정하는 경우가 있다. 정무장관이 개입하여 중립 조정하는 절차는 대체로 다음과 같다.

첫째, 집권당과 행정부처의 입장을 파악한다. 먼저 정무장관실 스탭들이 집권당 전문위원들과 관련부처 고위공무원들을 접촉하여 쟁점정책에 대한 각자의 입장을 파악하고 국민 여론과 청와대 의중을 파악한다. 이어서 정무장관이 직접 집권당 정책위 의장과 관련의원들을 접촉하여 집권당의 입장과 양보가능 부분을 탐색하고, 이어서 관련부처 장관을 접촉하여 부처의 입장과 양보가능 부분을 탐색한다. 둘째, 왕복 조정이다. 정무장관은 집권당 의원들과 관련부처 장관을 번갈아 가며 개별적으로 만나 합의를 향한 양보를 종용한다. 셋째, 담판 조정이다. 정무장관은 어느 정도 양보 분위기를 만든 후 갈등 당사자들을 소집하여 담판 짓게 한다. 대통령의 입장을 배려하여 서로가 양보하여 합의하도록 압력을 가한다. 넷째, 마무리이다. 합의가 이뤄지면 정무장관이 양측에 고마움을 표시하고 뒷풀이를 한다.

다. 대통령에 의한 집권조정

당정간 첨예한 갈등은 대통령의 집권조정에 의해 종결되는 경우가 있다. 그 대통령이 개입하여 조정하는 절차는 다음과 같다.

첫째, 집권당과 행정부처 양측의 입장 파악이다. 대체로 양측으로부터 직접 보고를 받거나 수석비서관들을 통해 파악한다. 둘째, 의견 수렴이다. 자신의 최종입장을 정하기 전에 측근들, 외부전문가들, 사회적 저명인사 등의 의견을 듣고, 국민여론의 동향도 점검한다. 셋째, 자신의 최종 입장 정리이다. 최종 입장은 해결 방향과 원칙 및 핵심쟁점에 관한 대통령의 의견이다. 대통령은 조정안의 세부내용을 정하지는 않는다. 넷째, 입장 표명이다. 최종 입장은 연설이나 청와대 당정회의를 통해 표명한다.

4. 당정간 정책조정의 방식과 행태

1) 정책내용에 따른 조정방식

정책추진에 있어서 행정부처는 효과성과 실현가능성을 중요시하고, 집권당은 지지층에 미치는 영향을 중요시한다. 그리하여 집권당과 행정부처 간에 자주 발생하는 갈등은 동원수단, 적용시기, 적용대상을 둘러싼 갈등이다. 집권당과 행정부처 간에 관할권 갈등은 있을 수 없고, 정책목표에 대한 갈등은 상대적으로 빈도가 적다.

동원수단들 둘러싼 집권당과 행정부 간 이견은 대체로 다음과 같은 방식으로 조정된다. 첫째, 집권당과 행정부처가 선호하는 서로 다른 수단들이 상대방에게 부담 혹은 피해를 주지 않으면 서로가 상대방 수단들을 수용한다. 둘째, 양측이 자신들의 목표나 이해관계를 위해 자신들이 선호하는 수단을 반드시 활용하려 할 경우 조합(combination)방식으로 조정한다. 즉 쟁점정책을 분할하여 집권당과 행정부가 각자 관심있는 소쟁점에 자신들이 선호하는 수단을 동원하는 것이다. 셋째, 상대방의 수단이 자신에게 피해를 줄 경우 상대방의 수단에 조건(condition)을 달아 조정한다. 특히 행정부가 선호하는 수단이 집권당의 지지층에 피해를 줄 경우 집권당이 그 피해를 줄일 수 있는 조건을 붙여 동의하는 경우가 많다. 넷째, 상대방이 완강하게 반대하는 수단은 제외시킨 후 조정한다.

적용대상이나 적용시기를 둘러싼 집권당과 행정부처 간 이견은 대체로 수렴(convergence) 혹은 교대(cycle)방식으로 조정하고, 정책목표에 대한 갈등은 국민 여론과 청와대 의중 반영하여 조정하는 경향이 있다.

2) 이견과 갈등의 크기에 따른 조정 방식과 행태

먼저, 당정간 이견이 크지 않은 경우 실무 당정회의에서 집권당 전문위원들이 행정부처 국실장들로부터 양보를 얻어 내는 방식으로 조정한다. 행정부처 국실장들도 집권당의 요구를 가급적 수용한다.

다음으로, 당정간 이견이 큰 경우 사전에 정책위의장(혹은 정책조정위원장)과 장관 간에 비공식 논의를 통해 조정을 시도하고 중위 당정회의를 소집하여 조정한다. 중위 당정회의에서도 한 번에 조정되지 않으면 2~3차례 회의를 거쳐 조정한다. 중위 당정회의에서는 1시간 반 동안 진행되는 데 모두발언과 마무리발언을 제외하면 입법안의 주요내용과 국민여론 및 소요예산 등을 1시간 이내에서 논의한다. 이 논의에서 장차관들은 주요 내용과 대통령의 의중을 전달하고 협조를 부탁하면, 의원들은 당론 혹은 각자의 판단에 따라 의견을 제시하고 요구사항을 전달한다. 주어진 시간 내에 이견이 조정되지 않으면 추가검토를 하기로 하고 회의를 종결한다. 추가 검토 후 2차 3차 회의를 진행한다.

중위 당정회의에서 행정부처들은 반드시 추진해야 할 정책이면 대폭 양보하거나 지속적으로 설득한다. 집권당은 행정부처가 양보하지 않아 합의점을 찾지 못하면 쟁점정책의 추진을 지연시키는 경향이 있다. 중위 당정회의에서 쉽게 타결되지 않는 쟁점이 정치적 성격을 갖고 있으면 정무장관이 나서서 조정하는 경우도 있다.

마지막으로, 당정회의의 반복에도 불구하고 이견과 갈등이 첨예한 경우 과거에는 대통령이 개입하여 조정했다. 그러나 최근 들어 당정간 첨예한 갈등이 발생하는 경우가 거의 없다. 행정부처들이 집권당과 첨예한 갈등을 야기시킬 수 있는 쟁점정책들을 추진하지 않기 때문이다. 당정간 갈등이 첨예하게 확대되었던 쟁점정책들은 대부분 집권당의 지지기반에 부정적 영향을 미치는 개혁정책들이었다. 종전에는 행정부처들이 대통령의 강력한 영향력을 등에 업고 집권당이 반대할 수 있는 개혁정책들도 적극 추진하여 당정간 첨예한 갈등을 초래한 경우가 많았다. 그러나 대통령이 집권당 총재직과 공천권을 포기함으로써 집권당에 대한 대통령의 영향력이 약화되자 행정부처들은 집권당의 의사에 크게 반하는 정책들을 추진하지 않는 경향이 있다.

3) 선거 주기(집권당의 위상)와 조정행태

대통령 선거가 끝난 후 대통령의 임기 초에는 당정은 쟁점들을 대통령의 의중을 반영하여 조정하는 경향이 있고 대통령의 의중이 불분명한 경우 집권당의 입장을 많이 반영하여 조정하는 경향이 있다. 그러나 차기 대통령 선거가 임박한 현직 대통령의 임기 말에는 당정간 쟁점들에 대해 집권당은 대통령의 의중과 관계없이 자신의 입장을 관철하려 하지만 행정부처들은 집권당의 입장에 끌려가지 않으려 한다. 따라서 차기 대통령 선거에서 집권당의 승리가 확실하면 당정간 쟁점정책은 집권당의 입장에 가깝게 조정되나, 승리가 불확실하면 당정간 쟁점들에 대한 조정을 시도하지 않는 경향이 있다.

한편, 국회의원 선거가 임박하면 당정은 집권당의 입장을 반영하여 조정하는 경향이 있고, 선거에서 집권당이 승리하면 여전히 집권당의 입장에 많이 반영하여 조정하지만 선거에서 패배하면 행정부의 입장을 많이 반영하여 조정하는 경향이 있다.

요약하면, 선거와 관련하여 집권당의 위상에 부침이 있는데, 그에 따라 조정행태가 달라진다. 즉 집권의 위상이 강하면 당정간 쟁점들은 집권당의 입장이 많이 반영되어 조정되고, 집권당의 위상이 약하면 행정부처의 입장이 많이 반영되어 조정되는 경향이 있다.

454   제3부 정책조정의 현장

4) 조정주체별 조정방식과 조정행태

(1) 당사자들의 행태와 전략

집권당과 행정부처들은 한편으로는 상호간에 쟁점정책을 둘러싼 갈등을 가급적 회피하려는 행태를 보이지만, 다른 한편으로는 서로가 자신의 입장을 적극 관철하려는 행태를 보인다.

가. 갈등회피 행태와 전략

행정부처들은 집권당과 가급적 갈등을 벌이려 하지 않고, 집권당도 행정부처들과 필요 이상의 갈등을 벌이려 하지 않는다. 양측은 여러 측면에서 서로 보완관계에 있어서 전반적으로 협력관계를 유지해야 하기 때문이다.

갈등을 피하기 위해 구사하는 전략은 사전배려 전략, 최소요구 전략, 연기 전략 등이다. 사전배려 전략은 서로가 자신의 입장정립 과정에서 상대방의 입장을 배려해 주는 전략이다. 집권당이든 행정부처든 내부적으로 정책입장을 정하는 단계에서는 상대방과 협의할 필요는 없지만, 실제로는 향후 조정단계에서 갈등이 발생하는 것을 피하기 위해 입장정립 단계에서부터 협의하는 경우가 많다. 즉 집권당이 자신의 입장을 정하는 과정에서 관련부처 고위공무원들의 의견을 청취하거나, 행정부처가 자신의 입장을 정하는 과정에서 집권당 전문위원들의 의견을 청취하여 상대방의 입장을 반영해 주는 경우가 많다. 최소요구 전략은 당정의 입장이 다르면 서로가 상대방에게 최소한의 요구만 하는 전략이다. 즉 상대방이 자신의 입장을 강하게 주장하면 이를 수용하되, 상대방에게 최소한의 수정 혹은 배려만을 요구하는 것이다. 연기 전략은 입장 차이를 당장 조정하는 것이 아니라 합의 여건을 조성하기 위해 차후로 미루는 전략이다. 행정부처들은 당정회의에서 집권당이 강하게 주장하면 그 자리에서 논쟁을 벌이기보다 재검토하겠다며 집권당의 양해를 구해 회의를 마친 후 집권당의 입장을 수용할 수 있는 대안을 찾는 경우가 많다. 집권당도 여론에 민감한 쟁점법안들이 당정회의에 상정된 경우 갈등을 벌이면서 즉각 조정하기보다는 여론의 추이를 보기 위해 조정을 미루는 경향이 있다. 특히 선거를 앞둔 시점에서는 갈등을 피하기 위해 조정을 선거 이후로 미루는 경향이 있다.

나. 입장관철 행태와 전략

행정부처들은 전문지식과 통계정보를 활용하여 자신들의 입장을 관철하려 하고,

집권당은 여론과 공약을 내세워 자신의 입장을 관철하려 한다. 그럼에도 불구하고, 집권당이든 행정부처든 자신의 핵심 입장을 반드시 관철하려 할 경우 상당한 양보를 해서라도 어떻게든 타협안을 만드는 경향이 있다.

집권당이 자신의 입장을 주도적으로 관철하기 위해 사용하는 전략은 골격입법, 여론동원, 통과거부, 공격 등이 있다. 골격입법은 집권당이 법안 골격을 마련한 후 세부 내용을 행정부처가 채워 넣도록 함으로써 집권당의 핵심입장을 관철하는 전략이다. 특히 집권당의 선심성 선거공약 이행을 위한 입법안에 대해 행정부가 반대할 때 집권당이 이 전략을 많이 활용한다. 여론동원은 집권당이 당정협의 이전에 입법안을 언론에 공표하여 국민다수의 지지를 유도함으로써 행정부가 집권당의 입장을 거부하지 못하도록 하는 전략이다. 통과거부는 집권당의 입장을 수용하지 않으면 행정부처안의 국회통과에 협조하지 않겠다고 압박하는 전략이다. 공격전략은 행정부처의 무능력이나 행정부처 정책의 문제점을 집요하게 비난·비판함으로써 집권당의 입장을 수용토록 하는 전략이다.

행정부처들이 자신들의 입장을 관철하거나 집권당의 입장을 거부하기 위해 사용하는 전략은 각개격파, 여론동원, 대통령동원, 시간압박, 문제점 지적 등이 있다.[66] 각개격파는 집권당내 실세의원들과 반대의원들을 개별적으로 막후 접촉하여 설득함으로써 행정부 입장을 수용토록 하는 전략이다. 여론동원은 정책입장을 당정회의 전에 언론에 공개하여 여론의 지지를 확보함으로써 집권당이 행정부처 입장을 거부하지 못하도록 하는 전략이다. 대통령동원은 대통령에게 사전에 브리핑하여 승인을 얻어낸 후 당정협의에서 대통령의 의중임을 강조함으로써 집권당이 반대하기 어렵게 하는 전략이다. 시간압박은 국회회기 만료 직전에 통과시켜야 할 법률안들을 당정회의에 대거 상정하여 집권당에게 충분한 검토 시간을 주지 않음으로써 행정부의 입장을 수정하기 어렵게 하는 전략이다. 문제점지적은 집권당의 입장을 부작용, 예산과다소요, 집행시 스템미비 등의 이유로 거부하는 전략이다.

(2) 정무장관의 조정방식과 조정행태

정무장관은 개인적인 막후 활동을 통해 당정간 갈등을 사전에 예방하고 사후에

---

66) 대통령권위 동원과 시간압박은 과거 권위주의 체제하에서 자주 유용하게 사용되었던 전략들이었으나, 민주화 이후 그 효용성이 줄어들었다. 그래도 대통령권위 동원 전략은 여전히 활용되고 있다. 집권당이 대통령의 입장이라면 배려해 주기 때문이다. 반면, 시간압박 전략은 효용성이 거의 없어졌다. 집권당의 영향력이 강해져 집권당의 입장을 반영하지 않으면 행정부법안이 국회에서 통과되기 어렵기 때문이다.

조정한다.

먼저, 정무장관은 집권당과 행정부 간 가교역할을 통해 상호 조율(mutual adjustment)을 유도한다. 집권당의 고위 당직자회의 등에 참석하여 행정부 내에서 추진되고 있는 주요 정책과 그 내용을 집권당에 전달하는 한편, 행정부의 국무회의와 관계장관회의에 참석하여 집권당에서 이루어지는 주요 정책관련 활동들을 정부 측에 전달한다.67) 정무장관은 이러한 가교역할을 통해 집권당과 행정부가 상대방내 의견의 흐름을 서로 인지하고 불필요한 갈등이 일어나지 않도록 서로가 자율적으로 조정해 가도록 유도한다.

다음, 정무장관은 중위 당정회의에 의한 조정이 결렬될 경우 막후 중립조정(mediation)을 통해 합의를 유도한다. 정무장관은 당정간 쟁점정책이 전문기술적이기보다는 정치적 여파가 있는 경우에 개입한다. 조정방식은 당정회의에서 심하게 충돌했던 양측 당사자들을 별도로 비공개 만찬에 불러내 서로 속마음을 허심탄회하게 교환토록 하고 양보를 종용하는 것이다. 정무장관은 대체로 집권당과 행정부처 사이에서 중립조정을 하지만, 대통령의 관심사인 경우 대통령의 입장에서 조정하는 경향이 있다.

(3) 대통령의 조정방식과 조정행태

대통령은 여당 대표자이자 행정부 수반으로서 집권당과 행정부를 하나로 통합해야 하는 위치에 있다. 이러한 위상에 따라 대통령은 집권당과 행정부 간 조정에 직간접적으로 관여한다. 그러나 대통령은 아무 때나 개입하지는 않는다. 자신이 특별히 중요하다고 판단한 정치현안이나 주요 국가정책을 위해 집권당과 행정부 간 긴밀한 협조가 필요한 경우와 당정간 갈등이 첨예하여 당사자들이 스스로 조정하지 못할 경우에 개입한다. 전자는 사전예방 차원에서, 후자는 사후해결 차원에서 개입한다.

대통령들이 당정간 갈등을 사전 예방하는 차원에서 개입하는 방식은 대체로 두 가지이다. 하나는, 대통령 자신이 선제적으로 자신의 입장을 밝히는 것이다. 기회가 있을 때마다 자신의 입장을 밝혀 집권당과 행정부처들이 상호간 갈등의 소지가 있는 입장을 취하지 않도록 유도하는 것이다. 다른 하나는, 청와대 비서실장으로 하여금 대통령이 중점을 두는 정책들에 대해 한쪽으로는 집권당 정책위의장과 다른 쪽으로는 관련부처 장관들과 비공식 소통채널을 가동하도록 함으로써 당정간 갈등이 발생하지 않도록 유도하는 것이다.68)

---

67) 정무장관실, 정무장관실 연혁, 1997, p.5.
68) 이러한 역할은 정무장관이 해 왔으나 정무장관을 두지 않는 경우 대통령 비서실장으로 하여금 정책위의장과 직접 소통하도록 함으로써 이러한 역할을 대신하도록 하는 경우가 있다.

또한 대통령들은 고위 당정회의에서도 당정간 갈등이 해소되지 않을 경우 자신들의 판단에 따라 집권조정(arbitration)해 왔다. 역대 대통령들이 활용했던 집권조정 방식은 다음과 같다. 첫째, 회의체 방식이다. 대통령이 청와대당정회의를 소집하여 집권당의 입장과 행정부의 입장을 청취하고 숙고한 후 최종결론을 내리는 방식이다. 즉 대통령이 당정 양측의 입장을 충분히 파악하여 잠정 결론을 낸 후 청와대당정회의를 소집하여 마지막으로 최종 의견을 듣고 그 자리에서 자신의 최종결정을 내리거나, 청와대 당정회의를 소집하여 양측 의견을 충분히 청취한 후 나중에 최종결정하여 통보하는 방식이다. 박정희 대통령과 전두환 대통령 및 노태우 대통령이 자주 활용한 방식이다. 둘째, 밀실 방식이다. 대통령이 첨예한 쟁점에 대해 집권당과 행정부의 입장을 파악한 후 자신의 측근들과 비밀리에 상의하여 최종 결론을 낸 후 언론을 통해 발표하는 방식이다. 김영삼 대통령이 종종 사용한 방식이다. 셋째, 대리인 방식이다. 대통령이 비서실장이나 수석비서관을 당정회의에 참석시켜 자신의 입장을 전달함으로써 당정간 갈등을 조정하는 방식이다. 김대중 대통령, 노무현 대통령 및 이명박 대통령이 이 방식을 활용해 왔다.[69]

과거 권위주의체제하에서는 당정간 첨예한 쟁점정책들을 대통령들이 집권조정을 통해 직접 해결하는 경우가 많았고, 자신이 최종 조정한 이후에도 갈등이 지속될 가능성이 있으면 집권당 혹은 행정부의 고위직에 대한 인사조치를 통해 당정간 갈등을 확실히 해소했다. 그러나 정치체제의 민주화로 인해 대통령의 이러한 '지시형 집권조정'은 어렵게 되었다. 대통령이 집권당 총재를 겸하지 않아 집권당에 대한 영향력이 줄어들었고, 청와대 참모진에도 관료출신들이 줄어들어 행정부처들에 대한 청와대의 통제력도 과거보다는 약해졌기 때문이다.

그리하여 민주화 이후 대통령들은 당정간 첨예한 갈등에 대해 자신의 입장을 강하게 표명하는 방식으로 집권조정을 하고 있다. 구체적으로 말하면, 대리인 방식의 집권조정과 설득형 집권조정을 병행하고 있다. 대통령들은 한편으로는 당정회의에 비서실장이나 수석비서를 참석시켜 자신의 입장을 전달하고 있고, 다른 한편으로는 청와대에서 종종 '당정청회의'를 소집하여 자신의 입장을 밝히고 있다. '당정청회의'는 구성멤버상 과거 '청와대 당정회의'와 유사하지만 '당정청회의'를 통해 대통령이 조정하는 방식은 '지시형 집권조정'이 아니라 '설득형 집권조정'에 가깝다.

---

[69] 특히 노무현 정권과 이명박 정부에 들어 대통령이 집권당 총재를 겸하지 않음으로써 대통령의 입장을 집권당에게 강제할 수 없어서 집권조정의 빈도는 현저히 줄어들고 있다.

제4절 쟁점정책을 둘러싼 당정간 갈등과 조정 사례

1. 사례 소개

이곳에서 소개·검토하는 당정간 정책조정사례는 체신요금인상 사례, 세법개정안 사례, 토지공개념도입 사례, 금융실명제도입 사례 등이다.[70] 먼저, 체신요금개정 사례는 행정부처가 추진하는 정책에 대해 집권당이 수정을 가한 사례이다. 이 사례는 당정 간에 갈등이 아주 크지 않아 중위 당정회의에서 당사자간 합의에 의해 조정된 사례이다. 이러한 정책조정 사례는 당정 간에 가장 빈번하게 발생하는 유형이다. 다음, 세법 개정안 사례는 집권당과 행정부처가 각자 내부적으로 정한 입장을 서로 관철하려고 갈등을 벌인 사례이다. 정책갈등이 제법 커서 중위 당정회의에서 조정이 완결되지 않아 고위 당정회의에서 최종 조정된 사례이다. 이러한 정책조정 사례는 당정간에 종종 발생하는 유형이다. 마지막, 토지공개념과 금융실명제 도입 사례들은 당정간 갈등이 첨예하여 당정회의시스템에 의해 조정되지 못하고 대통령의 결단에 의해 조정된 사례이다. 집권당 간부들과 행정부 간부들이 자리를 걸고 전면전을 벌인 사례이다. 이들 조정사례들은 흔치 않은 유형이다.

이하에서는 각 사례에서 당정간 갈등이 어떻게 전개되고 집권당과 행정부처가 어떤 노력에 의해 어떤 방식으로 조정했는지를 소개하고 그 특징을 밝힌다.

2. 당정회의시스템에 의해 조정된 사례

1) 체신요금개정안

(1) 당정간 이견과 조정[71]

1965년 체신요금개정안은 체신부가 전기통신사업과 우편사업의 재정적자를 줄이고 시설확충을 위한 재원을 마련하기 위해 요금을 대폭 인상하겠다는 내용이다. 구체

---

70) 최근에 당정회의에 의한 갈등조정 사례가 개발된 적이 없어서 오래전에 개발된 사례들을 소개하고 분석한다. 이들 사례에서 볼 수 있는 당정간 갈등 양상과 조정방식은 오늘날에도 거의 유사하다.

71) 허범, 결정작성에 관한 사례연구, 서울대 행정대학원 석사논문(1966)에 실린 사례를 요약 정리한 것이다.

적으로 보면, 전기통신요금은 100%, 우편요금은 70% 인상하는 안이다. 체신부의 이 개정안에 대해 집권 민주공화당이 반대함으로써 당정간에 이견이 발생했는데, 중위 당정회의에서 조정되었다. 어떻게 조정되었는지 그 과정과 결과를 보면 다음과 같다.

체신부가 요금인상을 주장하는 이유는 다음과 같다. 첫째, 정부의 전기통신사업과 우편사업은 정부가 벌이는 공익사업이기는 하지만 채산성을 도외시한 채 지난 8년 동안 요금이 동결된 결과, 그동안 직간접 비용의 상승으로 누적 적자와 서비스 질 저하가 초래되었는데, 이를 해결하기 위해 요금인상이 불가피하다는 것이다. 둘째, 전기통신시설과 우편시설은 수익성이 없더라도 농어촌과 도서 지역의 발전을 위해 확대되어야 하는데, 이러한 낙후 지역에 신규시설을 설치하기 위한 재원을 마련하기 위해서는 요금을 인상해야 한다는 것이다.

그러나 1965년 여건상 체신부가 요금인상을 추진하기란 쉬운 일이 아니었다. 첫째, 시간이 촉박했다. 1965년 중에 관철하지 못하면 1967년 이후로 미루어질 수밖에 없었다. 청와대와 여당은 1967년 국회의원 총선거에 대비해 1966년부터는 국민들이 우려하는 어떠한 공공요금 인상도 반대할 것이기 때문이었다. 둘째, 대통령과 경제기획원장관의 부정적 태도였다. 1965년 1월에 체신부장관이 대통령에게 요금인상의 필요성을 보고하자 즉석에서 물가에 대한 악영향을 우려하여 거절하였고, 2월에는 대통령이 경제정책의 주요 목표 가운데 하나가 물가안정임을 강조하면서 일체의 공공요금을 인상하지 않겠다는 방침을 밝혔으며, 3월에는 경제기획원장관이 공공요금대책회의를 열어 인상억제 대책을 관련 부처들에게 시달했다. 상황이 이러하자 당시 체신부 장관은 인상안 추진을 주저하고 있었다.

그러나 요금인상안을 추진할 수 있는 계기가 마련되었다. 5월에 새로 취임한 신임 장관이 장관직을 걸고서라도 적극적으로 추진하겠다는 의사를 밝혔기 때문이다. 신임 장관과 고위공무원들은 체신요금 인상안의 관철을 위해 몇 가지 전략을 짰다.

첫째, 제1차 설득대상을 집권당으로 잡았다. 전기통신요금, 우편요금 등과 같은 공공요금의 변경은 국회나 집권당의 동의를 받지 않아도 된다. 예산회계법상 공공요금심사위원회와 국무회의의 심의를 거쳐 대통령의 재가를 받음으로써 확정되기 때문이다. 그럼에도 불구하고 체신부가 집권당을 1차적으로 집중 공략하려고 한 것은 집권당의 동의를 얻어내면 최종 결정권자인 대통령과 공공요금심사위원장인 경제기획원장관의 부정적인 태도가 변화할 수 있고 요금인상에 대한 책임을 분담할 수 있다고 판단했기 때문이었다. 둘째, 야당과 국민들의 반대를 우려하여 비밀리에 추진했다. 야당은 전략상 국민들이 우려하는 요금인상에 당연히 반대하고 이를 정치쟁점화하여 반대여론을 확산시킬 것으로 판단했기 때문이다. 셋째, 요금인상에 의해 국민여론이 일시적으로 악화되더라도 2년 후 차기 국회의원 선거 때까지는 국민여론을 집권당에게 유리하게 조성할 수 있다는 논리를 개발했다.

　체신부는 이러한 전략을 갖고 집권 민주공화당의 정책위원회 산하 교통체신분과위원회 핵심멤버들을 접촉하여 개별적인 설득작업을 벌인 다음, 체신요금인상안을 교통체신분과위원회와 체신부 간 비공개 당정회의에 상정했다. 회의 당일 장관을 비롯한 고위간부 및 실무자들이 대거 참석하여 시종일관 진지하게 주장하고 성의껏 응답했다. 이 회의에서 핵심 쟁점은 요금인상이 차기 국회의원 선거에 미칠 영향이었다.

　먼저, 집권당 의원들은 전기통신요금 인상을 반대했다. 이유는, i) 국민여론은 중산층에서 형성되며, ii) 전기통신 이용자는 도시 중산층에 많으므로 일시에 과도하게 요금을 인상하면 차기 선거에서 불리해진다고 생각했기 때문이다. 이에 대해 체신부는 i) 수도권을 비롯한 도시 주민들은 생리적으로 집권당에 반대표를 던지는 경향이 있고, ii) 상대적으로 부유한 도시 중산층이 많이 이용하는 전기통신의 요금을 인상하여 확보한 재원으로 농어촌에 전기통신시설을 확충한다면 차기 선거에서 농어촌 득표가 늘어날 수 있고 도시 중산층의 요금인상에 대한 불만도 서비스 개선으로 무마할 수 있기 때문에 종합적으로 볼 때 차기 선거에서 오히려 유리해지며, iii) 이것은 민주공화당의 증농정책에도 합치된다고 주장했다.

　결국 많은 논란 끝에 집권당은 조건부로 요금인상안을 수용하겠다는 입장을 밝혔다. 즉 체신부 장관이 전기통신시설을 농어촌에 확충하여 차기 선거에 유리한 국면을 조정하겠다는 다짐을 하고 인상률을 당초 100%에서 50%로 인하하면, 체신요금인상안에 동의해 주겠다는 것이다. 이에 체신부는 집권당의 요구 조건을 받아들였다.

　다음, 우편요금인상안에 대해서도 집권당은 i) 면 단위마다 1개 우체국 설치, ii) 우편서비스 대폭 개선 등의 조건을 내걸었다. 이에 체신부장관은 이 조건도 수용하겠다는 약속을 하고 요금인상을 양해 받았다.

　요약하면, 집권당과 체신부는 체인요금 인상안에 대해 조건부로 합의함으로써 양자간 이견을 조정하였다. 즉 교통체신분과위원회와 체신부가 조정안에 합의하자 집권당 정책심의회와 당무회의는 추가로 고위 당정회의를 소집하지 않고 이 조정안을 추인했다. 그 후 당정간 합의안은 대통령과 경제기획원장관에게 브리핑되었고, 차관회의와 국무회의의 심의를 거쳐 제안 4개월 만에 대통령의 재가를 받아 확정되었다.

(2) 조정상 특징

이 사례가 갖는 의미와 특징은 두 가지이다. 첫째, 행정부처가 부처간 조정에서의 불리함을 극복하기 위해 집권당을 끌어들여 성공한 사례이다. 즉 체신부가 체신요금인상에 대한 경제기획원의 반대를 우회하기 위해 집권당을 설득하여 동의를 받음으로써 자신의 입장을 관철한 것이다. 둘째, 집권당이 통일된 내부입장 없이 행정부처의 협의 요청에 수동적으로 임한 사례이다. 즉 집권당이 행정부처 정책의 타당성이나 효율성을 충분히 검토하지 않고 집권당 지지기반에 미치는 영향만 검토하고 수정한 사례이다.

이 사례에서 행정부처와 집권당이 자신들의 기본입장을 관철하기 위해 보여준 전략적인 행태는 다음과 같다.

행정부처의 전략적 행위는 두 가지였다. 첫째, 당정회의가 열리기 전에 집권당 핵심멤버들을 설득한 것이다. 즉 행정부처가 집권당 의원들이 내부의견을 모으기 전에 개별적으로 접촉하여 자신에게 유리한 정보와 논리를 제공한 것이다. 둘째, 집권당의 입장에서 설득논리를 개발한 것이다. 요금인상 정책에 대한 집권당의 관심사는 선거에 미치는 영향이었는데, 요금인상으로 집권당의 지지가 축소되는 것이 아니라 오히려 확대된다는 논리이다. 즉 요금인상으로 인한 중산층의 지지 이탈을 막기 위해 도시지역 서비스를 개선하고, 농어민의 지지를 확대하기 위해 서비스를 농어촌까지 제공하면, 전체적으로 집권당에 유리해진다는 것이다.

집권당이 보여준 전략적 행태는 요금인상으로 선거에서 불리할 수 있는 행정부안에 선거에 유리하도록 하기 위한 조건을 다는 것이었다. 즉 '재정적자 축소와 시설 확충을 위한 요금인상'이라는 행정부처의 기본 입장을 동의해 준 대신에 '요금인상률 축소' '선거이전 서비스개선과 시설확충 완료' 등을 조건으로 달았다. 그리하여 최종 조정안은 원래 행정부안에서 요금인상폭, 재원의 지출 대상과 시기 등이 수정되었다.

2) 세법개정안

(1) 당정간 이견과 조정[72]

1967년 세법개정안은 제1차 경제개발5개년계획의 결과로 나타난 경제구조의 변화를 반영하고 제2차 경제개발5개년계획을 적극 지원하기 위해 조세제도를 개혁하려

---

72) 최항순, 정책결정에 있어서 정당과 행정부의 관계, 서울대 행정대학원 석사논문(1980)에 실린 사례를 요약 정리한 것이다.

는 것이었다. 이 조세개혁을 둘러싸고 집권당과 행정부 간에 이견과 갈등이 심각하여 청와대 당정회의에서 최종 조정되었는데, 그 과정과 결과를 보면 다음과 같다.

1967년 6월 국회의원 선거에서 집권 민주공화당은 저소득자의 부담경감과 고소득층에 대한 중과세를 통한 소득재분배정책을 공약한 바 있다. 민주공화당은 선거 후 이 공약을 실현하기 위해 조세개혁안을 작성했다. 그러나 세제개혁은 결국 세수증대를 위한 것이라는 국민들의 비판을 받을 수밖에 없으므로 민주공화당은 정부로 떠넘겨 정부안의 작성과정에서 당의 입장을 반영시키려 했다. 그래서 집권당 정책전문위원이 작성한 세제개혁 초안을 공개적으로 논의하지 않고 정책위원회 의장단과 당의장에게 브리핑만 하고 재무부로 이송했다.

그러나 재무부는 세수증대의 필요성과 행정력을 인정받으려는 욕망에 따라 집권당안과는 별도의 재무부안을 비밀리에 작성했다. 재무부는 작성과정에서 집권당에 단한 번의 브리핑도 하지 않았고, 집권당안도 참고자료로만 활용했다. 재무부가 개혁안을 비밀리에 마련한 이유는 두 가지였다. 하나는 집권당이나 경제기획원의 개입을 최대한 배제하기 위해서였고, 다른 하나는 대통령의 결심만 얻으면 국회통과도 무난할 것이라는 관료주의적 사고 때문이었다. 재무부는 이렇게 비밀리에 작성한 개혁안을 8월 17일 대통령 주재 예산회의에서 대통령에게 브리핑을 한 다음, 각 일간지에 그 내용을 공개했다.

이러한 조치에 대해 집권당은 물론 여론과 야당의 비판이 거세었다. 집권 민주공화당은 8월 19일 의원총회를 열고 재무부 개혁안에 전면적인 수정을 하기로 하고 정책위원회 산하 재경분과위원회로 하여금 수정안을 마련토록 했다. 이에 따라 재경분과위원회는 두 개의 소위원회를 구성하여 9월 5일부터 3일 동안 제1 소위원회는 주로 직접세에 대해, 제2 소위원회는 간접세, 관세 및 징수절차법에 대해 작업했다.

이어 집권당 재경분과위원회와 재무부 간 당정회의가 열렸다. 주요 쟁점은 근로소득세 조정, 세액 공제, 투자공제제도 도입, 주택자금공제제도 도입 등이었다.

집권당은 제1차 경제개발5개년계획의 성공으로 국민들의 소득구조가 크게 변함에 따라 공평과세를 통한 소득재분배를 강조하면서, i) 근로소득 면세점 인상, ii) 세액공제 확대, iii) 주택자금공제제도 도입 등을 주장하였다. 즉 면세점을 6,000원에서 7,000원으로 인상하고, 세액공제 혜택은 연소득 15,000원까지 허용하되 그 이상에 대해서는 현행 세율을 유지하며, 연 25,000원 이하의 봉급생활자 중 무주택자가 주택부금에 가입했을 때 불입액을 과세대상에서 공제하자는 것이었다. 이에 대해 재무부는 제2차 경제개발5개년계획을 지원하기 위한 충분한 세수확보에 보다 비중을 두면서, i)

근로소득 면세점 동결, ii) 세액공제 혜택 축소, iii) 법인소득 투자공제제도 도입 등을
주장했다. 즉 면세점을 현행대로 하고, 1만원 미만의 소득자에게만 세액공제를 해주고
1만원 초과 소득자에게는 누진적으로 인상하며, 법인소득 중 투자금액을 과세대상에
서 제외하자는 것이었다.

쟁점들에 대해 당정간 격론 끝에 부분적인 합의가 이루어졌다. 집권당이 주장했
던 주택자금공제제도는 재무부의 완강한 거부로 조정안에 일단 반영하지 않기로 했고,
재무부가 주장한 투자자금공제제도도 대기업에 혜택을 준다는 이유로 집권당이 반대
함에 따라 유보하기로 했다. 그러나 갑종근로소득세의 면세점 및 세액공제에 대해서는
이견이 좁혀지지 않았다.

재경분과위원회와 재무부 간 당정회의에서 근로소득세에 대한 이견이 좁혀지지
않자 이제는 정책위원회 의장단과 재무부 간 당정회의가 소집되었다. 여기서도 이견이
타결되지 않아 결국 특별소위원회를 구성하여 조정을 시도했다. 특별소위원회는 많은
논란을 거쳐 다음과 같은 조정안을 마련했다. 즉 i) 면세점은 7,000원으로 인상하고,
ii) 15,000원 이하의 소득자에게서는 3%의 세액공제의 혜택을 주되 그 이상의 소득자
에게는 누진세율을 적용하고 세율을 인상한다는 것이다. 이로써 세법개정에 대한 당정
간 조정안은 일단 마련되었다.

그러나 이 조정안에 대해 당정이 완전하게 합의한 것이 아니라 잠정적으로 합의
한 것이었다. 재무부는 당사자간 중위 당정회의에서 쟁점들에 대해 최종 합의하지 않
고 대통령이 주재하는 고위 당정회의로 끌고 가려 했다. 이유는 청와대 당정회의에 집
권당에서는 세제개혁안 작성에 참가하지 않은 고위당직자들만 참석하는 데 비해, 행정
부에서는 세제개혁안 작성에 직접 관여했던 장관이 참석하기 때문에 논란이 생기더라
도 전문적인 수치를 제시함으로써 재무부에 유리한 결론을 얻을 수 있기 때문이었다.

그리하여 동 조정안은 최종적으로 대통령이 주재하는 고위 당정회의에 상정되었
다. 그런데 집권당 정책전문위원이 고위 당정회의에 참석하는 고위당직자들에게 주택
자금공제제도를 다시 거론토록 환기시키고 그 필요성을 설명해 주었다. 대통령 주재
고위 당정회의에서는 집권 민주공화당과 재무부 간 조정안이 그대로 추인되었으나, 몇
몇 쟁점들은 재조정되었다. 즉 재무부가 기업들의 투자 촉진을 명분으로 투자공제제도
도입을 설득하여 대통령의 허락을 받았고, 민주공화당도 주택자금공제제도를 다시 주
장하여 대통령의 지지를 받았다. 이로써 세법개혁안을 둘러싼 당정간 갈등이 최종 타
결되었다.

(2) 조정상 특징

이 사례의 의미와 특징은 두 가지이다. 첫째, 집권당의 입법에 행정부처가 도전한 사례이다. 선거공약 이행을 위한 집권당의 입법에 대통령에게 잘 보이려는 행정부처가 정반대의 대안을 갖고 경합을 벌인 사례이다. 즉 눈에 띄는 정치적 이해관계와 눈에 띄는 관료적 이해관계가 서로 부딪친 사례이다. 둘째, 집권당과 행정부처가 서로 상반된 입장을 갖고 주도권 경쟁을 벌였으나 동반 승리한 사례이다. 즉 하나의 쟁점정책에서 정반대의 목적(소득재분배 vs 성장세수확보)과 수단(근로소득 면세점 인상, 세액공제 확대, 주택자금공제 vs 근로소득 면세점 동결, 세액공제 축소, 투자자금공제)을 갖고 치열하게 경합했으나, 집권당은 소득재분배 목적을 지키면서 그에 필요한 면세점 인상, 저소득층 3% 세액공제, 주택자금공제를 관철시켰고, 행정부처도 성장세수확보 목적을 유지하면서 그에 필요한 고소득층 누진세율과 투자자금공제를 관철시킨 사례이다.

이 사례에서 집권당과 행정부처가 보여준 전략 행태상 특징은 다음과 같다.

먼저, 당사자간 중위 당정회의에서 관찰할 수 있는 전략적 행태는 세 가지이다. 첫째, 합의를 도출하기 위해 서로가 극구 반대하고 타협점을 찾기 어려운 수단들을 조정대상에서 제외했다. 즉 집권당이 거부한 투자공제와 행정부처가 거부한 주택자금공제는 서로 타협점을 찾기 쉽지 않아 조정대상에서 배제했다. 둘째, 행정부처와 집권당은 각자가 자신에게 유리하다고 생각하는 대통령 주재 고위 당정회의에서 조정하려 했다. 즉 행정부처는 인적 구성상 설득하기에 유리한 고위 당정회의로 가져가 최종 타결하려 했고, 집권당도 대통령을 통해 타결하기 위해 고위 당정회의로 가져가는 데 동의했다. 셋째, 치열한 경합에서 일방적으로 패배하지 않기 위해 타협가능한 쟁점들을 조합(combination) 방식과 수렴(convergence) 방식으로 합의했다. 즉 면세점 쟁점에서는 집권 민주공화당의 입장을 반영하고 누진세율 쟁점에서는 재무부의 입장을 반영하는 조합방식으로 타결했고, 저소득층 세액공제를 3%로 한 것은 서로가 조금씩 양보한 수렴방식으로 타결했다

다음, 대통령이 참석한 고위 당정회의에서는 집권당과 행정부처가 그 간의 논의 과정에서 제외되었던 자신들의 수단을 부활시키려 했다. 즉 집권당은 주택자금공제제도를, 행정부처는 투자자금공제제도를 다시 주장한 것이다. 대통령은 두 수단을 모두 수용했다. 대통령은 세법개정을 통해 소득재분배와 성장세수확보가 동시에 구현하고 싶었기 때문이다. 그 결과, 집권 민주공화당과 재무부가 동원하려다 갈등을 벌인 수단들이 대부분 포함되었다.

3. 대통령의 개입에 의해 조정된 사례[73]

1987년 12월, 집권당 노태우 대통령 후보는 금융실명제와 부동산투기억제를 선거공약으로 내걸었다. 이유는 고도성장 후유증을 치유하기 위한 경제적 형평성을 위해서뿐만 아니라 선거과정에서 야당들에 대해 확실한 주도권을 잡기 위해서였다. 노태우 후보가 당선되자 행정부는 이들 공약을 경제개혁입법으로 추진했다. 그러나 집권당의 반대로 당정 간에 첨예한 갈등이 발생했다. 갈등을 조정하기 위해 수차례 당정회의 개최했으나 합의를 보지 못해 결국 대통령이 개입하여 타결했다. 그 결과 토지공개념 갈등은 행정부 입장에 가깝게 조정되었고, 금융실명제 갈등은 집권당 입장에 가깝게 조정되었다. 집권당과 행정부는 어떤 갈등을 벌였는지, 대통령은 왜 그렇게 조정했는지를 알아보면 다음과 같다.

1) 토지공개념 도입

지난 1960~1970년대 급속한 산업화와 도시화로 토지수요는 급증했으나 좁은 국토로 인해 공급이 부족하여 토지가격이 주기적으로 폭등했다. 그런데도 토지에 대한 조세체계에 허점이 많아 일부 부자들은 개인적으로 토지를 사고팔아 단기간에 많은 불로소득을 챙겼고, 토지개발업자들은 막대한 개발이익을 사유화했다. 그 결과 전국적으로 부동산투기 열풍이 주기적으로 불었다. 토지가격 폭등은 기업의 경쟁력을 약화시켰고 서민들의 주택마련을 어렵게 했다. 이리하여 집권당과 행정부 간 부동산투기 규제의 필요성에 대한 공감대가 형성되어 있었다. 그러나 강력한 규제는 없었다.

(1) 당정간 갈등과 조정

1988년 2월 25일, 노태우 대통령이 취임하자 건설부 고위공무원들은 부동산투기를 근절하겠다는 대통령의 선거공약을 이행하기 위해 택지소유와 개발이익을 규제하자고 나섰다. 그러나 경제기획원 장관과 고위공무원들은 정치적 실현가능성에 의구심을 갖고 택지소유상한제 도입을 연기하도록 조언했다. 다만, 당시 경제기획원 차관만은 택지소유 규제를 지지했다.

1988년 여름에 무역흑자와 88올림픽 투자 등으로 경제가 과열되자 경제기획원 장관은 부동산투기를 심각하게 걱정하면서 건설부 장관 및 대통령 경제수석과 함께 대책을 논의했다. 건설부장관은 소속 공무원들의 혁신적인 아이디어를 옹호했고, 경제

---

73) 이 사례들은 필자가 박사학위 논문을 작성하기 위해 1990년에 개발한 사례들이다.

수석은 종합토지세를 옹호했다. 이에 경제기획원 장관은 대통령에게 '88올림픽 경제흐름과 대책'을 보고하는 자리에서 건설부 아이디어와 경제수석 아이디어를 동시에 제시하여 대통령의 선호를 타진했다. 대통령은 두 아이디어를 모두 지지하면서 부동산투기를 개혁차원에서 검토하라고 지시했다.

이에 따라 경제기획원은 부동산투기 종합대책을 발표했다. 주요 내용은 기존 제도를 강화하고 새로운 제도를 도입하겠다는 것과 부동대책회의를 설치하겠다는 것이었다. 이 종합대책에 건설부의 혁신적인 아이디어는 포함되지 않았다. 올림픽 이전에 국민여론을 자극하지 않으려는 배려였다. 대신에 토지를 공공재로 규제하는 방안을 검토하겠다고 밝혔다. 부동산대책회의는 토지와 주택의 가격폭등을 통제할 수 있는 모든 대안을 검토하고 최적 대안을 선택하기 위한 기구로서 경제기획원 장관을 의장으로 하여 재무부 장관, 건설부 장관, 농수산부 장관, 내무부 장관, 법무부 장관과 국세청장 및 대통령 경제수석으로 구성했다. 장관급 범정부 부동산대책회의를 구성한 것은 부동산투기 문제의 심각성과 대통령의 강력한 의지 때문이었다. 부동산대책회의 산하에 실무대책반으로 연구조사팀과 입법추진반을 두었다. 연구조사팀은 택지상한 설정, 토지거래 규제, 개발이익 환수, 비업무용 기업토지 규제 등 건설부 아이디어를 기반으로 정책수단을 개발하는 기구로서 설득논리 개발을 위해 교수들을 참여시켰고 빠른 시일 내에 대안을 마련하기 위해 연구원들뿐만 아니라 실무공무원들도 참여시켰다. 입법추진반은 연구조사팀의 제안에 대해 부처간 전문기술적인 이견을 조정하고 이 조정안을 입법화하기 위한 기구로서 건설부 차관(팀장)과 관련부처 국장 8명으로 구성되었다.

1988년 12월 초, 정부내 인사개편이 있었다. 두 명의 경제학 교수가 각각 경제기획원장관(조순)과 상공부 장관(한승수)으로, 전직 고위관료 한 명이 재무부 장관(이규성)으로 임명되었다. 경제기획원 차관이 대통령 경제수석(문희갑)으로 이동하고, 기존 경제수석은 건설부 장관(경제학 교수, 박승)으로 임명되었다.[74]

새 경제팀은 정책방향을 구조개혁으로 정하고 두 가지 개혁조치를 발표했다. 경제정책방향을 구조개혁으로 잡은 이유는 과거 불균형성장 전략과 급격한 경제성장으로 누적된 경제사회적 부작용을 수정하기 위해서였다. 개혁조치 중 하나가 토지를 공공재로 규제하겠다는 것이었다. 개혁조치에 대해 아무도 반대하지 않았다. 1988년 11월과 1989년 2월 사이에 전국에 부동산 투기열풍이 불자 무언가 조치가 있어야 한다

74) 경제정책추진에 가장 중요한 경제기획원장관과 경제수석 인사에 언론은 크게 환영했다. 전직 교수가 경제기획원장관으로서 경제정책에 거시적 시각을 제공하고, 추진력이 강하기로 소문난 경제수석이 협력하면 환상적인 팀이 될 수 있기 때문이었다.

는 사회적 합의가 있었기 때문이다.

그동안 연구조사팀은 전국토지소유에 관한 자료 분석을 통해 놀랄만한 사실을 밝혀냈다. 즉 토지소유자 상위 5%가 전국 사유지의 65.2%를 소유하고 있다는 것이었다. 이러한 극심한 불균형분포는 연구조사팀의 태도를 180도로 바꾸었다. 즉 택지소유상한에 대한 직접 규제에 소극적이었던 일부 멤버들이 생각을 바꿈으로써 모든 멤버들이 조세수단만으로는 극히 비정상적인 토지소유분포를 바로 잡을 수 없다는 결론에 이르게 되었다.

그러나 이 충격적인 사실을 즉각 공개할 수는 없었다. 여론에 미칠 영향과 정치적 파장이 너무 클 것으로 예상되었기 때문이다. 그러나 경제수석과 건설부 고위공무원들은 숙고 끝에 앞으로 마련할 개혁안에 국민들의 지지를 유도하고 기득권층의 반대를 무력화시키기 위해 공개하기로 결정했다. 충격적 사실이 공개되자 토지부자들에 대한 여론의 분노는 들끓었다. 그러자 집권당 지도부는 이 민감한 정보를 집권당과 사전에 아무런 상의 없이 공개했다고 공무원들을 크게 꾸짖었다.

연구조사팀의 노력으로 '택지소유상한제'와 '개발이익환수제'를 골자로 하는 개혁안의 윤곽이 들어나자 건설부 장관은 1989년 4월 초에 자문을 구하기 위해 집권당 정책위의장을 만났다. 그러나 정책위의장은 한국이 사회주의 국가가 아니라는 이유로 그 자리에서 개혁안을 거부했다. 정부내 토지공개념 개혁안 추진자들은 집권당의 반대로 크게 당황했다.

집권당의 반대가 예상되자 정부측 개혁추진자들은 두 가지 전략적 조치를 취했다. 첫째, 경제기획원장관이 대통령에게 경제개혁에 대한 입장을 분명히 밝혀주도록 요청했다. 그 결과 대통령은 1989년 4월 12일, 불로소득과 소득불균등이 심각한 구조적 문제점을 지적하면서 국민경제의 건전한 미래를 위해 토지공개념에 입각한 규제를 적극 추진하도록 했다. 둘째, 향후 예상되는 반대를 극복하기 위해 우호적 여론 조성에 나섰다. 즉 공정사회 건설과 제2 경제도약을 위해 가진자들이 양보해야 할 필요성과 부의 비정상적인 축적을 시정해야 할 필요성을 널리 홍보했다. 그 결과 여론은 압도적으로 행정부 입장을 지지했다. 1989년 4월 20일 공청회에서 정당, 이익집단, 학계, 언론계 등에서 나온 토론자들이 행정부 개혁안을 적극 환영했다. 그러나 전국경제인연합회에서 나온 토론자는 생각을 달리 했다.

대통령과 다수 여론의 지지를 받게 된 행정부는 4월말과 5월 집권당 간부들을 비공식적으로 다시 접촉하여 토지공개념 개혁안을 설명하고 협조를 부탁했다. 이 자리에서 행정부는 토지공개념 개혁안에 대한 대통령의 지지를 상기시켰다. 집권당 정책위원회 간부들은 대통령과 여론의 지지 때문에 노골적으로 반대할 수 없었다. 그리하여 비공개 당정회의를 통해 부작용에 대한 우려를 표명하면서 여론을 누그러뜨리고 대통령의 의지를 약화시킬 수 있는 기회가 오기를 기다렸다.

1989년 5월과 6월에 걸쳐 토지공개념 개혁안은 핵심 실무국장들에 의해 좀 더 정교하게 다듬어졌다. 경제기획원 기획국장, 건설부 토지국장, 재무부 세제국장은 입법추진반 회의를 통한 접촉보다는 비공식 회의를 통해 다듬었다. 이유는 입법추진반 반장인 건설부 차관이 토지공개념 개혁에 소극적이었기 때문이다.

1989년 6월, 행정부 개혁초안이 공개되자 이해관계 충돌이 수면 위로 올라왔다. 우선, 집권당 의원들 간 찬반 양론이 벌어졌다. 당내 갈등은 6월 18일에 열린 집권당 최고의사결정기구인 중앙집행위원회 회의에서 절정에 달했다. 일부 멤버들은 행정부 개혁안이 정치적으로나 경제적으로 편익보다는 비용이 더 클 것이라고 주장한 반면에, 다른 멤버들은 사회적 불만과 갈등을 해결하여 자유민주주의 체제를 지키기 위해 행정부 개혁안을 지지해야 한다고 주장했다. 양자간 타협으로 중앙집행위원회는 부작용에 대한 우려 표명을 자제하고 당분간 여론을 따르기로 결정했다. 이러한 결정은 집권당의 고민, 즉 내부적으로 의견이 분열되어 있을 뿐만 아니라 국민여론 때문에 공개적으로 반대할 수 없는 처지를 반영한 것이었다.

다음으로, 재무부 장관이 개발이익환수제의 관할권에 대해 이의를 제기했다. 재무부 장관은 세제국장을 통해 개발지역 과세가 아닌 인접지역 과세를 건설부 관할에서 재무부 관할로 이관해야 한다고 주장했다. 개발지역 이익에 대한 과세는 개발 허용에 대한 반대급부이나 인접지역 과세는 본질상 순수한 조세이기 때문에 전자는 허가당국인 건설부 소관이고 후자는 과세당국인 재무부 소관이라는 것이다. 건설부 토지국장의 반대에도 불구하고 재무부 주장이 받아들여졌다. 그러자 재무부는 한발 더 나가 인접지역을 전국 투기지역으로 확대하여 전국 투기지역에 대한 과세를 토지초과이득세로 명명했다. 그 결과 토지공개념 개혁안은 원래 택지소유상한제 법안과 개발이익환수제 법안 두 개였으나 토지초과이득세 법안이 추가되었다.

마지막으로, 사회집단들도 자신들의 입장을 주장하기 시작했다. 7월 8일에는 일단의 학자들과 지식인들이 '경제정의실천연합'이라는 시민단체를 만들어 행정부 개혁안을 좀 더 강화시켜야 한다고 주장했다. 헌법재판소에서는 택지소유상한제와 농지·임야 거래허가제에 대해 공법학자들과 사법학자들 사이에 논란이 벌어졌다. 전국경제인연합회와 대한상공회의소는 6월 18일 집권당이 국민여론을 따르기로 결정하자 곧바로 대책반을 가동했다. 그들은 전문가들이 행정부 개혁안을 지지하는 것을 막기 위해 반대논리를 개발하기 시작했다. 그러나 은행연합회와 중소기업협동조합은 행정부 개혁안을 지지하고 나섰다.

1989년 7월 11일, 행정부가 토지공개념 개혁안을 추진하기로 공식적으로 천명하자 6개 경제단체들(전국경제인연합회, 상공회의소, 무역협회, 중소기업중앙회, 은행연합회, 한국경영자총협회)은 일단 협조하기로 했다. 그러나 반대 단체들은 이때부터 비밀 로비에 들어갔다. 이를 우려한 집권당 사무총장은 토지공개념 개혁법안들에 대한 국회 의결과정에서 의원들이 당파적 이해관계나 후원자들의 입력에 굴복하는 것을 막기 위해 공개투표를 고려하고 있음을 밝혔다.

행정부 개혁법안들이 집권당으로 전달되자, 정책위원회 산하 건설분과위원회 소속 다수 의원들은 택지소유 상한설정과 개발이익 고율과세는 사유재산을 징발하는 것과 같다는 이유로 반대키로 했다. 이어 열린 당정회의에서 집권당 의원들은 가진자들을 죄인 취급한다는 이유로 행정부를 비난하면서 택지소유상한제를 철회하고 토지초과이득세를 종합토지세로 대체할 것을 요구했다.

8월에 들어, 몇몇 진보인사들의 북한 불법 방문과 학생들의 데모, 그리고 이들 사건들에 대한 공안당국의 강경 대응 등으로 조정된 보수적인 정치분위기를 활용하여 집권당은 행정부 개혁안을 약화시키려 했다. 8월초, 당료와 외부전문가로 하여금 행정부 개혁안을 검토케 하여 보고를 받았다. 8월 11일, 당대표는 기자회견을 열어 택지소유상한제는 사유재산권을 침해할 수 있다면서 집권당은 국회 논의과정에서 행정부 개혁법안들을 완화시키겠다고 밝혔다. 8월 15일, 당 사무총장, 정책위의장, 정책조정부실장이 당대표의 주장을 거들었다. 정책조정부실장은 좀 더 체계적인 반론을 제기했다. 즉 행정부 개혁안은 자본주의 질서를 위협하는 혁명적 조치이고, 수정자본주의란 사유재산을 징발하는 것이 아니라 재정지출과 조세징수를 통해 재분배 기능을 강화하는 것이며, 행정부 개혁안은 중산층에 조세부담을 가중시킬 뿐 투기꾼들은 타인의 이름으로 여전히 토지거래를 할 수 있다고 주장했다. 당내 또 다른 정책전문가들은 다가오는 지방선거에서 중상류층의 지지를 잃을 수 있다고 주장했다. 이 시점에서 행정부 개혁안을 지금껏 옹호해 왔던 집권당 사무총장이 자신의 기존 입장을 바꾸었다. 집권당 리더들이 행정부 개혁안에 반대하기로 의견을 조율한 것이다. 그럼에도 불구하고 집권당 리더들은 토지공개념 개혁안의 정당성과 그에 대한 국민들의 지지를 무시할 수 없었다. 그리하여 그들은 토지공개념 개혁안을 과표현실화, 공한지 고율과세, 종합토지세 등으로 대체하는 데 노력을 집중했다. 8월 17일, 당대표, 사무총장, 정책위의장, 정책조정부실장이 토지공개념 개혁안을 강력히 밀어붙이는 대통령 경제수석을 만

났다. 이 자리에서 집권당 당직자들은 부동산투기 근절은 가진자들을 저주하지 않는
범위 내에서 해야 하고, 중앙집권적 사회주의적 개혁은 민주주의 절차에 어긋남을 강
조했다. 그 후 당직자들은 집권당의 최종입장을 경제수석을 거치지 않고 대통령에게
직접 전달했다.

집권당의 조직적 반대, 일부 언론의 입장 변화, 소수 유력인사들의 대통령 개별접
촉 등 불길한 조짐이 보이자, 경제기획원장관, 대통령 경제수석, 건설부장관 및 재무부
장관은 '토지공개념추진 범정부 대책위원회'를 설치했다. 우호적인 여론을 유지하고,
장차 집권당과의 당정회의 및 국회입법 과정에서 예상되는 반대를 극복하기 위한 대책
을 마련하기 위해서였다.

이 무렵 지금까지 관망자세를 유지하던 3개 야당들이 자신들의 입장을 분명히 하
기 시작했다. 통일민주당은 토지공개념 개혁법안을 지지하면서 별도로 토지기본법을
마련했고, 평화민주당은 토지공개념 법안의 내용을 좀 더 강화하라고 요구했다. 그러
나 신민주공화당은 개혁법안이 완화되기를 바랬다.

8월 26일, 당정회의에서 갈등이 극에 달했다. 이 회의에는 당측에서 당대표, 사무
총장, 원내총무, 정책위의장, 정책조정실장, 정책조정부실장이 참석했고, 행정부 측에
서는 경제기획원장관, 건설부장관, 재무부장관, 농수산부장관 및 대통령 경제수석이
참석했다. 이 자리에서 집권당은 i) 택지 초과보유를 금지하는 것은 사유재산권을 침
해하므로 초과보유에 대한 중과세로 대체할 것, ii) 개발이익환수와 토지초과이득세는
조세 저항과 중산층 피해를 초래하므로 과표현실화, 증여세 강화, 종합토지세 강화 등
으로 대체할 것을 요구했다. 이에 대해 행정부측에서는 i) 토지소유자들이 팔지 않거
나 늘어난 세금을 토지가격에 전가시키기 때문에 기존 조세를 강화하는 것만으로는
토지투기를 근절할 수 없고, ii) 과표현실화도 중산층 부담을 가중시킬 수 있다면서,
집권당의 주장을 반박했다. 이처럼 상반된 입장이 좀처럼 수렴되지 않자, 양측은 문제
를 재검토하기로 하고 일단 회의를 마쳤다.

이후 집권당은 대통령에게 당의 입장을 재차 직접 전달했고, 경제수석도 대통령
을 다시 설득했다. 8월 28일, 대통령은 '좁은 영토에서 함께 사는 지혜'라는 대국민 방
송연설을 했다. 이 연설에서 대통령은 토지공개념 개혁입법에 대한 지지의사를 간접적
으로 표현했다.

대통령의 방송연설에 고무된 경제기획원장관은 토지공개념 개혁법안을 수정없이
과표현실화와 함께 국회에 상정하기로 결정했다. 행정부의 완고한 태도에 화가 난 집
권당은 지금까지 토지공개념 법안을 완화시키려던 입장에서 사실상 거부하거나 무기

한 연기하는 입장으로 선회했다. 그 결의를 보여주기 위해 토지공개념 개혁입법안 검토 소위원회를 설치했다. 이렇게 되자 경제기획원장관과 정책위의장 간에 소통이 단절되었다. 집권당 소위원회 멤버들과 관계부처 차관들 간에 조정이 시도되었으나 이마저 아무런 진전이 없었다.

9월 1일, 대통령 경제수석은 토지공개념 개혁법안 관련 3대 핵심 국장들, 즉 경제기획원 기획국장, 재무부 세제국장, 건설부 토지국장을 비밀리에 소집하여 개발이익환수 세율을 낮추는 문제, 중산층에 부담이 될 과표현실화 추진 문제 등에 대해 의견을 물었다. 3대 국장들은 이구동성으로 개발이익환수 세율을 낮추어도 개발이익환수제의 기본취지는 훼손되지 않는다고 답변했고, 과표현실화 추진방안에 대해서는 두 가지 대안을 제시했다. 하나는, 중산층이 지지하는 토지공개념 개혁안을 먼저 입법화한 후 중산층에 부담이 될 수 있는 과표현실화를 나중에 추진하자는 것이었다. 다른 하나는, 중산층의 지지를 잃더라도 토지공개념법안과 과표현실화를 한꺼번에 추진하자는 것이었다. 경제수석은 그 자리에서 동시추진을 수용했으나, 나중에 분리추진으로 입장을 바꿨다. 9월 4일, 집권당 당직자들은 공식적인 당론결정절차 없이 개혁입법 검토 소위원회를 통해 집권당의 입장을 최종 확정했다. 최종 입장은 i) 개발이익환수 세율을 낮추고, ii) 택지소유상한제는 기존 1가구 1주택에 대해 적용하지 않고 신규건설 주택에 대해서만 적용하며, iii) 토지초과이득세는 몇 년동안 연기하거나 한시적으로 적용하자는 것이었다. 집권당의 최종 입장이 알려지자 건설부는 집권당 입장이 개혁입법안을 무력화시킬 수 있다는 판단 아래 집권당의 요구를 수용할 수 없다고 맞섰다.

9월 5일, 오랫동안 지속된 당정간 갈등이 타결되었다. 이날 대통령은 논란의 종지부를 찍기 위해 집권당 대표, 시무총장, 정책위의장, 원내총무, 정책조정부실장, 그리고 청와대 경제수석과 정무수석을 불러 이 문제를 논의하였다. 이 자리에서 정책조정부실장과 경제수석이 논란을 벌었다. 양측 입장을 경청한 후 대통령은 "집권당과 행정부는 토지공개념 개혁안이 구현하려고 하는 바를 실현하되 중산층에게 피해가 가지 않도록 신중해야 하며, 아울러 집권당은 국민들에 의해 개혁적인 정당으로 인식될 필요가 있다"면서 행정부 입장에 손을 들어 주었다.

청와대 회의에서 대통령의 입장을 확인하고 당으로 돌아온 집권당 대표는 토지공개념 개혁법안을 수용하겠다고 선언했고, 정책조정부실장은 여론도 불리하고 수정하기에는 시간적으로 너무 촉박하므로 집행과정에서 보완하겠다는 의사를 밝혔다. 동시에 청와대 경제수석도 3대 핵심국장들을 다시 불러 집권당의 체면을 살려주기 위해 집권당의 입장을 부분적으로 수용하겠다고 밝혔다. 그 결과 9월 9일, 당 정책위의장과

정책조정부실장, 경제기획원장관과 경제수석이 참석한 약식 당정회의에서 경제수석이
보완책을 제시하여 집권당의 양해를 받았다. 주요 보완책은 i) 택지초과소유분에 대해
강제처분보다 세금을 매기고, ii) 개발이익환수 세율을 낮추며, ii) 투기지역을 연 1.5배
이상 가격상승 지역을 자동으로 지정하기 보다는 재무부의 판단에 따라 지정한다는
것이었다. 이렇게 재조정된 토지공개념 개혁법안은 9월 11일 확대 당정회의에서 승인
되었다.

(2) 갈등조정 분석

가. 갈등해결

토지공개념 도입을 둘러싼 집권당과 행정부 간 갈등은 어떻게 조정되었는가? 그
해결 방식은 무엇이었는가?

당정간 갈등의 전개와 그 해결의 전과정을 일별하면 몇 가지 특징이 발견된다.
첫째, 집권당과 행정부는 서로 다른 입장을 당정회의를 통해 조정하지 못했다. 부동산
투기억제를 위해 행정부가 혁신적인 정책수단들을 제시하자, 집권당은 즉석에서 거부
하고 완화된 정책수단들을 제시했다. 그러나 양자는 각자의 입장을 조금도 양보하지
않고 끝까지 관철하려 한 결과 당사자간 합의가 이뤄지지 않았다. 둘째, 행정부와 집
권당은 각각 자신들의 입장의 정당성을 공개적으로 주장하면서 직간접적으로 대통령
을 설득하려 했다. 행정부는 여론을 유리하게 조성하면서 대통령에게 입장을 분명히
해 달라고 요구했고, 집권당은 물밑에서 유력인사들을 통해 대통령을 설득하려 했다.
셋째, 행정부와 집권당이 심하게 충돌할 때마다(4월 초, 8월 말) 대통령은 자신의 생각
을 조금씩 내비쳤고, 9월 5일 최종결단을 통해 당정간 갈등을 종결시켰다. 그 후부터
집권당은 더 이상 반대하지 않았고, 행정부는 기본골격을 유지하면서 집권당의 우려를
반영한 양보안을 최종 확정했다.

이상의 사실들이 의미하는 바는 토지공개념 도입을 둘러싼 당정간 갈등이 대통령
의 개입과 교통정리로 해결되었다는 것이다.

그러면 대통령의 최종 결정이 내용적으로나 절차적으로 자신의 주체적 판단이었
는가?

먼저, 대통령의 판단 내용을 보면 다음과 같다. 1989년 4월 초 행정부와 집권당
간 첫 번째 충돌이 있을 때, 대통령은 4월 12일 '불로소득' '소득불균등' '국민경제미래'
등을 언급하면서 토지공개념 도입을 적극 추진하도록 지시했다. 8월 말에 두 번째 충
돌이 있을 때에도, 대통령은 8월 28일 '사회안정'과 '지속적 경제발전'을 언급하면서 토

지에 대해 불가피한 제한이 필요함을 밝혔다. 9월 초 세 번째 충돌에서 대통령은 "토지공개념제도가 의도하는 바가 정확히 실현되도록 하되, 중산층에게 부담을 주지 않도록 추진해라"는 최종결단을 내렸다. 이는 행정부의 입장(토지공개념제도가 의도하는 바)에 집권당 입장의 일부(중산층 피해 방지)를 반영한 것이다. 이상의 판단 내용들을 보면, 대통령이 행정부 혹은 집권당 어느 한편의 주장을 지지한 것이 아니라, 양자의 주장을 듣고 여러 측면들을 고려하여 최종적으로 자신의 입장을 정했음을 알 수 있다.

다음, 대통령이 최종 결론에 이르게 된 과정을 보면, 자신의 선거공약을 이행하려는 행정부를 단순히 편드는 것이 아니고 행정부와 집권당은 물론 국민여론과 제3자의 의견도 충분히 들은 후 결론을 내렸다. 즉 대통령은 당정간 갈등이 지속되는 동안 양측의 보고를 직접 받았을 뿐만 아니라 여론의 동향을 살피고 제3자로부터 의견을 청취했으며 마지막으로 양측의 최종 의견을 들어본 후에야 결론을 내렸다.

따라서 대통령의 최종판단은 내용적으로나 절차적으로 명실상부한 주체적 판단으로 볼 수 있다.

나. 행정부와 집권당의 주장과 조치

대통령의 조정안이 집권당과 행정부의 입장을 반영하여 최종 결론을 내린 것이라면, 행정부와 집권당은 대통령의 판단에 영향을 미치기 위해 다양한 주장과 조치들을 취했을 것이다. 당정간 갈등이 최초로 발생한 1989년 4월 초부터 대통령에 의해 갈등이 해소되기 전날인 9월 4일까지 행정부와 집권당이 취한 주장과 조치들을 보면 다음과 같다.

이러한 행위들은 초기에는 집권당과 행정부가 상대방의 양보를 유도하기 위한 것이었으나 나중에는 직간접적으로 대통령의 생각과 의지에 영향을 미치기 위한 것이었다. 이 의도적 행위들을 그 내용에 따라 분류하면, 토지공개념의 내용과 효과를 둘러싼 정책적 주장과 영향력 동원에 관한 것들이다.

정책적 주장은 다시 토지공개념 정책의 효과에 관한 주장과 토지공개념 도입 여부에 영향을 미칠 수 있는 여타 정책이슈에 관한 주장으로 구분할 수 있다. 전자는 '공정사회' '제2 도약' '경제민주화' '조세강화무용론' '부작용' '사유재산침해' '자본주의질서위배' '중산층피해' '투기억제불가' 등이고, 후자는 '과표현실화'에 관한 주장이다.

영향력 동원 조치들도 다시 외부지지를 동원하려는 것과 내부결의를 다지려는 것으로 구분할 수 있다. 전자는 '여론 조성' '유력기업인 동원' 등이고, 후자는 '범정부 대책위원회 가동' '당내소위원회 가동' 등이다.

표 10-3 행정부와 집권당의 주장과 조치

시기	행정부	집권당
4월초순 - 4월하순	- 4월초, 토지공개념 정책위장과 협의 - 4월중, 대통령 설득과 입장피력 요청 - 4월말, 공청회 실시와 여론조성 시작 　　　[공정사회, 제2도약]	- 4월초, (정책위장), 거부 [사회주의적 개혁] - 4월말, 공개반대 삼가
5월초순 - 7월하순	- 5월초, 집권당의 협조 요청 - 6월, 토지공개념 개혁초안 공개 - 7월, 다수여론 형성 박차 　　　[경제민주화, 재도약] 　· 은행연/중기협, 공개지지 표명 　· 경실련 출범 및 지지표명	- 5월초, 부작용 우려 표명 - 6월, 당내에서 찬반 양론 　　　전경련/대한상의 비밀대책반 가동 - 7월, (사무총장), 공개투표 천명 　　　(정책위장), [상한제폐지/토초세대체] 주장
8월초순 - 8월하순	- 8월, 여론 조성 강화 - 8월23일, 토지공개념 범정부대책위 발족 - 8월26일, [조세강화무용론] 　　　[과표현실화 중산층피해론]	- 8월, 공안정국 이용하여 개혁안 완화 시도 　11일, (당대표), 기자회견 [사유재산침해론] 　　　(사무총장), 당대표의 입장을 지지 　15일, (정책위장/정조부실장), 주장과 대안 　　　[자본주의위배론, 중산층피해론, 　　　　투기억제불가론] 　　　[과표현실화와 종토세로 대체] 　17일, · 부자 저주 및 사회주의적 개혁 반대 　　　· 대통령에게 당입장 직보 　26일, · [사유재산침해론, 중산층피해론] 　　　· [과표현실화 및 종토세/증여세 강화]
8. 29. - 9. 4.	- (기획원장관), 과표현실화 동시추진 결정 - (경제수석), 과표현실화 분리추진 결정 - (건설부), 집권당 최종안에 반발	- 토지공개념 완화에서 거부로 입장 선회 - 토지공개념법안 검토 소위원회 가동 - 당입장 최종확정 　[환수세율인하, 토초세연기, 기존주택 상한제 배제]

다. 대통령의 고려 기준

　　대통령의 최종 조정안은 행정부의 주장을 많이 수용하고 집권당의 주장은 조금 수용한 것이었는데, 대통령이 이러한 판단을 하는 데 있어서 고려한 기준은 무엇인가? 그것은 자신의 관심사였다. 토지공개념을 둘러싼 당정갈등이 있었던 시기(1989.4.－1989.9.)는 노태우 대통령이 1988년 2월에 취임하여 10월에 서울올림픽을 성공리에 끝내고 본격적으로 국내외 정책문제 해결에 나서는 시기였다. 이 시기 노태우 대통령의 관심사는 무엇이었는가?

　　당시 노태우 대통령의 관심사는 민주화, 경제선진화, 보통사람의 시대, 그리고 남북통일이었다. 이들은 당시 시대적 사명 및 국내외 정치경제적 상황75)을 고려하여 자

75) 만성적 무역적자에서 무역흑자로 전환, 권위주의체제에 대한 국민적 저항, 소련과 동유럽의 개혁

신이 대통령후보 수락연설, 대통령 선거공약 및 대통령 취임연설 등에서 밝힌 자신의 국정운영 방향이었다. 그러나 노태우 대통령에게는 한 가지 문제가 더 있었다. 자신이 총재인 민정당이 1988년 4월 국회의원선거에서 원내과반수 확보에 실패하여 형성된 여소야대(4당 체제) 정국이다. 대통령이 자신의 공약들을 자신의 구상대로 추진하기 쉽지 않는 상황이었다. 야당들에게 끌려가지 않기 위해서는 다수 국민들의 지지가 절실한 상황이었다. 따라서 이 시기 노태우 대통령의 또 다른 관심사는 다수여론의 지지 확보였다. 요약하면, 대통령의 관심사는 정책공약 이행과 지지기반 강화였다.

라. 대통령의 지지를 유도하기 위한 당정의 주장과 노력

대통령의 최종 조정안이 자신의 관심사에 따라 집권당과 행정부의 주장과 노력을 취사선택한 결과라면, 갈등당사자들은 자신들의 입장을 대통령의 조정안에 반영시키기 위해서는 자신들의 주장과 노력이 대통령의 관심사에 부합되도록 해야 한다. 토지공개념에 관한 갈등을 집권조정하는 데 있어서 대통령이 행정부의 입장을 집권당의 입장보다 더 많이 반영했다는 것은 행정부는 자신의 주장과 노력을 대통령의 관심사에 연결시키는 데 상대적으로 성공했으나 집권당은 그렇지 못했다는 의미이다. 행정부와 집권당은 자신들의 주장과 조치들을 대통령의 관심사에 어떻게 연결시켰는가? 그에 대한 대통령의 반응은 무엇이었는가?

먼저, 1989년 봄, 당정간 첫 번째 충돌이 있을 때, 집권당은 '자본주의질서 위배론'과 '투자위축론'을 주장했다. 즉 택지소유 상환규제는 자본주의질서에 위배되고 개발이익 중과세는 기업의 투자의욕을 꺾는다는 것이다. 그러나 행정부는 '공정사회론'과 '경제도약론'을 주장했다. 즉 토지공개념 도입은 경제적 형평성과 경제 도약에 기여한다는 것이다.

이 시기 논쟁에서 대통령은 행정부의 주장에 끌렸다. 토지공개념 도입을 통해 경제민주화와 경제도약을 어렵게 하는 제도적 장애물을 제거할 수 있다고 생각했기 때문이다. 그리하여 대통령은 4월 12일 행정부가 개혁정책을 지속적으로 추진하도록 격려했다.

다음, 1989년 여름, 두 번째 충돌이 있을 때, 집권당은 '사유재산권 침해론' '중산층 피해론' '과표현실화 유용론'을 들고 나왔다. 즉 택지소유 상한규제와 개발이익 환수는 사유재산권을 침해할 수 있고, 이들 규제에 예외를 인정하지 않아 중산층이 피해를 볼 수 있다는 것이다. 이에 행정부는 '체제안정론'으로 반박했다. 즉 정부가 주택용

과 개방 등.

토지 가격의 폭등을 막지 못하고 경제적 형평성 제고를 위한 제도개혁을 못하면 무주
택자와 저소득층이 급진세력과 연합하여 혁명을 일으킬지 모른다고 주장했다.

이 논쟁에서 집권당은 '중산층 피해론'으로 대통령의 관심을 끄는 데 성공했다.
민주국가에서 정치지도자들은 중산층에게 부담주는 것을 꺼려한다. 노태우 대통령은
특히 더 그러했다. 이유는 자신이 민주화와 함께 '보통사람들의 시대'를 열겠다고 공언
했기 때문이다. 그리하여 노태우 대통령은 보통사람들인 중산층에게 피해를 준다는 주
장에 민감하게 반응했다. 그러나 집권당의 '과표현실화'와 '투기억제불가론' 주장은 대
통령의 관심을 끌지 못했다. 과표현실화를 가정하여 세금을 추정해 본 결과 그 부담이
부유층보다는 중산층에게 훨씬 큰 것으로 밝혀졌다는 주장과, 획기적인 토지규제수단
으로도 투기를 억제할 수 없다는 주장은 토지가격 폭등에 대해 아무것도 하지 말자는
것과 같았기 때문이다. 그러나 행정부는 '체제안정론'과 '조세강화무용론'으로 대통령
의 지지를 유지하는 데 성공했다. 사회질서유지는 대통령에게 가장 중요한 책무이다.
노태우 대통령은 국민들이 불만이 있어도 참고 있다가 어느 순간에 한꺼번에 거리로
뛰쳐나온다는 것을 경험상 잘 알고 있었다. 민주화 조치로 인해 집단행동이 폭발적으
로 발생하는 시점에서 사회안정에 도움된다는 행정부의 주장은 대통령으로서 간과할
수 없는 주장이었다. 또한 노태우 대통령은 주기적으로 발생해 왔던 투기열풍을 조세
만 가지고는 해결할 수 없다는 것도 경험상 알고 있었다. 따라서 그는 광란의 투기를
바로잡기 위한 획기적인 수단에 관심이 있었다.

그리하여 노태우 대통령은 8월 28일 대국민방송 연설을 통해 "토지관리제도에 대
한 개혁 없이 '사회안정'과 '지속적 경제발전'을 이루기 어렵고… 공공복지를 위해 '토
지에 대해 불가피한 제한'을 가하는 것은 민주국가에서 일반적인 현상…"임을 밝혔다.

마지막, 1989년 9월 초 세 번째 충돌에서도 행정부는 '경제민주화' '경제재도약'
'사회안정'을 위해 토지공개념 도입을 원안대로 밀어붙이려고, 집권당은 '중산층피해
론' '토지규제무용론'을 통해 토지공개념 도입을 사실상 무력화시키려고 했다.

이 논쟁에서 행정부는 중산층 피해에 대한 대통령의 우려에 충분한 대응을 하지
못했다. 중산층에도 피해를 줄 수 있는 '과표현실화'를 당분간 추진하지 않는다는 주장
만 할 뿐, 미실현이익 과세에 대해 중산층의 우려를 불식시키지 못했기 때문이다. 그
리하여 대통령은 9월 5일, "집권당과 행정부는 토지공개념 개혁안이 구현하려고 하는
바를 실현하되, 중산층에게 피해가 가지 않도록 신중해야 하며…"라고 결론을 냈다.
구체적으로 말하면, 노 대통령은 토지공개념을 둘러싼 갈등을 해결하는 과정에서 행정
부의 주장 가운데 '경제도약론' '경제민주화론' 및 '체제안정론'을 받아들였고, 집권당의

주장에서는 '중산층 피해론'만 받아들이고 '자본주의질서 위배론' '사유재산권 침해론' '투기억제불가론'등은 받아들이지 않았다. 이유는 경제선진화와 민주화가 자신이 해결해야 할 시대적 사명이라고 생각했고, 민주화를 추진하는 과정에서 체제불안이 우려되었기 때문이다.

한편, 토지공개념 정책에 관한 대통령의 최종 판단에 있어서 그의 시대적 사명이나 선거공약은 필요조건이지 충분조건은 아니었다. 노태우 대통령은 집권 직후 민주화를 추진하는 과정에서 집권당이 원내과반수를 차지하지 못하는 여소야대 상황에 직면했다. 그 결과 노태우 대통령은 임기내 자신의 임무를 성공리에 마무리하기 위해 기회 있을 때마다 자신에 대한 국민들의 지지를 강화해야 했다. 그렇지 않으면 야당들이 원하는 대로 끌려갈 수밖에 없는 상황이었기 때문이다.

이러한 상황에서, 행정부는 초기에 '경제민주화론'과 '경제재도약론,' 중간에 '체제안정론,' 마지막에는 '조세강화무용론'으로 국민들의 강력한 지지를 유도했다. 반면에, 집권당은 '자본주의질서 위배론' '사유재산권 침해론' '투기억제불가론'으로 국민여론의 지지를 얻어내지 못했고, '중산층 피해론'으로만 일부 국민들의 호응을 얻었다. 국민여론의 지지가 미흡하자 집권당은 재계 유력인사들을 동원하여 대통령을 설득했다. 그러나 당시 여소야대 4당 체제 하에서 대통령에게 행정부의 국민 다수동원은 대통령이 야당들에게 휘둘리지 않는데 큰 도움이 되었으나, 집권당의 유력인사 동원은 대통령에게 아무런 도움이 되지 못했다.

그리하여 대통령은 자신의 공약을 이행하고 동시에 국민 다수의 지지를 얻기 위해 행정부의 입장을 선호할 수밖에 없었다. 이러한 결과를 행정부와 집권당 입장에서 보면 다음과 같다. 행정부는 자신의 정책입장 대부분에 대해 대통령의 지지를 얻어냈다. 이유는 행정부가 자신의 정책입장을 대통령의 업적쌓기와 연계시켰고 동시에 여소야대 체제하에서 대통령의 권력관리에 도움이 되는 다수 여론을 동원했기 때문이다. 그러나 집권당은 대통령의 지지를 얻어내는 데 실패했다. 집권당이 자신의 정책입장을 대통령의 업적쌓기와 연결시키지 못했을 뿐만 아니라 대통령의 권력기반 강화에 도움되는 지지동원을 하지 못했기 때문이다. 다만, 자신의 정책입장을 대통령의 일부 관심사와 연결시킴으로써 극히 부분적으로만 성공했다.

마. 주장과 노력의 대내외적 여건

그러면, 행정부는 왜 대통령의 관심사에 부합한 주장과 노력을 할 수 있었는가? 집권당은 왜 대통령의 관심사에 부합한 주장과 노력을 하지 못했는가?

먼저, 행정부는 자신의 정책입장을 비교적 성공적으로 대통령의 업적쌓기와 연결시켰는데, 집권당은 그렇지 못했다. 그 원인은 어디에서 찾을 수 있는가?

첫째, 정보네트워크의 차이에서 찾을 수 있다. 행정부는 광범위한 지식정보네트워크를 구축했다. 대학교수(정책학, 행정학, 경제학, 법학), 국책연구소 연구위원(한국토지연구원, 한국개발연구원, 농촌경제연구원) 및 관련부처 공무원(경제기획원, 건설부, 재무부, 건설부, 내무부, 농수산부) 등 토지관련 전문가들을 총망라하여 연구조사팀을 구성한 후, 획기적인 조치의 필요성, 긍정적 파급효과, 반대 극복 논리 등을 연구토록 했다. 반면에, 집권당의 지식정보네트워크는 내부 검토팀과 대기업 연구소들이었다. 내부 검토팀은 정책조정부실장과 그 보좌관 및 외부전문가 2명 총 4명으로 구성되었고, 대기업연구소들에는 토지관련 전문가가 거의 없었다. 집권당은 이들로 하여금 단기간에 반대논리와 부작용을 검토하도록 했다.

행정부는 왜 정보네트워크를 광범위하게 구축했는가? 주무부처인 건설부 고위공무원들이 이 정보네트워크 구축을 전략적으로 생각했기 때문이다. 그들은 토지공개념 아이디어와 정책수단들을 이미 보유하고 있었기 때문에 관련 정책안을 외부전문가 도움 없이도 스스로 작성할 수 있었다. 그럼에도 불구하고 광범위한 지식정보네트워크를 구축하고 비교적 장기간(8개월) 가동한 이유는 획기적인 정책수단들에 대한 정당화 논리와 반대극복 논리를 개발하고 관련 부처들과 연구소들의 지지를 확보하기 위해서였다. 반면, 집권당은 광범위한 정보네트워크를 구축할 수 없었다. 구성에 늦게 뛰어들어 함께 할 전문기관들이 별로 없었을 뿐만 아니라 집권당이 '가진자들'의 입장을 옹호하기 위한 논리를 개발한다는 오해를 받을 수 있었기 때문이었다. 집권당 정보네트워크는 가동기간도 짧아서 충분한 검토와 연구를 할 수 없었다.

그 결과, 행정부 정보네트워크는 당정간 논쟁에 필요한 지식과 정보를 적절하게 제공했으나, 집권당 네트워크는 그러지 못했다. 즉 행정부 정보네트워크는 i) 정당화 논리, 반박논리, 파급효과 등에 대한 지식정보를 충분히 제공하여 행정부가 자신의 입장을 대통령의 업적쌓기와 성공적으로 연결시키고 집권당의 반대논리를 극복할 수 있도록 했고, ii) 토지소유분포(상위 5%가 사유지 65% 소유) 정보를 제공하여 행정부가 압도적 다수 여론을 조성할 수 있도록 했다. 반면에, 집권당 정보네트워크는 i) '자본주의질서 위배' '사유재산 침해' 등의 논리를 제공한 결과 초기부터 대통령의 관심사에서 빗나갔고, ii) 집권당이 경제정의를 외면하고 부자들의 이익을 대변한다는 부정적 이미지를 형성시켜 대통령의 권력관리에도 아무런 도움을 주지 못했다.

요약하면, 정보네트워크의 범위와 질이 논쟁에 필요한 논리개발과 여론동원에 필요한 정보산출에 큰 영향을 미친 것이다.

둘째, 사회경제적 여건의 변화이다. 당시 88올림픽 이후 부동산가격 폭등(88년 27.5%, 89년 32%), 향락산업 급팽창(7%), 노사분규 빈발 등이 발생했다. 그 결과 제조업성장이 둔화(3%)되고 수출이 감소하기 시작했다. 무언가 강력한 조치가 필요하다는 공감대가 형성되고 있었다.

부동산가격 폭등, 향락산업 팽창, 제조업 성장둔화, 수출 감소 등은 행정부로 하여금 토지공개념 정책을 '경제 도약' 및 '경제적 형평성'과 연결시킬 수 있는 기회를 제공했다. 즉 행정부는 i) 부자들의 토지투기로 부동산가격이 폭등하여 서민들의 내집 마련이 갈수록 어려워지고 있고, ii) 이 투기로 인해 제조업 부분에서 자본이 이탈하여 제조업 성장이 둔화되고 있고, iii) 이 투기로 인해 일확천금의 풍조가 만연하여 근로의욕이 감소하고 향락산업이 팽창하고 있다면서 토지공개념 도입 없이 경제 성장과 경제적 형평성 제고는 불가능하다고 주장했다.

노사분규 빈발도 행정부에게 토지공개념 정책을 '체제안정'과 연결할 수 있는 또 다른 기회를 주었다. 1989년 여름에 접어들어 노사분규가 빈번해지면서 동시에 대규모화·장기화·급진화되어 가고 있었다. 생산성 향상과 소비자물가 상승을 넘는 임금 상승에도 불구하고, 토지가격 상승으로 인해 주택가격과 임대료 상승이 노사협상에 새로운 변수로 등장했다. 이들로 인해 집없는 봉급생활자들의 불만이 폭발 직전이었고, 기업인들 사이에서 제조업을 포기하려는 분위기가 확산되고 있었다. 이처럼 대규모화 급진화되어 가는 노사분규를 활용하여 대통령 경제수석이 토지공개념을 도입하지 않으면 급진세력들이 혁명을 일으킬지 모른다고 주장한 것이다. 이 혁명론은 집권당의 중산층피해론으로 마음이 흔들리던 대통령을 행정부 입장으로 다시 기울게 만드는 데 기여했다.

그러나 이러한 사회경제적 여건은 집권당에게는 불리하게 작용했다. 혁신적 규제 수단들의 부작용이 크고 점진적 수단들의 장점이 많음에도 불구하고, 집권당은 이러한 사회경제적 상황 때문에 대통령과 국민들에게 점진적 접근의 장점을 설득할 수가 없었다. 또한 1989년 5월부터 8월 사이에 형성된 보수적인 공안정국[76]을 활용하여 토지공개념 정책을 '사유재산침해'로 연결하여 반전을 시도했으나 실패했다. 공안정국은 토지문제와 관련이 없었기 때문이다.

다음, 행정부팀은 다수 여론을 동원하여 자신의 입장을 지지하도록 했고 내부응

---

76) 일부 좌파인사들의 불법방북, 학생들의 과격시위, 이에 대한 공안당국의 강경대응.

집력을 강화하여 자신의 입장을 관철하겠다는 결연한 의지를 보여 주었는데, 집권당팀은 다수 여론을 동원하지 못했고, 내부응집력도 만들지도 못했다. 행정부팀은 초기부터 다수 여론을 확보하여 시종일관 유지하는 데 성공했으나, 집권당팀은 초기부터 자신에게 유리한 여론 조성이 어렵자 8월 들어 자신에게 불리한 여론을 완화시키려 시도했으나 이마저 실패했다. 또한 행정부팀은 핵심부처들이 응집력을 발휘하여 집권당의 반대를 막을 수 있었으나, 집권당팀은 결연한 의지를 보여주기 위해 6월에 당내 최고의사결정기구인 중앙집행위원회를 소집했으나 의견통일에 실패했다. 행정부팀은 왜 다수여론 동원과 내부응집력 구축에 성공한 반면, 집권당팀은 실패했는가? 원인은 지식정보 부족, 확산력이 부족한 주장, 핵심당직자들 간 시각차 등에 있었다.

행정부팀이 토지공개념 도입을 지지하는 다수 여론을 조성하는 데 결정적인 역할을 한 것은 하나의 충격적인 수치 정보77)였다. 행정부팀은 이 정보를 전격 공개하면서 문제의 심각성과 혁신적 수단의 중요성을 강조했고, 언론기관들은 이 정보를 연일 대서특필함으로써 토지공개념 도입을 지지하는 다수여론이 형성되었다. 그러나 집권당팀은 토지공개념 도입(특히 토지초과이득세)이 중산층에게 충격적인 피해를 줄 수 있다는 것을 감지했음에도 이를 구체적인 수치로 생생하게 제시하지 못해 여론의 관심을 끄는데 실패했다. 이는 집권당이 중산층 토지소유 자료를 확보하여 그 피해액을 산정할 수 있는 정보네트워크를 구축하지 못했기 때문이다.

또한 행정부팀은 토지공개념 정책이 주요 사회집단들의 이해관계와 어떻게 연결되는지를 설명함으로써 중립적이던 사회집단들의 지지를 확보하는 데도 성공했다. 즉 행정부팀은 토지공개념 정책을 통해 중소기업 공장용지가 적정가격에 충분히 공급될 수 있다고 주장78)함으로써 중소기업협동조합을 지지집단으로 만들었고, 토지공개념 정책이 은행과 증권시장의 자금이 토지시장으로 흘러가지 않도록 막을 수 있다고 주장함으로써 은행연합회를 지지집단으로 만들었다. 그러나 집권당은 토기공개념 도입이 사유재산제를 침해할 수 있다고 주장함으로써 기존 지지층인 소수 재벌들과 있는 자들 이외에 새로운 지지층을 확보하지 못했고, 나중에 토지공개념 도입이 중산층에게 피해를 줄 수 있다고 주장함으로써 중산층의 관심을 끌었으나 이들 중산층은 조직화되지 않은 집단으로 집권당 입장에 적극적인 지지표명에 나서지 못했다.

나아가, 행정부팀은 내부응집력을 확보할 수 있었으나, 집권당은 내부응집력을

---

77) 땅 소유자 상위 5%가 전국사유지 65% 보유.
78) 당시 대기업들이 향후 공장증설과 투기 등의 목적으로 많은 땅을 소유하고 있었기 때문에, 중소기업들은 공장부지를 확보하는 데 어려움을 겪고 있었다.

확보하기 어려웠다. 멤버들의 시각(의견분포)과 권력관계 때문이었다.

행정부팀을 보면, 학자출신 경제기획원장관과 관료출신 경제수석은 공기업 민영화 등 여타 정책들에 대해서는 의견이 달랐으나 개혁정책과 경제안정화정책에 대해서는 의견이 완전히 일치했다. 그들은 토지투기를 근원적으로 해결하기 위해서는 강력한 직접규제가 불가피하다고 생각했다. 관료출신 재무부장관은 택지소유상한 규제에는 소극적이었으나 토지초과이득 과세에는 적극적이었다. 그러나 전반기 건설부장관79)은 이들과 다른 생각을 갖고 있었다. 그는 학자출신이었지만 집권당처럼 토지투기는 기존 조세제도를 강화함으로써 해결할 수 있다고 생각했다. 반면, 후반기 건설장관은 전직 장군으로서 토지투기에 대해 무언가 강력한 조치가 필요하다고 생각했다. 그러나 그는 구체적인 전문성이 없어서 토지국장에게 의존했다. 그런데 전반기 건설부 장관은 자신의 입장을 강하게 밀어붙이지 못했다. 이유는 두 가지이다. 하나는 직전에 대통령 경제수석이었음에도 불구하고 1989년 봄 아파트 가격정책을 잘못 처리하여 대통령의 신임을 어느 정도 잃었기 때문이고, 다른 하나는 자신의 부하인 토지국장을 통제할 수 없었기 때문이다. 토지국장은 토지공개념정책을 적극 주장하면서 건설부 장관보다는 경제수석과 긴밀한 협력관계를 유지하고 있었다. 경제기획원 장관은 학자출신이었음에도 불구하고 대통령과 매주 독대를 하고 있어서 경제기획원 관료들을 강력하게 통제할 수 있었다. 그리하여 경제기획원과 재무부의 입장은 장관들이, 건설부의 입장은 토지국장이 통제하고 있었다. 그 결과 행정부팀은 이견은 표출되지 않았고 응집력도 상대적으로 강했다.

집권당팀을 보면, 정책위의장과 정책조정부실장은 의견이 같았으나 사무총장은 달랐다. 전자는 취약한 경제에 개혁충격을 가해서는 안 된다는 입장인 반면, 후자는 선진국 진입과 차기총선 승리를 위해 개혁을 추진해야 한다는 입장이었다. 당대표는 정책위의장의 입장에 따랐다. 당시 사무총장은 형식상 당내 2인자였으나 그 영향력은 여당내 역학관계상 당대표와 맞먹는 정도였다. 그 결과 집권당팀은 1989년 8월 중반까지 내부의견이 통일되지 않았다.

내부응집력은 대통령과 일반국민들을 향한 자신들의 주장에 설득력을 부여하고 반대자들을 향해 다양한 전략을 구사하는 데 매우 중요했다. 행정부팀은 이러한 응집력 때문에 범정부대책반을 구성하여 집권당의 전면적인 반대를 버텨낼 수 있었고 동시에 대통령에게 토지공개념 도입은 모든 부처들의 공통입장이라는 신호를 보낼

---

79) 1989년 7월에 교체되었다.

수 있었다. 그러나 집권당은 내부적으로 응집력을 만들지 못해 9월 초 행정부안을 완화시키기 위한 당내 대책반(소위원회)을 구성하려 했으나 집권당 의원들은 서로가 위원장을 고사했고, 집권당팀의 주장이 집권당 전체의 입장이라는 것을 보여 주지도 못했다.

이상의 분석을 요약하면 다음과 같다.
1) 행정부와 집권당 간 첨예한 정책갈등이 당사자간 협의로 해결하지 못하고 대통령의 개입과 결단으로 해결되었다.
2) 대통령이 최종 조정하기 전에 집권당과 행정부는 다양한 정책적 주장과 정치적 지지를 동원하여 대통령의 판단에 영향을 미치려 했다.
3) 집권당과 행정부는 자신들의 정책적 주장과 지지 동원이 대통령의 관심사에 부합하는 만큼 대통령의 판단에 영향을 미칠 수 있었다.
4) 정책적 주장은 각자가 구축한 정보네트워크의 범위와 질, 그리고 경제상황의 변화에 의해 영향을 받았고, 지지 동원은 보유정보, 관련이슈와의 연결, 팀 멤버의 시각과 권력관계에 의해 영향을 받았다.
5) 토지공개념 도입을 둘러싼 당정갈등에서 대통령은 행정부 입장을 좀 더 많이 반영했는데, 이는 행정부의 정책적 주장과 지지 동원이 대통령의 관심사에 좀 더 부합했기 때문이며, 행정부가 이렇게 할 수 있었던 이유는 정보네트워크가 광범했고 경제상황이 유리했으며 내부시각이 일치했던 데에 있었다.

2) 금융실명제 도입

금융실명제는 모든 금융거래에 있어서 실소유주의 이름을 사용하게 하는 제도이다. 구체적으로 말하면, 사채, 주식, 채권, 예금 등 금융자산 가운데 차명 혹은 가명 등을 활용해 실제 주인이 위장되어 있는 지하자금을 양성화하는 제도이다. 금융실명제를 실시해야 하는 이유는 지하자금을 방치할 경우 국가경제의 건전한 발전을 저해하기 때문이다.[80] 1982년 5월 '금융사기사건'이 발생하여 금융시장이 위기에 직면하자 당시 재무부를 중심으로 지하자금을 규제하기 위한 금융실명제법안을 만들어 대통령의 승

---

80) 가명이나 차명으로 위장된 지하자금은 그 이동을 추적하기 어려워 쉽게 부동산 투기에 사용되거나 상속세 없이 부를 대물림할 수 있어서 경제적 부를 특정 계층에 편중시키는 수단이 된다.

인까지 받았으나 집권당의 반대로 입법화되지 못했다. 그 후 조세제도를 개혁할 때마다 금융실명제가 논의되었으나 별다른 추진동력을 얻지 못했다.

(1) 당정간 갈등과 조정

1988년 가을, 올림픽이 끝나자 노태우 대통령은 자신의 선거공약 이행을 위해 12월에 정부 경제팀에 대한 인사개편을 단행했다. 새 경제팀은 경제정책의 방향을 경제구조개혁[81]과 경제안정화로 잡고 대통령과 집권당의 공약을 실현하기 위해 금융실명제가 포함된 경제개혁안을 발표했다. 동 개혁안에서 행정부는 금융실명제 실시를 더 이상 미룰 수 없는 과제임을 밝혔다.

새 경제팀은 1989년 4월에 국회의원들에게 금융실명제 실시[82]를 거듭 밝히면서 언론과 국민들에게는 그 필요성을 설명했다. 금융실명제 실시가 미루어지고 있는 동안 금융소득과 노동소득에 대한 과세 불공평이 확대되었고 상속증여세 회피도 크게 증가했으며 지하자금이 토지시장에 들락거리면서 부동산 투기를 초래했다는 것이다. 그리고 내부적으로 1989년 연말까지 입법초안을 마련하고, 1990년에 공청회와 당정협의 및 입법화를 거쳐 1991년부터 시행한다는 일정을 확정했다. 그리고 재무부 내에 실무공무원들과 연구기관 박사들로 구성된 '금융실명제대책반'을 설치했다. 1982년에 마련한 금융실명제법안을 검토 수정하여 새로운 대안을 만들기 위해서였다.

행정부가 금융실명제법 실시를 준비해가자 집권당 당직자들은 선거 때와는 달리 금융실명제가 집권당의 지지기반을 약화시킨다는 이유로 우려를 표명했다. 집권당과 가진자들의 반발이 시작된 것이다. 이에 경제기획원 장관과 대통령 경제수석은 대통령에게 경제철학이 무엇인지를 물었다. 1989년 4월 12일 대통령은 사회계층간 소득불균형이 정부가 해결해야 할 경제문제들 가운데 하나임을 지적하면서, 금융실명제를 서둘러 실시하도록 지시했다.

대통령의 지지를 확인한 경제기획원 장관과 경제수석은 향후 예상되는 반대를 사전에 막기 위해 국민여론을 조성하기로 했다. 그들은 기회가 있을 때마다 언론에 나가 경제정의와 제2도약을 위해 가진자의 양보와 제도개혁의 필요성을 강조했다. 결과는 대성공이었다.

반면, 집권당은 금융실명제 실시에 대해 내부적으로 분열이 있었다. 6월 18일, 최

81) 불균형 고도성장전략의 부작용을 수정하고 선진국 진입에 걸림돌이 되는 제도적 장애를 제거하려는 개혁.
82) 금융실명제 법안은 1982년에 입법화되었으나 그 실시가 미루어져 왔다.

고의결기관인 중앙집행위원회 회의에서 당 사무총장을 비롯한 몇몇 당직자들은 민주
주의 체제를 유지하기 위해 사회 불만과 갈등을 해소해야 하고 이를 위해서는 경제개
혁을 추진해야 한다면서 행정부의 금융실명제 실시를 지지했다. 그러나 신임 정책위의
장을 포함한 다른 당직자들은 금융실명제가 '정치적으로나 경제적으로 득보다 실'이
많으니 금융실명제 실시를 연기해야 한다고 주장했다. 그러나 이들은 공개적으로 반대
하지 못하고 여론의 추이를 관망하기로 했다.

1989년 7월 들어 행정부는 금융실명제대책반의 건의에 입각하여 법안을 작성하
고 새로운 금융관행의 정착을 위한 금융기관들의 노력을 조정하기 위해 범정부적 금
융실명제추진위원회를 설치했다. 동 위원회는 재무부 차관을 위원장으로 하여 관련 부
처 국장 10명과 각종 금융기관 간부 13명으로 구성했다. 동시에 재무부 장관이 기자들
에게 금융실명제 실시가 제도나 법률을 넘어 오래된 관행을 바꾸는 것이기 때문에 서
둘러 실시하면 경제적 혼란을 초래할지 모른다는 고민을 토로하면서, 부작용을 줄일
수 있는 정책대안을 개발하는데 총력을 기울이고 있음을 밝혔다.[83] 마지막으로 7월
22일에는 모든 금융기관에 금융실명제 정착을 위한 대책반을 설치했다. 이로써 금융
실명제 추진체제가 완성되었다.

금융실명제 실시 작업이 구체화되자 사회집단들 간에 논란이 가열되었고 재벌들
은 그들의 보유주식을 대량으로 매각하면서 숨겨진 자금을 보호하기 위한 비밀대책반
을 가동하기 시작했다. 이 대책반은 행정부 조치에 대한 대응방안을 마련하기 위한 것
이었다. 이에 집권당 사무총장은 금융실명제법안에 대한 국회 처리과정에서 무기명 비
밀투표보다는 기명 공개투표를 하겠다고 선언했다. 국회의원들이 이익집단들의 압력
에 굴복하지 않도록 하기 위해서였다. 그러나 집권당 정책위의장과 여타 당직자들은
금융실명제가 실시되도록 그냥 놔두지 않겠다는 결의를 다졌다.

당내 반발에 직면하여 정책위의장은 금융실명제 반대 활동을 좀 더 체계적으로
전개하기 시작했다. 그는 주식시장자금 이탈과 부동산투기 열풍 등을 금융실명제 탓으
로 돌렸다. 동시에 정책조정부실장을 통해 재무부 당국자를 비공식적으로 접촉하여 금

---

83) 8월, 9월, 10월에도 재무부는 예상되는 부작용과 그 대응책을 담은 보고서를 유출시켰다. 즉 사
생활 침해에 대한 불안감을 덜어주기 위해 비밀보장을 강화하는 장치, 금융소득 종합과세에 대한
우려를 줄이기 위해 소규모 금융소득에 대해서는 개별 과세를 실시하는 방안, 비실명 지하자금이
증권시장을 이탈하여 해외로 유출되거나 부동산 시장으로 유입되는 것을 방지하는 장치 등을 마
련하고 있음을 밝혔다. 동시에 금융실명제 실시가 대다수 일반국민들에 어떠한 부담도 주지 않는
다고 강조했다. 그러나 재무부의 이러한 우려와 대책마련에 대한 일련의 발표가 오히려 중산층의
불안을 초래했던 것으로 알려졌다.

융실명제법안의 내용을 약화시키려 했다. 더 나아가 중산층과 서민들도 금융실명제로 인해 피해를 볼 수 있음을 유포하기 시작했다. 즉 금융실명제로 인해 비실명 지하자금이 증권시장에서 부동산 시장으로 이동하면, 경제 위축과 실업자 양산, 주택가격과 임대료 상승 등을 통해 중산층과 서민들도 피해를 본다는 것이다.

집권당의 반대에 직면한 재무부는 주요 보완책을 발표하면서 대다수 국민들에게 어떠한 부담도 없다고 주장했다. 나아가 재무부 고위관료들이 국민들이 불안을 잠재우고 반대세력에 대해 선수를 치기 위해 장관에게 금융실명제법 초안을 공개하자고 했다. 그러나 재무부 장관은 이를 거부했다. 금융규제는 서두르거나 급진적으로 추진되어서는 안 된다고 생각했기 때문이다. 또한 그는 집권당과 재벌들의 강력한 반대를 극복할 자신감이 부족하여 대통령의 의중을 확인하려 했다.

그동안 경제상황이 변하고 있었다. 지난 3년간 평균 12~13%이던 경제성장률이 1989년 초부터 하락하여 가을에 6.5%까지 떨어졌다. 1986년부터 흑자를 유지해 오던 무역수지가 1989년 초부터 시작된 수출감소로 8월에는 적자로 돌아섰다. 4분기에 들어서면서 경기후퇴가 완연해졌다.

논란 가열과 경제상황 변화에 직면한 노태우 대통령은 10월 중순 내년도 예산관련 연설에서 금융실명제에 관해 여론을 점검한 후 결론내겠다는 의사를 표명했다.

대통령의 입장 변화가 감지되자 집권당 정책위의장은 경제상황 악화에 편승하여 경제가 심각한 후퇴국면에 있다고 진단하면서 행정부 경제팀의 경제관리 방식에 대해 비판의 수위를 높이기 시작했다. 경제안정화정책과 제도개혁정책을 비판하고, 경기후퇴에 대한 우려를 증폭시키면서 경제성장을 위한 투자 및 수출 촉진 정책을 요구했다. 그는 금융실명제를 실시하면 경제가 회복불능 상태로 추락할 것임을 경고하기도 했다. 그리고 재벌과 연대하여 대통령 주변 인물들에 대한 설득을 시작했다.

이에 행정부도 반격에 나섰다. 경제기획원 장관은 한국경제가 경제 사이클의 정점을 지나 구조조정기 들어섰다고 진단하면서 오히려 미래의 경제도약을 위해 경제구조를 재조정해야 할 시기라고 주장했다. 경제성장이 지난 3년간 12~13%의 과열상태에서 7~8%의 정상상태로 돌아가고 있고, 경제성장률이 둔화된 것은 정부의 안정화정책의 결과라고 주장했다.

그 결과, 집권당과 행정부는 경제상황에 대한 진단과 처방에 있어 상당한 시각차이를 드러냈다. 이 진단 및 처방 논쟁은 1989년 4분기 내내 '잡초논쟁'을 벌이면서 지속되었다. 경제기획원 장관은 비료를 주기 전에 잡초를 먼저 제거해야 한다고 주장하는 반면에, 정책위의장은 작황이 안 좋을 것으로 예상되면 잡초가 좀 있더라도 비료를 주어야 한다는 주장이었다.

이러한 논쟁을 통해 집권당은 행정부로부터 두 가지 조치를 이끌어내는 데 성공했다. 1989년 11월에 행정부는 원래의 입장을 바꾸어 이자율을 낮추고 통화공급을 늘리는 등 부분적인 경제활성화 조치를 취했다. 12월에 들어 재무부가 다시 주식가격 하락을 막기 위해 추가적인 증시부양 조치를 취했다. 이러한 조치들은 지속적인 경기하락과 집권당의 요구 및 기업인들의 불평에 대한 반응이었다.

1989년 연말에 대통령은 경제기획원 장관, 재무부 장관, 집권당 정책위의장을 소집하여 금융실명제 실시 여부에 대해 진지하게 물었다. 그들의 의견은 달랐다. 경제기획원 장관은 약간의 부작용을 감수하고서라도 원래 의도한 대로 금융실명제를 실시해야 한다고 주장했다. 그는 또 경제적 정의에 맞게 경제구조 개혁이 이루어지지 않으면 정치적 경제적 불안이 수반되고 그 결과 몇몇 라틴아메리카 국가들처럼 한국도 선진국이 되기 어려울 것이라고 했다. 그러나 이와는 반대로 집권당 정책위의장은 금융실명제를 실시하면 어려운 경제여건 하에서 부작용이 너무 커서 경제가 붕괴할 가능성이 있다고 했다. 한편, 재무부 장관은 금융실명제를 느슨한 형태로 실시해야 한다고 주장했다. 이처럼 의견이 갈리자 대통령은 사태의 진전을 관망하면서 최종 결정을 내리기 전에 보다 많은 자문을 구하기로 했다.

대통령의 의지가 흔들리기 시작하자, 집권당 정책위의장은 자신의 주도하에 집권당이 1990년에 추진해야 할 10대 정책과제를 선정했다.[84] 주목할 만한 것은 10대 정책과제에서 경제활성화를 최우선 순위에 둔 반면, 경제구조개혁은 아예 제외시킨 것이다. 정책위의장은 10대 정책과제를 1990년 1월 4일에 공표한 후, 그 중 5개 긴급과제를 1월 10일로 예정된 대통령의 신년연설문에 집어넣었다. 그 후 정책위의장은 1월 9일 집권당 최고의사결정기구인 중앙집행위원회에서 경제위기 극복을 위한 경제활성화와 노사관계안정을 강조했다.

이 무렵 종합토지세법상 종합토지세가 산정되었는데, 몇몇 대형 호텔들은 10배 이상, 공기업과 은행들은 6~7배로 폭등하자[85] 조세저항이 발생했다. 금융실명제 반대자들은 종합토지세가 기업의 투자와 경제활동을 위축시킬 뿐만 아니라 임대료와 상품

---

84) 5개는 방대한 예산이 소요되는 민생관련 과제였고, 2개는 대통령이 집권당 주도하에 해결하라고 요청한 과제였으며, 나머지 3개는 대통령의 시대적 사명에 관한 과제였다.
85) 종합토지세법은 1989년 봄에 국회를 통과한 법이다. 종토세 폭등은 원래 집권당과 행정부 간 정책조정과정에서 세율을 2%로 정했는데, 국회에서 야당들의 압력에 의해 5%로 상향조정했기 때문이다.

가격에 전가될 것이라면서, 이러한 부작용은 행정부가 다수여론에 밀려 종합토지세를 도입했기 때문이라고 주장했다.

1990년 1월 10일, 대통령은 신년연두연설에서 제조업과 수출기업에 대한 정부의 지원과 경제적 형평성 확보를 위한 제도개혁을 동시에 강조하면서 금융실명제 실시에 대해 단계적으로 접근할 것임을 밝혔다.

대통령의 단계적 접근 방침을 접한 재무부 장관은 대통령의 지시가 그의 점진적 접근을 지지하는 것으로 해석했다. 지금까지 금융실명제의 정당성과 부작용 사이에서 고민하면서 대통령의 의지를 확인하려 했던 재무부 장관은 대통령의 방침에 따라 금융실명제 법안의 구체적 내용을 확정하기 시작했다. 집권당 정책위의장도 금융실명제는 예정대로 실시하되, 경제적 충격을 줄 수 있는 요소들을 제거한 후 점진적으로 실시할 것임을 밝혔다. 이에 따라 집권당 정책조정부실장이 금융실명제 보완책들을 제시했다. 이로써 집권당과 재무부의 입장은 상당히 유사해졌다.

정책위의장은 1월 11일 집권당 정책세미나를 개최했다. 정책위의장은 이 세미나에서 지난 연말에 마련한 신년도 10대 정책과제 추진을 설명하면서 '자본주의 경제질서에 맞는 정책수단' '새로운 상황에 맞는 새로운 정책수단'의 필요성을 강조했다. 동시에 새로 임명된 당대표에게도 자신의 아이디어를 설득하자 경제계에 정통한 신임 당대표는 정책위의장의 아이디어에 흔쾌히 동의했다. 직후 당대표와 정책위의장은 대통령의 정책결정에 영향력을 행사할 수 있는 유력인사들에게 접근하여 금융실명제 반대논리를 설득하기 시작했다. 1월 17일, 대통령은 경제기획원 장관과 경제수석에게 금융실명제에 대해 신중하게 접근하라고 지시하기에 이르렀다.

1월 19일, 신년 정책방향을 조율하기 위한 고위당정회의가 열렸다. 집권당 측에서 당대표와 정책위의장도 참석하고, 행정부 측에서는 총리와 경제기획원 장관도 참석했다. 이 자리에서 당 정책위의장과 경제기획원 장관이 다시 충돌했다. 정책위의장은 행정부가 경제활성화와 5대 긴급현안 해결에 집중해야 한다고 압박했다. 즉 경제활성화를 위해 이자율인하, 원화절상, 통화공급 등 단기대책들을 주문했고, 대통령이 연두기자회견에서 관심을 표명한 5대 현안과제 해결에 금년 예산 중 상당부분을 투입하여 국민들이 피부로 느낄 수 있도록 하라고 요구했다. 그러나 경제기획원 장관은 중장기 대책을 강조하면서 이러한 요구를 거절했다. 그는 경제적 재도약과 사회적 갈등 해결을 위해 경제안정화와 제도개혁 및 기술개발투자가 먼저 이루어져야 하고 경제활성화와 수출증대 조치는 제한적으로 이루어져야 한다고 주장했다. 두 사람은 타협점을 찾지 못했다. 경제활성화와 경제구조개혁에 대한 그들의 시각은 판이하게 달랐다.

1990년 1월 말에 중요한 상황 변화가 생겼다. 첫째는 1989년 말 행정부가 취한 기업투자촉진책과 증시부양책은 성공적이지 못한 것으로 드러났다. 재무부가 증권시장에 쏟아 부은 자금은 증시 밖에서 부동산과 주택 가격을 부추겼고, 주가는 계속 하락했다. 둘째는 1990년 1월 22일 노태우 대통령과 두 야당 총재가 그동안 물밑작업을 해왔던 3당 합당을 공식화한 것이다.

집권 민정당은 이러한 새로운 정치경제적 여건에 편승하여 금융실명제 실시를 막기 위한 노력을 두 가지로 전개했다.

하나는, 당대표와 정책위의장은 행정부 경제팀이 경제상황을 악화시켰다고 주장하면서 기회있을 때마다 경제팀에 대한 불만을 표출했다. 또한 당대표는 개혁정책은 시기와 내용에 문제가 있어서 서둘러 추진해서는 안 된다고 경고했고, 정책위의장은 한발 더 나아가 과거 인기영합적인 정책들은 전면 재검토해야 한다면서 경제침체기에 금융실명제를 추진하기는 어렵다고 못 박았다. 그 후 당대표와 정책위의장은 금융실명제 이슈를 '경제안정화 vs 경제성장' 논쟁 속으로 끌고 갔다.

다른 하나는, 3당 합당이 가시화되자 경제성장 노선이 곧 탄생할 통합신당의 정책노선으로 채택되도록 심혈을 기울였다. 집권 민정당 당직자들은 통합될 2당과 금융실명제에 대한 구체적인 논의를 하지 않았다. 3당간 갈등을 촉발시킬 수 있었고 그렇게 되면 통합신당이 여론의 역풍을 맞을 수 있었기 때문이다. 그 대신 금융실명제에 치명적인 경제정책노선 설정에 집중했다. 통합신당의 정책노선을 경제성장으로 설정하려는 노력은 두 가지 방향에서 진행되었다. 하나는 대통령을 설득하는 것이었고, 다른 하나는 통합될 신민주공화당과 통일민주당의 동의를 구하는 것이었다. 대통령을 설득하는 것은 그리 어렵지 않았다. 대통령이 비선 자문그룹으로부터 경제활성화를 위해 무언가 대책이 있어야 한다는 의견을 듣고 있었고, 집권당 정책위의장이 대통령에게 영향력이 있는 기업인을 통해 금융실명제를 실시하면 수출감소, 주가하락, 자금의 해외유출, 부동산 투기, 노사분쟁 격화 등을 야기시켜 기업의 국제경쟁력을 약화시키고 다가오는 선거에 필요한 정치자금 동원도 어려울 것이라고 대통령을 설득했기 때문이다. 두 정당들과의 합의도 쉽게 이루어졌다. 집권 민정당은 과거 60~70년대 경제성장을 추진했던 정당의 후신인 신민주공화당으로부터 쉽게 동의를 얻어냈고, 통일민주당으로부터는 정치개혁 요구를 수용하는 대신 경제정책에 대한 주도권을 양해 받을 수 있었기 때문이다. 그 결과 집권 민정당 당직자들은 경제성장을 통합신당의 정책노선으로 채택하는 데 성공했다.

1990년 2월 3일, 통합신당 창당을 위한 3당 총재회의가 열렸다. 이 회의에서 3당

총재들은 통합신당의 정책노선으로 경제 재도약과 정치 민주화에 합의하고 긴급현안으로 경제활성화를 꼽았다. 금융실명제에 대해서는 구체적인 논의 없이 부작용 방지를 위해 점진적으로 실시하겠다는 대통령의 입장을 지지하기로 했다. 이 3당 총재간 합의를 보고 경제기획원 장관은 사표를 제출했다.

그러나 노태우 대통령은 이 사표 수락을 미루면서 행정부와 집권당 내 고위직에 대한 인사를 고려하기 시작했다. 경제 운영과 개혁을 둘러싼 갈등을 해결하고 새로 탄생할 통합신당의 정책노선을 구현할 수 있는 팀이 필요했기 때문이다. 그는 이를 위해 자신의 비공식 경제자문관과 비선그룹에게 조언을 구했다. 1990년 2월 9일, 통합신당 민자당이 출범했다. 신당 정책위의장 자리는 전 신민주공화당 정책위의장에게 돌아갔다. 신임 정책위의장은 금융실명제 실시에 부정적인 입장이었다. 2월 12일, 민자당 경제대책특위위원들(이승윤, 나웅배/김동규, 황병태/김용환, 이희일)과 행정부(조순, 이규성, 문희갑, 한승수)가 신당 출범 후 첫 당정회의를 개최했다. 이 회의에서 경제 성장과 안정 간에 균형을 유지하고, 금융실명제는 부작용을 최소화하면서 계획대로 시행키로 했다. 2월 14일, 민자당 정책위의장은 금융실명제는 부작용 방지를 위해 수정하고 여론을 보아가며 추진하겠다고 밝혔다. 이는 금융실명제 실시를 거부하기로 방침을 세운 후 여론의 반발을 우려한 유화적인 발언이었다.

지금까지 수면 아래에서 금융실명제 반대 로비를 해왔던 전국경제인연합회는 신당 출범으로 상황이 유리해졌음을 확인하고 전면에 나서기 시작했다. 2월 22일, 전국경제인연합회는 대규모 금융실명제대책반을 꾸렸다. 동시에 증시자금 이탈, 자금의 해외유출, 예금 감소, 세금부담 증가 등을 우려하기 시작했다.

3월 1일, 통합 민자당은 행정부 경제팀의 교체를 공식화했다. 그러자 3월 3일, 대통령 경제수석이 국회의원 보궐선거 출마를 이유로 사표를 냈다. 그 자리에 금융실명제에 부정적이었던 대통령 비공식 경제자문관이 임명되었다. 3월 7일, 경제기획원 장관이 마지막으로 대통령에게 금융실명제를 보완하여 추진하겠다고 보고했다. 그러나 3월 17일, 경제팀에 대한 개각이 단행되었다. 신임 경제기획원 장관은 금융실명제를 줄기차게 반대해 온 3당합당 직전 민정당 정책위의장으로, 재무부 장관은 금융개혁에 좀 더 보수적이었던 금융감독원장으로 교체되었다. 신임 경제기획원 장관은 기자들에게 향후 성장과 배분을 동시에 추구하되 성장에 우선순위를 두겠다면서, 성장에 걸림돌이 된다면 금융실명제를 연기하겠다고 했다. 그러자 재무부 금융당당 고위공무원들은 완화된 금융실명제안을 갖고 신임 재무부 장관과 전국경제인연합회 간부들을 설득했다. 전국경제인연합회는 완화된 안을 받아들일 수 있다고 했으나 신임 재무부 장관은 강력하게 거절했다.

1990년 3월 23일, 행정부의 새로운 경제팀과 집권 민자당 신임 당직자들 간에 당정회의가 열렸다. 이 자리에서 당정은 금융실명제를 무기한 연기하기로 합의했다.

(2) 갈등조정 분석

가. 갈등해결 방식

금융실명제를 둘러싼 집권당과 행정부 간 갈등은 어떻게 조정되었는가? 정책갈등은 어떤 방식에 의해 해결되었는가?

당정간 갈등의 발생과 해결 과정을 거시적으로 조망하면 다음과 같다.

첫째, 당정간 서로 다른 입장은 당정회의를 통해 조정되지 않았다. 1989년 4월 집권당이 최초로 반대의사를 표명할 때부터 대통령이 최종 입장을 정한 1990년 2월까지 집권당과 행정부는 수차례 당정회의를 개최했으나 타협에 실패했다. 각자는 타협보다 자신들의 입장을 관철하려 했다. 1989년 4월에 집권당이 금융실명제 입법안을 완화시킬 것을 주문했으나 행정부가 이를 거절했고, 1990년 2월에는 행정부가 완화된 금융실명제를 실시하려 했으나 이때는 집권당이 거절했다.

둘째, 당사자 간에 해결이 안 되자 집권당과 행정부는 직간접적으로 대통령에게 호소하여 갈등을 해결하려 했다. 행정부팀은 1989년 4월 집권당이 반대하자 경제기획원장관과 경제수석은 대통령에게 입장이 무엇인지 물었고, 9월에는 재무장관이 대통령의 의중을 탐색하려 했으며, 그 이후에도 경제기획원장과 경제수석은 기회있을 때마다 대통령에게 예정대로 실시하겠다고 보고하여 승인을 받았다. 집권당은 다수여론을 피하여 7월과 11월에는 대통령 주변 인물들을 설득하기 시작했고, 다음 해 1월에는 대통령 지인들을 통해 대통령을 설득했다.

셋째, 대통령은 당정 간에 심각한 갈등이 있을 때마다 자신의 입장을 표명했다. 즉 1989년 4월 12일과 10월 15일, 1990년 1월 10일과 17일 및 2월 3일에 입장을 밝혔고, 3월 17일에는 금융실명제 옹호자인 경제수석과 경제기획원장관을 경질함으로써 갈등을 최종 타결했다.

이상의 사실들에 비추어 보면, 금융실명제 사례에서 당정간 갈등은 대통령의 개입과 결정에 의해 타결되었다. 그러면 대통령의 이러한 결정은 심사숙고한 결과인가 아니면 단순히 전문가의 판단 혹은 국민다수의 여론을 반영한 것인가? 그의 결정을 내용적 절차적 측면에서 분석하면 다음과 같다.

먼저, 대통령이 중간 중간에 결정한 내용들을 보면 다음과 같다.

1989년 4월에 행정부 경제팀이 금융실명제를 실시하겠다면서 언론과 국민들에게는 그 필요성을 설명하자 집권당이 지지기반을 약화시킨다는 우려를 표명함으로써 당정갈등이 발생했다. 이에 대통령은 4월 12일 '사회계층간 소득불균형 해결'을 강조하면서 금융실명제 조기실시'를 지시함으로써 행정부 입장을 지지했다. 즉 단순히 조기실시를 지지한 것이 아니라 '계층간 소득불균형 해소' 차원에서 지지한 것이다.

그 후 경제기획원장관과 경제수석이 집권당의 조직적 반대를 극복하기 위해 국민여론 조성에 집중하자 집권당 정책위의장과 정책조정부실장은 금융실명제 실시 저지를 결의한 후 금융실명제의 부작용을 논리적으로 체계화[86]하여 반대하기 시작했다. 그러자 10월 중순에 대통령은 '여론을 점검한 후 결론을 내겠다'는 의사를 표명했다. 즉 금융실명제 실시여부를 '국민들의 선호' 차원에서 결정하겠다는 것이다.

그러자 집권당과 행정부는 경제상황 변화에 대한 해석과 처방을 둘러싸고 '경제활성화 vs 경제구조개혁' 논쟁을 벌이면서 금융실명제 실시에 대한 갈등을 이어갔다. 이에 대통령은 1990년 1월 10일 신년연두연설에서 '경제활성화와 경제형평성을 동시에 강조하면서 금융실명제 실시에 대해 단계적으로 접근'할 것임을 밝혔다. 집권당이 제기한 '부작용'과 '경제활성화'를 무시할 수도 없고, 행정부가 주장한 '경제민주화'와 '건전한 경제구조'를 포기할 수도 없었기 때문이다. 그리하여 대통령은 금융실명제를 실시는 하되 부작용이 수반되지 않도록 하려는 중립적 입장을 취했다.

또다시 집권당과 행정부가 경제정책방향과 대책을 둘러싸고 '경제성장 vs 경제안정' 논란을 벌이면서 금융실명제에 관한 '잡초논쟁'을 벌이는 동안 대통령은 1990년 2월 3일, 통합신당을 위한 3당 총재회의에서 정책노선으로 '경제 재도약과 정치 민주화에 합의하고 긴급현안을 경제활성화'로 규정했다. 대통령은 이 회의에서 '금융실명제는 부작용 방지를 위해 점진적으로 실시하겠다'고 했으나 집권당이 주장한 경제활성화를 당면과제로 선택함으로써 사실상 금융실명제를 포기했다. 3월 17일 행정부 경제팀 교체는 이러한 결정의 후속 조치였을 뿐이다.

이러한 사실들에 비추어 보면, 노태우 대통령은 처음에는 행정부 입장을 지지했다가 중간에 양자의 입장을 절충하려 했고 마지막에는 집권당의 입장을 지지하는 입장변화를 보였다. 그 과정에서 많은 고민을 해 왔다.

다음, 노태우 대통령이 당정간 갈등을 지켜보면서 그때그때 자신의 입장을 정하

---

86) 주식자금이 이탈하여 부동산투기에 투입되면 경제위축, 실업양산, 주택가격·임대료 상승 등으로 중산층이 피해를 보게 된다는 논리.

는 과정을 보면 다음과 같다.

1989년 4월 입장표명 이전에 노태우 대통령은 입장을 밝히라는 당정의 요구를 받았다. 10월 중순 입장표명 이전에도 대통령은 행정부를 중심으로 하는 찬성세력과 집권당을 중심으로 하는 반대세력의 압박을 받았다. 1990년 1월 중순 입장표명 전에는 대통령이 1989년 12월 말에 직접 당정 양측을 불러 실명제 실시여부에 대한 입장을 진지하게 타진했다. 마지막으로 1990년 2월 3일 최종 입장을 정하기 전에는 대통령은 집권당과 행정부로부터 향후 경제정책 방향을 경제활성화로 할지 아니면 경제안정화를 할지 선택하라는 압력을 받았다. 최종 결정을 해야 할 시점에 이르러 다소 어려움이 있더라도 실시해야 한다는 행정부와 집요하게 반대하는 집권당 사이에서 방향을 잡기 어렵자 제3의 비공식 자문집단으로부터 자문을 구했다.

이러한 사실들에 비추어 보면, 대통령은 매번 자신의 입장 결정에 있어서 단순히 집권당과 행정부 어느 일방의 요구에 따른 것이 아니다. 자신의 입장을 결정할 때마다 양측의 입장을 확인하고 심사숙고 해 왔다.

노태우 대통령의 최종결정 내용과 절차에 관한 이상의 분석을 종합하면, 대통령의 최종 결정은 단순히 집권당 입장에 동조한 것이 아니라 나름대로 양측의 서로 다른 입장을 모두 고려하고 제3의 조언도 받아가면서 직접 고민하여 자신의 입장을 조금씩 수정한 다음에 최종적으로 내린 결정이었다.

나. 집권당과 행정부의 주장과 조치

집권당과 행정부는 상호간 협의조정이 불가능하자 대통령을 자신들의 편으로 유도하기 위해 총력을 기울였다. 구체적으로 무엇을 했는가? 당정갈등이 발생한 1989년 4월부터 실질적으로 해결된 1990년 2월까지 행정부와 집권당이 각각 취한 주장과 조치들은 <표 10-4>와 같다. 행정부와 집권당이 취한 행위들을 살펴보면 성격상 두 종류로 구분할 수 있다. 하나는 금융실명제에 관한 정책적 주장과 논쟁이고, 다른 하나는 영향력 동원을 위한 조치들이다.

정책적 주장과 논쟁은 다시 금융실명제의 긍정적 부정적 효과에 관한 것과 금융실명제의 운명에 영향을 줄 수 있는 경제정책방향에 관한 것으로 구분할 수 있다. 전자의 범주에 속하는 것은 '지지기반 피해' '경제 정의와 재도약' '부작용' '다수국민 부담' '득보다 실' '민주체제 유지와 사회불만 해소' '중산층 피해' '경제적 정치적 불안' '경제 붕괴' 등이고, 후자의 범주에 속하는 것은 '경제상황 진단·처방 논쟁' '잡초 논쟁' '선진화를 위한 경제구조 개혁' '경제활성화' '경제안정화' '신년도 10대 과제' '성급한

표 10-4 집권당과 행정부의 주장과 조치

시 기	행정부	집권당
1989. 4.	4월 - 금융실명제 필요성 홍보 - 재무부내 금융실명작업반 설치	4월 - 지지기반 피해를 우려하여 반대
1989.5. - 1989.10.	5-9월 - 다수여론조성 시작 [경제정의와 재도약 강조] 7월 - 금융실명제추진위원회 설치 8월 - (재무부) 주요 보완책 발표하여 중산층피해론 반박 9월 - (재무관료) 완화된 초안공개 시도 (장관) 초안공개 저지, 대통령의중 탐색	6월 - (정책위의장) 득보다 실, 연기 주장 - (사무총장) [불만해소, 체제유지]에 필요 7월 - (정책위의장, 일부당직자) 저지 결의 - (사무총장) 법안 공개투표 선언 7-8월 - [중산층피해론] 정립, 유포 - 재벌과 물밑 연대
1989.11. - 1989.12.	11월 - 경제상황 진단 · 처방 논쟁, [재도약, 구조개혁] 주장 - 잡초논쟁 [선잡초 후비료] - 부분적 활성화 조치 (반대무마) 12월 - 증시부양 조치 (반대 무마)	11월 - 경제상황 진단 · 처방 논쟁, [경제활성화] 주장 - 잡초논쟁 [선비료 후잡초]
1989.12. - 1990.1.10.	12월말- [경제정의, 도약]을 위해 부작용 감수하고 실시 주장 - 정치경제 불안과 남미화 우려 - (재무장관) 느슨한 형태 주장	12월말- [경제붕괴우려] 증폭, 실명제를 실시하면 회복불능 경고 - 신년도 집권당 10대 과제선정 1월 - 10대 과제 발표, 5과제를 대통령 연두연설문에 삽입 - [경제위기, 경제활성화] 강조 - 종토세저항 이용 실명제부작용 증폭
1990.1.11. - 1990.2.2.	1월중 - 재무부, 실명제 초안 확정 · 공개 (기본입장과 쟁점별 대안) - 당정 논쟁1 [재도약, 사회안정, 경제안정, 구조개혁] - 당정 논쟁2 [안정 vs 성장]	1월중 - 정책조정부실장, 충격완화 보완책 - 당내 정책세미나 개최 [자본주의적 수단, 새상황 새수단, 새 정책방향 정립] (당내의견통일) - 당정 논쟁1 [경제활성화, 긴급현안] - 대통령 · 주변유력인사 설득 - 경제팀에 대한 불신 조장 · 유포 - 당정 논쟁2 [안정 vs 성장] - 통합신당 성장노선 유도 성공

개혁' '경제안정 vs 경제성장 논쟁' 등이다.

영향력 동원 조치들도 다시 대외적으로 설득하려는 조치와 대내적으로 결속을 다
지는 조치로 구분할 수 있다. 전자로는 '국민여론 조성' '재벌과 물밑 연대' '대통령 주
변인물 설득' '행정부 경제팀에 대한 불신 조장' '신당 정책노선 정립을 위한 통합예정
정당 설득' 등이고, 후자로는 '금융실명제추진위원회 설치' '일부 당직자 저지 결의' '정

책세미나 개최와 당직자 설득' 등이다.

다. 대통령의 고려기준

대통령은 비전문가로서 금융실명제를 둘러싼 당정간 갈등에 개입하여 교통정리
했다. 대통령의 최종조정 결과는 집권당과 행정부의 주장들과 조치들을 자신의 기준에
따라 비교평가한 후 선택 수정한 것이다. 그러면 대통령의 기준 혹은 관심사는 무엇이
었는가?

금융실명제를 둘러싼 당정갈등이 처음 발생한 1989년 4월부터 대통령이 사실상
최종 결심을 할 무렵이 1990년 1월까지 노태우 대통령의 관심사는 민주화, 경제선진
화, 보통사람의 시대, 남북통일이었고, 이들 과제들을 4당 체제하에서 어떻게 추진하
느냐였다. 그러나 1989년 가을부터 경제침체에 대한 우려를 심각하게 받아들이고 있
었고, 1989년 연말과 1990년 연초에 급진전된 3당 합당이 성공하면 대통령이 자신의
공약들을 추진하는데 야당들에게 일방적으로 끌려가는 상황에서 벗어날 수 있었다. 따
라서 이 시기 노태우 대통령은 경제침체와 새로 탄생할 집권당에 좀 더 민감해졌다.
즉 노태우 대통령의 관심사는 경제활성화와 3당 합당의 성공이었다.

라. 당정간 경쟁과 대통령의 입장 변화

노태우 대통령은 왜 초기에 행정부 입장을 수용했다가 나중에 생각을 바꾸어 집
권당 입장을 지지했는가? 초기에는 집권당보다는 행정부의 주장과 조치가 자신에게 도
움이 되었으나 나중에는 행정부보다 집권당의 주장과 조치가 자신에게 도움이 되었기
때문이다. 이를 대통령의 지지확보를 둘러싸고 행정부와 집권당이 경쟁하는 관계에서
보면, 초기에는 행정부의 입장과 조치가 대통령의 관심사에 부합했으나 나중에는 집권
당의 입장과 조치가 대통령의 관심사에 더 부합했다는 의미이다.

그러면 노태우 대통령을 둘러싼 경쟁 과정에서 행정부와 집권당의 주장과 영향
력 동원이 당시 대통령의 관심사와 어떻게 일치했는가? 달리 말해, 노태우 대통령은
집권당과 행정부 각자의 주장과 지지동원 가운데 어떤 것이 자신의 관심사에 맞다고
판단했는가? 대통령이 금융실명제 실시에 대해 직접적으로 5회에 걸친 교통정리 발
언을 하면서 '조기실시' '여론 검토후 실시' '원점에서 재검토' '단계적 실시' '신중한
실시' 등으로 입장이 바뀌었는데, 그때마다 왜 이러한 판단을 했는지 구체적으로 살
펴보면 다음과 같다.

첫째, 대통령은 1989년 4월 12일 무렵 행정부 입장을 지지했는데, 왜 그랬는가?
1989년 봄 당정갈등에서, 행정부는 금융소득과 노동소득에 대한 과세불공정, 상속증여

세 회피, 부동산투기 등을 막기 위해 금융실명제를 실시해야 한다고 주장했다. 반면, 집권당은 자신의 지지기반에 불이익을 줄 수 있기 때문에 금융실명제를 반대했다. 또한 행정부는 금융실명제의 이러한 필요성을 국민들에게 적극 홍보하여 압도적 지지를 유도하고 금융실명제대책반을 설치하여 강력한 의지를 보여준 반면에, 집권당은 자신의 입장을 관철하기 위해 부작용만 우려할 뿐 어떠한 영향력도 동원하지 않았다.

이 갈등에서 대통령은 금융실명제 실시를 위한 행정부의 주장을 통해 자신의 목표인 '경제민주화(경제적 형평성)'을 실현할 수 있음을 보았고, 또한 금융실명제를 통해 '국민다수의 지지'를 얻을 수 있음을 보았다. 그러나 집권당의 주장과 노력에서는 자신에게 필요한 어떤 것도 찾을 수 없었다. 그리하여 대통령은 행정부 입장을 일방적으로 지지했다. 그리하여 4월 12일, 소득불평등 해소를 위해 금융실명제 '조기실시 입장'을 밝힌 것이다.

둘째, 대통령은 10월 중순 행정부 입장에서 약간 거리를 두었다. 즉 '국민여론을 검토한 후 결정'하기로 마음을 바꾼 것이다. 왜 그랬는가?

1989년 늦은 봄부터 초가을에 걸친 갈등에서, 행정부는 5~9월에 걸쳐 금융실명제를 통한 '경제재도약'과 '경제정의'를 강조하면서 국민다수 지지 여론을 확산시켰고, 반면에 집권당은 5월부터 막연히 득보다 실이 많다고 주장하다가, 7월부터 금융실명제를 실시할 경우 발생할 수 있는 '자금해외유출' '증시자금이탈' '부동산투기' '중산층 피해' 등을 부각시키면서 기업인들과 일반국민들의 지지를 유도했다. 또한 행정부는 7월에 범정부적 금융실명제추진위원회를 설치함으로써 금융실명제 실시에 대한 결연한 의지를 보여주었으나, 다른 한편으로는 주무장관인 재무장관이 8월과 9월에 금융실명제 보완책 마련을 반복적으로 강조함으로써 금융실명제 실시가 간단하지 않음을 암시했고 행정부내에서도 이견이 있음을 시사했다. 집권당 내부에서도 6월부터 금융실명제 부작용을 강조하는 정책위의장과 사회불만 해소를 강조하는 사무총장 간에 갈등이 심화되고 있었고, 7월에는 집권당내 일부 세력들이 금융실명제 실시를 적극 저지하겠다는 결의를 다졌다.

이 갈등을 지켜보면서 대통령은 행정부의 입장만 전폭적으로 지지할 수는 없었다. 금융실명제를 통해 자신의 목표인 '경제민주화'가 촉진되고 자신의 국정운영에 '다수 여론'이 여전히 도움되기는 했으나, 금융실명제 부작용으로 '금융시장 혼란'과 '중산층 피해'가 발생할 수 있었고 아직은 소수이지만 반대여론도 조금씩 힘을 얻어가는 상황이었기 때문이다. 또한 행정부 내에서나 집권당 내에서도 이견이 발생함으로써 경제전문가가 아닌 자신이 섣불리 결정할 수도 없었다. 그리하여 대통령은 여론을 좀 더 지켜 본 후 결정하겠다고 했다.

셋째, 1989년 말 대통령은 당정간 갈등당사자들을 불러 진지하게 실시여부를 타진했다. 이는 금융실명제를 '원점에서 재검토'하겠다는 의미였다. 왜 그랬는가?

1989년 11월부터 12월 중순에 걸쳐 행정부와 집권당은 경제상황에 대한 진단과 처방을 둘러싸고 충돌했다. 행정부는 경제가 과열에서 정상으로 돌아오고 있다고 진단하고 '재도약'을 위한 '구조개혁'이 필요하다고 주장했다. 이에 집권당은 경제가 정상이 아니라 불경기로 빠져들고 있다고 진단하면서 '재도약'을 위해 '경제활성화' 조치가 필요하다고 주장했다. 즉 '재도약'을 위해 행정부는 구조개혁 후 성장조치를 취해야 한다고 주장했고, 집권당은 경제상황이 안 좋으므로 먼저 성장조치를 취한 후 구조개혁을 해야 한다고 주장했다.

이 갈등을 통해 대통령은 금융실명제가 '경제선진화,' 즉 '재도약'에 걸림돌이 될 수 있음을 인식하게 되었다. 즉 금융실명제가 '경제민주화'에 도움이 되나 '중산층의 이익'에 역행할 수 있고, '경제도약'에 도움이 될 수도 있지만 저해할 수도 있음을 인식하게 된 것이다. 또한 금융실명제 실시를 요구하는 국민여론뿐만 아니라 경제활성화를 요구하는 국민여론도 만만치 않았다. 금융실명제 주무장관인 재무부는 경제기획원 장관과는 달리 금융실명제 실시에 적극적이지 않았다. 이 상황에서 대통령은 금융실명제가 큰 부작용 없이 자신의 관심사인 '경제민주화'와 '경제재도약'에 확실히 도움이 되는지, 주무부처가 금융실명제를 책임있게 시행할 수 있는지를 확신할 수 없었다. 그 결과, 대통령은 금융실명제 실시를 원점에서 재검토하기로 판단했던 것이다.

넷째, 대통령은 1990년 1월 10일 '단계적 실시'를 천명했다. 왜 그랬는가?

1989년 12월 말 대통령 앞에서 기획원장관은 개혁이 후퇴하면 정치경제적 불안과 남미화가 우려된다면서 '사회갈등해결'과 '경제정의' 및 '재도약'을 위해 약간의 부작용을 감수하더라도 금융실명제 실시를 주장했고, 정책위의장은 가뜩이나 경제가 안 좋은데 금융실명제까지 실시하면 경제가 붕괴될 것을 우려하면서 실시 연기를 주장했다. 재무부장관은 완화된 형태로 실시하자고 했다. 그 후부터 1990년 1월 초에 걸쳐 행정부와 집권당은 향후 경제정책방향으로 '안정 vs 성장' 논쟁을 벌였다.

동시에 집권당 정책위의장은 12월 말에 신년도 집권당의 중점정책을 '경제활성화'로 설정하고, 1월 초에 당 최고의결기관인 중앙집행위원회에서 당지도부를 설득하였으며, 대통령 비서실을 통해 그 일부를 대통령의 신년연두연설문에 포함시켰다. 또한 종토세 조세저항의 징조가 보이자 금융실명제를 종토세처럼 대중인기 영합적으로 추진하면 그 폐해가 클 것이라며 부작용 우려를 증폭시켰다. 그러나 행정부는 대통령의 의지에만 기대할 뿐 집권당이나 대통령을 향해 어떤 조치도 취하지 못했다.

이러한 당정간 갈등을 지켜보면서, 대통령은 집권당이 주장하는 경제활성화대책을 '경제재도약'을 위해 포기할 수 없었고, 행정부에서 주장하는 금융실명제도 '경제활성화'에 역행할 수 있으나 '경제형평성'을 위해 포기할 수도 없었다. 국내 경제지표가 심상치 않자 대통령 주변 경제인들이 대통령에게 경제활성화를 위해 무언가 조치가 필요하다는 조언을 하기 시작했다. 또한 대통령이 물밑에서 진행해 온 3당합당이 성공하면, 자신의 정책공약 이행에 있어서 국민다수의 여론에 의존하지 않아도 되고, 오히려 국가의 장래를 위해 전문가들의 의견을 반영할 필요도 있었다. 이러한 판단 아래 노태우 대통령은 금융실명제를 당장 실시하라는 국민여론이 여전히 다수임에도 불구하고, 실시에 따른 충격을 줄이기 위해 '단계적 실시'로 방향을 잡은 것이다.

다섯째, 대통령은 2월 3일, 두 야당 총재들과 통합신당의 정책노선으로 '경제재도약'과 '정치민주화' 및 '경제활성화'에 합의했다. 이는 대통령이 경제민주화보다 정치민주화로 방향을 틀고 경제활성화를 선택함으로써 금융실명제 실시를 사실상 포기하는 것이었다. 3당 총재회의에서 부작용을 방지하기 위해 단계적으로 실시하겠다고 했지만 이는 갑자기 포기한다고 말할 수가 없어서 그렇게 발언했을 뿐이다.

대통령은 왜 금융실명제 포기로 돌아섰는가?

대통령의 단계적 실시 천명 직후 재무부가 집권당의 우려를 반영하여 실명제에 대한 기본입장과 쟁점별 대안을 제시함으로써 당정간에 합의가 이루어질 수도 있었다. 그러나 집권당은 아예 실명제를 폐기하기로 했다. 이를 위해 집권당은 당내 정책세미나를 개최하여 '새로운 상황에 맞는 새로운 정책'의 필요성에 대한 당내 합의를 구축한 다음, 1차적으로 행정부 경제팀을 상대로 '경제활성화 vs 경제구조개혁' 논쟁을, 2차적으로 '경제성장 vs 경제안정' 논쟁을 벌였다. 이는 대통령에게 선택하라는 간접적 압박이었다. 행정부는 사회안정과 재도약을 위해 구조개혁과 경제안정을 지속해야 한다면서 금융실명제는 완화된 형태로라도 실시해야 한다고 주장했고, 집권당은 정책방향을 경제활성화와 경제성장으로 바꿔야 한다면서 금융실명제는 연기되어야 한다고 주장했다.

동시에 집권당은 1989년 11월과 12월에 행정부가 실시한 부분적 경제활성화 조치가 실패로 드러나자 행정부 경제팀에 대한 불신을 조장했고, 이어서 대통령 주변 인사들과 두 야당을 설득하여 통합신당의 경제정책노선을 성장으로 설정하고 긴급현안을 경제활성화로 규정하는 데 성공했다. 이에 비해, 행정부는 대통령이나 통합신당을 설득하거나 영향력을 행사하려는 별다른 노력을 하지 않았다.

이 갈등을 지켜보면서, 대통령은 민주화는 경제민주화(형평성)가 아닌 정치민주화로, 경제재도약은 경제구조개혁이 아닌 경제활성화를 통해 추진하기로 했다.

경제민주화를 위해 이미 종토세와 토지공개념 도입을 추진했으나 첫 작품인 종토세의 시행단계에서 조세저항에 부딪쳤다. 향후 토지공개념 제도의 부작용도 우려되는 상황이었다. 이러한 상황에서 경제민주화를 지속하기가 부담스러웠다. 더군다나 경제민주화를 추진해온 행정부 경제팀에 대한 믿음도 흔들리기 시작했다. 지난 가을 추진한 경제활성화 대책이 실패로 드러났기 때문이다. 그렇다고 선거공약인 민주화를 포기할 수도 없어 민주화의 대상을 정치분야로 돌렸다. 경제재도약을 위해서도 경제구조조정이라는 장기 대책도 중요하지만 경제활성화라는 단기 대책의 중요성도 인식하게 되었다.

게다가 거대 통합신당의 탄생으로 국정을 원활하게 운영하는 데 있어서 국민다수의 여론보다는 새로운 거대여당과의 협력이 더욱 중요해졌다. 경제성장노선을 선호하는 통합신당의 입장을 무시하기가 어려웠다. 또한 각종 경제지표가 나빠지고 있는 상황에서 경제활성화를 주문하는 주변 인물들의 전문적 조언도 무시할 수 없었다.

그리하여 대통령은 경제민주화보다는 정치민주화, 경제구조개혁보다는 경제활성화에 집중하기로 했고, 그에 따라 경제민주화와 경제구조개혁을 위해 관심을 가져 왔던 금융실명제를 포기할 수밖에 없었다.

마. 주장과 조치의 대내외적 여건

집권당은 대통령의 판단을 자신에 유리하게 돌려놓는데 성공했고, 행정부는 대통령의 초기 지지 입장을 붙들어 놓는 데 실패했다. 이는 집권당의 주장과 영향력 동원은 대통령의 관심사에 부합했던 반면, 행정부의 주장과 영향력 동원은 그러지 못했다는 의미이다. 왜 그랬는가?

먼저, 대통령이 최종적으로 결단할 시기가 다가올수록 집권당은 실명제 이슈를 대통령의 관심사에 좀 더 성공적으로 연결시켰다. 1989년 4월 초, 첫 번째 갈등에서 집권당의 주장은 대통령의 관심을 끌지 못했고, 대통령은 오히려 행정부의 주장에 설득되었다. 그러나 집권당은 1989년 말과 1990년 초 새로운 경제상황에서 자신의 주장이 대통령의 정책공약 이행에 어떻게 도움이 되는지, 행정부의 입장이 어떻게 걸림돌이 되는지를 잘 보여 주었다. 그러나 이 시기에 행정부는 변화하는 경제상황에서 자신의 주장이 대통령에 대한 설득력을 잃어감에도 불구하고 좀 더 설득력 있는 새로운 주장을 하지 못했고 집권당의 주장을 체계적으로 반박하지도 못했다. 집권당은 왜 변화하는 상황에서 성공적인 주장을 했고, 행정부는 왜 변화하는 상황에서 초기 입장을 고수했는가?

첫째, 정보네트워크의 구성과 활동이다. 당정갈등을 벌였던 집권당 리더들(당대표, 정책위의장, 정책조정부실장)과 행정부 리더들(경제기획원장관, 재무부장관, 대통령 경제수석보좌관)은 대부분 경제전문가들이었다. 그러나 그들을 지원하는 정보네트워크는 차이가 있었다.

집권당은 내부적으로 금융실명제를 위한 조사연구팀을 가동하지는 않았다. 그러나 1989년 여름부터 대기업 산하 연구소들과 금융실명제 대책반의 지원을 받았다. 이 연구소들은 금융정책, 금융시장 및 실물경제에 대해 많은 정보와 지식을 보유하고 있었고, 대책반은 1989년 여름부터 1990년 3월까지 가동되었는데 대학교수, 산하 연구소 연구위원, 민간 금융기관 임원 등으로 구성했다. 이 정보네트워크는 금융실명제를 반대하는 데 중요한 지식정보와 논리를 제공했다. 그들은 금융실명제로 인한 금융시장 자금이탈 예상규모를 20조(trillion)원으로 추정해 냈고, '중산층피해' '산업붕괴' '주식시장붕괴' 등의 논리를 만들어 냈다.

반면, 행정부는 재무부 산하에 금융실명제대책반을 가동했는데, 재무부 공무원들과 금융기관임원들로 구성되었다. 이 대책반은 다양한 시각과 전략을 제공할 수 있을 만큼 구성이 광범하지 않았고, 활동도 금융실명제의 부작용을 제거하기 위한 예외 조항을 개발하는 데 치중했다. 그 결과, 반대세력들의 논리를 반박할 수 있는 대항논리를 만들어 내지 못했다.

행정부 금융실명제대책반은 왜 이렇게 구성되었는가? 왜 금융실명제 반대에 대한 반론을 개발하지 못했는가? 금융실명제대책반의 구성과 활동이 행정부 리더들(특히 재무부 장관)의 시각을 반영했기 때문이다. 그들은 기존 금융실명제법을 개정해야 함에도 불구하고 금융실명제 추진을 새로운 입법이 아니라 집행의 문제로 보았다. 재무부 장관은 금융실명제는 급진적으로 추진되어서는 안 된다고 믿었다. 금융실명제대책반은 재무부 산하에 설치되었고, 그에 따라 재무부 장관의 시각과 전략을 반영하지 않을 수 없었다. 금융실명제대책반은 이와 같은 구성과 활동방향 때문에 금융실명제 반대에 대항할 수 있는 논리를 제공하기 어려웠다. 이 대책반은 금융실명제 반대를 무마시키기 위해 규제강도를 완화시켜 부작용을 줄이는 대안을 내 놓았는데, 이는 핵심을 놓친 것이었다. 금융실명제 반대논리를 무력화시키는 논리를 시의적절하게 만들어 냈어야 했다. 금융실명제 반대자들의 의도는 규제의 강도를 누구러뜨리는 것이 아니라 금융실명제 자체를 실시하지 못하게 하는 것이었기 때문이었다.

요약하면, 집권당은 정보네트워크를 유용하게 잘 구축했기 때문에 변화하는 상황에서 자신들의 주장이 대통령의 정책방향에 어떻게 연결되는지를 좀 더 정교하게 보여 줄 수 있었다. 즉 집권당의 정보네트워크는 그 구성이 다양하고 충분한 정보와 전문성을 보유하고 있어서 집권당의 주장에 필요한 정보와 논리를 시의절적하게 제공했던 반면, 행정부의 정보네트워크는 그 구성과 활동내용이 제한적이어서 행정부가 필요한 정보와 논리를 제대로 제공하지 못했다.

둘째, 집권당과 행정부의 주장은 양자의 시각 차이에 의해서도 영향을 받았다. 집권당은 금융실명제와 경제재도약 간의 관계를 단기적 시각에서 보았으나 행정부는 장기적 시각에서 보았다. 집권당은 경기후퇴와 금융규제의 즉각적인 효과에 행정부보다 좀 더 민감했다. 그리하여 집권당은 경기후퇴를 즉각적으로 경제성장 및 금융규제와 연결시켜 금융실명제 자체를 반대했으나, 행정부는 경기후퇴를 장기 성장을 위한 구조개혁과 연결시켜 금융실명제 실시를 주장했다. 그 결과 행정부는 장기적 시각으로 인해 상황변화를 무시하고 일관적인 주장을 했던 반면, 집권당은 단기적 시각으로 인해 상황변화에 맞춰 주장했다.

셋째, 집권당의 성공적인 주장은 사회경제적 상황에 의해서도 영향을 받았다. 1989년 들어 거시경제 지표들이 하강하기 시작했다. 특히 경제성장과 무역흑자가 급격히 줄어들었다. 집권당은 행정부에 우려를 전달했다. 그러나 행정부는 한국경제가 지난 3년 동안 과열 상태에서 안정 상태로 돌아왔다고 진단하면서 노사분규가 해결되면 하반기에 정상으로 돌아올 것이라고 했다. 그러나 1989년 3~4분기에 수출은 증가하지 않았고, 제조업 투자와 성장, 무역흑자, 주식가격 등 모두 가라앉았다. 이러한 거시경제상황은 집권당에게 금융실명제를 경제정책방향과 연계하여 주장할 수 있는 기회를 주었다. 즉 집권당은 경제상황 악화를 활용하여 '경제성장 vs 경제안정' 논쟁을 전개하면서 금융실명제 이슈를 이 논쟁 속으로 끌고 갔다. 이 논쟁에 휘말리자 행정부의 금융실명제 주장은 설득력이 떨어졌다. 또한 집권당은 주식가격 하락과 부동산가격 상승을 금융실명제 추진 탓으로 돌렸다. 이로써 금융실명제는 경제재도약의 징검다리가 아니라 걸림돌로 인식되었다. 요약하면, 집권당이 금융실명제 반대를 다른 정책이슈와 연계하여 설득력 있게 주장할 수 있었던 것은 바로 경제상황의 변화 때문이었다.

다음으로, 노태우 대통령이 정책판단을 위해 국민여론보다는 내부서클의 의견을 고려하기 시작할 무렵, 집권당은 대통령의 내부서클내 유력인사들을 동원했을 뿐만 아니라 집권당 내부응집력을 보여 주었다. 대통령이 4당체제로 인해 국민다수 여론에 입각하여 국정을 운영하던 1989년 봄 당정갈등에서, 집권당은 대기업들의 지지를 동원하고 내부분열을 노출한 반면, 행정부는 국민다수 여론을 동원하고 내부응집력을 보여 주었다. 이 시기 대통령은 당연히 행정부의 주장에 동조했다. 그러나 대통령이 3당합당을 진행중이던 1989년 말과 1990년초 세 번째 당정갈등에서부터는 집권당은 내부응집력을 발휘했고 대통령의 비공식 자문그룹과 청와대 비경제분야 수석보좌관들의 지지를 확보하는 데 성공했다. 반면에 행정부는 일반국민에게만 호소하여 다수 여론만 동원했다. 이 시기 대통령은 집권당의 입장으로 기울기 시작했다.

집권당은 왜 세 번째 당정갈등에서부터 내부응집력을 구축하고 대통령 주변인사들의 지지를 동원할 수 있었나? 행정부는 왜 이때부터 대통령에 대한 설득력을 상실해 갔는가?

첫째, 당정갈등의 주역들과 대통령 비공식 자문그룹의 시각과 영향력이다.

행정부 쪽을 보면, 경제기획원 장관과 대통령 경제수석보좌관은 경제개혁을 옹호하는 사람들이다. 경제기획원 장관은 경제적 불평등과 인플레 구조를 개혁하지 못하면 한국경제는 재도약하기 어렵다는 신념의 학자였다. 대통령 경제수석보좌관은 빈곤 퇴치를 1차 경제혁명, 고질적인 물가상승 억제를 2차 경제혁명, 소득불평등 해소를 3차 경제혁명이라고 주장하는 경제관료였다. 두 사람은 약간이 부작용이 있더라도 금융실명제를 실시해야 한다는 입장이었다. 그러나 재무부 장관은 경제적 불평등 해소를 위한 개혁에는 기본적으로 동의하나 금융실명제의 강도와 추진전략에 대해서는 의견이 달랐다. 그는 금융실명제는 점진적으로 실시하되, 초기에는 느슨하게 규제하다가 시간의 흐름에 따라 강도를 높이는 전략을 선호했다. 금융실명제 대책반장인 재무부 금융국장은 대통령 경제수석과 생각이 같아 연결되어 있음에도 불구하고 재무부 장관을 건너뛸 수는 없었다. 재무부 장관이 관료출신으로 재무부를 완전히 장악하고 있었기 때문이다. 그리하여 금융실명제 필요성에 대한 논쟁을 벌였던 1980년 봄, 첫 번째 당정갈등에서 행정부 리더들은 내부응집력을 발휘할 수 있었으나 금융실명제의 추진전략과 규제강도를 둘러싼 당정간 두 번째와 세 번째 갈등에서 행정부 팀은 통일된 입장을 견지하지 못했다.

집권당 쪽을 보면, 정책위의장은 한국경제는 분배가 아니라 성장을 지속해야 할 때라고 판단하고 경제적 형평성을 위한 제도개혁은 시기상조라고 생각했다. 당대표는 경제전문가가 아니었지만 1989년 12월 정치적 이유로 사임할 때까지 정책위의장을 지지했다. 1990년 1월 초에 임명된 후임 당대표는 기업가 출신으로 정책위의장과 같은 생각을 갖고 있었다. 그러나 초기 사무총장은 경제전문가가 아니었음에도 사회안정을 위해 경제개혁이 필요하다고 생각했지만, 1989년 8월 말에 교체된 후임 사무총장은 역시 경제분야를 잘 몰라 정책위의장의 의견에 무조건 따랐다. 정책조정부실장은 경제 전문가로서 금융실명제는 점진적으로 실시되어야 한다고 생각했으나 상관인 정책위의 장에 반대하지는 않았다. 집권당내 이와 같은 시각과 권력관계로 인해 1989년 봄 당정 간 첫 번째 갈등에서 집권당은 내부응집력을 보여 주지 못했다. 그러나 초기 사무총장 이 교체된 이후에 발생한 1989년 가을, 두 번째 당정갈등에서부터는 통일된 입장을 보였다. 1990년 연초 신임 당대표가 취임한 후에는 정책위의장 의견 중심으로 강력한 응집력을 보였다.

대통령의 비공식 자문관들을 보면, 이들은 금융실명제가 증시붕괴, 자금해외도피, 부동산투기 등을 초래할 수 있을 뿐만 아니라 지하경제에서 차명거래를 없애지도 못할 것이라고 믿는 사람들이었다. 자문관들의 이러한 신념 때문에 집권당은 대통령을 설득하는 데 이 자문관들과 쉽게 협력할 수 있었다.

요약하면, 금융실명제에 대한 시각의 유사성 때문에 집권당은 내부응집력을 만들었고 대통령 주변의 영향력있는 협력자들을 동원하는 데 성공할 수 있었다. 그러나 행정부는 그러지 못했다.

둘째, 집권당이 청와대 정치관련 수석보좌관들의 지원을 받을 수 있었던 이유는 그들의 관심사에 맞는 주장을 했기 때문이다. 이들은 처음 집권당과 행정부 간 갈등에서 중립적이었다. 대부분 경제전문가가 아니어서 금융실명제에 대한 이해는 집권당과 행정부가 어떤 주장을 하느냐에 의존할 수밖에 없었다. 집권당은 변화하는 상황에서 금융실명제 연기를 '주가하락' '정치자금' 등과 연결시켜 주장함으로써 이들 자문그룹을 자신의 지지자로 돌려 놨다.

셋째, 행정부의 정책실패이다. 집권당이 대통령 주변 인물들의 지지를 얻게 된 것은 부분적으로 행정부의 정책실패에 기인했다. 1989년 말과 1990년 초 세 번째 당정 갈등에서 대통령은 행정부 경제팀에 귀를 귀울이려 하지 않았다. 행정부 경제팀은 대통령의 신임을 잃어가고 있었다. 왜 그랬는가? 행정부는 집권당과 재계의 요구로 1989년 6월 부분적 경제활성화 조치, 11월에 부분적 증시부양 조치를 취했는데, 이 조치들이 1990년 1월 초에 들어 실패로 나타났기 때문이다. 이때부터 행정부의 금융실명제 주장은 힘이 실리지 않았다. 행정부 경제팀에 대한 대통령의 불신은 집권당과 재계에 의해 증폭되었다.

이상의 분석을 요약하면,

1) 금융실명제를 둘러싼 집권당과 행정부 간 갈등은 당사자들끼리 협의조정하지 못하고 대통령의 개입과 조정으로 해결되었다.

2) 대통령이 최종적으로 결단을 내리기 전에 집권당과 행정부는 대통령의 판단에 영향을 미치기 위해 나름대로의 주장과 지지동원에 심혈을 기울였다.

3) 대통령이 입장을 바꿔 최종적으로 집권당의 입장에 동조한 것은 집권당의 주장과 지지동원이 대통령 자신의 관심사에 좀 더 잘 부합했기 때문이었다.

4) 집권당과 행정부의 주장은 정보네트워크, 리더들의 시각, 경제상황에 의해 영향을 받았고, 지지동원은 양측 리더들의 전략적 주장, 리더들의 시각과 권력관계 및 행정부 리더들의 실적 등에 의해 영향을 받았다.

5) 금융실명제 실시를 둘러싼 당정갈등에서 대통령이 초기에는 행정부 입장을 지지하다가 나중에 집권당 입장을 지지했는데, 이는 집권당의 정책적 주장과 지지 동원이 시간의 흐름에 따라 대통령의 관심사에 부합했기 때문이다. 집권당의 성공은 우수한 정보네트워크, 사회경제적 여건변화, 내부응집력에 있었다.

3) 당정간 첨예한 정책갈등 조정논리의 개념화

(1) 조정방식 : 대통령의 집권조정

두 사례에서 당정간 첨예한 정책갈등은 당사자들 간에 스스로 해결하지 못하고 대통령의 개입과 최종 결단으로 끝났다. 대통령의 개입과 결단은 내용상으로 보나 절차적으로 보나 집권조정(arbitration)에 해당한다. 대통령의 최종 결단은 단순히 다수여론의 의견을 반영하거나 소수 측근들의 의견을 반영한 것이 아니다. 대통령이 집권당과 행정부의 입장을 놓고 상당한 기간에 걸쳐 심사숙고하여 자신의 관심사에 따라 최종 판단한 결과이다.

내용상으로 대통령은 토지공개념 사례에서는 행정부의 입장에 집권당의 입장 일부를 통합했고, 금융실명제 사례에서는 초기에 행정부의 입장을 지지하다가 생각을 바꿔 마지막에는 집권당의 입장을 선택했다. 절차적으로는 행정부와 집권당이 서로 갈등을 벌이면서도 종종 대통령의 의중을 타진했고, 대통령도 최종 결정 이전에 행정부와 집권당의 의견뿐만 아니라 제3자의 의견을 점검했다. 토지공개념 사례에서는 국민다수의 여론을 점검했고, 금융실명제 사례에서는 자신의 비공식 자문그룹의 의견을 점검했다. 따라서 대통령의 최종 결정은 집권당이나 행정부에 수동적으로 끌려간 결과가 아니라 자신이 주체적으로 판단한 결과이다.

그러면 두 사례에서 집권당과 행정부 간 갈등해결을 대통령의 집권조정이 아닌 다른 방식으로 설명할 수 있는가? 다시 말해, 행정부는 토지공개념 도입과 금융실명제 실시를 모두 원안대로 강행하려 했으나 집권당과 첨예한 갈등 끝에 토지공개념 제도는 부분적으로 수정하여 도입할 수밖에 없었고 금융실명제 실시는 완전히 좌절되었던 반면, 집권당은 행정부의 토지공개념 도입과 금융실명제 실시를 모두 반대했으나 행정부와 첨예한 갈등 끝에 토지공개념 제도는 부분적으로 밖에 수정하지 못했고 금융실명제 실시는 성공적으로 막았는데, 이를 대통령의 집권조정이 아닌 다른 방법으로 설명할 수 있는가?

1차적으로 고려할 수 있는 설명 메커니즘은 다수연합(majority coalition)이다. 다수연합 논리에 의하면 정책갈등은 다수연합의 입장에 따라 해결된다. 즉 집권당 입장과 행정부 입장이 경쟁할 경우 국민다수가 지지하는 입장이 최종 조정안이 된다는 것이다. 이 다수연합 논리는 토지공개념 사례는 설명할 수 있다. 행정부가 일반 국민과 지식인 및 다양한 사회집단들을 포함한 압도적 다수여론을 동원하여 자신의 입장을 대부분 관철했기 때문이다. 그러나 다수연합 논리는 금융실명제 사례를 설명할 수 없다. 집권당은 국민다수 여론의 반대에도 불구하고 대통령 주변의 소수 측근들을 동원하여 자신의 입장을 관철했기 때문이다. 따라서 다수연합을 당정간 첨예한 갈등을 해결한 메커니즘으로 간주하기에는 한계가 있다.

2차적으로 고려할 수 있는 설명 메커니즘은 '정당체제의 변화'이다. 집권당이 토지공개념 갈등에서 자신의 입장을 관철하는 데 실패했고, 금융실명제 갈등에서는 자신의 입장을 관철하는 데 성공한 것은 정당체제의 변화(집권당 힘의 변화)로 설명할 수 있다는 것이다. 달리 말하면, 토지공개념 갈등에 대한 최종 조정이 4당체제하에서 이뤄졌기 때문에 원내 소수 집권당이 행정부의 정책을 저지하지 못했고, 금융실명제 갈등에 대한 최종 조정은 거대여당 체제하에서 이뤄졌기 때문에 집권당이 행정부의 정책을 저지할 수 있었다는 것이다.

그러나 정당체제 변화에 의한 설명은 설득력이 약하다. 집권당은 4당 체제하에서도 토지공개념 도입에 대한 행정부의 입장을 일부 수정하는 데 성공했고, 집권당이 2월 3일 3당 합당을 선언하기 이전인 1월 초에 대통령은 이미 금융실명제를 당장 실시하지 않기로 결론내렸기 때문이다. 이는 당정간 첨예한 갈등이 집권당의 힘으로만 해결되지는 않는다는 의미이다.

마지막으로, 고려할 수 있는 설명 메커니즘이 갈등이슈의 성격이다. 즉 금융실명
제는 상대적으로 경제전반에 미치는 충격이 크고 규제 대상이 더 넓으며 사회적 강자
들인 정치인과 부자들에게 치명적이고 정치경제적 부작용도 크기 때문에 추진하기 어
려웠고, 토지공개념제도는 경제전반에 미치는 충격과 규제 대상 및 정치경제적 부작용
이 상대적으로 적었기 때문에 추진할 수 있었다는 것이다. 그러나 갈등의 당사자였던
행정부 리더들은 물론 집권당 리더들도 이러한 설명에 동의하지 않았다. 그들에 의하
면, 토지공개념과 금융실명제 갈등에서 중요했던 것은 대통령의 의지이지 추진상의 어
려움이 아니었다는 것이다.

(2) 대통령의 인과판단

쟁점정책에 대한 당정간 갈등이 대통령의 집권조정, 즉 개입과 판단으로 종결되
었다면, 대통령은 어떻게 이러한 최종 판단에 이르렀는가?

대통령은 쟁점정책들에 대한 당정의 서로 다른 주장과 논쟁을 지켜보면서 많은
생각과 고민을 했다. 쟁점정책이 자신의 국정운영목표인 경제선진화, 정치민주화, 보
통사람의 시대 등에 도움이 되는가? 혹시 부작용으로 인해 자신의 목표가 훼손되지는
않는가? 이러한 판단에 필요한 객관적 정보가 부족한 상황에서, 집권당과 행정부는 물
론 전문가들도 서로 다른 주장을 하고 있고, 국민여론도 측근들도 집권당 입장을 지지
하는 자와 행정부 입장을 지지하는 자로 갈라져 있는데, 누구의 주장이 옳은가?

대통령은 이러한 고민들을 하면서 당정갈등의 중요한 고비 때마다 자신의 생각과
판단의 부분 부분을 표출했다. 대통령이 표출한 내용은 쟁점정책과 관련된 대통령의
바람과 우려였다. 즉 쟁점정책을 통해 무엇이 이뤄졌으면 좋겠다는 바람과 쟁점정책으
로 인해 어떤 문제가 발생하지 않았으면 좋겠다는 우려였다. 이러한 바람과 우려의 표
명은 대통령이 쟁점정책과 관련하여 자신의 머릿속에 그리고 있던 인과지도의 중요한
일부분을 드러낸 것이다. 대통령은 당정이 전개한 논쟁을 통해 쟁점정책과 관련된 다
양한 인과관계 정보를 확보하여 나름대로의 인과지도를 그려본 후 그 중의 일부를 표
명한 것이다.

대통령의 최종결정이 단번에 이뤄진 것이 아니었다. 대통령은 자신의 바람과 우
려를 표명하기 전에 당정의 주장에 대한 전문가들의 의견이나 여론의 동향을 점검했
고, 바람과 우려를 표명한 이후에도 지속적으로 의견과 여론을 점검했다. 대통령은 자
신의 바람과 우려가 타당성이 있는지 점검한 것이다. 대통령은 자신의 머릿속에 그린
다양한 인과관계 중 어느 것이 믿을 만한지를 알고 싶었던 것이다.

요약하면, 대통령은 당정의 다양한 주장을 통해 쟁점정책들과 관련된 다양한 인과관계들을 확보하여 자신의 머릿속에 입력했고, 당정 밖의 전문가들이나 여론을 통해 다양한 인과관계들 중 어느 것이 믿을 만한지를 판단했다. 대통령이 고비고비마다 표명한 바람과 우려, 최종적으로 내린 판단은 이러한 과정의 산물이다.

(3) 집권당과 행정부의 전략

집권당과 행정부는 대통령이 자신들에게 유리한 인과지도를 그리도록 하기 위해 다양한 전략적 조치들을 취했다. 집권당과 행정부가 취한 조치들은 크게 정책내용에 관해 논쟁을 벌인 것과 영향력 혹은 지지를 동원하는 것으로 구분할 수 있다. 전자를 '정책 전략'이라 한다면, 후자는 '정치 전략'이라 할 수 있다.

가. 정책 전략

행정부와 집권당은 정책적 주장과 논쟁을 전략적으로 두 가지 방식으로 전개했다.

첫째, 쟁점정책에 대한 자신의 입장과 설득대상의 관심사 간에 인과관계를 추론한 "인과론"을 개발하여 유포시켰다. 인과론을 개발하여 유포시키는 목적은 설득대상의 머릿속에 자신의 입장과 설득대상의 관심사 간의 인과관계를 선명하게 각인시키는 데 있었다. 이를 위해 인과론은 간단명료한 'ㅇㅇㅇ론' 형태로 개발되었다.

대통령을 향해서는, 집권당과 행정부는 각각 자신들의 정책입장이 대통령의 정책목표에 긍정적인 영향을 미치는 인과론을, 상대방의 정책입장이 대통령의 정책목표에 부정적인 영향을 미치는 인과론을 개발하여 유포시켰다.

예를 들어, 토지공개념 갈등 사례에서 행정부가 개발하여 유포시킨 '경제적 형평론' '경제 도약론' '사회혁명론' 가운데 '경제적 형평론'과 '경제 도약론'은 자신의 '토지공개념 도입'을 대통령의 정책공약인 '민주화' 및 '선진화'와 각각 긍정적으로 연계시킨 것이고, '사회혁명론'은 집권당의 '토지공개념 반대'를 대통령의 걱정인 '체제불안'과 부정적으로 연계시킨 것이다. 집권당이 개발 유포시킨 '사회주의론' '중산층피해론'은 행정부의 '토지공개념 도입'을 대통령의 공약인 '민주화' 및 '보통사람의 시대'와 부정적으로 연계시킨 것이다. 금융실명제 사례에서는, 행정부가 개발하여 유포시킨 '과세공평성' '경제재도약' '남미화' 가운데 '과세공평성'과 '경제재도약'은 자신의 '금융실명제 실시'를 대통령의 정책목표인 '민주화' 및 '선진화'와 긍정적으로 연결시킨 것이고 '남미화'는 집권당의 '금융실명제 반대'를 대통령이 우려하는 '선진국 좌절'과 부정적으로 연결시킨 것이다. 반면, 집권당이 개발·유포시킨 '경제활성화론' '자금이탈론' '경제붕괴론' '경제위기론' '중산층피해론' 가운데 '경제활성화론'과 '경제재도약론'은 자신의

'금융실명제 반대'를 대통령의 정책목표인 '선진화'와 긍정적으로 연계시킨 것이고, '자금이탈론' '경제붕괴론'과 '중산층피해론'은 행정부의 '금융실명제 실시'를 대통령의 목표인 '선진화' 및 '보통사람의 시대'와 부정적으로 연결시킨 것이다.

한편, 사회집단들을 향해서도 행정부와 집권당은 자신들의 정책입장을 대상집단의 관심사와 연계시켜 인과추론한 인과론을 개발·유포시켰다.

예를 들면, 토지공개념 사례에서 행정부는 중소기업들을 향해 자신의 '토지공개념 도입'을 그들의 관심사인 '공장부지'와 연결시켜 '부지확보용이론'을, 은행권과 증권계를 향해서는 그들의 관심사인 '금융자금의 이탈 방지'와 연계시켜 '투기자금화방지론'을, 시민단체들을 향해서는 '정의로운 경제론' '부의 공정한 축적론'을 유포시켰다. 집권당도 가진자들을 향해 '토지공개념 도입'을 그들의 관심사인 '재산의 보존욕망'과 연계시켜 '사유재산권침해론'을 유포시켰다. 금융실명제 사례에서도, 행정부는 서민들을 향해 '가진자양보론'을 개발·유포시켰고, 집권당은 대기업들을 향해 '증시자금이탈론' '세금증가론'을, 서민들을 향해 '실업자양산론' '임대료상승론'을 유포시켰다.

이처럼 갈등당사자들이 자신들의 정책입장과 설득대상의 관심사를 연계시켜 자신에게 유리하거나 상대방에게 불리한 인과론을 개발·유포시키는 전략을 '연계추론(attribution) 전략'으로 개념화할 수 있다.

둘째, 쟁점정책에 대한 자신들의 입장과 인과적으로 연결되지는 않지만 자신들의 입장을 강화시킬 있는 정책이슈는 연계시키고, 약화시킬 수 있는 정책이슈는 분리시켰다.

예를 들면, 토지공개념 사례에서, 행정부는 초기에 '토지공개념 도입'을 '과표현실화'와 연계하여 추진하려 했다. 과표현실화가 토지공개념 도입의 효과를 제고하는 데 도움이 될 수 있었기 때문이었다. 그러나 나중에 과표현실화를 분리하여 그 추진을 연기시켰다. 이유는 대통령이 집권당의 '중산층피해론'에 영향을 받아 중산층에 혹시 돌아갈 부담을 우려하자, 이러한 우려가 커지면 대통령이 토지공개념 도입을 지지하지 않을 수 있어서 이러한 우려를 차단하기 위해서였다. 토지공개념이 과표현실화와 동시에 추진될 경우 토지투기 근절에는 도움이 될 수 있으나 과표현실화로 인해 토지투기와 관계없는 중산층에게 피해를 줄 수 있었다. 금융실명제 사례에서도, 집권당은 금융실명제를 향후 경제정책방향과 연계시켜 논쟁을 벌였다. 경제정책 방향을 '안정'에서 '성장'으로 전환하여 금융실명제를 '안정'과 함께 자연스럽게 씻어 내기 위해서였다. 당시 금융실명제 실시 자체만을 막기보다는 경제정책방향을 성장으로 돌리는 것이 훨씬 용이한 상황이었고, 경제정책방향이 경제성장으로 전환되면 경제활성화에 나서지 않

을 수 없으며 그 걸림돌인 금융실명제 실시를 연기해야 하기 때문이다. 또한 집권당은
'종합토지세 저항'이 일어나자 이를 금융실명제 실시와 연결시켰다. 즉 금융실명제를
섣불리 실시하면 종합토지세의 경우처럼 부작용이 속출한다는 것이다. 반면, 행정부는
'수출감소' '성장둔화' 등이 자신의 경제안정화 정책의 결과라고 주장하면서 금융실명
제 실시와 연계되는 것을 차단했다.

이처럼 자신의 정책입장에 여타 정책이슈를 연계(coupling) 혹은 분리(decoupling)
시키는 전략을 '연계병절(連繫竝絕) 전략'이라고 개념화할 수 있다.

나. 정치 전략

연계추론, 특히 인과론은 추론된 것일 뿐 검증된 것은 아니었다. 행정부와 집권당
은 대통령을 향한 자신들의 연계추론에 타당성을 부여하기 위해 객관적 자료가 아니
라 정치적 지지를 동원했다.

토지공개념 사례에서 행정부는 '다수여론'과 '내부응집력'을 동원했고, 금융실명제
사례에서 집권당은 '대통령의 소수측근' '내부응집력' '행정부팀에 대한 불신' 등을 동원
했다. 이러한 지지는 양을 중시하는 지지와 질을 중시하는 지지로 구분할 수 있다. 전
자는 지지자의 숫자가 중요한 것으로서 국민 여론의 동원 혹은 내부응집력 등이고, 후
자는 지지자의 비중이 중요한 것으로서 대통령 측근의 동원 혹은 행정부 경제팀에 대
한 불신 등이다. 전자를 동원하는 전략은 '다수동원 전략(majority mobilization strategy)'
으로, 후자를 동원하는 전략을 '신뢰동원 전략(confidence mobilization strategy)'으로 개
념화할 수 있다.

(4) 전략의 유효조건 : 대통령의 업적와 권력

토지공개념 사례에서, 대통령은 행정부가 토지공개념 도입을 '경제적 형평성' 및
'경제 재도약'과 연계시켜 주장할 때는 반응했으나 '조세강화 무용성'과 연계시켜 주장
할 때는 반응이 없었고, 집권당이 토지공개념 도입을 '사회주의' 및 '사유재산권 침해'
와 연계시켜 주장할 때에는 반응하지 않았으나 '중산층 피해'와 연계시켜 주장할 때는
반응했다. 또한 금융실명제 사례에서도, 대통령은 행정부가 금융실명제 실시를 '경제
적 형평성'과 연계시켜 주장할 때 이에 화답했으나 '남미화' 및 '정치경제불안'과 연계
시켜 주장할 때는 화답하지 않았고, 집권당이 금융실명제 실시를 '지지기반 약화' 및
'부동산투기'와 연계시켰을 때 호응이 없었으나 '중산층 피해' 및 '경제성장'과 연계시
켰을 때는 화답했다. 대통령이 연계추론에 호응했다는 것은 대통령이 연계추론을 받아
들였다는 것이다. 즉 연계추론 전략이 대통령의 판단에 영향을 미쳤다는 의미이다. 다

시 말해, 집권당이나 행정부가 개발·유포한 인과론이 대통령의 인과지도에 포함되고 있다는 의미이다.

왜 어떤 연계추론은 대통령의 판단[인과지도]에 영향을 미친 반면, 다른 연계추론은 그러지 못했는가? 대통령의 관심을 끌었던, 즉 대통령의 인과지도에 포함된 연계추론은 '중산층 피해론' '경제적 형평론' '경제재도약론' '경제성장론' 등이었고, 그렇지 못했던 연계추론은 '위헌론' '사회주의론' '사유재산침해론' 등이었다. 양자의 차이는 전자가 대통령의 정책공약 혹은 정책목표들과 관련되어 있으나 후자는 그렇지 않다는 것이다. 즉 대통령의 주요 정책공약은 민주화, 선진화 및 보통사람의 시대 등인데, 중산층 피해론은 보통사람의 시대와 관련 있고, 경제적 형평론은 경제민주화, 경제재도약과 경제성장은 선진화와 관련되어 있다. 이는 연계추론이 대통령의 정책목표와 연결될 때 대통령이 호응하고 대통령의 인과지도에 포함된다는 의미이다.

한편, 행정부는 토지공개념 사례에서나 금융실명제 사례에서 다수동원 전략을 구사했고, 집권당은 토지공개념 사례에서나 금융실명제 사례에서 신뢰동원 전략을 구사했다. 그런데 행정부의 다수동원 전략은 토지공개념 사례에서는 유효했으나 금융실명제 사례에서는 유효하지 못한 반면, 집권당의 신뢰동원 전략은 토지공개념 사례에서는 유효하지 못했으나 금융실명제 사례에서는 유효했다. 즉 대통령은 토지공개념 사례에서는 국민다수의 여론에 귀를 기울였고, 금융실명제 사례에서는 신뢰할 만한 소수 측근들의 의견에 귀를 기울였다. 대통령이 왜 그랬는가?

토지공개념 갈등에 대한 대통령의 최종조정 시기는 1989년 9월이었고, 금융실명제 갈등에 대한 대통령의 최종조정 시기는 1990년 1월 말이었다. 양 시기의 차이는 전자는 대통령이 여소야대 상황에 처해 있었고, 후자는 대통령이 3당 합당으로 거대여당을 눈앞에 둔 시점이었다. 이를 달리 해석하면, 자신의 권력기반이 불안했을 때에는 국민다수의 여론을, 자신의 권력기반이 안정화되어 가고 있을 때에는 믿을 만한 소수의 의견을 참고했다는 의미이다. 따라서 동원전략은 대통령의 권력관리에 도움되는 지지를 동원해야만 효과가 있다. 집권당 혹은 행정부의 연계추론을 대통령이 어느 정도 믿느냐는 동원되는 지지에 따라 달라졌다.

요약하면, 연계추론과 동원전략이 대통령의 인과지도[판단]에 영향을 미치려면 대통령의 '정책공약'과 '권력관리'에 부합해야 한다는 것이다. 즉 행정부든 집권당이든 대통령으로 하여금 자신의 입장을 대통령의 인과지도에 포함시키려면 연계추론이 대통령의 정책공약에 부합되어야 하고, 동시에 대통령의 권력관리에 도움되는 자들이 자신의 연계추론을 지지하도록 해야 한다는 것이다.

(5) 전략구사의 여건

행정부는 토지공개념 갈등에서 전략을 성공적으로 구사할 수 있었으나 금융실명제 갈등에서는 그러지 못했다. 집권당은 금융실명제 갈등에서 전략을 성공적으로 구사할 수 있었으나, 토지공개념 갈등에서는 그러지 못했다. 왜 그랬느냐? 어떤 요인들이 전략구사를 용이하게 하고 어떤 요인들은 어렵게 했느냐? 무엇이 기회이고, 무엇은 제약이었나?

가. 이슈연계 전략

첫째, 지식정보 동원 역량이 이슈연계 전략을 구사하는 데 큰 영향을 미쳤다.

토지공개념 갈등의 경우 행정부가 지식정보 동원에서 우위에 있었다. 당정갈등의 선봉에 섰던 행정부 경제팀, 즉 경제기획원 장관, 재무부 장관, 대통령 경제수석은 물론 집권당 정책팀, 즉 정책위의장과 정책조정실장은 모두 경제전문가들이었기 때문에 이들 자신의 지식정보는 당정간 큰 차이가 없었다. 그러나 조사연구팀은 큰 차이가 있었다. 행정부측 연구조사팀은 당정갈등 발생 이전부터 토지관련 각 분야 교수, 여러 연구소들의 연구위원, 관련부처 공무원 등 다양한 전문가들로 구성되어 토지소유 관련 중요 정보는 물론 토지공개념 추진에 필요한 다양한 설득논리와 반대에 대한 대항논리를 개발하여 제공했다. 반면, 집권당측 조사연구팀은 당내 전문가로 구성되어 토지공개념제도의 부작용과 규제강도를 완화시키는 방안을 연구하는 데 치중했다. 따라서 토지공개념 제도의 도입 자체를 반대할 수 있는 논리를 충분히 개발하지 못했다.

반면, 금융실명제 갈등에서는 집권당이 지식정보의 동원에서 우위에 있었다. 당정갈등의 당사자들은 모두 경제전문가로 별 차이가 없었다. 그러나 집권당팀과 행정부팀의 지식정보 동원에는 차이가 있었다. 집권당은 자체 연구팀을 가동하지 않았으나 정책갈등이 본격적으로 전개되자 대기업들이 설치한 경제연구소들과 금융실명제대책반의 지원을 받았다. 이 연구소들과 대책반은 금융정책과 금융시장 및 실물경제에 대한 많은 지식정보를 보유하고 있었다. 금융실명제의 부작용은 물론 실명제 자체를 반대하는 논리와 정보를 충분히 제공할 수 있었다. 그러나 행정부 쪽에서는 재무부 산하 금융실명제연구팀이 당정갈등 발생 이전에 설치되었으나 재무부 공무원과 산하 금융기관 임원들로 구성되어 금융실명제의 부작용과 보완책 연구에만 집중했다. 그리하여 금융실명제 실시의 당위성을 주장하는 새로운 논리와 실시 반대에 대항하는 논리를 충분히 개발할 수 없었다.

요약하면, 집권당과 행정부 양측이 구축한 '정보네트워크의 구성과 활동내용'의 차이가 갈등당사자들의 정책전략 구사에 상당한 차이를 가져왔다고 볼 수 있다. 즉 지식정보 동원 역량이 전략구사를 용이하게 하거나 어렵게 했던 것이다.

둘째, 사회경제적 여건 변화도 연계추론에 큰 영향을 미쳤다. 행정부나 집권당은 사회경제적 여건 변화를 해석·활용하여 자신에게 유리한 연계추론을 했다.

토지공개념 갈등에서 1988년 11월부터 1989년 2월에 걸쳐 일어났던 전국적인 투기열풍, 1989년 봄과 여름에 있었던 노사분쟁 격화, 유흥산업 팽창, 제조업 지지부진 등 사회경제적 여건은 행정부가 대통령을 향해 토지공개념 제도와 대통령의 관심사(경제재도약, 경제민주화, 사회안정)간 연계추론을 하는 데 유리한 기회를 제공했다. 토지가격 폭등을 막아 노동자들의 주택문제와 불만을 완화시키고 기업들의 공장부지 확보를 용이하게 함으로써 사회안정과 경제재도약에 기여할 수 있을 뿐만 아니라 불로소득 축소를 통해 빈부격차와 유흥산업을 억제하여 경제민주화와 건전한 산업 육성에 공헌할 수 있었기 때문이다. 그러나 동일한 사회경제적 여건은 집권당에게는 제약이었다. 대통령이 최종 결정한 1989년 9월 3일 이전까지 집권당이 토지공개념 도입을 반대하기 위한 설득력 있는 연계추론을 하는 데 유리한 여건이 조성되지 않았다.

한편, 금융실명제 갈등에서는 1989년 여름까지 금융실명제를 반대하는 연계추론에 유리한 상황이 확실히 드러나지 않았다. 이때까지 행정부는 금융실명제가 지하자금 양성화와 누진과세를 통해 경제재도약과 경제형평성에 기여할 수 있다는 연계추론을 해왔다. 그러나 가을부터 수출 감소, 증시자금 이탈, 무역흑자 감소, 제조업 침체 등이 가시화되자, 집권당이 이들을 활용하여 금융실명제 실시와 경제침체를 연계추론한 '경제붕괴론'을 유포시켰다. 금융실명제 추진으로 인해 증시자금 이탈, 제조업 투자 부족, 수출 감소, 무역흑자 감소가 발생하여 경제가 무너질 수 있다고 주장할 수 있었기 때문이었다. 그 결과, 대통령은 행정부의 인과론을 의심하기 시작한 반면, 집권당의 인과론에 관심을 갖기 시작했다.

요약하면, 사회경제적 여건변화는 행정부 혹은 집권당으로 하여금 연계추론을 용이하게 하거나 어렵게 했다. 즉 행정부 혹은 집권당에게 유리한 연계추론을 할 수 있는 기회를 주거나 유리한 연계추론을 어렵게 하는 제약을 가하기도 했다.

나. 지지동원 전략

첫째, 집권당이나 행정부의 내부응집력은 양 진영 리더들의 시각과 권력관계에 상당한 영향을 받았다.

토지공개념 갈등에서 행정부팀은 내부갈등이 없었다. 경제기획원 장관과 대통령 경제수석보좌관이 토지공개념 도입 등 제도개혁의 필요성에 공감하고 있었고, 주무장관인 건설부 장관은 다른 생각을 가지고 있었으나 자신의 생각을 밀어붙일 수 없었다. 건설부 장관이 밀어붙이지 못한 이유는 직전 경제수석보좌관 재임시 아파트 정책을 실수한 적이 있어서 대통령으로부터의 신임이 두텁지 않았을 뿐만 아니라 건설부 주무국장인 토지국장이 대통령 경제수석보좌관과 연결되어 움직이고 있었기 때문이다. 그러나 집권당은 내부갈등이 있었다. 정책위의장과 정책조정부실장은 토지공개념을 반대하고 당대표는 비전문가로서 이에 동조했으나 사무총장이 정국관리의 입장에서 찬성했기 때문이다. 대통령이 토지공개념 갈등에 대해 최종 결정하기 5일 전인 8월 30일에 사무총장이 교체되어 내부갈등이 해소되었으나 그 효과가 발휘되기에는 너무 늦었다.

반면, 금융실명제 갈등에서는 행정부에 내부이견이 있었다. 주무장관인 재무부 장관이 경제기획원 장관과 대통령 경제수석보좌관 등과는 다른 생각을 갖고 있었기 때문이다. 재무부 장관은 부작용을 줄이기 위해 점진적으로 추진해야 한다고 생각한 반면, 경제기획원 장관과 대통령 경제수석보좌관은 약간의 부작용이 있더라도 과감히 실시해야 한다고 생각했기 때문이다. 재무부 금융국장은 대통령 경제수석보좌관과 연결되어 공감대를 갖고 있었으나 재무부 장관의 부처 장악력에 의해 적극 나설 수 없었다. 그러나 집권당 내에서는 초반 내부갈등이 있었으나 중반에 해소되었으며 후반에는 응집력이 한층 강화되었다. 즉 정책위의장과 생각을 달리한 사무총장이 8월 30일 교체됨으로써 갈등이 해소되었고, 1990년 1월 초에 당대표가 정책위의장과 생각이 완전히 일치한 경제인 출신으로 교체됨으로써 응집력이 강고해졌다.

요약하면, 집권당과 행정부 리더들의 시각과 권력관계에 따라 내부응집력이 달라졌다. 그 결과, 토지공개념 갈등에서 행정부의 내부응집력으로 인해 그 인과론에 무게가 실렸으나 집권당은 내부응집력을 발휘하지 못해 그 인과론에 힘을 싣지 못했고, 금융실명제 갈등에서는 반대로 행정부의 내부응집력은 강하지 못한 반면에 집권당의 내부응집력이 갈수록 강화되어 행정부보다는 집권당의 인과론에 점점 무게가 실리게 되었다.

둘째, 다수 여론 동원에는 '쇼킹한 정보'와 '연계추론'이 중요한 역할을 했고, 소수 신뢰 동원에는 '대통령 주변 비공식 인물들의 시각'이 중요했다.

토지공개념 갈등에서 행정부가 단기간에 압도적 국민다수의 지지 여론을 조성했는데, 이는 '토지소유의 극심한 불균형 정보(토지소유자 상위5%가 전국 사유지의 65% 소유)'를 공개하고, 기회가 있을 때마다 언론기관에 나가 국민들을 향해 '경제정의론' '가진자 양보론'을 주장함으로써 가능했다. 즉 너무 심한 불평등을 시정해야 한다는 정의

감을 자극함으로써 토지공개념 지지 여론을 순식간에 확산시켰다. 금융실명제 갈등에서는 집권당이 대통령 주변인물들의 지지를 쉽게 동원할 수 있었는데, 이것은 그들이 이미 가진자들로서 집권당과 동일한 시각을 갖고 있었기 때문이었다.

셋째, 중립적인 비전문가들의 지지를 유도하는 데는 '연계추론'이 상당한 효과를 발휘했다. 행정부는 토지공개념 갈등에서 연계추론(부지확보용이론, 금융자금이탈방지론, 공정사회론)을 통해 주요 사회집단들(중소기업협동조합, 은행연합회, 시민단체 등)의 지지선언을 유도했고, 집권당은 금융실명제 갈등에서 연계추론(경제도약론, 정치자금론)을 활용하여 청와대내 비경제분야 보좌관들의 지지를 유도했다. 특히 집권당은 토지공개념과 금융실명제를 중산층피해와 연계추론하여 상당수 국민들과 정치인들이 생각을 바꿔 행정부 입장을 일방적으로 지지하는 것을 막았다. 대체로 전문가들은 자기 분야 정책이슈들을 둘러싼 인과관계들을 나름대로 구축하고 있고 이 인과관계들에 대한 믿음은 쉽게 바뀌지 않는다. 그러나 비전문가들은 이러한 인과관계와 믿음을 갖고 있지 않아 초기에 중립적인 입장을 견지하다가 전문가들이 해석하여 제공한 지식정보가 주어지면 그에 따라 판단하게 된다. 따라서 비전문가가 일반 국민이든 대통령 주변 인물들이든 대상의 가치관이나 이해관계에 적절한 연계추론을 하면 이들의 지지를 유도하거나 상대방에 대한 지지를 철회하도록 할 수 있다.

4) 대통령의 집권조정에 대한 연계동원이론

토지공개념 도입과 금융실명제 실시를 둘러싼 당정간 갈등조정 사례들을 통해 (grounded theory) '첨예한 정책갈등의 조정' 혹은 '쟁점정책에 대한 대통령의 결정'에 관한 잠정적인 이론(emerging theory)을 구축(constructing)할 수 있는데, 이 이론을 연계동원이론(Linkage-Mobilization theory)으로 명명할 수 있다. 이 이론을 구성하는 기본 전제와 주요 개념들 및 연결논리는 다음과 같다.

I. 기본 전제와 가정 : 기본 전제는 문제해결에 참여하는 주요 결정자들이 결정을 해야 하는 순간에 결정에 필요한 객관적인 지식정보가 부족하다는 것이다. 그 결과 객관적이고 명백한 지식정보가 없는 상태에서 자신에게 유리한 정치적 전략적 판단을 한다는 것이다.

II. 정치적 인과지도 : 대통령의 조정안은 갈등당사자들의 서로 다른 입장들에 대한 대통령 자신의 최종 입장이고, 대통령의 최종 입장은 쟁점정책에 대해 대통령 자신이 심사숙고하여 구축한 정치적 인과지도이다. 인과관계에 관한 객관적인 정보가 부족하고 전문가들도 이견이 있는 상황에서 대통령은 인과관계를 정치적으로 판단한다. 대통령의 정치적 인과지도가 어떻게 구축되느냐에 따라 갈등당사자들의 입장이 어느 정도 관철(반영)되는지가 정해진다.

Ⅲ. 이슈연계 전략과 지지동원 전략 : 갈등당사자들은 대통령의 인과지도가 자신들에게 유리하게 구축되도록 유도하기 위해 이슈연계 전략과 지지동원 전략을 구사한다. 전자로는 연계추론 전략과 연계병절 전략이 있고, 후자로는 다수동원 전략과 신뢰동원 전략이 있다.

연계추론은 갈등당사자가 자신의 입장을 대통령의 관심사에 긍정적으로 연계시켜 유포시키고, 갈등상대방의 입장을 부정적으로 연계시켜 유포시키는 전략이다. 즉 자신의 입장이 대통령의 관심사에 어떻게 기여할 수 있는지 그 인과관계(causal chain)를 추론한 인과론을 개발하여 유포시키고, 상대방의 입장이 대통령의 관심사를 어떻게 훼손하는지를 보여주는 인과론을 개발하여 유포시키는 것이다. 이 전략은 자신의 입장을 대통령의 인과지도에 포함시키기 위한 전략이다.

연계병절은 갈등당사자가 자신의 입장을 강화시키는 정책이슈들은 연계시키고 훼손하는 정책이슈들을 차단하는 전략이다. 즉 유리한 경제사회 현상들은 연계시켜 함께 추진하고, 불리한 현상들은 분리하여 그 추진을 미루는 전략이다. 이 전략은 연계추론의 성립 여부에 영향을 미치려는 전략이다.

다수동원은 갈등당사자가 자신의 연계추론을 대통령이 믿도록 하기 위해 다수여론의 지지를 동원하는 전략이다. 즉 자신이 개발·유포한 인과론에 다수여론을 싣는 전략이다. 다수여론은 문제의 심각성을 보여주는 충격적인 사실정보를 유포하거나, 자신의 정책입장을 중립적인 다수 집단들의 이해관계와 연결시키는 연계추론을 통해 형성할 수 있다.

신뢰동원은 갈등당사자가 자신의 연계추론을 대통령이 믿도록 하기 위해 대통령이 신뢰하는 소수 측근들의 지지를 동원하는 전략이다. 동원할 측근들은 갈등당사자가 자신의 입장과 유사한 측근들을 발굴하거나 자신의 입장을 측근들의 잠재적 이해관계나 가치관에 연계시키는 연계추론을 통해 확보할 수 있다.

Ⅳ. 업적쌓기와 권력관리 : 모든 대통령에게 가장 큰 관심사는 업적쌓기와 권력관리이다. 업적쌓기는 임기내에 자신의 선거공약을 실행하고 역사적 업적을 내는 것이다. 달리 말하면, 자신이 설정한 국정운영목표들을 달성하는 것이다. 권력관리는 원할한 국정운영을 위해 자신의 영향력 혹은 권력을 유지·강화하는 것이다. 즉 국정운영에 있어 반대세력에 끌려다니지 않고 자신이 주도할 수 있도록 권력기반을 관리하는 것이다.

V. 선택 논리 : 대통령은 자신의 정치적 인과지도를 구축하는 데 있어서 갈등당사자들이 개발·유포한 다양한 인과론들 가운데 자신의 관심사에 부합되는 인과론들만 취사선택한다는 것이다. 즉 자신의 업적쌓기에 기여할 수 있는 인과론들만 취합하여 잠정 인과지도를 만든 후, 잠정 인과지도에 포함된 다양한 인과론들 가운데 자신의 권력기반 관리에 도움되는 자들이 지지하는 인과론들만 수용하고 나머지 인과론들은 무시한다는 것이다. 그 결과, 대통령의 정치적 인과지도는 대통령의 관심사와 갈등당사자들의 전략이 융합된 것이다.

VI. 기회와 제약 : 갈등당사자들이 자신의 입장을 관철하기 위해 대통령의 관심사에 맞게 전략들을 구사하는 데는 기회와 제약이 있다.

먼저, 이슈연계 전략을 성공적으로 구사하기 위해서는 적절한 시기에 설득력있는 인과론을 만들어 낼 수 있어야 한다. 인과론의 생산은 지식정보 네트워크와 사회경제적 상황에 의해 좌우된다. 따라서 정보네트워크를 잘 구축하고 사회경제적 상황 변화를 잘 활용해야 한다. 정보네트워크는 설득력 있는 연계추론을 좌우한다. 정보네트워크가 다양한 분야의 우수한 전문가들로 잘 구축되어 있으면 설득력 있는 인과론을 다양하게 개발할 수 있으나, 부실한 네트워크는 설득력 있는 인과론 개발을 어렵게 한다. 경제사회적 상황은 설득력 있는 연계추론에 제약이자 기회이다. 상황에 따라 유리한 연계추론이 가능할 수도 있고 불가능할 수도 있다. 상황이 변하면 유리한 연계추론의 기회가 열리기도 하고 닫히기도 한다.

다음, 지지동원 전략은 연계추론(인과론)의 설득력을 좌우한다. 갈등당사자의 인과론들이 대통령의 인과지도에서 살아남기 위해서는 이 인과론들에 대통령의 권력관리에 도움이 되는 지지를 동원해야 한다. 지지동원은 정당세력구조, 내부시각과 권력관계에 의해 좌우된다. 정당세력구조는 대통령이 주도적인 국정운영을 위해 1차적으로 관리해야 할 대상인 정당들 간의 여소야대 혹은 여대야소 구조이다. 이 구조에 따라 대통령의 국정운영에 필요한 지지자들이 달라지고, 갈등당사자들이 구사하는 지지동원 전략의 성패가 좌우된다. 즉 여소야대 구조하에서는 대통령에게 다수여론의 지지가 필요하므로 인과론에 다수여론을 실어야 그 인과론이 대통령에게 수용될 수 있고, 여대야소 구조하에서는 대통령이 다수 여론에 민감하지 않으므로 인과론에 대통령이 신뢰할 수 있는 소수 측근들의 지지를 실어야 그 인과론이 쉽게 수용된다. 따라서 정당세력구조가 바뀌면 지지동원 전략도 바뀌어야 한다. 내부시각과 권력관계는 갈등당사자 집단내 주도자들의 시각과 이들 간 권력관계이다. 내부시각과 권력관계는 갈등당사자 집단의 내부응집력을 결정하고, 갈등당사자가 개발·유포한 인과론에 내부응집력을 실으면 대통령이 그 인과론을 쉽게 무시하지 못한다. 응집력이 만들어지기 위해서는 내부 주도자들 간에 쟁점정책에 대한 시각이 일치해야 한다. 최소한 서로 유사한 권력을 가진 주도자들이 서로 다른 시각을 갖고 대립해서는 안 된다.

   이러한 연계동원이론은, 집권조정자인 대통령의 입장에서 보면 대통령이 자신의 관심사에 맞는 갈등당사자들의 전략적인 연계추론과 지지동원을 취사선택하여 자신의 최종 인과지도를 그림으로써 주요한 정책을 결정하거나 첨예한 쟁점정책을 조정하는 것을 설명할 수 있는 이론이고, 갈등당사자들의 입장에서 보면 갈등당사자들이 일정한 상황(주어진 여건에 의한 제약 혹은 변하는 여건 속에서 기회를 포착하여)하에서 자신들의 입장을 대통령의 관심사에 맞게 전략(이슈연계, 지지동원)을 구사하여 대통령의 정치적 인과지도에 자신들의 입장이 상대적으로 많이 포함되도록 유도함으로써 쟁점정책을 자신들에게 유리하게 조정하는 것을 설명할 수 있는 이론이다.

그림 10-1 연계동원이론의 구성요소

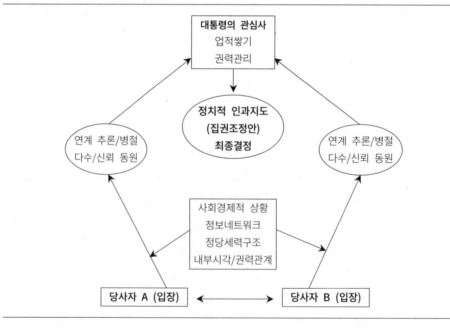

제5절 제 안

민주주의 국가에서 집권당이 정책정당과 대중정당을 지향하는 한, 집권당과 행정부처들 간 이견과 갈등을 불가피하다. 이러한 이견과 갈등은 어떻게든 건설적인 방향으로 조정되어야 한다. 집권당과 행정부처 간 정책갈등의 조정시스템과 조정방식은 국가마다 다르다. 우리나라는 당정회의시스템을 발전시켜 왔고 이 시스템을 통해 지금까지 당정간 이견과 갈등을 무난히 조정해 왔다. 그러나 최근 대통령의 제왕적 권한 축소와 작고 강한 정부를 지향하는 정치행정개혁을 거치면서 당정회의시스템과 대통령의 역할이 약간 변형되었는데 원상회복이 필요하다.

1. 정무장관직 부활

한때 정무장관은 당정회의시스템을 운영하면서 당정간, 필요하면 여야당간, 물밑조정을 담당했다. 공식적으로는 당정회의시스템의 운영자이면서 비공식적으로는 여당, 야당, 행정부(대통령) 간 막후조정자였던 것이다. 이러한 역할은 정치적 역량과 정책적 역량을 동시에 필요로 한다. 따라서 여야 의원들에게 신망과 영향력이 있고 행정부 업무에도 상당한 전문성이 있어야 한다.

그러나 이러한 정무장관직이 폐지되면 국정운영상 파열음이 증가할 수 있다. 국정운영을 원활하게 하기 위해 먼저 정무장관직과 그 역할을 복원시켜야 한다. 청와대 정무수석비서관은 청와대 내부질서상 여야당에 영향력 있고, 비중 있는 정치인으로 임명하기 어렵고, 청와대 내부 업무분장상 정책갈등에 개입하기도 쉽지 않다. 따라서 정무수석비서관이 정무장관의 당정간 여야간 물밑조정 역할을 대행하기가 쉽지 않다. 정무장관직과 그 역할은 부활되어야 한다. 또한 고위당정회의는 총리실에서 운영하고 중하위당정회의는 집권당 정책위원회에서 관리하고 있는데, 이는 고위당정회의와 중위당정회의 간 연계 운영을 어렵게 만든다. 즉 고위당정회의에서의 국정운영방향 논의와 중위당정회의에서의 당정간 쟁점법안 조정이 별개로 진행되기 쉽다. 이러한 문제점을 해소하기 위해서는 과거처럼 정무장관실에서 고위당정회의와 중위당정회의를 통합 관리하도록 하는 것이 필요하다.

2. 대통령의 집권조정 역할 유지

대통령의 제왕적 권력을 축소하기 위한 조치로 하나로 대통령이 집권당의 총재를 겸하지 않게 되었다. 그렇다하더라도 당정간 이견과 갈등을 적기에 조정하기 위해서는 대통령의 집권조정은 여전히 필요하다. 대통령이 이를 회피하거나 당정이 이를 인정하지 않으면 당정갈등의 지속과 정책추진의 지연이 불가피하고, 그 피해는 국민들의 몫이 되기 때문이다.

당정간에 갈등이 첨예해 지는 이유는 당정간에 이견이 크기 때문이기도 하지만 대통령의 입장이 불분명하거나 바뀌기 때문이다. 대통령의 집권조정은 국정운영에서 자신의 입장을 최종적으로 분명히 하는 과정이고 동시에 당정간 갈등을 해소하는 과정이기도 하다. 대통령의 집권조정을 부정할 경우 당정간 쟁점정책들이 당사자 간에 적시에 조정되지 않아 쟁점정책들은 표류하게 된다. 대통령이 당정갈등을 일방적으로 지시하는 방식으로 해결해서도 안 되지만 방치해서도 안 된다. 정책표류를 방지하려면 대통령의 집권조정은 당정갈등을 해결하는 최후의 수단으로 유지되어야 한다.

3. 집권당 정책스탭의 강화

집권당 정책전문위원들의 확대 강화가 필요하다. 행정부 국실장들은 차출하여 집권당 정책전문위원으로 활용하는 관행은 사라져야 한다. 유능한 전문가들이 장기 근무하면서 정당차원의 정책연구와 정책네트워크 구축 및 당정회의지원에 전념할 수 있도록 해야 한다. 이를 위해 당 정책연구소 연구위원을 확대하고 이들로 하여금 당정회의지원 업무를 겸임토록 해야 한다.

제11장
집권당과 반대당 간 정책조정

제1절 개 관

　　민주주의 국가에서 정당간 정책조정은 매우 중요하다. 국가의 주요 정책들은 의회의 심의를 피할 수 없을 뿐만 아니라 의회의 심의가 서로 경쟁하는 정당들에 의해 지배되고 있기 때문이다. 특히 우리나라에서는 집권 여당과 제1 야당 간의 정책조정이 중요하다. 이유는 두 가지이다. 첫째, 국회내 정파구도는 대부분 양극화되는 경향이 있기 때문이다. 정치적 변혁기에 다당제가 출현하더라도 야당들이 통합을 통해 집권당에 맞설 수 있는 거대 야당을 탄생시키는 경향이 있다. 둘째, 의원들이 당론에 따라 행동하는 경향이 강하기 때문이다(박찬욱, 1995). 양대 정당의 내부규율이 강해 의원들은 당론이 국민 여론이나 자신의 소신과 달라도 당론에 따라 행동하는 경향이 강하다. 따라서 집권 여당과 제1 야당 간의 정책 갈등과 조정은 국정운영에 지대한 영향을 미칠 수밖에 없다.

　　정당간 정책조정은 정책정당들의 기본 업무이다. 우리나라 정당들은 1960년대부터 1990년대까지 40여 년에 걸쳐 정책정당으로 발전해 왔다. 주요 정당들의 목표, 조직구조, 운영방식 등 제도적 측면에서 정책정당의 요건이 완비되었다. 그러나 제도적 조건은 합리적 정책경쟁의 필요조건이지 충분조건이 아니었다. 제도적 조건이 갖춰진 이후에도 경쟁을 넘어 극한대결이 이어졌기 때문이다. 과거 우리나라 정당간 정책경쟁은 여야간 세력균형 여부에 따라 달라졌다. 원내의석 차이가 큰 경우 여당은 다수의 힘으로 쟁점법안들을 일방적으로 통과시키려 했고, 이에 맞서 야당은 집권당의 횡포라고 비난하면서 의장석 점거, 집단 농성, 장외 투쟁 등 극한반발로 대응했다(박찬욱, 1992: 80; 임성호, 2010: 193–194; 전진영, 2011: 173; 박찬표, 2012: 52–53). 그러나 민주화 이후 여야 원내의석 분포가 비슷한 경우 여당은 야당을 일방적으로 몰아붙이지 못했고 야당도 집권가능성 있는 대안정당으로서 극한투쟁을 자제함으로써 합리적 정책경쟁에 치중하는 경향을 보이고 있다. 그리하여 입법과정에서 여야간 정책조정은 건설적이든 파행적이든 이뤄진다.

의회 입법과정에서 정당간 정책갈등을 처리하는 방식은 다수결 투표와 합의제 방식이 있다. 국정운영에 있어 정당책임주의를 중요시하는 국가들은 전자를, 다양한 의견 반영을 중요시하는 국가들은 후자를 따르는 경향이 있다. 우리나라에서는 정당책임주의에 따라 다수결에 의존해 왔으나, 최근 들어 의원들 절대다수가 국회의 원활한 운영을 위해 다수결보다는 정당간 합의에 의한 의사결정이 중요하다고 생각하고 있다(손병권·가상준 2008: 102). 그리하여 2012년 국회법을 개정하여(일명 '국회선진화법') 여야 정당간 극한투쟁을 지양하고 합의제를 추구하고 있다.

그러면 우리나라에서 정당간 정책갈등은 누가 어떻게 조정하는가? 여야 정당간 이견과 갈등이 매일 보도되고 있으나 체계적으로 연구된 바가 없다. 정당간 갈등은 입법교착(legislative gridlock, stalemate)이란 주제하에 원인과 처방에 관한 연구들이 있지만, 여야 정당들이 쟁점법안을 둘러싼 갈등을 구체적으로 어떻게 조정하고 있는지에 대한 연구는 현재까지 거의 이뤄져 있지 않다.

이 장에서는 우리나라 집권 여당과 제1 야당 간 쟁점법안을 둘러싼 정책갈등과 정책조정에 관해 살펴본다. 좀 더 구체적으로, 정책갈등의 원인과 정책조정의 필요성, 각 정당의 당론 결정, 정당간 조정기구와 조정절차 및 조정방식 등을 알아본 후, 정당간 정책갈등과 정책조정이 현장에서 어떻게 전개되는지 살펴보기 위해 실제 사례들을 제시하고 그 특징을 밝힌다.

제2절 정당간 정책갈등의 원인과 정책조정의 필요성

1. 정당간 정책갈등의 원인

여야 정당간 정책갈등을 야기시키는 일반적인 원인은 다음과 같다.

1) 역할의 차이

집권당은 선거에 의해 국민들로부터 위임받은 권한과 책임을 다해야 한다. 특히 국민다수의 지지를 받은 정책공약을 책임있게 추진해야 한다. 그러나 야당은 집권당의 국정운영상 문제점들을 비판하고 다수 의견에 가려진 소수 의견도 대변하기 위해 대안도 제시해야 한다. 이러한 역할 차이로 인해 집권당과 야당은 법안내용에 대해 서로 다른 입장을 갖게 되고 이 입장들이 조율되지 않으면 갈등이 발생한다.

2) 이념과 지지층의 차이

정당은 정치적 이상과 이념을 실현하기 위해 정권을 잡으려는 사람들이 자발적으로 결성한 단체이다. 다원주의 국가에서 정당들이 표방하는 이념은 대부분 진보와 보수 및 중도이고, 민족주의나 종교적 이념 혹은 환경보호주의 등을 추구하는 정당들도 소수 존재한다. 집권을 추구하는 대규모 정당들은 대부분 이념상 중도 우파이거나 중도 좌파이다. 정당들은 자신들이 추구하는 가치관을 법안에 반영하려고 한다. 따라서 하나의 법안에 담아야 할 바람직한 내용이 무엇이어야 하느냐를 둘러싸고 정당간 이견과 갈등이 발생한다.

또한 다원주의 국가의 정당들은 안정적인 지지층을 구축하기 위해 노력해 왔다. 변함없이 지지하는 지지층이 없으면 선거 때마다 고전하고 득표가 저조하면 정당 자체가 소멸할 수도 있기 때문이다. 이 지지층은 이념, 지역, 경제적 계층 등에 따라 구축되어 왔다. 정당들은 자신들의 지지층을 유지하고 확대하기 위해 지지층의 이해관계와 요구를 법안에 반영하려고 한다. 따라서 지지층이 서로 다른 정당 간에는 당연히 법안을 둘러싼 이견과 갈등이 발생한다.

요약하면, 정당들은 자신들의 이념 구현과 지지층 확대에 도움이 되는 정책의제들을 발굴하여 국가정책화하려고 하는데, 이 과정에서 여야 정당들이 선호하는 정책입장들이 달라 갈등이 발생한다.

3) 정당리더들의 전략

정책갈등은 정당리더들의 전략에 따라 의도적으로 촉발되기도 한다. 집권 경쟁하는 정당리더들은 선거에 임박하면 지지세력들을 결집하고 확대하기 위해 전략적으로 매 정책이슈마다 입장을 차별화하여 대립각을 세우는 경향이 있다. 이러한 차별화와 대립각으로 인해 정당간 정책갈등이 초래된다. 또한 당내 지지기반이 약한 야당 리더가 당내 정치적 불만과 갈등을 잠재우고 자신의 리더십을 확립하기 위한 전략으로 대여 강경노선을 취할 경우에도 정책갈등이 촉발된다.

2. 정당간 정책조정의 필요성

1) 집권당의 관점

입법과정에서 집권당은 다수결에 따라 쟁점법안들을 통과시킬 수 있다. 그럼에도 불구하고 집권당은 다수결에만 의존하지 않고 야당과 협의조정을 시도하고 있다. 왜 그런가?

첫째, 의회를 원활하게 운영하기 위해서이다. 집권당은 대부분 원내 다수의석을 차지하고 있어서 다수결로 법안을 통과시킬 수 있다. 그러나 야당이 등원거부, 표결거부, 단상점거, 필리버스터 등을 통해 극력 반대할 경우 일방적으로 표결에 부칠 수는 없다. 집권당은 자신의 선거공약 이행 법안뿐만 아니라 정부가 제출하는 예산안과 국제협약비준안 및 수많은 법안들을 제때에 입법화해야 하는데, 야당이 필사적으로 반대하거나 통과를 저지시키면 국정운영에 차질이 생긴다. 야당의 극력반대를 무마하고 정부여당 법안들을 원활하게 통과시키기 위해서는 야당과의 협의조정이 필요하다.

둘째, 법안통과에 필요한 원내 다수를 확보하기 위해서이다. 집권당이 원내 과반수 의석을 확보하지 못한 경우 야당들의 협력은 절대적으로 필요하다. 야당들이 협조를 거부하면 국정이 마비되기 때문이다. 따라서 집권당은 야당들의 협력을 유도하기 위해 야당의 정책입장을 좋든 싫든 상당부분 수용해야 한다. 야당들의 어떤 주장을 얼마만큼 수용할 것인지를 결정하기 위해 여야 정당간 협의조정이 필요하다.

셋째, 사회적 소수집단의 의견을 배려하기 위해서이다. 국정운영을 책임진 집권당은 입법과정에서 국민들의 다양한 의견을 수렴해야 할 의무가 있다. 비록 선거과정에서 지지하지 않는 국민들의 입장도 배려해야 한다. 국민들의 지지를 가장 많이 받은 정당은 대부분 집권당이지만 야당도 무시할 수 없는 다수 국민들의 지지를 받고 있는 정당이다. 집권당은 사회적 소수집단을 배려하기 위해 이들의 이해관계를 대표하는 야당과의 협의조정을 해야 한다.

2) 야당의 관점

야당은 왜 집권당의 입장을 끝까지 반대하지 않고 조정에 응하는가?

첫째, 지지층의 이해관계를 반영하기 위해서이다. 정당들은 자신들의 지지층 이해관계를 반영해야 한다. 지지층이 등을 돌리면 정당 자체가 소멸할 수 있기 때문이다. 소수 야당이 집권당 혹은 정부가 제출한 법안을 무조건 끝까지 반대하면 지지층의 이해관계는 반영되지 않을 수 있다. 소수 야당이 집권당 혹은 정부 법안에 자신을 지지하는 국민들의 이해관계를 일부나마 반영하려면 집권 다수당과 협의조정해야 한다. 또한 소수 야당도 자신의 지지층을 위해 법안들을 제출할 수 있다. 소수 야당은 자신의 법안들을 통과시키기 위해 집권 다수당의 협조가 절대적으로 필요하다. 소수 야당이 집권 다수당의 협조를 받으려면 평소에 집권 다수당과 협의조정을 성실히 해야 한다.

둘째, 국정운영 방해자라는 낙인을 벗기 위해서이다. 소수 야당은 상당수 국민들의 지지를 받고는 있으나 국민다수의 지지를 받는 것은 아니다. 야당이 다수 국민의 지지를 받은 집권당의 입법을 빈번하게 등원거부, 필리버스터, 단상점거 등으로 끝까지 반대하면 국민들의 눈에 자칫 국정운영 방해세력으로 보일 수 있다. 그럴 경우 단기적으로는 여론의 역풍을 맞을 수 있고, 장기적으로는 중립적인 유권자들의 지지를 잃어 다수당이 되기가 어렵다. 따라서 소수 야당으로서는 정책입장이 달라 집권 다수당의 정책에 반대하면서도 국정운영 방해자로 낙인찍히지 않기 위해 집권 다수당과의 협의조정에 임한다.

셋째, 다수 야당의 입법주도권을 유지하기 위해서이다. 야당들이 원내다수를 차지한 경우(여소야대)에는 야당들이 주도적으로 많은 법안들을 제출하는데, 이 법안들의 통과 및 집행을 위해서는 집권당과의 협의조정이 필요하다. 야당들이 집권당을 무시하고 일방적으로 다수 입법을 밀어붙이면, 집권당은 자당 출신인 행정부 수장을 통해 야당들의 법안에 거부권을 행사토록 할 수 있고 더 나아가 여소야대 체제를 무너뜨리기 위한 시도를 할 수도 있다. 빈번한 거부권행사나 여대야소 체제 개편은 야당들의 입법주도권을 무력화시킨다. 따라서 여소야대 체제하에서도 야당은 입법주도권을 상실하지 않기 위해 집권당과 협의조정을 해야 한다.

3) 공통의 관점

집권당과 제1 야당 모두의 입장에서 양당간 조정이 필요한 이유는 다음과 같다.

첫째, 국민여론의 압력 때문이다. 여야 정당간 대립이 지속되면 국민들은 이를 당리당략에 따른 정쟁으로 비판하고 정치권에 대한 불신을 드러낸다(박찬표, 2012: 61) 이에 따라 여야 정당 모두에 대한 지지율이 크게 하락한다. 따라서 여야 정당은 이러한 공멸을 방지하기 위해 협의조정을 하고 타협을 한다.

둘째, 지역구 사업 때문이다. 여당이든 야당이든 의원들은 재선에 필요한 지역구사업을 챙겨야 한다. 이를 위해 여당과 야당은 서로 협의조정을 통해 주고받기(logrolling)를 해야 한다.

셋째, 집권당은 다음 선거에서 야당이 될지도 모르고, 제1 야당은 다음 선거에서 집권당이 될지 모르기 때문이다. 집권당은 제1 야당을 끝까지 압박하지 않고, 제1 야당은 집권당을 끝까지 반대하지 않는다. 따라서 정당들은 한편으로는 갈등을 벌이지만 다른 한편으로는 협의조정을 한다.

제3절 한국 정당내 당론 결정

1. 당론의 개념과 유형

정당간 정책조정은 당론의 존재와 그 수정을 전제로 한다. 당론이 없으면 정당간 조정은 필요가 없다. 의원들은 각자 자신들의 판단에 따라 입장을 정하고 다수결을 통해 통과시키면 그만이기 때문이다. 그러나 각 정당이 당론을 정하면 그 소속 의원들은 당론을 무시하고 투표하기 어렵다. 따라서 당론투표가 일반화된 상황에서는 쟁점법안들의 의회 통과를 위해 정당간 협의조정이 필요하다. 또한 정당간 정책조정은 기존 당론의 수정을 수반한다. 쟁점법안을 둘러싼 정당들의 입장이 서로 다른 것은 그들의 당론이 서로 다르기 때문이다. 따라서 정당들이 쟁점법안을 조정한다는 것은 그들의 당론을 부분적으로 수정하는 것을 의미한다.

당론이란 정당 구성원들이 집단적으로 추구하기 위해 합의한 정책입장이다. 구체적으로 설명하면 다음과 같다. 첫째, 당론은 당내 다양한 의견들을 통합한 정책입장이다. 둘째, 당론은 다른 정당이나 행정부를 상대로 관철하려고 하는 정책입장이다. 셋째, 당론은 당의 이념, 지지층 확대, 주도권 전략 등이 반영된 정책입장이다.

당론은 크게 네 가지로 구분할 수 있다. 즉 노선당론, 공약당론, 입법당론, 긴급현안당론이다. 노선당론은 정당들이 장기적으로 추구하려는 당론으로 창당시에 선언한 정강정책이다. 공약당론은 정당들이 중기적으로 추구하려는 당론으로 선거를 대비해 마련하고 집권하면 실현하려는 정책공약이다. 입법당론은 정당들이 단기적으로 관철하려는 당론으로 입법과정에서 개별법안에 반영하려는 정책입장이다. 긴급현안당론은 사회적 긴급현안에 대해 입법을 통해 대응할 시간적 여유가 없을 때 정당들이 행정부를 향해 취하는 정책입장이다.

정당들은 창당시 실현하려고 설정한 노선당론에 따라 활동해야 하고 그렇게 해 오고 있다. 그러나 항상 그런 것은 아니다. 예상하지 못한 쟁점이슈들이 등장할 경우 이에 적용할 당론을 노선당론에서 도출할 수 없는 경우가 있다. 이 경우 별도로 새로운 당론을 정해야 한다. 따라서 정당들은 선거전략상 노선당론과는 다른 공약당론을 마련하고 있고, 다수 여론에 밀려 공약당론과는 다른 입법당론 혹은 긴급현안당론을 정하는 경우가 있다. 평상시 정당들의 정책활동이나 입법활동은 공약당론과 입법당론을 중심으로 전개된다. 즉 정당들은 선거가 다가오면 노선당론과 선거전략에 입각하여 공약당론을 정하고, 선거가 끝나면 공약당론과 현실적인 여건에 따라 입법당론을 정한다.[1]

정당간 정책갈등의 출발점은 노선당론이고 갈등조정의 대상은 입법당론이다. 정당간 정책갈등의 직접적인 원인은 선거를 대비해 마련한 서로 다른 공약당론에 있다. 그러나 공약당론은 정당간 갈등과 조정의 직접적인 대상은 아니다. 공약당론은 서로가 수정을 요구할 수 있는 대상이 아니기 때문이다. 정당간 갈등과 조정의 직접적인 대상은 입법당론들이다. 정당간 정책갈등은 국회에 제출된 법안에 대해 여당과 야당이 서로가 자신의 입법당론을 반영하려고 할 때 발생하고, 정당간 정책조정은 쟁점법안에 대한 입법당론을 수정하여 새로운 입법당론을 정하는 것이다.

정당간 쟁점법안을 둘러싼 갈등과 조정을 이해하기 위해서는 공약당론 작성과 입법당론 작성에 대한 이해가 필요하다.

---

1) 모든 정책공약을 발표한 대로 입법화하는 것이 아니고, 현실적인 여건에 따라 우선순위를 정해 선별적으로 입법화하되 그 정책공약의 내용도 상당히 수정하여 입법화하는 경우가 많다. 이렇게 입법화를 위해 수정한 공약당론이 입법당론이다.

2. 당론 결정 기구

그러면 정당내에서 당론들은 누가 결정하는가? 우리나라에서 원내 제1당과 제2당이 각각 집권당과 제1 야당이 되어 정당간 갈등과 조정의 중심축을 이루고 있다. 2018년 현재 제1당과 제2당은 더불어민주당[2]과 자유한국당[3]이다.

두 정당에서 당론결정에 관여하는 기구[4]는 여론수렴기구와 싱크탱크, 입안기구, 최종결정기구, 입법화기구 등이다. 공약당론 결정에는 여론수렴기구와 싱크탱크, 입안기구 및 최종결정기구가 관여하고, 입법당론 결정에는 입안기구, 최종결정기구 및 입법화기구가 관여한다.

표 11-1 정당의 당론 결정기구

	더불어민주당	자유한국당
의견수렴기구	1. 전국위원회(계층), 상설특별위원회(직능) 2. 국정자문회의(명망가) 3. 지역위원회(지역구)	1. 중앙위원회(직능) 2. 당대표 상임고문(명명가) 3. 당원협의회(지역구)
연구기구	민주연구원, 정책전문위원	여의도연구원, 정책전문위원
입안기구	정책위원회 - 전체회의, 정책조정회의 - 상임분과위원회+특별분과위원회 - 분야별 정책조정위원회 - 법안심사위원회 - 정책실(행정지원)	정책위원회 - 전체회의, 의장단회의 - 정책조정위원회 + 정책자문위원회 - 정책국(정책위원회 지원) 정책조정실(정책조정위원회 지원)
의결기구	당무위원회, 최고위원회, 의원총회	의원총회, 최고위원회
입법화기구	원내대책회의, 의원총회, 원내대표단 원내기획실	원내대책위원회, 의원총회, 원내대표단 원내기획실

---

2) 더불어민주당은 민정당(1963~1965)을 뿌리로 하여 민중당(1965~1967), 신민당(1967~1980), 민주한국당(1981~1985), 통일민주당(1987~1988), 평화민주당(1988~1991), 민주당(1991~1998), 새정치국민회의(1998~2000), 새천년민주당(2000~2003), 열린우리당(2003~2008), 민주당(2008~2014)을 거쳐 2014년에 현재의 더불어민주당으로 바뀌었다. 권위주의 체제 하에서 줄곧 야당으로 명맥을 이어오다가 민주화 이후 새정치국민회의, 새천년민주당, 열린우리당, 더불어민주당 시절에 집권여당이었다.

3) 자유한국당은 민주공화당(1963~1980)에서 출발하여 민주정의당(1981~1989), 민주자유당(1990~1995), 신한국당(1996~1997), 한나라당(1998~2008), 새누리당(2008~2014)을 거쳐 2014년에 현재의 자유한국당으로 바뀌었다. 한나라당과 자유한국당 시절을 제외하고 줄곧 집권여당이었다.

4) 정당의 하부기구들은 대체로 당운영 기구, 선거대책 기구, 정책추진 기구 등으로 구분할 수 있는데, 당론을 결정하고 집행하는 기구는 정책추진기구에 해당된다.

1) 의견수렴 기구

의견수렴 기구는 당에 대한 지지를 확대하기 위해 유권자들과 소통하고 의견을 수렴하는 기구이다.[5] 더불어민주당과 자유한국당은 서로 유사한 네 가지 방식으로 유권자들의 의견을 수렴하고 있다.

첫째, 유권자들을 기능별 취약집단별로 구분하여 의견을 수집하고 대책을 마련한다. 기능은 외교안보, 상공업, 농어업, 과학기술, 보건복지, 문화체육 등으로 구분하고, 취약집단은 여성, 청년대학생, 노인, 장애인 등으로 구분한다. 더불어민주당은 전국위원회[6]와 상설특별위원회[7]를 통해 유권자들을 각각 집단별 기능별로 조직화하여 의견을 수집하고 있고, 자유한국당은 중앙위원회를 통해 양 분야를 함께 조직화[8]하여 의견을 수렴하고 있다.[9]

둘째, 사회적 명망가들과 전문가들을 조직화하여 의견과 조언을 수렴하고 있다. 더불어민주당은 당출신 전직 장차관과 전직 시도지사 및 전직 국회의원, 그리고 사회적 명망가로 구성된 국정자문회의[10]를 통해 당의 이념과 강령 및 정책 등에 관해 의견을 수렴하고 조언을 받으며, 자유한국당은 당대표 상임고문들과 분야별 정책조정위원회 소속 자문위원회를 통해 의견을 수렴하고 조언을 받는다.

셋째, 국회의원 지역구 당원협의회를 통해 의견을 수집한다. 양당은 각 지역구내 당원협의회를 통해 지역내 민의와 숙원사업을 수집한다.

---

5) 당의 공식 여론수렴기구들은 선거공약 작성을 위한 여론수렴에는 기여하지만, 법안 작성을 위한 여론수렴에는 별로 기여하지 못하고 있다. 법안 작성에 필요한 여론은 입법예고나 공청회를 통해 수렴하고 있기 때문이다.

6) 전국위원회는 사회계층별 조직확대와 정책개발에 기여하기 위한 기구로서 산하에 여성, 노인, 청년, 대학생, 장애인 노동자, 농어민 등을 대상으로 한 분과위원회들이 있다.

7) 상설특별위원회는 각 직능분야와의 협력, 이들에 대한 조사연구, 정책수립 등에 기여하기 위한 기구로서 안보, 남북교류, 동북아협력, 소상공인, 해양수산, 정보통신, 교육, 과학기술, 문화예술, 체육, 사회복지, 환경 등 분야에 설치되어 있다. 그 외에도 사회적 기업 및 협동조합들과의 연대를 강화하고 그 활성화를 위한 정책수립을 위한 사회적경제위원회가 있다.

8) 평화통일·외교통상·국방안보·행정자치·재정금융·산업자원·정보과학·건설교통·농림축산·해양수산·교육·보건복지·환경·노동·문화관광·체육 등 기능별 분과위원회, 여성·청년 등 취약계층위원회, 이북5도민·해외동포·불교·기독교·천주교 등 사회단체위원회 등으로 조직화되어 있고, 중앙위원의 자격요건은 정치·경제·사회문화·종교 등 각 분야에서 경력과 전문성을 갖춘 자, 주요 직능사회단체 관련 인사 등이다.

9) 중앙위원회의 주요 기능은 각계 직능조직들과의 교류, 주요 사회단체들의 의견수집 등을 통해 국정 현안 및 당 운영에 관해 건의하는 것이다.

10) 국정자문회의는 각계 직능분야와 협력을 통해 민의를 수렴하고 당의 운영과 정책에 조언한다.

넷째, 민원실을 통해 일반국민들의 민의를 수렴한다. 민원실은 지역이나 계층을 불문하고 모든 국민들로부터 희망사항이나 불평불만을 접수하는 창구이다. 적극적으로 국민들에게 다가가 의견을 수렴하기 보다는 국민들이 제시한 의견을 접수하여 당론결정에 반영하는 기구이다.

과거 1960~1980년대 집권당들은 여론수렴을 위해 중앙위원회와 지구당을 설치했다. 중앙위원회는 산하에 기능별 유권자별 분과위원회들을 두었다. 분과위원회들은 해당분야 저명인사들로 구성하여 해당분야 여론을 수집하여 당지도부에 전달토록 했다. 그러나 같은 시기 야당들의 민의수렴기구는 지구당뿐이었다. 체계적 민의수렴을 위한 기능별 계층별 위원회와 같은 기구는 설치하지 않았다. 이유는 언론기관을 활용했기 때문이다. 야당의 입장으로서는 적극적 민의수렴을 통한 정책대안 개발보다는 언론기관들과 연대하여 민의를 수집하고 정부 여당의 정책을 비판하는 것이 지지확산에 유리하다고 판단했기 때문이다. 그러나 1980년대 후반부터 야당들의 집권가능성이 커지면서 대국민 접촉기구를 확대하기 시작했다. 다양한 사회단체들의 의견을 수렴하고 협력을 강화하기 위한 대외협력위원회와 불특정 다수 국민들의 민의 수렴을 위한 종합민원실을 설치하기 시작했다. 야당들이 집권경험을 한 후 2010년대에 들어서면서 여당과 야당의 의견수렴기구는 거의 유사해졌다.

2) 연구기구(싱크탱크)

각 정당은 연구기구로 정책연구소과 정책전문위원을 두고 있다. 정책연구소는 당의 이념과 비전, 중장기 정책, 주요 현안정책 등을 연구하기 위해 설치했고, 정책위원회 소속 정책전문위원들은 단기현안 연구를 위해 임용했다. 그러나 정책연구소가 실제로는 단기현안들을 연구를 하고, 전문가들과의 네트워크를 구축하며, 정책현안과 공천후보자 및 당지지도에 대한 여론 조사와 분석을 하고 있다. 현재 더불어민주당의 정책연구소는 민주연구원이고, 자유한국당의 정책연구소는 여의도연구원이다.

정당내 연구기구를 최초로 설치한 정당은 당시 집권당이었던 민주공화당이었다. 단기 정책현안을 연구하는 정책연구실을 설치했고, 그 후신인 민주정의당은 중장기 정책연구기구인 국책연구소를 추가 설치하여 오늘날까지 유지되고 있다. 그러나 과거 권위주의 체제하에서 집권가능성이 거의 없었던 야당들은 명실상부한 정책연구소를 설치하지 못했다. 비용 문제로 설치할 수가 없었다. 그러다가 민주화로 야당의 집권가능성이 커지자 1980년대 후반에 통일민주당이 제1야당으로서 최초로 정책연구소를 설치했고, 그 후신 정당들 모두가 정책연구소를 설치 운영하고 있다.

3) 입안기구

각 정당의 정책입안기구는 정책위원회이다. 선거공약 및 당정책의 개발, 당론법안 개발, 의원입법 지원, 국회에 상정된 법안 검토, 정부정책에 대한 검토와 대안 개발, 당정협의 등을 담당한다. 정책위원회 산하에는 여야 공통적으로 국회상임위원회에 상응한 상임분과위원회와 행정지원기구인 정책실을 두고 있다. 집권당의 경우 당정협의기구가 추가로 설치된다. 상임분과위원회는 해당 국회상임위원회 소속 의원들과 정책전문위원들로 구성되어 해당분야 공약과 정책을 개발하고 의원입법을 연구한다. 정책실은 정책위원회내 각종 회의와 활동을 지원한다.

더불어민주당은 추가로 정책조정회의, 법안심사위원회, 분야별 정책조정위원회를 두고 있다. 정책조정회의는 상임분과위원회간 이견을 조정하는 기구이고, 법안심사위원회는 당소속 의원들의 입법안이 노선당론과 공약당론에 부합하는지를 심의하는 기구이다. 양 기구의 의장은 정책위의장이다. 분야별 정책조정위원회는 당의 정책을 개발하고 당정협의를 담당하는 기구이다.

한편, 자유한국당은 추가로 정책위원회 회의를 전체회의와 의장단회의로 구분하고, 상임분과위원회에 해당하는 정책조정위원회와 그 산하에 정책자문위원회를 두고 있다. 전체회의는 정책위원회 의장단과 당소속 국회의원 및 정책전문위원들로 구성되어 당의 강령 및 선거공약을 심의한다. 의장단회의는 정책위원회 의장단과 정책조정위원장들로 구성되어 당 정책방향의 수립, 당 입법안의 심의, 정부정책에 대한 검토와 대안제시, 당정협의 등을 담당한다. 정책자문위원회는 30 이내의 외부전문가와 사회단체대표로 구성되어 당의 정책개발에 자문을 한다.

현재 더불어민주당과 자유한국당 정책위원회는 세 가지 측면에서 다르다. 첫째, 더불어민주당은 15개 국회상임위원회 업무를 15개 상임분과위원회에서, 정책개발과 당정협의는 6개 분야 정책조정위원회에서 담당토록하고 있는 반면, 자유한국당은 15개 정책조정위원회로 하여금 국회상임위 업무, 정책개발, 당정협의 등을 모두 담당토록 하고 있다. 둘째, 더불어민주당에서는 상임분과위원회간 이견을 정책조정회의가 조정하는 반면, 자유한국당에서는 정책위부의장이 조정한다. 셋째, 소속의원들의 입법안에 대한 당론심사를 더불어민주당에서는 법안심사위원회에서 심사하나, 자유한국당에서는 정책위의장단회의에서 심사한다.

우리나라에서 정책위원회 시스템을 최초로 구축한 정당은 정책정당을 표방한 집권 민주공화당이었다. 민주공화당은 정책위원회를 설치한 후 그 산하에 상임분과위원회, 특별분과위원회, 정책실 등을 두고 당 정책과 법안을 입안케 했으며, 이 정책과 법안을 심의하기 위해 정책위원회 의장단, 국회대책위원장, 분과위원장 등으로 구성된 정책심의회를 운영했다. 이 기본 골격은 오늘날까지 유지되어 왔는데, 민주정의당 시절에 당정간 협의조정 기능과 기구, 한나라당 시절에는 분야별 정책자문위원회가 추가되고, 새누리당시절에는 정치, 경제, 사회 등 분야별 조정을 위해 별도의 기구를 설치하지 않고 정책위부의장들로 하여금 대신하게 했다. 1960년대부터 1980년대 제1야당들도 정책심의회 혹은 정책위원회를 설치한 후 산하에 상임분과위원회와 특별분과위원회 및 정책실을 설치했으나 예산과 인력 부족으로 활동이 미미했다. 1990년대 말 집권에 성공하여 집권당이 된 후에는 분야별 정책조정위원회와 정책자문위원회를 설치했고 정책실을 확대 분화시켰다. 이렇게 확대 분화된 정책위원회는 야당이 된 이후에도 유지되고 있다. 그리하여 오늘날 집권당과 제1 야당 정책위원회시스템의 기본 구조와 기능은 거의 유사하다.

4) 의결기구

각 정당에서 공약이나 의원입법을 실질적으로 의결하는 기구는 최고위원회 혹은 의원총회이다. 구체적으로 보면, 더불어민주당에서는 공약의 의결기구는 최고위원회[11]이고 입법안의 의결기구는 의원총회이다. 그러나 자유한국당에서는 공약이든 입법안이든 의결기관은 의원총회이다.[12] 다만, 의원총회에서 결론을 못 내면 최고위원회의[13]에서 최종 결정한다.

과거 집권당이든 야당이든 당 정책이나 입법안을 포함한 주요 사안들에 대한 최

---

11) 더불어민주당에서 당론공약의 최고의결기관은 당무위원회이지만, 그 구성과 규모로 보아 실질적인 심의의결이 어려워 최고위원회가 위임을 받아 의결하고 있다. 당무위원회는 당강령과 당헌당규의 개정, 당론공약과 주요 정책, 공직후보자 인준 등을 심의 의결하는 기구로서 당대표, 최고위원, 원내대표, 사무총장, 정책위의장, 국회부의장 및 상임위원장, 정책연구소장, 당소속 시도지사와 시도당위원장 등 100명 이내로 구성되고, 월 1회 개최한다. 최고위원회는 당론공약과 주요 정책을 심의 의결하는 기구로서 당대표와 원내대표 및 7인의 최고위원(선출직 5, 지명직 2)으로 구성되고, 주1회 및 필요시 소집한다.

12) 최고위원회의는 일반당무에 관한 최고의결기구이고, 의원총회는 당 정책과 입법에 관한 최고의결기구이다. 의원총회는 원내대표를 의장으로 하여 당소속 국회의원 전체로 구성되고, 원내전략의 결정뿐만 아니라 국가 주요 정책과 법안 심의, 원내대표와 정책위의장 및 상임위원장 후보 선출 등을 담당하며, 격주로 개최되나 필요시 언제라도 소집한다.

13) 최고위원회의는 당대표, 원내대표, 정책위의장, 최고위원 6인으로 구성되는 기구로서, 의원총회와 전국위원회에서 회부하는 사항에 대한 심의 의결, 주요 당직임명 및 공직후보자 의결, 기타 주요 당무에 관한 심의의결 등을 담당하며, 주1회 소집되나 필요하면 언제라도 소집된다.

고의결기구는 당내 주요 간부들로 구성된 당무회의였다. 당무회의 규모가 20인이 넘을 경우 일부 핵심간부들로 구성된 당직자회의 혹은 간부회의를 설치하여 당무회의의 역할을 대신했다. 이 경우 정치적으로 민감한 이슈들, 신속한 대응이 필요한 현안 이슈들, 비밀을 요하는 이슈들, 심도 있는 논의가 필요한 이슈들은 당직자회의에서 먼저 논의하여 기본 결정을 내렸다. 의원총회는 원내 대책과 전략만 담당했던 기구로서 법안에 대한 심의 의결은 하지 않았다.

의원총회가 입법안에 대한 최고의결기구가 된 것은 열린우리당과 한나라당이 원내정당화[14]를 추진한 결과였다.

집권당이 된 열린우리당은 당내 권위주의를 타파하고 원내정당화를 위해 당조직을 당의장과 원내대표 양극체제로 바꾸었다.[15] 이에 따라 당의 정책과 의원 입법안은 의원총회에서 최종 심의의결토록 하고 일반당무는 당무회의에서 최종 심의의결토록 했다. 이를 위해 정책위원회를 원내대표 산하로 이동시켰다. 그러나 열린우리당이 통합민주당으로 흡수되면서 의원 입법안만 의원총회에서 최종 심의의결토록 하고 당 정책이나 일반 당무는 당무회의에서 최종 심의의결토록 했다. 그에 따라 정책위원회도 의원총회와 당무회의가 공동으로 관할하도록 했다. 정책위의장은 당대표가 임명한다.

한나라당도 원내정당화를 추진하면서 당 정책과 입법안에 관한 최고의결기관으로서 당무회의의 권한을 약화시키고 의원총회를 격상시켰다. 즉 의원총회의 역할을 확대하여 정책위원회에서 입안한 공약과 입법안을 심의·의결하게 한 것이다. 이를 위해 정책위원회를 의원총회 산하로 이동시켰고, 정책위의장도 과거처럼 당대표가 임명하는 것이 아니라 원내대표의 런닝메이트로 의원총회에서 선출한다. 그리하여 정책과 입법에 관한 모든 당론은 실질적으로 의원총회에서 최종 결정한다. 의원총회는 정책위원회에서 입안하고 심의한 정책이나 법안들을 의결하고, 국회에 상정되어 심의중인 쟁점 법안에 대한 당론도 의결하며, 정책이나 법안에 관한 기존 당론 변경도 의결한다. 이 체제가 자유한국당까지 이어져 오고 있다.

---

14) 원내정당화 배경은 장외정치에서 원내정치로의 이동에 있었다. 비정상적인 방법으로 집권한 민주공화당과 민주정의당에서 정권실세인 초선의원이나 원외인사가 당대표를 맡는다거나 중요한 정치적 갈등을 원내에서 해결하기보다는 행정부 권력기구를 활용해 해결함으로써 그 나름의 장외정치를 구사한 경우가 적지 않았다. 비정상적인 집권당들에 맞서는 야당들도 자신들의 입장이 관철되지 않으면 장외로 나가 가두정치를 벌였다. 민주화의 진전에 따라 국회를 무시했던 이러한 장외정치에 대한 반성으로 원내정당화를 추진했다.

15) 원내대표의 위상과 영향력을 강화하기 위해 원내대표의 권한 강화는 물론 종전처럼 당총재가 임명하는 것이 아니라 의원총회에서 선출토록 했다.

5) 입법화 기구

각 정당의 입법화 기구는 국회에서 당론을 관철하기 위한 기구로서 의원총회, 원내대책위원회, 원내대표단 및 원내기획실이 이에 해당된다. 원내대책위원회가 원내 대책과 전략을 마련하면, 의원총회는 이를 심의·의결하고, 원내대표단이 이 전략에 따라 정당간 협의조정을 담당한다. 원내대책위원회는 원내대표단, 정책위의장단, 당소속 국회상임위원장과 간사 등으로 구성되고, 의원총회는 원내대표와 당소속 의원 전체로 구성되며, 원내대표단은 원내대표와 수석부대표 및 약간명의 부대표로 구성된다. 지원기구인 원내기획실은 당료들로 구성된다. 현재 입법화 기구의 하부기구와 역할 및 구성멤버는 집권당과 제1야당이 동일하다.

오늘날과 유사한 입법화기구의 기본틀도 민주공화당이 최초로 구축했다. 민주공화당은 정부여당 법안의 국회통과를 위해 의원총회와 국회대책위원회 및 원내총무단을 설치했다. 그러나 당시 의원총회는 원내전략을 결정하는 기구가 아니라 당지도부에서 결정한 원내전략을 의원들에게 숙지시키는 기구였다. 따라서 원내전략 결정과 집행은 당지도부와 원내대책위원회 및 원내대표단이 실질적으로 주도했다. 그러나 1960~1980년대 야당들의 입법화 기구는 민주공화당과는 조금 달랐다. 원내대책위원회에서 원내대책을 마련하고 의원총회에서 의결하면 원내총무가 집행했다. 최근에 각 당의 원내정당화로 의원총회는 원내전략의 최종 결정기구로 격상되었고, 과거 원내총무는 원내문제를 실질적으로 총괄하고 책임지는 원내대표가 되었다. 과거 원내총무는 당대표가 임명했으나, 원내대표는 당소속 국회의원들의 투표로 선출되었다. 오늘날 원내전략 결정과 집행은 의원총회, 원내대책위원회와 원내대표단이 주도하고 있다.

우리나라에서 정당들이 명망가 정당으로 출발한 결과, 내부구조가 의원총회와 사무국 중심이었다. 이 내부구조는 크게 세 번의 변화를 거쳐 오늘에 이르렀다.

첫 번째 변화는 1963년 민주공화당이 서유럽 정당들을 모방하여 대중정당 및 정책정당을 지향하면서 발생했다. 민주공화당이 구상한 정당은 국민들의 의견을 수렴하여 이를 정책으로 전환하는 것뿐만 아니라 전문지식을 활용해 정책들을 체계적으로 개발하여 국정에 반영하는 정당이었다. 민주공화당은 이전의 정당들과는 달리 원내기구인 의원총회보다는 원외기구인 사무처(당원 관리, 당조직 중심 선거)와 정책위원회(외부전문가에 의한 정책입안)를 대폭 강화시켰다.[16] 그리고 당대표가 산하에 사무총장, 정책위의장, 원내대표를 임명하여 단극체제로 당을 운영했다. 주요 공약과 입법안은 정책위원회에서 마련하고, 당대표와 사무총장이 주도하는 당무회의에서 의결했으며, 원내총무는 정부여당 입법안을 국회에서 통과시키는 역할을 수행했다. 이 구조는 민주공화당의 맥을 있는 정당들에서도 오랫동안 유지되어 왔다.

두 번째 변화는 민주화 이후 야당들이 내부구조를 바꾸면서 발생했다. 1960년대부터 정권교체 가능성이 희박했던 권위주의 체제하에서 야당들의 조직구조는 집권당과 상당한 차이가 있었으나, 1980년대 후반 민주화 이후부터 정권교체 가능성이 커지자 야당들의 정책정당화가 가속화되어 내부기구들을 개편하면서 집권당과 제1야당의 내부구조가 유사해지기 시작했고, 1990년대 후반 정당간 정권교체를 경험한 이후에는 거의 비슷해졌다. 다만, 집권당이 제1 야당이 되면 의견수렴기구와 정책연구기구가 부분적으로 축소되었다. 인적 물적 자원이 부족했기 때문이다.

세 번째 변화는 집권 열린우리당과 제1야당인 한나라당이 원내정당화를 추진하면서 발생했다. 이전에는 당대표가 임명한 사무총장, 정책위의장, 원내총무가 같은 위상을 갖고 있었다. 그러나 원내정당화하면서 양당은 당대표와 사무총장의 지위와 권한을 약화시키고 원내총무와 의원총회의 지위와 권한을 강화시켰다. 그러나 양당은 정책위원회의 역할과 권한은 변화시키지 않았다.

열린우리당과 한나라당의 원내정당화로 인해 바뀐 새로운 조직구조는 오늘날까지 그 후신들에 의해 유지되고 있다.

---

16) 이를 위해 민주공화당은 당내 정책기구를 대폭 강화했다. 즉 정책위원회를 설치하고 그 산하에 정책이슈들을 조사 발굴하고 연구할 정책실, 당 정책안을 입안하는 분과위원회, 입안된 정책안을 심의 조정하는 정책심의회 등 하부기구들을 두었으며, 이들 하부기구들의 활동을 지원하기 위해 전문위원들을 충원했다. 또한 중앙상임위원회를 설치하여 각계각층의 국민들과 접촉하고 소통하여 국정운영에 필요한 국민들의 의견을 체계적으로 수렴하도록 했다. 동시에 민주공화당은 대중정당을 추구하였다. 국회의원들의 친목단체나 다름없는 명망가 정당이 아니라 국민들과 함께하는 당원 중심의 대중정당을 지향했다. 즉 국민 속에 파고드는 원외 당원들을 대폭 확대한 후, 이들을 교육시켜 국가의 정책을 국민들에게 적극 홍보하는 정당을 만들고자 했다. 이를 위해 당내에 전문화된 사무처와 직능조직 및 지구당조직을 신설·강화하여 전국적으로 강력한 조직을 구축했다. 이 강력한 조직을 기반으로 각종 선거를 치렀고, 인재들을 영입해 당선시킴으로써 국정주도세력의 구축을 시도했다.

3. 여야 정당들의 당론 결정 절차

2018년 현재 집권당인 더불어민주당과 제1야당인 자유한국당의 당론결정 절차는 다음과 같다.

1) 더불어민주당

(1) 당론공약 결정 절차

당론공약 결정절차는 당의 이념에 맞고 선거승리에 유리한 공약들을 마련하는 절차이다. 더불어민주당이 선거에 임박하여 공약당론을 정하는 절차는 다음과 같다.

첫째, 의견 수렴과 초안 작성이다. 선거가 다가오면 정책위원회 의장의 지시를 받아 분야별 정책조정위원회 위원장 주도하에 소속 국회의원들과 정책전문위원들이 분야별 정책공약들의 초안을 마련한다. 이를 위해 민의수렴기구인 전국위원회 산하 다양한 직능별 분과위원회들, 정책자문위원회, 시도당과 지역구 당원협의회 등으로부터 의견과 조언을 받고, 당의 싱크탱크인 민주연구원의 지원을 받는다.

둘째, 정책위원회 산하 분과위원회들에 의한 보완이다. 1차 마련된 정책공약들은 해당 분과위원회에서 좀 더 구체화하고, 필요하면 정책토론회나 연구발표회를 개최하여 보완한다.

셋째, 정책위원회 산하에 공약개발팀을 설치하여 당의 이념과 가치에 맞는지, 실현가능한지, 소요예산은 어느 정도인지 등을 고려하여 핵심공약과 일반공약으로 구분하고 우선순위를 정한다. 이견이 있으면 정책위의장이 정책조정회의를 소집하여 조정한다.

넷째, 당무위원회의 의결이다. 보완·조정된 정책공약들은 최고위원회의 검토를 거쳐 당무위원회에서 의결·확정한다.

(2) 당론법안 결정절차

당론법안을 작성하는 절차는 당론에 맞는 의원입법안을 작성하는 절차이다. 더불어민주당에서 의원이 당론법안을 제안한 경우 거쳐야 할 절차는 다음과 같다.

첫째, 제안의원의 초안 마련이다. 입법안을 제안하려는 의원이 당 정책전문위원들의 도움을 받아 입법안 초안을 작성한다. 입법안 내용에 대한 아이디어의 원천은 제안자의 생각, 당내 다수 의견, 접수된 민원 등일 수 있다. 집권당인 경우 추가로 행정부처 공무원으로부터 도움을 받을 수 있다.

둘째, 분과위원회의 심의·보완이다. 입법안 초안은 정책위원회 산하 해당 분과위원회에서 심의·보완한다. 필요하면, 여론수렴을 위해 공청회를 개최하고 그 결과를 반영하여 입법안을 보완한다. 입법안의 내용에 대해 분과위원회간 이견이 있으면 정책위원회 의장이 정책조정회의를 소집하여 조정한다.

셋째, 법안심사위원회의 당론 심사이다. 보완·조정된 입법안에 대해 정책위의장이 법안심사위원회를 소집하여 당론에 적합한지 심사한다. 당의 강령과 기본정책에 부합하는지 심사하고 부합하지 않으면 수정토록 한다.

넷째, 의원총회의 의결이다. 법안심사위원회를 통과한 입법안은 정책위의장이 의원총회에 보고하고 의원총회에서 심의·의결한다. 의원총회에서 의원들의 이의가 없으면 확정한다. 그러나 의원총회에서 결론을 내기 어려울 경우 최고위원회의 검토를 거쳐 당무위원회에서 결정한다.

(3) 긴급현안당론 결정 및 입법당론 변경 절차

긴급현안당론의 결정이나 입법당론의 변경은 정책의총에서 이뤄진다. 정책의총은 정책이슈만을 논의하기 위해 소집하는 의원총회이다. 긴급현안당론의 결정이나 입법당론의 수정은 긴급히 이루어져야 하므로 당내의 복잡한 절차를 거치지 않고, 정책의총을 통해 이뤄진다.

먼저, 돌발적으로 발생한 국내외 중요 긴급현안에 대해 당차원의 입장을 정하여 행정부나 국민들에게 촉구해야 할 필요가 있는 경우에 정책의총을 소집하여 긴급현안당론을 정하여 공표한다. 그러나 정책의총을 소집할 여유가 없는 경우 최고위원회에서 정한다.

다음으로, 쟁점법안이나 예산안을 둘러싼 여야 정당간 협의조정 과정에서 당론이 충돌하여 합의도출이 어려운 경우 당론을 수정해야 하는데 이 당론도 정책의총에서 수정한다. 그러나 아주 중요한 쟁점이 아니어서 정책의총에서 원내대표에게 전권을 위임한 경우 원내대표가 당론을 수정한다. 원내대표가 상대당과의 협의과정에서 당론과 다르게 합의한 경우 사후에 정책의총의 추인을 받아야 한다. 추진을 받지 못하면 상대당과 협의조정을 다시 해야 한다.

2) 자유한국당

(1) 당론공약 결정 절차

당론공약을 마련하는 절차는 노선당론과 선거전략에 따라 선거공약들을 개발·확정하는 절차이다. 자유한국당의 당론공약 결정 절차는 다음과 같다.

첫째, 정책조정위원회별 공약 개발이다. 각 정책조정위원회 소속 의원들과 정책전문위원들이 여의도연구원과 여론수렴기구 및 자문위원들의 도움을 받아 정책공약들을 마련한다. 먼저, 선거전략상 다양한 국민들의 지지확보를 위해 중앙위원회와 유권자집단위원회(실버세대위원회, 장애인위원회, 여성위원회, 청년위원회) 및 지역조직(시도당, 당원협의회)을 통해 각계각층 및 각 지역의 여론과 숙원사업을 파악한다. 다음으로, 여의도연구원과 자문위원회(외부전문가)의 전문적인 의견도 수렴한다. 이렇게 수집된 민의와 의견 및 그동안 의정활동을 통해 의원들이 축적해 온 지식정보를 통합하여 정책공약 초안들을 작성한다.

둘째, 정책위 부의장에 의한 조율이다. 정책조정위원회별로 마련한 정책공약들을 정책국에서 취합하여 유사하거나 상충되는 것이 있는지 점검한다. 정책조정위원회간 유사하거나 상충되는 정책공약들이 있으면 정책위원회 부의장이 나서서 조정한다.

셋째, 정책위원회 전체회의에서의 심의이다. 조정된 정책공약은 정책위원회 전체회의에 상정하여 심의한다. 전체회의는 정책위의장단과 당소속 국회의원 및 정책전문위원들로 구성된다.

넷째, 최종 확정이다. 전국위원회 혹은 최고위원회의에 상정하여 확정한다. 정책위원회에서 마련한 정책공약들은 통상 최고위원회의의 검토를 거쳐 전국위원회의 추인을 받음으로써 확정된다. 그러나 전국위원회 소집이 어려운 경우 최고위원회의의 검토 의결로 확정된다.

(2) 당론법안 결정 절차

당론법안 작성 절차는 의원입법안을 작성하면서 당론을 반영하는 절차이다.

첫째, 입법안 초안 작성이다. 입법안을 제안하려는 의원이 입법의 취지와 주요 내용을 정리하여 정책위원회 정책국에 제출한다. 입법안 내용의 원천은 사회 일반여론, 당론 공약, 당내 다수의견, 전문가들의 의견, 당에 접수된 민원, 제안 의원 자신의 생각일 수 있다. 입법 제안이 들어오면 정책위의장이 해당 정책조정위원회(상임분과위원회) 소속 정책전문위원들로 하여금 제안 의원을 지원토록 한다. 정책전문위원은 입법안 초안을 작성하기 위해 당내 자료는 물론 행정부처, 전문가, 사회단체 등으로부터 필요한 자료를 수집한다. 제안 의원과 정책전문위원들이 입법안 초안을 잡는다.

둘째, 초안의 검토·보완이다. 개략적으로 만들어진 입법안 초안은 해당 정책조정위원회에서 검토한다. 정책조정위원회는 입법안의 파급효과를 검토하고 이해관계자의 의견수렴이 필요한지를 심사한다. 정책위의장 혹은 제안 의원은 입법안의 내용이 국민의 일상생활과 직접 관련되거나 입법안의 내용을 둘러싸고 이해관계자간 대립이 첨예할 소지가 있으면 여론수렴을 위해 공청회나 토론회를 개최한다. 공청회나 토론회가 끝나면 이해관계자들의 의견을 반영하여 입법안 초안을 수정한다.

셋째, 국회 제출 여부 심사이다. 이렇게 작성된 입법안은 정책위의장단회의에 상정되어 국회 제출 여부를 심사받는다. 국회에 제출할 필요가 없다고 결정하면 제안 의원에게 통보하고, 제출할 필요가 있다고 결정하면 당론 심사를 받도록 한다.

넷째, 당론 심사 및 반영이다. 정책위의장단회의의 당론 심사에서 당론을 반영할 필요가 없다고 결정하면 제안 의원으로 하여금 개별입법안으로 국회에 제출하도록 하고, 당론 반영이 필요하다고 결정하면 입법안의 내용이 당론에 부합한지 여부를 검토한다. 당론에 부합하지 않으면 당론에 맞게 수정하고, 입법안 관련 당론이 불분명하면 당론을 결정한 후 반영한다. 당론이 불분명한 경우 정책위의장은 입법안과 관련된 당론을 정하기 위해 입법안을 최고위원회와 의원총회에 상정한다. 최고위원회는 입법안과 관련된 당론의 윤곽을 잡고 의원총회는 이를 심의 확정한다. 그러나 긴급시에는 최고위원회에서 당론을 정하고 의원총회의 추인을 받는다. 제안 의원은 최고위원회와 의원총회에서 필요한 설명을 하고, 당론이 정해지면 입법안을 당론에 맞게 수정한다.

다섯째, 최종 확정과 국회 제출이다. 당론이 반영된 입법안이 확정되면 이를 법제사법 전문위원이 법안으로서의 체계를 잡은 후, 마지막으로 정책위의장이 원내대책위원회의 검토를 거쳐 의원총회에 상정하여 최종 확정한다. 확정된 당론법안은 원내대표가 국회에 제출한다.

(3) 긴급현안당론 결정과 입법당론 수정 절차

긴급현안에 대한 당론 결정과 입법당론의 수정은 더불어민주당과 마찬가지로 정책의총에 한다. 정책의총으로부터 전권을 위임받으면 원내대표가 정당간 협의조정 과정에서 입법당론을 수정할 수 있다. 원내대표가 전권위임 없이 당론과 다르게 합의한 경우 사후에 정책의총의 추인을 받아야 한다. 다만, 더불어민주당과는 달리 최고위원회가 나서지는 않는다. 이유는 당헌당규상 더불어민주당 최고위원회는 정책결정에 관여하게 되어 있으나 자유한국당 최고위원회는 그렇지 않기 때문이다.

제4절 여야 정당간 정책조정 실태

1. 정당간 정책조정기구

1) 협의조정기구

정당간 협의조정 기구는 쟁점법안을 둘러싼 여야 정당간 갈등을 해소하기 위해 여당과 야당의 대표자들로 구성된 조정기구이다. 우리나라 정당간 협의조정기구는 다음과 같다.

(1) 상임위원회 간사회의와 안건조정위원회

상임위원회와 그 산하 소위원회(법안소위, 예산소위)에서는 쟁점법안들을 논의하기는 하지만 이견이 큰 당론법안을 협의조정하기 힘들다. 규모로 보아 의원들이 심도 있게 논의하기 힘들 뿐만 아니라 소속당의 당론을 무시하고 합의를 도출하기도 힘들기 때문이다. 이를 극복하고 당론법안을 조정하기 위해서는 소속정당으로부터 일정한 재량권을 위임받은 소수의 대표자들이 나서야 한다. 이러한 대표자로 구성된 조정기구가 상임위원회 간사회의와 안건조정위원회이다.

상임위원회 간사회의는 상임위원회 소관 쟁점법안과 의사일정을 조정하는 기구이다. 각 상임위원회에는 간사가 정당별로 1명씩 지정되어 있다. 이들은 상임위원회 의사일정을 협의조정하고, 상임위원회 심의 법안들에 대해 여야 의원들 간에 공감대가 형성되지 않을 경우 각 당을 대표하여 협의조정한다.

안건조정위원회는 상임위원회나 소위원회에서 합의도출하기 힘든 특정 안건을 심도 있게 논의하고 협의조정하기 위한 위원회이다. 정당간 타협을 촉진하기 위한 소수 의원들 간의 협의조정기구로서[17] 여야 동수로 구성하여 하나의 쟁점에 대해서만 집중 논의 조정한다.

(2) 정책위의장회담

정책위의장회담은 쟁점법안이 여러 상임위원회에 걸쳐 있거나 서로 다른 당론으로 인해 쟁점법안을 둘러싼 정당간 갈등이 큰 경우에 나서는 조정기구이다. 정책위원

---

[17] 상임위원회 재적의원 3분의 1 이상의 요구에 따라 여야 동수로 구성하고 최장 90일간 활동할 수 있으며 조정안을 의결하기 위해 재적 조정위원의 3분의 2 이상의 찬성이 필요하다.

회 의장은 당론공약과 당론법안 작성을 실질적으로 총괄하는 당내 최고책임자이기 때문에 이러한 쟁점들을 조정하는 데 적합하다. 정책위원회의장 회담에서는 가급적 정치적 고려를 배제하고 쟁점법안의 내용에 치중하여 조정하는 경향이 있다.

(3) 원내대표회담

원내대표회담은 쟁점법안이나 의사일정을 조정하는 정당간 최고위 조정기구이다. 원내대표는 국회 의사일정과 쟁점법안 통과 등 원내문제에 대한 최고책임자이기 때문이다. 원내대표들이 협의조정에 직접 나서기 전에 원내수석부대표들이 먼저 나선다. 그 결과 원내대표회담은 원내수석부대표회담이나 정책위의장회담에서 타결되지 못한 첨예한 정책갈등을 타결하기 위해 원내대표들이 직접 나서는 조정기구이다. 원내대표회담은 쟁점법안의 내용을 정치적 측면을 고려하여 조정하는 경향이 있다.

원내대표회담의 전신은 원내총무회담이었다. 과거에는 원내총무는 당대표의 임명과 통제 하에 의사일정에 대한 협의조정을 주도했으나 쟁점법안에 대한 협의조정기구는 아니었다. 최근 원내정당화가 진행되면서 원내총무의 위상과 권한이 강화되어 원내대표로 전환됨으로써 원내대표회담이 의사일정뿐만 아니라 쟁점법안을 조정하는 최고위기구가 되었다.

(4) 당대표회담

당대표회담은 집권당 대표와 야당 대표 간의 회담으로 형식상 여야 정당간 최고위 협의조정기구이다.[18] 당대표회담은 원내대표회담에서 타결되지 않는 정치적 쟁점들을 타결하는 기구이다. 과거에는 원내총무회담에서 타결되지 않는 쟁점법안들을 당대표회담에서 최종 타결했으나, 원내정당화로 원내대표회담의 위상이 강화된 이후 당대표회담에서 쟁점법안을 조정하는 경우는 드물다.

2) 중립조정기구

중립조정기구는 집권당과 제1야당이 쟁점법안을 둘러싸고 첨예한 갈등을 벌일 때 중간에 끼어들어 조정하는 제3자를 말한다. 제3자는 합의요청(request), 재협의지원(facilitation), 양보유도(conciliation), 타협안설득(compromise persuasion) 등을 통해 정당간 정책갈등을 해소하는 기구이다.[19] 우리나라 정당간 중립조정기구는 다음과 같다.

---

18) 과거 야당 대표와 대통령 간의 회담은 여야 영수회담으로 불렸다. 그러나 대권과 당권이 분리되어 대통령이 당대표를 겸하지 못하게 되면서부터 여야 영수회담을 하는 경우가 드물어졌다.

(1) 국회의장

원내대표회담이 결렬될 경우 개입할 수 있는 제3자는 국회의장이다. 국회의장은 정당간 정책갈등의 중립조정기구가 된다. 국회의장은 국회의 수장으로서 국회의 원활한 운영과 그 결과에 책임이 있을 뿐만 아니라, 정파적 이해관계를 비교적 초월하여 정당간 합의를 유도할 수 있기 때문이다.

그러나 과거 국회의장은 집권 다수당 소속 중진의원으로서 중립조정보다는 집권당 법안을 통과시키는 데 주력했다. 즉 정당간 합의가 안 되면 직권상정하여 여당 의원들만으로 다수결 처리하는 경우가 많았다. 이에 대한 야당의 반응은 직권상정을 막기 위한 단상점거이거나 여론에 강력히 호소하기 위한 장외투쟁이었다. 이러한 파행을 막기 위해 2002년에 국회법을 개정하여 국회의장으로 하여금 당적을 포기하게 하여 중립적 제3자로서 회의를 공정하게 진행하도록 했고, 2012년에 또다시 국회법을 개정하여 의장의 직권상정을 제한함과 동시에 의장의 의사진행을 방해하지 못하게 했다.

이러한 노력의 결과, 최근에 국회의장들은 자신의 역할인지와 정치적 위상에 따라 다양한 중립조정 역할을 하고 있다. 즉 원내대표회담이 결렬되어 갈등이 지속될 경우 과거에는 원내대표들을 불러 합의도출을 요구하는 정도에 그치는 소극적인 국회의장들이 대다수였지만, 최근에 각 당이 무엇을 양보해야 하는지를 지적하면서 상호 양보를 유도하거나 경우에 따라 조정안을 만들어 설득하는 적극적인 국회의장도 있다.

(2) 상임위원회 위원장

상임위원회 심의 단계에서 중간조정에 나설 수 있는 제3자는 상임위원장이다. 쟁점법안에 대한 정당간 합의가 안 되면 상임위원장이 중립조정을 시도한다. 상임위원장직은 교섭단체간 안배되므로 상임위원장은 당적을 갖고 있다. 그럼에도 불구하고 상임위원장은 비교적 중립적인 입장에서 조정을 하려고 노력한다.

(3) 제3당

제3당도 확정투표권(casting vote)을 행사할 수 있는 의석이 되면 집권당과 제1야

---

19) 합의요청은 여야 협의조정대표들에게 조속히 합의하도록 강하게 요청하는 것, 재협의지원은 여야 협의조정대표들의 만남을 주선하여 재협의를 촉구하고 소통의 장애요인들을 제거하고 편견과 오해를 불식시켜 합의에 이르도록 지원하는 것, 양보유도는 여야당의 입장을 평가한 후 양당에게 균형있게 특정쟁점들을 수정토록 설득하여 합의에 이르도록 유도하는 것, 타협안설득은 여야당으로부터 각자의 입장을 청취하고 추가 정보를 수집한 후 균형잡힌 조정안을 마련하여 양당이 수용하도록 설득하고 압력을 행사하는 것이다.

당 간 중립조정 역할을 수행하는 경우가 있다. 그러나 제3당은 집권당 혹은 제1야당과 연합하여 자신의 입장을 최대한 반영하려고 하지만, 이것이 여의치 않으면 집권당과 제1야당이 수용할 수 있는 타협안을 만들어 설득하는 경우가 많다.

2. 정당간 정책조정절차

1) 정상적인 조정절차

법안이 국회에 제출되면 본회의에 보고된 후 해당 상임위원회에 회부된다. 본회의에 보고된 법안에 이견이 있는 정당은 별도의 법안을 마련하여 상임위원회에 제출한다. 국회에 제출되는 법안의 대다수가 정부여당 법안이므로 별도로 제출되는 법안은 대부분 야당들이 제출한 법안이 된다. 이 법안들은 정당들이 서로 다른 당론에 입각해 마련된 쟁점법안들이다.

쟁점법안들은 대부분 상임위원회 조정, 정책위의장회담, 원내대표회담, 국회의장 중립조정 등의 절차를 거쳐 조정된다. 쟁점법안이 어떤 단계를 거쳐 조정되는지는 쟁점법안의 성격과 정당간 이견의 크기에 따라 달라진다. 쟁점법안의 성격이 비정치적인 경우, 정당간 이견이 크지 않으면 쟁점법안은 상임위원회에서 조정되고, 이견이 크면 상임위원회를 거쳐 정책위의장회담에서 조정되며, 이견이 첨예하면 원내대표회담에서 최종 조정된다. 그러나 쟁점법안의 성격이 정치적인 경우, 상임위원회에서 조정되기 어렵기 때문에 상임위원회 심의와는 별도로 원내수석부대표들이 나서서 조정을 시작하고, 조정이 안 되면 곧바로 원내대표단회담에 넘겨 타결한다. 여야 정당간 이견이 크고 정치적인 쟁점법안들은 대부분 원내대표단회담에서 타결하나 경우에 따라서는 국회의장의 중립조정까지 간다. 구체적인 절차를 보면 다음과 같다.

(1) 제1단계 : 상임위원회에 의한 조정

정당간 갈등이 그리 크지 않는 쟁점법안은 상임위원회에서 조정된다. 법안들이 상임위원회에 회부되면 전체회의에서 제안자를 상대로 질의응답을 벌이고 정당간 전반적인 토론을 거친다. 질의응답에서 의원들이 소속정당의 입장에 입각하여 질의하고 의견을 피력하므로 이때 정당간 이견이 있는 쟁점들이 분명히 드러난다. 상임위원회 내에서 쟁점들을 조정하는 절차는 다음과 같다.

먼저, 법안소위원회에 회부하여 조정한다. 법안소위원회는 상임위원회 위원들 가운데 각당의 의석비율에 따라 10명 이내로 구성하는데, 상임위원회 간사들이 자당의 입장을 잘 관철할 수 있는 의원을 소위 위원으로 추천하면 상임위원장이 지명한다. 소위원회에서 의원들이 최초로 정당차원의 협의조정을 벌인다. 소위원회는 비공개가 원칙이고 속기록도 작성 안 하기 때문에 정당간 적극적인 설득과 협의조정이 이루어진다. 정당간 입장 차이가 미미하면 대부분 소위원회에서 쉽게 조정된다. 의원들이 서로가 조금씩 양보하거나 일방이 양보하여 불필요한 갈등을 야기시키려 하지 않기 때문이다. 소위원회는 여야 정당간 합의된 쟁점들과 합의가 안 된 쟁점들을 상임위원회 전체회의에 보고한다.

다음, 대다수 미해결 쟁점들은 상임위원회 간사회의를 소집하여 조정하지만, 경우에 따라 안건조정위원회를 구성하여 조정한다. 소위원회에서 합의가 안 된 쟁점들은 상임위원회 전체회의에서 다시 논의되는데, 정당 간에 이견이 좁혀지지 않고 논쟁이 지속되면 상임위원장이 회의를 정회하고 각 당 간사들을 불러 합의도출을 요청한다. 상임위원회 간사들은 여당과 야당을 대표하여 2차 협의조정을 벌인다. 간사들은 자당 원내대표의 지시를 받아 합리적으로 설득하거나 양보를 교환하여 조정한다. 그러나 정당간 이견이 첨예하면 예외적으로 안건조정위원회를 구성하여 조정할 수도 있다. 안건조정위원회는 소속 정당으로부터 재량권을 위임받은 6명 이내로 구성되는데, 절반은 집권당이 차지하고 나머지 절반은 정당별 안배한다.

마지막, 상임위원장의 중립조정을 통해 합의를 이끌어 낸다. 상임위간사회의에서도 쟁점들이 타결되지 않으면, 상임위원장이 중립조정에 나선다. 상임위원장은 각당이 상호 양보하도록 유도하거나 소속 정당에 약간 유리한 조정안을 만들어 설득하거나 압력을 가하기도 한다.

상임위원회 간사회의나 위원장의 노력을 통해 모든 쟁점들에 대해 합의가 이루어지면 합의안은 본회의에 상정하여 통과시킨다. 대다수 쟁점법안들은 이처럼 상임위원회에서 조정된다. 그러나 정당간 갈등이 첨예하여 상임위원장의 조정도 실패하면 쟁점법안은 여야 정책위의장들이나 원내대표단으로 넘어간다.

(2) 제2단계 : 정책위의장들에 의한 조정

정책위의장들이 나서서 조정하는 쟁점법안들은 두 가지 쟁점법안이다. 하나는, 정당들의 당론이 크게 달라 합의도출이 어려운 쟁점법안이다. 이러한 쟁점법안을 조정하기 위해서는 당론 수정이 수반되어야 하는데, 당내 당론형성의 실질적 주도자들인 정책위원회 의장들이 나서야 조정이 용이하다. 다른 하나는, 국회내 여러 상임위원회들에 걸쳐있는 쟁점법안이다. 이러한 쟁점법안은 관련 상임위원회 연석회의를 통해 조정하기도 하지만, 효율적으로 신속하게 조정하기 위해 정책위의장들이 나서서 조정한다. 정책위의장들은 가급적 정치적 관점을 배제하고 쟁점법안 그 자체의 장단점들을 검토하여 조정하는 편이다.

(3) 제3단계 : 원내대표들에 의한 조정

원내대표들은 정책위의장회담에서 타결이 안된 쟁점법안들과 상임위원회에서 조정될 가능성이 없는 정치적 쟁점법안들을 협의조정한다. 원내대표단들은 정당간 정치적 입장 차이가 커서 상임위원회에 상정해도 조정될 가능성이 희박한 쟁점법안들을 상임위원회 논의와 별도로 직접 협의조정에 나선다. 원내대표들이 협의조정하기 전에 원내수석부대표들이 먼저 실무협의조정을 벌인다.

원내대표들이 집중 타결하는 정치적 쟁점법안들은 대체로 세 가지이다. 첫째, 야당이 정치전략적으로 볼모로 잡은 쟁점법안이다. 즉 다른 정치적 목적을 위해 갈등을 확대재생산하면서 합의를 거부하는 쟁점법안이다. 볼모의 대상은 정부여당이 일정 기간 내에 반드시 통과시켜야 하는 예산법안, 조약비준안, 신정부 정부조직개편 법안 등과 같은 쟁점법안이다. 둘째, 여야정당의 정치이념적 정체성이나 지지기반과 관련된 쟁점법안이다. 즉 진보적 성격이 강하거나 보수적 성격이 강한 쟁점법안, 국민 다수에게 영향을 미쳐 국민적 관심이 큰 쟁점법안, 각 당 지지자들의 관심이 큰 쟁점법안이다(홍란·이현우, 2011: 229-230). 국민적 관심이 큰 쟁점법안에서는 여야 정당지도부가 타협을 굴복으로 보고 비타협을 소신으로 보는 경향이 있어 타결이 어렵고, 각당 지지세력의 압력이 커지면 여야 지도부는 이를 무시하고 타결하기 어렵다. 셋째, 여론상 소수당에게 유리한 쟁점법안이다. 여론의 강력한 지지를 받는 소수당은 여론을 등에 업고 자신의 입장을 최대한 관철하기 위해 다수당에 강하게 맞서는 경향이 있는데, 이는 정당간 타협을 어렵게 한다. 이처럼 정당간 양보와 타협하지 않은 쟁점법안들을 원내대표들이 나서서 타결한다.

(4) 제4단계 : 국회의장의 중립조정

원내대표들의 협의조정이 결렬되면 국회의장이 중립조정에 나선다. 국회의장은 원내대표들을 불러 합의를 촉구하는 것은 기본이고, 양보를 유도하거나 타협안을 제시하기도 한다. 국회의장이 어느 정도 적극적으로 개입할지는 국회의장의 역할인식과 영향력에 따라 달랐다. 즉 정상적인 국회운영을 위해 적극적인 역할을 해야 한다고 인식하거나 정치적 영향력이 강하면 합의지원을 넘어 타협안을 만들어 설득과 압박을 가하기도 한다. 우리나라 역대 국회의장들은 대부분 합의를 촉구하는 데 그쳤고, 일부 극소수 국회의장들만이 타협안을 제시하는 적극적 조정을 시도했다.

2) 파행적인 조정절차

우리나라에서 여야 당사자간 조정도 안 되고 국회의장의 중립조정도 실패하면 쟁점법안은 다양한 경로를 걷는다. 즉 첨예한 쟁점법안을 둘러싸고 여야 정당들이 극한 대결을 벌일 경우 쟁점법안은 자동폐기 혹은 다수결 처리되거나 장외투쟁 후 재조정을 거친다. 구체적 경로는 <표 11-2>와 같다.

표 11-2 국회의장의 중립조정 실패 이후의 경로

제1경로	상정지연 → 자동 폐기
제2경로	(직권)상정 → 야당 전원 반대투표 혹은 야당 전원 퇴장 → 다수결
제3경로	직권상정 → 의사진행파행(충돌·차단) → 다수결(여당 단독표결) → 국회파행(장외투쟁) → 당대표(영수)회담 → 재협의·법안수정 → 다수결
제4경로	상정실패 → 국회파행(장외투쟁) → 원내대표회담 → 재협의·수정 → 다수결

국회의장이 첨예한 쟁점법안을 상정하지 않으면 장기간 방치되다가 회기종료로 자동 폐기된다(제1경로). 여야 정당간 갈등이 크지만 시급하지 않은 쟁점법안들이 이 경로를 밟는 경우가 많다.

그러나 첨예한 쟁점법안이 시급한 법안이면 집권 다수당의 요구로 국회의장이 상정을 시도한다. 이 경우 야당의 대응에 따라 쟁점법안은 다양한 경로를 밟을 수 있다.

첫째, 야당이 직권상정을 받아들이고 표결을 허용하는 경우이다. 집권 다수당은 야당 의원들의 전원 반대 혹은 전원 퇴장 속에 다수결 투표로 쟁점법안을 통과시킨다. 이 경우 야당이 집권당을 맹비난하면서 여야 관계가 잠시 냉각되지만 집권당의 유화적 노력에 의해 다시 복원된다. 쟁점법안이 걷는 이 경로는 제2경로이다. 야당 의원들이 전원 반대투표하거나 전원 퇴장하는 이유는 야당의 의견이 충분히 반영되지는 않았지만 쟁점법안을 불가피하게 통과시켜 주어야 할 때 국민들에게 여당을 견제하는 야당의 역할을 충실하게 하고 있음을 보여주는 정치적 효과라도 얻기 위한 것이다.[20]

둘째, 야당이 직권상정은 받아들이되 국회의장의 표결시도를 물리력으로 방해하는 경우이다. 야당이 몸싸움으로라도 표결을 막으려는 이유는 야당의 정치적 생존에 지대한 영향을 미칠 수 있는 쟁점법안을 집권 다수당이 야당의 입장을 충분히 반영하지 않은 채 일방적으로 통과시키려하기 때문이다. 이 경우 집권 다수당은 여야 일부

---

20) 예산안이나 예산관련 법안, 조약비준안 등이 자주 이런 방식으로 처리된다.

의원들이 몸싸움을 벌이는 와중에 쟁점법안을 기습 상정하여 자당 의원들의 찬성으로 통과시킨다. 이에 반발한 야당은 법안통과의 무효를 선언하고 국회운영을 장기간 보이 콧하면서 한동안 장외투쟁에 돌입한다. 상당한 시간이 지나 야당의 분노가 누그러지거나 국회파행에 대한 여론의 비판이 강해지면 국회의장이 여야관계를 정상화하기 위해 여야 당대표회담을 주선한다. 이 회담에서 당대표들은 문제의 쟁점법안을 수정하여 다시 상정한다는 원칙에 합의하고, 원칙을 이행하기 위한 후속 회담으로 원내대표(원내 총무)회담이 열려 쟁점법안을 수정한 후, 본회의에 다시 상정하여 통과시킨다. 쟁점법안이 걷는 이 경로는 제3경로이다.

셋째, 야당이 직권상정 자체를 물리력으로 방해하는 경우이다. 상정 자체를 막는 이유는 집권 다수당이 기습적으로 상정하여 처리하는 것을 원천 봉쇄하기 위해서이다. 이 경우 집권 다수당은 야당과의 몸싸움을 피하기 위해 본회의장 이외의 장소에서 자당 의원들만을 비밀리에 소집하거나 야당 의원들의 본회의장 진입을 물리력으로 차단한 채, 자당 의원들의 전원 찬성으로 쟁점법안을 다수결 투표로 통과시킨다.[21] 이에 반발한 야당은 법안통과의 무효를 선언하고 장외투쟁을 벌인다. 쟁점법안이 걷는 이 경로도 제3의 경로이다.

넷째, 야당이 직권상정에 합의해 주지 않고 장외투쟁을 벌이는 경우이다. 야당은 쟁점법안의 본회의 상정을 거부하고 집권당을 성토하는 장외투쟁을 벌이면서 집권당과 대립각을 세운다. 장외투쟁이 상당기간 진행된 후 여론의 압력으로 여야 정당의 입장이 바뀌거나 원활한 국정운영의 필요성에 의해 집권당의 입장이 바뀌거나 장외투쟁의 동력이 떨어져 야당의 입장이 바뀌면, 국회의장이 다시 원내대표회담을 주선하고 원내대표들이 재협의를 통해 쟁점법안을 수정하면 본회의에 다시 상정하여 통과시킨다. 쟁점법안이 제4경로를 걷는 것이다.

과거 여야 정당들이 쟁점법안을 둘러싸고 첨예한 대결을 벌인 경우 쟁점법안들은 대부분 제1,2,3의 경로 중 하나를 걸었다. 그런데 2012년 국회법 개정(선진화법)으로 국회의장은 여야 원내대표들의 합의가 없으면 쟁점법안을 직권상정을 할 수가 없고 동시에 야당도 국회의장의 의사진행을 방해하지 못하게 되었다. 그 결과 제3경로는 폐쇄되었다. 그리하여 오늘날 여야 정당이 극한 대결을 벌이는 경우 쟁점법안들이 걸을

---

21) 이 경우 상정 및 표결 진행은 집권 다수당 소속 국회부의장이 담당하는데, 이유는 야당의 반발로 한동안 정국경색이 진행된 후 국회 정상화를 위한 새로운 타협의 장을 만들기 위해 누군가가 역할을 해야 하고 그 역할을 국회의장이 해야 하기 때문이다(이현우, 1999: 370). 야당은 국회의장이 직접 기습 통과시키지 하지 않았음으로 그의 정상화 노력을 수용한다.

수 있는 길은 제1,2,4경로이다.

3. 정당간 정책조정 방식과 행태

여야 정당들의 조정방식과 전략적 행태는 선거 전후와 갈등 양상에 따라 달라진다.

1) 시기별 조정 방식과 행태

여야 정당들은 대체로 국회의원 선거가 가까워지면 선거전략상 쟁점법안들을 둘러싸고 대립각을 세워 갈등을 증폭시키지만, 실제 협의조정은 선거 이후로 미루고 선거에서 진 정당이 양보하는 경향이 있다. 즉 여야 정당들은 쟁점법안에 관심 있는 유권자들을 자당에 유리하도록 편가르기 위해 대립각을 세우고, 선거가 끝난 후 조정에서 국민들의 뜻에 따라 선거에서 패배한 정당이 양보하는 경향이 있다.

또한 대통령의 임기 초기 1년 동안(밀월기간)은 쟁점법안들에 대해 대체로 야당이 집권당에게 양보하는 경향이 있으나, 시간이 흐를수록 야당이 대권정치전략을 가동하여 집권당과의 대립각을 세우면서 쟁점법안들을 둘러싼 갈등을 증폭시키고, 첨예화된 쟁점법안들에 대해 여야 정당들은 합리적 논리에 따른 상호 양보보다 힘의 논리에 의한 승패게임을 벌이다 국민들의 압력에 의해 막다른 벼랑끝에서 타협을 하는 경향이 있다.

2) 갈등 양상에 따른 조정 방식과 행태

여야 정당간 이견과 갈등이 크지 않는 쟁점법안들은 정당간 비교적 정상적인 협의조정을 통해 조정되는 경향이 있으나, 이견이 크고 서로 양보하려 하지 않아 갈등이 첨예한 쟁점법안들은 힘의 대결을 통해 파행적으로 조정되는 경향이 있다.

먼저, 쟁점법안을 둘러싼 여야 정당간 이견과 갈등이 크지 않는 경우는 비교적 정상적인 절차에 따라 조정하는 경향이 있다. 여야 정당간 이견이 크지 않고 갈등도 증폭되지도 않는 경우는 쟁점법안에 이념적 요소나 정치적 이해관계가 별로 없는 경우, 여야 정당간 원내의석수가 엇비슷하거나 과반수 집권다수당이 없는 다당제인 경우이다. 이 경우 쟁점법안들은 국회 내에 제도화된 조정기구와 절차를 통해 상호 양보하는 방식으로 조정된다. 즉 집권당이 야당의 설득력 있는 주장을 상당부분 수용하고 야당도 적절한 수준에서 양보를 하여 조정한다. 조정방식도 서로가 반반씩 양보하는 수렴(convergence)방식이나 상대방의 입장에 조건을 다는 조건(condition)방식으로 조정하는 경향이 있다.

　반면, 쟁점법안을 둘러싸고 정당간 갈등이 첨예한 경우는 파행적 절차를 거쳐 조정되는 경향이 있다. 여야 정당간 이견이 크고 갈등이 첨예한 경우는 쟁점법안이 보수세력 혹은 진보세력의 입장을 강하게 반영하고 있는 경우, 쟁점법안 내용이 여야 정당에 대한 국민들의 지지에 영향을 미치거나[22] 아니면 야당이 쟁점법안을 다른 정치적이슈[23]와 연계시켜 집권당의 양보를 얻어내려 하는 경우, 야당 의석수가 크게 적어 정당의 존립에 위기를 느끼는 경우이다. 이 경우 집권 다수당이 야당의 극력 반대 속에다수결 투표로써 쟁점법안을 둘러싼 갈등을 해소하거나 여야 정당들이 한동안 장외공방을 벌이다가 벼랑끝 주고받기식으로 조정하는 경향이 있다.

　소수 야당은 첨예한 쟁점법안에서 집권 다수당으로부터 상당한 양보를 받아내야할 경우 쟁점법안에 강경한 입장을 취한다. 집권 다수당이 쟁점법안을 다수결로 처리하려 할 경우 야당은 이를 다수당의 횡포라며 총력 저지하면서 장외에서 국정운영 전반을 비판하고 집단항의·항의시위·단식 등을 벌이면, 집권당은 국정발목잡기로 비난하고 직권상정으로 압박함으로써 갈등이 심화된다. 이러한 대립은 여야 정당에 대한국민들의 지지가 엇비슷해 질 때까지 지속된다.

　이러한 극한대립에도 불구하고, 여야 정당들은 종국에 벼랑끝 재협의를 통해 타협을 한다. 그 이유는 다음과 같다. 첫째, 여론의 압력이다. 극한대립이 지속되면 국민들은 이를 당리당략에 따른 정쟁으로 비판하고 여야 정당 모두에 대한 불신과 혐오감을 드러낸다(박찬표, 2012: 61). 이에 따라 여야 정당 모두에 대한 지지율이 동반 하락한다. 따라서 여야 정당들은 이러한 공멸을 방지하기 위해 협의를 재개하고 타협을 한다. 둘째, 여야 정당들의 이해관계이다. 집권당은 예산안과 같은 안건들은 기한내 반드시 통과시켜야 하고, 야당들은 재선에 필요한 지역개발사업을 위해 여당과 담합해야하기 때문이다(문용직, 1997: 61, 65). 셋째, 여야 관계의 변화이다. 극한대립과 그에 따른 국정마비가 지속되는 경우 i) 이에 대한 책임을 지고 원내대표단내 강경파들이 물러나고 온건파가 등장하거나 ii) 여야 정당 평의원들을 중심으로 초당적 의원연합이등장해 여야 대립관계가 변하게 된다(박찬표, 2012: 59-60). 그 결과 여야 원내지도부는 일정기간이 지나면 내부압력에 의해 재협의와 타협을 하게 된다.

---

22) 집권경쟁을 하는 정당들의 1차적 정치적 이해관계는 자당에 대한 국민적 지지를 제고하거나 2차적으로 상대당에 대한 국민적 지지를 축소시키는 것이다.

23) 정치적 이슈는 부정·비리 사건에 대한 국정조사, 정부여당 실책에 대한 국정조사, 정기 예산안, 추경예산안, 국회 원구성 등이다.

극한대립 후 재협의에서 정당대표들은 서로 체면유지와 실리를 위해 쟁점들을 주고받기식 일괄타결을 하는 경향이 있다. 구체적으로 말하면, 쟁점법안을 소쟁점들로 분할하거나 서로가 쟁점법안에 여타 쟁점이슈들을 연계시킨 후, 각자가 중요시하는 쟁점들에서 자신의 입장을 반영하고 상대방이 선호하는 쟁점들에서는 상대방의 입장을 받아들이는 조합(combination)방식의 조정을 한다. 이유는 각 당 협의조정팀이 타결의 결과를 서로 아전인수격으로 해석하여 자신이 협의조정에서 승리했다고 주장할 수 있기 때문이다. 또한 모든 쟁점들을 논의한 후 한꺼번에 확정하는 일괄타결을 하는데, 그 이유는 상호신뢰가 부족한 상황에서 서로가 원하는 결과를 얻어내려 하기 때문이다.

제5절 첨예한 쟁점법안을 둘러싼 여야 정당간 갈등과 조정 사례

1. 사례 소개

이곳에서 소개·분석하는 사례는 2013년 박근혜정부의 정부조직개정안을 둘러싸고 당시 집권당이었던 새누리당과 야당이었던 민주통합당이 벌인 갈등과 조정에 관한 사례이다. 1월 31일 개정안을 국회에 제출한 시점부터 3월 17일 타결할 때까지 45일 동안 벌인 갈등과 협의조정이다. 이 사례를 선정한 이유는 두 가지이다. 하나는, 당내 이견이 있는 상황에서 여야 지도부가 총동원되어 가다서다를 반복하면서 수십 차례 접촉을 통해 이견을 타결한 사례여서 여야 정당간 갈등과 조정의 진수를 들여다 볼 수 있기 때문이다. 다른 하나는, 이 사례에서의 여야 갈등조정의 구조와 절차 및 방식이 반복될 가능성이 크기 때문이다. 이 사례는 과거 같으면 야당의 물리적 저지 속에 여당의 강행처리로 얼룩졌을 것이나 직권상정과 강행처리가 제도적으로 불가능하게 된 이후[24] 여야 정당간 첨예한 쟁점법안을 마지막까지 심혈을 쏟아 합의처리한 최초의 사례이다. 따라서 국회선진화법이 유지되는 한 향후 발생할 첨예한 쟁점법안들은 이

---

24) 여당의 일방적 강행처리와 야당의 물리적 저지로 인한 몸싸움을 방지하기 위해 2012년 국회법을 개정(소위 국회선진화법)하여, 국회의장에 의한 직권상정 요건을 제한(천재지변, 국가비상사태, 원내대표간 합의로 국한)하고, 국회의장석이나 상임위원장석을 점거한 의원을 제명할 수 있도록 했으며, 상임위 재적 1/3요구로 여야동수의 안건조정위원회를 구성하여 최장 90일 동안 논의를 할 수 있는 안건조정제도를 도입했다.

사례에서와 같은 구조와 절차와 방식으로 타결될 가능성이 크다. 사례 개발과 분석에 사용된 자료는 언론기사와 인터뷰 결과이다.[25]

이 사례를 통해 여야 정당들이 쟁점법안 조정에서 보여 주는 1차적 특징을 밝힌다. 구체적으로 말하면, 정당간 쟁점법안 조정에 있어서 가동하는 접촉채널, 따르는 절차, 구사하는 전략, 그리고 쟁점처리 방식 등에서 어떤 패턴 혹은 특징이 있는지를 탐색하고, 왜 그러한 패턴이 발생하는지 이유를 밝힌다. 이런 측면들에 대한 검토가 중요한 이유는 이들 측면에서 어떤 패턴을 따르냐에 따라 갈등조정의 굴곡과 결과가 좌우되기 때문이다. 즉 조정채널이 어떻게 구성되느냐에 따라 합의가 촉진 혹은 지연될 수 있고, 조정절차와 동원전략은 조정의 효율성에 영향을 미치며, 입장변경과 입장교환 방식은 조정의 결과를 결정하기 때문이다.

2. 갈등과 협의 그리고 합의

1) 정부조직개편안 발표(1. 15., 1. 22.)

2013년 1월 15일, 대통령인수위원회 위원장이 1차로 기존 15부 2처 18청을 17부 3처 17청으로 개편하는 새정부 정부조직 기본구조를 발표하고, 1월 22일에 인수위원회 부위원장이 2차로 부처간에 이동될 세부기능 조정안을 발표했다.[26] 대통령 당선인

---

25) 본 사례에서 협의조정은 주로 양당 원내대표, 정책위의장, 원내수석부대표 간에 진행됐다. 그러나 협의조정안을 만들고 그에 대해 상대 정당의 반응을 타진하고 협의조정 전략을 세우고 모든 협의조정회의에 참석하여 협의조정과정을 지켜보고 그 결과를 정리했던 주체는 양당 소수 스탭들이었다. 이들은 탐색요원 혹은 협의조정안 검토팀의 멤버로서 혹은 협의조정내용의 기록자로서 쟁점처리 과정과 내용에 가장 정통한 자들이었다. 여당 2명(G, L)과 야당 4명(A, C, K, S)이다. 본 사례를 위한 인터뷰는 이들 6명, 인수위원 2명, 원내대표 1명 등 총 9명과 각각 1~3회씩 이뤄졌다. 핵심역할을 했던 원내대표와 인수위 부원장이 민감한 내용들, 즉 청와대와의 관계 부분에 대한 인터뷰를 거부해 이 부분에 대한 추적이 불충분하다. 사례개발에 활용된 언론기사는 인터넷에 올라와 있는 주요 일간지 기사들이다.
26) 주요 내용은, i) 국무총리실을 국무조정실과 국무총리비서실로 분리, 특임장관실 폐지와 그 기능의 국무총리비서실 이관, ii) 국토해양부를 국토교통부와 해양수산부로 분리, iii) 교육과학기술부를 교육부와 미래창조과학부로 분리, 후자는 과학기술과 정보통신을 총괄하기 위해 교육과학기술부의 과학기술과 산학협력 업무, 국가과학기술위원회 업무, 지식경제부의 산업 R&D와 신성장동력 업무, 방송통신위원회의 방송통신진흥 업무, 문화체육관광부의 디지털콘텐츠와 방송광고, 행정안전부의 국가정보화 업무 등을 흡수, iv) 방송통신위원회에는 지상파 규제기능만 남기고 진흥업무는 미래창조과학부로 이관, 방송통신위원회를 미래창조과학부에서 결정한 규제사항을 집행하는 위원회로 전환, v) 식품의약품안전청을 국무총리 산하 처로 격상, 식품의약품안전처는 보건복지부의 의약품 정책과 농림수산식품부의 농수축산 위생안전기능을 흡수, vi) 원자력위원회는

의 국정 경험과 철학을 담아 최소개편의 원칙에 따랐고 경제부흥과 국민안전에 중점
을 두었다고 밝혔다.[27] 이어 23일 대통령 당선인은 여당 지도부에 정부조직개편안의
국회통과에 협조해 줄 것을 부탁했고, 인수위원회 부위원장은 야당을 방문하여 정부조
직개편안을 설명하고 협조를 부탁했다. 인수위원회 발표에 대해 관련 부처들과 단체들
의 반응은 다양했다.[28]

　　인수위원회 개편안에 대해 집권 새누리당은 대선공약을 충실히 반영했다고 평가
한 반면, 야당인 민주당은 야당과의 사전협의, 국민들의 의견수렴 등이 없었음을 지적
했다. 이후 양당은 당내 의견수렴과 입장정립에 들어갔다.

2) 여야 내부입장 정립과 협의조정기구 구성(1. 15. - 1. 31.)

　　개편안에 대한 집권당과 인수위원회 간 당정회의[29]에서 의원들로부터 많은 질문

미래창조과학부 산하로 이관, vii) 통상교섭 기능은 산업자원부로 이관, viii) 지식경제부의 중견
기업업무와 지역특화개발업무를 중소기업청으로 이관, ix) 농림식품축산부를 농림축산부로, 행정
안전부를 안전행정부로 변경 등이다.

27) 인수위원회 정부조직개편 Task Force(R,O,K)에서 당선인의 지침에 따라 외부와의 접촉을 끊고
초안을 작성했다. TF에서는 당선인의 의중을 반영하여 3개 원칙을 정하고 그 원칙에 따라 당선
인의 선거공약, 그리고 선거캠프내 정부개혁추진단에서 검토했던 내용을 중심으로 윤곽을 짰다.
원칙과 주요 개편 내용은 다음과 같다. 첫째, 최소 개편의 원칙이다. 이에 따라 일단 해양수산부
와 미래창조과학부만 신설하고, 중소기업청은 승격하지 않으며, ICT업무를 위해 별도의 부처청
을 설치하지 않기로 했다. 둘째, 국민안전 강화 원칙이다. 이에 따라 식품의약품안전청을 처로
승격하고, 행정안전부의 명칭을 안전행정부로 변경하며, 경찰의 생활안전기능을 강화하기로 했
다. 셋째, 산업진흥의 원칙이다. 이에 따라 통상업무를 산업자원부로 이관하고, 방송통신업무를
미래창조과학부로 이관하기로 했다. 그 후 TF는 1주일 동안 행전안전부 조직실 고위공무원들의
도움을 받아 세부적인 국과이동을 논의하여 확정했다.

28) 외교통상부와 농림축산식품부는 기능 축소로 침울했고, 보건복지부는 식약청 이탈로 당황했고,
교육과학기술부과 국토해양부는 우려가 현실화되어 담담했고, 지식경제부는 중소기업청 승격과
정보통신부 부활이 안 이루어져 안도했고, 기획재정부와 식약청은 부총리제 부활과 식약처 격상
을 환영했으며, 국토해양부는 건설교통 공무원들과 해양수산 공무원들 간 반응이 엇갈렸다(2013.
1.16. 서울신문. "재정부 환영… 지경부 안도… 외교부 날벼락… 복지부 당황."). 또한 과학기술
관련 단체들은 미래창조과학부 신설을 환영하면서도 과학기술과 ICT와의 통합, 원자력안전위원
회의 이관 등에 대해 우려를 표시했고(2013. 1.15. 아이뉴스24. 과학계 "기초과학 홀대 우려…
전담부처 신설은 환영"), 중소기업중앙회는 논평을 통해 중소기업청의 역할이 확대되기는 했지만
장관급 부처로 승격되지 않는 것에 대해 아쉬움이 크다고 밝혔으며(2013. 1. 15. 머니투데이. 중
기업계 "중소기업청 部승격 좌절, 아쉬움 크다"), 농수축산연합회, 한국농민연대, 축산단체협의회
등은 인수위원회 조직개편 규탄 비상대책위원회를 구성하고 인수위원회 앞에서 농림축산부를 농
림축산식품부로 변경하고 식품안전에 대한 전문성도 없고 규제일변도의 식약처에서 식품안전업
무를 담당해서는 안 된다며 항의시위를 벌였다.

29) 인수위원회 위원장, 부위원장 겸 정책위의장, 정부조직개편 TF, 그리고 다수 여당 의원들이 참석
했다.

이 나오고 일부 의원들이 개편안 일부 내용에 불만을 표출하자, 원내대표가 당내 의견 수렴을 위해 1월 30일 의원총회를 개최했다. 그러나 이 의원총회에서 L 원내대표는 장관 인사청문회, 새정부 출범 등 일정이 촉박하니 인수위원회 원안을 여당안으로 하여 야당과 협의조정에 임할 것이고 의원들의 의견은 여야 협의조정과정에서 반영하기로 입장을 정리했다.

한편, 야당의 B 정책위의장은 정부조직개편안 1차 발표 당일 곧바로 당내 정책전문위원들을 모아 사안별로 문제점을 검토했다.[30] 그 후 야당 정책위원회는 관련 교수와 단체장 등의 의견을 수렴하여 기본 입장을 정했고,[31] 이를 B 정책위의장이 1월 29일 최고위원회에 보고하여 당론으로 확정했다.

1월 31일, 여야 원내대표들이 만나 정부조직법개정안을 2월 14일까지 처리키로 하고, 양당간 합의도출을 위해 양당 정책위의장을 협의조정대표로 하고 원내수석부대표가 참여하는 '6인협의체'와 각 당내에 지원기구를 설치하기로 했다. 이 자리에서 야당 P 원내대표가 비공식적으로 정부조직개편안 협조 대가로 방송공정성 확보, 국정원과 4대강 국정조사를 요구하자 여당 L 원내대표는 절대 수용할 수 없다고 했다. 야당 원내대표가 수용하지 않으면 협조할 수 없다면서 새정부가 국정원댓글사건을 계속 안고 가면 언젠가 부메랑이 될 것이니 이 기회에 털고 가자고 설득했다. 그러자 여당 L 원내대표가 알았다고 했다.

표 11-3 여야 협의조정기구 및 지원기구

	새누리당	민주통합당
협의팀	정책위의장(인수위부위원장) : J 의원 원내수석부대표 : K 의원 인수위 국정기획위원 : G 의원	정책위의장 : B 의원 원내수석부대표 : W 의원 행안위 간사 : L 의원
지원팀	원내대표 비서실장, 원내행정국장, 행정공무원	원내행정국장, 정책전문위원들

---

30) 총리권한 불분명, 기획재정부 비대화, 미래창조과학부 비대화, ICT 독립부처 무산, 검찰·반부패 기구 개혁부재, 방송통신위원회 독립성·공정성 부족, 원자력안전위원회 독립성 약화, 통상기능 이관시 부작용, 중소기업부 승격 무산 등의 문제점을 도출했다.

31) B 정책위의장과 C 부의장 및 정책전문위원들이 함께 모여 '반드시 관철해야할 사안' '관철시키면 바람직한 사안' '협의조정을 유리하게 끌고 가기 위해 활용해야 할 사안'들로 구분하여 협의조정의 기본입장을 마련했고, 이 내용을 B 정책위의장이 1월 16일 원내현안대책회의에 보고한 후 의견을 교환했다.

3) 쟁점 확인(2. 4.)

2월 4일 오전 '6인협의체'는 제1차 회동을 가졌다. 양당은 협의팀 구성에 이견이 있어 이를 조정했고, 정부조직개편안에 대한 기본입장과 세부입장을 교환했다.

먼저, 야당 원내수석부대표가 집권당 협의팀에 대통령직 인수위원회 위원이 2명이나 참여하는 것은 여야 협의 원칙에 맞지 않다고 이의를 제기했다. 이에 여당 협의팀장인 J 정책위의장이 차후부터 양당 국회 행안위 간사와 법사위 간사를 포함시키자고 제안을 해 합의를 보았다. 그리고 정부조직개편 관련 8개 국회상임위원회에서 여야 의원들 간에 1차 협의하고 그 내용을 수렴해 '10인협의체'에서 최종 조정하기로 했다.

이어, 정부조직법개정안에 대해 여당 협의팀장인 J 정책위의장은 국정운영의 안정성을 위해 최소개편의 원칙에 따랐고, 개편내용은 민주당이 대선과정에서 공약한 부분과 상당부분 일치하므로 민주당이 큰 틀에서 동의해 줄 것을 요청했다. 이에 야당 협의팀장인 B 정책위의장은 새정부가 제대로 출발하도록 최대한 돕겠지만 과거 정부에서 나타난 문제점과 국민적 요구를 반영하지 않은 부분에 대해서는 대안을 제시하

표 11-4 1차 쟁점별 여당과 야당의 입장

쟁 점	여당 입장	야당 입장
1. 반부패추진기구	- 현행 유지	- 국가청렴위와 공수처 설치
2. 기획재정부 기능	- 기획과 예산 통합 (현행 유지)	- 기획과 예산 분리
3. 원자력안전위원회	- 미래창조과학부 산하로 이동	- 현행유지
4. 신성장산업 관할	- 산업통상자원부 (현행 유지)	- 미래창조과학부
5. 방송통신위원회	- 진흥업무 미창부로 이관	- 순수 진흥업무만 이관 - 방송정책·방통융합규제는 존치
6. 통상기능	- 산업통상자원부로 이관	- 현행 외교부 산하 유지
7. 중소기업청	- 역할만 강화	- 중소기업부로 승격
8. 식품의약품안전청	- 총리산하 식약처로 격상	- 보완대책 필요
9. 농림축산부 명칭	- 농림축산부 명칭 유지	- 농림축산식품부로 변경
10. 금융기구	- 현행 유지	- 금융정책과 금융감독 분리 - 독립 금융소비자보호기구 설치
11. 공정거래위원회	- 현행 유지	- 위원 선임방식 개선 - 전속고발권 폐지
12. 행정안전부	- 안전행정부로 명칭 변경	- 현행 유지
13. 산학협력기능	- 미창부로 이관	- 학교관련 산학협력은 교육부
14. 우정사업본부	- 현행 유지	- 우정청으로 개편
15. 경호실장	- 장관급으로 격상	- 반대

겠다고 했다. 이어진 비공개 회의에서 야당은 15개 사항에 대한 대안과 그 이유를 제시했다. 이로써 여야간 쟁점이 15개로 확정되었다.

4) 쟁점 조정

(1) 1단계 협의조정(2. 5. - 2. 11.)

상기 15개 쟁점들을 조정하기 위해 2월 4일부터 해당 법안들이 국회 8개 상임위원회에 상정되었다. 쟁점에 따라 여야 의원들 간 의견일치를 보이기도 하고 여당 의원들 간에 이견을 보이기도 했다.[32] 여야 10인협의체는 2월 5일 저녁 5시 30분부터 쟁점별로 합의가능성을 타진했다. 이 회동에서 농림축산부 명칭과 원자력안전위원회 소속에 대해 공감대를 이뤘고, 중소기업청과 경호실 승격은 계속 검토키로 했으며, 여타 쟁점들에 대해서는 서로 다른 입장을 견지했다. 특히 야당 정책위의장은 통상교섭기능 이관과 방송통신기능 이관에 대해서는 끝까지 반대할 것임을 분명히 했다.

주요 쟁점들에 대한 합의에 난항이 예상되자 10인협의체는 '실무협의팀'을 구성[33]하여 2월 6일 곧바로 협의에 들어갔다. 실무협의에서 농림축산부 명칭 변경과 공정거래위원회 전속고발권 폐지에 대해서는 합의했으나 여타 주요 쟁점들에 대해 여전히 평행선이었다. 다음날, 10인협의체가 실무협의에서 이견을 보인 쟁점들에 대한 조정을 시도하여 부차적인 쟁점들에 대해 합의했다. 그러나 방송통신기능 이관, 통상기능 이관, 원자력안전위원회 이관 등 주요 쟁점들에 대해 여당 협의팀은 당선인의 의지가 강하다는 이유로 인수위 원안을 고수했고, 원자력안전위원회 소속에 관한 이틀전 합의도 깼다. 협의조정은 더 이상 앞으로 나가지 못했다. 여당 정책위의장은 야당의 대승적 협조를 재차 요청했고, 야당 정책위의장은 야당이 지켜야 할 최소한의 가치에 대해 존중해 줄 것을 강하게 요청했다.

---

32) 2월 4일, 농림수산식품위원회에서는 농축산식품부로 명칭을 변경해야 하고, 위생안전기능도 생산에서 식탁까지 일괄적으로 종합 관리할 수 있는 현 체제가 바람직하며 식약처로 이관하면 규제만 늘 것이라는 여야간 일치된 의견을 보였다. 당일 외교통상통일위원회에서도 향후 통상이슈, 국제사회의 분위기, 통상교섭본부가 그 동안 축적한 노하우 등을 고려할 때 여야를 막론하고 현 체제(통상정책방향은 대외경제조정회의, 통상교섭은 외통부)가 바람직하다는 의견을 보이면서 야당 의원들은 물론 여당 의원들도 통상기능 이관에 대해 반대했다. 2월 5일, 교육과학기술위원회에서는 원자력안전위원회 이관에 대해서는 여야 의원들 간 이견이 있었고, 산학협력기능 이관에 대해서는 야당 의원들은 물론 일부 여당 의원들도 반대했다. 당일 오후 행정안전위원회에서는 야당 의원들은 모두가 15개 쟁점에서 인수위안에 반대했고, 여당 의원들은 대부분 찬반표시를 자제하였으나 일부 의원들은 반대 의견을 표시했다.

33) 행정안전위원회 여야 간사를 중심으로 각 당 2명씩 4명으로 구성.

(2) 2단계 협의조정(2.12.-2.17.)

설연휴(2.9.-2.11.)가 지나자 양당은 공식 협의조정을 전개하기보다는 장외공방을 벌이며 대타협을 위한 물밑접촉을 전개했다. 야당 원내수석부대표가 2월 11일 기자간담회를 통해 최소 요구사항 6개[34]를 제시하면서 이를 수용하지 않으면 더 이상의 협의조정은 없다고 압박했다. 이로써 쟁점은 6개로 압축되었다. 2월 12일 북한이 3차 핵실험을 하자 야당 P 원내대표는 인수위 원안에 동의해 줄 테니 국정원 선거개입, 4대강사업, 제주해군기지공사, MBC문제, 쌍용차사태 등 국정조사에 여당이 동의해 달라고 했다.[35] 이에 여당 원내대표는 일단 거절한 다음, 정부조직법개정안 쟁점들에 대한 합의가 안 되면 여당 단독으로 처리키로 했다. 그러나 내부적으로는 정부조직법개정안 통과가 시급한 만큼 이를 조건으로 4대강과 국정원 국정조사를 수용하려는 방침을 정했다. 그러면서 야당을 향해 정부조직법개정안 통과가 늦어지면 책임문제가 대두될 것이니 협조하라고 압박했다.

여당이 단독처리 의도를 내비치자 2월 13일 야당 W 원내수석부대표는 내부논의를 거쳐 국회선진화법상 안건조정제도[36]를 발동해 여당의 일방처리를 막겠다고 밝혔다. 이에 여당 K 원내수석부대표는 국민이 선택한 당선인의 철학을 존중하고 일할 수 있게 해줘야 하는데 안건조정제도로 새정부 출범을 발목잡는 것 아니냐며 4자회담(양당 당대표와 원내대표)을 통한 타결을 주장했다. 합의처리 시한인 14일에는 서로 책임공방을 벌였다. 즉 여당은 야당이 당리당략에 따라 정부조직개편안 협의조정에 정치현안들까지 끌어들인다고 비난했고, 야당도 협의조정에 진전이 없는 것은 여당이 당선인 철학이라며 인수위에서 졸속으로 만든 원안을 계속 고집하기 때문이라며 비난했다.

2월 15일, 당선인은 야당 M 당대표(비상대책위원장)와 P 원내대표에게 전화를 걸어 협조를 요청했다. 이에 야당 M 당대표는 당선인이 여당 협의팀에게 재량권을 주도록 요청했다. 이어 당선인은 17일 오전 미래창조과학부를 포함한 11개 부처 장관후보

---

34) 정책전문위원들이 그동안 협의조정과정에서 이견이 큰 것으로 분류해 온 쟁점들 가운데 정책위의장과 원내대표가 상의하여 선정한 것이다. i) 국가청렴위원회 등 반부패기구 신설 및 검찰개혁, ii) 중소기업청의 중소상공부 격상 및 금융정책상 진흥과 규제 분리, iii) 방송통신위원회 독립성 보장, iv) 원자력안전위원회의 독립기구화, v) 통상기능의 산업부처 이관 반대, vi) 교육부의 산학협력기능 존치 등이다.

35) 이 제안은 원내대표단에서의 논의와 당대표(비상대책위원장)의 동의를 거쳐 제시했다.

36) 2012년 5월부터 시행된 국회선진화법에 따르면 이견조정이 필요한 안건에 대해 상임위 소속 의원 3분의 1 이상의 요청이 있으면 자동으로 안건조정위가 구성되어 90일간 활동이 가능하다. 안건조정위원회는 여야동수로 구성되기 때문에 다수당의 독주를 막을 수 있다.

자를 발표했다. 이에 야당은 아직 합의하지 않은 부처의 장관후보자를 지명했다고 비난했다. 2월 17일 저녁, 양당 원내대표, 정책위의장, 원내수석부대표 6인이 3시간 동안 비공개 회의를 통해 6개 쟁점 중 5개에 대한 이견을 상당히 좁혔다.[37] 그러나 방송통신기능의 이관에 대해서만은 서로 물러서지 않았다. 방송통신 기능의 미래창조과학부 이관에 대해서는 여당은 당선인의 입장이 확고해 양보하지 않았고, 야당도 방송의 공정성에 영향을 미칠 수 있다며 끝까지 반대했다. 18일, 여당 L 원내대표가 다수결로 처리하겠다고 하자 야당은 날치기 선언이라며 반발하면서 당선인의 결단을 요구했다.

이러한 공방 속에 야당 W 원내수석부대표는 마지막 쟁점에 대해 방송분야는 양보할 수 없지만 통신분야는 양보하겠다고 밝혔다. 이에 따라 나머지 방송업무 이관 여부에 대해 원내수석대표들이 18일과 19일에 물밑조율을 시도했다. 그러나 합의는 이뤄지지 않았다.

물밑 협의조정이 결렬되자 여당 L 원내대표는 우리나라가 위기를 벗어나려면 새 정부가 제때 출범해야 되는데 야당이 국정조사를 연계시켜 협의조정을 지연시키고, 일자리 창출의 핵심인 미창부를 빈껍데기로 만들려 하며, 야당 원내대표가 당내 강경파들에게 휘둘려 협의조정 결과를 뒤집는 게 하루 이틀이 아니다고 비난했다. 이에 야당 P 원내대표도 여당 원내대표가 독불장군이고 당선인의 반대로 협의조정이 원점회귀하는 일이 반복되고 있다면서 자신은 당내 강경파가 아니라 의원총회의 다양한 의견을 반영하고 있다고 했다.

2월 21일, 야당 협의팀은 방송통신 쟁점만 해결되면 나머지 쟁점은 양보할 수 있다는 입장을 전달했다. 그러나 여당 협의팀은 지금까지 합의한 결과를 뒤엎고 협의조정을 원점으로 돌렸다. 그러자 야당 협의팀도 원점으로 회귀했다.

새정부 출범일이 눈앞에 다가오자 언론기관들이 정부조직개편안 처리 지연으로 인한 현실적 우려[38]를 제기하는 가운데, 2월 22일, 양당 당대표와 원내대표 및 원내수

---

37) 원자력안전위원회는 여당이 야당의 입장을 수용하여 총리 산하 독립기구화하고, 통상기능은 야당이 인수위원회 원안을 수용하여 산업통상자원부로 이전하는 것으로 합의가 이루어졌으며, 대학 산학협력 업무의 교육부 존치는 여당이 신축성을 보여 합의가 이루어졌다. 그리고 검찰개혁은 야당이 고위공직자비리수사처와 청렴위원회의 설치 및 대검 중수부의 폐지를 문서로 명시하자고 주장하자 여당은 검찰개혁을 하겠다고만 응답했고, 중소기업청의 승격은 대통령직속 장관급 중소기업위원회로 절충을 시도했다.

38) 신설부처는 유령부처로 남게 되고 기존 부처에서 옮겨갈 공무원들은 오갈 데가 없어 혼란이 가중될 것이며, 인사청문절차도 지연되어 신임 대통령이 전임 대통령의 각료들과 공존하여 사실상 국정운영이 어렵게 되는 문제가 발생한다는 것이다(2013. 2. 21. "새정부 정상출범 지연… 문제점 뭐가 있나," 연합뉴스).

석부대표가 머리를 맞댔다. 새정부 출범 전 마지막 고위협의조정이었다. 지금까지 협의조정 결과를 바탕으로 논의했는데, 검찰 개혁과 중소기업청 권한강화에 대해 의견접근이 이뤄졌다.[39] 그러나 핵심인 방송통신 쟁점에 대해서는 여전히 입장차를 좁히지 못했다. 이로써 쟁점은 6개에서 1개로 압축되었다.

새정부 출범일이 임박해도 타결되지 못하자, 22일 여당 의원총회에서 원내지도부에 대한 불만이 터져 나왔다. 인수위원회 원안만 고수해 협의조정에 진척이 없고, 원내지도부가 친박인사로 채워져 당선인에게 목소리를 내지 못한다는 것이었다.

(3) 3단계 협의조정(2.23.-3.16.)

2월 23일, 원내수석부대표들이 쟁점 조율에 나섰다. 야당이 통신주파수를 미창부로 넘기겠다는 양보를 했다. 그러나 통상기능에 관해서는 2월 17일자 합의를 깨고 총리 산하 독립기구화를 주장했다. 이유는 쌀관세 협의조정을 산업자원부가 담당하면 농민반발과 사회갈등이 커진다는 것이다. 반면, 여당은 방송정책을 이관하지 않으면 미창부는 신성장동력과 일자리창출 역량이 약해져 사실상 빈껍데기가 된다면서도 야당의 주파수 양보를 긍정적으로 평가했다.

대통령 취임 하루 전날인 24일 오전, 야당 P 원내대표는 기자간담회를 갖고 야당은 양보할 것은 다 했다면서, 마지막 쟁점인 방송통신위원회는 정권의 방송장악을 막기 위해 합의제로 해야 하고 방송의 공정성을 위해 방송정책이 미창부로 이관되어서는 안 된다고 주장했다. 더 나아가 협의조정에 진전이 없는 원인은 당선인의 '나 홀로 정치'와 당선인의 재가 없이는 한 발짝도 못 움직이는 여당에 있다고 주장했다.

이날 오후, 여당 지도부는 정부조직개편안과 총리인사청문회에 대한 대책을 마련하기 위한 긴급 최고위원회의를 마친 뒤, H 당대표가 기자회견을 열어 다음과 같은 타협안을 제안했다. 즉 방송의 정치적 중립성과 공공성 보장 요구에 여당도 동의하여 지상파방송·종합편성채널·보도PP에 대한 규제와 공영방송이사 선임권을 방통위에 존치시키겠다면서, 야당이 비보도 방송부분을 미창부에서 통신과 융합할 수 있게 해 주면 i) 방통위에 미창부와 공동으로 법령을 제개정할 수 있는 권한을 부여하고, ii) 광고부분을 방통위에 귀속시키는 방안을 적극 검토하겠다고 했다. 아울러 어떤 경우에도 정부조직개편안과 인사청문회를 연계시켜서는 안 된다고 주장했다. 이에 대해 야당은 부분적으로 환영의 뜻을 표했으나 비보도 방송부분의 이관도 방송 공정성 때문에 수

---

39) 검찰개혁 쟁점에서는 중수부 폐지와 상설특검제·특별감찰관제 도입, 중소기업청 쟁점에서는 부로 격상하지 않고 권한 강화.

용할 수 없음을 명백히 했다. 그러면서 정부조직개편과 인사청문회를 연계시킬 의도가
전혀 없다고 화답했다.

2월 25일, 대통령 취임일에도 여야는 막판 타결을 위해 오후 5시 원내수석부대표
회담을 갖기로 했다. 그러나 양당은 서로 양보할 건 다 했다면서 약속시간 직전에 취
소했다.

26일 야당 의원총회에서 일부 의원들은 '방송이관 문제는 끝까지 싸워야 한다'고
주장한 반면, 몇몇 중진의원들은 '일단 새정부가 출범은 할 수 있게 해줘야 되지 않느
냐, 잘못하면 정부출범 지연에 대한 비판을 뒤집어 쓸 수 있다'는 우려를 했다. 27일
여당 최고중진연석회의에서는 J 중진의원이 대통령의 양보와 여당 지도부의 적극적인
역할을 주문했다.[40] 그러자 대통령은 당일 정부조직법 통과지연으로 북한 핵실험과
그에 따른 안보위협에 대처하기 어렵고, 민생현안들도 챙기기 어려우며, 경제살리기에
나서기도 어렵다며 하루 빨리 국회에서 통과시켜 주셨으면 한다는 대국민 메시지를
전달하면서 동시에 "융합을 통한 경제살리기의 핵심과제인 미래창조과학부를 하루빨
리 국회에서 통과시켜 줬으면 한다"는 뜻을 정무수석을 통해 야당 지도부에 전달했다.
여야 원내수석부대표들은 즉시 각각 라디오 방송에 출연하여 대국민 지지를 호소하기
시작했다.

방송출연 직후 야당 W 원내수석부대표가 마지막 쟁점인 비보도 방송부분에 새로
운 양보안을 제시했다. 즉 i) IPTV의 인허가권과 법령제개정권은 방통위에 남기되 나
머지 모든 진흥업무를 미창부에 넘기고, ii) SO 업무는 방통위에 잔류시키되 PP 업무
는 미창부에 이관하자는 것이었다. 그러나 여당은 거부 의사를 밝혔다. 여당 K 원내수
석부대표는 방송업무의 요체는 인허가인데 야당 제안대로 하면 인허가권은 이관되지
않는다는 것이다.

일련의 상황을 지켜 본 여당 H 당대표가 '국회의장단·여야지도부연석회의'를 제
안했다. 다수결 처리를 위한 여야 합의를 유도하기 위해서였다. 그러나 야당은 이를
거부하고 대통령의 결단을 요구했다. 그러자 3월 1일, 청와대 대변인이 임시국회 회기
가 끝나는 3월 5일까지 정부조직법개정안을 처리해 줄 것을 요청하면서 대통령이 3일

---

40) 그는 '새누리당 지도부는 야당뿐만 아니라 대통령도 설득해야 한다'면서 '정부조직개편안을 인수
위원회가 짧은 기간에 만드느라 새누리당 의견도 수렴하지 못했다' '현재 쟁점은 정부의 방송장
악 가능성에 대한 야당의 우려인 것 같은데, 야당이 우려하면 우려를 해소할 수 있는 대안을 찾
으면 되고 이는 어려운 일이 아니다'고 주장했다(2013. 2. 27. 뉴시스. ○○○ "여, 청 눈치보는
순간 국민이 버린다").

오후 2시 여야 당대표와 원내대표를 청와대로 초청해 정부조직개편문제를 논의할 예
정이라고 밝혔다. 이에 야당은 청와대 제안을 거부했다. 참석하면 말려들어 백기를 들
수밖에 없다고 판단했기 때문이다. 그 대신 먼저 원내대표회담에서 진전이 있어야 초
청에 응한다는 방침을 세웠다.

그리하여 먼저 원내수석부대표들이 2일 오후 5시에 다시 만났다. 그러나 이견을
좁히지 못했다. 여당이 종래 주장만 반복했기 때문이다. 다음날 3일 오전에는 원내대
표들이 막판 협의조정을 벌였다. 이 회담에서 방송 공정성의 중요성에 대해 공감대를
이루었으나 구체적인 합의에 이르지 못했다. 이에 야당 원내대표가 미창부 신설을 제
외한 나머지 합의부분을 우선 통과시키자고 제안했으나 여당 원내대표는 핵심인 미창
부를 빼고 나머지를 먼저 처리하는 것은 바람직하지 않다며 거절했다. 이로써 청와대
오찬은 무산되었다.

3월 3일 오후, 양당 원내대표들이 다시 중간 메신저를 통해 방송쟁점과 정치현안
에 대한 의견을 교환했다. 밤 8시 원내수석부대표들이 다시 머리를 맞댔다. 야당이 PP
는 물론 IPTV의 인허가 및 법령제정권을 미창부로 이관하는 추가 양보를 하는 대신,
SO 인허가와 법령제정권은 방통위에 존치시키자고 요구하자, 여당이 수용했다. 그 결
과 마지막 쟁점에 합의가 이뤄졌다. 그리하여 양당은 여타 쟁점들에 대한 잠정 합의들
을 종합하여 밤늦게 정부조직개편안에 대한 9개 항의 합의문을 작성했다. 협의조정이
완전타결되는 순간이었다.

그러나 이때 청와대 홍보수석이 다녀갔고, 이어 여당 원내대표가 갑자기 입장을
바꿔 SO 법령제정권의 미창부 이관을 주장했다. 야당은 방송 공정성을 해칠 수 있다
며 반대했다. 3월 4일, 대통령은 대국민 담화를 통해 미창부 문제는 협의조정의 대상
이 아니라면서 국가미래를 위해 절대 물러설 수 없다는 강경한 입장을 표명했다.[41] 이
담화문은 양당내 온건파들의 불만만 초래했다.[42]

---

41) 이날 김종훈 미래창조과학부장관 내정자가 후보직을 자진 사퇴하면서, '대통령 면담조차 거부하
는 야당과 정치권 난맥상을 지켜보면서 이제 조국을 위해 헌신하려 했던 마음을 접으려 한다'고
했다. 삼고초려해 모셔온 분이 그만 두겠다고 하자 박대통령이 자극을 받아 작심하고 담화를 발
표했다는 것이다.

42) 야당 비상대책위원장은 정부조직법개정은 국회 고유권한이라면서 대통령이 여야 협의조정에 찬
물을 끼얹어서는 안 된다고 반발했고, 그 외 온건파들도 '대통령도 답답하니까 담화문을 발표한
것 같은데, 오히려 상황을 더 어렵게 만들어 놨다. 양쪽이 조금씩 양보해서 물러설 수 있는 여지
를 만들어야 하는데 서로 퇴로를 봉쇄해 버렸다'고 비판하는 한편, 여당 비주류 수장인 ○○○
의원은 '교착상태에 빠진 협의조정에서 집권 여당이 목소리를 내야 한다. 청와대와 야당이 맞설
경우 여당이 설 자리가 없어진다'고 주장했고, 또 다른 비주류 의원들도 '쟁점을 한두 개까지 좁

3월 5일, 여당은 방송중립특별법 수용을 시사하면서 SO 쟁점을 타결하기 위해, i) 방송 인허가와 법령제개정권을 미창부에 이관하되 미창부가 법령 제개정시 방통위와 사전협의하도록 하거나 ii) 방송업무를 미창부와 방통위가 공동관리하는 방안을 검토하겠다고 밝혔다. 동시에 여당 L 원내대표는 만일 합의가 안 되면 4대강사업 국정조사 등 그동안 합의됐던 것들은 하나도 발효되지 않는다며 야당을 압박했다.

그러나 다음날 야당 P 원내대표는 방송부문 미창부 이관을 수용할 테니 3대 요구조건을 수용하라고 요청했다. 즉 i) 공영방송이사 추천시 특별정족수(방통위 재적 3분의 2)로 의결하고, KBS사장은 인사청문회를 실시하며, ii) 언론청문회 개최 약속을 즉시 이행하고, iii) MBC K사장에 대한 검찰조사를 즉각 실시하라는 것이었다.

이 제안에 대해 청와대와 여당은 물론 야당내에서도 비판이 일어났다. 청와대는 정부조직법을 정치적으로 다루고 있다고 비난했고, 일부 야당의원들은 '정부조직과 아무 관련 없는 것을 협의조정안으로 제시했다가 방송의 공정성 확보라는 명분도 실리도 다 잃었다' '오락가락 야당만 우습게 됐다'는 비판을 했다. 이에 대해, 야당 P 원내대표는 '대통령이 방송장악의도가 없다고 하니 그 의지를 상징적으로 보여 달라는 요구였다'고 제안 배경을 해명하면서 대통령 대국민담화 이후 야당 책임론이 커져 고민이 깊었고, 3대 조건 중 특별정족수와 인사청문회는 야당이 별도 법안으로 제출하여 그동안 여야간에 계속 논의해 왔던 터라 여당이 수용할 것으로 판단했다고 했다.

3월 7일, 여당 원내대표는 전날 야당 원내대표가 제시했던 조건을 무시하고 국회의장에게 정부조직법개정안을 직권상정하도록 요청했다. 야당 원내대표가 당연히 반발했다. 이날 원내수석부대표들이 다시 만나 지난 3일 타결 직전에 작성된 9개 항의 잠정합의문을 바탕에 깔고 협의를 진행했다. 간극을 좁히지 못했지만, 여당은 SO부문을 미창부에 넘겼을 때 방송장악 우려를 불식시킬 방안을, 야당은 SO부문을 방통위에 잔류시킬 때 ICT융합에 문제가 없도록 하는 방안을 각각 내놓기로 합의하였다.

3월 8일, 여당이 임시국회를 단독으로 소집하자 야당의 M 비상대책위원장은 양당 원내대표들을 향해 여우와 두루미 식으로 상대가 받을 수 없는 제안을 그만하라고 비판했다.43) 이어 여야 당대표들이 긴급회동했다. 정부조직개편 협의조정이 표류하자

혀 왔는데 외부환경이 야당에게 항복을 받아내라고 하니 우리 지도부는 딱히 할 일이 없는 딱한 사정이 되어 버린 것 같다'고 비판했다(2013. 3. 5. 매일경제, "○○○, 朴 대통령 정면비판, 담화가 아니라 선전포고"; 2013. 3. 6. 헤럴드경제. "정부조직법 대치속, 여야 '합리적 온건파' 설자리가 없다.").

43) M 비상대책위원장은 그동안 협의조정의 전권은 원내대표단에 맡겨놓고 자신은 박근혜 대통령을 향해 야당을 국정파트너로 인정하고 국회의 입법권을 존중해 달라며 큰 틀에서 대응해 왔지만,

식물국회라는 비판이 쏟아지고 이대로 뒀다가는 정치권이 공멸한다는 위기의식이 커졌기 때문이었다. 2시간에 걸친 논의 결과 두 가지 원칙에 합의했다. 하나는 미창부를 원안대로 통과시키되 방송공정성 보장 특별법을 마련하자는 것이고, 다른 하나는 구체적 조율은 원내대표단에 맡기되 큰 틀은 양당 대표가 나서 합의하자는 것이다. 그러나 양당 당대표간 공감대에도 불구하고 양당 협의팀은 여전히 기존 입장을 고수했다.

3월 10일과 11일, 양당은 당대표간 합의 내용과는 다른 내용으로 공방을 벌였다. 야당은 대변인을 통해 SO부분 이외에 다른 쟁점들은 거의 다 합의돼 있는 만큼 합의된 분야를 우선 처리하자고 다시 제안했다. 그러나 여당 원내대표은 이에 화답하지 않고 의원총회를 열어 민주당을 강하게 성토했다. 즉 민주당을 향해, i) 새정부가 조속히 내각구성을 마무리짓고 안보불안과 경제불안을 해소할 수 있도록 정부조직법개정안 처리에 즉각 나설 것, ii) 국회선진화법을 국정 발목잡기 등 당리당략에 악용하는 구태정치를 즉각 중단할 것, iii) 정부조직법개정안과 시급한 민생법안 처리를 위해 3월 임시국회 의사일정에 적극 협조할 것 등을 촉구했다.44) 그러자 여당 일부 의원들이 소탐대실을 우려하면서 원내지도부에 좀 더 유연한 태도를 요구했다. 즉 여당 의원총회에서 당내 온건파들은 '절충을 해도 풀릴까 말까인데, 원안만 고집해서 협의조정이 되겠느냐'45) 'SO가 없으면 정말 안 되는 것이냐, 먼저 정부를 출범시키고 하자' 등의 의견이 있었다.46) 즉 야당의 요구대로 SO를 방통위에 존치시켜서라도 새정부를 우선 출범시켜야 한다는 것이었다. 전경련과 대한상의도 불만을 표출했다. 정부조직개편 지연에 따른 정책공백 때문에 투자 등 경영방침을 확정하지 못하고 있다는 것이다. 이에 무소속 A 의원은 대승적 차원에서 한 쪽 방안을 받아들이고, 1년 뒤에 우려했던 점이 현실화되면 개정하는 약속을 하는 조건부 조정을 해야 한다고 주장했다.

3월 11일 오후, 원내수석부대표 회동에서 야당은 정보통신산업진흥특별법안을 가져왔으나, 여당은 방송중립특별법안이 아닌 방송중립특별위원회안을 가져왔다. 이유는 방송 공정성에는 쟁점들이 많아 위원회를 설치하여 충분히 논의를 한 뒤 법을 제정해야 한다는 것이다. 이에 야당은 12일 정보통신산업진흥특별법안을 공개하여 여당을

연일 계속되는 대통령의 압박과 청와대에 끌려 다니는 여당 협의조정팀 및 야당 협의조정팀의 협의조정력 한계 등을 더 이상 지켜볼 수만 없어 절박한 심정을 표출한 것이다.

44) 2013. 3. 11. "여, 정부조직법 처리, 대국민 호소문 발표," 뉴스1
45) 조선일보. 3. 9. "여야대표 손잡았지만… 정부개편안 통과는 불확실." 아울러 두 사람은 민주당 P 원내대표가 제안한 3대 조건도 협의한 것으로 알려졌다.
46) 2013. 3. 11. "여 일부의원, SO민주당에 양보… 출구전략 제안," 노컷뉴스.

압박하면서 방송중립특별법에 공영방송이사 특별정족수 선임방식을 반영하면 협의조정 타결이 가능하다고 밝혔다. 그러나 같은 날 대통령은 한 중소벤처기업을 찾아가 '방송통신융합 분야를 비롯해 IT와 미래산업에 대한 각종 업무를 미창부에서 총괄해 원스톱 지원을 해야 한다'고 강조했다.

조정이 좀처럼 타결되지 않자 3월 13일 여당 L 원내대표가 '국민의 선택 존중' '긴급한 국정상황 고려' '우선순위 고려' 등 3대 조정원칙을 제시했다.[47] 이로 인해 조정이 또다시 지연될 가능성이 있자 여당 중진의원들이 원내지도부가 청와대 눈치만 보고 조정능력을 발휘하지 못하고 있다고 비판했다. 이를 지켜본 여당 대표가 또다시 야당 대표를 만나 물꼬를 트려 하자, 여당 L 원내대표가 '국회 몸싸움을 방지하겠다'며 당대표가 주도해 만든 국회선진화법이 다수결원칙을 침해하니 위헌소송을 제기하겠다며 제동을 걸었다.

이 무렵 원내수석부대표들은 물밑접촉을 통해 SO 인허가권과 법령제정권을 모두 미창부로 이관하는 대신, 공영방송이사 특별정족수 설정 방안에 잠정 합의했다. 이 합의는 여야 양측 이해가 맞아떨어졌기 때문이었다. 즉 여당 입장에선 국정공백을 최소화하기 위해 정부 출범이 시급했고, 야당은 방송의 공정성 확보라는 성과를 얻을 수 있었기 때문이다.[48] 그런데 청와대 홍보수석이 반대하고 나섰다. 이유는 특별정족수를 법제화하는 순간 정부여당이 방송정책에서 할 수 있는 일이 아무것도 없다는 것이다. 협의조정은 다시 교착상태에 빠졌다.

이에 야당 P 원내대표가 물밑접촉에서 여당 L 원내대표에게 공정방송특별법 대신 4대강과 국정원 국정조사를 재차 요구했다. 여권에선 정부조직개편과 관련 없으니 거부해야 한다는 의견과 그걸 받아야 정부조직개편안이 타결된다는 의견으로 갈렸다.

5) 최종 타결(3.17.)

3월 15일 오후, 대통령은 여당 지도부와 회동을 가졌다. 이 자리에서 대통령은 SO업무 등을 미창부가 맡아야 한다면서 4대강과 국정원 국정조사는 여당지도부의 입장을 존중하겠다는 뜻을 밝혔다. 대통령의 이러한 입장 변화는 여당 지도부가 설득한

---

47) 구체적으로 말하면, 첫째, 여야당은 총선 때 서로 정보통신 전담부처를 만들겠다고 했으므로 이를 지켜야 하고, 둘째, 안보위기와 경제불안이 매우 심각하니 이에 신경을 써야 하며, 셋째, 우선순위를 구별하여 먼저 정부를 구성해놓고 공정방송 문제를 논의하든 다른 것을 논의하든 해야 한다는 것이었다.

48) 2013. 3. 13. "정부조직법 협의조정 여야 절충안 진전," 매일경제

결과였다.49) 여당 L 원내대표가 협의조정 타결을 위해 방송쟁점 양보보다 정치현안 양보를 설득한 이유는 두 가지였다. 하나는 어떤 방식으로든 정치현안들에 대한 합의가 없으면 야당이 향후 정치현안들을 물고 늘어질 것이고 그때가 되면 정국정상화를 위해 어차피 상당부분 양보할 수밖에 없었기 때문에 정부조직법개정안을 고리로 미리 양보하는 것이 유리하다는 것이고, 다른 하나는 방송쟁점에서 적게 양보할 수 있어서 대통령이 원하는 미래창조과학부를 설치할 수 있다는 것이었다. 정치현안을 4대강과 국정원 국정조사로 국한시킨 것은 다른 정치현안은 민간영역에 속해 정치권과 정부가 관여하는 것은 부적절했기 때문이다. 여당의 이 양보는 야당 협의팀도 수용할 수 있는 것이었다. 국정발목잡기 비난을 벗어나기 위해서는 어차피 마지막 방송쟁점에서 양보할 수밖에 없는 상황에서 지난 대선 이후 당내 강경파가 줄곧 요구해 온 정치현안에서 양보를 얻어내는 것이기 때문이다.

이에 따라 16일 양당 원내수석부대표들이 13시간 마라톤 협의를 했다. 마지막 쟁점이었던 SO관할권을 미창부로 이관하고 방송공정성 확보 방안을 마련해 다시 협의하기로 했다.

17일 오전, 양당 원내대표와 수석부대표 4인이 회동하여 최종 협의조정을 벌였다. 그 결과 오후 4시 20분쯤에 드디어 타결이 이뤄졌다. 이들은 외부의 간섭을 받지 않기 위해 전화기를 끄고 협의했다. 주요 쟁점들에 대해 지금까지 양당이 합의해 온 것과 양당이 주장한 것을 모두 반영하는 방식으로 합의했다.

첫째, 주요 쟁점들에 대해서는 3월 3일 잠정 합의한 내용을 그대로 확정했다. i) 검찰조직과 반부패제도 개혁을 위해 사법제도개혁특별위원회를 설치하고, ii) 통상업무는 산업자원부로, 원자력안전위원회는 총리 산하로 이동시키며, iii) 중소기업청은 위상과 권한을 강화하고, iv) 산학협력기능은 교육부와 미창부로 분할하고, v) 기업 담합행위 고발 요청권을 중소기업청장, 조달청장과 감사원장에게 부여하고, 금융감독체계 개편에 대한 계획서를 제출토록 했으며, vii) 농림축산부 명칭을 농림축산식품부로 변경하기로 했다.

둘째, 마지막 쟁점에 관해서는 원안대로 미창부 소관을 인정하는 대신 방송의 공정성과 중립성을 위해, i) 야당 의원을 위원장으로 하는 방송공정성특별위원회를 6개월간 운영하고, ii) 선거관련 토론·보도의 공정성을 위해 관련법을 임시국회에서 처리

---

49) 야당의 무리한 요구와 청와대의 시시콜콜한 간섭에 지친 L 원내대표가 더 이상 협의조정을 진행할 수 없다는 배수진을 치고 설득한 결과라는 해석이 있다.

하고, iii) 미창부가 IPTV, SO, PP, 위성TV 등 뉴미디어 관련 사업을 허가 및 재허가하는 경우와 유관법령들을 제개정하는 경우 방통위의 사전동의를 받도록 하고, iv) 주파수와 방송통신발전기금 업무 중 통신용은 미창부가, 방송용은 방통위가 관리하고, 국무총리 산하에 주파수심의위원회를 설치하며, v) 방송광고, 방송진흥기획, 방송채널정책 등은 현행대로 방통위에 존치시키고 ICT진흥특별법을 제정하기로 했다.

셋째, 양당은 정부조직법 개정과 별개로 i) 4대강 사업에 대해 감사원 조사가 미진할 경우 국정조사를 실시하고, ii) 국정원 댓글사건도 검찰수사가 완료되는 즉시 국정조사를 실시하며, iii) 비례대표 부정경선 관련 통진당 의원들의 자격심사안을 국회 윤리특별위원회에서 심사하고, iv) 인사청문회법 개정을 포함 국회운영 개선을 위해 공동 노력하기로 했다.

이러한 양당간 합의에 대해 청와대는 고맙지만 원안이 너무 훼손되어 창조경제 동력이 후퇴할까 우려된다는 입장을 보였다. 정부조직 개편과 관련된 법률안 40개는 3월 22일 오전 11시 국회 본회의에서 일괄 통과되었다.

3. 갈등조정의 특징과 원인

1) 조정채널 활용상 특징과 원인

당헌 당규상 여야 정당간 이견조정 채널은 원내대표와 원내수석부대표이다. 그러나 본 사례에서 여야 정당이 짧은 기간 내에 당내 의견 수렴과 여야 합의를 도출하기 위해 구축한 조정채널과 지원팀은 <그림 11-1>과 같다. 조정채널로 실무채널과 고위채널을 구축하고, 지원팀으로 탐색채널과 협의안검토팀을 설치했다. 이상의 조정채널과 멤버구성에서 나타난 특징과 이유를 보면 다음과 같다.

(1) 구조적 특징과 원인

구조적 측면을 보면 고위조정채널, 실무조정채널, 탐색채널 등 3개 채널과 1개 검토팀을 기본틀로 가동했다. 탐색채널은 상대방의 주장과 논리, 의중과 의지, 상대방이 양보할 수 있는 수위 등을 탐색하는 역할을 했고, 검토팀은 원내대표의 지침과 상대당의 주장을 참고하여 타협안을 마련하고 합의문안을 작성하는 역할을 했다. 최종 타결을 위해 여당이 4자회담(양당 당대표와 원내대표), 2자회담(양당 당대표), 국회의장단·여야지도부연석회의, 대통령·여야지도부회담 등 최상위 채널을 가동하려 했으나 야당의 반대로 2자회담 이외에는 성사되지 못했고, 국회의장에 의한 중립조정채널은 가동되

그림 11-1   조정채널과 주요 참여자

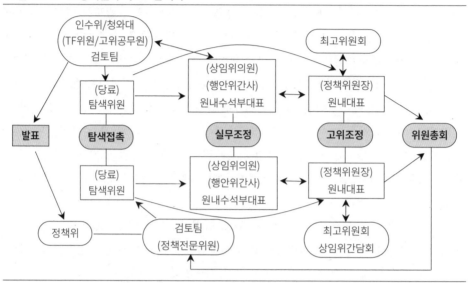

지 않았다. 구체적 특징과 이유를 보면 다음과 같다.

첫째, 일반적인 협의조정에서는 고위채널과 실무채널을 가동해 이견조정은 물론 탐색과 타협안 검토까지 동시에 수행하는데, 본 사례에서는 별도의 탐색채널과 검토팀을 가동했다. 왜 그랬는가?

탐색채널을 추가한 이유는 상대방의 주장과 숨은 의도, 그리고 배후 세력의 반응을 파악하기 위해서였다. 여야 협의팀 배후에는 강경세력들이 버티고 있었고, 이들은 협의조정 결과를 거부할 수도 있었다. 각 당 협의팀은 조속히 합의를 도출해야 하지만 다른 한편으로는 배후세력의 거부와 비난을 피하기 위해 그들의 입장과 이해관계를 충족시켜야 했다. 각자의 표면적 주장만 놓고 협의할 수는 없었다. 이러한 상황 때문에 양당 원내대표들은 상대방 주장의 의미 및 배후세력의 반응에 대한 정확한 정보가 필요했다. 이를 위해 언론기자들에게 노출되기 쉬운 협의팀 채널을 활용하지 않고 언제라도 깊이있는 소통이 가능한 비공식 비공개 탐색채널을 별도로 가동했다.

검토팀을 설치한 이유는 두 가지이다. 하나는 정부조직개편안은 여러 부처들이 관련되어 있고 개편에 따른 정책적 여파가 큰 복잡하고 중대한 사안이기 때문에 합의안에 대한 전문적 검토가 필요했고, 다른 하나는 서로가 자기 진영 내에서 정부조직개편과 관련한 정치적 이해관계가 복잡하게 얽혀 있어 협의조정안 마련에 상당한 정무적 판단이 필요했기 때문이다.

둘째, 여야 당대표들이 최종타결을 위한 최상위 채널을 구축하려 했으나 실패했다. 4자회담(2.13., 2.21.), 2자회담, 국회의장단·여야지도부 연석회의(2.28.), 대통령·여야지도부 회담(3.1.) 등을 제안했으나 성사되지 못했다. 여야 당대표들이 어렵사리 회동하여 타결원칙에 합의했으나 원내대표들은 시큰둥할 뿐이었다. 이유가 무엇인가?

하나는, 원내정당화 이후 당대표와 원내대표의 상대적 위상이 변했기 때문이다. 이전에는 당총재가 원내총무를 임명한 결과 원내총무가 당총재의 의중을 무시할 수가 없었다. 그러나 원내정당화로 원내대표가 선출직으로 바뀌고 원내문제의 최고책임자가 원내대표로 바뀌면서 원내대표는 당대표의 의중을 배려하지 않아도 되었다. 다른 하나는 배후 강경세력들을 배제하고 타협할 수는 없었기 때문이다. 여당 당대표는 합의도출이 쉽지 않자 최상위 채널을 통해 여야 당내 강경파를 배제하고 온건 지도부끼리 합의를 유도하려 했다. 당시에 여야당 당대표와 원내대표는 비교적 합리적이고 온건한 정치인들이었기 때문이다. 그러나 원내대표들은 협의조정의 최종 책임자로서 타결도 중요하지만 강경파들이 자신들을 배제한 타결을 어떻게 비난할지 알기 때문에 당대표채널을 수용할 수 없었다.

셋째, 타결이 안 돼 협의조정이 대통령 취임 이후로 넘어가는 상황에서도 국회의장은 적극적인 중간조정 노력을 하지 않았다. 국회의장·여야지도부연석회의도 국회의장이 아닌 여당 대표가 제안했다. 그 이유는 무엇인가? 이는 박근혜 대통령과의 관계에 있다. K 국회의장은 군인 출신으로서 박근혜 의원이 당대표가 되고 대통령으로 당선되기까지 줄곧 밀착 관계를 유지해 온 결과 박근혜 대통령의 성향을 잘 알고 있어서 대통령의 입장을 훼손할 수가 없었던 반면, H 당대표는 판사 출신으로 박근혜 대통령과 크게 밀착되어 않아 대통령의 입장보다는 정부 출범을 우선시해 어떻게든 최종 타결을 하려고 했기 때문이다.

(2) 운영상 특징과 원인

운영측면에서 보면 조정채널은 공식 기구로, 탐색조와 검토팀은 비공식 기구로 운영했고, 공식 조정채널은 공개 회의와 비공개 회의를 병행했으며, 탐색조와 검토팀은 비공개로 운영했다. 합의도출을 위해서라면 필요에 따라 공식이든 비공식이든, 공개든 비공개든 모든 방식을 다 동원했다.

일반적인 협의조정과 다른 점은 소통을 위해 장외채널까지 활용했다는 것이다. 즉 양보안 제시와 논쟁을 회의장이 아닌 장외 언론을 통해 주고받은 것이다. 이는 정당으로서는 당연한 정치적 이유에 기인한다. 즉 자당 지지자들에게 최선을 다하고 있다는 메시지를 보내 정치적 지지를 유도하고, 자당의 입장에 대한 여론의 반응을 떠보며, 여론을 환기시켜 상대방을 압박하여 양보를 얻어내기 위한 것이었다.

(3) 멤버구성상 특징과 원인

협의팀과 지원기구의 멤버구성을 보면 <표 11-5>와 같다. 상황전개에 따라 끊임없이 변경되었다.

먼저, 여야 조정채널은 정책위의장과 원내수석부대표 중심의 고위채널인 10인협의체와 국회 상임위원회 의원 중심의 실무채널로 출발했다. 탐색요원으로는 여당 원내대표 비서실장과 야당 원내행정국장이 참여했고, 검토팀은 탐색요원과 전문가들로 구성되었는데 여당측 전문가로서는 행안부와 유관부처 고위공무원이, 야당측 전문가로서는 행정안전담당 정책전문위원과 유관 정책전문위원들이 참여했다. 이 구성상 특징을 보면 다음과 같다.

첫째, 정책위의장이 고위협의팀의 장이라는 것이다. 당헌·당규상 여야 정당간 이견조정의 최고책임자는 원내대표들이다. 따라서 원내대표들이 고위협의팀의 주도자여야 한다. 그러나 원내대표들은 자신들이 먼저 나서지 않고 정책위의장들을 내세웠다. 왜 그랬을까?

정부조직개편은 단지 조직구조의 변경뿐만 아니라 정책적 여파가 크고, 또한 여러 행정부처들과 여러 국회상임위원회들이 관련되어 있어서 명분상 자신들보다 정책위의장이 보다 적합했기 때문이다. 또한 정책위의장을 앞세운 것은 여야 원내대표들의

표 11-5 시간흐름에 따른 조정채널과 지원기구의 구성 변화

시 기	조정 채널 (고위채널 - 실무채널)	탐색조	검토팀
2. 4.	10인협의체 [5+5] - 국회 8개 상임위원회 * 여야 정책위장/원내수석부대표/행안/법사위간사	L vs S	- 행안부/관련부처 공무원 - 행안/관련 정책전문위원
2. 6.	10인협의체 [5+5] - 4인실무협의조정팀 [2+2] * 행안위 간사 + 1	L vs S	- 행안부/관련부처 공무원 - 행안/관련 정책전문위원
2.17.	6인협의체 [3+3] - 원내수석부대표 * 여야 원내대표/정책위의장/원내수석부대표	L vs S	- 행안부/관련부처 공무원 - 행안/관련 정책전문위원
2.22.	6인회의 [3+3] - 원내수석부대표 * 여야 당대표/원내대표/원내수석부대표	L vs S	- 방통위 공무원 - 방통 정책전문위원
3. 2.	원내대표 - 원내수석부대표	L vs S	- 방통위 공무원 - 방통 정책전문위원
3. 8.	당대표회담(1회) - 원내대표 - 원내수석부대표	L vs S	- 방통위 공무원 - 방통 정책전문위원
3.17.	원내대표 - 원내수석부대표	-	-

전략적 판단 때문이었다. 야당 P 원내대표는 정부조직개편 협의조정을 원활히 마무리하기 위해 대여 강경기류와 여론의 압박을 잘 관리해야 했다. 야당 내에는 한 달 전에 근소하게 패배한 대선에서 국정원이 개입했다는 정황이 드러나 정부여당에 전혀 협조하지 않으려는 강한 기류가 흐르고 있었다. 또한 새정부 출범에 제동을 걸 경우 대선에서 진 정당이 국정운영을 방해한다는 비난여론이 불 보듯 뻔했다. 이러한 상황에서 순수 정치인 출신인 야당 원내대표의 선택은 자신은 당내외 여론을 관리하면서 협의조정의 방향만 정해주고 구체적인 내용에 관한 협의조정은 부처차관 출신인 정책위의장에게 맡기는 것이었다. 반면, 여당 L 원내대표는 정부조직개편안 협의조정을 원활히 마무리하기 위해 당내 이견 조율은 물론 당선인 측과의 조율도 감당해야 했다. 여당 L 원내대표는 정책위의장을 거친 정책전문가여서 초반부터 직접 협의조정에 나설 수 있었으나, 마침 여당 J 정책위의장이 인수위 부위원장을 겸임하고 있어서 개편안의 내용과 배경을 잘 알 뿐만 아니라 대통령 당선인과의 관계도 원활해 야당을 상대로 설득하고 양보하는 데 유리하다고 판단해 정책위의장을 앞세웠다.

또한, 원내대표들은 원내수석부대표를 특별히 고위조정팀에 포함시켰다. 여야 협의조정 관행상 원내수석부대표들은 실무채널이다. 그럼에도 원내수석부대표를 고위조정팀에 포함시킨 이유는 야당 P 원내대표의 당내 고려 때문이었다. 즉 야당 W 원내수석부대표는 당내 강력한 계파의 일원이기 때문에 당내 강경파의 입장을 반영함과 동시에 조정결과에 대한 강경파의 반발을 무마시키기 위한 것이었다. 여당은 야당과 균형을 맞추기 위해 원내수석부대표를 고위조정팀에 포함시켰다.

둘째, 원내대표들은 실무차원의 1차 조정기구로 쟁점 소관 국회 상임위원회를 지정했다는 것이다. 이유는 세 가지로 해석된다. 하나는, 쟁점소관 상임위원회 의원들이 소관 부처의 개편내용과 그 여파를 잘 이해할 수 있어서[50] 세부적인 조정을 잘 할 수 있기 때문이고, 다른 하나는, 쟁점별 찬반 입장은 여당이든 야당이든 대부분 이들이 갖고 있어서 미처 실시하지 못한 의견 수렴도 겸할 수 있기 때문이며, 마지막 하나는, 정부조직개편안이 최종 합의되면 수많은 관련 법률들을 각 상임위원회에서 신속히 통과시켜야 하기 때문이었다.

그런데 이틀 후에 실무채널이 양당 행정안전위원회 간사들로 바뀌었다. 그 시점은 몇몇 상임위원회에서 인수위원회 원안에 대한 해당 부처와 일부 여당의원들의 불만과 반대가 표출되자 여당 사무총장이 여당 의원들에게 함구령을 내리고 인수위 J 부

---

50) 의원들은 소속 상임위 소관 업무에 민감하지만 여타 상임위 업무에는 관심이 별로 없다.

위원장이 반발 부처들을 질책한 직후였다. 실무채널을 행안위 간사들로 교체한 이유는 i) 주요 쟁점 소관 상임위원회 내에서 이견이 속출했을 뿐만 아니라, ii) 소관 상임위원회에서는 여타 쟁점법안들과 함께 논의할 수밖에 없어 정부조직개편안에 대해 집중적인 논의를 할 수 없었으며, iii) 쟁점간 패키지 조정도 어려워 짧은 기간에 합의도출이 불가능했기 때문이다.[51]

셋째, 원내대표들은 탐색요원으로 자신들이 신뢰하고 정무적 판단력이 있는 당료를 임명했다. 왜 그랬는가? 탐색요원의 임무는 상대방의 의중을 가장 정확하고 깊숙이 파악하여 원내대표에게 곧바로 보고하고 동시에 여야 협의조정의 세부전략을 수립하는 것이었다. 원내대표들은 이 자리에 자신들이 신뢰할 수 있고 여야관계에서 전략적 판단이 뛰어난 당료가 필요했다. L과 S는 자당내에서 이 조건을 충족시킬 수 있었다. L는 여당 원내대표의 비서실장이었을 뿐만 아니라 국회의장 정무비서를 역임한 적이 있었고, S는 야당 원내대표의 비서나 다름없는 원내행정실장이었을 뿐만 아니라 그 전에 원내기획실에서 전략보고서를 많이 써 왔기 때문이다.[52]

넷째, 검토팀 구성은 관행대로 따랐다. 즉 야당은 당내 정책전문위원을 배치시켰고, 여당은 행정부 고위공무원을 배치시켰다.[53] 다만, 여당은 인수위원회에서 정부조직개편안을 작성했던 위원들도 포함시켰다.

다음, 여야 협의조정을 개시한지 2주 후, 새정부 출범 2주 전에 협의조정채널과 지원기구의 구성이 크게 변경됐다. 이 시점은 여야 정당이 15개 쟁점 중 부차적 쟁점들에 대한 합의를 거의 끝냈고 정치적 여파가 큰 핵심쟁점에 대한 합의도출에 어려움을 겪는 시점이었다.

첫째, 각 당 정책위의장들이 아니라 원내대표들이 이때부터 전면에 나서서 직접 협의조정하기 시작했다. 이유는 합의도출이 쉽지 않은 쟁점들을 정책적 관점이 아니라 정치적 측면에서 타결할 필요가 있었기 때문이다.[54] 즉 새정부 출범일이 다가옴에도

---

51) 각 상임위원회에서 정부조직법개정안에 대해 해당 부처들의 입장과 의견을 청취한 다음, 여야 의원들이 질의하고 정부측이 응답하는 정도로 넘어갔다. 이 과정에서 의원들의 개인적인 의견과 입장만 표출되었다. 여야 간사간 협의조정이나 법안소위에서의 여야 의원들 간에 진지한 협의조정은 없었다.

52) 또한 S는 당내 한 계파 수장의 심복이었다. 이런 측면에서 보면, 야당 원내대표는 여야 협의조정에 당내 의견을 고루 반영키 위해 핵심포스트인 원내수석부대표와 탐색요원에 계파 안배를 했다.

53) 우리나라 야당은 정책위원회 산하에 정책지원 전문스탭으로 소수 분야별 정책전문위원을 두고 있으나, 여당은 행정부처 고위공무원을 파견받아 정책전문위원으로 활용해 왔다.

54) 동시에 여당의 J 정책위의장이 보건복지부 장관 후보자로 내정되어 더 이상 협의조정에 참여할 수 없게 되었다. 균형을 맞추는 관행에 따라 야당의 B 정책위의장도 계속 나설 수 없었다.

협의조정에 진전이 없자 더 이상 미루기 어려워 여야 원내대표들이 정부조직개편안을 정치적 현안과 연계하여 물밑 대타협으로 조기 타결을 시도할 필요가 있었기 때문이다.

둘째, 각 당 행안위 간사들이 아니라 원내수석부대표들이 실무조정을 전담하게 되었다. 이유는 세 가지로 분석된다. 하나는, 정부조직개편안이 여러 상임위원회에 걸쳐 있어 행정안전위원회 간사들이 실무 조정하는 데 한계가 있었기 때문이고, 다른 하나는 원내수석부대표들이 지금까지 많은 쟁점법안들을 협의조정해 온 결과 여야 간에 어떻게 하면 합의에 도달할 수 있는지를 잘 알기 때문이며, 마지막 하나는 정치적 폭발력을 갖고 있는 방송쟁점을 놓고 야당내 강경세력의 입장과 청와대의 입장이 부딪치는 상황에서 실무조정을 효율적으로 하기 위해서는 양 진영과 깊숙이 연결될 수 있어야 하는데 그들이 바로 원내수석부대표들이었기 때문이다.

셋째, 검토팀내 전문가 멤버들도 바뀌었다. 여당측 전문가들은 정통부출신 방통위 고위공무원으로 바뀌었고 야당측 전문가들은 문화관광담당 정책전문위원과 방통위 방송관련 간부로 바뀌었다. 이유는 간단했다. 15개 쟁점들이 대부분 합의되어 마지막 쟁점이 방송통신으로 압축되어 그에 필요한 전문성도 달라졌기 때문이다.

넷째, 탐색요원은 교체하지 않았다. 교체하면 상대방의 의중 탐색과 세부전략 수립이 어려워지기 때문이다.

2) 조정절차 활용상 특징과 원인

(1) 활용 절차

여야 협의팀은 정부조직개편안 조정을 위해 어떤 절차를 활용했는가? 절차와 관련된 일련의 사건들을 세밀히 관찰하면 세 가지 흐름이 있다.

첫째, 정부조직개편안 발표부터 최종 타결까지 주요 경과이다. i) 1월 15일 인수위원장의 정부조직개편안 발표에 대해 여당과 야당은 대변인 성명을 통해 서로 다른 반응을 보였다. 이로 인해 여야 상호간에 시각차가 있음이 확인되었다. ii) 2월 4일 제1차 회동에서 야당이 15개 사안에 대한 문제점과 대안을 제시했다. 이로써 여야당간 쟁점이 15개로 정해졌다. iii) 2월 5일 2차 회동에서 여야당은 쟁점별로 하나씩 합의가능성을 논의하면서, 여당은 대통령 당선인의 관심사가 무엇인지, 여당이 양보하기 어려운 쟁점이 무엇인지를 알렸고, 야당은 방송통신위원회 쟁점과 통상기능이관 쟁점에 대해서는 끝까지 반대할 것임을 천명했다. 즉 서로가 상대방의 입장을 탐색함과 동시에 양보할 수 있는 한도가 어디인지를 확인한 것이다. iv) 그 후 2월 6일부터 17일까지 여야 협의팀은 수차례 협의조정을 통해 대다수 쟁점에 대해 의견접근을 이루었다. 그러나 2월 18일부터 3월 14일까지 여야 협의팀은 수면 위에서 마지막 방송쟁점에 대해 합의와 번복, 상호 비방과 협박을 반복했고, 물밑에선 정부조직개편안과 국정원 국정조사 간의 연계처리 여부를 놓고 논란을 빚었다. v) 이런 와중에 3월 15일 대통령이 여당지도부와의 회동에서 국정조사에 대한 여당 지도부의 입장을 존중하겠다고 함으로써 여야간 쟁점타결의 물꼬를 텄다. vi) 이를 계기로 여야당은 3월 16일과 17일 마라톤 협의를 거쳐 최종 타결했고, vii) 합의문을 작성하여 여야 원내대표들이 사인했다.

상기 조정절차를 자세히 들여다보면, 이견의 상호 감지(1.15.), 쟁점의 확정(2.4.), 쟁점별 합의가능성 탐색(2.5.), 입장 좁히기(2.6.-3.14.), 최종타결을 위한 정지 작업(3.15.), 최종 타결(3.17.), 합의문 서명과 기자회견(3.17.) 등의 단계를 거쳤음을 알 수 있다. 이러한 경과는 대면접촉양보절차와 일치한다. 이는 여야 정당이 단계적으로 조금씩 양보하면서 협의조정했다는 의미이다.

둘째, 여야 협의팀이 15개 쟁점에 대한 합의도출을 위해 따랐던 절차이다. 먼저, i) 탐색접촉에서 서로가 상대방의 주장과 논리, 주장의 강도 및 양보수위 등을 파악했다. ii) 이어 타협안과 설득논리를 마련했다. 야당의 경우 검토팀이 탐색위원의 보고내용과 원내대표의 지침55)을 참고하여 타협안과 대응논리를 마련한 다음, 실무협의자인 원내수석부대표에게 브리핑했다. 여당의 경우 원내수석부대표가 협의조정안을 마련하기 위해 인수위 측에 문의하면 담당 인수위원들이 찾아와 협의조정안과 설득논리를 브리핑했다. iii) 여야 협의팀이 합의도출을 시도했다. 원내수석부대표들이 협의조정안과 원내대표 지침을 받아 실무협의를 한 다음, 그 결과를 원내대표들에게 보고했다. 여당 원내수석부대표는 추가로 당선인 측에도 보고했다. iv) 합의 부분에 대한 추인을 구했다. 원내대표들은 실무협의에서 합의된 쟁점은 당선인 측(여당)이나 의원총회(야당)에 보고하여 추인을 구하고, 합의되지 않은 쟁점에 대해서는 직접 협의에 나섰다. 추인을 받으면 원내대표들이 합의안에 서명했고, 추인을 못 받으면 합의를 번복하고 재협의에 나섰다. v) 미합의 쟁점들에 대해 다시 협의에 나섰다. 즉 검토팀에서 입장을 다시 정립한 후, 탐색요원에게 상대방의 반응을 알아보도록 했다. 그 후부터는 상기 절차를 반복했다.

---

55) 민주당 원내대표는 주요 쟁점이 논의될 때마다 해당 상임위원회 소속 당내 의원들과의 간담회를 통해 의견을 수렴하고, 매주 월, 수, 금요일에 열리는 최고위원회에서 협의조정 방향과 전략을 가다듬은 다음, 이를 바탕으로 지침을 마련했다.

이상의 절차를 협의안을 중심으로 재정리하면 다음과 같다. 야당 협의팀이 검토팀에서 만든 협의안을 여당 협의팀에게 제시하면, 여당 협의팀은 이를 검토하여 원안을 훼손하지 않은 제안은 수용하여 합의했고, 훼손하는 제안은 거부했다. 합의결과는 각각 당선인 측과 의원총회에 보고하여 추인을 구했다. 합의에 이르지 못하거나 추인을 받지 못한 쟁점에 대해 야당 협의팀이 검토팀과 협의하여 다시 양보안을 만들어 합의를 시도했다. 그런데 타협안은 야당 협의팀만 제시한 것이 아니다. 야당 협의팀의 타협안이 만족스럽지 못한 경우 여당 협의팀이 검토팀과 협의하여 타협안을 만들어 야당 협의팀에게 제안했다. 야당 협의팀도 여당 협의팀이 제안한 타협안 중 수용가능한 부분에 대해서는 합의하고 불가능한 부분에 대해서는 거부했다. 여당 협의팀은 당선인 측에, 야당 협의팀은 의원총회에 합의내용을 보고하고 추인을 받으면 합의문에 서명했다. 여야 협의팀은 이러한 과정을 통해 쟁점들에 대한 합의를 쌓아갔다. 이 절차는 서면교환양보절차와 상당히 유사한 절차이다. 여야가 필요한 때에 개별적으로 타협안을 만들어 제안하면서 합의가능한 부분은 합의하고 불가능한 부분은 입장을 수정하여 다시 협의하는 과정을 반복하여 최종 합의에 이른 것이다.

셋째, 협의조정이 진행되는 도중에 제시되었던 원칙들이다. i) 여야 당대표들이 3월 8일 회동하여 정부조직개편안 타결을 위한 기본원칙에 합의했다. 즉 "방송통신 분야 쟁점을 정부원안대로 통과시키되, 방송의 공정성을 보장하기 위한 제도적 장치를 만든다"는 것이었다. 또한 ii) 여당 원내대표도 3월 13일 '국민의 선택 존중과 신뢰' '긴급한 국정상황 고려' '우선순위 고려' 등 정부조직개편안 타결 3대 원칙을 제시했다. 그러나 이 원칙들은 쟁점조정에 적용되지 않았다. 원칙들을 제안한 시점이 너무 늦었고, 전자의 경우 당대표들이 당내 위상이 강화된 원내대표들에게 합의안 수용을 강요할 수 없었고, 후자의 경우 당사자간 합의가 없는 일방적 주장이었기 때문이다. 그 결과 정부조직개편안은 원칙타결절차에 따라 조정되지 않았다.

이상의 분석을 요약하면, 여야 협의팀은 조정절차로서 원칙타결절차(Formula Detail procedure)가 아니라 점증합의절차(Gradual Agreement procedure)를 따랐다. 즉 여러 쟁점들을 동시에 논의하면서 가능한 것부터 하나씩 합의해 갔고, 마지막 방송통신 쟁점도 세부 쟁점들로 분할해 가면서 하나씩 합의했다. 점증합의절차 중에서는 대면접촉양보절차에 따라 협의조정을 진행하면서 구체적인 쟁점들에 대해서는 서면교환양보절차에 따랐다.

(2) 원인

여야 협의팀은 왜 초기에 원칙타결절차를 고려하지 않았나? 여당 입장에서 보면 쟁점들도 많고 시간도 촉박하여 신속한 타결을 위해 원칙타결을 시도할 수 있는 상황이었고, 야당 입장에서도 정부조직개편안을 대폭 수정하기는 어려울 뿐만 아니라 배후에 강경세력이 버티고 있어 원칙타결 절차를 따를 경우 원칙(명분)을 내세워 상당한 양보를 얻어낼 수 있고 동시에 명예로운 양보도 가능한 상황이었다. 그럼에도 여야 협의팀에게 2월 5일 1차 협의 직후가 원칙타결절차를 고려할 기회였는데 시종일관 점증합의절차를 따랐다.

여야 협의팀이 원칙타결절차를 따르기 어려웠던 이유는 두 가지로 해석된다.

첫째, 여야 협의팀 지도부(원내대표)의 재량권이 크지 않았기 때문이다. 원칙타결절차에 따르려면 원칙이라는 대의명분에 따라 자신의 실리도 포기할 수 있어야 하는데, 이는 여야 협의팀 지도부가 자기 진영에 대해 강한 통제권을 갖는 실세여야만 가능하다. 그런데 정부조직개편안 조정에서 여야 협의팀 지도부는 실세가 아니었다. 여당 협의팀 뒤에 버티고 있는 실세는 인수위와 대통령이었고, 야당 협의팀 뒤에 있는 실세는 당내 강경파들이었다. 이러한 구조로 인해 여야 협의팀은 재량을 충분히 발휘할 수 있는 실세가 아니어서 원칙타결절차를 따르기 어려웠다.

둘째, 각자가 중시하는 핵심쟁점에서 자당의 입장을 관철할 수 있을지에 대한 확신이 없었기 때문이다. 각당은 다른 쟁점들을 양보하고서라도 반드시 관철해야 할 핵심쟁점이 있었다. 그런데 원칙타결절차를 따르게 되면 핵심쟁점에서 자당의 입장을 관철하기보다는 양보해야 할 상황에 처할 수 있다. 그러나 점증합의절차를 따르면 다른 쟁점들에서 양보해서라도 핵심쟁점에서 입장을 관철할 수 있는 가능성이 커진다. 따라서 여야 협의팀은 자신들이 중요하는 핵심쟁점들에서 자신들의 입장을 관철하기 위해 원칙타결절차보다 점증합의절차를 따를 수밖에 없었다.

점증합의절차를 따를 수밖에 없었던 이유를 각 당의 입장에서 보면 다음과 같다.

여당 입장에서 보면 원안골격 관철이 목표인데 이를 위해서는 점증합의절차가 유리했기 때문이다. 원칙타결절차에 따르면 힘 있는 여당이라도 원칙에 따라 상당수 쟁점에서 양보해야 하므로 원안 골격의 유지가 쉽지 않다. 그러나 점증합의절차에 따르면 매 쟁점에서 여당이 우월적 지위를 활용할 수 있어서 원안골격을 관철하는 데 상대적으로 유리하다.

야당 입장에서 보면 정부조직개편안을 고리로 하여 다른 정치현안들에 대한 양보를 얻어내는 데 점증합의절차가 유리했기 때문이다. 야당 입장에서 보면 정부조직개편안은 어차피 원안에 가깝게 합의해 줄 수밖에 없어서 원안대로 양보해주고 다른 정치현안에서 양보를 얻을 필요가 있다. 그러나 원칙타결절차에서는 정부조직개편안과 여타 정치현안들을 연계시키기가 쉽지 않다. 원칙은 합리성과 공정성에 입각해야 정해야 하는데, 정부조직개편과 관련 없는 정치이슈들을 끌어들일 수는 없기 때문이다. 그러나 점증합의절차에 따를 경우 여당이 중요시하는 핵심쟁점에서 양보를 조건으로 정부조직개편 이외의 여야 정치현안에서 여당의 양보를 유도할 수 있다.

3) 동원전략과 효과

(1) 단계별 쟁점합의 전략

협의조정의 주요 단계에서 여야 협의팀이 자신들의 입장을 관철하기 위해 상대방의 양보를 유도하고 상대방의 양보요구를 거부하는 전략으로 어떤 것을 동원했는가?

먼저, 협의조정 초반(2.5.–2.11.)에 여야 협의팀이 15개 쟁점을 6개 쟁점으로 줄이는 과정에서 구사한 전략들과 그 효과를 보면 다음과 같다.

첫째, 여야 협의팀은 상대방의 양보를 유도하기 위해 서로 설득전략을 동원했고, 더 나아가 여당 협의팀이 추가로 선제양보 전략을 동원했다. 매 협의조정마다 여당 협의팀은 원안의 타당성과 불가피성을, 야당 협의팀도 원안의 문제점과 대안을 지속적으로 설득했다. 야당 협의팀의 설득전략은 일정 부분 효과를 발휘했다. 그리하여 원자력안전위원회 쟁점에 대해서는 여당 협의팀이 양보하여 제3의 대안을 마련하기로 의견접근을 이루었다. 더 나아가, 여당 협의팀장인 J 정책위의장은 협의조정의 마지노선을 정하기 위해 당선인과 조율을 거친 후 선제양보 전략을 동원했다. 여당 협의팀의 선제양보 전략은 상당히 효과적이었다. 야당 협의팀이 그에 상응한 양보를 했기 때문이다. 구체적으로 보면, 여당 협의팀이 먼저 '농축산부 명칭' '신성장산업 소속' '공정위 전속고발권 폐지' 등 쟁점에서 양보하자, 이에 상응하여 야당 협의팀도 '기획·예산 분리' '식약청 승격' '행안부 명칭 변경' '경호실 승격' 등에서 양보했다. '우정사업본부 승격' 쟁점에서는 절반씩을 양보했다. 여야 협의팀이 이들 쟁점에서 서로 양보한 이유는, 여당의 경우 야당의 요구가 합리적이면서 당선인의 관심사를 훼손하지 않았기 때문이고, 야당의 경우 이미 내부적으로 중요하지 않은 쟁점들로 분류한 것들이었기 때문이다.

둘째, 상대방의 지나친 양보요구를 거부하기 위해 여당 협의팀은 재량한계 전략을, 야당 협의팀은 받아치기 전략을 동원했다. 여당 협의팀은 방송통신기능 이관과 통상기능 이관 등에 대해 당선인의 원안고수 의지가 강하여 자신들이 양보할 수 있는 쟁점이 아니라는 이유로 야당의 요구를 거절하자, 야당 협의팀장은 두 핵심쟁점에서 끝까지 양보하지 않겠다고 천명했다. 즉 여당의 재량권 한계 전략에 야당은 받아치기 전략으로 맞선 것이다. 재량한계 전략은 일시적으로는 성공했다.[56] 이들 쟁점에서 상당 기간 양보하지 않을 수 있었기 때문이다. 또한 여당 협의팀은 양보를 거부하기 위해 추가로 내부단속 전략을 구사했다. 내부분란으로 인한 양보를 막기 위해 당내 이견과 부처 반발을 강력히 단속한 것이다.[57] 내부단속 전략은 성공적이었다. 여당 협의팀은 당내 이견이 있었던 핵심쟁점에서 내부로부터 양보하라는 압력을 받지 않아 양보하지 않을 수 있었기 때문이다.

셋째, 양보한 것보다 더 많은 양보를 얻어내기 위해 야당 협의팀이 성동격서(聲東擊西, sham position) 전략을 구사했다. 야당 입장에서 방송통신위원회 쟁점은 절대 양보할 수 없는 쟁점이었다. 방송은 선거에 지대한 영향을 미치기 때문이다. 야당 협의팀은 이 쟁점에서 양보를 유도하기 위해 통상기능이관 쟁점과 연계하여 맞교환하려는 전략을 세웠다. 이유는 다음과 같다. 당선인이 반드시 관철하려고 한 쟁점이 방송통신기능 이관, 통상기능 이관, 해수부 부활, 식약청 승격이었는데, 해수부 부활은 야당도 대선 때 공약한 것이어서 반대할 수 없었고, 식약청 승격도 국민안전을 강화한다는 것이어서 반대할 명분이 없었다. 그러나 통상기능 쟁점은 방송통신 쟁점처럼 여야간 이견이 클 뿐만 아니라 여당 내에서도 이견이 컸다. 동시에 야당에게 통상기능 쟁점은 방통통신 쟁점만큼 중요한 쟁점은 아니었다. 그래서 야당은 통상기능 쟁점을 양보하는 조건으로 방송통신 쟁점에서 양보를 얻어내려 했다. 그리하여 2월 4일 첫 회동부터 야당 협의팀은 방송통신 쟁점과 통상기능 쟁점은 절대 양보할 수 없다고 미리 배수진을 친 후, 2월 17일 통상기능 쟁점을 먼저 양보했다. 방송통신 쟁점에서 상응양보를 얻어내기 위해서였다. 그러나 여당 협의팀이 당선인의 의지가 워낙 강하다는 이유로 방송통신 쟁점에서 조금도 양보하려 하지 않았다. 그래서 야당 협의팀은 2월 23일 통상기능 쟁점에 대한 17일자 양보를 철회했다.

---

56) 그러나 결국에는 실패했다. 핵심쟁점의 원안을 지키지 못하고 부분적으로 양보했기 때문이다.

57) 당시 여당 사무총장은 확대원내대책회의에서 소속의원들에게 개인의견을 자제해 달라고 요청했고(2013. 2. 5. "정부조직개편 개인의견 조금씩 양보해야" 연합뉴스), 정책위의장은 인수위원회 원안과 다른 주장을 하는 고위공무원들을 강하게 질책했다(2013. 2. 5. 인수위, 정부조직개편안 원안사수 총력전. 연합뉴스).

다음, 협의조정 중반(2.12.‒2.21.)에 중요 쟁점 6개를 1개로 압축하는 과정에서 여야 협의팀이 구사한 전략들과 그 효과를 보면 다음과 같다.

첫째, 상대방의 양보를 유도하기 위해 여야 협의팀은 양보전략을 동원했고, 더 나아가 여당 협의팀은 설득과 압박 전략을, 야당 협의팀은 유인 전략을 동원했다.

합의처리 시점이 다가오자 여당 협의팀은 당선인의 관심 쟁점에서 야당의 양보를 얻어내기 위해 나머지 쟁점들에서 양보했고, 야당 협의팀도 정치적 사활이 걸린 쟁점에서 여당의 양보를 얻어내기 위해 여타 쟁점들에서 대폭 양보를 했다. 그 결과 원자력안전위원회 소속, 중기청 승격, 산학협력 소속, 검찰 개혁, 금융기구 개편 등에서 의견접근을 이뤘다.

그러나 핵심쟁점에서 합의가 안 되자 여당 협의팀은 설득과 압박 전략을 총동원했다. 여당 협의팀은 이슈연계를 통한 설득 전략을 시도했다. 즉 북한 3차 핵실험을 연계(2.14.)시켰고, 일자리, 경제부흥, 삶의 질 등과도 연계시켰다(1.15.). 이 연계는 어느 정도 효과가 있었던 것으로 보인다. 야당 원내대표가 부담을 느껴 쟁점 타결을 서둘렀기 때문이다. 나아가 여당 협의팀은 압박전략으로 직권상정 거론(2.12.), 책임론 제기(2.13.), 국정방해자 낙인찍기(2.14.) 및 원자력안전위원회 양보 철회(2.19.)를 구사했다. 그러나 이들 압박전략은 국정방해자 낙인찍기 이외에 별 효과를 발휘하지 못했다. 야당 협의팀이 국정발목잡기 여론만 의식했을 뿐 전혀 양보하지 않았기 때문이다.

반면에, 야당 협의팀은 유인 전략을 구사했다. 즉 정치현안 국정조사에 협력해 주면 정부조직개편안에서 많은 양보를 해 주겠다는 것이다(2.12.). 이 제안은 유인 전략이기는 하지만 일반적인 유인 전략과는 달리 유인책이 뒤바뀐 역유인 전략이다. 핵심쟁점에서 양보를 얻어내기 위해 국정조사를 요구하지 않는 양보를 하겠다는 것이 아니라, 오히려 국정조사에서 양보를 얻어내기 위해 정부조직개편안 주요 쟁점에서 양보해 주겠다는 것이기 때문이다.

둘째, 상대방의 지나친 양보요구를 거부하는 전략은 야당 협의팀이 구사했다. 즉 여당 협의팀의 압박 전략에 대응하여 받아치기 전략과 지연 전략으로 맞선 것이다. 받아치기 전략으로 안건조정제도를 발동하겠다고 했고(2.13.), 지연 전략으로 당선인의 완고함과 여당의 눈치보기 등을 비난하는 장외공방을 벌였다(2.14.).

마지막으로, 협의조정 후반(2.22.‒3.17.)에 마지막 방송통신 쟁점에 관한 합의도출을 시도하는 과정에서 여야 협의팀이 구사한 전략들과 그 효과는 다음과 같다.

첫째, 상대방의 양보를 유도하기 위해 여당 협의팀은 설득과 유인 및 압박 전략을, 야당 협의팀은 선제양보 전략과 유인 전략을 동원했다.

　　여당 협의팀은 압박 전략으로 직권상정과 '다수결 처리방침'을 천명(2.28.)하고, '부정적 여론'(발목잡기)과 '대통령 대국민담화'(3.4)를 동원했으며, 유인 전략으로 '방송특별법 제정'을 시사(3.5.)했고 원내대표가 물밑 약속한 '국정조사 이행'을 시사(3.5.)했으며, 설득 전략으로 '정상적인 정부출범'을 강조(2.20.)했다. 이 가운데 '정상적인 정부출범 설득' '부정적 여론 동원 압박' '방송특별법 제정 협력' '국정조사 협력' 등은 효과를 발휘했다. 그로 인해 3월 6일 야당 원내대표가 조건부 양보를 제안하기에 이르렀기 때문이다.58) 그러나 '직권상정'이나 '다수결 압박'은 아무런 효과가 없었다.

　　반면, 야당 협의팀은 상응양보를 유도하기 위해 선제양보 전략으로 방송통신 1개 쟁점을 세분화하면서 조금씩 먼저 양보했다. 즉 통신분야(2.18.), 통신주파수(2.23.), 비보도방송(2.27.), IPTV(3.3.) 등으로 세분화하여 차례로 양보했다. 또한 유인 전략으로 '공영방송 이사 특별정족수 선임'(3.6.)과 '정보통신산업진흥특별법 제정'(3.11.)을 제시했다. 이 단계적 선제양보와 특별정족수 및 정보산업진흥특별법 유인은 어느 정도 효과가 있었다. 여당 협의팀이 방송공정성에 대한 야당의 우려를 진지하게 인정하게 되었을 뿐만 아니라(3.7. 수석부대표회의, 3.8. 당대표회의) 방송분야를 방통위와 미창부가 공동관리하는 타협안을 제안(3.5.)했고, 특별정족수 조건과 SO쟁점을 교환(3.13.)하기에 이르렀기 때문이다.

　　둘째, 상대방의 지나친 양보요구를 거부하기 위해 여야 협의팀은 지연 전략과 받아치기 전략을 구사했다. 지연 전략의 일환으로 여야 협의팀은 '장외 공방'(2.20., 3.10.)과 '라디오 홍보전'(2.27.)을 벌였다. 받아치기 전략의 일환으로 여당 협의팀은 '원점회귀선언'(2.21.)과 '타결번복'(3.3., 3.14.)을 했고, 야당 협의팀도 '원점회귀선언'(2.21.)과 '통상기능 양보 철회'(2.23.)를 했다. 지연 전략들은 유효했으나, 받아치기 전략은 유효하지 못했다. 받아치기로 일시적으로는 거부할 수 있었으나 얼마가지 않아 반대의 결과를 가져 왔기 때문이다.

　　셋째, 양보한 것보다 더 많이 관철하기 위해 여야 협의팀은 주체적 포용 전략을 구사했다. 협의조정 후반에 서로가 양보하지 않을 수 없는 상황에 이르자 여야 협의팀

---

58) 야당 원내대표는 공영방송 이사 특별정족수 선임 등 3대 조건을 수용하면 정부조직개편안 핵심 쟁점에서 양보하겠다고 제안하면서, 국정표류가 장기화돼 국민들의 우려가 커지는 상황에서 야당으로서 책임감을 느꼈고 북한이 정전협의조정 백지화를 선언하고 우리 군이 응징 입장을 밝히는 등 나라 안팎이 어려운 상황이라 절박한 마음으로 정부조직개편안 타결을 위해 최소한의 조건을 붙여 양보의 길을 택했다고 밝혔다(2013. 3. 6. 매일경제. 민주 "방송 부문 미래부 이관 조건부 수용.").

은 쟁점을 쪼개서 조금씩 양보하면서 주체적 포용 전략을 구사했다. 야당 협의팀은 방송통신위원회의 기존 골격을 유지하되 신정부에 필요한 최소한의 기능만 이관하려 했고, 여당 협의팀도 인수위 원안을 유지하되 방송공정성을 위해 야당 입장을 최소한만 반영하려 했다. 서로가 자신의 입장을 최종 조정안의 근간으로 하면서 상대방 입장의 일부만 반영하려 한 것이다. 그러나 이 주체적 포용 전략은 성공하지는 못한 것으로 보인다. 방송통신쟁점에서 여야 어느 팀도 양보한 것보다 더 많은 양보를 얻어냈다고 보기 어렵기 때문이다.

(2) 최종타결 전략

거시적 차원에서 정부조직개편안 쟁점들 가운데 가장 중요한 쟁점은 수면 위에서는 방송통신위원회 쟁점이었고 수면아래에서는 국정원 국정조사였다. 이 두 쟁점에 대한 합의가 이루어지지 않아 정부조직개편안 타결이 늦어졌기 때문이다. 여야 협의팀은 이 쟁점들을 타결하기 위해 어떤 전략을 구사했는가?

먼저, 여야 정당 서로가 가장 중요시하여 양보하기 어려웠던 방송통신 쟁점에서 여야 협의팀은 어떤 전략을 구사했는가? 여야 협의팀은 협의조정 전기간을 통해 선강후양 전략을 구사했다. 즉 협의조정 초반과 중반에 서로 한 치의 양보도 않고 강경입장을 고수하다가 협의조정 후반에 서로가 조금씩 양보했다. 방통통신쟁점 협의조정과정에서 여야 협의팀이 구사한 구체적인 전략을 단계별로 보면 다음과 같다.

협의조정 초반에 여당 협의팀은 야당의 양보를 유도하기 위해 설득 전략을, 야당의 양보요구를 거부하기 위해 재량한계 전략을 동원한 반면, 야당 협의팀은 양보 요구를 거부하기 위해 받아치기 전략을, 양보를 유도하기 위해 설득 전략을, 양보한 것보다 더 많은 양보를 얻어내기 위해 성동격서 전략을 구사했다. 그러나 어느 전략도 효과가 없었다. 여여 협의팀 모두가 강경하게 원안을 고수했기 때문이다.

협의조정 중반에 여당 협의팀은 야당의 양보를 얻어내기 위해 설득과 압박 전략을 동원했다. 이에 대응해 야당 협의팀은 양보 요구를 거부하기 위해 받아치기 전략과 지연 전략을, 그리고 양보를 유도하기 위해 유인전략을 구사했다. 그러나 어느 전략도 효과가 없었다. 여당은 당선인의 의지가 강하다는 이유로, 야당 협의팀은 야당의 정치적 사활이 걸린 문제라는 이유로 강경입장을 고수했기 때문이다. 그 결과 아무 진전이 없었다.

협의조정 후반에는 여당 협의팀이 야당의 양보를 유도하기 위해 설득과 유인 및 압박 전략을, 야당의 양보요구를 거부하기 위해 지연 전략과 받아치기 전략을, 합의를 위해 양보가 불가피해지자 양보한 것보다 더 많이 관철하기 위해 주체적 포용 전략을 구사했다. 이에 맞서 야당 협의팀도 여당의 양보를 유도하기 위해 선제양보 전략과 유인 전략을, 여당의 양보요구를 거부하기 위해 지연 전략과 받아치기 전략을, 양보한 것보다 더 많이 관철하기 위해 주체적 포용 전략을 구사했다. 이 가운데 정상적인 정부출범 설득, 부정적 여론(발목잡기) 동원 압력, 방송특별법 제정, 정보산업진흥특별법 제정, 국정조사 협력 등의 유인은 효과를 발휘했다. 지연 전략들도 유효했으나, 받아치기 전략은 유효하지 못했다. 주체적 포용 전략도 성공하지는 못했다.

협의조정 막판에 방송통신 쟁점을 타결할 수 있게 한 전략은 야당이 주도하고 여당도 가세한 쟁점분할 전략이었다. 마지막까지 서로 양보하지 않고 정면충돌했던 쟁점에서 서로가 패자가 되지 않고 체면을 살릴 수 있는 전략이었기 때문이다.

다음, 험난하고 지루했던 협의조정에 종지부를 찍은 것은 정치현안(국정원 댓글 사건, 4대강사업 등) 국정조사와 정부조직법개정안 간의 물밑 빅딜이었다. 여야 협의팀이 이 물밑 협의조정에서 동원한 전략은 다음과 같다.

야당 원내대표는 1월 31일 쟁점법안 최종 타결을 위해 정부조직개편안과 국정원 국정조사를 연계시킬 것임을 여당 원내대표에게 암시했다. 그러나 여당 원내대표는 진지하게 고려하지 않았다. 정부조직개편과 무관하여 무시전략을 구사한 것이다.

협의조정타결 약속 시한인 2월 14일이 다가옴에도 여당 협의팀이 방송통신, 원자력안전위원회, 통상기능 등 주요 쟁점에서 당선인의 의지를 내세워 강경입장을 고수하자, 야당 원내대표가 2월 12일 물밑 접촉을 통해 정부조직법개정안과 국정조사 간 연계를 재차 요구했다. 즉 여당이 국정원 국정조사에 협조해 주면 야당이 정부조직개편안 통과에 협조하겠다는 것이었다. 야당 원내대표가 이 연계전략을 동원한 이유는 두 가지였다. 하나는, 지난 연말 대선 이후 당내 강경파가 줄곧 요구한 정치현안을 새정부 출범 전에 털고 가기 위해서였다.[59] 다른 하나는, 북한이 핵실험(2.12.)을 하고 합의처리 약속일(2.14.)이 임박하여 정부조직개편안에 조속히 합의해 주면서 그에 상응

---

[59] 지난 대선에서 근소한 차이로 패배한 것에 대해 억울해 하는 상황에서 국정원 선거개입 의혹 사건이 터지자 야당 강경파들은 불공정선거로 인해 패배했다는 인식과 불만을 갖게 되었다. 그리하여 선거불복을 선언하지는 않았지만 재발방지 차원에서 국정원 국정조사를 강력히 요구해 왔다. 이 정치쟁점이 정부조직개편안과 연계시켜 처리되지 않으면 새정부 출범 이후에도 두고두고 문제가 될 수 있는 정국의 뇌관이었다.

한 정치적 성과를 확보하기 위해서였다. 이에 여당 원내대표는 일단 거부하면서 직권상정이라는 압박전략으로 맞섰으나(2.12.), 내부적으로는 수용가능성을 검토했다.[60] 그러나 여당과 당선인 측은 강한 거부반응을 보였다. 정부조직개편과 무관한 정치이슈를 끌어들인다는 것이다. 이 연계전략이 먹혀들지 않자, 야당 협의팀은 안건조정제도를 발동하겠다는 압박전략을 구사했다(2.13.). 그러자 여당은 국정조사만 수용하면 정부조직법개정안에 합의해 줄 것인지 야당의 진의를 타진했다. 즉 여당은 야당이 1차로 국정조사를 연계시키고 또다시 장관인사청문회를 연계시키려 하는 것 아니냐며 우려를 표시했다(2.24.). 이에 야당 협의팀은 인사청문회와 연계시킬 의도는 없다고 밝혔다. 그러자 여당내에서 국정조사와 정부조직법개정안의 연계처리를 긍정적으로 검토해야 한다는 분위기가 형성되기 시작했다. 그리하여 여야 원내대표들이 간접 접촉(3.3.)을 통해 논의한 후 여야 원내대표들은 국정조사와 방송부분을 서로 양보하여 협의조정을 타결하기로 했다. 그러나 청와대가 국정조사를 거부하자 타결은 번복되었다.

3월 14일, 야당 원내대표가 이 연계를 또다시 요구했다. 여당 내에서 찬반 논란이 있었으나 여당 원내대표가 이를 받아들이되 국정조사에 최소한의 조건[61]을 붙이기로 했다. 여당 지도부가 이를 수용하도록 대통령을 설득했다. 3월 15일 대통령이 수용했다. 정부조직법개정안 타결이 너무 지연되었기 때문이다.

요약하면, 야당 협의팀은 연계전략을 시도한 후, 압박전략과 유인전략으로 여당을 움직였으며 빅딜로 타결했다. 여당 협의팀은 무시전략으로 거부하다 강온양면 전략으로 상대방의 진심을 타진했고, 신정부 출범이 지연되자 마지못해 연계전략을 수용하여 타결했다.

협의타결을 위한 이 연계전략은 단기적으로는 효과가 없었다. 이 연계전략이 알려지자 야당 원내대표는 여당, 언론, 당선인 측은 물론 자당으로부터도 비난을 받았고, 여당 원내대표도 자당과 당선인 측의 반발에 부딪혔기 때문이다. 그러나 이 연계전략은 궁극적으로 성공했다. 야당 원내대표가 물밑에서 집요하게 요구하여 결국 여당과 청와대가 3월 15일 수용함으로써 협의타결의 결정적인 물꼬를 텄기 때문이다.

이러한 연계전략과 그 성공이 의미하는 바는 어느 당이 야당이 되더라도 야당 협

---

60) 여당 원내대표가 이 연계를 긍정적으로 검토한 이유는 여야관계를 원활히 끌고 가야 할 책임자로서 새정부 출범 전에 정치현안을 털고 가기 위해서였다. 그는 쌍용차와 MBC 문제는 사적 영역이어서 정치권이 개입할 수 없고 국정원과 4대강 문제는 국정조사가 가능하다고 판단했다.

61) 감사원조사가 미진할 경우 4대강 국정조사, 검찰수사 완료 후 국정원 국정조사, 통진당 부정경선 의원 자격심사, 인사청문회법 개정협조.

의팀은 자당의 정치적 생존, 협의팀의 성과, 나아가 거시적으로 여야 정국갈등을 풀기 위해 이런 연계전략을 합리적이든 비합리적이든 구사한다는 것이고, 또한 이러한 연계를 거부하면 국정운영의 파행을 초래할 수 있다는 것이다.

4) 쟁점처리 패턴과 원인

본 사례에서 여야 정당간 쟁점은 15개로 출발했고, 마지막 1개 방송통신쟁점은 5개 소쟁점으로 분화되었다. 양당이 15개 쟁점들을 처리하는 과정을 보면, 초반 1주일 (2.4.–2.11.)만에 9개 쟁점에 대해 비교적 순탄하게 5~6차례의 공개 비공개 회의를 거쳐 의견접근을 이루었고, 이어 또다시 중반 1주일(2.11.– 2.18.)만에 직권상정, 안건조정제도 발동 등을 거론하면서 상대방을 압박하는 우여곡절 끝에 방송통신 쟁점을 제외한 5개 쟁점에 대해 의견접근을 이루어냈다. 그러나 후반(2.18.–3.17.) 마지막 방송통신 쟁점은 1개월에 걸쳐 합의와 번복을 반복하면서 타결했다. 이 과정에서 여야 협의조정팀이 쟁점들을 처리하는 패턴과 그 원인을 보면 다음과 같다.

(1) 다수 쟁점 논의순서와 원인

가. 다수 쟁점 논의 순서

15개 쟁점 중 초반에 처리한 9개는 이견이 크지 않은 쟁점들이었고, 중반에 처리한 5개는 상대적으로 양보하기 어려운 쟁점들이었으며, 후반에 처리한 마지막 쟁점은 서로 양보하려 하지 않아 갈등이 첨예한 쟁점이었다. 마지막 방송통신 쟁점에 대해서도 각당은 자신의 입장에서 몇 차례에 걸쳐 양보할 수 있는 부분을 떼어내 이 부분부터 합의해 나갔다. 야당이 먼저 통신분야를 떼어내 양보하겠다고 하자 양당이 통신분야 이관에 합의했고, 이어 여당이 남은 방송분야에서 보도 부분을 떼어내 이 부분을 양보하겠다고 하자 양당은 보도부분의 방송통신위원회 잔류에 합의했다. 다시 야당이 비보도 부분 중 IPTV, PP 등을 양보하겠다고 하자 양당은 IPTV와 PP의 미창부 이관에 합의했다. 이어 여당이 SO를 포함한 모든 방송부분을 미창부로 이관하는 데 동의하면 미창부로 하여금 방송부분을 방송통신위원회와 사전협의하여 공동으로 관리하도록 하겠다고 제안하자, 야당은 SO를 포함한 방송부분 모두를 미창부로 이관하는 데 동의할 테니 공영방송이사 선임방식을 변경하고 KBS사장을 인사청문회 대상에 포함시키자고 제안했다. 이에 양당 간에 의견접근이 이루어졌다. 이상의 쟁점처리 특징을 보면 선경 후중이다. 즉 각자에게 중요하지 않아 합의하기 쉬운 쟁점부터 처리해 간 것이다.

한편, 전체 쟁점들을 타결하는 방식을 보면 여야 정당들은 쟁점별 개별타결이 아니라 합의종합타결 방식을 따랐다. 마지막 방송통신쟁점에 대한 타결이 지연되자 3월 10일 야당이 이미 타결된 쟁점들을 먼저 입법화하고 방송통신쟁점은 좀 더 논의한 후 합의 통과시키자고 제안했으나 여당은 거부했다. 여당은 쟁점별 협의조정을 지속하면서 여타 중요 쟁점들을 언제라도 타결할 수 있었으나 핵심쟁점이 타결될 때까지 모든 중간 합의를 잠정화시켰다. 즉 개별타결이 아니라 합의종합타결을 고수했다.

나. 특징적 패턴과 원인

다수 쟁점처리 순서에서 나타난 패턴을 보면, 선경후중과 합의종합타결이다. 그 외에 다른 새로운 패턴은 발견되지 않는다.

그러면 여야 협의팀은 왜 합의하기 쉬운 쟁점들을 먼저 타결했을까? 1월 31일 야당 원내대표가 정부조직개편안 협조 조건으로 방송공정성 확보와 국정조사에 대해 협조를 진지하게 요구했고, 2월 5일 쟁점조정을 위한 여야 첫 회동에서 야당의 B 정책위의장이 끝까지 양보하지 않겠다는 쟁점을 거론함으로써 여야 협의팀은 처음부터 핵심쟁점이 무엇인지 알고 있었다. 새정부 출범일인 2월 25일까지 협의조정기간이 짧은 상황에서 핵심쟁점을 처음부터 집중논의하여 먼저 타결하였으면 나머지 쟁점들은 단기간에 쉽게 타결할 수 있었을 것이다. 그러나 여야 협의팀은 매번 핵심쟁점을 논의만 했지 합의도출을 위해 총력을 기울이지 않고 여타 쟁점들에 심혈을 기울여 먼저 합의했다. 여야 협의팀은 모든 쟁점들을 동시에 논의하면서 쉬운 쟁점부터 합의했다. 왜 그랬을까?

첫째, 핵심쟁점에서 양보를 받기 위해서는 먼저 양보하는 모습을 보여야 했기 때문이다. 여야 정당 간에 불신이 크기 때문에 이러한 사전작업은 더욱 필요했다. 그리하여 서로 쉽게 양보할 수 있는 부차적인 쟁점에서 먼저 양보했다. 둘째, 당파 싸움만 한다는 여론의 비난을 면하기 위해 매 협의 때마다 성과를 내놓아야 했기 때문이다. 핵심쟁점이었던 방송통신기능의 미창부 이관은 대통령에게는 창조경제의 핵심내용이었고, 민주당에게는 정치적 사활이 걸린 이슈였기 때문에 여당과 야당은 서로 쉽게 양보할 수 없었다. 따라서 여야 협의팀이 첨예한 핵심쟁점에 먼저 집중하면 교착상태에 빠져 비난을 피할 수가 없었다. 셋째, 관련 부처들에게 불확실성을 줄여 주기 위한 것이다. 정부조직개편안은 쟁점마다 서로 다른 부처와 사회단체들이 관련되어 있다. 이들이 정부출범과 동시에 활동할 수 있기 위해선 사전에 준비를 해야 하는데, 이를 위해 합의가 안 되어 장래가 불확실한 부처들의 수를 줄여 주어야 했다. 따라서 이견이 크지 않은 쟁점들을 먼저 합의해 줄 수밖에 없었다.

한편, 여당은 왜 합의종합타결을 선호했는가? 여당은 미래창조과학부 설치 자체
가 반대에 부딪친 것도 아니고 방송통신과 관련하여 긴급하게 처리해야 할 국가정책
이 있는 것도 아니었기 때문에 방송통신위원회 쟁점 이외에 나머지 쟁점들에 대한 합
의사항을 국회에서 먼저 통과시킬 수도 있었다. 그것이 순조로운 정부 출범과 대통령
임기초 국정운영에 더 나을 수 있었다. 그러나 여당은 합의종합타결을 주장했다. 왜
그랬을까?

첫째, 여당 협의팀은 주변적인 쟁점들에서 양보를 하고서라도 당선인이 가장 중
요시하는 핵심쟁점에서 원안을 관철하려고 했기 때문이다. 즉 핵심쟁점에서 얻어내야
할 양보와 부차적인 많은 쟁점에서의 내준 양보를 맞바꾸려고 했다. 그런데 아직 핵심
쟁점에서 양보를 얻어내지 못했기 때문에 여타 쟁점들에 대한 합의를 먼저 통과시킬
수 없었다. 둘째, 야당이 일부만 합의해 주고 나머지를 합의해 주지 않으면 여당 협의
팀이 협의조정에 실패했다는 비난과 책임론이 등장할 수밖에 없었기 때문이다. 핵심쟁
점에서 합의가 안 되면 현 상태를 유지하는 것이고 그것은 야당이 바라는 바였다. 이
는 협의조정에서 야당에게 밀린 결과가 된다.

(2) 입장변화 패턴과 수정 원인

각 당이 합의를 도출해 가는 과정에서 보여준 입장변화를 보면 <표 11-6>과
같다.

표 11-6 협의조정 국면에 따른 여야 입장의 변화

	협의조정 이전 (1.30-2.4)	협의조정 초반 (2.4.-2.8.)	협의조정 중반 (2.11.-2.17.)	협의조정 후반 (2.18.-3.16.)	최종 협의조정 (3.17.)
여당 입장	원안고수(15)	양보(3) 절반양보(1) 원안고수(7)	원안고수(2) 양보/번복(1) 절반양보(1) 의견접근(4)	원안고수/ 부분양보/ 원안고수/ 부분양보(1)	기존합의, 의견접근, 상대주장 등 모두 수용
야당 입장	원안고수(15)	양보(4) 절반양보(1) 원안고수(7)	원안고수(1) 양보/번복(1) 절반양보(1) 의견접근(4)	점진양보(1)	기존합의, 의견접근, 상대주장 등 모두 수용
중간 결과	-	합의(8개)	합의 (1) 의견접근 (4)	의견접근, 유동화	타 결

가. 통시적 입장수정 패턴과 원인

여당 입장의 변화 패턴을 보면, 협의조정 초중반에 점진적으로 수정하여 양보를 하다가, 후반에 양보와 원안고수를 반복했으며, 최종 타결에서는 대폭 수정·양보를 했다. 즉 초반에 상당한 입장변화를 보여 4개 쟁점에서 전체 혹은 절반을 양보했고, 중반에는 중요시 하는 2개 쟁점에 대해서는 원안을 고수했으나 나머지 대부분의 쟁점에 대해서는 입장변화를 보여 의견접근에 이르렀다. 그러나 후반에 마지막 핵심쟁점에 대해서는 입장이 요동을 쳐 원안고수와 일부양보 사이를 오락가락하다가, 최종협의조정에서는 야당의 최후 주장을 모두 수용하는 양보를 했다. 반면, 야당의 입장 변화 패턴을 보면, 초지일관 점진적으로 입장을 변화시키면서 조금씩 양보했다. 초반부터 입장을 변화시켜 5개 쟁점에서 전체 혹은 절반을 양보했고, 중반에도 다시 입장을 변화시켜 1개 쟁점에서 전체를 양보했으나 여당의 상응한 양보가 없자 양보를 번복했으며, 후반에도 또다시 입장을 변화시켜 마지막 쟁점에 대해서도 조금씩 양보했다.

여야 협의팀이 입장을 수정하는 과정에서 보여준 특징을 도출하면 다음과 같다. 전체적으로 보면, 여야 협의팀은 협의조정 초기부터 타결시까지 자신들의 입장을 단계적으로 조금씩 수정했다. 다만, 여당은 마지막 쟁점에서 수정과 번복을 반복했다. 따라서 거시적 입장수정 패턴은 공정일관 방식도 아니고 일관반전 방식도 아닌 점증적 수정 방식이고, 미시적으로는 수정번복 방식도 구사했다. 그러면 여야 협의팀은 왜 거시적으로 자신들의 입장을 점증적으로 수정하는 패턴을 따랐는가? 원인은 다음과 같다.

첫째, 전체적으로 보면 양당 원내대표들의 전략 때문이다. 여당의 L 원내대표는 합리적이고 정책에 밝은 정치인이었고, 야당의 P 원내대표는 소통과 조정에 능한 정치인이었다. 이들은 정부조직개편안 협의에 임하면서 기본적으로 줄 것은 하고 받을 것은 받으려 했다. 여당 원내대표는 가급적 원안의 핵심골격을 유지하되 나머지에 대해 야당에게 양보할 생각이었고, 야당 원내대표도 원안에 가깝게 합의해 주되 야당에게 정치적으로 중요한 쟁점에서 양보를 받으려는 생각이었다. 따라서 여야 협의팀은 원내대표들의 온건전략에 따라 점진적으로 수정해 갔다.

둘째, 여당 협의팀이 원안을 최대한 유지하기 위해 야당 협의팀의 양보를 보아가면서 자신의 입장을 수정했기 때문이다. 그리하여 야당 협의팀의 요구를 검토해 보고 원안의 핵심 골격을 훼손하지 않으면 양보했다.

셋째, 야당 협의팀이 초지일관 점진적으로 입장을 변경시키면서 먼저 양보하는 패턴을 보였기 때문이다. 야당 협의팀이 이러한 패턴을 보인 이유는 두 가지로 설명할

수 있다. 하나는, 국정 발목잡기 비난을 피하기 위해서였다. 협의조정이 반복되는 동안
에 전혀 양보를 하지 않으면 발목잡기로 오인될 수 있었다. 야당 협의팀은 이 비난을
피하기 위해 먼저 양보하고 끊임없이 양보를 해야 했다. 다른 하나는, 상응양보를 통
해 가급적 많은 양보를 얻어 내기 위해서였다. 여당 협의팀은 정부조직개편안을 빠른
시일 내에 원안대로 통과시켜야 하는 처지이고, 야당 협의팀은 결국 원안대로 통과시
켜 줄 수밖에 없지만 여당 협의팀의 처지를 이용하여 가급적 많은 양보를 얻어내야 하
는 처지였다. 그리하여 야당 협의팀은 먼저 조금씩 양보(slicing)함으로써 그때마다 여
당 협의팀의 상응양보를 유도하여 누적적으로 많은 양보를 얻어내려 했다.

나. 주요 국면에서 입장수정 패턴과 원인

먼저, 협의조정 초반에 양당 협의팀은 서로가 상당수 쟁점에서 자신들의 입장을
자율적으로 수정하는 패턴을 보였다. 야당은 기획예산, 식약처, 안행부, 경호실, 우정
사업본부 등의 쟁점에서 입장을 수정했고, 여당은 농수축산식품부, 신성장산업, 공정
위 전속고발권, 우정사업본부 등의 쟁점에서 입장을 수정했다. 초반에 왜 그랬는가?

첫째, 협조분위기를 조성하기 위해서였다. 양당 협의팀이 협의조정에 임하는 기
본 방침은 다음과 같았다. 여당 협의팀은 원안의 기본틀을 유지하되, 야당이 극력 반
대하는 것은 순조로운 정부출범을 위해 대승적으로 수용한다는 방침이었다. 또한 야당
협의팀도 정부조직개편안은 어차피 원안에 가깝게 합의할 수밖에 없는 사안이어서 최
소한 불리한 개편은 막되 다른 정치현안에서 추가 양보를 얻겠다는 방침이었다. 이 방
침에 따라 양당 협의팀은 자신들이 중요시하는 핵심쟁점들에서 양보를 받기 위한 협
조분위기 조성을 위해 초반에 부차적인 쟁점들에서 입장을 수정하여 양보를 했다.

둘째, 양당 협의팀이 서로 양보할 수 있는 쟁점들이었기 때문이다. 여당 협의팀이
양보한 쟁점들은 인수위원회 원안의 핵심골격이 아니었다. 여당 협의팀이 생각하는 핵
심골격은 당선인의 관심사를 반영한 방송통신기능 이관, 통상기능 이관, 식약처 승격
등이었다. 마찬가지로, 야당 협의팀이 양보한 쟁점들은 야당 협의팀이 반드시 관철하
려고 했던 쟁점들이 아니었다. 야당은 본격 협의조정에 임하기 전에 반드시 관철해야
할 쟁점[62]과 관철해도 좋고 안 해도 무방한 쟁점으로 구분했는데, 초반에 양보한 것들
은 후자의 쟁점들이다.

다음, 협의조정 중반에는 여야 협의팀이 6개 중요 쟁점 중 1개 핵심쟁점을 제외
하고 5개에 대해 입장을 수정했다. 여야 협의팀은 검찰 개혁, 금융기구 개편, 산학협력

---

62) 검찰, 원자력안전위원회, 방송통신위원회, 중소기업청, 공정거래위원회 등과 관련된 쟁점.

기능 이관, 중소기업청 승격, 원자력안전위원회 소속, 통상기능 소속 등을 둘러싼 쟁점에서 입장을 마지못해 수정하여 의견접근을 이루었다. 그럼에도 여당 협의팀은 원자력안전위원회 소속에 대한 수정입장을 타율적으로 번복했고, 야당 협의팀은 통상기능 소속에 대한 수정입장을 자율적으로 번복했다.[63]

여야 협의팀이 5개 쟁점에서 마지못해 입장을 접근시킨 이유는 당내외 압력 때문이었다.[64] 여야 협의팀은 5개 쟁점에 대해 언제라도 합의할 수 있었으나 핵심쟁점에서 각자가 원하는 양보를 얻어내지 못해 합의 의사를 표시하되 서로 양보하지 않고 머뭇거렸다. 그럼에도 서로 양보하여 합의를 도출한 것은 새정부 출범일이 다가옴에도 협의조정이 타결되지 않자 여야 협의팀은 당내외로부터 비판에 직면했기 때문이다. 일부 언론기관들은 2월 21일부터 타결지연에 따른 우려와 문제점들을 보도하기 시작했고, 2월 27일 여당 최고중진연석회의에서 일부 중진의원들이 타결지연을 우려하면서 대통령을 설득하고 야당의 우려를 불식시키는 방안을 찾아야 한다고 주장했고, 26일 야당 의원총회에서도 중진의원들이 야당이 국정 발목잡기한다는 오해를 받을 수 있다고 우려했다. 이러한 당내외 비판은 여야 협의조정팀이 서로 양보하기 어려운 하나의 핵심쟁점만 남기고 모든 쟁점에서 서로의 입장을 수정하여 의견을 접근시키는 데 견인차 역할을 한 것으로 보인다.

그러면 양당 내에서 왜 이견이 발생했는가? 여당이든 야당이든 당내 이견이 발생한 이유는 상황변화에 따른 각당의 이해득실이 달라졌기 때문이다. 정부출범일이 가까

---

63) 그러나 여야 협의조정팀은 두 쟁점에 대해 다시 입장을 수정하여 의견접근을 이루었다.

64) 그러나 협의조정 초반에는 당내외 반대 의견이 입장수정에 큰 영향을 주지 못했다. 일부 여당의원들은 국회상임위원회와 공청회에서 통상기능, 산학협력기능, 원자력안전위원회의 이관은 물론 행정안전부 명칭변경, 중소기업청 미승격 등을 반대했고,(2013년2월4일, 313회 국회(임시회), 농림수산식품위원회회의록과 외교통상통일위원회회의록; 2013년 2월 5일, 313회 국회(임시회), 교육과학기술위원회회의록과 행정안전위원회회의록 참조.) 이에 앞서 국회 외교통상통일위원장은 '외교통상부를 유지하는 게 국익을 위해 좋다'는 입장을 밝히면서 '국회에서 인수위 발표대로 의결되는 것은 아니다'라고 했고, 여당 제2사무부총장도 '농업과 식품산업이 연계돼야 시너지효과를 발휘한다'면서 '국회에서 농림축산식품부로 바꾸겠다'고 공언했다. 동시에 일부 전문가들과 사회단체들도 공청회와 대변인 성명을 통해 일부 쟁점에 대해 반대 입장을 밝혔다. 한국과학기술단체총연합, 한국과학기술한림원, 바른과학기술사회실현을위한국민연합 등은 미래창조과학부 신설을 환영하면서도 과학기술과 ICT 통합, 원자력안전위원회 이관을 우려했고(2013.1.15. 아이뉴스24. 과학계 "기초과학 홀대 우려… 전담부처 신설운 환영"), 중소기업중앙회는 중소기업부로 승격되지 않아 아쉬워 했으며(2013.1.15. 머니투데이. 중기업계 "중소기업청 部승격 좌절, 아쉬움 크다"), 농수축산연합회, 한국농민연대, 축산단체협의회 등은 1월 24일 농림축산부를 농림축산식품부로 변경하고 식품안전관리업무를 원상회복하라며 인수위원회 앞에서 시위를 벌였다. 그러나 여당 협의조정팀이 이들 쟁점 가운데 입장을 수정한 것은 농수축산식품부 명칭뿐이었다.

이 오자 여당에게는 주요 쟁점에서 자신의 입장을 관철하는 것보다 순조로운 정부출범이 더 중요해 졌고, 야당에게도 주요 쟁점에서 자신의 입장을 관철하는 것보다 발목잡기라는 여론의 역풍을 맞지 않는 것이 중요해졌다. 이러한 이해득실의 변화에 따라 당내 이견이 등장했다. 그런데 이견이 당내 중진의원들에 의해 제기되었다. 여야 협의조정에서 2선에 있는 중진의원들은 종종 물밑채널을 구축하여 소통을 돕고 비공개적으로 타협안을 타진하는 것이 일반적이다. 그런데 이 사례에서는 공개적으로 자당의 입장을 변경시키려 했다. 이유는 무엇일까? 이유는 중진의원들이 경험이 많아 정치적 이해관계 계산에 능하고 싸울 때와 후퇴할 때를 잘 안다는 것이다. 후퇴할 수 있을 때 후퇴해야 나중에 진퇴양난의 곤경에 처하는 일이 없기 때문이다.

한편, 여야 협의팀이 각각 원자력안전위원회와 통상기능 쟁점에서 기존 합의를 번복한 이유는 원하는 양보를 얻어내지 못했기 때문이다.[65] 여당 협의팀은 야당 협의팀이 초반에 원자력발전소 안전에 관한 국민들의 우려를 이유로 원자력안전위원회 소속 변경을 강하게 반대하자 이에 호응하여 양보했었다. 당선인이 크게 관심을 갖는 쟁점이 아니었기 때문이다. 그러나 여당 협의팀은 야당 협의팀이 통상기능 이관 등 다른 중요 쟁점에서 양보를 거부하자 전략적으로 원자력안전위원회 소속에 관한 기존 합의를 파기했다. 야당 협의팀도 방송통신쟁점에 대한 여당의 양보를 유도하기 위해 통상기능 이관에 관한 기존 입장을 수정하여 양보했었다. 그러나 여당 협의팀이 당선인의 의자가 강하다는 이유로 방송통신쟁점에 대해 원안을 고수하자 야당 협의팀도 통상기능 이관에 관한 기존 합의를 파기했다.

다음, 협의조정 후반에 여야 협의팀은 마지막 방송통신 쟁점을 세세하게 쪼개어 수차례 협의를 하면서도 합의에 이를 만큼 양보를 하지 않았다. 여당 협의팀은 입장의 수정과 번복을 반복했던 반면에, 야당 협의팀은 자신에게 사활이 걸린 부분에서는 입장을 변경시키지 않고 여타 부분만 조금씩 수정했다.

서로가 충분한 양보를 하지 못하고 오래 시간을 끈 이유는 두 가지로 해석된다. 첫째, 방송통신 쟁점은 서로가 양보하기 어려운 쟁점이었기 때문이다. 여당 협의팀은 방송통신위원회의 주요 기능을 미래창조과학부로 이관하여 이를 핵심공약인 창조경제의 수단으로 삼으려는 대통령의 강력한 의지[66]를 반영할 수밖에 없었기 때문이고, 야

---

65) 여당 협의조정팀 입장에서 방송통신 쟁점과 통상 쟁점은 당선인의 관심이 커 반드시 양보를 얻어내야 할 쟁점이었다. 야당 입장에서도 방송통신 쟁점과 원자력안전위원회 쟁점 및 통상 쟁점 등은 각각 정치적 차원, 전국민적 차원, 지지기반 차원에서 양보를 얻어내야 할 쟁점이었다.

66) 대통령이 창조경제와 일자리 창출을 위한 융합을 위해 미래창조과학부 신설에 집착한 것은 청와

당 협의팀은 방송통신위원회의 기능과 구조를 무너뜨려 방송의 공정성이 훼손되면 차기 선거에도 승산이 없다고 판단했기 때문이다.[67] 즉 대통령의 핵심공약과 야당의 정치적 사활이 충돌한 것이다. 따라서 양당 협의팀은 국민여론의 비난을 감수하고서라도 방송통신 쟁점에 대해 자신의 입장을 고수하고 상대방의 양보를 얻어내려 했다. 둘째, 여야 협의팀이 방송통신 전문가들의 대리전을 치뤘기 때문이다. 즉 방송통신 전문가들이 배후에 포진하여 자신들의 이해관계에 따라 치밀한 전문지식과 논리를 제공함으로써 여야 협의팀의 정치적 타결을 어렵게 만들었다. 여당 협의팀은 방송통신기능 이관보다 정상적인 정부출범과 방송중립성이 중요하다고 판단하여 양보할 의사가 있었다. 그러나 과거 정통부 출신 공무원들이 당선인에게 방송과 통신 및 과학기술의 융합을 창조경제와 일자리창출 핵심 수단으로 인식시킨 결과 당선인이 이에 집착했다. 그 결과 여당 협의팀이 대통령을 설득하는데 많은 어려움을 겪었다. 야당 협의팀에 지식과 논리를 제공한 전문가도 역시 방송통신위원회 소속 방송분야 간부였다. 즉 방송통신기능 이관을 둘러싼 여야 협의팀의 싸움은 방송통신위원회 내 방송분야 공무원과 정보통신분야 공무원들의 대리전이었다.

여당 협의팀이 수정·번복을 되풀이 했다. 방송쟁점에 대한 입장 변경과 회귀를 오락가락한 것은 무엇 때문인가? 원인은 방송공정성에 대한 학습과 협의조정 재량권 부족에 있었던 것으로 해석된다. 여당 협의팀이 입장을 변경하여 타협안을 제시했던 것은 방송의 공정성과 중립성에 대한 학습효과였다. 선거결과에 따라 야당이 될 수도 있는 여당은 방송공정성에 대한 야당 협의팀의 지속적이고 집요한 요구를 가볍게 흘려들을 수만은 없었다. 그리하여 여당 협의팀은 이 학습에 근거하여 기존 입장을 수정하여 합의했다. 그러나 이 합의들을 다시 번복한 것은 여당 협의팀이 상대적으로 재량권이 부족하여 배후세력의 요구를 거부할 수 없었기 때문이다. 야당 협의팀에는 배후 강경세력의 멤버가 협의조정의 주역으로 참여함으로써 배후 강경세력의 요구를 반영함과 동시에 협의조정 결과에 대해 이들의 거부를 막을 수 있는 재량권이 있었다. 그러나 여당 협의팀에는 청와대의 핵심멤버가 참여하지 않아 협의조정 결과가 청와대에 의해 뒤집히는 경우가 발생했다. 그 결과 야당 협의팀은 재량권을 전략적으로 활용하

대팀의 국정운영 전략 부족과 환상에 기인한다. 융합은 미래창조과학부를 설치를 통한 부처기능 통합이 아니더라도 다양한 방법으로 할 수 있고, 또한 방통융합은 전임 정권에서 이미 시도했었고 창출할 수 있는 일자리도 그리 많지 않다는 것이 경험상 이미 알려져 있었기 때문이다.

67) 야당은 지난해 대선 때 비보도 방송도 유권자들의 선거행태에 많은 영향을 미쳤다고 인식하고 있었다.

여 핵심쟁점에서도 점진적으로 입장을 변화시켜 왔으나, 여당 협의팀은 재량권이 부족하여 입장 수정과 수정 번복을 반복할 수밖에 없었다.

마지막으로, 최종 일괄타결에서 여야 협의팀은 원래의 입장을 자율적으로 대폭 수정했다. 3월 17일 최종협의조정에서 여야 협의팀은 외부와의 일체의 연락을 끊고 그 동안 상대방이 주장했던 것을 대폭 수용함으로써 지루했던 협의조정을 타결한 것이다. 왜 그랬는가?

첫째, 여당 협의팀이 재량권을 확보했기 때문이다. 3월 15일 대통령이 여당 지도부와의 회동에서 종전처럼 협의조정 결과에 대한 수용여부를 결정하던 태도를 바꾸어 여당 협의팀에게 재량권을 주기로 했다. 이에 따라 여당 협의팀이 입장을 크게 수정할 수 있었다. 둘째, 서로가 얻으려 했던 것을 얻을 수 있었기 때문이다. 여야 원내대표들이 정부조직개편안과 정치현안을 연계시켜 어렵사리 타결하여 여당 협의팀은 청와대 측이 원하는 쟁점들에서 원안 골격을 유지할 수 있었고, 야당 협의팀도 당내 강경세력들이 대선 직후부터 줄곧 요구해 온 정치현안에서 양보를 얻어낼 수 있었기 때문이다. 그 결과 여야 협의팀이 나머지 쟁점들에서 서로가 대폭적인 양보를 할 수 있었던 것이다. 셋째, 협의타결이 너무 늦어 국정운영이 우려되었기 때문이다. 여야 협의팀은 협의조정에 임하면서 조속한 타결을 낙관했다. 지난 연말 대선 때 양당이 정부조직과 관련하여 유사한 공약들을 했기 때문이다. 그러나 정부조직개편안 통과가 1달 가량 지연되면서 정상적인 국정운영이 어려운 상태였다. 새정치가 화두인 상황에서 더 이상 지연시켰다간 국정운영보다 정치싸움에만 몰두한다는 비난이 우려되었기 때문이다.

(3) 입장교환 패턴과 원인

정부조직개편안 사례에서 여당과 야당이 서로 다른 입장을 교환하기 위해 시용했거나 제안했던 방식들을 검토하면 같다.

가. 거시적 패턴

전체적으로 보면 여당 협의팀과 야당 협의팀은 정부조직개편안과 정치현안들을 연계시켜 야당은 정치현안에 대한 양보를 얻어내고 여당은 정부조직개편안을 원안에 가까운 양보를 얻어냈다. 이는 양당이 쟁점조합(combination) 방식으로 갈등을 해결한 것이 된다. 정부조직개편안을 정치현안들에 대한 국정조사와 연계하여 조합방식으로 교환했다는 증거는 네 가지이다. 첫째, 야당 원내대표가 초반부터 물밑접촉을 통해 정치현안들을 제시하면서 정부조직개편안과 연계시켰고, 여당 원내대표는 이 연계를 표면적으로는 거부했으나 내부적으로는 받아들일 수 있는 정치현안과 받아들일 수 없는 정치현안으로 분리하여 정리했다는 것이다. 둘째, 3월 5일, 여당이 야당에게 양보안을 제시하면서 여당 원내대표가 이를 수용하지 않으면 그동안 일부 정치현안에 대한 국정조사를 수용하기로 한 약속은 지켜지지 않는다고 압박한 사실이다. 셋째, 3월 15일, 대통령이 여당 지도부에 정치현안에서 양보를 시사했는데, 이것이 분수령이 되어 여야 협의조정이 급물살을 탔다는 것이다. 넷째, 최종 합의문에 정부조직개편에 관한 합의 내용 이외에 정치현안에 대한 합의 내용이 들어 있다는 것이다.

4대강 국정조사는 전임 정부의 문제여서 비교적 수용하기 쉬우나, 국정원 국정조사는 현 정부와 관련된 사안이어서 수용하기 쉽지 않은 사안이다. 그럼에도 불구하고 수용한 것은 정부조직개편안 통과를 위해 여당이 크게 양보한 것이다. 따라서 정부조직법을 둘러싼 여야당 간 갈등해결의 핵심은 정부조직개편안과 국정원 국정조사를 연계하여 조합방식으로 처리한 것이다.

나. 미시적 패턴

정부조직개편안 15개 쟁점에 대해 여야 정당들이 사용한 입장교환 방식을 구체적으로 보면 다음과 같다.

먼저, 협의조정 초반에 합의를 본 8개 쟁점들에 대한 여야 입장과 최종 합의내용을 보면 <표 11-7>과 같다. 야당은 기획예산, 식약처, 안행부, 경호실 등의 쟁점에서 양보하여 여당의 입장을 수용했고, 여당은 농수축산식품부, 신성장산업, 공정위 전속고발권 등의 쟁점에서 양보하여 야당의 입장을 수용했다. 우정사업본부 쟁점에 대해서는 양당이 서로 반반씩 양보했다. 즉 여야 협의팀은 상대적으로 중요시하지 않는 8

표 11-7 협의조정 초반 쟁점들과 최종 합의

쟁 점	새누리당 입장	민주당 입장	최종 합의
1. 기획과 예산	통합 (현행유지)	분리	통합 (현행유지)
2. 신성장동력 관할	산업자원부	미창부	미창부
3. 식품의약품안전청	식약처로 승격	기능 보완	식약처로 승격
4. 농축산부 명칭 축산물안전관리	농축산부 유지 식약처	농축산식품부 변경 농축산식품부	농축산식품부 농축산식품부
5. 공정거래위원회	현체제 유지	위원선임방식 개선 전속고발권 폐지	전속고발권 폐지
6. 행정안전부 명칭	안전행정부로 변경	현행 유지	안전행정부로 변경
7. 우정사업본부	현행 유지	우정청으로 개편	기능 · 자율성 강화
8. 경호실 위상	장관급으로 격상	현행 유지	장관급 격상

개 쟁점 중 7개 쟁점은 조합방식으로, 1개 쟁점은 수렴방식으로 조정한 것이다.

다음, 협의조정 중반에 집중 논의했던 6개 쟁점들에 대한 양당 입장과 최종 합의 내용을 보면 <표 11-8>과 같다. 야당 협의팀은 통상기능 쟁점에서 양보했고, 여당 협의팀은 산학협력기능 쟁점에서 양보했다. 원자력안전위원회 소속, 중소기업청 승격, 금융기구 개편, 반부패·검찰개혁 등의 쟁점에서는 양당이 조금씩 양보했다. 즉 여야 협의팀은 쟁점 6개 가운데 2개는 조합방식으로, 4개는 수렴방식으로 조정한 것이다.

표 11-8 6개 주요 쟁점에 대한 양당 입장과 최종 합의 내용

쟁 점	새누리당 입장	민주당 입장	합의 내용
1. 통상기능 관할	산업자원부	현행 유지	산업자원부
2. 원자력안전위원회	미창부 산하	대통령직속(현행)	총리 산하 합의제 유지
3. 중소기업청	승격 불가	승격	위상·권한 강화
4. 산학협력 기능	미창부 관할	교육부·미창부 분산	교육부·미창부 분산
5. 반부패·검찰개혁	현행 유지	검찰개혁, 국가청렴위원회 설치, 고위공직자비리 수사처 설치	대검중수부 폐지, 차관급검사장 축소, 법무부요직 검사임용제한, 상설특검·특별감찰관도입, 국가청렴위설치, 사법제도개혁특위 설치
6. 금융기구	현행 유지	정책·감독 분리, 금융소비자보호기구 설치	금융소비자보호원 신설을 포함한 금융감독체제 개편 계획서 국회제출

마지막으로, 협의조정 후반 핵심쟁점이었던 방송통신위원회 쟁점에 대해 양당 협의팀이 최종 합의한 내용은 <표 11-9>와 같다. 첫째, 방송통신위원회의 지위에 관해서는 여당 협의팀의 양보로 현행대로 유지하기로 했다. 둘째, 업무이관 쟁점을 정책과 방송미디어 및 기금·주파수 등으로 구분한 후, 정책과 기금·주파수는 다시 통신용과 방송용으로 세분하여 쟁점조합 방식으로 조정했고, 방송미디어는 보도 부분과 비보도 부분으로 세분하여 쟁점조합 방식으로 조정했다. 추가하여 비보도 부분 이관과 통신용 주파수 이관에는 단서를 달아 조건 방식으로 조정했다. 즉 야당 협의팀은 방송쟁점과 관련해 인수위원회 원안을 수용하면서도 방송의 공정성을 확보할 수 있는 최소한의 안전장치를 구축했다. 셋째, 양당 협의팀은 국회내 공정방송특별위원회 설치와 ICT융합진흥법 제정을 연계시켜 조합과 유사한 교환을 했다. 요약하면, 방송통신 쟁점은 조합방식과 조건방식으로 교환했다.

표 11-9 방송통신쟁점 세분화와 최종합의 내용

쟁 점	분 야	합의 내용
1. 방송통신위원회 지위		합의제 중앙행정기관 지위 유지
2. 방송통신업무 이관	정책	- 통신관련 정책 : 미창부 이관 - 방송관련 정책 : 방통위 잔류 　(정책기획, 지상파방송정책, 채널정책, 　　진흥기획, 편성평가정책, 광고정책 등)
	방송미디어	- 보도 부분 : 방통위 잔류 - 비보도 부분 : 미창부 이관 　단, IPTV는 보도채널 운용 불가하고, 　　SO와 위성TV 인허가·법령제정은 사전에 　　방통위 동의를 받아야 한다.
	주파수·기금관리	- 방송용 : 방통위에 잔류 - 통신용 : 미창부로 이관 　단, 총리산하 주파수심의위원회 설치
3. 방송통신관련 관심사		- ICT융합진흥 : 특별법 제정 - 공정방송 : 국회내 공정방송특별위원회 설치

　한편, 여야 협의팀이 합의한 정치현안들에 대한 교환방식을 검토하면 다음과 같다.

　먼저, 정치현안들에 대한 합의 내용을 보면, 양당은 국정원과 4대강 국정조사 이외에 통진당 의원자격을 국회 윤리특위에서 심사하고 인사청문회법 개정을 위해 함께 노력하기로 했다. 이는 야당 협의팀이 협의조정 중반부터 정부조직개편안과 국정원·4대강 국정조사를 연계시키자, 여당 협의팀이 막판에 이를 수용하면서 여당 협의팀도 국정원·4대강 국정조사에 국회 인사청문회법개정과 통진당 의원 자격심사를 추가로 연계시킨 것이다. 이는 여당 협의팀이 양대 국정조사에 정부조직개편안뿐만 아니라 인사청문회법과 의원자격심사까지 이중으로 연계시켜 조합방식으로 해결한 것으로 해석할 수 있다.

　다음, 국정조사에 대한 합의내용을 보면 4대강 국정조사에 대해서는 "감사원 조사가 미진할 경우", 국정원 국정조사에 대해서는 "검찰수사가 완료되는 즉시"라는 조건이 붙었다. 이는 여당 협의팀이 국정원과 4대강에 대한 국정조사를 전면적으로 수용하면서도 자신들을 방어하기 위한 최소한의 안전장치를 조건으로 붙인 것으로 해석된다. 즉 조건방식이 보완적으로 적용되었다.

다. 특징과 원인

　이상의 분석을 종합하여 여야 협의팀이 쟁점들을 조정하는 과정에서 입장교환 방식의 특징(패턴)을 보면 다음과 같다.

첫째는 정당들은 조합방식에 크게 의존하고 있다. 정부조직개편 15개 쟁점 중 9개를 조합방식으로 교환했고, 정치현안 쟁점들도 조합방식으로 교환되었다. 더 나아가 양당은 정부조직개편안 전체를 정치현안 국정조사와 연계시켜 조합방식으로 교환했고, 서로 양보할 수 없었던 마지막 방송통신 쟁점도 4개 소쟁점으로 분할하면서까지 조합방식으로 교환했다. 이는 여야 정당들은 양적으로 질적으로 조합방식에 크게 의존하고 있음을 의미한다.

둘째는 수렴방식을 부차적으로, 조건방식을 보완적으로 사용하고 있다. 15개 쟁점 중 5개를 수렴방식으로 교환했다. 여야 정당들이 수렴방식을 조합방식에는 미치지 못하지만 부차적으로 상당히 활용하고 있다. 한편, 조건방식 활용을 보면, 야당이 2월 21일 방송쟁점만 양보해주면 나머지 모든 쟁점들을 여당이 원하는 대로 수용하겠다는 조건방식의 교환을 시도했으나 여당이 응하지 않았다. 그러나 방송통신 소쟁점 4개를 조합방식으로 교환하면서 그 중 2개에 야당이 조건을 붙이자 여당이 이를 수용했고, 정치현안 4개도 조합방식으로 교환하면서 그 중 국정조사 2개에 대해 여당이 조건을 붙이자 야당이 이를 수용했다. 이는 여야 정당들이 조건방식을 보완적으로 사용하고 있음을 의미한다.

셋째는 교대방식을 거의 사용하지 않았다. 3월 10일 국민적 지지도가 꽤 높은 무소속 A 의원이 대승적 차원에서 일단 한쪽 방안을 받아들이고 1년 뒤에 우려했던 점이 현실이 되면 재개정하는 교대방식의 교환을 주장했으나 여야 어느 정당도 관심을 갖지 않았다. 여야 정당들이 교대방식의 입장 교환은 하지 않음을 알 수 있다.

그러면 왜 여야 협의팀은 대다수 쟁점들을 조합방식으로 처리했을까? 왜 수렴방식을 부차적으로 활용하고 조건방식을 보완적으로 활용했을까? 다음과 같은 설명이 가능하다. 즉 여야 협의팀이 무대 위의 게임에서 위험부담을 줄이려 했기 때문이다. 유권자들이 지켜보고 있는 무대에서 협의조정하는 정당들에게나 강력한 배후세력을 대리하여 협의조정하는 협의팀들에게 패배는 치명적이다. 따라서 이들은 서로가 패배가능성을 줄이고 가급적 승리하려고 한다. 이 전략에 가장 적합한 입장 교환방식은 조합방식이고 수렴방식은 그 다음이다.

조합방식을 활용하면 각자가 중요한 쟁점들에서 양보를 얻어내고 중요치 않은 쟁점에서 양보하는 것이므로 서로가 패배를 일축하고 승리를 주장할 수 있다. 협의팀으로서는 최선의 방식이다. 본 사례에서도 대다수 쟁점을 조합방식으로 교환했을 뿐만 아니라 협의조정 타결의 관건이었던 정치현안[68]과 방송쟁점도 조합방식으로 교환했다. 특히 여야 협의팀은 정부조직개편을 이와 전혀 무관한 정치현안과 연계시켜서라도, 하나의 쟁점을 다수의 소쟁점으로 분할해서라도 서로가 원하는 것을 확보하기 위해 조합방식에 집착했다. 그 결과 여당은 원안 골격을 확보했고, 야당은 국정조사 실리를 챙기고 방송공정성을 최소한이나마 확보함으로써 여야 협의팀 모두가 협의조정 내용상 성공했다고 주장할 수 있게 되었다.

한편, 수렴방식을 활용하면 모든 쟁점에서 절반을 양보하고 절반을 얻는 것이기 때문에 패배의 오명에서는 벗어날 수 있으나 승리했다고 주장하기는 어렵다. 따라서 서로가 조합방식을 선호하고 수렴방식을 부차적으로 활용할 수밖에 없다. 조건방식을 활용하면 일방은 승리를 주장할 수 있지만, 타방은 체면을 세울 수는 있으나 전반적으로 패배로 인식될 수 있다. 일방은 자신의 입장을 대부분 관철한 반면, 타방은 최소한의 요구만 확보하기 때문이다. 따라서 조건방식은 패배로 인식하는 쪽의 반대로 협의조정 초기에 주요 교환방식으로 활용되기는 어렵다. 다만, 협의조정 막판에 갈등을 타결하지 않는 것보다 타결하는 것이 나을 때 혹은 불가피하게 타결하지 않을 수 없을 때 활용할 수 있다. 정부조직개편안 협의조정에서는 후자의 경우에 해당된다.

반면에, 여야 협의팀은 왜 교대방식은 전혀 사용하지 않았을까? 교대방식으로 교환하면 각자가 자신의 입장을 관철할 수 있다. 문제는 어느 한 정당이 먼저 양보를 해야 한다는 것이다. 그러나 정당들이 먼저 양보하기란 거의 불가능하다. 이유는 두 가지이다. 하나는, 정당간 불신으로 먼저 양보한 정당의 입장이 나중에 실현된다는 보장이 없기 때문이다. 교대방식을 활용하기 위해서는 약속을 지킨다는 최소한의 신뢰가 있어야 한다. 그러나 상대방의 약점을 공격하며 제로섬 게임을 벌이는 여야 정당 간에는 이러한 신뢰가 없다. 그 결과 정당들은 갈등타결이 절박해도 교대방식으로 교환하려 하지 않는다. 다른 하나는, 여론에 민감하기 때문이다. 시시각각 변하는 여론에 대응하여 지지율을 높여야 하는 정당들은 장기적인 관점에서 판단하고 행동할 겨를이 없다. 선거가 자주 있으면 더욱 그러하다. 자신의 정책입장이 실현될 때까지 상당기간

---

68) 정부조직개편안과 정치현안을 연계하여 조합방식으로 교환한 이유는 한마디로 그렇게 해야 여야 협의조정팀의 배후 강경세력의 반발을 잠재워 협의조정을 타결할 수 있었기 때문이다. 여당 협의 조정팀 배후인 청와대는 원안 통과를, 야당 협의조정팀 배후인 당내 강경세력은 정치현안 국정조사를 관철시키도록 강력히 요구했던 사안이었다. 여당 협의조정팀으로서는 4대강 국정조사는 전임 정권의 문제여서 비교적 수용하기 쉬우나, 국정원 국정조사는 현 정권과 관련된 사안이어서 수용하기가 쉽지 않은 사안이다. 그럼에도 불구하고 수용한 것은 정부조직개편안 골격을 유지하여 청와대의 요구를 충족시켜주기 위해서였다. 야당 협의조정팀도 정부조직개편안은 어차피 원안에 가깝게 통과시켜 줄 수밖에 없는 상황에서 당내 강경세력이 요구하는 국정조사에 대한 양보를 얻어내면 당내 강경세력의 요구를 충족시켜 줄 수 있었기 때문이다.

기다린다는 것은 거의 불가능하다. 따라서 여야 협의팀은 합의도출을 위한 교환방식으로 교대방식을 선호하지 않는다.

(4) 요약 및 시사점

여야간 갈등해결 과정에서 동원되는 협의조정 채널과 절차 그리고 전략의 특징적 패턴을 탐색해 보았다. 그 결과는 다음과 같다.

첫째, 협의조정 채널의 특징을 보면, 여야 원내대표들이 고위채널과 실무채널 이외에 탐색채널과 검토팀을 가동했으나 협의조정 교착상태의 정치적 타결을 위한 최고위채널은 거부했고, 협의조정 채널의 구성멤버는 상황전개에 따라 변경시켰다는 것이다.

탐색채널 가동 이유는 거부권을 가지고 있는 상대 협의팀 배후세력의 의견과 숨은 이해관계를 파악하기 위해서였고, 검토팀 설치 이유는 정부조직개편안이 여러 부처들과 관련되고 그 정책적 여파가 커서 합의안에 대한 전문기술적 검토가 필요했기 때문이다. 양당 온건파 당대표들이 최상위 조정채널들을 가동하려 했으나 원내대표들의 반대로 실패했는데, 이유는 원내정당화 이후 원내대표들의 위상이 강화되었고 양 진영의 배후 강경세력들을 배제하고 타협할 수는 없었기 때문이었다.

또한 협의조정채널 멤버가 바뀐 것은 전략적 역할분담, 효율성 및 전문성 때문이었다. 고위협의조정을 초반에 정책위의장이, 후반에는 원내대표가 주도한 이유는 초반에는 쟁점들에 대한 정책적 검토가 필요했고, 후반에는 국정운영 전반을 고려한 정치적 계산과 교환이 필요했기 때문이다. 실무채널 멤버가 바뀐 이유는 협의조정을 단기간에 효율적으로 진행하기 위해서였고, 검토팀 멤버가 바뀐 이유는 논의 쟁점의 변화와 그에 필요한 전문성 때문이었다.

둘째, 협의조정 절차의 특징을 보면, 원칙타결모형에 따르지 않고 점증합의모형에 따랐다. 원칙타결절차를 따르기 어려웠던 이유는 원내대표의 실질적 재량권이 크지 않았고, 각자가 중시하는 핵심쟁점에서 자당의 입장을 관철할 수 있을지에 대한 확신이 없었기 때문이다. 반면, 점증합의절차를 따를 수 밖에 없었던 이유는 여당의 경우 원안 관철에 점증합의절차가 유리했고, 야당의 경우 정부조직개편안을 고리로 하여 다른 정치현안들에 대한 양보를 얻어내는 데 점증합의절차가 유리했기 때문이다.

셋째, 협의조정 전략상 특징을 보면, 양보를 유도하고 지나친 요구를 거부하는 다양한 강온전략을 구사했는데, 대체로 여론을 동원한 압박전략 이외에 강경전략은 효과가 없었고, 설득 전략, 유인 전략, 선제양보 전략, 쟁점연계 전략, 쟁점분할 전략 등이 유효했다. 이유는 어느 정당이든 유권자들이 보는 앞에서 상대방의 압력에 굴복하는 패배자의 모습을 보이려 하지 않기 때문이었다.

넷째, 다수 쟁점 처리방식을 보면 선경후중과 합의종합타결이다. 선경후중에 따랐던 이유는 매 협의조정마다 성과를 도출해 여론의 비난을 피하고, 유관부처들에게 불확실성을 줄여 주며, 서로가 핵심쟁점에서 양보를 유도하기 위해 상대에게 협조하는 모습을 보이려 했기 때문이다. 개별타결을 거부하고 합의종합타결을 선호한 이유는 각자가 중요시하는 핵심쟁점에 대한 양보를 얻어내기 위해서였다.

다섯째, 입장수정 패턴은 초반에 서로가 협조분위기를 조성하기 위해 양보가능한 쟁점들에 대해 입장을 수정했고, 중반에는 서로가 중요시하는 주요 쟁점들에서 양보를 얻어내지 못해 버티다가 당내외 압력으로 입장을 수정했다. 후반에는 서로가 양보하기 어려운 마지막 핵심쟁점을 놓고 야당 협의팀은 쟁점을 세분화하면서 입장을 점진적으로 수정했으나 여당 협의팀은 입장 수정과 번복을 반복했다. 이유는 여당 협의팀은 재량권이 부족한 대리협의자로서 가급적 원안을 관철해야 했기 때문이고, 야당 협의팀은 상대적으로 재량권이 커서 주도적으로 수정할 수 있었기 때문이다. 최종 타결에서 여야 협의팀이 원래의 입장을 대폭 수정했다. 이유는 여당 협의팀이 재량권을 확보했고, 여야 협상팀 모두가 배후 강경세력을 무마시키기 위해 서로가 얻으려고 했던 것을 얻을 수 있었으며 국정운영보다 정치싸움에만 몰두한다는 비난에 직면하여 타결을 더 이상 늦출 수 없었기 때문이다.

여섯째, 입장교환 방식을 보면, 조합방식을 적극 활용했고, 수렴방식을 부차적으로, 조건방식을 보완적으로 활용했다. 이유는 위험부담을 줄이려는 여야 협의팀의 전략 때문이다. 반면에, 교대방식은 전혀 사용하지 않았는데, 이유는 정당간 불신과 정당들의 단기적 시각 때문이다.

여야간 쟁점법안 조정 사례의 검토 결과로부터 도출할 수 있는 시사점은 다음과 같다.

첫째, 협의조정채널과 구성멤버는 당내외 이견분포와 쟁점의 성격에 따라 전략적으로 구축해야 한다는 것이다. 본 사례에서 협의조정이 효율적으로 진행된 것은 협의조정채널의 전략적 구축과 상황전개에 따른 멤버변경에 기인한 바가 크다.

둘째, 여야간에 첨예하게 대립되는 쟁점들이 있는 경우 협의팀이 원칙타결절차를 따르기는 어렵고 점증합의절차에 의존할 수밖에 없다는 것이다.

셋째, 전략 구사에 있어 일방적으로 승리하려는 전략보다 서로가 동반승리하는 전략을 구사해야 한다는 것이다. 본 사례에서의 협의조정이 여야가 비교적 만족하는 결과를 얻어 타결할 수 있었던 이유는 동반승리 방안을 찾았기 때문이고, 협의조정타결이 지연된 것은 그 방안을 찾고 수용하는 데 시간이 걸렸기 때문이다.

넷째, 여야 정당간 합의제를 정착시키려면 쟁점처리 방식과 입장교환 방식이 중요하다는 것이다. 본 사례는 유권자들 앞에서 경쟁해야 하는 정당들이 상생의 정치를 하기 위해 쟁점처리 방식과 입장교환 방식을 어떻게 해야 하는지를 보여주고 있다. 쟁점법안과 관련이 없는 정치쟁점들을 연계시키고 핵심쟁점을 소쟁점들로 분할함으로써 갈등해결의 돌파구를 열었다는 사실이 의미하는 바는 어느 당이 야당이 되더라도 야당 협의팀은 자당의 정치적 생존, 협의팀의 성과, 나아가 거시적으로 여야 정국갈등을 풀기 위해 이런 연계 혹은 분할 전략을 합리적이든 합리적이지 않든 구사한다는 것이고, 또한 이러한 연계와 분할을 거부하면 국정운영의 파행을 초래할 수 있다는 것이다. 또한 여야 정당들은 서로 승리를 주장하기 위해 조합방식의 교환을 선호하고, 양보가 불가피하면 체면이라도 세우기 위해 조건방식으로 교환한다는 것이다.

다섯째, 여야 정당들이 쟁점에 대한 입장을 수정하고 교환하는 데 있어서 특정 패턴을 구사하는 이유가 대부분 정치전략적인 이유였다는 것이다. 국회를 다수결이 아닌 합의제적으로 운영하기 위해 불가피한 측면이 있지만, 여야 정당간 쟁점 처리에서 정책적 고려를 제고시킬 수 있는 방안을 모색해야 할 필요가 있다. 쟁점법안의 조속한 타결을 위해 지나치게 정치적 고려만 하는 것은 경계해야 한다. 민주국가에서 정당간 갈등해소에 정치적 고려가 불가피하지만, 쟁점법안타결 내용이 어떤 정책적 효과를 가져 올 것인지, 그것이 바람직한 것인지 등 정책적 고려도 충분히 해야 한다.

제6절   제 안

우리나라에서는 정치적 쟁점법안에 대해 여야 정당간 갈등이 발생하면 쉽게 증폭되어 타협이 어려운 극한대립으로 발전하는 경향이 있다. 이 극한대립의 다양한 원인들이 제시되고 있다. 이 원인들은 구조적 원인, 제도적 원인, 문화적 원인, 정치적 원인, 리더십 원인 등으로 분류할 수 있다.

구조적 원인으로는 원내의석의 심한 불균형과 상임위원회의 자율성 결여가 있다. 즉 거대 여당은 야당과의 타협의 필요성을 느끼지 않고 야당에게 위압적 자세를 보이면, 야당이 강경투쟁에 나서게 된다는 것이다(박찬욱, 1992: 83). 또한 상임위원회 위원장과 위원의 빈번한 교체로 여야 의원들 간 공통의 관심사와 이해관계가 형성되지 않아 상임위원회가 자율성이 없고 정당규율만 강하게 작용하여 갈등이 증폭된다는 것이다(박찬욱, 1992: 86).

제도적 원인으로 국회법의 이중성이 있다. 우리나라 국회법에 의사일정은 여야 정당간 합의에 따르게 한 반면, 법안통과는 다수결 원칙에 따르게 한 것이 정당간 갈등을 격화시킬 수 있다는 것이다. 즉 소수 야당은 쟁점법안이 일단 상정되면 다수 여당을 저지시킬 방법이 없어서 의사일정에 대한 합의를 거부하여 상정 자체를 봉쇄하려 하기 때문에 극한대립이 발생한다는 것이다(박찬표, 2012: 52-53).

문화적 원인으로는 강력하고 경직된 정당규율(박찬욱, 1992, 82-88; 박찬표 2012, 52-53), 집합적 의사결정방식에 대한 정당간 인식의 차이(조진만, 2009: 113), 정당간 타협문화와 신뢰의 부족(박찬표, 2012: 52-53), 갈등관리 불문율의 부재(박찬욱, 1992: 82-88; 박찬표, 2012: 52-53) 등이 있다. 즉 정당규율이 강해 개인적으로는 상대당의 입장에 동조함에도 불구하고 상대당의 입장에 투표하지 않는다. 또한 국회내 의사결정 방식으로 집권 다수당은 다수결 원칙에 집착하고, 소수 야당은 합의제 방식에 집착한다. 이러한 성향들은 정당간 신뢰구축과 타협을 어렵게 하고 갈등관리 불문율 확립도 어렵게 만든다. 그 결과 이러한 요인들이 복합되어 갈등을 증폭시킨다는 것이다.

정치적 원인으로는 정치 전략과 야당 소외가 있다. 국회내 여야 의원들의 폭력적 충돌은 일정한 정치적 목적에 따라 전략적으로 이루어지는 경우가 있다는 것이다. 즉 일부 의원들이 정당에 대한 충성을 보여 주려는 목적과 지지자들에게 자신의 주장이나 최선을 다했다는 메시지를 전달해 지지를 확대하려는 목적으로 폭력적 충돌을 일으킨다는 것이다(홍정·이현우, 2011: 228-231) 또한 다수당이 다수결 원칙을 일방적으로 빈번하게 적용함으로써 소수당이 소외되면 소수당은 다수당의 독단을 강력히 저지하려하기 때문에 극한갈등이 발생된다는 것이다(정연경, 2010: 140-141).

리더십 원인으로는 국회의장의 정파성과 정당리더들의 자율성 결여이다. 국회의장이 무소속이지만 집권당 출신일 뿐만 아니라 권력기반도 약해 집권당 지도부의 눈치를 보면서 집권당의 입장을 관철시키려는 경향이 있는데, 이 경우 야당이 국회의장의 사임을 요구하고 집권당이 이를 일축함으로써 극한대립이 발생한다는 것이다(박찬욱, 1992: 85). 또한 집권당 리더는 대통령과의 관계 때문에, 야당 리더는 당내 파벌관계 때문에 재량적인 영향력을 행사하기 어렵다. 이 경우 쟁점법안을 둘러싸고 대통령과 야당 강경파들이 양보하지 않으면 여야 정당 간에 극한갈등이 발생한다.

이상과 같은 다양한 이유로 쟁점법안들을 둘러싸고 여야 정당 간에 극한대립이 발생하면 그 조정이 쉽지 않다. 그 결과, 입법지연이나 국회파행으로 이어져 왔다. 쟁점법안들이 적시에 통과되지 못해 국정운영에 많은 어려움을 줘 왔고 그 피해는 고스란히 국민들에게 돌아갔다.

국회 입법과정에서 극한대결을 방지하기 위해서는 상기 극한대립의 원인들을 제거해야 할 뿐만 아니라 국회 의사결정과정에서 여야 정당간 다수결 원칙보다는 합의제 원칙이 정착되도록 해야 하고, 여야 정당간 이견이 증폭되어 극한갈등으로 전환되지 않도록 해야 한다. 합의제 원칙을 구현하기 그동안 국회법 개정(국회선진화법) 등 상당한 노력을 해왔으나 입법지연이 일상화되고 있어서 보완이 필요하고 추가적인 노력도 필요하다. 우리나라에서 쟁점법안들을 둘러싼 여야 정당간 극한대립을 방지하고 조정을 원활하게 이뤄내기 위해서는 다음과 같은 변화와 조치가 필요하다.

1. 여야 관계에 대한 정당들의 인식과 태도 변화

제도적으로 규제할 수는 없지만 여야 관계에 관한 정당들의 인식과 태도에 변화가 있어야 한다.

첫째, 집권당은 국정운영에 모든 책임을 져야 집권당의 소임을 다하는 것이고, 야당은 정부여당을 사사건건 비판해야 야당의 소임을 다하는 것이라는 이분법적 인식을 버려야 한다. 이러한 인식은 야야 간에 상생의 논리보다는 극한대결의 논리만 양산시키고 집권당의 일방적 강행 논리와 야당의 사사건건 반대논리를 강화시키는 결과를 초래하며, 그 결과 합의제 의사결정보다는 다수결 의사결정을 정당화시킨다.

둘째, 하나의 법안에 상대방의 입장을 배제하고 자신의 입장을 최대한 반영하려는 태도를 버려야 한다. 자신의 이념과 지지층의 여론을 매 법안에 반영하는 것이 정당의 기본 책무이다. 그러나 각 정당은 자신의 이념과 지지층의 의견을 수많은 법안들을 통해 충분히 반영하되 각 개별 법안마다 자신들의 입장을 최대한 반영하려는 시도를 자제해야 한다.

셋째, 대권전략의 조기 가동을 자제해야 한다. 극한대결은 정당리더들이 여야 갈등관계를 대권전략의 일환으로 증폭시키기 때문에 발생한다. 대선 때까지 시간이 있어 여론이 바뀌고 또 바뀔 수 있음에도 불구하고 조바심에 대권전략을 조기가동하는 경향이 있다. 그로 인해 필요이상의 대립각을 세워 국회가 파행하고 법안통과가 저지되면 국가는 발전할 수 없고 국민들의 생활은 나아지지 않는다.

2. 여야 정당간 상호작용의 틀과 쟁점처리 전략 개발

여야 정당간 갈등의 소지를 줄이고 타협을 용이하게 하는 상호작용의 틀과 전략들을 발굴해야 한다.

첫째, 유사한 선거공약들을 공동입법화하기 위한 협력을 제도화해야 한다. 즉 선거 직후 1년 동안 정책위의장들로 하여금 의무적으로 접촉하게 하여 공동입법 추진계획을 마련하여 이행토록 하는 것이다.

둘째, 각 정당들은 정당의 이념과 지지기반을 고려하여 당론 법안과 비당론 법안을 구분토록 해야 한다. 이를 위해서는 당론법안 할당제를 실시할 필요가 있다. 즉 국회에 제출한 법안들 중 일정 비율의 법안들에 대해서만 당론을 정할 수 있게 해야 한다. 즉 국회에 제출된 모든 법안에 당론을 정하는 일이 없도록 해야 한다.

셋째, 쟁점법안과 비쟁점법안의 처리 절차와 방식을 달리해야 한다. 쟁점법안을 둘러싼 갈등 때문에 비쟁점법안들의 처리가 지연되는 일은 없어야 한다.

넷째, 첨예한 쟁점법안을 둘러싼 여야 협의조정에서는 서로가 동반승리하는 쟁점처리 방안을 찾는 것이 중요하다. 유권자들 앞에서 경쟁을 해야 하는 정당들은 협의조정에서 패배하는 것을 극구 피하고자 한다. 특히 야당은 집권당과의 협의조정에서 일방적으로 패배하는 것보다 차라리 협의조정을 결렬시키고 여당이 강행처리를 할 경우 극력 저지하는 전략을 선호해 왔다. 그런데 여당이든 야당이든 일방적 승리를 추구하는 것은 입법지연이나 국회파행의 지름길이다. 따라서 첨예한 쟁점법안에 대한 여야 협의조정은 어떻게든 동반승리할 수 있는 쟁점처리 방안을 찾아야 한다. 동반승리를 위해서는 쟁점의 연계와 분할을 통한 조합방식의 입장교환을 적극 활용해야 한다.

3. 국회의장의 중립조정 역할 강화

국회의장의 중립조정 역할을 강화시켜야 한다. 여야 정당간 쟁점법안 조정이 여야 정당들에 맡겨져 있고 국회의장의 책임과 역할의 너무 미미하다. 정당간 극한대결로 입법지연이 발생하지 않도록 국회의장의 중립조정 역할이 강화되어야 하고 이를 위해서는 제도적 뒷받침이 있어야 한다.[69]

---

[69] 제3자적 조정기구로서 국회의장의 역할 강화 및 실효조건에 대해서는, 이송호·정원영. 2014. 국회의장의 갈등조정력 강화방안에 관한 연구. 의정논총 제9권1호. pp.5-41. 참조.

첫째, 여야 원내대표간 협의조정이 결렬되면, 국회의장은 재량이 아니라 의무적으로 중립적 제3자로서 합의지원, 양보유도, 타협안설득 등 중립조정을 단계적으로 시도해야 한다. 즉 국회의장은 여야 원내대표단에게 조속히 합의를 도출하도록 요청하는 것에 그치지 않고, 각 당의 입장을 충분히 검토한 후 양당간 진지한 소통을 촉진하거나 중개하여 오해나 편견을 제거해 주고, 각 당이 서로 양보해야 할 사항을 제시해 주어 합의를 유도해야 하며, 더 나아가 제3의 조정안을 마련하여 여야 정당들이 수용하도록 압력을 행사할 수 있어야 한다.

둘째, 국회의장이 중립조정을 충분히 할 수 있으려면 중립적이고 소신이 있어야 하며 상당한 영향력도 있어야 한다. 국회의장의 중립성을 확보하기 위한 최소한의 조치는 당적 포기와 임기 연장이다. 국회의장이 여야 어느 당 출신이든 국회의장이 되는 순간 당적을 포기하고 무소속으로 남아야 한다. 또한 국회의장은 임기가 짧으면 원소속 정당으로 돌아가야 하기 때문에 재임시 원소속 정당의 입장을 고려하기 십상이다. 이를 방지하기 위해서는 임기를 10년 이상 대폭 연장해야 한다. 국회의장의 영향력을 강화시킬 수 있는 제도적 장치는 자격요건 설정과 선출방식 변경이 있다. 먼저, 자격요건은 정치발전에 기여한 후 은퇴하려는 철학과 정치적 비중이 있는 의원이어야 한다. 즉 국회의장직이 정치인생 마지막 직책이라 생각하고 소신을 갖고 일할 수 있는 원로 고참의원으로 정하는 것이다. 그러나 자격요건을 법으로 정하는 것은 무리다. 대안으로 국회의장 선출과정에서 국회의장으로서 철학과 소신을 공개적으로 밝히도록 하고 그 과정을 TV로 중개하는 것을 고려해야 한다. 다음으로, 선출방식도 타당 의원들로부터 일정 비율 이상의 지지를 받는 자를 선출하는 방식이어야 한다. 국회의장이 중립조정을 위해 여야를 넘나들며 영향력을 발휘할 수 있으려면 본회의에서 다수 의원들의 지지를 받는 것도 중요하지만, 더 나아가 타당 의원들로부터도 많은 지지를 받아야 한다. 이를 위해 국회의장 선거는 여야 정당간 합의에 의한 요식적 선거가 아니라 실질적 경쟁선거여야 하고, 선거도 소속당 의원들을 대상으로 하는 선거와 타당 의원들을 대상으로 하는 선거로 분리하여 각각 치르게 한 다음, 일정한 공식에 따라 합산하는 방식을 취하는 것이 바람직하다. 이 경우 국회의장 후보자가 반드시 다수당 출신일 필요는 없다. 소수당 출신이라도 소속당에서는 물론 다수당에서 다수 지지를 받으면 의장이 될 수 있어야 한다.

셋째, 국회의장이 양보를 유도하거나 중립조정안을 마련하여 설득할 수 있으려면, 정당간 쟁점법안의 정책적 정치적 파장에 대해 상당한 정보가 있어야 하고, 그의 중립조정안에 무게가 실려야 한다. 그러나 국회의장이 다선의원이라도 주요 쟁점법안들에 대한 정보를 스스로 확보하기는 어렵다. 전문적인 스탭의 지원이 필요하다. 또한 국회의장이 무게감 있는 중립조정안을 마련할 수 있기 위해서는 국가원로들로 구성된 자문회의의 자문을 받아 만드는 것이 중요하다. 이러한 자문기구의 구성멤버는 국회의장의 역할을 충분히 이해하고 여야 정당들이 그 의견을 소홀히 취급할 수 없는 국가원로들, 즉 전직 국회의장단, 전직 총리, 사회지도급 인사 등으로 구성하는 것이 바람직하다. 전직 의장단은 여야관계를 잘 알고 있어서 정치적으로 수용가능한 중립조정안을 만드는 데 기여할 수 있고, 여당 출신과 야당 출신을 균형 있게 안배하면 편파적인 조정안이 만들어지는 것을 막을 수 있다. 전직 총리들은 조정안이 지나치게 정치전략적 시각에서 작성되는 것을 방지하고 정책적 측면에 대한 조언을 해 줄 수 있다. 사회적으로 존경받는 지도급인사들은 중립조정안이 공동체 모두를 위한 것이라는 윤리적 도덕적 정당성을 부여해 줄 수 있다. 국회의장이 이러한 자문회의를 통해 마련한 중립조정안은 여야합의뿐만 아니라 사회적 합의를 부분적으로 거친 것으로 간주할 수 있다. 따라서 여야 정당은 물론 일반 국민과 언론기관이 함부로 무시할 수 없는 조정안이 된다.

참고문헌

1. 국내 문헌

1) 단행본

권찬호. 1997. 한국 당정협조제도에 관한 연구. 중앙대 박사학위 논문

김형곤. 2009. 당정협의제도를 중심으로 본 한국의 정당－행정부 관계. 전남대 박사학위 논문.

모미순. 2000. 정보통신정책형성과정에 있어서 부처간 갈등과 조정에 관한 연구. 서울대행정 대학원 박사학위 논문.

박재희. 2000. 「부처간 갈등과 정책조정력 강화방안」. 한국행정연구원 보고서.

박정택. 2004. 부처간 정책갈등과 조정에 관한 연구. 고려대 박사학위논문.

이성우. 1993. 「행정부의 정책조정체계연구」. 한국행정연구원 연구보고서.

유병권. 2006. 갈등과 타협의 정치. 서울 : 오름

정덕구. 2003. 한국의 경제정책결정과정. 서울대 출판부.

정정길 외. 2010. 정책학원론. 서울 : 대명출판사.

이송호. 2008. 관계장관회의. 서울 : 대영문화사.

이은영. 2007. 관습의 정치. 서울 : 박영사.

2) 논문

강원택·강주현·한정훈. 2009. "한국국회의 운영개선에 관한 연구 : 국회내 정치적 갈등관리 를 위한 방안의 모색." 2009년도 국회연구용역과제 연구보고서.

강장석. 2009. "사례연구를 통한 제18대 국회원내갈등의 성격과 갈등관리의 행태," 의정논총 4(2).

구상진. 2007. "수사체제조정논의 재검토," 저스티스(한국법학원) 100.

권순재. 2007. "기관갈등 요인과 정책조정: 출자총액제한제도를 중심으로," 3사교 논문집 제 64집

권용식. 2016. "중앙부처의 정책조정에 관한 연구 － 정책조정결과에 대한 '조정주체요인'의 영향력을 중심으로－," 한국정책학회보 25(1).

국회사무처, "의안처리절차의 변천과정," 국회보 1996. 6월호

김경화. 2012. "검경수사권조정에 관한 비판적 검토," 한국지방정부학회 학술대회자료집.

김경회. 2007. "국가인적자원개발정책의 총괄조정기제 분석," 교육행정학연구 25(1).

김교준. 1993. "변화하는 당정관계," 조선일보 1993년 4월 10일자

김기환 · 김재훈 · 김성훈. 2008. "EU환경정책분야에서 개방형조정방식(OMC)의 적용가능성탐색," 2008년도 한국행정학회 학술대회 발표 논문.

김상묵 · 남궁근. 2008. "유럽고용전략의 개방형조정방식 : 분석틀 탐색," 한국행정학회 학술대회 발표 논문.

김상봉 · 이상길. 2007. "국가R&D사업 정책결정과정에 있어서 정부부처간 갈등조정에 관한 연구," 정책분석평가학회보 제17권 제3호.

김석주. 2010. "전자정부 추진과정에서 부처간 갈등분석: G4C사업의 갈등분석을 중심으로," 한국지역정보화학회지 13(2).

김성수. 2005. "과학기술혁신본부와 정책조정 방식 변화," 기술혁신연구 13(3).

김영민. 2000. "정부와 정당관계에 관란 시론적 연구 - 개념, 유형 및 결정요인," 한국사회와 행정연구 11(2).

김영평 · 신신우. 1991. "한국관료제의 기관갈등과 정책조정," 한국행정학보 25(1).

김영평. 2002. "정책갈등의 양상과 갈등관련자의 윤리적 대응," 정부학연구 8(2).

김용훈. 2000. "정부 인증기반 구축을 둘러싼 부처간 경쟁에 관한 연구," 한국행정학보 34(3).

김인자 · 박형준 · 홍세호 · 구민경. 2013. "관료정치모형을 통한 신약개발 정부R&D사업 정책조정사례분석," 정책분석평가학회보 23(2).

문태훈. 2001. "보전과 개발을 둘러싼 중앙부서간의 환경갈등 원인과 저감방안에 관한 연구," 한국행정학보 35(1).

박정택. 2003. "부처간 정책갈등과 조정에 관한 연구 -과학기술기본법 제정과정을 중심으로-," 과학기술학연구 3(1).

박찬욱. 1992. "한국의회내 정당간 갈등과 교착상태: 그 요인, 경과 및 결말," 한배호 · 박찬욱 공편. 한국의 정치갈등: 그 유형과 해소방식. 서울: 법문사.

박찬표. 2012. "제18개 국회법 개정과정에 대한 분석," 의정연구 18(3).

손병권 · 가상준. 2008. "갈등의 현실과 합의에 대한 소망 : 국회 운영 및 의사결정 방식에 대한 17대 국회의원들의 인식," 한국정치연구 17(1).

손병권. 2010. "국회운영에 있어서 정당간 협의제와 의장의 권한 : 미디어밥 개정과정을 중심으로," 임성호 · 손병권 · 서복경, 「국회연구용역과제 연구보고서」

승재현. 2009. "경찰과 검찰간의 합리적 수사권 조정에 관한 쟁점과 논의," 한국경찰학회보 11(2).

신영민·박광섭. 2013. "경찰과 검찰간 합리적 수사권배분을 위한 입법론적 고찰," 법학연구 (충남대) 24(1).

안두순. 2004. "유럽연합의 연구기술개발정책과 그 조정방식," 유럽연구 20(겨울)

양재성. 1990. "한국의 정책결정과정에서 당정관계에 관한 연구," 민주정의당 국책연구소, 국책연구 20.

유영현·이상문. 2011. "수사권조정에 관한 연구," 한국공안행정학회보 제43호.

유종상·하민철. 2010. "국무조정실의 정책조정성과 연구 – 정책조정백서의 조정과제와 조정전략–," 한국정책학보 19(3).

유홍림·윤상오. 2006. "전자정부 추진과정에서 부처간 갈등 분석 : 행자부와 정통부간 갈등을 중심으로," 한국정책과학학회보 10(4).

윤상오. 2005. "정부부처간 정책경쟁에 관한 연구 : 산업정보화정책 분야를 중심으로," 한국사회와 행정연구 16(2).

이송호. 2003. "국민의 정부 분야별 관계장관회의에 대한 분석과 평가," 한국행정학보 37(3).

이송호. 2009. "부처간 정책조정기구들의 비교평가와 유효조건 탐색," 경찰대학 논문집 제29집.

이송호. 2011. "제3자 개입에 의한 정책조정과정에 관한 연구," 경찰대 논문집 제31집.

이송호. 2012. "분석적 정책조정의 절차와 논리에 관한 탐색적 연구," 한국행정연구 27(1).

이송호·정원영. 2014. "제3자 조정기구로서 국회의장의 역할 강화와 실효조건," 의정논총 제9권 1호.

이송호·정원영. 2014. "정책조정수단에 관한 탐색적 연구," 행정논총 52(4).

이송호·정원영·조준택. 2014. "여야정당 간 협상에서 쟁점처리 패턴과 원인 분석 : 2013년 정부조직법개정안을 중심으로," 의정논총 9(2).

이송호·정원영·조준택. 2015. "쟁점법안을 둘러싼 여야협상 기구와 절차 및 상호작용 행태에 관한 연구 : 2013정부조직법 개정안 사례," 정치정보연구 18(1).

이송호. 2016. "검경수사권갈등 조정의 특징과 원인에 관한 연구," 경찰학연구 16(4).

이시경. 2003. "정책갈등의 요인과 관리방안," 사회과학논총 22(1).

이시원. 1988. "한국의 당정관계에 관한 연구 : 법률안 발의를 중심으로," 한국행정학보 23(1).

이현우. 2002. "국회발전과 국회의장 권한," 의정연구 10(1).

임성호. 2005. "국회 원내 정당 간의 갈등해소를 위한 제도화 방안," 정책연구 제144호.

임성호. 2010. "국회운영과정상 수의 논리와 선호도의 논리," 의정연구 16(3).

전진영. 2011. "국회 입법교착의 양상과 원인에 대한 분석," 의정연구 17(2).

전하성. "국회 상임위 소위원회에 관한 연구," 의회발전연구회, 의정연구 제33집.

정대화·손혁재·박찬표. 2002. "국회의 갈등관리 및 사회통합기능 강화방안," 국회사무처 연
    구보고서.

정연경. 2010. "18대 국회 입법교착 논의," 한국정치연구 19(1).

정정길. 1993. "경제장관회의와 정책결정," 행정논총 26(2).

조진만. 2009. "의회의 집합적 의사결정과 신뢰 : 한국국회의 현실과 선택," 의정연구 15(1).

조철옥. 2008. "악순환모형에 의한 검·경수시권조정에 관한 고찰," 경찰연구논집 제2호.

주재복. 2004. "정부조직간 정책갈등의 조정기제와 협력규칙," 한국행정연구 13(3)

주재복·홍성만. 2001. "중앙부처간 정책갈등과 조정기제 : 동강댐건설을 둘러싼 건교부와 환
    경부의 대응행동을 중심으로," 한국행정학회 학술대회 발표논문.

채성준·류지성·박용성. 2014. "검경수사권조정의 정책변동에 관한 연구 : 정책옹호연합모형
    및 정책분쟁모형을 중심으로," 한국공안행정학회보 23(3).

최병선. 1993. "제도개혁과 민주적 정책조정의 역설," 한국정책학회보 2(1).

황문규·최천근. 2013. "자치경찰제추진에 있어 검경수사권조정에 대한 고찰," 형사정책연구
    24(1).

홍정·이현우. 2011. "국회내 폭력적 충돌 원인의 상이성 : 합의적 충돌, 갈등적 충돌, 저항적
    충돌," 한국정당학회보 10(2).

3) 기타

김교준. 1993. "변화하는 당정관계," 조선일보 1993년 4월 10일자

송충식. 1985. "당정협의회 이면의 구조," 정경문화

안성렬. 1970. "당정협의회란 무엇인가?" 신동아 11월호.

정부위원회 관련 법령

중앙선거관리위원회(1964), 각 정당의 당헌·정강정책.

중앙선거관리위원회(1968), 정당의 당헌·정강정책집.

중앙선거관리위원회(1978), 정당의 당헌연혁집 소멸.

중앙선거관리위원회(1989), 정당의 당헌·당규집.

중앙선거관리위원회(1990), 정당의 당헌·당규집 소멸정당.

중앙선거관리위원회(2000), 정당의 당헌·당규집.

신민당(1979) 당헌당규집

민주한국당(1981) 당헌당규집
평화민주당 당헌
새정치국민회의 당헌(1995 – 1997)
새천년민주당 강령·당헌·당규집(2000)

2. 국외 문헌

1) Books

Aberbach, Joel D. et al. 1981. Bureaucrats & Politicians in Western Democracies. Cambridge, Mass. : Harvard University Press.

Alexander, Ernest R. 1995. How Organizations Act Together. Luxembourg : Gordon and Breach Publishers.

Bercovitch, Jacob. 1984. Social Conflict and Third Parties : Strategies of Conflict Resolution. Boulder, Co. : Westview Press.

Birch, Anthony H. 1986. The British System of Government. London, UK : Allen & Unwin Publishers.

Clausen, Aage R. 1973. How Congressmen Decide. New York : St. Martin's Press.

Cobb, Rogers W. & Charles D. Elder. 1972. Participation in American Politics : The Dynamics of Agenda Building. Maltimore, MD : Johns Hopkins University Press.

Cyert, Richard M. & James G. March. 1963. A Behavioral Theory of the Firm. New York: Prentice – Hall.

Doern, G. B. 1981. The nature of scientific and technological controversy in federal policy formation. Ottawa: Science Council of Canada.

Dror, Yehezkel. 1968. Public Policymaking Reexamined. Scranton, Penn.: Chandler Publishing.

Druckerman, Daniel. 1977. Negotiations. Beverly Hills : CA : Sage Publications.

Dye, Thomas. 1981. Understanding Public Policy. Englewood Cliffs, NJ : Prentice – Hall.

Easton, David. 1965. A Systems Analysis for Political Life. New York : Wiely.

Eyestone, Robert. 1978. From Social Issues to Public Policy. New York : John Wiley & Sons.

Fenno, Richard. 1973. Congressmen in committees. Boston : Little, Brown and Company.

Fisher, R. & W. Ury. 1981. Getting to Yes — Negotiating Agreement Without Giving In. New York : Penguin Books.

Folger, Joseph P. and Robert A. Baruch Bush. 1994. The Promise of Mediation : Responding to Conflict Through Empowerment and Recognition. San Frabcisco, CA : Jossey — Bass.

Gladstone, Alan. 1984. Volutary Arbitration of Interest Disputes. ILO Office, Swiss.

Gulliver, P. H. 1979. Disputes and Negotiations. New York : Academic Press.

Hood, Christopher C. and Helen Z. Margetts. 2007. The Tools of Government in the Digital Age. New York: Palgrave Macmillan.

Johnson, Cathy Marie. 1992. The Dynamics of Conflict between Bureaucrats and Legislators. New York : M.E. Sharp Inc.

Kettle, D. (1987). Government by Proxy. Washington, D.C.: CQ Press.

Kingdon, John W. 1981. Congressmen's Voting Decisions. New York: Harper & Row.

Kingdon, John W. 1984. Agendas, Alternatives, and Public Policies. Boston : Little, Brown and Company.

Lasswell, Harold D. 1936. Politics : Who gets What, When, How? New York : McGraw — Hill.

Lindblom, Charles E. 1965. The Intelligence of Democracy. New York : Free Press.

Lindblom, Charles E. 1968. The Policy — Making Process. Englewood Cliffs, NJ : Prentice — Hall, Inc.

March, James G. & Herbert A. Simon. 1958. Organizations. NY : John Wiley.

Mattews, Donald R. & James A. Stimson. 1975. Yeas and Nays : Normal Decision Making in the U.S. House of Representatives. New York : John Wiley & Sons.

Meier, Kenneth J. 1987. Politics and the Bureaucracy, 2nd ed., Monterey, CA : Brooks/Cole Publishing Company.

Mochizuki, Mike Masao. 1982. Managing and Influencing The Japanese Legislative Process : The Role of Parties and The National Diet. Ph.D. Dissertation, Harvard University.

Moore, Christopher W. 1986. The Mediation Process : Practical Strategies for Resolving Conflict. San Francisco : Jossey — Bass Publishers.

Pfeffer, Jeffrey. 1981. Power in Organization. Marshfield, Mass : Pitnam Publishing Inc.

Phidd, R., and G. B. Doern. 1983. Canadian public policy: Ideas, structure, process. Toronto : Methuen.

Rogers, David L. and David A. Whetten. 1982. Interorganizational Coordination : Theory, Research, and Implementation. Iowa State University Press.

Rourke, Francis E. 1976. Bureaucracy, Politics, and Public Policy. Boston : Little, Brown and Company.

Rubin, Jeffrey Z. & Bert R. Brown. 1975. The Social Psychology of Bargaining and Negotiation. New York : Academic Press.

Wildavsky, Aaron. 1964. The Politics of Budgetary Processes. Boston : Little Brown and Company.

Winslade, John and General Monk. 2000. Narrative Mediation : A New Approach to Conflict Resolution. San Francisco, CA : Jossey－Bass.

Zartman, I. William. 1978. The Negotiation Process : Theories and Applications. Beverly Hills, CA : Sage Publications.

Zartman, I. William & Maureen R. Berman. 1982. The Practical Negotiator. New Haven : Yale University Press.

2) Articles

Billikopf－Encina, Gregorio. 2002. "Narrative Mediation : A New Approach to Conflict Resolution." International Journal of Conflict Management 13(1).

Borras, Susana & Kerstin Jacobson. 2004. "The open method of coordination and new governance pattern in the EU." Journal of European Public Policy 11(2).

Bressers, Hans and Pieter－Jan Klok. 2007. "Fundamentals for a Theory of Policy Instruments." International Journal of Social Economics 15(3/4).

Brown, Bert R. 1977. "Face－Saving and Face－Restoration in Negotiation." in Daniel Druckman, ed. Negotiations. London, UK : Sage Publications.

Campbell, John Creighton. 1984. "Policy Conflict and Its Resolution within the Governmental System." In Ellis S., Krauss, Thomas P., Rohlen, & Patricia G. Steinhoff, eds., Conflict in Japan. University of Hawaii Press.

Cobb, Rogers W., J. Keith. Ross. & Marc H. Ross. 1976. "Agenda－Building as a Comparative Political Process." American Political Science Review 70(1).

Cohen, Michael., James. March, & Johan. Olsen. 1972. "A Garbage Can Model of Organizational Choice." Administrative Science Quarterly 17.

Dogan, Mattei. 1975. "The Political Power of Western Mandarins." in Mattei Dogan(ed.). The Mandarins of Western Europe. New York : John Wiley & Sons.

Etcheson, Steven C. 1999. "Transfomative Mediation : A New Current in the Mainstream." Policy Studies Journal 27(2).

Etzioni, Amitai. 1967. "Mixed Scanning : A Third Approach to Decision Making." Public Administrative Review.

Folger, Joseph P. and Robert A. Baruch Bush. 1994. "Ideology, Orientation to Conflict, and Mediation Discourse." in Joseph Folger and Tricia Jones. eds. in New Directions in Mediation. California : Sage Publications.

Folger, Joseph P. and Robert A. Baruch Bush. 1996. "Transformative Mediation and Third Party Intervention : Ten Hallmarks of Transformative Approach to Practice." Mediation Quarterly 13(4).

Gulick, Luther. 1937. "Notes on the theory of Organization." In Shafritz, Jay M. and Ott, J. Steven (eds.). Classics of Organizational Theory. New York : Harcourt Brace College Publishers.

Hamner, W. Clay and Gray A. Yukl. 1977. "The Effectiveness of different Offer Strategies in Bargaining," in Daniel Druckman, ed. Negotiations. London, UK : Sage Publications.

Yamato, Hiroshi "Political Parties and the Diet." in Francis R. Valeo and Charles EW. Morrison. eds. The Japanese Diet and the U.S. Congress. Boilder, Col.: Westview Press. 1983.

Howlett, Michael and M. Ramesh. 1993. "Patterns of Policy Instrument Choice : Policy Styles, Policy Learning and the Privatization Experience." Policy Studies Review 12(1,2)

Jennings, E. T. 1994. "Building Bridges in the Intergovernmental Arena : Coordinating Employment and Training Programs in the American States." Public Administration Review 54(1).

Krauss, Ellis S. 1984. "Conflict in the Diet : Toward Conflict Management in Parliamentary Politics." in Ellis S. Krauss, Thomas P. Rohlen and Patricia G.

Steinhoff. eds. Conflict in Japan. Honolulu : University of Hawaii Press.

Lindblom, Charles E. 1959. "The Science of Muddling Through." Public Administration Review 19.

Linder, Stephen H. and B. Guy Peters. 1989. "Instruments of Government : Perceptions and Contexts." Journal of Public Policy 9.

Majone, G. 1976. "Choice among Instruments for Pollution Control." Policy Analysis.

McDonnel, K. and R. Elmore. 1987. "Getting the Job Done: Alternative Policy Instrument." Educational Evaluation and Policy Analysis 9(2).

Mosher, F. 1980. "The changing responsibilities and Tactics of the Federal Government." Public Administration Review 4.

Peabody, Robert L. 1983. "The USA Congress : Structure, Party Organization, and Leadership," in Francis R. Valeo and Charles E. Morrison. eds. The Japanese Diet and The U.S. Congress. Boulder, Col.: Westview Press.

Peters, Guy B. 1998. "Managing Horizontal Government : The Politics of Coordination." Public Administration 76.

Peters, Guy B. 2002. "The Politics of Tool Choice." in Lester M. Salamon. ed. The Tools of Government.Oxford University Press.

Pruit, Dean G. and Steven A. Lewis. 1977. "The Psychology of Integrative Bargaining." in Daniel Druckman. ed. Negotiations. London, UK: Sage Publications.

Ramberg, Bennett. 1978. "Tactical Advantages of Opening Positioning Strategies." in I. William Zartman. ed. The Negotiation Process. London, UK : Sage Publications.

Regall, A. John. 1974. The Functions of Conflict in Public Administration : An Exploration Based on Case Studies. Ph.D. Dissertation. University of Texas at Austin.

Regent, Sabrina. 2003. "The Open Method of Coordination: A New Supranational Form of Governance?" European Law Journal 9(2).

Ringeling, Arthur B. 2002. "European Experiencd with Tools of Government." in Lester M. Salamon. ed. The Tools of Government. Oxford University Press.

Salamon, Lester M. 2002. "The New Governance and the Tools of Public Action : Introduction." in Lester M. Salamon. ed. The Tools of Government. Oxford University Press.

Schneider, A and H. Ingram. 1990. "Behavioral Assumption of Policy Tools." Journal of

Politics 52(2).

Van de Ven, Andrew H., Andre L. Delbecq, and R. Koening, Jr. 1976. "Determinants of Coordination Modes within Organization." American Sociological Review 41.

Wall, James A., John B. Stark and Rhetta L. Standifer. 2001. "Mediation : A Current Review and Theory Development." The Journal of Conflict Resolution 45(3).

Woodside, K. 1986. "Policy instruments and the study of public policy." Canadian Journal of Political Science 19.

Zartman, I. W. 1978. "Negotiation as a Joint Decision—Making." in I. W. Zartman. ed. The Negotiation Process: Theories and Applications. Beverly Hills,CA: Sage Publications.

Zumeta, Zena. 2000. "Styles of Mediation : Faciliative, Evaluative, and Transformative Mediation." Sept 2000. Mediate.com website article.

찾아보기

정책조정론

초판발행	2019년 12월 31일
지은이	이송호
펴낸이	안종만·안상준
편 집	전채린
기획/마케팅	오치웅
표지디자인	조아라
제 작	우인도·고철민
펴낸곳	(주)**박영사**
	서울특별시 종로구 새문안로3길 36, 1601
	등록 1959. 3. 11. 제300-1959-1호(倫)
전 화	02)733-6771
f a x	02)736-4818
e-mail	pys@pybook.co.kr
homepage	www.pybook.co.kr
ISBN	979-11-303-0914-9 93350

copyright©이송호, 2019, Printed in Korea

이 저서는 2017년 대한민국 교육부와 한국연구재단의 지원을 받아 수행된 연구임
(NRF-2017S1A6A4A01)
This work was supported by the Ministry of Education of the Republic of Korea
and the National Research Foundation of Korea(NRF-2017S1A6A4A01)

정 가   36,000원